대한민국 교육트렌드 2022

대한민국 교육의 어제와 오늘
———— 그리고 내일을 말한다

대한민국
교육
트렌드
2022

교육트렌드2022 집필팀

한국 교육을 움직이는
20가지 키워드

에듀니티

우리 교육의 반성적 성찰과 미래 방향

코로나19가 우리의 일상을 멈추게 한 지도 벌써 2년이 다 되어갑니다. 지난해 1학기부터 학교는 전면 온라인수업으로 전환하는 등 교육의 일상도 변화되었습니다. 우리는 혼신의 힘을 다해 낯설게 찾아온 비대면 수업을 견뎌내고 새로운 환경에 빨리 적응해왔습니다. 마침내 2021학년도 2학기부터는 전면 등교를 실시하는 등 학교교육의 제 기능 회복을 위해 노력하고 있습니다.

그러나 후유증이 참으로 큽니다. 기초학력의 문제, 사회적 관계의 회복, 정서적 문제의 치료 등 학교교육이 할 일이 산적해 있습니다. 코로나19가 우리에게 준 큰 교훈은 이러한 문제들과 고통을 혼자 힘으로 이겨낼 수 없다는 것입니다. 개인, 이웃, 사회, 국가 그리고 온 세계가 힘을 모으지 않으면 이 엄청난 비극을 넘어설 수 없습니다. 아직도 코로나19가 진행 중이지만 우리 모두가 힘을 모아 새로운 학교, 새로운 교육, 새로운 사회를 만들어나가야 합니다. 이 교훈이 우리 교육을 변화시키는 계기가 될 것으로 기대합니다. 경쟁하는 관계가 아니라 서로 힘을 모아 협동하는 길을 찾아야 합니다. 함께, 더불어, 공유가 곧 공정의 길이고 아이들을 행복하게 만들 수 있는 교육입니다.

『대한민국 교육트랜드 2022』는 이러한 미래교육의 방향이 무엇인가에 대한 여러 교육전문가의 고민을 종합하고 있는 책입니다. 우리 교육이 걸어온 역정에 대한 회고의 글, 세대의 변화, 학교의 변화, 정책의 변화로 구성된 내용들은 우리 교육에 대한 반성적 성찰과 교육이 나가야 할 미래 방향에 대한 진지한 고민의 결과들입니다.

특히 2022년은 우리 교육계에 중요한 변화가 예고되는 해입니다. 3월 대선과 6월 지방자치단체장 선거라는 중요한 정치 일정이 있습니다. 우리 교육의 미래 방향을 결정하는 매우 중요한 행사라고 판단됩니다. 아울러 7월부터는 '국가교육위원회'가 구성되어 본격 가동됩니다. 이로 인해 교육부, 교육청 및 학교의 역할도 변화될 것입니다. 이른바 교육거버넌스의 총체적 변화를 예고하고 있습니다. 이러한 교육의 대전환기에 우리 교육이 어디로 가야 하는가라는 문제 제기는 매우 유의미하다고 봅니다. 지난 10여 년 동안 추진했던 혁신학교 정책을 어떻게 정착시킬 것인가, 2025년 본격 적용될 고교학점제 준비는 어찌해야 하는가, 교원양성은 어떻게 해야 하며, 인공지능[AI]과 같은 새로운 기술공학적 발전을 학교교육에서 어떻게 받아들여야 하는지 등 고민거리가 참으로 많습니다.

이러한 다양한 문제 상황에 대해서 현장에서 실천하고 있는 분들, 교육을 연구하는 분들 그리고 교육정책에 직접 참여하는 분들의 경험지식이 무엇인지 이 책을 통해서 알 수 있습니다. 교육과 관련된 많은 분들이 이 책을 통해서 우리 교육의 미래를 그려보고 또 변화에 대응하는 준비를 해나갈 필요가 있다고 봅니다. 이 책을 만든 분들의 노력에 찬사와 감사를 드립니다. 우리 교육에 대한 애정 어린 관심이 계속되길 희망합니다. 감사합니다.

경기도교육감 이 재 정

수용적 이해에서 적극적 공감으로,
시대와 세대를 읽다

전환의 시대에는 그에 대한 갖가지 해법과 담론으로 백가쟁명의 이야기들이 잇따른다. 그럴 때마다 소위 교육전문가들에게는 르네상스지만 정작 학교에게는 무엇이었을까? 아노미? 카오스? 요 몇 년 사이에는 더욱 그렇다. 저마다 다가올 시대를 확정적인 것처럼 이야기하지만 오히려 불확실성을 강화하고 있다. 가히 편향확증적이다. 안개가 끼면 걷히기를 기다리는 게 아니라 앞으로 나아가야 시야가 확보된다. 그런 점에서 이 책은 그러한 불확실성을 걷어내기 위해서는 돌아보고, 예측하되 현재에 집중해야 한다는 것을 말하고 있다.

이 책의 저자들은 오랜 교육운동의 실천 속에서 현장감과 연구역량을 가진 분들이다. 그래서 공허하지 않다. 담론적이지만은 않다. 현실에 발 딛고 있는 미래교육서이자 교육현장 밀접접촉자들의 교육백신서다. 모든 교육 이해당사자들이 어떤 입장과 관점을 가지고 앞으로의 교육 변화에 나서야 한다는 것을 역사적·사회적·통계적 근거를 구체적이고 실증적으로 제시하고 있으며, 그동안 담론적 주장을 가치 중심으로 받아들이면서 각개약진한 것에 대한 진지한 성찰과 지금 당장 우리가 무엇을 해야 하는지에 대한 실천적인 과제를 제시하고 있다.

교육불평등을 해소하고, 소외 없는 돌봄을 위해서는 사회 변화 속에서 교육을 종속변수로 두고 탈피를 못하고 외피만 바뀌어온 구조적 패러다임을 교육체제와 사회체제의 통합적 관점으로 바꾸어야 한다는 것에 동의한다. 교원양성체제, 교육재정, 인구절벽 등의 문제를 마주하면서 교육을 둘러싼 이해당사자들이 어떤 해법을 모색해야 하는지에 대한 문제 제기를 적극적으로 받아 안아야 할 것이다.

특히, 교육자치, 학교자치의 문제는 대의 민주주의 체제 속에서 고착화된 중앙정부-시·도교육청-교장-교사 사이에 일어나는 지휘 감독 관계를 바꾸어야 하며, 이를 위한 국가교육위원회의 역할에 대한 일부의 오해와 편견이 해소되고, 교육거버넌스 체제 구축을 통해 학교교육에 대한 국민주권 요구를 회복하는 데 그 기대를 가지게 된다.

　이 책이 그동안 학교에서 혁신교육 속에서 교육의 본질을 실천하고 있는 선생님들에게 희망 고문이 아닌 실현 고문이 되리라 믿는다. 선생님들과 함께 읽고, 토론하고, 실천하면서 미래를 향한 여정에 함께 나아가기를 기대한다. 그런 점에서도 이 책은 학습서다.

새로운학교네트워크 이사장　이만주

교육의 지표를 세우는 일

세상이 빠르게 변화하고 있습니다. 역동의 시기입니다. 변화와 역동은 혼란과 두려움을 잉태합니다. 거기에 이제껏 우리가 겪어보지 못했던 역병의 위기가 찾아왔습니다. 일상이 전복되는 경험이 역설적으로 일상이 되었습니다. 하지만 위기 속에서 새로운 기회가 만들어집니다. 역병의 위기를 이겨내며 변화하는 시대의 역동에 정면으로 맞서는 법을 배웁니다. 그렇게 변화는 일상이 되고 새로운 가치가 세상의 발전을 주도합니다. 요사이 유행하는 말처럼 '뉴노멀이 노멀'이 되고 우리 공동체는 한걸음 성장합니다.

그런데 그 성장이 우리 눈에 다 보이는 것은 아닙니다. 복잡하고 다양한 세상 탓입니다. 그래서 전문가들은 매의 눈으로 그 성장의 경로를 탐색합니다. 우리 공동체가 어디로 가고 있는지, 어디로 가야 하는지 지표를 세우는 일이니 참으로 중요한 일입니다. 특히, 교육은 더더욱 그러합니다. 우리 아이들의 배움과 삶이 어디로 가고 있는지, 어디로 가야 하는지 밝히는 일이기 때문입니다. 어려운 일이지만 누군가는 꼭 해야만 하는 일입니다.

『대한민국 교육트렌드 2022』는 그 어려운 일을 해냈습니다. 그동안 비슷한 시도가 없었던 것은 아닙니다. 하지만 『대한민국 교육트렌드 2022』는 특별합니다. 우리 교육의 물결을 교육현장의 눈으로 바라보았기 때문입니다. 세상의 변화와 교육의 변화에 가장 민감하게 반응하며 현장의 전문가들이 아이들을 바라보는 바로 그 눈으로 교육의 변화를 바라보았기 때문입니다.

많은 사람이 이 특별함을 누릴 수 있기를 바랍니다. 저자들의 이야기에 귀를 기울이고 함께 마음을 나눌 수 있기를 바랍니다. 그렇게 변화와 역동이 성장의 동력이 되고 작금의 위기가 새로운 기회가 되었으면 좋겠습니다. 우리 교육이 바른길로 한걸음 껑충 성장했으면 좋겠습니다. 소중한 통찰을 나누어준 '교육트렌드2022 집필팀'에 감사드립니다.

전국시도교육감협의회장 · 세종특별자치시교육감   최 교 진

교육거버넌스의 신세계,
새로운 지평을 어떻게 열어갈까

세상이 변하고 있다. 이미 4차 산업혁명 시대를 살고 있다. 우리나라도 변하고 있다. 선진국이 되었다. 코로나19 팬데믹 속에서 우리나라의 감염병 대응 능력과 시스템은 세계 어느 나라보다 앞서 있다. 코로나 위기를 겪으며 학생들은 더 달라지고 있다. 학습격차가 커지고, 매체 의존성이 증가했으며, 건강과 영양은 나빠졌는데 편향적 사고와 충동조절 장애는 늘어나고, 사회성은 떨어졌다.

교사도 변하고 있다. 초등교사의 47%, 중등교사의 40%가 20~30대다. 유치원교사의 70%가 20~30대다. MZ세대 교사들은 워라벨을 중시하며, 공정에 민감하고, 다양한 정체성을 갖고 있으며 디지털 세상에 익숙하다. 그런데 경기도교육원구원의 조사에 따르면 남자 초임교사의 25%, 여자 초임교사의 38%가 교직을 그만두고 싶다고 한다. 학교근무 환경도 달라져야 한다. 교사 양성 시스템도 달라져야 한다. 교육정책도 변화해야 한다. 고교학점제는 가장 큰 변화를 몰고 올 제도다. 경쟁 중심의 경직된 교육체제에서 시대의 변화를 담아내는 유연한 제도로 자리 잡을 수 있어야 한다. 고교학점제로 가는 길에 어떤 어려움과 갈등이 있을지를 아주 잘 분석한 글이 전대원 선생의 글이다. 국가교육위원회의 책임이 막중하다. 미래교육의 방향과 중장기 교육정책을 수립하고 교육제도의 대안을 숙의해서 만들어야 한다. 성기선 선생의 기대처럼 교육거버넌스의 신세계, 새로운 지평을 어떻게 열어갈 수 있을지를 진지하게 고민하게 하는 책이며, 실질적인 도움을 받을 수 있는 좋은 책이다.

국회의원 **도종환**

{ 차 례 }

—— I부 회고

—— II부 변화

1. 세대의 변화

2. 학교의 변화

___Ⅲ부 미래사회를 위한 교육담론

사회 변화,
교육 변화 읽는 교육트렌드

성 기 선
가톨릭대학교 교육학 교수

세상의 모든 존재는 생성, 성장 그리고 소멸의 과정을 겪게 된다. 인간을 포함한 모든 유기체는 물론이고 역사와 사회제도, 국가와 민족 등도 이러한 운명에서 예외는 없다. 제도교육인 학교교육 역시 일련의 생성, 성장, 소멸의 과정을 거친 다고 보아야 한다.

우리나라에 근대적인 학교교육이 태동한 것은 19세기 말부터다. 이후 일제강점기부터 본격적으로 학교를 설립하기 시작했고 1930년대부터 초등교육이 급팽창했다. 1950년대 중반부터 1960년대 중반까지 태어난 소위 '베이비부머^{baby boomer}' 세대가 학교로 급속도로 밀려들어옴으로써 초등학교 입학생 수가 급증했고, 이들이 대거 중학교로 진학하면서 중등교육의 양적 팽창으로 이어졌다. 1970년대에는 경제발전을 위한 실업교육을 강조하고 국가체제유지를 위한 이데올로기 교육도 강화했다. 대학입학을 둘러싼 경쟁도 치열하게 전개되었는데

1980년대 졸업정원제 도입, 1990년대 대학설립준칙주의 등으로 대학입학 정원이 급속하게 확대되어 대학진학자 수가 급증하는 과정을 거쳤다. 이러한 변화를 고려해본다면 해방 후 1990년대 말까지를 우리나라 학교교육의 성장기로 명명할 수 있다.

2000년대에 접어들면서 학교교육은 점점 쇠퇴 과정을 밟는다. 이때부터 우리나라의 학교교육은 성장 고점을 지나 학령인구 급감, 학교 폐교, 인구소멸, 지방대학 붕괴 등 위험 상황에 직면하게 되었다. 2020년부터 지금껏 이어지고 있는 코로나19의 충격은 학교교육의 존립 근거조차 뒤흔들고 있다. 우리 학교교육은 이른바 퍼펙트 스톰[1] 충격 속에 빠져 있으며 한 치 앞 미래도 예측 불가능한 어려운 상황이다.

한편 2000년대 초반부터 '작은학교 살리기 운동'으로 시작하여 교육청 정책으로 추진한 '혁신학교운동'은 이제 전국적으로 확산되어 공교육을 재구조화하기 위한 노력으로 진행해왔다. 그러나 혁신학교를 반대하는 여론도 만만찮으며, 교육현장에서는 혁신학교의 초기 정신조차 실종되었다는 강한 비판도 있다. 혁신학교 일반화, 혁신교육지구사업, 마을교육공동체, 교육과정 분권화, 미래학교 설계, 그린스마트스쿨, 고교학점제, 교육자치 강화 등 정책 과제는 산적해 있지만 여전히 갈 길은 묘연하다. 여기에 기초학력미달자 증가, 교육격차 및 교육양극화 심화, 교육을 통한 사회이동 제약, 과도한 사교육비 등의 난제가 우리 교육의 앞길을 막고 있다.

앤디 하그리브스와 셜리는 『학교교육 제4의 길』에서 제도교육이 나아가야 할

---

1) 기상 용어인 퍼펙트 스톰(perfect storm)은 개별적으로 보면 위력이 크지 않은 태풍 등이 다른 자연현상과 동시에 발생하면 엄청난 파괴력을 내는 현상으로, 보통 경제계에서는 심각한 세계경제의 위기를 일컫는다. 2008년 미국 글로벌 금융위기로 달러가치 하락과 유가 및 국제 곡물가격 급등에 물가상승 등이 겹쳐지면서 경제용어로 진화했다. 이 용어는 세바스찬 융거가 1991년 미국 동부 해안에서 벌어진 실화를 바탕으로 쓴 베스트셀러 『퍼펙트 스톰』에서 출발했다. 융거는 당시 허리케인 그레이스와 다른 두 개의 기상전선이 충돌해 유례없는 대형 폭풍이 만들어진 것을 보고 '완전한 폭풍'이라 이름 지었다(https://ko.dict.naver.com).

방향을 예고한 바 있다.[2] 이 책에서는 학교교육 제4의 길로 '모두를 위한 교육', '집단적 의사결정 과정', '교육과정 개발자로서의 교사', '지속가능한 책임의식을 통한 집단적 책임감을 불러일으키는 리더십', '지역사회 중심의 네트워크 구축' 등을 제시했다.

필자가 참여했던 연구팀이 2017년 미국교육학회[AERA]에서 한국의 혁신학교에 대해 발표한 적이 있다. 이 자리에 하그리브스를 토론자로 초빙했는데, 그는 "한국의 혁신학교는 학교교육 제3.5의 길 정도"라고 높이 평가한 바 있다. 그럼에도 불구하고 우리나라 전체 교육상황은 실제로 제1, 2, 3의 길이 혼재되어 있다. 국가통제의 교육과정, 신자유주의 교육정책, 입시 위주 수업, 교육과정 재구성, 수행평가, 전문적학습공동체, 마을교육공동체 등 교육 현실을 구성하는 다양한 활동, 정책, 관행들이 서로 다른 길 위에서 충돌하고 있는 것이 우리 교육의 현실이다.

이러한 혼란한 상황에서 우리 교육은 어디로 가야 하나? 지금 어디로 향하고 있나? 이 질문에 누구 하나 속시원히 답하기 어렵다. 학교는 아이들의 행복한 성장을 돕는 기관으로서 지속적으로 변화해야 한다. 지속적인 변화를 위해서는 올바른 방향을 설정하고 이해관계자들이 변화의 흐름을 읽어내고 실천할 수 있어야 한다. 이 책은 이러한 문제의식에서 출발했다. 미래 불확실성이 점차 더 심해지는 작금의 상황에서 교육을 담당하는 교사, 학부모, 정책담당자들이 우리 교육의 흐름을 파악할 수 있도록 다양한 주제와 영역에서 접근한 글을 담았다.

이 책은 크게 세 영역으로 구성되었다. 먼저, 우리 교육이 걸어온 역정을 담은 회고의 글을 준비했다. 이어서 변화의 장을 마련했다. 여기서는 세대의 변화, 학교의 변화, 정책의 변화로 나누어 우리 교육의 구체적인 변화에 대해 다룬다. 마

2) 앤디 하그리브스·데니스 셜리, 『학교교육 제4의 길』, 이찬승·홍완기 옮김, 21세기교육연구소, 2015.

지막으로 우리 교육의 미래상을 예견하는 미래교육의 장으로 마무리한다.

1부 '회고'에서는 우리 교육의 패러다임 변화에 대해 고민한다. 해방 이후 우리나라의 경제 규모는 세계 최하위권이었다가 2021년 현재 세계경제 규모 10위의 G7 초청국으로 급성장했다. 교육 영역에서도 양적 팽창을 거듭하여 해방 이후 80%에 달하던 문맹률이 2019년 현재 전체 인구의 50%가 고등교육을 이수한 지식강국으로 변화했다. 이 과정에서 수많은 난제들을 경험해왔다. 이 글은 입시를 둘러싼 경쟁, 열악한 교육재정, 교육민주화운동, 5.31교육개혁안, 국민의정부와 참여정부의 교육개혁 방향을 설명하고 보수정권에서 교육개혁 후퇴와 혁신학교운동, 그리고 문재인 정부 교육개혁의 가능성과 한계를 일목요연하게 정리하고 있다. 이 글의 마지막 문장은 다음과 같이 우리에게 새로운 질문을 제기한다. "우리는 여전히 산업사회의 흔적 위에 서 있고, 미래사회는 성큼 와 있지만 익숙하지 않다. 서구사회가 300년 동안 변화해온 것을 우리는 30년의 짧은 시간 동안 겪었다. 혼재된 요구, 혼재된 인식, 개혁 주체이기도 하고 개혁 대상인 기득권자이기도 한 격변기에 우리는 어떤 역할을 해야 할까?"

2부 변화는 '세대', '학교', '정책' 편으로 나누어 변화의 흐름을 제시한다. '세대의 변화'는 학교를 구성하는 학생, 교사 및 학부모의 변화에 집중한다. 학교 구성원의 변화는 늘 진행형이다. 이들의 특성을 이해하지 못하면 학교교육을 이해하기 어렵기 때문에 매우 중요한 영역이다. 특히 MZ세대의 등장과 특징을 다루는 부분은 인상적이다. 신세대 교사들은 기존 교사들과는 분명히 달라 보인다. 워라밸을 중시하고 공정성을 중시하며 기존에 교사를 바라보는 고정관념에서 벗어나서 자유로운 개성을 중시한다. 디지털 네이티브 특성을 보이며, 자기의 행복 추구를 최우선 가치로 두고 있다. 또한 교사를 바라보는 우리 사회의 시각이 변화될 필요성을 제기한다.

'학교의 변화'는 코로나19로 인한 학교의 혼란, 기후위기로 인한 미래의 불확실성 등을 통해서 학교가 어떻게 변화되고 있는지 검토한다. 코로나19와 싸우며 코로나19 이후를 준비하는 학교의 중요한 숙제는 무엇보다 교육 일상을 회복하기 위해 '학교의 공백'을 메우는 일이다. 블랜디드 러닝, 거꾸로 수업^{Flipped Learning} 등을 통해 기존 교수·학습활동의 약점을 보완해야 하며 교육 3주체의 참여와 소통이 기본이 되는 협력적 거버넌스가 필요하다. 학교의 역할에 대한 새로운 설계가 필요한 시점이다. 이외에도 기후환경 문제와 교육, 학교자치와 민주학교, 혁신교육지구와 마을교육공동체 등에 대해 깊이 있는 논의를 전개한다. 입시문제, 교육격차, 대학서열화, 교육불평등과 같은 우리 사회의 구조적 문제와 돌봄, 다양한 학교, 학교공간, 기초학력, 미디어리터러시, 원격교육 등 다양한 당면과제도 성찰해봄으로써 우리 교육의 현실을 직시하고 미래 방향을 찾는 혜안을 제시한다.

'정책의 변화'는 향후 변화될 정책의 기조를 읽을 수 있는 주제들을 제시한다. 먼저 2022년 7월에 본격 가동하는 '국가교육위원회'에 대해 알아본다. 이 위원회는 정권의 영향을 받지 않도록 하고, 사회적 합의가 잘 되지 않는 사안과 중장기적 교육의제들을 국민참여로 풀어가도록 과업을 부여받았다. 이로 인해 교육부와 교육청의 역할도 바뀔 것이다. 이른바 교육거버넌스의 총체적 변화를 예고하고 있다. 이어서 2022개정교육과정을 다룬다. 2022개정교육과정은 비공식적으로는 대한민국의 11번째 교육과정이자 7차 교육과정 이래 4번째 수시 개정교육과정이다. 주요 개정 방향은 학생의 삶과 연계한 역량을 키우고, 지역 분권 및 학교 교사의 자율성에 기반한 교육과정 강화, 국민과 함께하는 교육과정, 기초학력 및 배려 대상의 교육 체계화, 미래 대비 교육 강화이다. 전문가 중심의 연구개발을 넘어서 국민과 현장 교원들이 참여하는 참여형 교육과정을 구성하는 노력이 제대로 구현되기를 바란다.

교육부는 2025학년도부터 일반계고등학교를 대상으로 고교학점제를 본격 시행한다고 선언했다. 고교학점제를 둘러싼 쟁점과 문제점이 적지는 않다. 학교별 다양한 교육과정 개설, 지역 간 교육격차 심화, 다양한 교과목을 담당할 교사 확보, 미이수자 처리방법, 성취평가제 도입으로 인한 학점 인플레이션, 교육공간 확보, 대입제도 변화 필요 등 수많은 문제점을 제시하고 있다. 그러나 모든 학생들이 동일한 과목을 듣는 획일적 교육과정을 탈피해야 할 이유는 수만 가지다. 자신의 진로와 적성을 살릴 수 있도록 집중적으로 이수하고 이와 연계된 대학에 진학하도록 한다면 무의미하고 관심없는 시간들이 사라지게 된다. 학생들의 자기주도성과 수업참여도가 높아지는 것은 당연한 결과일 것이다. 이제 고등학교의 공간이 변화하고, 교육과정이 바뀌고, 문화를 뒤흔드는 변화가 일어날 것으로 예상된다. 이 제도 정착으로 고등학교 교육혁신이 일어날 수 있도록 철저히 준비해야 한다.

교육재정의 당면과제와 해결방향도 논의한다. 최근 기획재정부를 중심으로 인구구조 변화에 따른 재정지출 소요를 반영하여 재정을 효율화해야 한다는 요구가 제기되고 있다. 구체적으로는 학령인구 감소에 따라 지방교육재정의 축소가 필요하다는 주장이다. 하지만 학생의 다양한 요구와 시대적 변화에 따른 새로운 수요를 제공하기 위해서는 더욱 적극적인 투자가 필요하다는 반대 주장도 강하다. 유아교육 공공성 확대, 고교무상교육 등 국정과제를 실현하기 위해서는 교육재정 확대가 불가피한 측면이 있다. 교육재정은 단순히 경제부처의 논리로 재단해서는 안 되며, 교육의 질 제고를 위해 과감히 투자하여 미래에 닥칠 위기에 대비해야 한다.

'정책의 변화'를 다루는 장의 마지막 주제는 교원양성체제 혁신이다. 이 글에서는 미래사회에 대비하는 교육을 위해 교사교육을 어떻게 해야 할지 고민한다. 먼저 교원양성기관에서 교육현장의 변화를 담지할 수 있는 교육과정과 프로그램을 적극 개편해야 하며 교육실습을 대폭 강화하여 실습학기제를 도입할 필요도 있다. 교육대학의 경우 교육과정을 다양화하여 학습자·학부모에 대한 이해, 현장교육 프로그램 등을 경험하도록 해야 한다. 중등교원 양성은 규모를 축소해가면서 사범대학, 교직과정, 교육대학원의 특성화를 유도하여 기관별로 역할을 구분할 필요가 있다. 마지막으로 고교학점제를 준비하기 위해서라도 다[*]교과 전문성을 기르도록 해야 한다. 복수전공자 임용을 우대하고, 현직 교원들의 복수전공 프로그램을 지원함으로써 교사의 교육전문성을 강화하기 위해 노력해야 한다. 교사교육은 미래교육을 위한 가장 중요한 영역이다. 이해관계에 매몰되지 않는 혁신적 변화를 요청해야 한다.

　3부에는 우리 교육의 현실과 미래에 대해 김진경 국가교육회의 의장과 대담한 내용을 담았다. 대담에서는 먼저 우리 사회의 거대담론이 돼버린 인공지능 Artificial Intelligence: AI과 교육의 문제를 날카롭게 지적하고 있다. 김 의장은 이를 양날의 칼이라고 표현한다. 관계와 공감능력을 확대하는 방향으로 쓰면 유력한 수단이겠지만, 산업사회 체제가 그대로 온존되는 상태에서 작동하면 지옥이 될 수 있다는 설명이다. 이제 학교는 지식 전수뿐만 아니라 학생들이 자기정체성을 형성하여 살아가는 능력을 길러주는 역할까지 확장해야 한다. 이를 위해서는 학교와 지역사회가 긴밀히 결합, 다양한 교육 생태계를 형성해 학생들이 의욕을 가지고 연결고리들을 풍부하게 발견할 수 있도록 해야 한다. 학생에게 심각한 문제가 있는 경우, 학교는 지역사회와 공동으로 그 원인에 접근하는 방안을 찾아야 한다. 이러한 교육시스템은 학교가 지역과 긴밀한 네트워크를 형성하고, 학교교육이 지역의 삶과 호흡하며, 학교와 지역이 함께 학생들이 건강하고 안전하게 성장할 수 있는 토대를 형성한다는 점에서 삶에 스며드는 교육시스템이라 할 수 있다.

　고교학점제는 빠르게 변화하는 사회에서 학교가 새로운 지식을 수용하지 못하는 폐쇄적인 체제였기 때문에 등장했다고 할 수 있다. 이를 수용하는 통로를 만들자는 것인데, 지역사회가 주체의 한 축으로 학교에 들어와야만 고교학점제가 제대로 실행될 수 있다. 사회 각 영역과 지역사회가 교육의 한 주체로서 참여하는 것, 고교학점제는 교육과정의 지역화, 학생중심화가 핵심이다. 대담에서는 국가교육위원회가 국민교육주권이 행사되는 합의제 행정조직이라는 점에서 거버넌스의 큰 변화임을 지적한다. 아울러 더 깊은 민주주의가 필요한데, 교육자치가 기초단위와 학교주민자치를 향해 심화되어야 함을 주장한다. 중앙에서 교육과정을 독점하고 있는 학문권력은 해체하여 지역단위와 학교가 교육과정을 구성하고 운영하는 데 비중 있는 주체가 되어야 한다. 북한과 협력하여 상호 강점을 보완하고 다문화교육, 세계시민교육을 강화해야 한다는 주장이다. 마지막으로 우리나라가 코로나19 국면에서 만들어낸 세계적 모델에 자부심을 가지게 해야 하며, 다음 세대에게 희망을 주는 교육을 마련해야 한다고 강조했다.

학교교육은 평화로운 공간이 아니다. 누군가 학교는 '쟁송지대^{Contested Terrain}'라고 표현한 바 있다. 우리 사회를 구성하는 다양한 층위에서 학교교육에 대한 기대가 다르기 때문에 수많은 가치와 이해관계의 충돌이 일어나는 경쟁과 갈등의 장면이라는 점을 의미한다. 최근에는 학교교육을 둘러싼 보수와 진보의 대립과 갈등이 더욱 심화되고 있다. 그러나 분명한 것은 학교교육의 핵심은 미래의 삶을 살아갈 주체인 학생들이다. 기존 세대가 경험하지 못한 새로운 삶의 환경과 조건 속에서 살아갈 학생들에게 필요한 것은 무엇인지, 학생들의 진로와 적성을 고려한 유의미한 교육 내용은 어떠해야 하는지, 학생들이 흥미롭게 참여할 수 있는 교육방법은 무엇인지, 학생들의 주체성을 살려나가는 교육은 어떠해야 하는지 함께 고민하고 협의해야 한다.

2022년 교육트렌드는 어떻게 바뀔 것인가? 이 질문에 답하는 것은 그렇게 간단하지 않다. 그럼에도 불구하고 2022년 전개될 것으로 확신할 수 있는 사실 몇 가지는 다음과 같다.

첫째, 코로나19가 우리 교육에 미친 충격과 후유증을 해소해야 하는 문제가 당장 제기될 것이다. 바뀐 교육환경으로 인한 학생들의 정서적 장애 문제와 교육격차 및 기초학력부진을 해결하는 대책을 마련해야 한다. 이를 위해 한시적으로 수업일수를 늘리거나 방과 후 교육이나 주말과 방학을 활용한 보충교육 등을 제시할 수 있다.

둘째, 2022년 3월 대통령선거가 있고 6월에는 지방자치단체장 선거가 치러지기 때문에 수많은 교육 관련 공약이 제시될 것이다. 대선을 통해서 기존 교육 난제들을 해결하는 패러다임의 전환을 꿈꿀 수 있다는 강점이 있지만, 한편으로는 검증되지 않는 추상적 정책이 남발되어 교육 생태계를 혼란에 빠뜨릴 위험도 우려된다. 아울러 교육감 선거가 진행되면서 진보와 보수의 이념갈등이 재현된다면 교육자치제도와 학교현장의 안정성에 심각한 문제를 던져줄 수 있다. 두 선거를 통해서 우리 교육의 고질적 난제를 모두 해결하려는 과욕을 가져서는 안된다. 중장기 정책은 7월에 본격 가동하는 국가교육위원회가 준비할 수 있도록 인내하고 지원해야 한다. 이제 국민참여형 교육정책을 형성하는 모델을 만들 수 있는 토대를 만들었다. 더이상 교육을 정쟁의 대상으로 삼지 말고 교육의 본질을 구현할 수 있기를 기대한다.

셋째, 2025년 예고된 고교학점제 안착을 위한 노력이 필요하다. 고교학점제가 적용될 첫 세대가 2022학년도에 중학교에 입학하며 이들은 2028학년도 대입시험을 치른다. 그런데 고교학점제와 현행의 수능체제는 맞지 않는다. 공통과목 수가 최소화되고 선택과목 수가 대폭 확대되기 때문에 지금의 수능 방식을 적용하기는 불가능하다. 교육부는 현재 이러한 새로운 체제에 적합한 대입제도를 준비 중이라고 한다. 모든 교육문제는 대입제도에 의해 좌우될 정도로 이 과제는 매우 중요하다. 학교교육의 정상화, 학생들의 행복한 학습, 미래를 준비하는 교육이 가능한 대입제도를 마련해야 한다.

넷째, 학생 수 급감이 미칠 영향에 대해 관심을 기울여야 한다. 올해 많은 수의 지방대학이 입학정원을 충원하지 못했는데, 일시적이 아니라 점차 심화 확대될 것이라는 점에서 더욱 심각한 상황이다. 학생 수 급감과 지역교육의 붕괴는 거의 20여 년 전부터 예고된 문제였다. 그러나 어떤 정부도 이 문제에 적극적으로 대응하지 못했다. 이제부터라도 농·산·어촌 학교 통폐합, 대학입학정원 축소,

대학특성화, 지역대학 연계, 지역산업체와 연계, 평생교육체제 전환 등 다양한 시도들을 과감히 전개해야 한다. 그렇지 않으면 지역교육의 붕괴는 훨씬 빠른 속도로 전개되어 우리나라 전체 교육체제의 몰락으로 이어질 수 있다.

마지막으로 AI, 메타버스^{Metaverse} 등 새로운 기술혁명이 교육계에 미칠 영향을 준비해야 한다. 이러한 기술을 활용한다면 누구나 비용 부담 없이 양질의 교육서비스를 받을 수 있다. AI를 활용하면 개별화교육도 가능하다. 특히 기초학력 미달자를 위한 맞춤형 개별화교육을 실시한다면 학교교육에서 소외되는 집단을 최소화할 수 있다. 또한 메타버스 기술을 활용한 다양한 양질의 교육프로그램을 담는 종합 교육플랫폼을 만든다면 유치원교육부터 평생교육까지 포괄하는 보편적인 교육이 가능하다고 생각한다. 기존 학교교육의 한계를 극복하고 새로운 학습사회를 이끌어가는 중요한 전환점을 마련할 수 있다.

미래교육은 우리에게 위기이자 기회다. 앞으로 일어날 변화를 예견하고 준비한다면 우리가 지금껏 해결하지 못한 난제들을 해결할 뿐 아니라 새로운 사회변화, 교육 변화의 전환점을 만들 수 있다. 모든 사회제도, 가치, 관행, 기술, 이념 등은 우리가 구성해왔다. 따라서 우리는 모든 것들을 다시 새롭게 구성할 수 있는 가능성도 갖고 있다. 학교교육의 생명력이 끝난다는 우려를 벗어버리고 새로운 교육양식을 재구성하고 창조할 수 있다는 믿음을 가져야 할 시점이다.

I부

회 고

성장의 그늘 속
눈먼 자들의 각축전

김성근
충청북도교육청 부교육감

⋮

교육의 시간

해방 이후 우리나라는 지금까지 급격한 성장과 변화를 해왔다. 광복 70주년 한국사회의 변화를 다룬 통계청의 수치를 보면 국내총생산^{GDP}은 1953년에 비해 3만1000배 증가해 세계 10위권에 올라섰다. 1인당 국민소득^{GNI}이 3만 달러를 넘어섰다. 1953년 48.2%이던 농림어업의 비중이 2.3%로 떨어진 대신 반도체, 자동차, 선박 등이 수출 1위 품목이 됐다.[1] 국민총생산^{GNP} 최하위국이던 대한민국은 2021년 현재 G7 초청국으로, 세계경제규모 10위국으로 급성장했다.[2]

교육에서도 큰 변화가 있었다. 해방 직후에는 문맹률이 80%에 달했지만 이제는 전체인구의 50%가 고등교육을 이수한 지식강국이 되었다(2019년 기준).

---

1) 통계청, 「광복 70년 위대한 여정 새로운 도약」, 2015.
2) 임광복, "G7 2년 연속 초청·경제규모 세계 10위...국제사회. 한국 국격은 이미 선진국 반열", 파이낸셜뉴스, 2021.7.4.

입시경쟁 교육은 산업화 시대가 드리운 하나의 그림자였다. 앞선 지식을 빨리 습득하기 위한 교육방식은 강의식, 암기식으로 진행되었고, 시험을 대비해 요점만 소화하기 쉽게 만든 수업방식을 '암죽식'이라 일컫기도 했다. 산업 성장기의 교육목표는 진학과 취업, 사법고시나 회계사 시험 같은 자격시험이었다. 자격증과 취업을 위한 시험, 입시 앞의 교육은 곧 요점 정리와 암기였다. 토론과 질문이 있는 수업방식은 합격이 절박한 학생들에 의해 부정당하기도 했다. 일례로 미군정기에 일제 잔재 청산과 더불어 미국식 합리주의를 교육에 이식하려던 시도[4]가 있었다.

🔳 **전국 문맹퇴치 계획 전후의 문맹률[3]**

연도	문맹률(%)	비고
1945	77.8	해방 직후
1948	41.3	정부수립 당시
1953	25.6	
1954	13.9	
1955	12.5	문맹퇴치 교육 실시 시기
1956	10.2	
1957	8.3	
1958	4.1	

자료 출처: 문교부, 《문교일보 49집》, 1959.11.

🔳 **국민 교육수준(학력별 인구분포)**

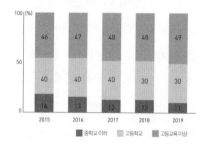

자료 출처: OECD, 「Education at a Glance」(각 연도)

산업성장 시기에 학생들은 책상 앞에서 머리띠를 동여매고, 친구도 만나지 않고, 전투적으로 시험 준비에 매진했다. 1960년대에는 국민학교 학생들의 중학교 입시 경쟁이 심각한 사회문제로 떠올랐다. 1969년, 중학교 무시험 제도가 도입되자 이번에는 고교입시경쟁 문제가 떠올랐다. 망국병으로 일컬어지던 고교입시문제 해결을 위해 정부는 고교평준

---

3) http://blog.naver.com/ss920527/222420950776에서 재인용

4) 새교육운동을 일컫는다. 수업시간을 80분으로 하여 교사 임의대로 통합 교과를 적절히 가르칠 수 있으며, 주입식 교육 방법에서 탈피하여 어떤 문제를 제시하면 아동들이 충분히 토의한 다음 교사의 의견을 듣도록 하는 등 자유롭고 민주적인 교육 방법이었다. 당시 미국에서 유행하던 존 듀이의 이론을 본뜬 아동중심주의 교육을 접맥하기 위해 미국 교육 사절단이 수개월간 한국으로 파견 나와 한국 교사들을 연수하고 파급하려 했으나 크게 성공하지 못했다. 당시 기록에는 "토의식 수업방식을 전파했으나 학교현장에서는 주입식 교육을 선호했다"고 남겨져 있다.(한국민족문화대백과, 한국학중앙연구원)

화 정책[5]을 도입했다. 이런 식으로 우리나라 학생들이 경쟁에 시달려야 하는 구간이 점점 길어져갔다. 이 경쟁을 독려하기 위해 밤 12시까지 야간자율학습을 감독하던 학교교육은 지금 시대와는 더이상 맞지 않는다.

전문가 집단과 국민의 인식 차 노정

과거	현재	미래
기성세대	아이들 부모	전문가 집단

자료 출처: 김진경, 국가교육회의 주관 대학입시 경청회(기조발제에서 인용), 2017.

사회공동체의 건강한 구성원을 길러내야 하는 교육의 다양한 역할이 요구되는 오늘날에는 과거처럼 시험 결과만으로 교육의 성패를 말할 수가 없게 되었다. 21세기 우리 교육은 어떤 모습을 띠어야 할까?

세계는 산업화 시대를 거쳐 정보화사회, 4차 산업혁명 인공지능사회로 변화를 거듭해왔다. 사회 변화에 따른 시대적 요구를 고려하지 않은 교육은 의미 없는 일이다. 교육현장에는 인식의 시차가 존재한다. 아이들은 현재를 살고 있다. 그들과 함께하는 기성세대는 15년 전에 교육받은 사람들이다. 교육정책은 아이들이 살아갈 15년 후의 세상을 예측하며 펼쳐진다. 기본적으로 교육에는 교육정책 전문가와 기성세대 간에 30년 정도 시차가 존재한다. 같은 패러다임 속에 살던 시기에는 30년의 시차가 별것 아니었다. 그러나 산업사회-지식정보화사회-인공지능 자동화시대와 같이 10년 단위로 급변하는 최근의 사회 변화 앞에서 30년의 격차는 엄청난 괴리로 다가올 수 있다. 이러한 시차는 교사들 간에도 드러난다. 세대 격차와 인식 차이로 다양한 분화가 일어난다.

---

5) 교육의 평등성 실현이라는 이념 아래 고교 간 교육격차를 완화하여 고교교육을 균등화하려는 정책. 그 당시 수립한 고교평준화정책의 기본 방향은 ① 중학교 교육의 정상화를 촉진하고, ② 고등학교의 평준화를 기하여 학교 간 격차를 해소함은 물론, ③ 과학 및 실업교육을 진흥시키고, ④ 지역 간 교육의 균형 발전을 도모하고, ⑤ 국민의 교육비 부담을 경감시키며, ⑥ 학생인구의 대도시 집중 경향을 억제하는 것이었다. 고교평준화정책은 1974년 서울과 부산에서 시작하여 이듬해 대구, 인천, 광주로 확대됐고, 1979~1980년에는 중소도시 지역까지, 1981년 21개 도시지역으로 확대됐다. 그 후 소도시 지역의 경우 평준화정책의 실효성에 대해 계속 논쟁했다.(한국민족문화대백과, 한국학중앙연구원)

교육의 양적 확대와 교육재정의 굴곡

해방과 더불어 우리 교육은 두 가지 과제를 안았다. 일제 잔재 청산과 산업화 지원이다. 미군정 하에서 조선교육심의회[6]가 교육체계를 담당하여 우리 교육정책의 방향으로 의무교육 6년을 선포했다. 정부 수립과 함께 의무교육 6개년계획(1949)을 발표하고 의무교육이 포함된 교육법을 제정(1950)하면서 초등학생 수가 급팽창했다. 1952년 237만 명이던 초등학생 수가 1970년에는 575만 명으로 2.5배 증가했다. 교육시설 확충을 위해 내국세의 11.55%를 초·중등교육에 투자하도록 하는 의무교육재정교부금법을 제정했는데(1958) 이는 1964년 제정한 지방교육교부세(내국세의 1.43%에 해당)와 함께 우리 교육재정의 근간을 이루게 된다. 이러한 법률적 토대 위에서 교육은 내국세의 12.98%를 교육재정으로 확보할 수 있었다. 교육재정을 내국세의 일정한 비율로 확보했다는 것은 대단히 중요하다. 교육은 투자 효과가 바로 나타나지 않기 때문에 법률로 재정을 보호하지 않으면 안 된다. 내국세의 12.98%를 차지했던 교육재정은 2004년 중학교 의무교육 실시와 함께 19.4%로 인상되었고, 현재는 내국세와 지방세의 세수 조정에 따라 20.79%로 되어 있다.

정국에 변동이 있을 때마다 조정되기 마련인 것이 정부의 재정이지만 안정적이던 교육재정에 큰 사고가 있었던 것은 1972년, 박정희 정권 때의 일이다. 망국병으로 얘기되던 중학교 입학시험을 무시험으로 전환(1969)한 직후, 의무교육재정교부금과 지방교육교부세가 지방교육비재정교부금법으로 통합됐다. 늘어

---

6) 1945년 12월 23일에 조직해 1946년 3월 7일 해산할 때까지 20차례의 전체회의와 105차례의 분과회의를 진행했고, 정부수립 이후 교육이념, 교육제도 전반에 걸쳐서 기본 골격을 마련했다. 1945년 9월 16일에는 오천석 등 7명으로 조선교육위원회를 구성했는데, 여기에서는 단지 각급 학교의 개교시기에 관한 문제, 일본인·친일파 교사 처리 문제, 학무국 요원 추천 문제, 교과서와 교육과정 구성 문제 등 당장의 교육 현안을 자문하는 역할에 그쳤고, 교육 전반에 관한 조사와 심의 활동은 교육심의회로 이관됐다. 총 인원은 73명으로 이 중 한국인은 62명이었으며 해외유학 경험의 고학력자, 그리스도교도, 온건민족주의자, 반공주의자 등이 주류를 이루었다. 당시 좌익계로 분류된 인사들은 참여하지 않았다.(다음백과, 2021)

난 중학교 학생들을 위한 교육재정을 마련해야 한다는 게 그 이유였는데 그로부터 반년이 채 지나지 않은 1972년 8월 3일, 경제안정을 위한 대통령 긴급조치(소위 8.3 조치)가 발동되었다. 10월유신 직전이었다. 이 조치에는 지방교육재정교부금법의 폐지조항이 포함돼 있었는데 한마디로 경제발전이 우선이니 교육재정은 후순위로 하자는 것이었다. 내국세의 12.98%가 투입되던 교육재정이 이때부터 5.6%로 줄어들었다. 콩나물 교실, 조개탄 난로로 상징되는 우리 교육환경의 열악한 구조가 바로 이 지방교육재정교부금법의 폐지 조치에서 비롯되었다고 할 수 있다. 이 조치는 10년간 유지되다가 전두환 정권이 들어서며 사라졌다. 10년간 누적된 심각한 교육재정 위기를 돌파하기 위한 방안으로 교육세[7]가 신설되었다.

초등교육에서 육성회비가 사라진 건 '국민학교'에서 '초등학교'로 명칭을 전환한 1997년에 와서다. 초등학교 의무교육은 방향 설정에서 완수까지 50년이 걸렸다. 1985년 '중학교 의무교육실시에 대한 규정'에 의해 도서벽지 중학교 1학년부터 시작된 중등의무교육은 노태우 정권에서 읍·면지역 중학교로 확대되었다가 2004년에 와서야 전국적으로 이루어졌다. 중학교 의무교육 역시 1969년 중학교 무시험 입학제도 도입과 함께 시작해 35년이 걸렸다고 볼 수 있다. 그리고 고교 무상교육이 문재인 정부에서 시작됐다.

교육재정을 들여다보면 현재의 민감 사안을 알 수 있다. 학령인구가 급격하게 감소함에 따라 교육재정을 조정해야 한다는 목소리가 힘을 받는다. 사실 지난 5년간 전체 아동인구 수는 130만 명 감소했다. 이 추세라면 현재 270만 명인 초등학생 수는 향후 10년간 30% 이상 감소할 것이다. 도 단위 교육청의 경우 전교생 60명 이하의 소규모 학교 수가 전체 학교의 30%를 넘는다. 학생 수는 급감하고 있지만 교원 수는 지속적으로 늘고 있다. 당해년도에 지방교육재정을 모두

---

7) 현재 시행되고 있는 교육세는 1981년 한시적 임시 목적세로 입안되었다가 1986년, 1990년 2차에 걸친 개정을 거쳐 1991년부터 영구세로 바뀌어 오늘에 이르고 있다

사용하지 못해 다음해로 이월하는 금액도 적지 않아 지방교육재정이 넘쳐난다는 말도 들린다.

지방교육재정 측면에서 보면, 지금은 질적 변화를 도모할 절호의 시기다. 그러나 경제발전을 위해 박정희 정권이 그랬던 것처럼 눈에 보이는 단기 성과를 위해 교육 투자를 뒤로 돌리려는 시도 역시 남아 있다.

지방교육재정교부금으로 대표되는 초·중등교육의 재정 권한은 교육자치를 담당하는 교육감에게 있다. 격변기의 교육이 제 역할을 제때 할 수 있도록 교육청과 중앙정부의 협업이 절실한 때다.

▨ 학생 수, 교원 수, 학급 수 총합(1999~2018)

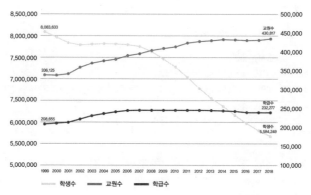

자료 출처: 교육부, 2019.

▨ 교원 1인당 학생 수 변화 추이

단위: 명

	'80	'85	'90	'95	'00	'05	'10	'15	'16	'17	'18	'19	'20
초등학교	47.5	38.3	35.6	28.2	28.7	25.1	18.7	14.9	14.6	14.5	14.5	14.6	14.2
중학교	45.1	40.0	25.4	24.8	20.1	19.4	18.2	14.3	13.3	12.7	12.1	11.7	11.8
고등학교	33.3	31.0	24.6	21.8	19.9	15.1	15.5	13.2	12.9	12.4	11.5	10.6	10.1

자료 출처: e-나라지표, 2021.

교육민주화선언

박정희 정권의 8.3긴급조치 이후 10년 동안 교육환경은 황폐해졌다. 10월유신 이후 독재정권의 폭력성이 기승을 부리던 이 시기에 학교에도 비민주적이고 반봉건적인 관료적 운영 문화가 뿌리를 내렸다. 입시경쟁의 압박 속에서 자살하는 아이들도 속출했다. 이 모든 것이 도화선이 되어 교사들 사이에서 개혁 의지의 불이 붙었다. 중등교원 이직률이 10%를 넘어서던 1980년대 초부터 YMCA를 중심으로 개혁 교사들의 운동이 전국적으로 파급되었다. 이는 1986년 5월의 교육민주화선언[8]으로 가시화되었다. 교육민주화선언은 4.19 교원노조[9] 이후 교사들이 자주적 선언을 한 최초의 사건으로 기록됐다.

> **당시 교사들이 요구한 5가지**
>
> 1. 교육의 정치적 중립성
> 2. 교사의 교육권과 시민권 및 학생·학부모의 교육권 보장
> 3. 교육의 비민주성과 관료성을 배제하고 교육 자율성을 확립하기 위한 교육자치제 실시
> 4. 자주적 교원단체 설립
> 5. 비교육적인 잡무 제거 및 강제 보충수업 및 심야학습 철폐

이들의 요구는 3년 후 전국교직원노동조합^{전교조} 결성[10]으로 이어졌다. 이 과정

---

8) 당시 교사들은 전두환 정권이 부활시킨 스승의 날(5월 15일) 대신에 5월 10일을 교사의 날로 선포하고 서울, 강원, 부산, 호남 지역에서 교육민주화선언을 했다. 이어 충남 등 지역이 선언을 이어갔다. 이 선언과 관련 7명의 교사가 구속되고 20명이 파면, 해임, 정직 등 징계를 당했다.(전교조신문)

9) 4.19혁명 직후인 1960년 5월 대구·경북지역을 시작으로 노조원 2만여 명의 조직으로 출범했다. 5.16혁명재판부는 교원노조를 용공이적단체로 몰아 궤멸시켰다. 지도부는 10년 이상 실형을 선고받았고, 1500여 명의 교사가 파면됐다.("또 하나의 잊혀진 과거사, 4.19 교원노조 사건", 신동아, 2004.9.22.)

10) 4.19 교원노조 사건 이후 28년 만에 노동조합단체 형태로 새로 조직됐다. 오송회사건, 1983년 11월의 교과서분석 사건 등은 교사들의 소모임 활동 결과다. 사회단체를 통한 교사 활동으로는 대한기독교청년회연맹(YMCA) 초등교육자협회, YMCA 중등교육자협회, 대한여자기독교청년회연합회(YWCA) 사우회, 흥사단 교육문화연구회 등이 있었다. 1986년 5월 10일에는 이들 교사모임을 중심으로 교육민주화선언을 발표했고, 1987년 6·29선언 직후인 9월 27일에는 소규모 교사단체를 통합한 전국 규모의 교사협의회로 민주교육추진 전국교사협의회(약칭 전교협)를 창립했다. 민족, 민주, 인간화를 강령으로 내건 전교조는 창립 직후 불법으로 규정되어 구속 107명, 파면해임 등 해직 1560명에 달했다.(다음백과, 2021)

에서 교육민주화선언의 기본 가치로 '민족, 민주, 인간화'를 강령에 담아 향후 교육개혁의 큰 방향을 제시했다. 특히 '인간화교육'은 입시경쟁교육에 맞서 한 축을 형성했다. 교사들은 비정한 점수 경쟁과 물질만능적 상업주의에 반대하며 교육목표로 "진리를 탐구하고 심신이 건강한, 인간미 넘치는 공동체의 구성원으로 성장해야 함"을 제시했다.

교육민주화선언, 전교조 결성 이후 1500명이 넘는 해직교사가 전국 각지에서 자연스럽게 지역사회운동의 핵심으로 자리 잡았다. 해직교사들이 전국 기초단위마다 꾸린 전교조 조직은 지역사회운동 단체들과 사무실을 같이 쓰는 경우가 많았다. 이때 교사들이 지역사회 문제를 이해하고 함께 해결책을 모색하는 경험을 한 것은 중요한 변화를 낳았다. 지역과 학교가 결합할 수 있는 토대가 교사들에 의해 자연스럽게 만들어진 것이다. 지역사회를 학교를 포함하는 교육 생태계로 인식한 것은 교실 중심, 지식 중심의 교육적 사고에서 벗어날 수 있는 가능성을 키웠다. 이는 나중에 혁신학교운동과 더불어 혁신교육지구, 마을교육공동체 등 지역 교육 생태계 운동 활성화의 배경으로 작용했다. 1986년 교육민주화선언이 교사협의회, 전교조 결성으로 이어지며 '입시경쟁교육 탈피, 비민주적 관료문화청산, 지역사회와 연계한 교육 생태계 활성화'라는 방향성을 만들면서 20년 후 교육감 직선제와 함께 혁신학교, 마을교육공동체 등 개혁의 꽃을 피운 것이다.

구소련이 무너지며 냉전시대에 종말을 고한 1989년은 말 그대로 격변기였다. 신자유주의가 세계화를 기치로 사회와 개인의 변화를 재촉하고 있었다. 88서울올림픽이 우리 경제의 비상을 알렸고, 대통령 직선제에 이어 직선제 지방선거가 30년 만에 부활했다. 1994년 전교조 해직교사 대부분이 복직했다.[11] 5년에 가까운 학교 밖 경험을 간직한 해직교사 1500여 명의 복직으로 민주적 개혁 에너지

---

11) 100명에 가까운 교사들은 전교조가 합법화된 1999년 이후 복직했다.

를 수혈받은 학교는 지역사회와 교육자치의 길을 내기 시작했다. 1995년 지방자치 직선제 선거에서 전교조 출신 교사들이 지방의회로 진출하여 지방교육행정에 부분적으로 관여하게 되었다. 1996년 5.31교육개혁으로 추진된 학교운영위원회는 학교의 민주적 자치 가능성을 시험대에 올려놓았다. 교육민주화운동은 학교에서 지역사회운동으로 지평을 넓히며 1990년대 중반부터 열린 지방자치 시대에 맞춰 정치적 영향력을 키워 참여정부에서 추진한 교육감 직선제로 꽃을 활짝 피웠다.

⋮

패러다임 전환기 5.31교육개혁의 과도기적 성격

역대 정부의 교육개혁을 살펴보면, 10~20년 단위의 사회경제 전반의 패러다임을 국민적 담론으로 제시하고 정착시키기 위한 '대*교육개혁'이 있고, 이미 주어져 있는 큰 틀의 흐름에서 부분적으로 추진하는 '소ˢ교육개혁'이 있다. 교육개혁의 성격은 해당 시기 정부가 임의로 선택하는 문제라기보다는 시대 상황에 의해 결정된다고 할 수 있다. 대교육개혁의 예로 1960년대 경제 근대화가 태동하던 시기, 1970년대 초·중반 경공업 중심 체제에서 중공업 체제로 이행하던 시기, 1980년대 초·중반 고도 대중소비사회 체제로의 전환기[12], 1990년대 말 신자유주의 체제로의 전환기를 들 수 있다.

김영삼 정부는 1995년 '교육개혁위원회'를 통해 "교육재정 확충, 대학교육의

---

12) 1960~70년대 대중소비사회를 지나 1980년대 한국사회는 고도 대중소비사회로 이행한다. 고도 대중소비사회라는 개념은 미국의 경제학자 로스토(W. W. Rostow)가 봉건시대부터 현대사회까지의 경제발전 단계를 설명하면서 주장했다. 그는 봉건시대부터 현대까지의 경제발전은 전통사회-도약 준비-도약-성숙-고도 대중소비의 5단계로 발전했으며, 현대 선진국은 마지막 단계인 고도 대중소비사회에 속한다고 했다. 고도 대중소비 단계에서는 산업체제가 생산재 생산에서 소비재 생산으로 변화하고, 사회보장제도의 발달로 일반 대중의 소득이 증대하여 소비생활수준이 높아지므로 대중소비가 사회경제에 큰 비중을 차지하게 된다...우리나라가 고도 대중소비사회에 도달하기 위해서는 선진 제국의 경험에서 알 수 있듯이 민주화가 달성되어야 한다는 전제가 있었다(조성운, "고도 대중소비사회의 성장과 광고", 우리역사넷 사이트에서 인용).

국제경쟁력 강화, 사학의 자율과 책임제고"라는 우선 추진 3대 과제를 포함한 11개 교육개혁 과제를 선정, 1년여의 연구와 의견수렴 과정을 거쳐, "질 높은 교육, 교육수요자 중심의 교육, 교육의 다원성 신장, 교육운영의 자율성과 책무성 제고, 교육발전을 위한 지원 체제 강화 등"을 기본 방향으로 소위 5.31교육개혁안('신교육체제 수립을 위한 교육개혁방안')을 발표했다.

당시는 구소련을 중심으로 한 냉전체제가 해체되며 세계화라는 화두가 급속히 등장하고 지식정보화사회로 진입하는 신자유주의 담론이 대유행하던 시기였다. 한국은 이 시기 OECD에 29번째 회원국으로 가입했다. 5.31교육개혁은 이후 김대중 정부, 노무현 정부를 거쳐 이명박·박근혜 정부에 이르기까지 교육정책에 큰 영향을 주게 된다.

신자유주의 성격의 5.31교육개혁안이 지닌 이중성

문민정부는 산업화 시대에서 지식정보화사회, 개발도상국에서 선진국으로 진입하려는 패러다임 전환기에 있었다. 이러한 패러다임 전환기에 우리 교육은 두 가지 시대적 과제를 안고 있었다.

하나는 산업화 교육 탈피, 즉 미국 등 선진국 따라잡기를 과제로 한 그간의 개발도상국의 패러다임을 청산하고 창의적인 인재를 길러내기 위한 교육문화 기반을 마련하는 일이었다. 입시경쟁교육, 획일화된 교육과정, 암죽식[13] 주입식 교육 등 개발도상국의 인재양성 패러다임은 사회적으로 학벌주의, 경직된 반봉건적 조직문화, 획일성 등 근대적 유산에 뿌리깊이 자리 잡고 있었다. 또 하나는 세계화, 효율화라는 지식기반사회의 새로운 교육 기반을 구축하는 일이었다.

당시 세계적 흐름 역시 두 가지 성격의 개혁 과제를 안고 있었다. 하나는 '지식정보화'라는 급격한 사회 변화에 대한 근본적 요구로 하향식top-down의 관료적

---

13) '암죽'은 갓 태어난 아이들이 먹기 좋게 갈아서 만든 죽을 말한다. 입시교육 과정에서 학생들이 암죽처럼 이해하기 쉽게 요점을 잘 간추려서 전달하는 교육방식을 '암죽식 교육'이라 불렀다.

문화 청산, 다양성 등 시스템의 변화가 놓여 있었다. 다른 한편으로 노동의 유연화에 대한 자본의 신자유주의적 요구도 있었다.

경제협력개발기구[OECD]는 이러한 시대적 흐름을 반영하여 교육개혁 권고안을 내놓았다. 5.31교육개혁안은 이러한 OECD의 교육개혁 요구를 큰 여과 없이 받아들인 것이었다. 따라서 관 주도의 양적 성장을 추구한 근대화의 경직된 교육서열화 체제를 해체하는 효과를 얻을 수도 있고, 노동의 유연화란 이름으로 경쟁구조를 무한히 심화시킬 수도 있는 양날의 칼이었다. 즉, 5.31교육개혁안이 표방한 '자율과 자치, 다양성, 개방성'은 관 주도의 경직된 교육서열화 체제와 획일성을 해체하여 입시경쟁교육의 근간을 흔드는 효과를 얻을 수도 있었고, '다양성과 수월성'은 신자유주의적 경쟁구도를 무한히 심화시킬 가능성도 있었다.

이처럼 5.31교육개혁안은 OECD 권고안을 원본에 가깝게 받아들인 것이기 때문에 우리 교육현실에 맞게 구체화된 안이라기보다는 재해석의 여지가 많았다. 이러한 5.31교육개혁안은 산업사회 해체라는 시대적 변화의 큰 틀 속에서 추진되었지만 패러다임 전환기의 이중성으로 인해 정권마다 교육담론을 다르게 해석했다.

국민의 정부, 참여정부의 5.31교육개혁안 재해석

신자유주의 체제는 한국사회에 매우 폭력적이고 굴욕적인 양상으로 급박하게 도입되었다. IMF 관리체제가 바로 그것이다. 이러한 양상은 신자유주의 체제가 긍정적으로 작동할 수 있는 여지를 제거했다. 신자유주의 속성 중 하나인 '합리성'이 우리 사회에 만연한 비합리적 요소들을 바로잡는 역할을 할 수도 있었으나 IMF 관리체제라는 위기상황이 근대화 과정에서 형성된 비합리적 기득권을 그대로 인정하게 만들었고, 경제적 합리성을 내세운 요구들은 사회적 약자 일방을 향했다.

국민의 정부는 두 가지 성격을 지녔다. 하나는 오랜 민주주의 투쟁의 성과로 등장한 민주주의 가치 지향을 강하게 지닌 정부라는 것이고 다른 하나는 IMF라는 혹독한 시련과 함께 등장하여 세계적으로 유행하던 신자유주의의 틀 속에 자리한 정부라는 것이었다. 민주주의와 신자유주의라는 양면적 성격을 띤 국민의 정부는 교육정책에서도 두 축의 정책을 함께 펼쳐나갔다. 민주주의 실현이라는 측면에서는 폐쇄적인 학교 지배구조를 깨기 위해 학교운영위원회를 도입해 개방과 자치의 길을 열었다. 신자유주의 측면에서는 교원 정년 단축이라는 구조조정의 칼을 과감히 빼들었다는 점, 교원들에게도 성과급 문화를 적용해 경쟁구조를 만들고자 한 점을 들 수 있다.

문민정부의 5.31교육개혁안이 지닌 다양성과 수월성 추구라는 양면의 날은 진보·보수 양쪽 모두에 끊임없는 논쟁과 갈등을 일으켰다. 보수세력과는 소위 '이해찬 세대' 논쟁을, 전교조 등 교육시민사회와는 '신자유주의 교육' 논쟁 등이 펼쳐졌는데 국민의 정부 교육정책을 둘러싼 이러한 논쟁들은 성과를 낳기도 했다. '한 가지만 잘하면 된다'는 소위 '이해찬 세대' 논쟁은 수월성 교육담론을 형성했다. 소수 엘리트 중심의 수월성 교육체제로 운영되던 기존 교육구조에 문제를 제기하고 '모든 학생을 위한 수월성 교육Excellence for all'이라는 새로운 방향을 가리킨 것이다. '소수 엘리트를 위한 수월성 교육'이라는 신자유주의 모델은 영국 대처주의의 대표 정책이었다. 반면 '모든 학생을 위한 수월성 교육'은 국민의 정부 당시인 1990년대 말 등장한 영국 블레어 행정부가 대처리즘의 교육문제를 극복하기 위해 내놓은 슬로건이다. 이 두 가지 수월성 교육담론 속에는 우리 교육을 성적 중심의 획일화되고 서열화된 방식으로 진행할 것인가, 아니면 아이들의 다양한 재능과 적성을 살려주는 학교로 만들 것인가 하는 핵심 문제가 들어 있다.

5.31교육개혁안의 핵심이던 '서울대 등 일부 대학의 대학원 중심 대학으로의 전환과 학부 축소'는 김대중 정부 시기에 대학 측의 강력한 저항으로 좌절되었다. 이른바 스카이SKY 대학의 학부 인원 축소는 장기적으로 학벌사회 해체를 기대할 수 있었던 정책이었다. '고등학교 교육과정의 다양화' 역시 고등학교 체제

를 대학식으로 전환하고자 하는 고등학교 단위제[14]의 연장선에서 구체화한 시도였다. 고등학교 교육과정의 다양화 정책은 획일적인 대학입시제도를 불가능하게 만들어 역시 학벌사회 해체에 기여할 것으로 기대되었다. 그러나 이들 정책을 실현시킬 여건을 마련하지 못했다.

5.31교육개혁안이 일방적인 신자유주의 정책이라며 전면 부정했던 시민사회는 결국 교육개혁의 주도권을 보수세력에게 빼앗겼다. 비합리적이고 경직된 서열체계를 깨뜨릴 수 있는 날을 스스로 무디게 만들고 만 것이다. 참여정부 때의 교육행정정보시스템[NEIS] 정책을 둘러싼 갈등이 대표적인 사례다. 아이들의 정보인권 문제를 제기했던 전교조는 비타협의 투쟁노선을 고수하며 참여정부 초기 개혁을 좌초시켰다.

> 참여정부 출범 초기 그 중요한 시기에 교육부나 전교조는 그 문제(NEIS)에 발목이 잡혀 한 발짝도 앞으로 나아갈 수 없었다. 많은 시간과 노력을 기울여 그 문제는 해결했다. 하지만 첫 조각 때 파격이라는 소리를 들으며 임명했던 교육부 장관은 개혁 역량을 제대로 발휘해 보지도 못한 채 물러나고 말았다. 그렇게 되면 그 후엔 점차 안정적 인사로 가게 마련이다.[15]

개혁의 파트너로 전교조를 생각했던 노무현 대통령의 생각은 NEIS 갈등을 겪으면서 바뀌었다. 노무현 대통령은 현장교사를 비롯한 전교조 그룹이 이미 기득권화되었다고 보고, 교육개혁의 걸림돌이 될 수 있음을 경고했다.

> 교육계의 강력한 기득권, 그리고 그 교육개혁의 흐름을 개혁하겠다고 나섰던 전교조 조직, 양쪽 다 이미 강력한 기득권 세력이 되어 있습니다. 전교조는 이미 이런저런 전략적 과오로 말미암아 교육계의 도덕적 리더십을 못 갖고 있지 않습니까? 교육개혁의 모든 과제가 선생님들의 기득권과 다 관계되

---

14) 대학의 학점제와 거의 같은 제도로 박정희 정부 때인 1960년대 말 교육과정에 도입됨.
15) 문재인, 『문재인의 운명』, 북팔, 2017, 213쪽.

어 있습니다.[16]

IMF의 늪을 빠져나온 참여정부 교육정책에 대한 국민적 요구의 핵심은 '학벌사회 타파'였다. 우리 교육 문제의 핵심을 꿰뚫은 요구였다. 참여정부는 5.31교육개혁안에서 기득권 해체 가능성을 보고 학벌사회 타파의 논리적 근거로 삼으려 했다. 대학교육과 초·중등교육을 분리하여 사회보장과 복지 차원으로 다룸으로써 신자유주의 경쟁 논리가 초·중등교육으로 확대되는 것을 막고자 했다. 하지만 학벌사회 타파의 핵심 정책이라 할 수 있는 '서울대의 대학원 중심 대학으로 전환과 학부 축소', '고등학교 교육과정의 다양화'가 이미 좌초된 상태였기 때문에 이를 실현할 마땅한 수단을 갖지 못했다. 결국 학교교육의 계급적 분화를 앞당기려는 기득권 세력의 압력에 방어적·수동적으로 대응할 수밖에 없었다. 초·중등 교육정책을 규정하는 원리를 공공성과 복지 차원으로 넓힌 것, 대학입시에서 이른바 3불원칙[17]을 고수한 것, 외고·자사고 등 특목고 확대 억제, 방과후학교를 통한 교육복지 확대 등이 학벌사회 타파를 위한 핵심 정책들이 무력화한 상태에서 추진한 방어적 정책들이다. 이 정책들 역시 방과후학교를 제외하면 수구세력의 강력한 저항에 번번이 부딪혔다. 하지만 5.31교육개혁안을 비합리적 기득권의 해체 가능성으로 재해석하여 활용하고자 한 참여정부의 노력은 사립학교법 개정, 교장공모제 및 교육감 직선제를 포함한 교육자치제도의 민주적 개혁 등 시스템 개혁 부분에서 일정 수준의 성과를 거두었다고 할 수 있다.

보수정권의 5.31교육개혁 해석

보수세력은 5.31교육개혁안을 '교육에 자유시장 경쟁원리 도입', '수월성 추구'로 받아들여 기득권의 안정적 재생산을 위한 학교교육의 계급적 분화를 중등

---

16) 노무현 대통령 정책기획간담회, 2003.6.9.
17) 본고사 부활, 고교등급제, 기여 입학제를 금지하는 정책. 참여정부에서는 '대입3원칙'이라 명명했음.

단위까지 확대하려 했다. 이명박 정부는 '초·중등교육의 경우 평준화로 인해 학교교육이 획일화되고 학력이 하향평준화되었다는 문제의식' 아래 학교자율화 조치로 일제고사 확대와 학생 개인, 학교, 지역의 성적 공개 등 경쟁원리를 전면화하는 정책을 발표했다. 이후 자율형사립학교 100개 설립 등 학교차별화 정책을 통해 학교 간 경쟁을 유도했다. 그 결과, 보수교육감 지역인 서울을 중심으로 자사고가 우후죽순 생겨났고, 심각한 교육서열화 문제와 함께 경쟁교육이 강화되었다. 또한 '학교와 지역사회가 전면적인 자율적 교육 권한을 가지고 경쟁하면 질 높은 교육이 가능할 것이라는 문제의식' 아래, 그간 입시경쟁교육을 완화하기 위한 장치였던 0교시 금지, 야간 보충학습 금지 등 일체의 규제를 폐지했다. 그리고 대학입시를 자율화하며 시·도교육청과 학교의 자율성을 강화한다고 발표했다. 이들 정책은 학교교육의 입시경쟁 구도를 강화했고, 당시 대대적으로 당선된 진보적 직선제 교육감[18]들과 강한 대치를 이루었다. 결과적으로 이명박 정부는 신자유주의 경쟁구도 강화에 초점을 맞추었으나, 서열화 입시경쟁 교육체제를 강화[19]함으로써 탈산업화의 시대적 흐름을 반영하지 못하는 결과를 가져왔다. 특히 이명박 정부의 경쟁 교육 강화는 '밥 좀 먹자, 잠 좀 자자'라는 슬로건이 학생들에 의해 등장할 만큼 심각한 교육적 파행이었다.

박근혜 정부는 보수정권이지만 교육 분야에서는 탈산업화의 방향을 도입했다. 일제고사 및 선행학습 금지 조치와 함께 전격적으로 중1 교육과정에 자유학기제를 도입했다. 자유학기제는 2012년 대선 당시 문재인 후보가 처음 제안

---

18) 교육감 직선제는 참여정부 때 정책 입안되어 참여정부 말인 2007년, 부산 교육감 보궐선거 때 처음 적용됨. 이명박 정부 출범 직후인 2009년 경기도 교육감 보궐선거에서 김상곤 교육감이 당선. 무상급식, 혁신학교 정책을 추진하며 담론을 형성했고, 이후 2010년 지방선거에서 전교조 출신을 비롯하여 진보적 교육을 표방한 교육감이 수도권과 호남, 강원지역에서 당선. 이후 2014년, 2018년 지방선거에서 모두 진보적 성향의 교육감이 대거 당선됨.

19) 2019년 교육통계를 보면, 전체 고교 2356개교 중 자사고 42개교, 외고 30개교, 국제고 7개교로 79개교가 이에 해당됐으며, 자사고·외고·국제고 재학생 수는 전체 고등학생 수의 4.2%에 달했다. 특히 자사고 42개교 중 22개교가 위치한 서울은 평준화 정책을 심각하게 훼손했다. 그 외 입시경쟁 대열에 서 있는 전국 단위 모집 고등학교 수가 49개교에 달해 지방 학생들의 고교 입시경쟁을 과열시켰고, 기타 과학고·영재고 28개교, 마이스터고 47개교로 실질적인 고교 입시제도가 시행됐다. 이는 중학교부터 초등학교까지 사교육 시장을 넓혔다.

한 정책이었다.[20] 박근혜 정부는 '행복교육'을 표방했으나, 진보 교육감들과 대치전선을 형성했고, 공모교장제도에 제한을 가하는 등[21] 개혁의 동력이 될 정책들에서 보수적 입장을 견지했다. 특히 역사교과서 등에서 산업화 시대의 유물인 교과서 국정화 등의 정책을 추진하여 거센 비판을 받았고, 교육정책의 주도권은 지방교육자치를 담당하는 교육감들에게로 넘어가게 되었다.

⋮

학교와 지역 교육 생태계: 학교의 역할은 무엇인가?

지금도 시골 학교를 가보면 종종 공덕비가 보인다. 공덕비 뒤 새겨진 글들은 '학교를 세울 때 마을 사람 이모씨가 땅 몇백 평을 희사하고, 김모씨는 쌀 몇 가마를 기부하고 등등' 학교 설립의 역사이기도 하다. 해방을 맞이한 우리 선조들의 꿈은 문맹 탈출과 독립국가의 성장이었다. 당시 교육행정시스템도 정비되지 않았지만 너도나도 힘을 보태 학교를 설립하고 아이들을 교육했다. 그래서 학교는 마을의 것이었다. 학교가 마을공동체의 구심 역할을 했기 때문에 시골학교 운동회가 열리면 온 마을이 축제를 즐겼다. 이처럼 학교는 지식전달을 위한 창구 이

---

20) 2012년 8월, 문재인 후보는 교육공약 1호에서 '쉼표가 있는 교육-행복한 중2 프로젝트'를 발표했다. "성적이 미래의 징표가 돼어버린 세상에서 경쟁에서 한 번 뒤처진 아이들은 다시 따라갈 수 없다는 절망감에 사로잡힌다"고 지적하고, "지나친 국영수 위주의 성적 경쟁 속에서 아이들은 자신이 무엇을 잘하는지, 무엇을 하고 싶은지 잊어버렸다"고 진단했다. 또한 "자신의 소질과 적성을 모르는 아이들은 자존감을 상실하는데 자존감이 없는 아이들이 어떻게 제대로 성장할 수 있겠는지" 되물었다. 그는 "꿈이 없는 아이들은 거칠어지고 이것이 학교폭력 등 교육 문제의 근원적 원인"이라며 "꿈을 잃어버린 아이들에게 다시 꿈을 찾아주는 일"이 교육의 중요한 과제임을 역설했다. 그리고 중3 졸업 후 1년간 경쟁교육에서 벗어나 진로탐색을 위해 다양한 활동을 하는 아일랜드의 전환학년제를 벤치마킹하겠다고 발표했다.
두어달 뒤, 박근혜 후보는 '자유학기제'를 공약했다. 자유학기에는 필기시험 없이 독서, 예체능, 진로 체험 등 자치활동과 체험 중심의 교육을 통해 학생들이 창의성을 키우고 진로탐색 기회를 갖는 등 내용은 문재인 후보와 같았다. 입시경쟁 중심의 우리 교육에 대한 진단과 처방을 여야 후보가 똑같이 내어놓은 것이다. 아일랜드 전환학년제를 벤치마킹하는 것까지 똑같았다. 그래서 현재의 자유학기제는 정책 노하우를 본다면 오히려 '문재인표'라고 보는 것이 맞다.
21) 직선제로 당선된 진보 교육감들은 전교조 해직교사 출신이거나 전교조와 연대한 교육감들이었다. 이들은 평교사가 교장이 될 수 있는 내부형 교장공모제를 활용함으로써, 학교현장에서 좋은 학교 리더십을 형성한 교사들을 학교 경영에 참여시켜 상향식 학교개혁을 이루고자 했다. 김상곤 교육감의 경기도 혁신학교는 이러한 바탕 위에서 만들어진 것이다. 박근혜 정부는 내부형 교장공모제를 제한해 대부분의 교육청은 활용할 수 없도록 제한했다.

외에 사회통합과 문화 전수, 기본 가치관 전수 등 사회공동체의 보완적 기능을 함께 맡았다. 하지만 산업성장 시기를 지나면서 경제적으로 풍요로워진 만큼 공동체의 환경은 급속도로 악화되었다. 농촌에서는 대가족을 중심으로 했던 가족 공동체가 무너져갔고, 도시에서는 골목을 중심으로 한 마을공동체가 무너져갔다. 부모가 일이 바쁘면 옆집 아줌마가 밥을 챙겨주던 따뜻한 풍속은 급속히 사라지고 학교는 공부를 가르치는 것뿐 아니라 무너져가는 공동체의 빈 공간을 교육복지제도를 확대하여 메워야 했다. 우리 사회의 현대화와 공동체의 붕괴 과정에 대해 김진경은 다음과 같이 진단했다.[22]

교육정책은 박정희 시대부터 노동력 수급정책의 일환으로, 굉장히 경제적인 논리로 풀어왔어요. 근데 학교만 교육을 하는 건 절대 아닙니다. 가족, 지역사회, 사회 일반의 여러 부분이 다 교육인 거죠. 그 기반 위에 학교가 있다는 말입니다. 우리가 다니던 60년대, 70년대에는 학교에 인성교육이나 이런 거 기대하지 않았어요. 그러니까 가족들, 형제들이 있고, 지역사회도 공동체니까 그 안에서 아이들이 겪는 내적 성장, 정서적 성장 문제는 거의 해결이 됐습니다. 그리고 학교는 지적 성장만 다뤄주면 됐어요. 그것만 해결하면 됐습니다. 근데 근대화·세계화 과정에서 엄청난 독과점이 이루어집니다. 독과점의 과정이란 게 뭐겠어요? 자본이란 건 본원적으로 축적을 하잖아요. 약탈적 축적을 하게 돼 있습니다. 그 약탈을 어디서 했느냐는 말이죠. 생활 생태계에서 뺏어온 거예요. 제가 서울의 단독주택가에서 25년째 살거든요. 우리 애들이 학교 다니던 80년대, 90년대 초까지만 해도 한 300m 골목에 문방구가 세 개고, 구멍가게가 두 개고, 세탁소가 하나였어요. 그러니까 적어도 애들이 돌아다니는 건 걱정 안 했거든요. 다 동네 사람들이고, 무슨 일 생기면 가게에서 이렇게 내다보고, 이상한 일 있으면 가서 한마디 하게 돼 있는 거죠.
근데 지금은 불이 다 꺼졌어요. 경제적 독과점이 생활 생태계를 완전히 파괴해버린 거죠. 그래서 지역사회의 횡적 연대는 완전히 사라지고 도시는 거의

---
22) 김성근, 『교육, 끊어진 길 되짚으며, 새 길을 내기 위하여』, 참여정부 정책총서, 노무현재단, 2012.

베드타운화돼버렸습니다. 지역사회의 어떤 생태계가 무너져버린 거죠. 아이에 대한 보호기능이나 교육기능 같은 게 그 안에 존재하는 건데, 그런 기능이 독과점화, 중앙 집중화가 계속 진행되면서 거의 소진되더니, 90년대 들어 완전히 해체돼버렸습니다. 그러면서 90년대 이후에 나타나는 교육적 요구들이 달라져요. 생활 생태계가 파괴되었는데 육아가 어떻게 해결이 돼요? 그러니까 육아, 탁아나 취학 이전 교육에 대한 공적 요구가 막 나오잖아요. 그럼 사교육비가 엄청 들게 되죠. 그 전에는 생활 생태계 속에서 자연스럽게 해결되던 게 이제 돈을 들여야 하는 문제가 돼버린 거죠. 맞벌이하는 부모 입장에서 보면, 퇴근하고 6시, 7시에 들어오는데 중학생 애들이 3시에 학교 끝나고 4시간 동안 저 혼자 돌아다닌다고 생각해보세요. 이 서울 바닥에서. 불안해서 견딜 수가 없습니다. 사교육비로 해결해야 되는 거죠. 적어도 부모가 들어온 이후에 학원차 타고 집에 도착해야 하는 거죠. 그래서 사교육비가 이렇게 비대해진 이유를 근본적으로 봐야 합니다. 우리 사회가 가지고 있던 생활 생태계, 교육 생태계가 무너져버린 거예요. 그거를 개인이 다 돈으로 메워야 하는 상황이 와버린 겁니다.

입시경쟁 중심의 산업 성장기 교육이 진행되는 동안 학교교육은 지역사회와 별 관련이 없게 되었다. 획일적인 입시경쟁 교육에서 참고서와 문제지만 가지고 학습하는데 지역사회를 알고 체험하는 것이 무슨 도움이 될까? 그저 봉사활동 몇 번 나가는 것이거나 공부 잘하는 아이들이 지역장학금을 받을 때 감사를 표하는 곳이거나 이따금 명승지를 체험하는 정도가 전부였을 것이다. 교통이 발달하여 소풍조차 다른 지역으로 떠나는 아이들에게 고향이 큰 의미가 있지는 않았을 것이다.

그런데 1990년대 중반, 대안학교 운동과 작은학교 살리기 운동을 통해 조금씩 바뀌기 시작했다. 해직기간 동안 지역사회운동을 함께한 교사들은 지역사회와 교육을 자연스럽게 융합시켰다. 이런 교사가 있는 학교에서는 아이들의 배움이 지역사회로 자연스럽게 연결되었다. 학교 밖에 존재하는 교육적 자원과 인력이 학교 안으로 쉽게 들어올 수 있는 계기가 된 것이다.

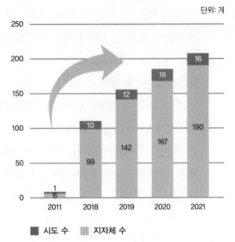

■ 연도별 전국 혁신교육지구 현황

단위: 개

■ 시도 수　■ 지자체 수

자료 출처: 교육부

'마을이 학교다'를 표방한 혁신교육지구 사업은 교육감과 자치단체장의 호흡이 중요했다. 지역사회운동 경험이 많은 박원순 서울시장과 곽노현 교육감이 서울시 교육도시 계획을 수립했고 서울 금천구, 성북구, 경기도 시흥시를 비롯한 서울, 경기 등 기초자치단체장들이 지역의 아동·청소년을 위해 나섰다.

혁신교육지구, 마을교육공동체 사업 등 지역의 교육 생태계를 조성하는 일은 참여정부 때 숱하게 논의된 교육자치의 해결책이기도 하다. 우리나라는 일반자치와 교육자치가 분리, 운영되고 있는데 이는 세계적으로도 드문 현상으로 아이를 키우는 데 필요한 교육, 생활 안전망 지원, 돌봄 등을 어떻게 효과적으로 작동시킬 것인가가 여전히 민감한 의제^{agenda}가 되고 있다. 교육이 모든 지역주민의 관심사임에도 불구하고 주민 대표성이 부족하고 아무도 책임지지 않는다는 비판도 있었다. 노무현 대통령은 교육감 직선제를 통해 이 문제를 해결하고자 했다. '교육자치와 일반자치를 분리하되 협업체제를 통해 함께하는 것'이 노무현 대통령의 구상이었다.

> 대통령의 기본 입장은 지역공동체가 살아났으면 좋겠다는 것이었죠. 거기서 가장 중심적인 것을 학교로 봤고요. 즉, 학교가 다른 이해관계 집단하고는 달라서 지역사회 공동체를 유지하는 데 중요한 역할을 한다고 본 겁니다. 그래서 행정 중심의 자치가 아니라 학교 중심의 자치가 됐으면 좋겠다고 생각하고 계셨어요. 솔직히 말해, 교육자치가 일반자치와 통합됐으면 좋겠다는 생각을

하셨지요. 행정기관이 어디로 가든 학교 중심의 자치가 된다면 그건 관계없는
것 아닙니까? (중략) 교육행정학자들은 거의가 분리주의자들입니다. 그러나
행정학자의 90%는 통합주의자들입니다. (중략) 통합안이 나온 거죠. 그러나
당시 이해찬 총리가 이 문제는 교육계 반발이 심하기 때문에 어렵다고 대통령
께 보고를 했죠. 결국 대통령하고 다시 회의를 해서 통합은 아니되 통합의 효
과를 낼 수 있는 동시직선 구조, 즉 교육감을 시도지사와 동시에 선거로 선출
하는 안으로 갔던 겁니다. [23)]

　　학교와 지역사회의 결합이라는 과제는 교육감 직선제를 통해 풀리기 시작했
다. 지역운동 경험이 있는 해직교사 출신의 진보적 교육자들이 대거 당선되어
새로운 시도를 해나갔기 때문이다. 여러 지역에서 '한 아이를 기르기 위해 온 마
을이 나서야 한다'는 외국 속담을 내세우며 협력을 강화해나갔다. 교육혁신지
구, 마을교육공동체, 마을학교, 꿈의학교 등의 용어를 내세우며 지역은 학교 밖
에서 아이들을 보듬기 시작했다. 자유학기제, 자유학년제가 결합의 동력을 한층
강화했다.

　　그러나 학교와 지역사회의 결합은 입시경쟁의 벽을 넘기엔 역부족이었다. 고
교서열화로 인한 고교입시, 강력한 대입 경쟁체제 아래에서 지역 교육 생태계는
그저 초등학교와 중학교 일부에 열린 정도였다. 대부분의 시·도에서 고교 업무
를 교육청이 담당[24)]하고 있다. 교육지원청은 중학교까지만 관장할 뿐 고교 업무
는 교육청 관할이라 고교 단위에서 지역사회와 학교의 결합은 여전히 과제로 남
아 있다.

　　산업 성장기 우리 교육은 아이들이 명문학교를 찾아 '읍면에서 중소도시로,
중소도시에서 대도시로, 대도시에서 서울로' 옮기는 거대한 엑소더스[exodus]였다.

---

23) 김성근, 앞의 책, 노무현재단, 2012.
24) 2020년까지 경기, 충남 천안을 제외한 나머지 교육청은 고교 업무를 시·도교육청이 직접 관할했다. 2021년 충북이
　　고교학점제 기반 조성을 이유로 고교 업무를 교육지원청으로 전면 이관했고, 그 흐름은 조금씩 확산되고 있다.

아이들이 대도시와 서울의 학교로 진학하고, 취직하여 고향을 떠나는 것이 성공의 잣대였다. 지방에서는 수도권으로 진학하는 아이들에게 성공했다고 지역장학금을 주는 일이 일상화되었다. 그런 아이들에게 고향은 학습할 내용도, 관찰할 대상도, 관계 맺을 이유도 없는 곳이었는데 이제는 달라지고 있다. 지역 속에서 자라고, 배우고, 관계 맺으며 성장해가고 있다. 자신이 성장한 지역을 떠나게만드는 것이 지역교육의 목적이던 산업 성장기의 패러다임이 바뀌고 있다.

⋮

탈산업화 교육의 대안, 혁신학교

2009년 경기도 교육감 보궐선거에서 김상곤 교육감이 당선되었다. 이는 우리 교육에 있어 새로운 신호탄이었다. 1년 반의 짧은 임기 동안 김상곤 교육감은 학급당 학생 수를 25명으로 하는 혁신학교 정책을 펼치며 전 학생 무상급식[25]을 제안해 격렬한 논쟁을 일으켰다. 이듬해 수도권과 호남, 강원에서도 진보 교육감이 대거 당선되면서 보편적 복지와 혁신학교 관련 논쟁은 더욱 확산되었다.

산업 발전을 통해 급속히 성장한 후유증은 심각한 양극화로 나타났다. 무상급식을 필두로 한 보편적 복지정책은 양극화 해소를 향한 첫 발걸음이 되었다. 선진국 따라잡기식 교육에서 벗어나고자 한 혁신학교 정책은 교사집단을 개혁의 주인으로 세웠다. 시스템과 내용에서 새로운 방향을 제시한 혁신학교 운동은 학교 구성원들의 자치를 강화해나가며 학교 비전, 교육과정 재구성, 운영 등에서 교사들이 주역으로 참여하는 민주적 학교모델을 제시했다. 기존의 학교운영이 학교장과 부장교사들을 중심으로 한 하향식top-down이라면, '모든 교사들이 함

---

25) 2009년 당시 김상곤 경기교육감은 "돈 있는 아이들이나 돈 없는 아이들이나 모두 무상급식을 실시하자"고 제안했다. 무상급식 대상자인지 확인하는 과정 자체가 저소득층 아이들에게는 또 씻을 수 없는 상처를 준다는 이유에서다. 무상교육 논쟁은 보편 복지와 선별 복지 논쟁으로 확대되는데, 2011년 8월 오세훈 서울시장은 선별 복지를 주장하며 시민투표를 강행, 사퇴하는 일까지 있었다.

께 참여하고 함께 책임진다'는 혁신학교의 민주적 운영 원칙은 상향식^{bottom-up} 참여 민주주의에 바탕을 두었다. 이는 하향식 획일적 학교 운영에 답답해하던 창의적인 교사들의 폭발적인 지지를 받았다. 반면 토의문화나 협의를 통한 학교 운영에 익숙하지 않았던 기존 관료적 교장, 교감들에게는 권한을 잃었다는 박탈감으로 불만이 누적되었다.

진보 교육감들은 학교민주화를 적극 지원했다. 오랫동안 학교민주화를 갈망하던 평교사들이 공모를 통해 혁신학교 교장으로 임용[26]되면서 개혁의 동력이 되었다. 혁신학교는 학교공동체에 민주적 학교 운영의 재량권을 부여함으로써 봉건적 관료주의에 젖어 있던 학교문화에 일대 변화를 가져왔다. 개혁적 교사들은 교육민주화선언부터 '교사 스스로 교육의 주인'이 되려는 큰 흐름을 만들어왔다. 5년간 해직생활을 겪은 1500명의 교사집단, 승진을 위한 점수관리에 도덕적 부끄러움을 갖고 있던 샤이^{Shy} 교사들 앞에 함께 학교의 비전을 세우고, 협력하고, 실천하는 판이 펼쳐진 것이다. "무력한 정권 하수인에서 자주적인 참교사로 거듭나기를 희망"했던 교육민주화선언 이래 교사들에게 '괜찮은 학교'를 만들 기회가 열린 것이다.

수업과 학급 운영에서 개별적으로 혁신을 실천하던 교사들에게 학교혁신은 또다른 세상이었다. 협업과 집단지성, 전문적학습공동체, 성찰, 교육과정 재구성, 회복적 생활교육 등 새로운 용어로 단장된 혁신적 실천이 뒤따랐다. 교장공모제로 평교사 출신 교장들이 임명되면서 나온 좋은 사례들은 평교사 중심의 혁신운동에 자부심을 더해주면서 헌신적인 실천 사례가 뒤따랐다.

경기도 분당 등에서는 혁신학교 학군에 해당되는 아파트의 가격이 인근 아파

---

26) 참여정부는 교장공모제를 도입하고, 일정 비율의 평교사들이 응모할 수 있도록 했다. 교장공모제와 함께 교총의 숙원 정책이던 수석교사제도 추진했다. 참여정부 말 시범적으로 시행한 교장공모제로 평교사 출신들이 임용되었고, 이후 이들이 시도한 공모 정책은 혁신교육의 모태가 되었다. 교장공모제는 이명박 정부 때 법제화됐으나 시행령에서 평교사 출신의 응시에 제한을 두어 무력화하는 방향으로 전개됐다.

트보다 1억 원 이상 높게 형성되는 일도 생겼다.[27] 경기도 양평의 조현초등학교처럼 몇몇 시골 혁신학교는 ADHD 등 성장장애가 있는 아이들에게 치유효과가 있다고 소문나면서 시골에 세를 구하기 어려운 일도 벌어졌다. 교사들은 승진점수 같은 인센티브를 배격하고 협력수업, 토론수업을 비롯한 교육과정을 재구성하는 등 수업혁신[28], 학생자치 등 민주적 학교문화와 지역 교육 생태계 활성화 등을 통해 학교의 역할을 변화시키고자 했다.

▨ **연도별 전국 혁신학교 현황**

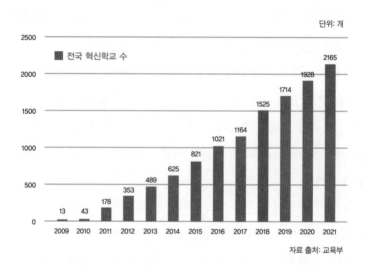

단위: 개

■ 전국 혁신학교 수

자료 출처: 교육부

---

27) 전국연합학력평가가 치러진 지난 12일. 성남의 보평 초·중·고교가 몰려 있는 이른바 보평학군 인근 공인중개업소에서는 '보평초등학교 배정 가능, 융자 없이 전세 5억 원'이라는 식의 매물 광고를 심심찮게 찾아볼 수 있었다. 대부분 학군을 강조하고 있는 이 문구들에는 보평학군에 배정받을 수 있는 단지들도 자세히 소개됐다. 초등학교와 중학교, 고등학교를 더해 '혁신교육 클러스터'가 완성된 이 지역 학군의 위세를 확인할 수 있었다.(임해중·최동순, "'동판교도 학군 따라 1억 差', 혁신학교 들어서면 '집값' 오른다?", 뉴스1, 2014.6.16.)

28) 이 시기 교사들은 배움의 공동체, 거꾸로 수업, 수업비평 등 다양한 수업혁신 연구회를 조직하고, 실천을 확산해나갔다. 새로운 학교 네트워크, 실천교육교사모임 등 교사단체들도 조직되고 활성화됐다. 이들 교사조직은 혁신학교에 포함되지 못했지만 이 운동을 지지하는 많은 교사들을 예비적으로 조직해나갔다. 교사들은 수업 공개를 주체적으로 실천했으며 교사조직의 전문성을 재조직화하기 위해 전문적학습공동체를 주창하며 실천했다. 교육청은 이를 지원하는 정책을 제도화했다.

혁신적 교사들의 요구는 교육청 정책 수립 과정에서부터 학교현장의 의견을 반영하고 협력하는 것이었다. 이로 인해 협치^{governance}가 확산되었다. 교육청의 정책을 담당하는 전문직, 일반행정직 공무원들도 정책을 수립하고 평가, 재구조화하는 데 현장교사, 교수 등 전문가와 학부모들이 참여하는 협치를 일상화하고자 했다. 타운홀미팅, 워크숍, 협의회 등 다양한 형태의 민주적 실천방식이 전파되고, 학교는 민주적 문화 정착을 위한 3주체 생활협약 등 다양한 실천을 이어갔다. 사회적으로는 김영란법이 적용되면서 비민주적 문화의 한 축을 이루던 의전과 선물, 갑질문화를 없애는 데 함께했다. 전면적인 교육민주화가 퍼져나갔다.

혁신학교 정책은 시행 초기부터 끊임없이 보수진영의 문제 제기에 시달렸다. 주된 논란은 성적 하락에 대한 지적에서 비롯됐는데 이는 입시경쟁교육을 둘러싼 오랜 보혁논쟁의 연장선이기도 했다. 혁신학교 정책은 도시 소외지역이나 농·산촌학교 등에서 먼저 시행되었는데 이 학교 아이들의 학업성취 결과를 두고 시비한 것이 대부분이다. 근본적인 쟁점은 혁신학교가 오랜 산업 성장기의 입시경쟁 교육 패러다임을 탈피하려고 했다는 것이다. 성적 하락을 거론하며 혁신학교를 비판한 이들에게는 성적 우수 학생 중심의 학교 운영, 보충자율학습 등 입시경쟁교육에 대한 해묵은 선호가 남아 있었다.

혁신학교는 협업능력 등 미래역량을 중심으로 교육을 진행하고, 자치활동을 강화하여 아이들에게 교육 주도권을 주고자 했다. 탈산업화를 위한 미래교육 모델로 자리매김한 혁신학교 정책은 학급당 학생 수 감축, 재정적 지원, 학교업무 경감, 행정쇄신 등 다양한 교육청의 지원정책과 함께 꾸준히 증가했다.

하지만 혁신학교 추진 과정에서 입시경쟁 교육은 여전히 강력한 힘을 발휘했다. 자사고, 외고, 국제고, 전국단위모집 사립학교 등 고교서열화의 위력이 여전했고 특히 자사고 총 42개교 중 52.3%인 22개교가 서울지역에 위치하여,[29] 평준

---

29) 교육부, 「고교서열화 해소 및 일반고 교육역량 강화방안」, 2019.11.

화정책은 실질적으로 무너져 있었다. 대입뿐 아니라 고입 경쟁도 심해져 중학교, 초등학교에서도 입시교육이 뿌리내렸다. 이러한 상황에서도 혁신학교는 아이들의 행복과 다양성을 추구하며 비민주적 문화를 탈피하고 맞춤형 교육과정을 운영하는 등 전진해나갔다. 입시경쟁교육과 혁신교육의 갈등은 대입에서 학생부종합전형과 수능의 비율을 둘러싼 갈등으로 이어지기도 했다.

학교민주화를 꿈꾸던 교사들의 헌신적인 실험인 혁신학교는 전국 20%가 넘는 학교로 확산되는 성과를 남겼다. 서울특별시교육청은 혁신교육 10년을 평가[30]하면서 "혁신을 지향한 서울 교육이 10년의 막바지에 도달한 지점은 '자율'이었음"을 밝혔다. 아울러 "자칫 교사에게는 편의로 학생에게는 방종으로도 나타날 수 있는 자율은 책임과 균형을 만들어내는 일에 중점을 두어야 할 것"이라고 지적했다.

산업화 과정에서 교육을 대표했던 참고서, 문제지, 성적관리라는 입시경쟁교육 패러다임은 교사들에게 창의적 교육과정 구성 능력과 기회를 앗아갔다. 1986년 교육민주화선언이 관료화된 교사들의 지위를 떨쳐내고자 한 사회적 선언이었다면 혁신학교는 교사들이 스스로 수업과 학교 운영에서 주인이 되고자 한 실천적 선언이었다. 그러나 이러한 실천적 선언은 입시경쟁교육을 극복해야 하는 것과 함께 수많은 과제를 안고 있다. 다음 두 가지 에피소드를 담론으로 남긴다. 하나는 혁신학교 졸업생의 이야기이고, 또 하나는 교육청의 혁신교육 평가에서 가져온 이야기다. 두 이야기를 통해 혁신교육의 과제를 이해할 수 있을 것이다.

> 혁신학교의 강점이자 가장 큰 차이는 모든 학생을 끌고 가려 한다는 것이고, 일반학교는 공부 잘하는 소수를 더 챙긴다는 점이다. 일반학교는 SKY에 몇 명을 보냈는지가 더 중요했다. 진학성적을 외부에 알리려면 공부 잘하는 학생을 좀더 '케어'해야 하니 그 아이들 중심으로 학습이 진행됐다. 그 커리큘럼에

---

30) 김용 외, 「서울혁신교육정책 10년 연구」, 서울특별시교육청교육연구정보원 서울교육정책연구소, 2020.

서 낙오한 친구들은 소외됐다. 혁신학교는 학습이 부진한 학생까지 안고 가려고 했다. 학습이 부족한 친구들을 위한 반을 따로 만들어 별도의 수업을 진행했다.[31]

교육감 한 분이 교장선생님들과 간담회를 가졌다. 그 자리에서 교장선생님들은 너도나도 학교의 민주적 운영사례를 발표하고, 혁신교육의 성과를 발표했다. 교육감이 교장 한 분에게 질문했다. "다른 동료 교장선생님들과 모일 때도 저에게 하신 것처럼 자랑을 하시나요?" 답은 의외였다. 말을 잘 꺼내지 못한다는 것이다. 어렵게 혁신학교 사례를 말하면 "바보같이 평교사들에게 맞추고 사냐?"라고 하는 질책의 문화가 존재한다는 얘기였다.

⋮

열심히 달려왔으나 아이들은 여전히 아프다

문재인 정부는 출범 초기부터 대입제도 논란에 빠졌다. 박근혜 정부는 문·이과 통합 등 창의융합형 인재 양성을 목표로 하는 2015개정교육과정을 고시(2015.9.)하고, 2015개정교육과정으로 학습한 아이들이 대학시험을 보는 2021 수능을 위해 2017년 말까지 수능 개편안[32]을 발표하기로 약속했다. 그러나 2017년 박근혜 정부가 탄핵으로 조기에 정권교체가 되었고, 수능 개편 약속은 문재인 정부 출범과 동시에 첫 번째 교육개혁 과제로 떠오르게 되었다.

촛불혁명으로 갓 등장한 문재인 정부에게 대입 개혁의 요구는 컸다. 단순히 2015개정교육과정에 맞는 수능 개편안이 될 수 없었고, '정말 괜찮은 대입 개편안'에 대한 전문가들의 요구가 빗발쳤다. 초대 교육부장관으로 혁신학교를 비롯

---

31) 류인하, "혁신학교 졸업생들, '1등만 끌고가는 학교가 정상인가'", 경향신문, 2019.3.30.
32) 대입 사전예고제: 대입 개편안을 고교에 입학하기 전 중3 단계에서 알 수 있도록 4년 전에 예고해야 한다는 고등교육법. 기존 3년 예고제를 개선, 유은혜 의원이 2017년 발의했다. 이에 따라 2017년 대입수능 개편안은 2021년 대입에 적용될 예정이었다.

한 교육개혁의 상징인 김상곤 경기교육감이 등단했고 국가교육위원회 설립을 준비하기 위한 대통령자문기구로 국가교육회의가 구성되었지만 정권 출범 초기 대입안 논의는 블랙홀과 같았다.

문재인 정부는 대입안을 교과전형, 종합전형, 수능전형으로 단순화한다는 공약이 있었지만 기존 대입안 기조를 확인하는 선을 넘지 못했다. 논술, 적성 등 사교육 유발 수시전형을 개선한다는 정도였다. 또한 수시전형 절차의 공정성과 투명성을 확보, 시스템 개혁이 제시되었지만, 대입의 본격적인 개혁이라고 할 수 있는 수능절대평가, 수능최저학력폐지 등은 중장기 개혁과제로 제시되어 있었다. 더구나 정권 출범은 인수위원회가 없어 예민한 교육적 과제에 대한 정리가 미처 되지 않은 상태였다.

김상곤 교육부장관 취임과 더불어 '사회·과학 통합교과'라는 2015개정교육과정 관련 수능 개편안의 과제는 대입 전면 개편의 요구로 점화되었다. 정시확대와 수시확대의 입장이 부딪쳤다. 수능 중심의 정시확대는 적지 않은 지지군을 확보했다. 아이들에게 고교는 질풍노도와 같은 성장의 격변기이기 때문에 아이들과 학부모 입장에서 고교 시기는 변화의 가능성이 크게 보이는 법이다. 따라서 내신을 망친 아이들, 스펙이 부족한 아이들, 지금은 모자라지만 한번 기회를 주면 아이가 머리를 깎고 승부를 제대로 볼 것 같은 느낌의 온갖 다양한 학부모들이 정시확대를 지지했다. 그 틈을 강남을 비롯한 입시 사교육이 파고들어 있었다. 대부분 자사고 졸업생들의 재수비율은 50%를 넘었고, 강남 8학군 고등학교의 경우 재수비율이 70%를 넘는 경우도 있었다. 반면 국·영·수 중심의 입시경쟁교육을 탈피하려는 교사들은 내신과 고교 교육활동을 반영한 학생부종합전형의 확대를 지지하는 경향이 컸다. 정시확대와 학생부전형 확대 입장과 입장이 불꽃을 튀며 부딪쳤다. 대입 개편안을 둘러싸고 중·장기 과제로 제시되었던 수능절대평가 도입을 포함한 공정성 논란까지 포함되어 모든 대입안의 요구가 부딪쳤다. 개혁과제는 정부의 손을 떠나 국민에게로 넘어갔다. 교육부는 대입 개편의 결정을 1년간 유예하여 국민적 공론화를 통해 해결하기로 하고 국가교육회의로 공을 넘겼다. 개혁의 황금기인 정권 출범 초기, 가장 이해관계가 예민한 대입안을 전면적으로 내세운 것이 과연 슬기로운 것이었는지는 뒤에 평가될 일이다.

혁신학교를 기치로 한 교육개혁의 아이콘이었던 김상곤 교육부장관은 짧은 임기로 마감했다. 뒤를 이은 정치인 출신 유은혜 장관은 역대 어느 정부 못지않은 굵직한 교육과제를 추진했다. 유치원 3법[33], 고교무상교육, 자사고·외고 등 고교서열화 해소[34], 그린스마트 뉴딜 사업[35] 등 국책사업이 이어졌고, 출발선 평등이란 유치원 및 초등 저학년에 대한 지원정책이 아젠다로 다루어졌다.

고교학점제는 2020년 마이스터고를 시작으로 2022년 특성화고, 2025년 일반계 고교로 전면화하기로 단계적 추진방향을 설정했다. 대통령 시행령 개정으로 2025년 자사고, 국제고, 외고의 전면 일반고 전환이 예고된 고교서열화 해소는 그간 과열된 고입경쟁교육을 완화시키고 고교학점제라는 새로운 미래를 준비하는 패러다임 전환기의 주춧돌 기능을 하게 되었다.

이런 기반 위에 장기적 교육정책을 뒷받침할 수 있는 합의제 행정기구인 국가교육위원회가 1년간의 준비과정을 거쳐 차기 정부인 2022년에 출범할 예정이다. 그리고 2020년 전 세계 15억 명의 학생들이 학교를 가지 못하는 상황이 벌어졌다. 코로나19로 인한 팬데믹. 우리 교육은 비대면이 일상화된 미래로 진입했다.

우리 교육은 열심히 달려왔다. 해방 후 전쟁의 폐허를 딛고 산업화 과정을 거

---

33) 유치원의 비리를 방지하기 위해 2018년 12월 국회에서 정부가 개정을 추진했던 3개 법안으로 '유아교육법, 사립학교법, 학교급식법'을 말한다. 사립유치원 회계관리시스템 사용 의무화, 유치원 설립자의 원장 겸직 금지, 학교급식 대상에 유치원 포함 등 사립유치원의 공공성을 강화하는 내용이 골자다.(네이버 지식백과)

34) 교육부는 2019년 11월 7일 '고교서열화 해소방안 및 일반고 교육역량 강화방안'을 발표, 2019년 말 외고와 국제고, 자사고의 설립 근거가 되는 초·중등교육법 시행령 90조와 91조의 3을 개정하고, 고교학점제가 전면 시행되는 2025년 3월부터 이들 학교를 일반고로 일괄 전환한다는 방침을 확정했다. 이에 따라 2020년 일반고 전환이 결정된 4곳을 제외한 자사고 38곳, 외고 30곳. 국제고 7곳 등 75곳은 2025년 2월까지만 각 학교 지위를 유지하게 됐다.(교육부)

35) 교육부는 2020년 7월 17일 '그린스마트미래학교 사업계획'을 발표하고 2021년부터 5년간 총 18조5000억 원의 사업비를 투입하여 '40년 이상 경과된 노후건물' 중 2835개동을 미래학교로 조성할 계획임을 밝혔다. 또한 2026년부터 2단계 사업을 추진하기로 했다.(교육부)

치면서 전 국민을 문맹에서 탈출시켰고 선진사회로 진입했다. 그리고 청년실업의 장기화가 예고된 가운데 인구절벽과 AI 로봇자동화 시대를 맞고 있다. 선진국을 따라가면 되었던 암기식 교육 시대는 지나갔고, 경쟁의 가장 선두에 서서 창의적 도전 능력이 절실한 미래사회를 우리 아이들은 감당해야 한다.

대학을 졸업해도 취직이 쉽지 않은 시대에 우리는 아이들에게 무엇이라 말하며 공부하라고 할 것인가? 아이들에게 자기주도성을 길러주지 못했던 우리 교육은 팬데믹이란 비대면의 시대를 지나며 어떤 반성을 해야 할 것인가? 교사들의 헌신이 바탕이 되었던 혁신학교는 어떤 모습으로 발전해나갈까?

우리는 여전히 산업사회의 흔적 위에 서 있고, 미래사회는 성큼 와있지만 익숙하지 않다. 서구사회가 300년 동안 변화해온 것을 우리는 30년이라는 짧은 시간 겪었다.[36] 혼재된 요구, 혼재된 인식. 우리는 변화를 인식하고 그 대안을 모색하고 추진하는 주체이기도 하지만 그 변화의 대상은 산업화 속에 성장해온 우리 자신이기도 하다. 개혁 주체이기도 하고 개혁 대상인 기득권자이기도 한 색즉시공 공즉시생의 격변기에 우리는 어떤 역할을 해야 할까?

▨ 한국, 중국, 일본, 미국 대학생의 고등학교에 대한 이미지(2017)

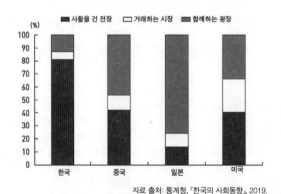

자료 출처: 통계청, 「한국의 사회동향」, 2019.

---

36) 김진경, 「30년에 300년을 산 사람은 어떻게 자기 자신일 수 있을까」, 당대, 1997.

아직 해결되지 않은 절실한 과제, 산업화의 흔적을 어떻게 떨쳐버릴 수 있을까? 우리는 열심히 달려왔지만 아이들은 여전히 아프다.

왼쪽 그래프는 우리 학교가 얼마나 입시 경쟁교육에 매몰되어 있는지 알아보기 위해 한국, 중국, 일본, 미국 4개국 대학생들에게 고등학교 시절을 어떻게 생각하는지 질문한 조사 결과다. 이 연구에서 한국 대학생들은 무려 81%가 고등학교를 '사활을 건 전쟁터'로 인식했다. 입시경쟁교육의 강한 그림자가 남아 있는 이 자료를 우리 교육의 숙제로 남긴다.

Ⅱ부
변 화

1 세대의 변화   2 학교의 변화   3 정책의 변화

Ⅱ부 변화

사회 변화를 알아야
내 아이의 교육이 보인다

김 두 환
덕성여자대학교 사회학과 교수

눈 떠보니 맨 앞줄

사회의 변화와 교육 열풍

한국은 1945년 식민지에서 해방되고 전쟁을 겪은 뒤 1950년대 말에 이르러 타고난 우월적 계급에 기초해 특권을 누렸던 구시대 양반층의 지배적 지위가 실질적으로 무너진다. 전통사회의 세습지배계급이 사라진 후 한국인들은 전례가 없는 수준의 평등 윤리와 계층상승에 대한 강렬한 욕구를 가지게 된다(Koo, 2007; Kim, 1990).

이러한 사회 변화와 함께 한국인들은 지위 상승의 지름길은 교육이라는 대중적 지각에 기초해 교육 경쟁에 빠져들고, 이는 빠른 속도로 각급 학교의 팽창을 가져왔다. 그 결과 우리 사회가 교육기회의 균등화를 이루어낸 것도 사실이다. 특히 고등교육에 대한 갈망과 투자로 인해 수많은 사람이 계층 상승 이동에 성공했고 우리 사회 중간계급의 확대를 가져왔다(Kim, 1990; Hong 2003).

2021년의 한국사회는 달라졌다. 2016년 3월, 이세돌과 알파고의 바둑대국이 인공지능^{AI} 기술에 대한 대중적 관심을 집중시키고 뒤이어 『클라우스 슈밥의 제4차 산업혁명』이 번역·출간되며 한국사회는 4차 산업혁명'의 돌풍에 휘말린다. 하지만 4차 산업혁명은 이미 오래된 미래였다. 한국 제조업의 로봇자동화는 2010년부터 2017년까지 세계 1위였다(이 지표는 세계로봇연맹이 각국의 제조업 노동자 1만 명당 산업로봇 설치대수로 발표하고 있다). 2018년과 2019년에 싱가포르가 1위를 차지하고 한국은 2위로 밀려나지만 싱가포르의 인구 규모를 생각하면 실질적 1위는 한국이다. 일본과 독일이 2010년부터 우리 뒤를 좇고 있는데 2019년 현재, 이들 국가의 로봇밀도는 우리의 절반 수준에 불과하다.

이러한 인공지능 로봇자동화의 현실은 돈을 버는 일, 즉 일과 직업의 세계를 혼란으로 몰아넣고 있다. 인공지능 로봇자동화가 사무자동화 수준을 넘어 고급 전문가의 지식노동까지 대체하기 때문이다. 이미 수많은 경고가 있었지만 새로운 시대에 대응하기 위해 우리 교육이 변화해야 한다는 주장은 최근 들어 더욱 격해지고 있다.

인공지능, 로봇자동화와 사회경제구조

산업화 시대 교육의 역할은 노동시장의 수요를 충족하는 노동력을 공급하는 것이었다. 그런데 과학기술의 진보, 특히 인공지능과 결합한 로봇자동화의 진전으로 산업화 시대 교육의 역할에 대한 회의가 강력하게 제기되기 시작했다.

미국 하버드대학교의 경제학자 골딘과 캣츠는 『교육과 기술의 경주^{The Race Between Education And Technology}』에서 대학졸업장은 더이상 성공을 위한 보증수표가 아니라고 단언했다. 그들이 말하는 성공은 노동시장에서의 성공으로, 더 나은 보수와 높은 지위를 보장하는 일자리를 통해 안정된 삶을 사는 것이었다. 그런데 2008년의 상황에서 교육은 기술의 진보를 따라가지 못하고 있다는 것이다. 그들이 보기에 당시의 심화된 불평등은 새로운 기술의 교육과 훈련을 선점한 사람들이 누리는 추가소득, 즉 노동시장의 수요에 비해 공급이 부족해 발생하는 임금

프리미엄 탓이었다. 전통 적으로 경제학자들은 경제 적 생산기술의 진보가 결과 로 나타나는 이러한 현상을 '숙련편향기술진보Skill-Biased Technological Change: SBTC'라고 부 른다. 노동시장이 높은 수 준의 교육을 받은 사람들에 게 이로운 상황, 즉 높은 임

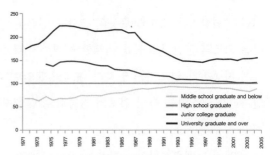

교육수준별 상대 임금 추이(1971~2005)

* 주: 고졸=100

Middle school graduate and below
High school graduate
Junior college graduate
University graduate and over

자료 출처: Chang, Kyung-Sup, 「South Korea Under Compressed Modernity: Familial Political Economy in Transition」, Routledge, 2010, p. 47.

금 프리미엄을 지불하는 기술진보 상태라는 의미다.

위 그래프는 SBTC가 지배하던 한국 산업화 단계의 상황과 매우 유사하다. 1970년대 초의 자본력과 기술수준으로는 불가능해 보였던 일을 한국은 해냈다. 경공업 중심의 산업구조를 전기·전자, 기계, 자동차, 화학, 조선, 철강 등을 아우르는 중화학공업국 지위로 일거에 끌어올리는 데 성공한 것이다. 문제는 우리 산업의 기술수준이 높아지고 기업 규모가 성장할 때 필요한 대졸 이상의 인력 수요가 급증한 데 있다. 1970년대 중반에서 1980년대 중반까지 대졸자들이 누렸던 임금 프리미엄이 고졸자 대비 200%를 넘었다. 기업들은 고등교육의 확대를 요구했고 이후 한국사회는 2000년대 중반까지 고등교육의 급격한 팽창을 경험한다. 바로 교육과 훈련을 더 많이 공급하는 길을 선택한 것이다.

한국사회는 1997년 외환위기 이후 산업구조와 노동시장이 또 한번 급변한다. 한국은 더이상 개발도상국의 산업구조가 아닌 이른바 지식경제, 정보사회로 깊숙이 들어서 선진국 사회경제와 시간차가 없어졌다. 여기서 우리는 2008년 골딘과 캣츠가 컴퓨터를 통한 자동화의 영향을 경고한 것을 기억할 필요가 있다. 이는 2010년대 우리 사회경제 구조에도 동일하게 적용되었다.

인공지능 발전 역사에서 알파고를 등장케 한 결정적 사건은 2014년, 구글의

기계학습^{Machine Learning} 도입이다. 기계의 능력을 고도화하는 학습경로를 발견, 인공지능 스스로 문제를 해결하는 길을 연 것이다(서스킨드, 2020). 그렇게 새롭게 전기를 마련한 인공지능과 로봇의 결합은 인간의 육체적 노동뿐만 아니라 바둑과 같은 고도의 정신적 노동을 대체할 능력까지 빠르게 확장하기 시작했고 그 과정에서 자동화가 일으키는 일자리 대체의 불안이 다른 차원으로 옮겨가고 있다. 일자리를 구성하는 특정 업무의 자동화로 인공지능의 역할에 초점이 바뀌는 것이다(McKinsey Global Institute, 2017).

2008년 노벨경제학상을 받은 미국의 경제학자 폴 크루그먼은 2012년 경제생산 기술의 현황에 대해 '자본편향기술진보^{Capital-Biased Technological Change: CBTC}'라는 이름을 붙인다. 경제적 생산과 관련한 과학기술의 진화가 자본에 이로운 방향으로 일어나고 있다는 뜻이다. 로봇을 통한 생산시설의 전면적 자동화는 인간들 사이의 학력 수준과 숙련에 따른 차이를 의미 없게 만들어 생산현장에서 인간의 노동력을 제거한다. 이러한 로봇자동화 생산시설에는 대규모 자본이 필요하기 때문에 산업생산 시장에서 대기업 독점이 강화된다. 이러한 환경에서 불평등은 교육수준으로 대표되는 숙련 차이를 가진 노동자들 사이에서 벌어지는 것이 아니고 자본, 그것도 대자본과 노동력, 즉 자본이 없는 인간 사이에서 발생하는 것으로 변화하게 된다. 크루그먼은 이렇게 자본과 노동하는 인간의 대결을 예측하면서 오래전에 잊힌 자본 대 노동자의 대립이라는 마르크스의 명제가 되살아나고 있다고 진단한다. [1]

크루그먼은 자신의 CBTC 주장을 입증하기 위해 2008년 세계경제위기 이후 경기침체가 여전한 미국에서 기업들의 이윤이 역사상 최고 수준이라는 사실을 든다. 그의 말대로 인공지능 로봇자동화가 전면화되면 경제생산에서 인간 노동력의 자리는 제거되고 노동자들은 소득의 원천을 잃게 되어 대중적 소비

---

1) 김두환, 「교육의 미래: 경제에서 사회로」, 《사회사상과 문화 19-4》, 2016, 191~222쪽.

가 사라질 것이다. 정말 그렇다
면 현재의 사회경제구조는 지
속가능할 것인지 물음이 이어
진다. 세계 유수의 기업들이 이
른바 ESG(Environment, Society,
Governance: 환경과 사회에 대한 책임 그
리고 투명한 지배구조)경영에 앞다투
어 참여하고 빌 게이츠나 워런
버핏, 마크 저커버그 같은 세계

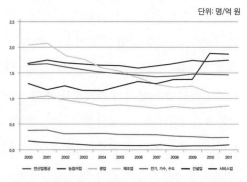

■ 산업별 부가가치 대비 취업자 수 변화

단위: 명/억 원

자료 출처: 한국은행 경제통계시스템 및 통계청 국가통계포털(원 자료 가공)

적 부호들이 기본소득에 찬성하며, 한국의 SK그룹이 경제적 가치와 사회적 가치
를 동시에 추구하는 DBL^Double Bottom Line의 경영철학을 표방하게 된 것도 이러한
사정이 배경이 되었다고 볼 수 있다.

한국 제조업의 로봇밀도는 2010년부터 세계 최고 수준이었다. '산업별 부가
가치 대비 취업자 수 변화' 그래프[2]는 2000년대 한국의 산업별로 1억 원의 부가
가치를 생산하는 데 필요한 고용인 수의 추세를 보여준다. 전산업 평균은 위에
서 세 번째 선으로 하락 추세이기는 하지만 그 정도가 심하지 않다. 제조업은
2000년에 유일하게 2명을 넘겼지만 2011년에는 1명에 근접해 하락 추세가 뚜렷
하다. 약 50%가 줄어든 것이다. 제조업의 부가가치 생산량의 변화가 없었다는
가정 하에 2000년에는 100만 명의 취업자가 필요했지만 2011년에는 50만 명만
필요했다는 뜻이다.

국민총소득에서 기업소득이 차지하는 비중의 변화를 보면 그 의미가 더 명
확해진다. '경제주체별 국민총소득^GNI 비중의 변화' 표가 보여주듯 한국경제가
중화학공업화를 추진하던 초기인 1975년, 국민총소득에서 79.2%에 달하던 가

---

2) 이미숙·김종호, 「지속가능성 관점에서의 산업구조 변화 분석」, 한국환경정책평가연구원, 2013, 8쪽.

계소득의 비중이 2013년에 61.2%로 줄어들고 기업소득의 비중은 9.3%에서 25.7%로 증가했다. 특히 우리가 지식경제, 정보사회로 본격적으로 진입한 1997년 외환위기 이후 기업소득 비중의 증가는 매우 가파른데 1975년부터 1997년까지 가계와 기업의 소득 증가율은 연평균 8.1%와 8.2%로 큰 차이가 없었지만 2000년에서 2010년까지 가계소득 연평균 증가율은 2.4%였고 기업소득 연평균 증가율은 16.4%로 그 불균형이 매우 심했다.[3] 또한 2013년 기준, 한국 기업이 벌어들인 순이익 중에서 상위 100대 재벌기업 계열사의 몫이 59.6%였지만 이들 기업의 종사자 비율은 전 산업 임금노동자의 3.6%에 불과했다.[4] 문제는 이러한 변화가 제조업만의 일로 그치는 것이 아니라는 것이다. 로봇과 인공지능의 결합이 산업 전 분야로 확대되면서 인건비 비중이 대대적으로 줄고 있다.

▨ 경제주체별 국민총소득(GNI) 비중의 변화(1975~2013)

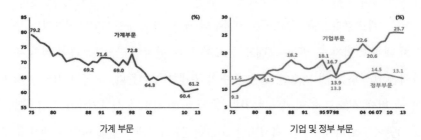

가계 부문   기업 및 정부 부문

자료 출처: 이진영, "한은, 국민계정 60년 한눈에 본다…1953년까지 개편작업 완료", 이투데이, 2014.12.15.

'삼성전자 매출·영업이익 추이(2012~ 2017)'는 이런 변화를 좀더 극적으로 보여준다. 삼성전자의 영업이익은 그 이전과 비교해 2017년 53조6000억 원으로 크게 상승했다. 2012년과 2017년을 비교한 영업이익의 증가폭은 29조5000억 원에서 약 84.51% 증가했고 그 차이가 24조1000억 원에 달하는데 고용 규모는 약 5.7% 증가에 그쳤다. 매출과 영업이익이 극적으로 상승했는데 고용은 그만큼 확대되

---

3) 강두용, 「한국 경제의 가계와 기업 간 소득성장 불균형 문제」, 《산업경제정보 2013-20》, 산업연구원.
4) 장하성, 『왜 분노해야 하는가: 분배의 실패가 만든 한국의 불평등』, 헤이북스, 2015, 339쪽.

지 않았다.[5] 하지만 이러한 상황은 기업이 노동을 착취한다거나 사회적 책임을 다하지 않는다고 말할 수 있는 문제가 아니다. 이것은 경제생산시스템이 달라져서 일어난 일로 이러한 변화는 우리 사회에서 매우 빠르게 진행되고 있다.

문제는 사회 시스템의 변화 속도가 빠르면 구성원들의 불안과 고통이 가중되거나 불화가 깊어질 수 있다는 데 있다. 우리는 이미 인공지능 자동화 시대를 살고

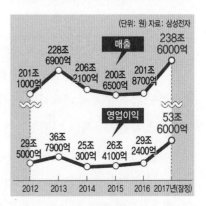

■ 삼성전자 매출·영업이익 추이(2012~2017)

(단위: 원) 자료: 삼성전자

매출
201조 1000억 / 228조 6900억 / 206조 2100억 / 200조 6500억 / 201조 8700억 / 238조 6000억

영업이익
29조 5000억 / 36조 7900억 / 25조 300억 / 26조 4100억 / 29조 2400억 / 53조 6000억

2012 2013 2014 2015 2016 2017년(잠정)

자료 출처: 김재섭, "삼성전자, 연간 영업이익 50조 원 시대… 지난해 사상 최고", 한겨레, 2018.1.9.

있지만 수많은 제도와 사회적 관행은 그 기저의 변화를 따라가지 못하고 있다.

한국은 1996년 12월에 이른바 선진국 클럽이라는 OECD 회원국이 되었다. 20세기 말 산업주의 시대를 마감하고 지식경제와 정보사회로 깊숙이 들어섰으며, 2018년 인구 5000만 명 이상의 국가 중 1인당 국민소득이 3만 달러를 넘어선 7번째 국가가 되었다. 영국의 이코노미스트가 완전한 민주주의 국가로 평가[6]한 한국은 2021년 G7 정상회의에 초대받고 국제연합무역개발협의회UNCTAD가 인정한 명실상부한 선진국이 되었다. 하지만 소득수준에서 선진국이 된 우리의 내부에는 지위획득 경쟁의 격화와 불평등(양극화), 인구위기 그리고 일자리 불안 등의 문제가 산재해 있다. 새로운 과학기술의 진보로 산업구조가 바뀌고 노동시장의 요구도 변화하는 가운데 전대미문의 세계적 감염병 확산 속에서 우리는 따라할 수 있는 선진 사례 없이, 맨 앞줄에 서 있는 것이다.

5) 오원석, "제조업이 고용창출 1등은 옛말, 유통업 고용 두드러졌다", 중앙일보, 2019.1.9.
6) 이코노믹스 인텔리전스 유닛(https://www.eiu.com/n/campaigns/democracy-index-2020/#mktoForm_anchor)

벼랑 끝에 서다

저출산·고령화와 인구위기

우리 교육체제에서 무엇보다 중요한 변화요소는 인구다. 초저출생으로 인한 학령인구 감소 문제에 대해서는 이미 많은 연구와 논의, 정책 대응이 존재한다.[7] 일반적으로 한국사회의 인구위기에 대한 담론은 저출산과 고령화를 축으로 전개되는데 인구 고령화는 소득 증가와 깊이 관련돼 있다. 한국사회의 빠른 소득 증가는 기본적으로 좋은 일이었지만 등한시한 소득분배의 형평성에 문제가 있고, 대중소득의 양적 성장은 교육투자를 가능하게 하면서 지위경쟁 격화라는 문제를 낳았다. 한편 인구의 수도권 집중, 즉 인구 이동은 상대적으로 주목받지 못한 편인데 인구의 수도권 집중은 한국사회 전체의 균형발전을 막고 있다. 태어난 지역에 관계 없이 고른 교육기회를 갖는 것은 국민의 기본권인데 지역 간 교육 불평등은 갈수록 심화되고 있다.

한국사회의 인구변화와 소득증가와 함께 교육에서 나타난 대표적인 변화가 취학률이다. 1999년에 고등학교 취학률이 처음으로 90%를 넘어서면서 고등학교 취학률과 고등교육 취학률의 간격이 눈에 띄게 줄었다. 흔히 우리는 진학률 통계를 보는데 앞 단계 교육을 전제

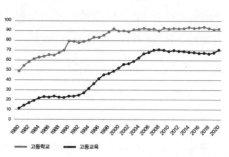

고등학교와 고등교육의 취학률(1980~2020)

— 고등학교   — 고등교육

자료 출처: e-나라지표

로 하는 진학률은 소득수준 변화에 따른 취학여건의 역사적 변화를 반영하지 못한다는 문제가 있다. 특히 압축적 성장을 이루면서 빠르게 소득이 증가해온 한

---

7) 김두환, 「인구절벽 시대 교육정책의 방향 탐색」, 한국교육개발원, 2018.

국이라면 더욱 그렇다.[8](사람은 사회적 환경, 즉 자신을 둘러싼 사람들이 가진 특성을 보편적이라 간주하면서 세상을 파악한다. 필자가 고등학교에 입학한 1980년의 고등학교 취학률이 48.8%였고 고등교육 취학률은 11.4%에 불과했다는 사실을 연구를 통해 알게 되었다. 당시 필자는 중학교를 함께 졸업한 친구들이 학교의 종류(직업계, 인문계)만 다를 뿐 모두 진학했을 것이라 생각했지만 당시 한국사회의 경제발전과 소득수준이 그 정도는 아니었다.)

　　서구 선진국들이 고도 산업사회에 도달한 때는 대략 1950년대 말이다. 갤브레이스의 『풍요한 사회』(1958)[9]는 고도산업사회에 나타나는 소득활동으로서 노동의 변화에 주목하면서 노동일 또는 노동시간의 감소, 노동 강도의 약화와 더불어 노동인구의 감소를 지적한다. 한 사회의 고등학교와 고등교육 취학률과 노동인구의 감소는 불가분의 관계를 맺는다. OECD가 노동시장 참여의 기준연령을 아직도 15세로 삼고 있다는 사실을 생각하면 2000년대 중반 이후 한국이 달성한 고등교육 취학률은 실로 놀라운 것이다. 1980년에 약 3812만 명이던 한국 인구가 2020년에 약 5178만 명으로 약 1365만 명이 늘었다는 사실을 고려하면 고등교육 취학률 상승으로 전체 인구 중 노동인구 비중이 어느 정도 줄었는지 알 수 있다.[10] 당시 우리 사회는 이미 생산인구 비중의 감소에도 청년 교육비용을 감당하며 생활경제를 지속할 수 있는 수준에 도달한 것이다.[11]

---

8) 참고로 1인당 명목(실질) 국민총소득은 1980년과 2020년 각각 103(467)만 원, 3679(3493)만 원이다. 실질국민소득은 연평균 물가지수(2015년=100)를 이용해 산출한 값이다. 명목소득을 기준으로 한국은 41년 동안 약 36배의 소득증가를 경험한 나라다. 1인당 소득은 총 인구로 나눈 값이다. 그래서 1980년에 비해 2020년의 인구증가도 무시할 수 없다. 이 시기 한국의 인구는 약 1365만 7000명이 증가한다. 국가수준의 소득규모 증가는 폭이 훨씬 크다는 것을 알 수 있다. 그래서 인구 5000만 명 이상 국가에서 1인당 소득 3만 달러 달성이 갖는 의미는 크다.

9) 존 갤브레이스, 『풍요한 사회』, 노택선 옮김, 한국경제신문, 2006.

10) 거기에 1980년의 기대수명이 66.15세였는데 2020년 83.3세로 높아진 것 또한 고려해야 한다. 즉, 만 65세 이상 인구의 증가다. 다른 선진국들과 비교해 노인인구가 높은 빈곤율과 노동시장 참여율을 보이는 문제가 있지만 전체 인구에서 생산노동에 참여하지 않는 인구 비율에서 무시할 수 없는 요소일 것이다.

11) 여기서 우리 교육, 특히 고등교육의 민간부담 비율이 높다는 문제를 상기할 필요는 있다.

가치관의 변화

어떤 사회시스템이 성공하려면 특정 '사회시스템의 요구'와 그 '사회시스템의 구성원이 추구하는 가치'의 일치가 필수적이다. 우리 사회는 기술 변화와 함께 사회경제시스템의 가치 변화가 나타나고 있지만 그러한 가치 변화를 제도에 반영하지 못하고 있다.

일례로 최근 자영업을 하는 소상공인에 대한 관점의 변화 요구를 들 수 있다. 소상공인에 대한 복지적 관점을 벗어나야 한다는 것이다.[12] 이러한 주장을 펴온 학자 모종린은 전국에 분포하는 160여 곳의 골목상권을 누비며 대한민국 골목상권 지도를 만들며 지속적으로 업데이트 해왔는데,[13] 그에 따르면 골목상권은 '로컬 크리에이터Local Creator'가 만들어간다. 지역 상권을 지역 특유의 문화적 특성에 연결하여 고유의 콘텐츠를 창조하는 로컬 크리에이터가 운영하는 소규모 상점과 그들이 모여 있는 골목상권의 배경에는 앞서 우리가 논의한 기술 변화와 함께 새로운 세대라 할 밀레니얼과 Z세대에게서 드러나는 '달라진 가치'가 있다. 개성, 감성, 경험, 자아표현을 중시하는 이들의 탈물질주의적 태도는 로컬 크리에이터뿐만 아니라 그들의 고객들도 공유하는 가치로, 그들은 손바닥 위 컴퓨터를 통해 적극적으로 자신들과 같은 가치를 추구하는 가게를 찾아다닌다.

이러한 현상의 배경에는 높아진 소득수준이 자리하고 있다. 밀레니얼 세대가 만들어가는 새로운 사회문화적 현상을 보건데, 한국사회는 이른바 도시화, 산업화로서의 근대화를 넘어, '개인을 중심에 두는 근대성'의 단계로 나아가 '개인의 탄생'을 목도하고 있다. 개인이 사회 기본단위가 된 것이 서구의 근대사회였지만 해방 후 현대 한국사회에서 개인은 "합리적이고 도덕적인 행위자, 자신의 행동에 책임을 지는 자유로운 선택자"가 아니었다.[14] 아주 최근까지도 한국사회에

---

12) 모종린, "복지 아닌 산업으로 소상공인 정책 대전환해야 할 때", 조선일보, 2021.7.30.

13) 비로컬(http://belocal.kr) 참조.

14) 래리 시덴톱, 『개인의 탄생』, 정명진 옮김, 부글북스, 2016, 586쪽.

1. 세대의 변화   2. 학교의 변화   3. 정책의 변화

서 교육투자를 통해 계층 상승 이동의 욕망을 추동한 것은 가족단위였다. 그 규모가 3촌에서 4촌 규모로 줄긴 했으나 결국 가족 수준에서 벌어진 가족이기주의적 경쟁이었다.[15] 가족주의적 경쟁이 지배하는 한국사회에서 개인의 제도화는 요원한 일로 보였다.[16] 그런데 이제 가족을 포함한 어떤 수준의 집단에 소속된 구성원이 아니라 개성을 가진 '나'가 소중한 개인, 즉 자유로운 선택자로서 개인을 표현하는 세대가 등장한 것이다. 밀레니얼 이후의 세대, 즉 1980년 이후에 태어난 세대에서 나타난 변화다.

그런데 이들에게는 또다른 가치가 나타나는데 이른바 각자도생의 능력주의다. 거칠게 분류하면 이타적 개인주의와 이기적 개인주의가 새로운 세대의 내부를 나눈다고 할 수 있다. 학연, 지연, 혈연에 따라 자원의 배분이 일어나는 연고주의의 반대로서 능력주의는 사실 우리 사회가 오랜 기간 실현하지 못한 가치였다. 최근의 공정 논쟁은 한국사회의 기회 불평등에 대한 경험적 증거와 인식 사이 괴리가 만들어낸 측면이 있는데, 여기서 주의해야 할 것은 경험적 증거가 불충분하다고 해서 기회의 불평등이 커졌다거나 공정성이 악화되었다는 '인식'이 잘못된 것은 아니라는 점이다. 2000년대 한국사회에서 기회의 불평등과 공정성 악화에 대한 인식의 민감성이 높아진 것은 그것이 우리 사회의 통합을 저해하고 구성원 사이의 불화를 일으키는 중요한 문제이기 때문이다.

경험적 증거는 그렇지 않은데 기회의 불평등과 공정성이 악화되었다는 인식이 확산되는 까닭은 무엇일까? 고등교육 취학률의 증가와 소득의 증가가 연결되어 있다는 사실을 기억하자. 한국의 고등교육 팽창은 1970년대 중반 이후 대졸 임금 프리미엄이 치솟으면서 1980년대 이래 2000년대 중반까지 지속된 것도 기억하자. 앞서 보았듯 고등교육 팽창이 본격화된 1990년대 초반까지는 전문대학

---

15) Chang, Kyung-Sup, 「South Korea Under Compressed Modernity: Familial Political Economy in Transition」, Routledge, 2010.

16) 개인의 제도화가 한국사회에서 매우 어렵다는 것을 빠르게 이해하려면 최근 빈곤노인이 생계급여 수급에서 부양의무자 제도가 단계적으로 폐지되고 있지만 2021년 현재에도 잔존하는 사실로 알 수 있다.

을 포함하여 고등교육을 받은 20% 정도의 청년이 이 경쟁에 참여했다. 그런데 고등교육 팽창으로 2000년대 중반에 이르면 고등교육 취학률이 70%를 넘어선다. 해마다 줄고 있다는 출생아 수와 비교가 안 되는 경쟁의 격화가 일어날 수밖에 없다. 더구나 최근에 계급지위의 세습이 늘었다는 경험적 증거도 없다. 상위 20% 정도가 좋은 일자리라고 가정해보면 계급지위의 세습을 제외했을 때 그 경쟁 정도가 얼마나 심하게 느껴지는지 알 수 있다. 고등교육 취학률 추이에 비추어 1980년대 중후반 이후 출생자들이 직면한 현실이다.

⋮

함께 살아가기 위한 선택

지역을 살린다

1985년 한국의 인구는 약 4000만 명이었고 2015년에 5000만 명을 넘어섰다. 그런데 그렇게 30년간 증가한 인구 1000만 명이 거의 다 수도권의 인구다. 이것은 수도권에서 출생한 인구만으로 가능한 일이 아니다. 다시 말해 인구이동의 문제다. 한국 정부는 1970년대부터 지역 불균형 문제를 풀기 위해 지방대학에 수많은 지원정책을 펼쳐왔다.[17] 그런데 그간의 지역균형 정책은 대개 결핍을 채워주는 방식이었다. 마강래는 "아픈 곳을 찾아내 치유하는 방식"을 넘어서야 한다[18]고 주장한다. 기존의 정책들은 수도권에는 풍부한 자원이 비수도권에 부족하다는 인식을 전제로 한다. 이러한 전제 하에서는 표준화된 기준을 상정하여 그에 맞추는 것으로 지역 균형을 맞추려는 목표를 갖게 된다. 기초적 물질생활이 해결되지 않았을 때는 표준화된 기준이 필요했지만 아직도 그런 기준에 매달

---

17) 박성호·강영혜·김본영·임후남·백수현·이정미·서은경·엄문영·설가인, 「데이터 기반 교육정책 분석 연구(III): 지방 대학의 교육실태 및 성과 분석」, 한국교육개발원, 연구보고 RR2014-27.
18) 마강래, 『지방도시 살생부-'압축도시'만이 살길이다』, 개마고원, 2017,

리는 것이 과연 올바른 방향일까. 비수도권에 사는 아동·청소년들에게 대도시에 있는 자원을 똑같이 공급해야 한다는 사고로는 지역이 지속가능한 삶의 터전이 될 수 없다. 지역의 아동·청소년들이 살던 곳을 떠날 가능성만 높아진다. 다양성, 장소성, 개성 그리고 그것을 추구하는 것이 미래사회의 방향성이라면 지역의 고유한 자원을 발굴하고 지원하는 정책이 더 급하지 않을까? 물론 지역에 부족한 기본적 문화시설 등 정주 여건을 개선하는 것은 여전히 필요하다. 이를 위해 마강래는 '압축도시$^{Compact\ City}$'를 제안한다. 교통의 결절점에 있는 도시의 구도심 상업시설과 주거를 재활성화하고 이를 중심으로 주변 도시를 고속철도와 같은 대중교통으로 연결하여 중소규모 도시가 단독으로 확보할 수 없는 교육, 문화, 생활 인프라를 공유하게 하자는 것이다. 이동시간을 단축시켜 생활권역을 확대함으로써 자원이 풍부한 압축도시 네트워크를 형성하자는 제안이다.

집단지성에 희망을 건다

오늘날의 한국처럼 거대한 이행기 사회의 두드러진 특징은 불안이다. 불안은 안전한 삶과 인간으로서의 존엄 같은 보편적 가치가 흔들릴 때 나타나는 심리현상이다. 이러한 불안을 배경으로 노동시장의 요구에 맞춘 교육 요구가 높아지고 있다. 현 문재인 정부가 고용창출을 최우선 정책으로 내세운 것도 그런 까닭이다. 문제는 그 노력이 전통적 산업화 시대의 고용창출 방식에서 나아가지 못했다는 데 있다. 미국은 1948년부터 2000년까지 인구보다 일자리가 1.7배 빠르게 늘어났지만 2000년 이후의 상황은 반대로 인구가 일자리보다 2.4배 더 빠르게 성장했다.[19] 물론 2020년부터 자연적 인구감소가 시작된 한국은 미국과는 사정이 다르다고 할 수 있지만 서구 선진국과 시차가 거의 없는 한국의 사회경제체제를 감안할 때 우리의 현실이 다를 것이라는 믿음은 위험할 수 있다.

한국사회에 팽배한 불안은 서구 선진사회에 비해 부족한 사회적 안전망, 즉

---

19) 테일러 피어슨, 『직업의 종말』, 방영호 옮김, 부키, 2017, 24쪽.

복지제도의 미비도 또 하나의 이유가 될 것이다. 한국의 GDP에서 복지지출 비율은 2019년 기준 12.2%로 OECD 평균(20.0%)에 비해 현저히 낮은데다 전체 회원국 38개 국가 중 35위에 머물고 있다. 복지 부담을 가족에게 떠넘기고 경제개발을 우선시한 정부 정책의 역사가 만든 결과다. 이러한 상태에서 이행기 불안은 가중될 수밖에 없다. 물론 희망적인 신호도 많다. 자치분권의 확대와 지역의 부상이 그중 하나다. 특히 '지역의 부상'이라는 동향은 코로나19에서 드러난 기초 지방정부의 활약으로 더욱 강화되는 경향을 보인다. 더불어 동네 생활권 단위의 중요성이 확인되면서 등장하는 골목상권의 활성화는 청년세대의 창의적 창업이라는 기왕의 동향을 북돋는 중이다.

급속한 기술 변화가 우리의 사회적 삶에 불안과 어려움만 주는 것은 아닐 것이다. 세계가 주목하는 한국인 수학자 허준(스탠퍼드대학교) 교수는 "오늘날 고난도 수학문제가 과거보다 더 빨리 풀리는 이유는 사회여건의 변화가 결정적인데 무엇보다도 실시간 커뮤니케이션 기술의 등장 덕분"이라고 한다. 과거에는 천재적 수학자들이 편지를 주고받으며 토론했다면 이제는 밤낮없이 이메일을 주고받거나 화상으로 대화할 수 있다. 그는 이것을 '가치 혁명'이라고 표현하면서 '집단지성'을 언급한다. 그는 천 년쯤 지나 후대 인류가 2020년에 폭발한 수학적 연구결과를 보면 그 원인을 실시간 소통능력의 확보로 꼽을 것이라고 말한다.[20] 다양한 인공지능 연구자들 중에서 인간의 삶에 이로운 인공지능 운동을 하는 사람의 이야기를 들어보자.

한 특정한 원숭이 같은 종이 지식을 얻기 적합하게 뇌를 키웠고, 도구를 이용하고 불을 피우고 언어를 구사하고 복잡한 글로벌 사회를 만드는 법을 배웠다. 이 사회는 그 자체로 기억하고, 계산하고, 학습하는 시스템으로 여겨질 수 있는데, 이 시스템의 배우는 속도 또한 점점 빨라진다. 왜냐하면 문자 표기,

20) 김유태, "인류난제 푼 수학스타의 첫 꿈은 시인…경계 넘나드는 무한한 상상력이 나의 힘", 매일경제, 2021.5.11.

인쇄, 근대 과학, 컴퓨터, 인터넷으로 전개된 것처럼 발명이 그다음 발명을 낳았기 때문이다.[21]

한마디로 2021년의 인류문명은 인간의 뇌를 지구라는 행성의 크기로 키워냈다. 기술진보의 속도는 더욱 가속이 붙을 것이다. 문제는 가속이 붙는 기술진보가 삶의 질을 높이면서 지속적으로 살아가는 데 도움이 될 수 있는가에 달렸다. 인공지능과 결합한 로봇, 즉 기계의 목적이 인간을 일자리에서 몰아낼 수 있을까? 현 단계의 로봇이 스스로 그런 생각을 하지는 않는다. 그렇다면 현재의 우리는 이러한 기술진보가 인간의 사회적 삶에 이로운 것이 되도록 만들어가야 할 것이다. "글로벌 사회는 그 자체로 기억하고, 계산하고, 학습하는 시스템"이라는 테그마크의 말은 우리의 미래세대가 더 많이 참여하고 합의하면서 우리 삶을 풍요롭게 하는 더 깊은 민주주의의 실현에 기여하는 길을 찾아야 한다는 말과 다르지 않다.

수많은 이들이 과학기술에 대한 유연한 적응력adaptability과 협업능력cooperation을 키워야 한다고 말하고 있으며, 다른 어떤 것보다 창의력creativity이 강조되고 있다. 그럼에도 교육에서 이러한 기술은 목적이 아니라 수단일 뿐이다. 아이들에게 친구가 많아지거나, 살아가는 힘이 생겨나거나, 그들의 삶을 풍요롭고 멋진 방식으로 이끌어줄 때 기술은 빛날 수 있다. 생산기술의 전면 자동화는 인간을 생계노동으로부터 벗어나게 할 가능성을 품고 있다.[22] 그 가능성의 실현은 우리 선택에 달려 있다. 자유를 획득한 인간만이 자신의 고유성에 따라 각자 다르게 일할 수 있지만 함께 사는 사람들의 신뢰와 협력이 없다면 그 자유의 한계는 분명하다. 아이들이 그러한 삶의 의미를 획득할 수 있도록 교육해야 하는 것이 우리 시대 교육의 화두가 아닐까?

---

21) 맥스 테그마크, 『맥스 테그마크의 라이프 3.0: 인공지능이 열어갈 인류와 생명의 미래』, 백우진 옮김, 동아시아, 2017, 111쪽.
22) 김두환, 「기술진보의 양면성과 미래교육: 자유로운 사회에서 삶의 기량」, 《사회사상과 문화 22(4)》, 2019, 103~138쪽.

MZ세대 교사

나다움과 교사다움, 그 사이에서

김 차 명
참쌤스쿨 대표 · 경기도교육청 미디어 담당 장학사

미래교육, 누가 할까

2009년 9월 경기도가 13개 학교를 혁신학교로 지정하면서 혁신학교 정책이 본격화되었다. 혁신교육의 시작은 2000년 초반 작은학교살리기 운동으로 볼 수 있다. 그렇다면 미래교육의 시작 시점은 언제일까?

경제협력개발기구^{OECD}가 '교육 2030 학습프레임워크'를 제시했고, 교육부는 2021년 6월 '미래교육체제 추진단'을 출범, 2023년 6월까지 추진하여 2022개정 교육과정에 따라 고교학점제를 2025년 전면 시행한다. 경기도교육청은 2020년에 '경기미래교육'을 발표했으며, 서울특별시교육청은 2021년 서울시교육감 제2기 취임 3주년 기자회견에서 '미래교육체제'를 발표했다. 강원도교육청은 2021년 말에 '강원교육미래2030'을 발표할 예정이다. 이런 움직임을 감안할 때 미래교육의 시작점은 2025~2030년으로 보면 큰 무리가 없을 것이다.

공교육의 질을 판단하는 기준은 여러가지이지만 가장 중요한 것은 교사의 질이며 공교육의 질은 교사의 질과 거의 동일하다. 미래교육에서 교사의 역할이

다소 달라질 수 있겠지만 공교육 체제에서는 여전히 교사의 역할이 가장 중요하다. 그럼, 2025년 이후 미래교육을 이끌어갈 교사는 누구일까?

⋮

MZ세대 교사, 어떤 사람들일까

MZ세대의 특성

이제는 '요즘 세대'라고 하면 자연스럽게 밀레니얼 세대와 Z세대(MZ세대)를 떠올린다. 20대 전문 연구기관인 대학내일20대연구소는 『밀레니얼-Z세대 트렌드 2021』에서 MZ세대를 연구하면서 발견한 절대 공식이 있다고 발표했다. 바로 "MZ세대의 마이크로 트렌드가 1년 이내에 사회의 주류 트렌드가 된다"는 것이다.[1] 현재 우리나라 인구의 34%가량을 차지하므로 인구 10명 중 3명 이상이 MZ세대이며, 이들은 제품과 서비스의 소비자인 동시에 SNS를 기반으로 유통시장에서 강력한 영향력을 발휘하는 계층이라는 설명이다.

▨ **MZ세대의 특성**

M세대	구분	Z세대
1980~2000년대생(17~37세)	나이	1990년대 중반~2000년대 중반생(13~21세)
유명 연예인	영향 받는 사람	인기 유튜버
가격	소비 시 중시점	디자인과 포장
평소엔 실속 챙기다 때때로 과감히 소비 (실속, 신용카드 선호)	소비 패턴	쉽게 충전해서 가볍게 사용하기 (편의, 선불카드 선호)
실속	소비 키워드	편의
부모를 권위적이라고 생각	부모와의 관계	부모를 친구처럼 생각
공통점 디지털 세대, 재미를 추구하고 자유로운 사고, 사생활 간섭 싫어함.		

자료 출처: 신한카드, 「MZ세대의 라이프스타일」, 2021.

---

1) 대학내일20대연구소, 『밀레니얼-Z세대 트렌드 2021』, 위즈덤하우스, 2020.

학교급별·성별·연령별 교원 비율(2020년 기준)

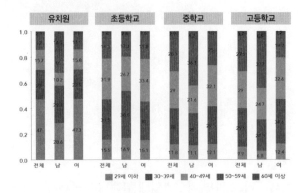

자료 출처: 교육부·한국교육개발원, 「2020 교육통계 분석 자료집」.

M세대와 Z세대를 하나로 통칭하기에는 한계가 있다는 주장도 있다. MZ세대가 직접 분석하고 제안한 「MZ세대의 라이프스타일」 보고서(신한카드, 2021)를 보면 "M세대와 Z세대는 재미를 추구하고 사고가 자유로우며 사생활 간섭을 싫어한다는 공통점이 있지만 뚜렷한 차이를 보인다"고 분석했다.

MZ세대가 향후 막강한 영향력으로 대한민국을 이끌어간다고 했을 때, MZ세대 교사는 미래교육을 이끌어갈 수 있을까? 교육부와 한국교육개발원이 발행한 「2020 교육통계 분석 자료집」에 의하면 2020년을 기준으로 유치원 교원의 경우 연령 구성의 47.0%가 20대, 23.0%가 30대로 전체 교원의 70%가 20~30대다. 학교급별로 20~30대 교원 비율을 보면 학교급이 내려갈수록 MZ세대 비율이 높으며, 전체 비중을 볼 때 총 교원 수의 46%를 차지한다. 2022년을 기준으로 교육대학과 사범대학 4학년이 1999년생(재수생 제외)임을 감안하면 아직 Z세대 교사는 학교현장에서 본격

MZ세대 교사의 특성

키워드	가치기준
워라밸	일과 삶의 균형
Fairness	정의의 다른 이름, 공정성
멀티 페르소나	다중성(N개의 정체성, 다양성)
디지털 네이티브	디지털 친화적 성향
자기중심성	누구보다 중요한 건 바로 나

적으로 활동하고 있지 않으며 현재 현장의 20~30대 교사는 대부분 밀레니얼 세대임을 알 수 있다.

밀레니얼 세대 교사 관련 문헌과 MZ세대 교사 4500여 명을 대상으로 한 온라인 설문조사, 약 150여 명의 MZ세대 교사를 상대로 한 FGI^{Focus Ggroup Interview,} 집단심층면접를 통해 MZ세대 교사의 특성을 종합적으로 정리해보았다. MZ세대 교사도 MZ세대의 일반적인 특성과 유사했다.

'워라밸[2]'은 기본

"연가는 쓰라고 있는 것 아닌가요? 제 권리잖아요. 왜 눈치봐야 하죠?"

"전 투폰 써요. 특별한 경우 아니면 퇴근 이후에는 학부모 연락을 받지 않아요."

2020년 구인구직 플랫폼 '사람인'이 20~39세 남녀 2708명을 대상으로 '가장 입사하기 싫은 기업 유형'을 설문조사한 결과, '야근이나 주말 출근 등 초과근무가 많은 기업'(31.5%)이 1위에 꼽혔다. '업무량 대비 연봉이 낮은 기업'(23.5%), '군대식 문화로 소통이 어려운 기업'(13.1%), '연차 등 휴가 사용이 자유롭지 못한 기업'(9.9%), '친인척 등 낙하산 인사가 많은 기업'(5.3%), '성장 기회가 많지 않은 기업'(4.7%)이 뒤를 이었다. 개인의 삶과 여가 등 워라밸을 중시한다고 알려진 MZ세대의 전형적인 특성이 그대로 나타난 것이다.

반대로 MZ세대가 가장 입사하고 싶어 하는 기업은 '자유롭고 수평적인 소통문화를 가진 기업'(23.5%)이다. 이어 '야근이나 주말출근 등 초과근무 없는 기업(17.8%)', '동종업계 대비 연봉이 높은 기업'(16.7%), '연차 등 휴가 사용이 자유로운 기업'(11.3%), '성장 가능성이 높은 기업'(8.8%), '탄력근무가 가능한 기업'(7.4%), '정년이 보장되는 기업'(7%) 순이었다.

---

2) '워라밸'이란 개인의 일(Work)과 생활(Life)이 조화롭게 균형을 유지하고 있는 상태를 의미한다. 원래 일하는 여성들의 일과 가정의 양립에 한정해 사용하다가 노동관 변화와 라이프스타일의 다양화를 배경으로 남녀, 기혼·미혼을 불문하고 모든 노동자를 대상으로 하는 '워크라이프 밸런스' 개념으로 발전했다.

이러한 MZ세대의 등장과 성장은 기업의 조직문화와 인사관리에도 영향을 미치고 있다. 이는 사람인이 기업 451개사를 대상으로 'MZ세대가 이전 세대에 비해 회사에 원하는 것이 다른지 여부'를 알아본 결과 88.2%가 그렇다고 답한 것에서도 드러난다. 그렇다면 MZ세대 교사는 어떨까?

대구광역시교육청 산하 대구미래교육연구원은 대구지역 교사들의 특성과 세대 차이를 파악하기 위해 교사 5040명을 대상으로 교직 인식 관련 설문조사(2020.12.~2021.1.)를 실시했다. 그중 X세대와 MZ세대로 분류되는 1585명에게는 세대 차이 분석을 위한 설문조사도 함께 진행했다.

교직생활에서 추구하는 가치 등을 묻는 질문에 X세대 교사들은 책임감(37.1%), 성취감(31.7%), 수업전문성(30.7%), 경제적 안정감(23.3%), 워라밸(22.0%) 순으로 답했다. 반면 MZ세대 교사들은 워라밸(42.5%), 수업전문성(30.8%), 책임감(30.8%), 성취감(24.6%), 자아성장(18.2%) 순으로 답했다. X세대는 책임감을, MZ세대는 워라밸을 가장 중요하게 여긴다는 것이다. 2018년 참쌤스쿨이 1980~1996년생 교사 4656명을 대상으로 설문조사한 결과, 교사 직업을 선택한 이유로 '안정적인 삶을 위해(1589명, 34%)'가 1위, '가르치는 것이 좋아서(1516명, 32%)'가 2위였다. MZ세대는 교직생활에 있어 성취감이나 교사로서의 사명감도 중요하게 여기지만 개인의 삶과 안정성을 더 중요시한다.

MZ세대의 워라밸 관련하여 눈에 띄는 것이 바로 '연가' 사용이다. 학생들이 학교에 있는 동안 수업을 해야 하는 교사는 연가를 자유롭게 쓰지 못하는 편이다. 대부분 연가를 하루 통으로 사용하지 못하고 시간 단위로 나눠서 조퇴 등의 방법으로 사용한다. 대신 교육 공무원법 제41조 연수제도를 운영하여 학생들이 등교하지 않는 방학 때 수업에 지장을 주지 않는 범위에서 소속기관장 승인 아래 연수기관이나 근무 장소 외의 시설 또는 장소에서 연수받을 수 있다. 교원들은 이 41조 연수제도를 활용해 방학 때 휴식을 갖는 편인데, 이를 두고 자주 잡음이 일어난다. 일부 학교에서는 교사들의 연가나 조퇴를 통제하거나 심하게 눈치를 주기도 한다. 하지만 MZ세대는 개인의 권리인 연가나 조퇴를 자유롭게 쓰는 것이 전혀 문제될 게 없다는 입장이다.

공정성에 민감

"현재 임용고사가 좋은 교사를 길러내는 데 부족하다는 것은 알지만 그래도 가장 공정해요."

"2~3년차에게 30년차가 결재받는 직장이 여기 말고 또 있을까요?"

2021년 6월 tvN 〈미래수업〉에서 구정우 성균관대 교수는 '2030은 왜 4050에 등을 돌렸나?'라는 강연에서 새로운 게임 규칙을 요구하는 '룰 브레이커'가 된 MZ세대를 거론하며 4050세대가 말하는 '정의'와 2030세대가 말하는 '정의' 개념의 차이를 설명했다. 4050이 말하는 정의가 'Justice'라면 2030의 정의는 'Fairness'라는 것이다.

MZ세대 교사도 다르지 않다. 대구미래교육연구원의 설문조사 중 교사를 하면서 겪는 정서적 고갈, 비인간화, 개인적 성취감 감소 등 부정적 감정(소진)을 묻는 질문에 X세대와 MZ세대 모두 5점 만점에 2.6점을 표시하여 비슷한 감정을 느끼고 있었지만 이를 해결하는 방법에 대해서 X세대는 '학교 차원의 문제행동 및 부적응 학생 지도'(38.4%)를, MZ세대는 '공평하고 합리적인 업무 분장'(39.3%)을 꼽았다.

많이 개선됐다고는 하지만 학교 조직은 여전히 수직적이다. 학교 조직은 여러 세대가 공존하는 다세대 일터multigenerational workplace로 세대 간 인식 차이가 갈등으로 야기되고 있다.[3] MZ세대 교사들은 변화하지 않는 교육 시스템, 소모적이고 반복적인 행정업무, 소통이 어려운 수직적 문화를 느끼고 있다.

MZ세대는 학교에서 학년 배정이나 업무 분장에서 공정함을 강조한다. 교사는 직업 특성상 1년차와 30년차가 거의 같은 업무를 소화하는 독특한 공무원 집

---

3) 최효진, 「초등학교 저경력 교사와 고경력 교사의 교직 갈등 비교 분석」, 한국교원대학교, 2016.

단이다. 1년차 교사에게 30년차 교사 수준의 담임 업무능력을 원한다는 말인 동시에 30년차 교사에게 1년차 교사만큼의 역할만 요구한다는 뜻이기도 하다. MZ세대 교사는 경력이 쌓일수록 호봉이 올라 급여도 많아지는 상황에서 '받는 만큼 일하는' 것을 공정이라고 생각한다. 기피 업무를 젊다는 이유로, 미혼이라는 이유로 반강제로 떠맡기는 문화에 반발하는 것은 당연하다.

2020년 교육부는 '교육 공무원 임용후보자 선정경쟁시험 규칙' 개정을 입법예고했다가 보류했다. 교육부가 예고한 임용 규칙 개정안은 교육감이 시험방식과 기준 등을 결정할 수 있도록 한 것인데 첫째, 현 교원 임용시험은 교원에게 필요한 다양한 역량을 확인하기 어려우며 둘째, 교대와 사대의 교육과정 파행을 부추기고 있으며 셋째, 교육자치 차원에서 이루어져야 한다는 명분이었다. 하지만 각 시·도교육감의 입맛에 맞는 교사를 선발함으로써 평가의 공정성을 해칠 수 있다는 우려와 교원 지방직화를 위한 초석이라며 MZ세대 교사들, 특히 교육대학교와 사범대학 예비교사들이 강하게 반발했다. 한 교육대학교 에타(에브리타임, 대학별 소통 앱)에 게시되어 많은 사람이 공감한 글을 보면 현행 임용시험에 대한 MZ세대의 생각을 엿볼 수 있다.

현행 임용시험이 분명 노량진에서 강의를 들어야 합격할 수 있는 것도 사실이지만, 그래도 공정한 시험이라고 생각한다. 교육감이 임용시험 과정에 적극 개입하면 교사의 실력보다는 사상이나 이념 중심으로 선발하게 될 것이다. 미래의 인재를 양성하는 교사는 그 무엇보다 공정한 절차를 바탕으로 중립적인 과정으로 선발해야 한다.

멀티 페르소나-N개의 정체성(다양성)

"퇴근 후 어디 가서 교사라고 하지 않아요."

"교사라는 직업은 제 여러 측면 중 극히 일부일 뿐이죠."

김해준(본명 김민호)은 2018년 tvN 〈코미디빅리그〉를 통해 데뷔한 개그맨이

1. 세대의 변화   2. 학교의 변화   3. 정책의 변화

다. 하지만 김해준이 유명세를 탄 계기는 TV가 아닌 유튜브다. 김해준이라는 이름보다는 패션에 민감한 동대문 옷가게 사장 '쿨제이'와 코맹맹이 소리로 작업멘트를 날리는 카페 사장 '최준'으로 더 잘 알려져 있다. 이른바 '부캐(부캐릭터)'로 유명해진 것이다.

『트렌드 코리아 2021』(김난도 외)에서는 '멀티 페르소나'라는 단어를 제시하면서 "현대인들이 다양하게 분리된 정체성을 갖게 됐다"고 했다. 정체성이 직장에서와 퇴근 후 다르고, 평소와 덕질을 할 때 다르며, 일상에서와 SNS상에서 다르다는 설명이다. 자신을 표현할 수 있는 많은 미디어 플랫폼이 출현하면서 멀티 페르소나가 등장했다. 실명 대신 별명이나 아이디를 사용하는 익명 공간은 다양한 정체성을 표출하게 만든다. 최근 주목받는 메타버스^{Metaverse}도 온라인 가상공간에서 다양한 정체성을 표출하게 만드는 가상공간이다.

2020년 대학내일은 '2020 트렌드 컨퍼런스'에서 MZ세대 트렌드 키워드 중 첫 번째로 '다만추'를 꼽았다. 이는 '다양한 만남을 추구하는 세대'라는 의미인데 MZ세대는 자신뿐 아니라 다른 삶의 형태에도 관심을 가지며, SNS와 미디어로 빠른 트렌드 변화와 정보를 빠르게 직접 체험한다고 하는데 이를 증명하듯 니트족, 프리랜서, 비건라이프 등을 소재로 한 책이 연일 베스트셀러 목록에 오르내린다.

2018년 한 교사가 교실에서 M-net 〈고등래퍼2〉우승자 김하온의 '붕붕'을 커버한 영상이 유튜브에 올라왔다. 일반적으로 대중들이 인식하는 초등학교 교사 이미지와는 너무도 다른 모습에 유튜브 반응은 폭발적이었고, 이 영상은 누적 조회수 550만 회(2021.7. 기준)를 기록하고 있다. 낮에는 초등학교 교사, 밤에는 래퍼로 살고 있는 '달지(본명 이현지)쌤'의 영상이었다. 경기도교육청 홍보대사로도 활동하고 언론도 주목하는 등 화려한 활동의 이면에는 어려움도 함께 왔다. '교사가 유튜브를 해도 되냐?' '겸직 신고는 제대로 하고 있나?' 등 각종 악성 댓글과 비난이 쏟아진 것이다. 결국 달지쌤은 '교사의 품위를 손상한다'는 비난과 함께 '광고를 위해 조회수를 높이는 것 아니냐'는 악성 댓글과 성희롱성 댓글 등을 견딜 수 없어 의원면직을 신청했다. 달지쌤은 2021년 6월 한겨레 인터뷰에서 "공무원을 그만뒀을 뿐 선생님을 그만둔 것은 아니다. 내가 좋아하는 아이들에게 언젠가 다시 좋은 교사로 돌아갈 것"이라고 말했다. 교사가 본인의 콘텐츠를 바탕으로 책을 출간하면 그 인세를 정당한 소득으로 인정받지만, 똑같이 본인의 콘텐츠로 유튜브에서 광고 소득이 생기는 경우에는 왜 비난받는지 생각해볼 문제다.

디지털 네이티브

"대형마트 가본 지 3년 정도 된 것 같아요. 앱으로 시키면 다음날 오는데 굳이?"

"교육자료를 찾을 땐 실제 모임보다는 커뮤니티나 SNS에서 정보를 얻어요."

MZ세대를 이해할 때 디지털 환경을 빼놓을 수 없다. MZ세대의 다음 세대인 알파세대를 스마트폰을 빼고 말할 수 없듯이 MZ세대는 PC통신부터 스마트폰까지 디지털과 온라인이 일상인 세계에서 자랐다. 물론 PC 중심의 밀레니얼 세대와 모바일 중심의 Z세대 간의 특성 차이는 있지만 MZ세대는 PC와 스마트폰을 통한 비대면 소통을 오히려 현실세계로 받아들이며 텍스트보다 이미지, 이미지보다는 동영상 콘텐츠를 선호한다. 유튜브와 틱톡은 MZ세대에 힘입어 대세 동영상 플랫폼으로 급부상할 수 있었다. 이들은 정보검색도 네이버나 다음 같은 포털 사이트가 아닌 유튜브를 활용한다.

2017년 미국 IBM 기업가치연구소의 유통업체 마케팅 책임자는 Z세대에 대해 다음과 같이 말했는데, 이 표현은 이후 마케팅 업계의 Z세대 분석 보고서마다 등장하고 있다.

Z세대는 언제나 연결되어 있고, 언제라도 손가락만 움직이면 무엇이든 구할 수 있는 환경에 익숙하다. 격동의 시대에 성장하면서 정말 무엇이 중요한지 실용주의 관점을 갖게 되었다. 소비재 및 유통업계 경영진은 차세대 소비자를 공략하기 위해서 Z세대가 어떻게 시간을 보내는지, 어떤 기기를 사용하는지, 브랜드 경험에서 무엇을 기대하는지 알아야 한다.[4]

매일신문과 빅데이터 연구업체 더아이엠씨는 네이버 블로그, 뉴스 기반 빅데이터를 입수하여 MZ세대의 특성과 소비유형을 분석하고 두 세대 간 차이점을 분석했다(2019.6.~11.). 대부분이 직장인인 밀레니얼 세대에서는 직장생활 관련 키워드가 많이 나왔고, 밀레니얼 세대에서는 소비나 젠더 관련 키워드가 많았다. MZ세대 모두 '디지털', '유튜브', 'SNS', '디지털 네이티브' 등 디지털 관련 키워드가 공통적으로 나타났다.

오프라인 세상과 비교하여 디지털 온라인 세상은 개인의 목소리가 서로 수평적 관계로 연결되며 철저하게 개인화되고 개별화가 이루어지는 곳이다. MZ세대는 이러한 온라인 공간에서 개인의 결정권과 개별 취향을 존중하고, 나이·직급과 무관한 수평적 의사소통을 중시한다. 디지털이란 공간은 단순 오프라인 공간의 대체가 아닌 MZ세대 개인이 더욱 적극적으로 활동하고 소통하는 '리얼 공간'이다. MZ세대의 교사들에게는 어떨까? 초등교사 커뮤니티 인디스쿨과 건강한 변화를 위한 실험실 진저티프로젝트에 따르면, MZ세대 교사들은 디지털 네이티브로서 첨단기술을 힘들고 단조로운 일을 줄여주고 시간을 벌어주는 것이라고 받아들이고 있다.[5]

2000년대 초 인터넷과 스마트폰 확산에 따른 디지털혁명기에 20대를 맞이했던 밀레니얼 세대는 1인 1PC, 1인 1스마트폰 시대의 주역이며 그만큼 디지털 콘텐츠 소비와 생산이 자유롭다. 검색이 자연스러운 세대이므로 밀레니얼 세대 교

---

4) IBM 기업가치연구소, 「유일무이한 Z세대」, 2017.
5) 인디스쿨·진저티프로젝트, 「헬로미 프로젝트(밀레니얼 세대 초등교사들을 연구한 보고서)」, 2017~2018.

사 역시 업무의 어려움이나 궁금증을 주변 경력교사가 아닌 온라인 커뮤니티에서 검색해 해결하려는 경향이 있다. 아직 학교에 남아 있는 수기 결재, 메신저로 가능한 일을 굳이 얼굴 보고 이야기하자거나, 하나하나 손으로 표시해야 하는 아날로그 업무방식을 고리타분하다고 생각한다.

누구보다 중요한 건 바로 나

"학생이 행복한 것도 중요한데 일단 제가 행복해야 학생도 행복하지 않을까요?"

"누가 시켜서 하는 일보다는 제가 하고 싶은 일을 하고 싶어요."

문화일보는 2030 MZ세대 보고서[6]를 연재하면서 극강의 개인주의는 MZ세대의 행동양식으로, 부모의 든든한 지원 아래 자란 MZ세대의 성장 배경이 강한 개인주의 성향으로 나타난다고 밝혔다. 누군가는 이기주의라고 말하지만 MZ세대는 개인주의를 '나 자신을 돌보는 것'으로 정의한다며, 특히 Z세대에서 더욱 두드러진다고 했다. 이는 모바일과 디지털 기기에 익숙할수록 더 강한 모습을 보인다. 예를 들어 '혼밥', '혼술'이라는 단어는 지금이야 보편적으로 사용하지만 2016년 초반 이 단어가 처음 등장했을 때는 '같이 밥 먹을 사람 없는' 사람처럼 취급되어 이슈였다. 하지만 지금은 혼밥 하는 사람이 늘고, 혼밥 하는 것을 이상하게 바라보지 않는다.

『MZ세대 트렌드 코드』에서는 'MZ세대 따라잡기 10계명'을 소개한다. '9시 1분 출근은 괜찮지만 8시 59분은 안 된다'는 것이 첫 번째 계명이다. 이 밖에도 '잦은 회식엔 퇴사로 대응한다', '온라인에서만 만나는 친구도 친구다', '아프면 청춘이 아니라 환자다', '365일 편의점 도시락, 1일은 명품족' 등의 내용이 10계명에 들어 있다. 이들에게 회사는 계약관계 그 이상도 이하도 아니라고 한다.[7] 사람인이 451개 기업을 대상으로 조사(2020)한 결과 전체 기업의 88.2%가 'MZ세대는

---

6) 허민 외, "MZ세대 보고서: MZ의 개인주의-꼭 밥 같이 먹어야 되나요?", 문화일보, 2021.6.28.
7) 고광열, 『MZ세대 트렌드 코드』, 밀리언서재, 2021.

회사에 바라는 것이 이전 세대와 다르다'고 답했다. MZ세대가 회사에 바라는 것 중 이전 세대와 비교해 달라진 점(복수응답)으로는 '워라밸을 중시하고, 개인의 삶 보장을 요구'한다는 것이 62.1%로 1위였다. 이어 '조직보다 개인의 이익을 우선' (59%), '개인의 개성 존중받기 원함'(36.4%), '자유롭고 수평적인 문화'(24.4%), '공평한 기회 중시'(21.1%), '명확한 업무 지시와 결과에 대한 피드백'(19.6%), '개인 성장을 위한 지원 요구'(12.1%)가 뒤를 이었다.

2005년 중앙일보 기사[8]를 보면 흥미로운 대목이 있다. '엄지가 목소리 눌렀다'라는 제목의 기사인데, KTF에서 휴대전화 문자메시지[SMS] 발신량이 처음으로 목소리로 통화하는 음성 발신량을 앞질렀다는 내용으로 "10대와 20대를 중심으로 SMS 이용자가 급증하면서 2002년 이후 발신 건수가 4배가량 증가했다"는 내용이다. 음성통화보다 모바일 메시지를 주로 사용하는 것은 Z세대뿐만 아니라 밀레니얼 세대에서도 보이는 특성이다.

기성세대는 MZ세대의 개인주의로 인해 공동체가 사라질 수 있다고 걱정하기도 한다. 레이니와 웰먼이 쓴 『새로운 사회 운영시스템』[9]에 주요 개념으로 등장하는 '네트워크화된 개인주의'에서는 현대사회가 점점 집단이 아닌 개인을 중심으로 네트워크를 형성하기 때문에 개인 네트워크에 중점을 두고 연구해야 한다고 주장한다. 네트워크화된 개인주의에서는 네트워크 중심에 특정 집단이나 가족, 회사 부서, 이웃, 공동체가 아닌 단 한 명의 인간, 즉 본인만이 존재한다. 특히 모바일 혁명으로 인해 타인과 관계를 맺는 데 있어 공간적 제약이 없어 가능한 때 언제든 타인과 함께할 수 있다는 의식이 있다고 설명했다.

기존 세대가 '지역' 중심으로 공동체를 형성했다면 MZ세대는 '온라인 커뮤니티' 중심으로 공동체를 형성한다. 하나의 가치로 뭉치는 것도 아니며 다양한 가치를 바탕으로 움직인다. X세대까지는 이념으로 뭉쳤다면 MZ세대는 그렇지 않

---

8) "엄지가 목소리 눌렀다", 중앙일보, 2005.7.28.
9) 리 레이니·배리 웰먼, 『새로운 사회 운영시스템』, 김수정 옮김, 에이콘출판, 2014.

다. MZ세대의 개인주의를 공동체주의와 개인주의 두 가지 시선으로 바라보기보다는 새로운 공동체 문화가 출현했다고 보는 것이 더 타당할 것이다.

MZ세대의 개인주의는 단순한 자기중심적 성향이라기보다 '나다움'을 중시하는 특징이 있다. MZ세대 교사도 마찬가지다. 최근 필자가 강연자로 참석한 한 지역 교장 모임에서 'MZ세대 교사' 하면 떠오르는 단어를 질문하니, '개인주의'가 압도적으로 많았다. 오로지 자기 원하는 일만 하고, 손해 보지 않으려 한다는 것이다. MZ세대 교사는 기존 학교문화를 강요할수록—예를 들어 직원체육, 승진 가산점 라인, 관료제, 권위적인 분위기—학교에 충성하지 않고 더 마음 쏟을 장소와 사람들을 찾아 떠난다.

한국교육개발원의 「교사 인플루언서^{Influencer}의 활동 및 영향 분석」에 따르면 주로 젊은 세대인 교사 인플루언서는 기존 교육활동 방식이나 전통적 승진 경로를 추구하지 않는다.[10] 본인이 좋아서 자유롭게 SNS 활동을 하고, 자신만의 방식으로 전문지식을 펼치고 경력을 개발한다. 특별히 승진을 원하지도 않고, 자신들의 욕구를 다양하게 펼치며 많은 사람과 관계 맺고 그 속에서 상호작용할 수 있도록 교육부나 교육청이 보장해주기를 원한다.

김재원·정바울의 연구[11]에 따르면, 밀레니얼 세대 교사들은 기존 교사와 달리 전통적인 관리자가 되는 단일한 승진 경로가 아닌 다양한 성장 경로를 추구한다. 특히 교사 인플루언서들은 자신들만의 성장 경로를 개척하고 있다. 디지털 네트워크에서 자신을 노출하고 공감력 높은 콘텐츠를 생산·확산하며 이용자의 신뢰를 얻고자 하는 그들의 노력은 교사문화를 개방, 공유, 신뢰, 친밀, 협력 등으로 변화시킬 것이라고 전망했다. 교사 인플루언서의 역량과 사회적 관계, 변화 지향성 등은 교사집단의 리더로서 다른 성장 경로를 제시한다. 교사 인플루

---

10) 이승호·박영숙·허주·박효원·신철균·장민경·이샛별, 「교사 인플루언서(Influencer)의 활동 및 영향 분석」, 한국교육개발원, 연구보고 RR2020-06.

11) 김재원·정바울, 「밀레니얼 세대 초등교사의 직업 동기, 직무 인식, 그리고 경력 전망에 관한 탐색적 연구」, 《교육행정학연구 114호》, 한국교육행정학회, 2018, 231~249쪽.

1. 세대의 변화　　2. 학교의 변화　　3. 정책의 변화

언서를 따르는 팔로워 역시 '더 젊은 교사'로 MZ세대인 20대, 심지어는 예비교사들도 많다고 한다. 설문 결과, 이들은 교사 인플루언서를 보면서 교직생활에 동기부여를 얻고 교과목 지식도 많이 습득하고 있다고 답했다.

같은 연구에서 밀레니얼 세대 교사로 등장하는 밀1 교사는 SNS에서 고수 선생님들을 접하고 새롭고 큰 세상을 알게 되어, 빨리 승진하겠다는 계획을 수정했다. 한마디로 교사 인플루언서와 젊은 교사들은 코드가 맞는다는 것이다. 인플루언서 교사들은 관료적이고 위계적인 학교의 사회적 관계에서 벗어나 후배들과 자신의 전문성과 정보로 관계를 맺는다. 팔로워 교사들은 내공 있는 교사를 디지털 공간에서 유영하며 찾고 거기서 편안하고 느슨한 관계를 맺는다. 이 관계가 진전되면 오프라인상에서 교사 전문적학습공동체에 참여하기도 한다.

앞서 살펴본 한국교육개발원의 「교사 인플루언서의 활동 및 영향 분석」에 따르면 "젊은 세대 교사들이 교직에 대한 사명감 없이 직업적 안정성만 추구한다고 비판만 할 일이 아니"라면서, "교사 인플루언서와 그들을 따르고 영향받고 있는 신진 교육자 팔로워들은 학교와 교실이라는 공간이나 학연이나 권위적 위계에서 벗어나서 자유롭게 배우고 따르는 디지털 학습관계망을 형성하고 있으며 젊은 교사들을 지원할 새로운 방식을 고민해야 한다"고 주장했다.

⋮

'언젠가'보다 '바로 지금'이어야 한다

코로나19와 MZ세대 교사의 부상

2020년 코로나19로 인해 학교는 원격수업, 학교 방역, 돌봄, 학습격차 등 그동안 고민해보지 않았던 상황의 대책을 단기간에 세우고 실행해야 했다. 2000~2010년대에 소수의 능력 있는 교사만이 온라인수업, 스마트교육을 시도했던 것과 달리 코로나19로 인해 전국 대부분의 교사가 온라인 수업을 고민하고 경험한 것은 우리나라 교육혁신 측면에서 큰 의미가 있다.

교사 연령별 자기평가 디지털 리터러시 수준

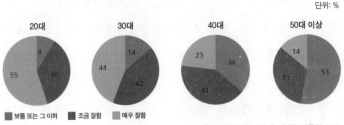

단위: %

자료 출처: 임수현 외, 서울시교육정보연구원, 2020.

　온라인수업과 디지털 교육 콘텐츠 활용의 주축은 MZ세대 교사였다. 2020년 서울시교육정보연구원이 발간한 보고서[12]에 따르면 교사 디지털 리터러시 수준에 관해 교사들은 전체 응답자 기준으로 매우 잘함 30%, 조금 잘함 39%, 보통임 27%, 조금 못함 3%, 매우 못함 1%로 자평한 것으로 나타났다. 특히 연령이 낮은 교사일수록 자신의 디지털 리터러시 수준을 높게 평가하는 경향을 보였다.

　이슬기 교사(안양 안일초등학교)는 줌의 가상배경 설정과 비디오클립을 활용하여 세계 문화, 역사, 환경을 결합한 수업을 진행했다.[13] 학생들이 미국 뉴욕에 있는 자유의 여신상이나 경주 불국사를 가상배경으로 설정하면 그 나라나 지역의 날씨, 특산품, 문화재, 축제 등을 함께 이야기하며 공부한다. 이인지 교사(서울 지향초등학교)는 플립그리드(http://info.flipgrid.com)를 활용하여 찬반 토론을 만들었다. 플립그리드에 교사가 토론 주제를 입력하고 주제에 대한 설명이나 토론 시 주의할 점을 적어둔다. 학생들은 QR코드 등 교사가 설정해둔 방법으로 토론방에 접속해 직접 촬영한 영상을 올릴 수 있고, 친구가 올린 영상을 살펴본 뒤 반론이나 추가 의견을 올리는 방식으로 수업한다. 인디스쿨이 발간한 보고서 「밀레니얼

---

12) 임수현 외, 「코로나19로 인한 학교 수업방식의 변화가 교사 수업, 학생 학습, 학부모의 자녀 돌봄에 미친 영향: 초등학교를 중심으로」, 서울시교육정보연구원, 2020.

13) 김지윤, "안 되는 게 없는 우리 반 '랜선 수업'…4교시가 즐거워요", 한겨레, 2020.10.5.

세대 초등교사」도 '교실 속 실험실'을 소개하면서 밀레니얼 세대 교사들이 다양한 디지털 도구와 애플리케이션을 활용하는 수업을 소개했다.

MZ세대 교사들은 각종 교사 커뮤니티와 SNS에서 교육을 주제로 적극 소통한다. 박현진·오범호는 「초등학교 교사의 SNS를 활용한 자기표현 전략에 관한 질적 연구」(2021)에서 교사들이 SNS를 이용하는 이유를 교사의 삶을 보여주기 위해, 일상을 기록하기 위해 사용하는 것으로 밝혔다. 한국교육개발원의 「교사 인플루언서의 활동 및 영향 분석」(2021)에 따르면, 교사들의 SNS 또는 소셜미디어 활동과 영향력을 가볍게 취급할 수 있지만 교사 인플루언서의 댓글 네트워크에서도 확인할 수 있듯이 팔로워들은 교과 정보뿐만 아니라 정서적으로도 긍정적인 영향을 많이 받고 있다. 교사 인플루언서의 팔로워 대부분이 20대인 점을 감안할 때 향후 미래를 이끌어갈 젊은 교사들이 어떤 양상으로 교사의 전문성을 개발해갈지 가늠해볼 수 있다.

또한 SNS에서 보이는 교사 인플루언서들의 리더십은 기존 교원 리더십의 대상과 펼쳐지는 장소 측면에서 차이가 크다고 설명한다. 교사 인플루언서는 디지털 변화 세상에서 변화 트렌드를 앞서 읽어내고, 학교 밖과의 소통에 앞장서고 있다는 것이다. 학교 밖 디지털 공간에서 사회적 시선을 반영하여 사회관계를 형성하는 것은 교직 변화를 촉진하는 동인으로 작용할 수 있다면서, 교사 인플루언서가 디지털 네트워크 공간에서 친밀성과 진정성을 얻는 것은 교사 개인의 권위와 신뢰를 넘어 교원의 공신력 제고에 기여할 수 있다고 내다봤다.

MZ세대 교사의 성장

2020년 전국 초등학생, 중학생, 고등학생의 장래 희망직업을 알아보는 설문조사에서 초등학생은 3위, 중·고등학생은 1위로 '교사'를 선택했다. 또한 2019년 직장인이 꼽은 자녀가 갖기를 희망하는 직업 순위를 보면 응답자의 40% 가까이가 공무원과 교사를 원했다. 우리나라에서 교사는 명실상부 선망받는 직업이다.

▨ 초임교사 성별에 따른 직업 포기 생각 경험

성별	구분	교직 포기 생각 경험					경험 있음	전체	카이제곱 검정
		전혀없음	없음	보통	있음	매우많음			
남	빈도(명)	279	252	135	192	33	225	891	카이제곱 값: 74.840 자유도: 4 유의확률:.000
	비율(%)	31.3	28.3	15.2	21.5	3.7	25.2	100	
여	빈도(명)	489	683	382	790	174	964	2518	
	비율(%)	19.4	27.1	15.2	31.4	6.9	38.3	100	
계	빈도(명)	768	935	517	982	207	1189	3409	
	비율(%)	22.5	27.4	15.2	28.8	6.1	34.9	100	

그런데 경기도교육연구원이 경기도 내 초임교사(경력 3년차 이하) 3409명과 4년 이상 경력교사 4287명을 대상으로 설문조사(2020. 11. 12.~20.)한 결과[14], 남자 초임교사의 25.2%, 여자 초임교사의 38.3%가 교직을 그만두고 싶다고 응답했다. 정작 교사가 된 사람들은 교직을 선택한 것을 후회하고 있다는 말이다. 특히 갓 임용된 초임교사의 30%가 교직을 그만두고 싶어 한다. 그 이유에 대해 초임교사들은 1위 교사 인권 문제(31.0%), 2위 처우 및 보수(20.8%), 3위 업무 과다 문제(20.4%)를 꼽았다.

▨ 초임교사 직업 포기 생각 원인

직업 포기 생각 원인	인원(명)	비율(%)
적성 문제	235	11.2
대인관계 문제	189	9.0
교사인권 문제	649	31.0
환경 여건(교통 등)	95	4.5
건강 문제	65	3.1
처우 및 보수	436	20.8
업무과다 문제	427	20.4
총합	2096	100

자료 출처: 정종화 외, 경기도교육연구원, 2020.

교직 선택을 후회하게 된 원인으로 적성 문제의 비중이 낮다. 꿈꾸던 모습과 교사가 된 후 현실이 크게 차이 나기 때문일 것이다. 또한 사람을 상대하는 일이다 보니 자신의 의지보다는 그때그때 바뀌는 주변 인간관계와 환경에 영향을 많이 받은 것으로 보인다. 아이들이 좋아서, 가르치는 일이 좋아서 힘들게 교사가

---

14) 정종화 외, 「초임교사 학교적응 진로멘토링 실시 방안 연구」, 경기도교육연구원, 2020.

됐지만 교사에게 상처를 주는 학생, 학부모의 거친 민원, 권위적이고 비합리적인 상급자의 행동 등을 겪으면서 열정은 소진된다.

도토리를 잃어버린 다람쥐 우화는 많은 사람들에게 알려진 이야기다. 다람쥐는 겨울식량을 마련하기 위해 어딘가에 도토리를 숨기는데, 가끔 어디에 숨겼는지 잊어버릴 때가 있다. 당장은 아쉽지만 잃어버린 도토리는 땅에서 싹을 틔우고 도토리나무로 자라 나중에 더 많은 도토리로 돌아올 거라는 위로는 다람쥐에게 통하지 않는다. 다람쥐에겐 잃어버린 도토리 한 알을 당장 되찾고 싶다. 그 도토리가 다시 나무가 될 때까지 살지도 못한다. MZ세대 교사들 당장 자기 교실에서 살아남는 것이 더 중요하다. 일과 삶의 균형을 중시하며, 공정성에 민감하고, 다양한 정체성을 가진 디지털 네이티브이자 지금의 자신에게 집중하는 MZ세대 교사들은 어떻게 성장해나갈까?

아모라임,
'도토리 한 알과 나무 한 그루'[15]

⋮

MZ세대와 함께하려면

주도성을 MZ세대 교사에게

MZ세대 교사의 성장에 있어 핵심은 '주도성'이다. 배움에 있어 학생 주도성은 더 강조하지 않아도 사회적으로 많은 부분 이해된 상태다. 학생 주도성은 교육을 받는 학생 스스로 문제를 해결하고 목적을 갖고 삶을 개척하는 것이다. MZ세

---

15) https://blog.naver.com/amoraim/222065225749

대 교사에게도 자신의 삶을 주체적으로 계획하고 실천하는 주도성을 갖도록 해야 한다. '교사 주도성' 연구는 아직 많지는 않지만 생태학적 행위주체성의 개념 모델이 소개되고 있다(Priestley et al., 2011; 2015). 행위자가 반복적, 현실적·평가적, 투영적의 세 가지 차원으로 구성된다고 설명하는 모델이다. 생태학적 조건 속에서 과거-현재-미래의 유기적 연결, 즉 과거의 경험과 미래의 지향에서 영향을 받아 현재에서 행위자성이 발현된다.[16]

교사의 주도성은 환경과의 상호작용 속에서 이루어지며 과거의 신념, 가치관, 경험 등과 미래에 대한 열망의 영향으로 현재에 행동한다는 것이다. '교사 행위주체성'은 개인 능력이라기보다는 맥락적 조건과의 상호작용으로 성취된다는 것이다.[17] 조윤정은 교사 주도성이 구체적 상황 속에서 성취되며, 그 성취는 교사가 이용할 수 있는 문화적·구조적·물적 자원에 의해 지원받거나 제약받을 수 있다고 했다.[18]

그런데 MZ세대 교사가 학교 안에서 주도성을 갖고 할 수 있는 일은 상당히 제한적이다. 학교마다 상황이 다르겠지만 맡고 싶은 업무나 사업을 주도적으로 이끌고 영향력을 갖기에는 모호한 입장이다. 수업에서도 '우리 반이 하는 일을 옆 반이 모르게 하라'는 말이 나올 만큼 특별한 수업이나 학급 이벤트, 교육과정 운영에 제한을 받는 경우가 많다. 이런 상황이 반복되면 '주어진 일을 문제없게, 튀지 않게' 하는 데 익숙해진다.

소경희 등은 학교 중심 교육개혁 맥락에서 교사의 실천을 연구하면서 교사가 과거의 습관적이고 일상화된 실천 형태에 뿌리를 두고 성찰 없이 마냥 편한 길을 가고자 한다면 행위주체성이 높다고 할 수 없다고 지적한다. 외부로부터의

---

16) 이성희, 「교사 행위자성(Teacher Agency) 개념 모델이 교사학습공동체 논의에 주는 도전과 함의」,《Andragogy Today 제20권 제2호》, 한국성인교육학회, 2017.

17) 소경희·최유리, 「학교 중심 교육 개혁 맥락에서 교사의 실천 이해: '교사 행위주체성' 개념을 중심으로」,《교육과정연구 36권 1호》, 한국교육과정학회, 2018.

18) 조윤정, 「전문적학습공동체 사례 연구를 통한 성공요인 분석」, 경기도교육연구원, 2016.

개혁을 교사가 무조건 따르는 것이나 외부 개혁에 무조건 저항하여 과거의 습관적이고 일상화된 행위 유형을 반복하는 것이나 행위주체성이 낮은 것은 매한가지다. 이는 앞으로 MZ세대의 교사 주도성에 대해 많은 시사점을 준다.

온-오프라인 기반 학교 밖 전문적학습공동체

이창수는 교사학습공동체(전문적학습공동체)가 교사 행위주체성 성취의 대안이 될 수 있는 세 가지 이유를 제시했다.[19] 첫째, 교사학습공동체는 구성원들이 학습과 배움, 공유의 가치를 공동으로 추구하며 둘째, 구성원들의 협력이 이루어지며 셋째, 공동체의 경험을 개인적 혹은 교사로서의 삶에 실천적으로 적용하여 본래의 자신과 교사로서의 자신을 이해하도록 하기 때문이다.

교사학습공동체는 교사들이 학습과 전문성을 개발하기 위해 자발적으로 조직한 모임이다. 최근에는 관 주도의 타율적이고 하향적인 강의식 연수방법을 대체하는 교사 전문성 개발의 새로운 대안으로 주목받고 있다.[20] 전문적학습공동체는 학교 안에서 이루어지는 학교 안 전문적학습공동체와 학교 밖에서 이루어지는 학교 밖 전문적학습공동체가 있다. 학교 밖 전문적학습공동체는 경기도에서만 도 단위 107개, 지역 단위 356개, 정책실행연구회 40개로 총 503개 교육연구회가 활동하고 있다.

관 주도로 예산을 지원하는 전문적학습공동체가 아닌, 현장교사들이 자발적으로 만든 학교 밖 전문적학습공동체는 강력한 주도성과 자발성을 바탕으로, 온라인을 기반으로 자주 공부모임을 갖고, 본인들의 콘텐츠를 적극 생산하여 공유한다. 무엇보다 단체의 리더 그룹과 운영진 그룹을 MZ세대 교사가 주도하는 점이 특징이다.

---

19) 이창수, 「교사 행위주체성(Teacher Agency) 성취를 위한 교사학습공동체의 대안적 접근」, 《한국교원교육연구 37권 3호》, 한국교원교육연구, 2020.
20) 조윤정, 앞의 책, 경기도교육연구원, 2016.

폴짝은 '교육의 변화를 위해 뛰어오르다'라는 슬로건을 내걸고 서울교대, 공주교대, 교원대 초등교육과, 춘천교대, 전주교대, 광주교대, 진주교대, 부산교대 예비교사들이 모여 만든 인스타그램 기반 온라인 전문적학습공동체다. 전국 120여 명의 1990~2000년대생 교대생들이 참여하고 있으며 2021년 1기를 시작으로 온라인 중심으로 활동하고 있다. 폴짝은 함께 공부하고 이를 바탕으로 실천하는 모임인데, 2021년 전반기에는 교직관, 민주시민교육, 교육불평등, 학교폭력 4가지 주제로 온라인 세미나도 열었다. 대면 모임보다는 수시로 온라인에 접속하여 행사를 기획한다. 여러 학교가 온라인 기반 네트워크를 이뤄 유연하게 연결되어 함께 스터디하는 데 그치지 않고 본인들의 콘텐츠를 결과물로 만들어 적극 공유한다. 내부 구성원들끼리 서로를 '~님'으로 호칭하고, 자발적으로 모임을 만들어 체계적인 커리큘럼을 바탕으로 꾸준히 운영한다. 이런 점에서 MZ세대의 전형적인 학교 밖 전문적학습공동체라고 해도 무리가 없을 듯하다.

이들은 '교육의 변화'란 지금의 교육이 어떤 모습인가 생각하고, 지금의 교육이 학생들의 삶을 설명할 수 없다는 데 문제의식을 느끼며, 더 나은 교육은 어떤 모습일지 상상하는 것이라고 말한다. 이들이 모임을 만든 이유는 현재 교대 교육과정이 수박 겉핥기식이어서 교사라는 직업에 대해 깊이 고민할 수 없기 때문이라고 말했다. 또한 교대생들에게는 과정중심평가를 강조하면서, 정작 교대의 수업과 평가는 대부분 강의식과 지필평가로만 이루어지고 있다고 '뼈 때리는' 발언도 서슴지 않는다.

이들이 생각하는 교사라는 직업은 가치 있는 일을 함으로써 사회에 기여하는 역할이다. 이들은 혁신교육을 경험한 최초의 세대로 그 영향을 크게 받았다. 초등학생 때 학생인권조례가 만들어지고 체벌이 금지되는 등 과도기적 상황을 직접 겪은 세대로 치열한 입시 압박에서 벗어나지는 못했지만 진정한 공부가 무엇인지, 공교육 교사의 역할이 무엇인지를 고민할 수 있었다고 한다.

참쌤스쿨은 2021년 기준 전국 단위 137명의 MZ세대 교사들이 교육용 비주얼

씽킹 자료, 웹툰, 애니메이션을 제작하여 공유하는 모임이다. 2015년 디지털 교육콘텐츠 제작에 익숙한 MZ세대 교사 20명이 활동을 시작했고, 이후 매년 20~30명의 교사를 선발해 디자인 교육과 공동 작업을 해왔다. 그동안 실력이 향상되면서 최근에는 수준급 애니메이션도 만들고 있다. 참쌤스쿨의 슬로건은 '교사가 최고의 콘텐츠다'이다. 교육현장에서 학생들을 가장 많이 만나고 잘 아는 교사가 주도적으로 만든 수업자료야말로 학생들에게 최고의 콘텐츠라는 것이다. 정규 교과과정을 충실히 따르되, MZ세대 교사들이 교육용 삽화나 웹툰, 애니메이션 등 비주얼 자료를 만든다. 이 수업 콘텐츠는 모두 블로그와 유튜브, 인스타그램 등에서 공개 배포된다. 2021년 기준 블로그 방문자는 1000만 명 이상이고 유튜브 조회수도 1100만 회가 넘었다. 인스타그램에서 10만이 넘는 사람들이 참쌤스쿨 관련 인스타그램을 팔로우했다. 오프라인에서 진행하는 교육 콘텐츠 나눔 행사인 콘텐츠 축제는 2016년 250명, 2017년 500명, 2018년 700명, 2019년 2000명, 2020년 4000명(온라인)이 참여할 만큼 교사들의 큰 관심을 받고 있다.

참쌤스쿨은 조직 규모가 커지면서 교육 콘텐츠를 더욱 세분화한 소모임 제도를 활용하여 구성원들의 선택권을 확대했다. 대표적으로 비주얼씽킹을 연구하는 '비주얼씽킹 연구회', 교실에서 바로 사용할 수 있는 교육 굿즈를 만드는 '에듀박스', 그림책을 연구하는 '다독다독', 교실 꿀팁을 다루는 '교실레시피', 온라인수업을 콘텐츠로 하는 '온기' 등이 있다. 이들도 자체 운영진과 플랫폼을 바탕으로 활동하고 있다. SBS '스브스뉴스'를 공동 기획한 하대석 기자는 "참쌤스쿨이라는 교사 커뮤니티 자체가 유력 미디어 역할을 하고 있다, 스스로를 주인공으로 정의한 교사들이 만든 커뮤니티 미디어가 이제 세상을 바꾸고 문화도 바꾸고 있다"고 평가했다.

이 밖에도 최근 MZ세대 교사들이 만든 다양한 학교 밖 전문적학습공동체가 하나둘 생겨나 교사 콘텐츠 전성시대를 열고 있다. 교육마술을 콘텐츠로 하는 '스텝매직', 놀이교육을 콘텐츠로 하는 '같이놀자', 각종 영상 콘텐츠를 중심으로 유튜브에서 맹활약하고 있는 '몽당분필'과 '아이들에게 꿈을 선물하는 선생님(아꿈선)', '그림책을 콘텐츠로 하는 좋아서 하는 그림책 연구회(좋그연)', 교실에서 할 수 있는 간단한 춤을 콘텐츠로 하는 '홍딩스쿨' 등 모두 MZ세대 교사를 주축으로 활동하는 학교 밖 전문적학습공동체다.

이들은 MZ세대가 주도한 것 외에도 몇 가지 공통점이 있다. 우선, 창립 초기 모임을 주도한 교사가 리더십을 발휘했고 이 리더들은 모임 설립 이전에 이미 개인적으로 활발하게 활동하던 교사들이었다. 또한 수업, 학급운영과 같은 광범위한 주제가 아니라 그림, 교육마술, 유튜브 콘텐츠 등 보다 세부적인 주제와 콘텐츠를 다룬다. 체계적인 커리큘럼과 활동범위를 명시하고 단순히 공부모임 수준에 머물지 않고 적극적으로 공유 가능한 콘텐츠로 승화시킨다. 마지막으로, 지역이 아닌 전국 단위로 활동한다. 이들 모임 모두 물리적인 거리의 한계는 온라인으로 보완하며 매년 새로운 기수로 회원을 모집하고 있다.

「전문적학습공동체 사례연구를 통한 성공요인 분석」에서는 학교 밖 전문적학습공동체 성공요인을 형성·발전·정착단계로 구분한다.[21] 첫 번째 형성단계에서는 리더의 역할, 연구회 회원 간 친밀감 형성 및 정서적 치유, 체계적 학습 프로그램 실시를 성공요인으로 들었다. 두 번째 발전단계에서는 구성원 간 업무 체계화와 책임 분산, 구성원의 의견을 최대한 전문적학습공동체 운영에 반영하는 것, 연구결과를 학교 내 수업이나 교육과정에 실천하고 적용하는 것을 들었다. 세 번째 정착단계에서는 지속적인 신입회원 영입, 리더뿐만 아니라 구성원들이 강사나 자문진으로 활동하거나 서적을 출간하면서 성장하는 것, 공익활동으로 공공성을 확보하는 것을 중요한 정착요인이라고 설명했다.

앞에서 살펴본 MZ세대 중심의 학교 밖 전문적학습공동체 성공요인과 상당 부분 일치하는 것을 볼 수 있다. MZ세대의 속성과도 닮아 있다. 전문적학습공

---

21) 조윤정, 앞의 책, 경기도교육연구원, 2016.

동체의 성공요인이 MZ세대만 적용되는 것은 아니지만 다양한 성공요인을 품은 MZ세대의 특성에 맞춰 주도적으로 운영한다면 성공 가능성이 높다는 것을 보여준다.

:

미래교육의 주역, MZ세대 교사

"밀레니얼 교사들의 특징은 결국 '나.다.움'이라는 한 단어로 요약된다."

인디스쿨이 연구한 「밀레니얼 초등교사를 만나다」에 나오는 인상적인 문장이다. MZ세대 교사의 특성인 일과 삶의 균형을 추구하는 것도, 공정성에 예민한 것도, 여러 개의 정체성을 갖고 있는 것도, 디지털 온라인 세상에 익숙한 것도, 무엇보다 본인의 삶에 충실한 것도 모두 '나.다.움'으로 요약할 수 있다.

여기서 기존 학교문화와 많이 충돌하는 경향을 보인다. 국가공무원으로서 주어진 일을 반복적으로 튀지 않고 할 수도 있고 전문적학습공동체를 구성해서 주도적으로 새로운 모습의 교육을 이끌어갈 수도 있다. 전통적인 교사 역할을 수행할 수도 있고 새로운 시도를 할 수도 있다. 어떤 모습이 진정한 교사의 모습이고 옳은 방향인지는 각자 판단할 문제이지만 분명한 것은 세상이 빨리 변하고 있다.

학교도, 교사도 마찬가지다. 새로운 시선으로 MZ세대 교사의 특성과 교육방식을 이해하고, 새롭거나 다른 방식을 무조건 비판하거나 평가하기보다는 허용하고 지원하는 학교문화와 제도를 정착했으면 한다. MZ세대 교사가 가장 '나답도록', 주도적으로 교육을 이끌어갈 수 있도록, 재미있고 의미있는 일을 스스로 기획할 수 있도록 지원하는 것은 앞으로 미래교육을 위해 매우 중요한 일이다. 미래교육의 주역은 교사, 그중에서도 MZ세대 교사일 것이 확실하기 때문이다.

코로나19와 학교교육

변화와 도전의 방아쇠가 당겨졌다

최 병 호
세종특별자치시교육청 장학관

전 세계를 덮친 코로나19

일상을 덮치다

팬데믹의 경험이 없었던 것은 아니다. 2009년 지금은 A형독감으로 불리는 신종플루로 인해 우리나라에서만 75만 명이 감염되고 250여 명이 사망했다. 곧 타미플루라는 치료제가 개발되었고 이제는 우리 곁의 흔한 질병 중 하나가 되었다. 코로나19 역시 그렇게 지나갈 것이라 생각했지만, 코로나19는 신종플루보다 훨씬 광범위하고 신속하게 확산되었고 대부분의 국민들 주변과 이웃에서 환자가 발생하고 중환자가 되고 심지어 사망하는 팬데믹의 공포에 빠져들었다.

하지만 마스크로 상징되는 대한민국 국민들의 이타주의적 배려와 상호존중 문화는 코로나19 확산을 막아내는 첨병 역할을 톡톡히 하고 있다. 프랑스의 경제학자이자 미래학자인 자크 아탈리의 언급대로 한국에서는 "보호받는 타인이 나를 보호하는 사회적 관계, 이해관계가 있는 이타주의가 만든 이해관계가 없는 이타주의 문화"가 코로나19를 이겨내는 바탕이었다.

2021년 7월 현재, 코로나19와 함께 산 지 벌써 1년하고도 반이 지났다. 이전에는 상상할 수도 없는 빠른 속도로 백신을 개발했고 전 세계적으로 접종을 시작했다. 영국, 이스라엘 같은 나라들은 국민의 70% 이상이 면역력을 가지는 집단면역을 앞두고 있다. 우리나라도 2021년 2월부터 백신접종을 시작했고 유례없는 접종률을 보이고 있다.

락다운^{lockdown} 없이 코로나19 확산에 대응하고 있는 전 세계 유일한 방역모범국인 우리나라도 16만 명에 이르는 확진자와 2000여 명의 사망자가 발생했다. 2021년 7월, 감염은 수도권을 중심으로 또 다시 확산되고 있다. 전국적으로 매일 1000명 이상, 수도권에서만 800명 이상이 감염되고 있다.

학교를 덮치다

2020년 3월, 전국 모든 학교가 개학을 연기하는 사상초유의 일이 벌어졌다. 많은 학교에 '너희가 와야 학교는 봄이다' 같은 따뜻하지만 가슴 아린 현수막이 걸렸다. 전문가들이 코로나19 팬데믹의 장기화를 예상하는 상황에서 학생들의 학습과 생활의 공백을 방치할 수 없게 되자, 4월 9일 고3, 중3 학생들을 시작으로 초·중·고등학교 전 학년 온라인 개학을 실시했다. 사상 처음 국가수준에서 모든 학생에게 원격수업을 지시한 것이다.

하지만 언제까지 온라인으로만 교육할 수는 없었다. 국무총리마저 "학생들을 계속 집에만 묶어둘 수는 없는 노릇"이라고 걱정하자 교육부장관이 나서 "원격수업만으로는 수업권을 보장할 수 없다"며 5월 20일, 고3 학생을 시작으로 순차적 등교개학을 실시했다. 사회적 거리두기 단계에 따라 격주로 혹은 1주 등교수업, 2주 원격수업 등과 같이 반복하는 방식이었다. 학교 내 방역 사안이 발생하면 전면적인 원격수업을 진행하며 오늘에 이르고 있다. 2020년 평균 등교일수는 평년 대비 약 50% 내외로 감소했다.[1]

---

1) 2020년 학교 평균 등교일수: 초등학교 48.6%, 중학교 46.3%, 고등학교 54.8%

2020년 2학기 들어서며 세종시를 비롯한 몇몇 지역 시·도교육청이 등교수업을 확대했다. 최대한 많은 학생을 등교시키기 위해 교육청과 교원단체, 학부모 단체 등이 함께 고민했고 시차 등교와 같은 다양한 방법을 도입했다. 이후 사회적 거리두기 단계를 완화하면서 2021년 학생들의 등교는 점차 확대되었고 교육부도 2학기에는 모든 학생들을 등교시키겠다는 계획을 발표했다.

그럼에도 불구하고 2021년 7월 현재, 유치원 포함 전국 2만여 개 학교 중 200개 학교가 전 학년 원격수업 중이고, 46개 학교가 재량휴업을 하고 있다. 600만에 가까운 학생들 중 81.8%만이 등교하고 있다. 2021년 3월 개학 이후 5490명의 학생 확진자가 발생했고 821명의 교직원 확진자가 발생했다.[2] 학교는 여전히 코로나19와 싸우고 있다.

⋮

코로나19와 학교

코로나19 속 학교, 교사 이야기

○○유치원 박세영 선생님 이야기

3월 개학이 기약 없이 연기되더니 4월, 교육부가 초·중·고는 온라인으로나마 개학하지만 유치원은 무기한 개학을 연기한다고 발표했다. 아이들이 집 안에 갇혀 밖은 위험하고 타인을 만나는 것은 피해야 한다는 고립된 삶을 배우고 있었다. 새로운 시도와 도전이 필요했다. 기존 협의체를 다시 구동했다. 위기 속에서 아이들이 무엇을 배워야 할지를 먼저 고민했다.

등교 중지 기간에는 줌을 통한 온라인수업도 진행했다. 아침 10시부터 12시까지

---

2) 교육부, '2021년 7월 1일 코로나19 현황'.

회의실을 개설해서 교사는 상주하고 아이들은 2시간 동안 원하는 시간에 들어와서 원하는 만큼 있다가 나갔다. 아이들은 실시간 화상회의 공간에서 선생님과 친구들에게 안부를 전하고, 보고 싶은 친구를 기다리느라 수업시간이 끝나도 나가지 않기도 했다. 그림책을 읽어달라고 요구하기도 하고, 노래를 가르쳐달라고도 했다. 교사에게도 온라인수업은 긴장되고, 평소보다 많은 에너지가 필요한 일이었다.

유치원 등교를 시작하면서 우리 유치원은 아이들 사이 거리두기를 위해 원격수업과 등교수업을 병행하기로 결정했다. 2분의1 등교방식으로, 학급의 아이들을 A팀과 B팀으로 나누고 A팀이 등교하는 기간에 B팀은 원격수업을 했다. 일주일 등교수업을 마치고 원격수업으로 전환하는 아이들에게 일곱 밤 자고 만나자고 인사했다. "나는 내일 또 올 거예요"라고 천진난만하게 대답하는 아이들에게 일주일의 시간은 아주 긴 시간이었을 것이다.

원격수업을 아무리 열심히 해도 대면수업의 질을 따라갈 수 없었다. 2020년 10월, 등교 확대방침으로 아이들이 유치원에 모두 나왔을 때 솔직히 속이 시원했다. 교사로서 제 역할을 다하지 못한다는 부채감에서 비로소 해방된 기분이었다. 다시 원격수업 체제로 돌아가고 싶지 않다고, 다시는 유치원 문을 닫고 싶지 않다고, 모두들 기도하는 마음으로 하루하루를 보내고 있다.

OO초등학교 정유숙 선생님 이야기

방학이 늘어나 더는 버틸 수 없을 만큼 학교와 아이들이 그리워졌을 때 학교가 문을 열었다. 온라인으로. 원격수업을 위한 학습이 폭발적으로 늘어났다. 구글사이트, 온더라이브, 줌 등의 플랫폼 활용법을 묻고 의견을 구하는 모습이 교사 커뮤니티마다 펼쳐졌고, 각종 아이디어와 도전, 실행이 일상이 되었다. 물론 여전히 e-학습터에 올려져 있는 유튜브 영상만 링크하는 사례도 없진 않았다.

학교는 교육하는 곳이지 아이들 돌보는 곳이 아니라는 논리가 흔들렸다. 특히 돌봐야 할 자녀들이 있는 30~40대 여교사들은 자녀를 누군가에 맡겨야 출근이나 재택

업무가 가능했다. 돌봄이 학교에 떠맡겨지는 것이 싫으면서도 내 아이를 맡겨야 하는 필요의 문제가 겹쳤다. 공교육에 대한 시민적·시대적 요구 측면에서 학교의 역할에 대한 재논의가 필요하다는 의견에 교사들도 공감하게 되었다.

모여야 하는 교육과 떨어져야 하는 방역, 모순된 두 마리 토끼를 잡으라는 불가능한 요구 앞에서 자율은 없고 책임만 있는 처지를 성토하는 교사들이 많았다. 안전이 제일이라는 지침하에 모든 교육활동을 제한적으로 운영하는 학교가 있는 반면, 마스크 착용과 손 소독 원칙을 잘 지키며 일상을 회복해가는 학교도 있었다. 이러한 간극에는 원론적인 책임 문제가 자리하고 있었다. 학교교육공동체가 함께 결정하고 책임지는 학교와 개인의 책임으로 오롯이 떠안아야 하는 학교의 차이였다.

등교개학 후 확인해보니 원격수업을 통해 파악한 학생의 배움 상태와 실제 학습 상태에 차이가 있었다. 상당수 학생이 과제를 제출하고 수업에는 참여했지만 학습 내용을 명확히 인지하지는 못했다. 이 부분에서 온라인수업에 대한 섬세한 분석과 접근이 필요해 보였다. 인지구조화에 익숙한 상위권 학생들은 교실이든 모니터 너머든 잘 해냈지만, 배움의 동기와 요인을 관계와 경험에서 찾아야 하는 대부분의 아이들은 제대로 배우지 못했고, 우리는 그 많던 중위권 학생을 잃어버렸다. 인터넷 강의를 들어본 경험이 있는 사람은 알 것이다. 평소 수업보다 얼마나 많은 집중과 의지가 필요한지를. 배움이 있으려면 수업은 '듣는' 게 아닌 '하는' 것이어야 했다.

학습을 넘어 생활 측면에서도 아이들이 학교에 얼마나 크게 의존하고 있었는지가 확인됐다. 급식뿐 아니라 정서행동검사, 구강검사, 건강검사 등 학교 안에서 관리되는 것이 꽤 폭넓었다. 급식 대용으로 쌀과 지원금을 지급할 때 학교는 유예된 학생의 주소까지 찾아 명단을 확보하고 연락하며 누락되지 않도록 관리해야 했다. 대한민국 복지체계에서 학교는 학령기 주민을 담당하는 복합커뮤니티센터였던 셈이다.

2020년 2학기 들어서며 전면 등교수업을 시행했다. 마스크만 썼을 뿐 일상이 대부분 회복되고 있는 현재, 2020년과 크게 달라진 점이 하나 있다. 볼멘소리를 내며 지루해하는 아이들에게 "그럼 작년처럼 학교 오지 말까?" 하고 물으면 대부분 "학교 오는 게 좋아요"라고 답한다. 학교가 학생의 일상이었음을, 그 일상의 중요함을 되새기면서 학교는 여전히 코로나19와 함께 살고 있다.

OO중학교 오혜령 선생님 이야기

첫 2주 연기, 그리고 다시 2주 연기. 개학이 미뤄질수록 초조함은 더해져만 갔다. 학사일정을 매번 조정해야 했다. 통화로나마 배정 학급을 알리고, 교과서를 보따리에 싸서 워크쓰루^{walk through} 방식으로 전달했다. 담임과 아이들의 첫 대면이었다.

온라인 입학식과 오리엔테이션을 준비할 때는 온라인 기자재가 부족한 아이들에게 노트북 등을 대여해주어야 했다. 온라인으로 오리엔테이션을 하다 보니 컴퓨터 사용이 미숙한 아이들은 회원가입부터 어려워했다. 특히, 다문화가정 아이들은 학교에 오가기를 반복했다. 온라인수업을 위한 원칙을 만들자니 플랫폼에 따라 출결확인이 정확하지 않은 경우가 있다는 게 문제가 됐다. 결국 모든 온라인수업은 줌을 활용해 실시간 진행하며 화면으로 아이들 얼굴을 확인했다. 잘하는 반도 있고, 상습적으로 지각·결석을 하는 아이들이 있는 반도 있었다. 이런 아이들을 그냥 둘 수 없어 가정방문을 강행하기도 했다.

원격수업과 등교수업을 오가며 1학기가 거의 끝날 무렵이 되어서야 아이들 모습이 눈에 들어왔다. 온라인수업에서 선생님 속을 썩이던 아이들도 자세히 들여다보니 저마다 사정이 있었다. 친척 동생들까지 돌보느라 원격수업이 힘든 아이, 언어문제를 겪는 다문화가정 아이, 휴대폰이 고장 난 아이, 조부모와 사는 아이, 외동이라 집에 혼자 있는 아이, 한부모 가정 아이 등등…. 학교에도 마땅한 대책이 없었다. 중하위권 아이들은 학습 맥락에 따라 맞춤형 도움이 필요한데, 온라인으로는 쉽지 않았다. 파워포인트나 한글 프로그램을 사용할 줄 모르는 아이들은 과제 하나 제출하는 것도 고역이었다. 등교기간에 본 단원평가 결과는 당연히 좋지 않았다. 선생님들은 원격수업 때 출석이 부진했던 아이들을 챙기느라 바빴고, 개별 상담까지 하기엔 여력이 부족했다.

아이들끼리 친해지는 데도 시간이 걸렸다. 중학교 아이들에게 공부와 친구는 삶의 전부나 마찬가지다. '나'보다는 '타인과의 관계'가 삶의 존재 이유인 시기다. 학교는 공부하는 곳이기도 하지만 관계 맺기를 배우고 그 관계 속에서 삶의 존재 이유를 얻는 곳이기도 하다. 그래서 교사들의 따뜻한 관심, 친구들의 지지가 사라진 관계의 공백도 문제였다. 특히, 우리 학교 같은 소외지역, 소외계층의 아이들은 더욱 고통받았다.

코로나19는 지나가겠지만 상처는 남을 것이다. 이제 그 상처를 보듬고 다시금 아이들의 배움과 삶을 더욱 풍요롭게 만드는 일이 우리, 학교 앞에 놓여 있다.

OO고등학교 김영진 선생님 이야기

2020년도 수능시험이 무사히 치러질지, 대학 진학은 가능할지가 의문이었다. 하지만 고3이라고 대입만 고민하는 것은 아니다. 3학년이 되면 진학이 아닌 진로의 실마리를 발견한 학생도 있어 부랴부랴 직업교육 위탁학교를 알아보거나, 그런 와중에도 아르바이트를 하는 학생도 있다. 사는 게 너무 괴롭다는 '위기학생' 징후가 나타나기도 한다. 2020년 3월, 학교는 문을 열지 않았지만 '교사의 일'은 멈출 수 없었다.

5월 중순, 단비와 같은 등교개학 소식이 들려왔다. 하지만 막상 학교에 나오니 시험의 연속이었다. 5월 20일 등교개학 이후 한 달 사이 모의고사만 2번, 지필고사 1번, 수행평가를 10번 이상 치렀다. 배운 것도 별로 없는데 7월 중순에는 두 번째 모의고사까지 보았다. 코로나19로 수업일수는 줄었는데, 시험은 그대로여서 학생들이 괴로워했다. 특히 학생부종합전형을 준비하는 학생들은 활동시간이 적어 짧은 시간 비교과 활동까지 챙기느라 눈코 뜰 새 없이 바빴다. 교사도 마찬가지였다. 정신없이 진로진학 상담하고, 수업하고, 방역 지도하고, 시험문제 내고, 평가처리 하고 나니 방학이었다. 고작 10일간의 방학기간에 학생들, 학부모들과 함께 3주체 수시원서 상담을 하고, 학교생활기록부를 쓰고, 자기소개서 지도를 했다.

코로나19로 인해 대입 일정이 압축되면서 대입전형자료 생성 마감일 다음날 바로 수시원서를 접수하기 시작했다. 학교생활기록부 마감 직전에 발생하는 수많은 오류를 해결하고 있을라치면, 우리 반 학생들이 수시원서 상담을 추가로 하고 싶다고 줄을 섰다. 수시원서 접수를 끝낸 후에는 바로 면접 지도에 돌입했다. 수시의 고비를 넘기자 수능시험이 코앞이었다. 코로나19 혼란 속에 고3 시기를 보낸 학생들에게 수능은 그 자체로 버거운 것이었다. 코로나19는 학교의 시간을 멈추게 했지만 대입의 시계는 멈추지 못했다.

11월에는 우리 반 학생이 다리에서 뛰어내리려 한 사건이 있었다. 정서적 어려움이 있어 학기 초부터 가장 많이 신경썼던 학생이어서 마음이 너무 아팠다. 코로나19로 압축된 일정 속에서 모든 아이의 진로·진학을 챙기겠다고 혼신의 힘을 다하느라 한 아이가 이렇게 힘들어하는지 몰랐다는 죄책감이 몰려와 눈물이 쏟아졌다. 11월과 12월, 아이들의 치유를 위해 백방으로 뛰어다녔다. 아이들과 더 깊이 대화하고자 애쓰는 한편, 학부모들과 소통하며 방법을 모색했다.

졸업식 날 마스크를 낀 채 마지막 단체사진을 찍으며 코로나19와 함께한 고3 이야기도 막을 내렸다. 불확실하고 압축된 일정에 부대끼며 암담하기만 했던 1년을 함께 헤쳐나간 고3 학생들과 선생님들. 우리 자신에게 많이 애썼다고 격려의 박수를 보낸다.

흔들리는 아이들의 삶

코로나19로 인해 일상이 흔들리면서 학생들의 삶이 큰 영향을 받았다. 온라인 개학과 들쭉날쭉 등교는 학생들의 학교생활 만족도를 크게 떨어뜨렸다. 2020년 7월 한국청소년정책연구회의 조사에 의하면 30%의 학생들이 '귀찮아서' 학교를 그만두고 싶다고 응답했고 학교 가는 것이 즐겁다고 답변한 학생들은 71.7%로 2019년에 비해서 4.8% 줄었다. 특히, 초등학생은 전년 대비 7% 감소했다.

2021년 5월 여성가족부가 발표한 '2020 청소년 종합실태조사'에서는 코로나19로 인해 '어두워진' 청소년들의 삶이 드러났다. 이 조사에서 초·중·고교 학생들의 학교 만족 비율은 83%로 2019년에 비해 5.3% 감소했고 학교생활이 부정적으로 변화했다고 응답한 비율이 48%에 달했다. 사회에 대한 신뢰, 진로 및 취업에 대한 전망, 친구 관계 등의 지표도 부정적으로 변화했다는 응답이 긍정적으로 변화했다는 응답보다 많았다.[3] 신체활동 평균시간은 주중 2.1시간으로 2017년에 비

---

3) 사회에 대한 신뢰(부정변화 48.4%:긍정변화 11.4%), 진로 및 취업에 대한 전망(부정변화 41.6%:긍정변화 7.0%), 친구관계(부정변화 26.6%:긍정변화 15.4%)

해 17.6% 감소했고 인터넷 사용시간은 2019년 주 평균 17.6시간에서 27.6시간으로 대폭 늘었다. 하루 중 4시간 안팎을 인터넷에 쏟는다는 것이다. 한국지능정보사회연구원이 발표하는 스마트폰 과의존 위험군도 2019년 30.2%에서 2020년 35.8%로 증가했다. 한국청소년정책연구원이 발표한 위기 청소년의 자살계획 증가[4]는 '코로나 블루'의 심각성을 실증했다.

반면 수면시간은 주중 28분, 주말 11분 늘었고 가족과 많은 시간을 보내게 되면서 가족관계 만족도 비율(76.6%)과 형제관계 만족도 비율(71.0%)은 각각 2%가량 증가했다. 역설적이게도 학교에 가지 못하니 학업을 포기하는 학생이 3분의2로 줄었고 학폭피해 응답률도 2019년에 비해 55% 감소했다. 단, 사이버 학폭은 12.3%로 3.4% 증가했다.

학습지체와 학력격차

학습지체와 학력격차에 대한 구체적이고 실증적인 조사와 연구결과가 속속 발표되었다. 서울특별시교육청 산하 서울교육정책연구소는 「코로나19 전후, 중학교 학교성취 등급 분포를 통해 살펴본 학교 내 학력격차 실태 분석」을 통해 중위권 학생이 대폭 줄었다는 연구결과를 내놓았다. 중학교 성적은 A(90점 이상), B(80점 이상), C(70점 이상), D(60점 이상), E(60점 미만)로 나뉘는데 중위권에 해당하는 B~D등급 학생 비율이 2019년에 비해 국어 7.14%, 수학 9.4%, 영어 7.42% 줄었다. 이 연구는 2019년 2학년이던 2020년 3학년 학생들의 성취도를 종단분석한 것으로, 진급 이후 수학과목의 중위권 비율이 28.68%로 43.59%였던 중2 때에 비해 14.91%로 대폭 감소한 것으로 나타났다.[5]

2021년 4월 교육시민단체 '사교육 걱정없는 세상'이 코로나19로 인한 학력격차 실태를 발표했다. 이 발표에서도 중위권 감소현상과 함께 상위권(A등급)과 하

---

4) 1.27에서 1.53(5점 척도)으로 증가.
5) 2018년 중2에서 2019년 중3으로 진급한 경우는 중위권 5.41% 감소.

위권(E등급)이 동시에 증가[6]하는 학력 양극화가 지적됐다. 고등학교에서는 학력이 전반적으로 저하되는 양상이 나타났는데, 특히 E등급 학생이 40%가 넘는 과목 비율이 지역에 따라 최소 14.3%에서 최대 57.6% 격차를 보여 학력저하에 대한 지역별 격차가 있음을 보여주었다.

2020년 국가수준 학업성취도 평가도 동일한 결과[7]를 보여주었다. 중3과 고2를 대상으로 하는 표집검사에서 중간층에 해당하는 3수준 이상 비율이 국영수 전 과목에서 감소했고 기초학력미달인 1수준의 경우 중학교 수학을 제외한 모든 과목에서 전년보다 증가한 것으로 나타났다.

학생 1인당 사교육비와 사교육 참여율은 2019년에 비해 2020년 초·중학교에서는 감소하고 고등학교에서는 증가한 것으로 나타났다.[8] 하지만 코로나19 사태 장기화로 학력지체에 대한 우려가 널리 퍼지면서 2021년에는 초·중·고교의 사교육은 2019년 대비 증가했다.[9] 이로 인해, 코로나19로 인해 심화된 학력격차가 사교육 증대로 고착되거나 확장될 것이라는 우려를 낳았다.

⋮

코로나19가 던진 숙제

아직은 불안한 온라인수업

코로나19와 학교를 이야기하면 가장 먼저 떠오르는 것이 온라인수업이다. 온라인수업으로 미루어지던 개학이 가능했고 학교에 오지 않고도 가정에서 수업을 들을 수 있게 되었다. 온라인수업의 형태는 크게 실시간쌍방향수업[10]과 콘텐

---

6) 2019년에 비해 중학교 상위권 2.3% 증가, 하위권 3.5% 증가.

7) 교육부, 「2020년 학업성취도 평가결과 및 학습지원 강화를 위한 대응전략」, 2021.6.

8) 교육부·통계청, 「2020년 초중고 사교육비 조사」, 2021.

9) 서울특별시교육청, 「서울시 초중고교 학부모의 가정 내 원격교육 대응현황 및 자녀의 학습실태조사」.

10) 줌과 같은 실시간 원격교육 플랫폼을 활용한 화상수업으로 실시간 토론 및 소통 등 즉각적 피드백이 가능하다.

츠활용형[11], 과제수행형[12]으로 나뉜다.

온라인수업 초기인 2020년 5월 교육부 조사에 의하면 실시간쌍방향수업을 하는 교사는 5.2%였고 2개 이상의 혼합수업을 한다고 답한 교사가 43.3%, 콘텐츠활용형 수업을 하는 교사가 40.9%였다. 원격수업 콘텐츠를 자체 제작한 교사는 58.4%였으며 나머지 교사들은 유튜브 등 민간 자료와 EBS 강의를 주로 활용하는 것으로 나타났다. 이러한 양상은 2020년 1학기 내내 지속되었고 9월 한국교육학술정보원[KERIS] 조사에서도 콘텐츠활용수업 45.14%, 혼합형수업 40.93%, 혼합수업에서 실시간쌍향수업을 활용한 수업까지 포함하여 전체 실시간쌍방향수업은 14.8% 수준으로 나타났다.

온라인수업이 장기화되면서 우려가 나오기 시작했다. 2020년 9월 KERIS 조사에서 79%의 교사들이 자기주도적 학습능력 차이에서 비롯된 학생 간 학습격차를 인식한다고 답변했다. 이는 교육부의 10월 28일 발표와도 크게 다르지 않았다.[13] 교육부의 같은 발표에서 원격수업에 대한 학부모 만족도는 57.7%였고 코로나 이후에도 원격수업을 활용할 의향을 묻는 질문에는 28.4%만이 그렇다고 답변했다. 2021년 3월 한국리서치 조사에서도 응답자의 80%가 온라인수업으로 인해 학습격차가 발생했다고 응답했다. 특히, 초등저학년(36%)과 고등학교(27%)에서 학습격차 발생이 예상된다는 응답이 많았다. 학습효과 면에서 교실수업(77%)이 온라인수업(6%)보다 훨씬 크다는 생각이 지배적이었다. 친구와의 관계성과 공동체성이 약화(83%)될 것이고 사회경제적으로 어려운 취약계층 학생의 소외가 발생(83%)할 것이라는 우려도 존재했다.

원격수업의 질을 끌어올려야 한다는 지적이 끊이질 않자 교육부는 쌍방향수

---

11) 콘텐츠활용형은 학생이 지정된 녹화강의 혹은 학습콘텐츠를 시청하고 교사가 학습내용을 확인하고 피드백을 주는 '강의형'과 학습콘텐츠 시청 후 댓글 등 원격토론을 진행하는 '토론형'으로 나뉜다.

12) 과제수행형은 교사가 온라인으로 교과별 성취기준에 따라 학생의 자기주도적 학습내용 맥락을 확인 가능한 과제를 제시하고 학생들이 수행하는 방식이다.

13) 학부모의 62.8%, 교사의 68.4%가 학습격차가 커졌다고 인식함.

업의 비중을 높인다는 방침을 세웠다. 서울특별시교육청과 대구광역시교육청 등 교육청들도 원격수업은 쌍방향수업을 원칙으로 한다는 운영지침을 발표했고 울산광역시교육청은 주 1회 쌍방향수업을 의무화했다. 광주광역시교육청은 쌍방향수업을 80% 이상 진행하는 학교가 43.8%에 불과하다는 자체 조사 결과를 발표하며 광주광역시교육청 수업 브랜드인 '질문이 있는 수업'을 실현하기 위해서 쌍방향수업을 확대하자고 했다. 이 과정에서 일부 교육청은 수업 구성의 교사권리를 주장하는 교원단체와 갈등을 빚기도 했다.

원격수업의 한계를 극복하기 위한 대안으로 등교수업 확대 방안도 모색했다. 하지만 등교수업 확대 요구는 교육주체마다 상이했다. 2020년 8월 한국리서치 조사에서 영유아와 초중고 자녀를 둔 학부모 중 74%가 등교수업이 더 낫다는 입장을 보였다. 같은 조사에서 31%에 머물던 학부모들의 등교확대 찬성 답변은 2021년 2월 서울특별시교육청 조사에서는 학교생활 적응, 기초학력 향상, 교육관계 형성 등의 이유로 70%를 상회하는 것으로 나타났다. 반면 사회적 거리두기의 어려움 등을 이유로 절반 정도의 교사들만 등교확대에 찬성하는 것으로 나타나 학부모들의 여론과 차이를 보였다. 2021년 6월 교육부 조사에 따르면 학생들은 등교확대에 대해서 49.7%가 부정적 반응을 보였고 매우 부정적이라는 응답도 18.9%에 이르렀다.

학교의 공백

코로나19와 싸우며 코로나19 이후를 준비하는 학교의 무엇보다 중요한 숙제는 '학교의 공백'을 메워 교육적 일상을 회복하는 일이다. 등교일수 감소와 온라인수업 장기화로 학습지체와 학습격차 등 학습결손 우려가 정성적으로 그리고 실증적으로 증명되면서 이 과제에 대한 부담은 더욱 커지고 있다. OECD도 코로나19 세대의 학습부족 문제가 개인의 생애 및 국가 경쟁력에 부정적인 영향을 줄 것이라 예측하며 각국의 관심을 촉구했다. 구체적으로는 학습부족으로 개인의 생애소득이 3% 감소할 것이며 국가 GDP 역시 1.5% 하락할 것이라고 했다. 우리나라의 경우 GDP 손실가치가 1조5000억 달러에 이를 것으로 추산됐다.

　OECD 대부분의 국가들이 학습격차 완화 프로그램을 운영하고 있고, 특히 취약계층에 대한 특별한 지원을 운영하는 국가도 60%에 이른다. 등교 재개와 함께 학생상담, 심리안정, 가정폭력 특별조치도 동시에 지원할 계획이다. 구체적으로 미국은 2022년 교육분야 예산을 전년 대비 41%(289억 달러) 증액하여 유아, 초·중등, 고등교육 지원을 확대할 계획이고 영국은 소규모 과외, 보충수업 등 학습결손 보충활동[14]에 총 10억 파운드, 한화로 약 1조5000억 원을 투입할 계획이다.

　우리나라도 전국시도교육감협의회의 제안으로 '교육회복 프로젝트(가칭)'를 교육부와 시·도교육청이 공동 추진하기로 확정했다. 학습결손 회복을 위한 맞춤형 지도, 정서·사회성 회복을 위한 전문적인 지원과 활동, 취업·진로의 어려움을 해소하는 대책을 주 골자로 종합 대책을 세우고 사회취약계층에 대한 특별지원 대책도 마련하여 교육 회복의 사각지대가 발생하지 않도록 할 계획[15]이다. 이를 위해 2022년 12월까지 약 1조5000억 원의 예산을 투입할 예정이다. 또다시 발생할지도 모르는 팬데믹 상황에서도 안전하게 대면수업을 하기 위해 학급당 학생 수를 적정선으로 줄이자는 논의도 본격 진행하고 있다.[16] 전국교직원노동조합을 비롯한 교원단체는 학급당 학생 수를 20명 선으로 줄이자고 주장했고, 전국시도교육감협의회도 이 주장에 동의하고 있다. 특히 전국시도교육감협의회가 내놓은 2022년 주요 교육의제 중 '학급당 학생 수 법제화'는 교육공동체 의견조사에서 가장 높은 동의율을 보였다. 이만큼 코로나19를 거치면서 학급의 학생 수 과밀을 해소해야 한다는 국민적 요구가 높아졌음을 알 수 있다. 국회에도 이탄희 의원이 교육기본법 개정안을 대표 발의했고, 교육부도 추경을 통해 2021년 하반

---

14) 캐치업 프리미엄

15) 교육부 보도자료, 2021.6.2.

16) 2021년 기준 학급당 학생 수가 30명 이상인 학급이 있는 학교는 전국 1374개교로 전체 1만1942개교의 11.5%에 달한다.

　1. 세대의 변화　2. 학교의 변화　3. 정책의 변화

기 전면 등교에 따른 학급당 학생 수를 줄이는 방안을 적극 추진하고 있다.

자치와 참여의 확대

코로나19를 거치며 학교민주주의의 가치가 확장되었다. 코로나19 방역 조치는 전국적으로 그리고 지역적으로 단계에 따라 동일했고 방역 당국 지침은 우리 아이들의 삶의 터전인 학교와 마을의 안녕과 나와 내 이웃의 건강을 위해 꼭 따라야 했다. 2020년 3월 개학 연기를 필두로 교육부는 코로나19 확산 현황에 따라 학교 방역지침을 수시로 변경하여 발표했다. 많은 학교가 교육부 지침에 따라 학교 문을 열고 닫기를 반복했다. 하지만 전국의 모든 학교가 동일한 방식으로 방역지침을 적용하여 학교를 운영한 것은 아니었다. 지역에 따라, 급별에 따라 학교가 처한 환경이 천차만별이기 때문이다. 전교생이 채 50명이 되지 않는 시골의 작은 학교와 학생 수가 1000명이 넘는 도시의 큰 학교, 전교생의 30% 이상이 사회소외계층인 학교와 도시중산층 거주 지역에 있는 학교, 이런 차이를 무시하고 동일한 방식으로 방역지침을 획일적으로 적용할 수는 없었다. 각 학교가 처한 환경에 따라 최선으로 방역하면서 아이들의 삶과 배움에 공백이 생기지 않는 방안을 찾았다. 학교교육공동체가 민주적인 협의문화에 익숙한 학교일수록 자신들의 학교에 최적화된 방안을 찾아냈다. 지침은 하나였지만 양상은 학교의 민주적 문화에 따라 달리 나타났다. 하나의 'Big What과 수없이 많은 Small How'[17)가 우리 아이들의 배움과 삶을 지켜냈다.

때마침 교육청의 정책사업과 회의, 연수, 컨설팅 등이 대폭 축소되어 학교와 교사들의 업무 부담이 크게 줄었다. 경기도교육청은 학교를 대상으로 하는 사업과 행사를 정비하여 67.1%의 사업과 행사를 취소, 통합, 개선했다. 특히 학교에 부담이 되는 연수, 회의, 지도점검은 93.5%의 정비율을 보였다. 서울특별시교

---

17) 에릭 리우·닉 하나우어, 『민주주의의 정원』, 김민주 옮김, 웅진지식하우스, 2017.

육청 역시 사업을 긴급 정비하여 20.7%를 정비하고 약 602억 원의 예산을 감축했다. 학교는 오롯이 자율적 판단으로 방역과 교육과정 운영에 집중했다. 교육청이 큰 틀의 방역과 학교운영 지침을 만들고 학교가 그 틀 안에서 공동체의 민주적 소통으로 디테일을 완성하는, 일종의 학교자치가 이루어졌다. 하지만 모든 학교가 그러했던 것은 아니었다. "학교교육공동체가 함께 결정하고 책임지는 학교도 있었지만 개별적 학교문화 안에 고립되어 개인의 책임으로 오롯이 떠안아야 하는 학교[18]"도 있었다. 고립된 교사는 어떤 판단도 스스로 하지 못한 채 지침과 매뉴얼에 얽매여 아이들을 닦달할 수밖에 없었다.

'참여'의 요구는 더욱 증가했다. 코로나19 이전 학교와 교실이라는 제한된 환경에서 진행하던 수업이 온라인수업을 통해 그 모습을 가정에까지 드러냈다. 교수학습이라는 교사들의 전문영역이 온라인을 통해 시민 영역에 공개되면서 자연스럽게 교사들의 전문성에 대한 호불호 분위기를 형성했다. '교육은 전문가인 교사에게 맡겨주세요'와 '내 자식 일이니 나도 이야기 좀 하자' 사이 간극이 더 넓어졌다. 한차례 유예된 교원평가에 대한 학부모들의 요구가 분출했고 교원단체가 코로나19 위기상황을 이유로 2021년 또 한차례 교원평가 유예를 요구했지만 여론의 벽을 넘지는 못했다.

⋮

코로나19 이후의 학교교육

새롭게 바뀔 배움의 판도

많은 전문가가 포스트^{post} 코로나19의 의미가 오버^{over} 코로나가 아닌 위드^{with} 코로나라고 말한다. 코로나19가 백신접종과 대응하는 의학의 발달로 중증환자

---

18) 정유숙 선생님 이야기에서 인용.

전환율이나 치사율은 줄겠지만 때가 되면 한때 유행하는 독감으로 계속 남을 것이라는 예측이다. 이미 싱가포르는 코로나19 장기화를 전제로 대규모 확진자 동선 파악, 검사, 격리, 집단검사 등에 초점을 둔 기존 방역 방식에서 중증 코로나19 환자 치료 및 사망 예방, 주기적 백신접종, 경제활동 및 일상생활 회복으로 전환하겠다는 '지속가능한 방역'을 선언했다. 전 세계적으로 백신접종률이 높은 이스라엘과 영국 등이 뒤를 이을 전망이다.

우리나라도 아직은 조심스럽지만 전환을 '준비'해야 한다는 논의를 진행하고 있다. 2020년 3월 1차 대유행시기의 치명률 2.87%에 비해 백신접종 이후인 2021년 6월의 치명률은 0.24%로 떨어졌다. 아울러 최근 유행을 주도하는 것이 백신을 맞지 않은 젊은 층으로 무증상, 경증환자가 대부분이라는 것도 논의 근거로 제시한다.

시기의 빠르고 느림은 있겠지만 본격화되는 위드 코로나19 시대, 학교교육의 핵심 화두는 온라인 원격수업이 될 것이다. 코로나19로 전국 학교에서 온라인 원격수업을 진행했다. 팬데믹이 아니었다면 감히 시도해보지 못했을 것이다. 전국의 모든 학교, 교원, 학생, 학부모가 온라인 원격수업의 경험을 공유했다. 학교수업을 집에서 받을 수 있다는 것은 수업과 학습활동의 시간과 공간을 확장하는 놀라운 경험이었다. 물론 온라인수업의 한계도 그 경험의 일부분이다. 교사마다 다른 온라인수업의 형태와 내용으로 질적 수준 문제를 지속적으로 제기했다. 학습자가 온라인수업에 얼마나 쉽게 접근할 수 있는가 혹은 도와줄 사람이 있는지, 학습의 자기주도성이 있는지 등 개인 상황에 따라 발생하는 학습격차 문제도 있었다. 그럼에도 불구하고 전국적인 온라인수업의 경험은 우리 학생들의 배움의 판도를 크게 바꿀 전망이다. 유은혜 부총리도 한국형 원격교육 정책자문단 회의 석상에서 공식적으로 "온라인수업의 경험을 미래교육 혁신의 기회로 삼아야 한다"고 언급하며 이 전망에 힘을 실었다. 스마트폰을 신체의 일부처럼 사용하는 '포노사피엔스' 세대가 온라인수업이라는 새로운 경험을 장착했다는 것이다. 어온강(어쩌다 온라인 강의)이 아닌 늘온강(늘 온라인 강의) 경험, EBS와 유튜브 학습자료를 활용하는 수업 경험 그리고 미네르바 스쿨과 같은 해외 사례는 학교라는 공간을 온라인으로 대체할 수 있다고 주장하는 극단적 에듀테크 신봉자를 만들기도 했다. 정말로 그렇게 되지는 않겠지만, 온라인수업이 대면수업의 대안으로 크게 각광받는 시대가 열린 것은 부정할 수 없는 사실이다.

이에 발맞추어 학교현장에서는 새로운 교수법 실험이 한창이다. 대면수업과 온라인수업을 혼합^{Blend}한다는 의미의 '블렌디드^{Blended}' 수업이 등장했다. 블렌디드 수업은 진도에 맞춰 이론을 습득하고 실시간 평가하고 피드백하는 온라인수업과 온라인에서 수업한 내용을 연계한 참여와 활동 중심의 오프라인 수업을 혼합한 형태로 진행된다. 수업 전에 디딤영상과 같은 수업자료를 미리 학습하고 본 수업에서는 이를 바탕으로 활동 중심 수업을 하는 '거꾸로 수업^{Flipped Learning}'도 온라인수업과 결합해 확산되고 있다. 특히 고교학점제의 본격 실행 발표와 맞물려 온라인수업은 학생들의 다양한 선택을 가능하게 해줄 방법으로 주목받고 있다.

이제 이러한 교수학습 변화에 부응하여 교육환경과 교육제도를 보완하는 노력이 필요해 보인다. 여전히 무선통신망 등 온라인에 접근하기 위한 기본 인프라가 부족한 학교현장이 존재한다. 온라인수업의 학습효과를 높이기 위해서는 학습자의 자기주도성 등 학습 성숙도를 높이는 방안도 강구해야 한다. 사회취약계층의 온라인 접근성을 높이는 것도 중요하다. 온라인수업을 반영한 교육과정 개편도 필요해 보인다. 온라인수업을 언제 할 수 있는지, 온라인수업과 대면수업의 비중은 어떻게 정해야 하는지, 온라인수업 방식은 어떠해야 하는지 등 온라인수업에 대한 사회적 약속과 규약을 만드는 것도 중요한 과제가 될 것이다.

학교의 역할 변화

학교의 존재 이유는 무엇인가? 이 또한 코로나19가 우리 사회에 던진 질문이다. 학교가 문을 닫았다는 것이 단지 수업을 통한 배움의 중단만을 의미하지는 않았다. 그나마 수업은 온라인 형태로 진행했으나 학교에서 아이들이 누리던 것이 꼭 수업만은 아니었다.

가장 큰 문제가 관계의 단절이다. 교사와 학생들 사이에 존재하던 따뜻한 관계의 품이 사라졌고 친구들과 맺는 친밀감, 소속감 등의 정서적 연대가 실종되었다. 학교에서의 '접촉'이 사라지자 사회적 동물인 인간이 '접촉'을 통해 충족하던 실존의 증명이 사라졌다. 당연하게도 청소년 우울, 자살 위험지수 등 정서적 문제 지표지수가 상승했다.

학교 급식이 중단되자 당장 끼니를 걱정하는 아이들이 생겼다. 편의점 도시락 매출이 증가했고 신림동 고시골목에서나 팔리던 컵밥이 대형유통업체 상품으로 만들어져 불티나게 팔렸다. 급기야 인천에서는 온라인수업 기간에 부재중인 부모를 대신하여 라면을 끓이던 형제가 화재로 사망하는 참사가 발생했다. 가정교육이 불가능한 특수교육대상자들이 겪는 어려움도 상당했다. 이처럼 학교의 중단은 특히 사회소외계층에 직접 영향을 끼쳤다. 학교는 단지 지식을 전수하는 공간이 아니었고 학교의 중단이 누군가에게는 그날 한 끼의 식사, 한 번의 친밀한 교감, 한 번의 따뜻한 격려가 실종되는 것을 의미했다. 누군가에게는 일상의 흔들림이었지만 또 다른 누군가에게는 삶의 흔들림이었다.

한국리서치의 2021년 3월 조사 결과를 보면 코로나19 시대 학교의 역할과 중요성에 대한 우리 사회의 인식을 잘 알 수 있다. 학교의 주요 역할을 정치적, 경제적, 사회적, 교육적 및 돌봄 기능 등 다섯 가지로 구분하여 진행한 설문에서 사회적 기능인 '공동체 생활을 통한 가치관 공유 및 사회적응' 항목의 중요성이 87%로 가장 높게 나타났다. '배움을 통한 잠재력 제고 및 자아성장', '사회 각 분야에 필요한 인력 양성'은 각각 86%, 85%였다. 학교가 '돌봄이 필요한 학생에게 서비스를 제공'하는 것이 중요하다는 응답도 80%에 이르렀다. 반면 '국가의 통치 질서 전수 및 국민의 동질감 제고'라는 정치적 기능이 중요하다는 응답은

67%에 머물렀다. 우리 국민 대다수가 학교를 '배우고 역량을 키우는 곳'일 뿐만 아니라 '사회관계를 형성하고 아이들의 삶을 돌보는' 공간으로 인식함을 알 수 있는 결과다. 이 다섯 가지 기능 중 앞으로 특히 더 중요해질 기능이 무엇이냐는 질문에는 '돌봄이 필요한 학생에게 서비스를 제공'하는 돌봄 기능이라는 응답이 31%로 가장 높은 비중을 차지했다. 코로나19 이후 학교가 가장 우선해야 할 역할로는 '학습격차 해소'(35%), '가정의 양육부담 해소 및 공적 돌봄 강화 체계 구축'(23%)을 꼽았다.

학교는 교육하는 곳이지 아이들을 돌보는 곳이 아니라는 주장은 적어도 이 조사에 따르면 사회적 인식과 맞지 않는 것으로 드러났다. 애초에 아이들의 일상을 배움과 삶으로 나눌 수 있다는 발상 자체가 오류였는지도 모른다. 그렇다고 학교에 모든 것을 맡기는 것은 가능하지도 바람직하지도 않다. 아이들의 삶의 공간인 학교와 마을(지역)이 함께할 수 있는 합리적 방안을 찾아야 한다. 지금은 아동·청소년의 삶과 배움을 사회적으로 통합 지원하는 위드 코로나19 시대의 시스템을 어떻게 구축할지 사회적 논의가 필요한 시점이다.

흔들리는 독점적 교육전문성

우리나라 민주주의의 성장과 함께해온 시민들의 자발적인 '참여' 의지는 전문영역을 시민 영역으로 바꾸고 있다. 교육 전문성을 독점한 교사, 교육 대상인 학생 그리고 교육을 지원하는 학부모라는 기성 교육의 유산은 코로나19 이전에도 균열 조짐을 보이고 있었다. 학교 구성원들의 민주적 참여를 핵심과제로 실현하고자 했던 혁신학교 운동과 지역과 마을이 아이들의 삶과 배움을 함께 책임지는 마을교육공동체 운동이 그 균열을 만들고 있었다. 그러다가 코로나19로 인해 학교교육공동체의 3주체는 공동체적 의사결정을 통해 집단의 지혜를 모으는 자치의 경험을 공유했고 온라인 원격수업을 통해 형식화된 공개수업에 가려져 있던 교수학습 전문성의 실체에 접근하는 기회도 가지게 되었다.

교육주체들의 이러한 경험과 기회가 코로나19 이후 학교현장에서 어떤 방식으로 표출될지 아직은 아무도 장담할 수 없다. 여론을 주도하며 시민들을 '계몽'하던 기성 언론이 기자와 쓰레기의 합성어인 '기레기'라고 조롱당하며 1인미디어 등 새로운 시민참여 언론환경에 주도권을 내어주는 양상이 우리 교육현장에서도 나타날까? 아니면 교육 3주체의 이해와 요구가 배타적으로 각축하는 학교가 우리 아이들의 풍요로운 배움과 행복한 삶에는 결코 도움이 되지 않는다는 합의와 신뢰에 도달하게 될까?

교육 3주체에 우리 아이들의 삶과 배움의 터전인 지역과 마을을 더하여 자치와 참여에 기반을 둔 협력적 교육거버넌스를 만들어가는 것이 코로나19 이후 우리 교육에 주어진 또 하나의 과제일 것이다.

⋮

우리 교육에 질문을 던지며

2021년, 학교는 여전히 코로나19에 맞서 우리 아이들의 배움과 삶을 지키기 위해 안간힘을 쓰고 있다. 이 위기는 지나갈 것이고 미처 지나가지 않는 위기는 우리 일상으로 자리할 것이다. 중세시대 유럽을 휩쓴 흑사병이 지나가고 인본주의에 바탕을 둔 르네상스라는 새로운 시대가 열린 것처럼 코로나19 이후는 코로나19 이전과는 분명히 다른 세상이 열릴 것이다. 앞으로 다가올 이 다른 세상이 2022년 우리 교육에 질문을 던지고 있다.

· 코로나19로 인한 우리 아이들의 배움과 삶의 공백을 어떻게 메울 것인가?
· 학습의 지체와 격차가 만들어내는 삶의 불평등을 어떻게 해소할 것인가?
· 얼굴을 맞대고 눈빛과 생각을 나누며 함께 배우는 수업의 본질을 디지털 세상, 온라인 원격수업에서 실현하는 방안은 무엇인가?
· 우리 아이들의 풍요로운 배움과 행복한 삶을 실현하는 사회적 통합 돌봄시

스템을 어떻게 구축할 것인가?

· 참여와 자치에 기반을 둔 협력적 교육거버넌스를 어떻게 만들 것인가?

위드 코로나 시대의 원년이 될 2022년은 우리 학교와 교육이 이 질문에 대한 답을 찾는 여정의 출발점이 될 것이다. 언제나 그렇듯 답은 우리 안에 있다.

기후변화와 환경교육

이미 시작했어도 벌써 늦었다

최 종 순
광주광역시교육청 장학관

⋮

지구인의 필수 과목, 기후변화

기후변화의 이해

지구 표면의 평균기온이 상승하는 현상을 '지구온난화'라고 하고, 대기 중의 수중기와 이산화탄소 등이 온실의 유리처럼 작용하여 지구 표면의 온도를 높게 유지하는 현상을 '온실효과'라 한다. 수중기를 제외한 공기 중 질소^{N2}(약 78%), 산소^{O2}(약 21%), 아르곤^{Ar}(약 0.9%), 이산화탄소^{CO2}(약 0.03%)가 전체 대기의 약 99%를 차지하며, 나머지는 네온, 헬륨, 크립톤, 크세논, 오존 등으로 구성되어 있다. 지구온난화를 가속시키는 온실가스는 미량의 기체이지만 식물의 광합성 작용과 바다에서 흡수하더라도 나머지가 대기 중에 남아 잘 분해되지 않아 온실효과를 유발하게 된다.

온실가스는 대기 중에 가스 상태로 장기간 체류하면서 대부분의 태양복사를 투과시키고 지표면에서 방출하는 지구복사를 흡수하거나 재방출하여 온실효과를 유발하는 물질을 말한다. 교토의정서[1]에서 규정한 규제 대상 온실가스는 이산화탄소^{CO2}, 메탄^{CH4}, 아산화질소^{N2O}, 수소불화탄소^{HFCs}, 과불화탄소^{PFCs}, 육불화황^{SF6} 6가지다. 이외에도 일산화탄소, 오존, 질소산화물, 휘발성 유기화합물 등의 반응물질 등도 온실효과를 일으키며 황사, 미세먼지, 검댕, 연무 등도 대기 중에 떠다니며 기후변화를 유발한다.

날씨는 순간적이고 지역별로 다양하게 나타나는 기상현상을 말하는데, 어제는 비가 왔다든지 오늘은 화창하다는 식으로 시시각각 변하는 게 날씨다. 기후는 한 지역에 30년 동안 나타난 날씨의 추세를 말한다. 최근 기후변화를 넘어 기후위기가 다가온다고 하는 이유는 시시각각 변해야 할 날씨가 변하지 않고 지속적인 폭우나 폭염이 계속되거나 반대로 변하지 말아야 할 기후가 전 세계적으로 변하고 있기 때문이다.

급격한 기후변화의 실태와 원인

지난 4월, 세계기상기구$^{World Meteorological Organization: WMO}$가 발간한 「2020년 글로벌 기후현황 잠정보고서」를 보면 2020년이 관측 사상 가장 더운 3개년 중 한 해였으며, 지구 평균기온은 14.9도로 산업혁명 이전(1850~1900년)보다 1.2도 상승한 수치였다.

지구의 평균기온은 급속도로 상승하는 중이고 지구촌 곳곳에서 이상기후현상이 나타나기 시작했다. 무더운 이집트에선 100년 만에 눈이 관측되었고, 호주에서 발생한 초대형 산불은 6개월 동안 지속되었으며, 아시아 곳곳에서는 오랜 장마로 큰 피해가 발생했다. 단순한 기후변화 이상의, '기후위기' 시대에 접어든 것이다. 지구 평균온도, 이산화탄소 농도, 북극의 빙하 규모, 해수면 등 모든 지

---

1) 교토의정서(1997.12.)는 유엔기후변화협약(UNFCCC)을 이행하기 위해 만들어진 국가 간 이행협약임. 주로 선진국(38개국)들에 대한 온실가스 감축 목표를 구체적으로 정하고 1990년 배출 수준보다 5.2% 감축할 것을 목표로 채택함.

표가 기후위기가 다가오고 있음을 증명한다. 2021년 7월에 측정한 지구 평균 이산화탄소 농도는 2020년보다 높은 416ppm이었으며, 바다 온도는 계속 상승하여 1987년보다 4.5배나 올랐고 급격히 녹아내린 빙하로 해수면이 높아졌다. 온실가스 증가로 인한 지구온난화가 세계 곳곳의 이상기후로 나타나 큰 피해를 주고 있다.

2020년 우리나라에서도 이상기후 현상이 자주 나타났다. 4월 22일 새벽에 서울에 진눈깨비가 내렸고, 8월 하순 제8~10호 태풍이 연속 발생하는 등 전국 곳곳에서 이상고온, 이상저온, 사상 최대치의 호우 등 각종 이상기후가 지금까지의 최고·최저 기록을 갈아치웠다. 2020년 평균기온은 13.2도 평년[2](12.5도)보다 0.7도 높아 역대 가장 따뜻했던 겨울을 보냈으며, 중부지방이 54일, 제주도 49일을 기준으로 1973년 이후 최장기간의 장마를 기록했다.

지금과 같은 속도로 지구온난화가 진행되면 파리기후변화협약[3]에 따라 국가별 탄소배출량 감축 목표가 이행되더라도 지구 평균기온이 산업화 이전과 비교해 2030~2052년에는 1.5도, 2100년에는 3도 이상 상승할 것으로 예상된다.

2020년 우리나라에 장마가 오랫동안 계속된 이유는 북쪽의 차가운 공기를 감싸고 있는 제트기류가 북극의 고온현상으로 느슨하게 무너져 찬 공기가 아래 지역으로 내려오면서 북태평양고기압과 만나 장마전선이 형성되었기 때문인데, 이로 인해 집중호우를 동반한 기나긴 장마가 발생한 것이다. 태풍이 연속으로 발생했던 것도 필리핀해상의 온도가 평년보다 1도 이상 높아져서 발생한 다량의 수증기로 인해 강한 태풍이 연달아 우리나라에 들이닥쳤던 탓이다. 이러한 이상기후 현상들은 온실가스 증가로 온난화가 심해지고, 그로 인해 지구의 온도가 급속하게 높아지고 있다는 것을 보여준다.

---

2) 일기예보에서, 지난 30년간의 기후의 평균적 상태를 이르는 말

3) '파리기후변화협약'은 2020년 만료되는 '교토의정서'를 대신하는 기후 체제이며 2015년 12월 195개국이 참여, 지구 기온의 상승 폭을 제한하며 각 나라의 온실가스 감축 목표를 정함.

기후변화의 원인을 흔히 '인간 활동' 때문이라고들 한다. 그러나 인간의 어떤 활동으로 인해 기후변화가 생긴 것인지 명확한 답을 제시하지 않으면, 우리 모두가 기후변화의 원인을 제대로 인식하지 못한 채 서로 불편해질 수밖에 없다. 산업화 시대 이전부터 경제 및 인구 성장이 원인이 되어 인위적인 온실가스 배출량은 증가해왔는데, 전 세계적 경제성장과 인구 증가로 많은 에너지가 필요해지자 에너지 공급을 위해 화석연료를 소비하는 과정에서 온실가스 배출량이 대폭 증가했고 이로 인해 지구온난화가 가속화되고 있다는 점은 불편한 진실이다. 지구온난화의 위험성은 고스란히 우리 자신과 미래세대에게 돌아온다. 더욱이 상대적으로 열악한 나라, 열악한 계층, 열악한 사람일수록 이런 위험에 크게 노출되고 있다.

기후변화에 대한 대응

급격한 기후변화 시대를 맞이하여 탄소중립을 위한 국제 선언과 움직임이 나타나고 있다. 2015년 파리협정에서는 산업화 이전 대비 지구 기온의 상승폭(2100년 기준)을 2도보다 낮게 유지하고, 더 나아가 온도상승을 1.5도 이하로 제한하기 위해 노력해야 한다고 합의했다. 파리협정에서 주목할 지점은 지구 평균기온이 2도 상승했을 경우 물 부족, 기근, 홍수, 폭염, 생물종 멸종 등의 문제가 발생하므로 안전한 지구에서 살기 위해서 1.5도까지 낮춰야 한다는 목표에 합의했다는 점이다.

2018년 10월 인천 송도에서 제48회 IPCC[4] 총회가 개최되었는데, IPCC에서는 가맹국 전원의 만장일치로 「지구온난화 1.5도 특별보고서」를 채택했다. 이 특별보고서에는 지구의 평균기온이 산업화 이후 1.5도 이상 상승하면 인류의 생활에 치명적인 위험이 발생할 것이라는 전망하에, 2030년까지 탄소배출량을 지금의

---

4) IPCC(Intergovernmental Panel on Climate Change)는 1988년 세계기상기구(WMO)와 유엔환경계획(UNEP)이 공동 설립한 국제기구이며, 현재 195개국이 회원국으로 참여하고 있다.

1. 세대의 변화   2. 학교의 변화   3. 정책의 변화

절반 이하로 감축시켜야 하며, 2050년까지 전 세계적으로 탄소중립[5]을 달성해야 한다고 경고했다.

2019년 미국과 유럽연합[EU]은 기후위기 대응을 위한 새로운 성장 전략을 기조로 2050년 탄소중립을 위한 그린뉴딜 정책을 발표했다. 우리나라도 2020년 7월 한국판 뉴딜 정책을 발표했다. 코로나19로 인해 어려워진 경제적 상황과 급격한 기후변화라는 피할 수 없는 상황을 뉴딜 정책을 통해 이겨내고자 한 것이다.

2021년 한국, 중국, 일본, EU, 미국 등이 탄소중립을 선언하면서 탄소국경, 탄소세 등의 새로운 질서가 나타나게 된다. EU는 2023년에 시멘트, 철강, 비철금속, 석유화학 제품 등에 탄소세를 반영하고, 2027년에는 전기차 및 산업용, 휴대용 배터리에 탄소발자국[6]을 공개하여 일정 수준을 넘어서는 제품은 판매하지 않겠다고 선언했다. 이는 우리나라처럼 배터리 생산에 사용하는 전력 중 석탄발전의 비중이 높은 나라의 경우 수출 경기에 막대한 영향을 받을 것이므로 탄소중립을 위한 에너지로의 전환이 시급하다는 점을 시사한다. 탄소배출에 대한 국가 간의 국경이 만들어지게 되면, 결국 탄소배출을 많이 하는 나라는 앞으로 재생가능에너지로의 전환을 위해 각고의 노력이 필요해진다.

이처럼 탄소중립을 위한 선진국의 역할과 탄소 국경 조정 등의 의제화, 파리협정 이행 촉구 등 국제적으로 탄소배출 감축에 관한 국제적인 요구가 시작되었다. 석탄발전 감축, 플라스틱 감축, 건축물 리모델링, 전기차 전환, 공동교통 확대, 재생에너지 투자, 채식 위주 식단 및 육식 줄이기 등 우리 사회가 탄소중립으로 가기 위한 과제와 더불어 일자리, 세금, 교육 등의 문제는 어떤 정책으로 해결할 수 있을지 궁금하다.

우리나라는 2020년 12월 '2050 탄소중립을 위한 추진전략'을 발표했다. 2050

---

5) 탄소중립(Net zero)이란 개인이나 회사, 단체가 이산화탄소를 배출한 만큼 이산화탄소를 흡수하는 대책을 세워 이산화탄소의 실질적인 배출량을 '0(zero)'으로 만든다는 것이다.
6) 제조, 수송, 유통, 사용, 폐기 등의 전 과정에서 발생하는 탄소배출량 표기

탄소중립의 전 세계적인 의제화와 코로나19로 기후변화의 심각성이 확대되었고, 바이든 미국대통령도 공약으로 탄소중립을 제시했다. 그러나 우리나라의 온실가스 배출량 추세를 보면 탄소중립까지 가기 위한 시간이 촉박할 따름이다. 여기에 높은 제조업 비중과 철강, 석유화학 등 탄소를 많이 배출하는 산업구조에서는 탄소중립을 조기에 실현하기 어렵다. 탄소중립을 실현하는 과정은 화석연료에서 신재생에너지 전환에 따른 기존 산업의 일자리와 전기요금 난방비 인상 등 기업이나 국민들의 부담과 우려도 크다. 하지만 무역의존도가 높은 우리 경제산업 구조상 새로운 국제질서에 대응하기 위해서는 많은 변화를 해야만 한다.

탄소중립 추진전략은 이와 같은 국제 경제산업의 대전환 시대를 맞이하여 전향적, 선제적, 능동적으로 대응한다는 것이다. 탄소중립, 경제성장, 국민의 삶의 질 향상을 동시에 달성할 수 있는 기반을 마련하는 데 목표를 두고 '경제구조의 저탄소화, 저탄소 산업 생태계 조성, 탄소중립사회로의 공정 전환'의 3대 정책 방향과 '탄소중립 제도기반 강화'의 3+1 전략 틀에서 10대 과제를 선정하여 추진한다. 그러나 2050 탄소중립을 이루기 위해서는 탄소중립의 시급성에 대한 국민들의 인식을 제고하고, 정부 각 부처와 기업의 노력, 국회 입법 등 공론화하고 합의하는 과정이 우선되어야 한다. 이를 위해 2021년 5월, 탄소중립 정책을 총괄할 대통령직속 '2050 탄소중립위원회'가 출범했다.

⋮

대한민국 환경교육 1교시

당사자가 원한다

그동안 지구온난화와 환경문제의 심각성은 계속 언급되었지만, 인류가 체감할 정도로 심각하다고 느끼지 못했기에 그저 막연하게 여겨져 왔다. 그러나 최근 기후변화, 홍수, 미세먼지 등 환경문제가 일상생활의 안전을 위협하는 문제로 대두되면서 19세 이상의 성인들은 '기후변화 피해 및 대응'을 해결이 필요한 환경문제라고 생각하고 미래세대를 위해 환경교육이 필요하다는 데 86%가 동의했다. [7] 학생들 또한 모든 초·중·고등학교에서 1주일에 1시간씩 환경 과목을 필수화하는 정책에 61.5%가 찬성했다. 특히 고교생은 주 2시간 환경 과목 수업을 희망하기도 했다. [8] 2018년 8월, 스웨덴 의회 밖에서 당시 15세인 그레타 툰베리의 청소년 기후행동으로 촉발된 요구는 전 세계 청소년들의 동맹휴학을 이끌었고, 우리나라에서도 청소년 기후행동인 결석시위와 헌법소원을 통해 근본적인 전환을 시작할 것을 요구하고 있다.

미래세대들에게 기후변화로 인한 환경문제는 생존과 직결되어 있다. 따라서 미래세대의 환경학습권 보장은 선택이 아닌 필수불가결의 과제라고 볼 수 있다. 급격한 기후변화 시대에 학교는 기후환경에 관한 교육을 의무적으로 실시해야 한다는 주장이 있으며, 교육계도 교육과정 내에 미래세대의 환경학습권 보장을 위한 환경교육을 포함하는 것에 관한 고민이 깊어지는 시점이다.

현재 교육부, 전국시도교육감협의회, 국가교육회의가 공동으로 국민적 참여를 통해 2022개정교육과정 개편안을 추진 중이다. 공공성, 책무성을 기반으로 미래의 불확실성에 대비하고 지속가능한 미래를 위해 생태전환 교육, 디지털교육(AI, SW), 민주시민교육, 안전한 삶과 생활을 위한 교육을 강화하는 한편, 총론에 생태시민, 생태감수성, 환경교육 내용을 담아 생태전환 교육에 대한 의지를 천명해야 한다. 학교의 교육과정 자율권과 학생의 교육권을 침해하는 강제 조항도 정비해야 실제적인 환경학습권이 보장될 것이다.

환경교육은 미래세대의 삶의 문제와 직결되므로 환경교육 정책 수립 시 미래의 삶을 살아갈 주체인 아동·청소년들의 의견을 반영해야만 하며, 환경교육의 범주와 방향을 확대하고 지역사회와 협치를 강화하는 방향에서 추진해야 한다.

---

7) 환경부, 「비용-편익 분석에 기반한 환경교육 가치추정 연구」, 2020.
8) 국가환경교육센터, 「청소년 환경·지속가능발전 인식조사」, 2020.

국내외 환경교육의 현황

우리나라는 1992년 교육부의 6차 교육과정 개편에서 환경 교과목을 중등 독립 선택과목으로 채택했고, 2008년 「환경교육진흥법」이 제정되면서 환경교육의 법적 기반이 마련되었다. 2011년부터는 5년 단위로 '국가환경교육종합계획'을 시행하고 있다. 유치원 누리과정에서는 '신체 운동·건강', '자연탐구' 영역, 초등 및 중등학교에서는 도덕, 사회, 과학 등의 교과목에 환경에 관한 내용이 포함되어 있고, 중학교에서는 선택과목으로 고등학교에서는 교양 선택과목으로 환경을 가르칠 수 있다. 하지만 실제로 선택하는 학교는 계속 줄어들어 2018년 기준으로 환경과목을 선택한 학교는 470개교(8.4%)밖에 되지 않았다. 2015개정교육과정 범교과 학습주제 중 하나로 환경·지속가능발전 교육이 있으나 이 역시 필수사항은 아니기에 입시 위주의 교육현장에서는 선택하기 어렵고, 전담교사가 부족한 것이 현실이다. 2020년 기준, 전국의 중·고등학교 교원 약 24만4000명 중 환경교과 담당 교원은 0.04%인 104명에 불과하고, 이 중 환경교원 자격 소지자는 35명(33.7%)[9]뿐이다. 더욱이 환경교육 예산도 계속 감소하고 있어 학교의 환경교육은 점점 침체되고 있다.

반면, 국외에서는 환경교육의 비중이 커지는 추세다. 미국은 환경교육을 위한 연방정부 차원의 노력을 법제화하고 이를 위한 제도적 지원 기반을 마련했으며, 최근 뉴저지주에서는 공립학교 교육과정에 기후변화 관련 내용을 공식적으로 도입했다. 캐나다의 환경교육은 '지속가능성' 개념을 바탕으로 전 학년, 전 교과에 걸쳐 통합적으로 이루어져 있고, 학생들의 직접 참여와 경험을 강조하고 있다. 영국은 생태환경교육을 위한 교수 학습보다는 환경친화적 학교운영 접근법에 초점을 맞추고 통합교과 차원에서 생태환경교육을 개별학교의 교육과정에 반영하여 운영하고 있다. 독일과 프랑스는 UN의 '지속가능발전을 위한 교육'의

---

9) 한국교육개발원, 「유·초·중 교육 기본통계조사」, 2020.

실천으로, 환경교육을 개별 교과로 독립하여 강조하기보다는 기존 관련 교과에 기후변화와 생태환경교육의 내용을 충분히 포함하고 있다. 또한 핀란드는 환경 과목을 9학점으로 하고 있고, 이탈리아는 초·중·고 주당 1시간씩 연간 33시간의 기후환경교육을 필수화했다. 이처럼 많은 국가들이 기후변화에 따른 환경교육의 중요성을 인지하고 이를 교육과정에 반영하는 추세다.

학교 환경교육의 변화 시급

2020년 7월 9일 전국시도교육감협의회는 17개 시·도교육감의 만장일치로 '지속가능한 미래를 위한 기후위기·환경재난 시대 학교환경교육 비상선언'을 선포했다. 여기에는 기후위기 대응 교육을 통해 미래세대의 환경학습권 보장, 건강권과 안전권 확보, 학교와 교육청에서 온실가스 감축 방안 모색, 학교와 마을의 연계 강화, 통합적인 다*가치 교육의 구현, 지구공동체의 생태시민으로 성장하도록 공동의 노력을 기울인다는 내용 등이 포함되어 있다.

현재를 살아가는 기성세대들은 지금처럼 풍족한 삶을 계속 누리기를 원하고, 지금과 같은 일상이 계속될 것이라는 기대를 품고 있다. 하지만 앞으로 다가올 미래를 사는 아동·청소년들은 지금과 같은 일상을 누리긴 어려울 것이다. 미래세대를 살아갈 아동·청소년들에게 기후위기는 눈앞에 닥친 현실이다. 어쩌면 급격한 기후변화로 인한 홍수, 폭염, 가뭄, 산불, 태풍, 감염병 등 다양한 형태로 안전을 위협하는 생존 문제를 걱정해야 할지 모른다.

전국시도교육감협의회의 학교환경교육 비상선언에 담긴 '생태시민'은 지구의 수용 능력을 벗어나지 않고 더 많은 소유와 소비를 좋은 삶의 기준으로 삼지 않으며, 누구나 언제 어디서라도 양질의 환경학습을 받을 권리를 갖고 생태적 전환에 필요한 능력과 의지를 지닌 시민을 말한다. 다시 말해, 자연보호나 생태체험학습 수준의 환경교육을 넘어 기후·환경교육을 인권, 빈곤, 민주, 다문화성, 평화 등의 문제와 함께 포괄적으로 이해하고, 마을과 지역을 기반으로 능동적인 삶의 주체로 문제를 해결하는 민주시민을 뜻한다. 이런 민주시민을 키우기 위해 교육기본법, 환경교육진흥법, 학교환경교육 활성화 조례 등의 제·개정을 통한 법적 기반을 마련하고 생태시민을 기르는 교육과정 마련, 교원의 기후·환경교육 역량 제고, 전담팀 설치, 협력체제 구축 등 제도적 기반과 함께 재정을 지원하여 지속가능한 생태시민으로 성장시켜야 할 것이다.

학교 환경교육이 나아갈 방향

급격한 기후변화로 인한 산불, 폭우, 폭설, 폭염과 같은 재난 상황은 빈곤층, 노인, 장애인, 일용직, 비정규직 노동자, 이주민 등 사회적 약자에게 더 많은 고통을 준다. 열악한 거주환경과 노동환경은 안전과 생계의 위험에도 노출될 뿐 아니라 지구온난화로 선진국과 개발도상국 간 GDP 격차가 25%까지 벌어져 불평등이 심화되고 있다. 이것은 현재 코로나19로 인해 겪는 위험성과 동일하다. 선진국이 백신 수급 및 접종, 치료에서 우위를 점하는 반면 이에 뒤처지는 국가와 사회적 약자는 상대적 불평등으로 인해 더 많은 고통을 겪고 위험에 노출되는 재난이 되고 있다. 기후변화에 따른 위기 상황 또한 생활의 편리와 발전이라는 화두 아래 탄소발자국을 더 많이 남긴 선진국들보다는 이에 대한 대처 능력이 더 열악한 상황에 놓인 국가와 사회적 약자들에게 치명적인 결과를 가져오게 될 사회 문제인 것이다. 그러나 이것들은 특정한 나라나 인종, 계층에 국한되지 않은 전 지구인의 삶이 걸린 문제이므로 중지를 모아 공동의 노력으로 타개해야 할 것이다. 이때 가장 의미 있고 중요하게 작동할 수 있는 한 축이 바로 '교육'이다.

급격한 기후변화 시대에 '더불어 살아가는 생태시민'으로 성장하기 위해 기후위기에 대응하기 위한 학교 환경교육뿐만 아니라 전반적인 교육의 대전환이 필요하다.

• 기후위기 대응, 환경교육 강화

비록 환경학습권이 법적·제도적으로 뒷받침되지 않았다 할지라도 지금 당장 학교가 할 수 있는 활동은 무엇이고, 교육청과 지역사회는 이를 어떻게 지원할 수 있을까?

문제를 인지하고 원인을 파악하여 그에 적절한 대응방법을 알아야 문제를 해결할 가능성이 생기므로 일차적으로 학교급별 학교교육과정 운영에 기후환경 요소가 담긴 성취기준을 마련하고 놀이 중심 환경프로그램, 자유학년제 및 고교 학점제와 연계, 진로체험, 환경 프로젝트, 동아리 활동, 봉사활동 등을 통해 우선 기후변화의 이해와 인식을 높이는 것이 중요하리라 본다.

이와 더불어 환경교육은 사회의 산업구조와 유리될 수 없는 문제이므로 사회적으로 탄소배출이 많은 영역의 활동을 줄이는 방법에 대해 학습하고, 생활 속에서 서로 연대하면서 실천 가능한 방안을 교육하는 것이 필요하다.

2050년 세계 인구는 100억 명으로 증가할 것으로 전망한다. 이로 인해 곡물 생산량이 지금보다 60% 늘어야 하고, 경작할 땅은 인도 국토의 2배 크기가 필요하다고 한다. 4인 가족 기준 한 끼 밥상을 차리기까지 배출되는 온실가스는 $4.8kgCO_2eq$다. 이 배출량은 승용차 1대가 25km를 운행할 때 배출되는 온실가스량과 동일하다. 우리나라의 식품이 대부분 수입에 의존하기에, 음식을 만들기 위한 '생산-수송-유통·보관-조리' 과정에서 배출되는 온실가스가 매우 많기 때문이다. 특히 지구온난화 유발의 주범인 메탄을 발생시키는 소고기와 같은 육류 섭취 비중 증가는 온실가스 배출량을 늘리는 심각한 문제인데, 채식의 필요성과 먹거리에 대해 교육하고 실천하는 학교교육이 필요하다.

또한 실천중심 생태시민교육을 위해 학교 및 기관에서 학생, 교직원, 학부모 등과 함께 기후환경 프로젝트 실천단을 운영해 환경교육을 실천하는 토대를 마련해야 한다. 기후환경 프로젝트 실천단은 가정, 학교, 마을, 직장 등에서 온실가스 감축, 탄소중립 에너지전환 학교 및 마을 만들기, 녹색 식생활 개선 및 채식

문화 확산, 생활 속 플라스틱 줄이기 등을 실천하여 일상에서 지구를 생각하며 환경문제를 직접 발굴하고 해결하면서 실천적 시민의식을 기를 수 있다.

환경교육의 일환으로 기후환경·생태교육 주간을 운영하거나 학생자치회를 중심으로 구성원 및 지역사회를 대상으로 요일별, 월별, 분기별로 자전거 이용, 에너지 절약, 일회용품·음식 쓰레기 줄이기 등 자발적 참여를 통한 주제별 캠페인 활동을 펼칠 수도 있다. 이러한 활동들은 인식 제고와 더불어 소소한 실천을 통한 생활의 변화를 이끌어내는 데 매우 중요한 역할을 한다.

아울러 교육청은 교직원, 학생, 학부모의 기후위기 대응의 인식제고를 위한 각종 연수를 운영한다. 기후환경 동영상 및 학습자료 제공, 전문강사 지원, 기후환경 교사연구회 운영, 전문적학습공동체 환경·생태교육 사례 나눔 등을 통해 일상생활 속에서 환경·생태교육이 이루어질 수 있도록 적극 지원해야 한다.

환경교육에서 가장 중요한 연대와 실천의 장은 마을과 지역사회이다. 마을교육공동체와 학교가 결합한 생태중심 공동체 학교를 운영하여 생태중심 마을교육과정을 개발하고, 학생 주도형 청소년 자치배움터를 통해 자기주도적으로 환경문제를 해결할 수 있도록 할 수 있다. 이처럼 지역사회 및 유관기관과 함께 환경교육 기관을 발굴하고 주요 환경교육 프로그램을 연계하여 기후위기의 문제점을 찾아보고 함께 해결하는 방안을 모색하는 등 지역과 함께 노력해야 한다.

•탄소중립 에너지 전환 학교

온실가스 감축을 위해 학교 건물에서 소비되는 에너지량을 최소화하고, 필요한 에너지는 자체 생산해 외부에서 에너지 공급을 받지 않고 교육활동을 할 수 있게 한 시스템을 '에너지 자립학교'라고 한다. 2020년 3월 새롭게 개교한 충남 정산중학교가 대표적인 사례다. 또한 교육부는 올해부터 '그린스마트 미래학교'[10] 사업을 추진하고 있다.

---

10) 40년 이상 노후학교를 2025년까지 개축 또는 리모델링하여 미래형 스마트교실 및 제로에너지 학교로 개선하는 사업.

건물은 편리한 생활을 위한 여러 장치로 인해 에너지 소비가 높은 편이다. 공공기관의 에너지 절약 대책으로는 실내온도 기준 제시, 불필요한 전기 및 조명 사용 자제, 승용차 요일제, 에너지소비효율 1등급 제품 사용, 단열창호 설치, LED 조명 설치 등이 있다. 이러한 에너지이용 합리화 조치를 지속적으로 추진하는 가운데 일회용품 사용 및 제공 제한도 확산되는 추세다. 2020년부터 공공 제로에너지건축물 인증이 의무화되어 연면적 1000㎡ 이상의 건축물을 신축, 개축, 별도 증축하는 경우 제로에너지건축물 인증을 의무적으로 받아야 한다. 신재생에너지법[11]에 따라 신설·증개축 학교는 의무적으로 신재생에너지(태양광, 태양열, 바이오매스, 풍력, 소수력, 지열 등) 발전시설을 설치해야 한다, 2020년 기준 전국에 3149개교에 태양광설비가 설치되어 있다. 또한 한국전력 자회사[SPC]와 시민참여형 햇빛발전협동조합 등 학교 옥상 및 유휴 부지를 임대하여 태양광설비를 늘려가고 있고, 전국 약 130개 학교에 설치되어 있다.

이제 학교가 얼마만큼의 에너지를 쓰는지, 온실가스가 얼마나 발생하는지 점검해야 할 시기다. 학교에서 배출되는 온실가스의 원천은 주로, 전기, 수도, 가스, 음식물쓰레기 등이다. 이들의 사용량과 수거량을 진단하여 온실가스 배출량을 산출하고, 에너지 절약에 대한 인식을 높일 필요가 있다. 나아가 기관(학교)별 온실가스 인벤토리[12]를 구축하여 온실가스가 어디서 얼마나 배출되는지 종합 현황을 파악하고, 온실가스 감축을 위해 작은 실천을 할 수 있어야 한다.

이 밖에도 학교의 단열, 창호시설, 조명시스템의 개선과 쿨루프, 벽면녹화 등을 통한 에너지 효율화도 실천하고, 학교 유휴공간을 활용하여 빗물저금통이나 생태학습장(숲, 연못, 자연놀이터 등)을 구축하는 에너지 전환 노력도 필요하다.

---

11) 신에너지 및 재생에너지 개발·이용·보급 촉진법
12) 온실가스 Inventory: 온실가스 배출원을 규명하고, 각 배출원에 따른 배출량을 산정할 수 있도록 목록화해놓은 통계 시스템.

• 지구생태시민으로의 성장

　한정된 자원을 가지고 있는 지구에 살기 위해서는 어떤 변화가 필요한가? 기술 발전이 지구온난화 문제를 완벽하게 해결할 수 있을까? 지속가능한 미래를 위한 민주시민은 어떤 역량을 지녀야 하는가? 기후위기 문제를 단순한 재난 상황으로 인식하면 안 된다. 환경은 인간이나 동식물들의 생존이나 생활에 영향을 미치는 자연적 조건이기도 하지만 주거지, 교통, 도시, 식량, 폭염, 에너지, 양극화, 경제 불황, 인공지능, 코로나19, 저출산, 노령화, 다문화, 미세먼지, 생물다양성, 생태계 등 인간이 살아가는 데 영향을 미치는 사회적 관계의 측면도 강하기 때문이다. 이러한 관계가 어느 것 하나 독립적으로 존재하지 않고 복잡하게 연결되어 있기에 기후위기 시대는 환경문제를 통합적으로 인식할 수 있는 생태감수성을 갖는 것이 중요하다.

　생태시민으로 성장한다는 것은 곧 자신이 놓여 있는 환경과의 관계를 주체로서 인지하고, 지구적 해결을 위해 참여하고 행동한다는 것이다. 내 주변에서 발생하는 기후위기 문제를 때론 내 주변에서만 일어나는 환경문제로만 보는 게 아니라 전 지구적인 문제로 인지하여 인권, 불평등, 차별 등의 문제로 확장해서 바라보고, 지속가능한 사회를 만들기 위한 정부, 지자체, 기업 등의 환경정책에 관심을 기울이며 그것을 해결하기 위해 적극 참여하고 실천해나갈 때 비로소 생태시민으로 성장할 수 있다. 어쩌면 지구생태시민으로의 성장이란 곧 일상의 민주주의 실현과 일맥상통하므로 민주시민으로서의 자질과 역량을 함양하기 위한 교육을 일컫는다고 볼 수도 있다.

⋮

일상으로의 복귀

2021년 8월, '이번 세기 중반까지 현 수준의 온실가스 배출량을 유지한다면

2021~2040년 중 1.5도 지구온난화를 넘을 가능성이 높다'는 내용을 담은 「IPCC 제6차 평가보고서 제1실무그룹 보고서」가 승인되었다. 2018년 특별보고서에서 제시한 1.5도 도달 시점이 10년이나 앞당겨졌고, 지구온난화의 원인이 인간 영향이라는 것이 명백하다고 명문화했다. 지구온난화 2도와 1.5도 상승의 차이는 단 0.5도 차이지만 산호초 멸종률, 연안 홍수 위험, 여름철 평균온도 등 많은 위기가 유발되며, 생물종 절반 절멸률(곤충, 식물, 척추동물 포함)[13], 육지 생태계 변화율, 어획량 등의 피해가 2배로 늘어난다고 한다.

최근 살인적인 폭염으로 캐나다와 미국 사이를 흐르는 컬럼비아강 지류에서 연어들이 뜨거워진 강물에 몸이 익은 채로 헤엄치고, 닭이나 돼지들이 폐사하고 채소가 말라 죽고 있다. 우리나라에서도 2021년 7월 말 기준 6명이 사망하고, 온열질환자도 전년보다 1.3배 증가했다. 연일 코로나19 신규 확진자가 1000여 명 넘게 발생하고, 사회적 거리두기는 더 강화되고 있다. 현재 우리가 겪고 있는 일상은 팬데믹pandemic이다.

아파트 놀이터에서 마스크를 쓰고 뛰어놀고 있는 아이들을 보면 답답한 마음과 미안한 마음이 공존한다. 미래를 살아갈 아이들에게 안전하고 행복한 환경을 물려주기 위해 우리는 지금 어떻게 실천하고 있는지 깊이 고민해야 한다.

우리는 기후위기를 인식한 첫 세대이자 기후위기를 끝낼 수 있는 마지막 세대라고 한다. 2021년 태어나 2050년 서른 살을 맞는 아이들도 우리가 누려왔던 봄날을 일상으로 느낄 수 있도록 지금 당장 연대하고 실천해야 하지 않을까?

---

13) 특정 생물종이 절반 이상 사라지는 비율

요즘 아이들과 학부모

흩어진 관계, 깊어진 고립, 절실한 대화

천 경 호
실천교육교사모임 수석부회장

:

아이들은 안녕한가

관계의 결핍

2021년 7월 6일. 국제연합무역개발협의회^{UNCTAD}는 한국의 지위를 개발도상
국 그룹에서 선진국 그룹으로 변경했다.[1] 선진국^{先進國, Advanced Countries}이라는 용어
에 합의된 개념은 없다. 다만 선진국이라고 하면 다른 나라에 비해 정치·경제·사
회·문화적으로 발달한 나라라는 공통 인식이 있을 뿐이다. 그렇다면 선진국 그
룹에 포함된 우리나라 아이들의 삶의 질은 다른 나라보다 높다고 할 수 있을까?

우리나라는 2013년부터 아동복지법을 바탕으로 5년마다 아동종합실태조사
를 실시해왔다. 이 조사에서는 아동의 행복도를 세계보건기구^{WHO}의 아동 건강
행동 설문조사^{Health Behavior in School-Aged Children}에서 활용하는 캔트릴 척도^{Cantril Ladder}
로 잰다. 전반적인 아동의 삶의 만족도를 11단계로 측정하는데, 0점은 '가장 나

---

1) 정다슬, "한, '개도국→선진국'지위 격상...UNCTAD 57년 역사상 처음", 이데일리, 2021.7.5.

1. 세대의 변화   2. 학교의 변화   3.. 정책의 변화

쁜 삶의 상태', 10점은 '가장 좋은 삶의 상태'를 가리킨다. 2018년의 조사 결과에 따르면 우리나라 아이들의 행복도는 2013년 6.1에서 2018년에 6.6으로 올랐다. 그러나 2018년 아동의 삶의 만족도 평균은 OECD 평균인 7.6보다 낮고 유럽 27개국 아동과 비교해도 가장 낮은 수준이다.

아이들의 삶의 질은 무엇으로 결정될까? 연구에 따르면 소득수준이 낮거나 한부모 혹은 조손 가정의 아동, 경제활동을 하는 가족이 없는 가정의 아동이 소득수준이 높거나 양부모 가정 혹은 가족 중 한 명이라도 경제활동을 하는 가구의 아동보다 삶의 질이 낮았다.

아동의 결핍수준을 비교한 유니세프^{UNICEF}의 2013년도 보고서에 따르면 한국은 유럽의 29개국과 비교하여 23위 정도에 위치한다. 우리나라 아동결핍수준 분석 결과 중 두 항목을 주의해볼 필요가 있다. 첫 번째는 '정기적인 여가활동'이다. 정기적인 여가활동(취미생활, 스포츠, 동아리활동 등)을 하지 않는 아동의 비율이 0~8세 아동 27.7%, 9~17세 아동은 24.7%인 반면 가정에서 인터넷이 안 되는 아동의 비율은 각각 2.5%, 2.8%에 불과했다. 야외활동, 타인과 관계 맺는 규칙적인 움직임은 매우 적지만 신체활동이 적고 실내에서 혼자 하는 온라인 활동량은 많다는 뜻이다.

타인과의 관계뿐만 아니라 가족과의 관계도 줄었다. 통계청 자료에 따르면 1980년 우리나라의 평균 가족구성원 수는 4.47명이었으나 2021년에는 2.3명으로 줄었다. 형제자매가 없거나, 있어도 1명 정도라는 뜻이다. 즉, 요즘 아이들은 자기 또래와 가정 내에서 어울릴 가능성이 적다. 자녀가 있는 가구의 비율도 급격히 하락하고 있어 2015년 27.9%에서 2019년 23.3%로, 4년 사이에 4.6% 감소했다. 주변에서 또래 친구를 만날 가능성도 줄어든 셈이다. 양부모 가구 중 맞벌이 가구는 59.3%, 만 8세 이하 자녀를 양육 중인 부모 중 육아휴직을 한 비율은 8.4%였다. 이 중 어머니의 육아휴직은 18.5%, 아버지의 육아휴직은 2.2%였다. 아동이 있는 가구의 약 60%가 맞벌이 가정이고, 아동이 어릴 때 휴직하지 못한 가구가 91.6%에 달했다. 맞벌이 자체보다는 가족이 함께 어울릴 수 있는 시간이 문제다.

2021년 5월에 한국개발연구원 경제정보센터가 발간한 「나라경제」에 따르면 우리나라의 연간 노동시간은 1967시간으로 OECD 평균 1726시간보다 241시간이 많았다. 이처럼 노동을 중시하는 한국의 문화적 특색을 감안하면 12시간 학교 돌봄이 대선 공약으로 나온 배경을 이해할 수 있다. 마음 편히 직장에서 일할 수 있도록 저녁 8시까지 학교에서 아동을 돌봐주는 사회를 아동 친화적이라고 여기는 것이다.

2013년 WHO가 발표한 「건강을 위한 신체활동 국제지침」[2]에서는 신체활동 참여가 가져다주는 건강상 이점을 다양한 과학적 근거를 들어 설명한다. 신체활동은 심폐능력을 향상시키고 콜레스테롤 수치를 낮추며, 혈압을 정상수준으로 유지하는 데 도움을 준다. 근육량 증가를 통한 기초대사량 상승으로 비만 예방 효과도 기대할 수 있으며, 우울증 예방, 학업 스트레스 해소에도 뛰어난 효과가 있다고 한다. WHO는 아동기에 규칙적으로 신체활동을 유지하면 노년에도 건강을 유지할 가능성이 높다고 말한다. 신체활동을 매일 꾸준히 할수록 건강하고 지혜로운 삶을 살 수 있다는 것이다.

그렇다면 아이들이 마음껏 신체활동을 할 만한 공간은 어디에 있고, 함께 신나게 움직여줄 사람은 있을까? 국토교통부 자료에 따르면 1980년 50만 대였던 우리나라 차량등록 수는 2020년 2400만 대를 넘어섰다.[3] 차량이 50배로 늘어난 만큼 차도도 늘어났다. 아이들이 뛰어놀 안전한 골목이 없다는 뜻이다. 아이들의 안전이 위협받고 있기에 아이들 스스로 안전을 책임지라고 '안전한 생활'이라는 교과서를 만들어 '교육'한다. 학교에서는 골목에서 뛰지 말고 벽에 붙어서 다니고, 차가 오는지 잘 살펴야 한다고 가르친다. 마음껏 뛰어놀 공간을 알려주기

---

2) WHO, 「건강을 위한 신체활동 국제지침(Global Recommendation on Physical Activity for Health)」, 2013.
3) e-나라 지표, '국토교통부 자동차등록 현황'.

는커녕 집 주변을 돌아다닐 때도 조심 또 조심하라고 가르치는 셈이다. 놀이시설은 유아놀이터, 어린이놀이터 등 만 12세 미만의 아동을 위한 것이 대부분이고 중·고등학생을 위한 공간은 거의 없다. 공간만 부족할까? 2018년 아동 종합 실태조사의 시간 압력 문항 결과에 따르면 만 9~17세 아동의 70% 이상은 평소에 시간이 부족하다고 응답했고, 그 원인이 학습 관련 활동 때문이라는 응답이 전체 원인의 70.4%를 차지했다. 한국청소년정책연구원의 연구[4]에 따르면 초등학생(권장 수면시간 9~11시간)의 평균 수면시간은 2011년 9.1시간에서 2018년 8.7시간으로, 중학생(권장 수면시간 9~11시간)은 7.8시간에서 7.4시간으로, 고등학생(권장 수면시간 8~10시간)은 6.4시간에서 6.1시간으로 해가 갈수록, 학교급이 올라갈수록 줄어드는 것으로 나타났다. 수면 연구에 따르면 수면이 부족할수록 뇌 양쪽에 있는 편도체가 감정반응을 60% 이상 증폭시킨다. 수면 부족은 나이에 상관없이 공격성, 따돌림, 문제행동 등과 관련 있다. 학습 관련 활동으로 함께 어울릴 시간은커녕 수면 부족으로 또래와의 갈등이 커질 위험으로 내몰리는 것이다.

두 번째는 식생활이다. 9~17세 아동의 경우 식생활의 결핍이 0~8세 아동과 비교해 현저히 높았고 하루 세 끼를 먹지 않는 아동이 7.5%, 매일 육류 또는 생선이나 신선한 과일, 채소 등의 균형 잡힌 식단의 결핍을 경험하는 아동도 10.6~11.3%나 된다. 영양사가 관리하는 학교급식과 교사의 급식지도가 학생의 성장에 얼마나 중요한지 알 수 있는 자료다. 건강한 식생활을 유지하려면 비가공식품의 조리를 통한 식단이 중요하다. 신선한 식재료로 만든 음식을 먹으려면 보호자의 존재가 필수다. 따라서 식사를 누구와 하는지도 중요하다. OECD 조사에 따르면 정기적으로 가족과 식사하지 않는 15세 청소년이 학교를 무단결석할 가능성은 2배 더 높았고, 유럽에서는 일주일에 두 번 이상 부모와 저녁을 먹지 않는 아이들의 비만 확률이 40% 더 높았으며, 컬럼비아대학교 중독및약물남

---

4) 김성은·김준엽, 「한국 아동·청소년 패널조사 X: 데이터분석보고서」, 한국청소년정책연구원, 2019.

용센터의 연구에서는 일주일에 다섯 번 이상 부모와 저녁을 먹는 아이들이 마약과 알코올 문제가 적다는 것을 발견[5]했다.

아동결핍수준 분석 결과에서 살펴본 '정기적 여가활동'과 '건강한 식생활'에는 공통적으로 필요한 것이 하나 있다. 바로 '사람'이다. 우리나라 아이들은 물질적 결핍에 해당하는 14가지 항목 중 정기적인 여가활동, 친구들을 초대하여 노는 것, 생일파티나 가족행사를 여는 것 등의 결핍이 40% 이상으로 높게 나타났다. 상당수의 아이가 친구나 가족과의 상호작용이 부족하다고 느낀다는 뜻이다.

아동학대의 증가

보건복지부의 '학대 피해아동 보호현황[6]'을 살펴보면 아동학대를 겪은 아이들은 10만 명당 2001년 17.7명에서 2019년 380.9명으로 약 22배 증가했고, 학대사례 신고건수는 2003년 2921건에서 2018년 2만4604건으로 증가했으며, 학대 가해자의 약 77%가 부모였다. 가장 안전해야 할 가정에서조차 안전하지 못한 셈이다. 왜 이토록 아동학대가 증가하는 것일까?

2017년 12월 보건복지부가 실시한 '아동학대에 대한 국민인식조사'에 따르면 국민의 76.8%가 '체벌이 필요하다'라고 답했고[7], 보건복지부가 2020년 12월에 실시한 '아동학대 예방캠페인 실시 결과 인식 개선조사'에서도 여전히 1명 이상의 자녀가 있는 만 25~55세 부모 1000명 중 자녀 양육 시 체벌이 필요하다고 응답한 비율이 66%[8]에 이르렀다. 이러한 인식을 바꾸기 위해 '친권자는 자녀를 보호 또는 교양하기 위해 필요한 징계를 할 수 있다'라는 징계권 조항을 삭제하는

5) 뉴필로소퍼 편집부, 『뉴필로소퍼 12호』, 바다출판사, 2020.
6) e-나라지표, '보건복지부 아동학대 유형별 사례'(http://www.index.go.kr/potal/main/EachDtlPageDetail.do?idx_cd=1422).
7) 박현정·양선아, "가정 내 아동학대 막으려…민법 '친권자 징계권'서 체벌 제외", 한겨레, 2019.5.23.
8) 정성원, "아동 체벌금지에도 66% '필요'…정부, 인식 개선 나선다", 뉴시스, 2021.5.31.

법안이 2021년 1월 8일 국회에서 통과[9]되었다. 많은 나라에서 체벌을 법으로 엄격히 금하고 있다. 이는 'UN 아동인권선언'이라는 국제적 합의에 부합할 뿐만 아니라 체벌이 아이의 건강한 발달을 저해하고 오히려 나쁜 행동을 증가시킨다는 수많은 연구에 비춰보아도 정당하다. 학술지《랜싯》에 따르면, 언어폭력이나 신체적 체벌 같은 심각한 체벌을 제외하고 훈육을 위해 사용하는 가벼운 체벌도 시간이 지날수록 아이의 공격성과 반사회적 행동을 증가시키고 짜증, 심술, 앙심, 논쟁, 반항, 규칙 거부 등을 높인다고 했다.[10] 전반적으로 긍정적인 훈육 태도를 유지해도 신체적 체벌을 하는 경우 여전히 문제행동을 증가시켰다. 그럼에도 불구하고 여전히 사회구성원 다수가 체벌을 지지하고 있다. 체벌은 부모에게 의존해야만 생존과 안전을 보장받는 아동에게 가해지는 폭력이다.

사람은 누구나 타인이 자신의 신체적·정서적 자유를 침해하는 것을 싫어한다. 그럼에도 가장 가까이에서 안전하게 자신을 지켜주어야 할 보호자가 물리적 힘의 우위와 생존과 안전을 책임진다는 높은 위계를 근거로 상대적 약자인 자녀에게 '체벌'을 가하며 생각과 행동을 '통제'하려 든다. 물리적 힘과 높은 위계를 근거로 약자에게 체벌을 가하는 행동을 경험한 아이는 이를 학습한다. 힘과 위계를 바탕으로 타인을 통제하는 아동의 행위를 학교폭력이라고 부른다. 자신보다 힘이 세고 높은 위계에 있는 어른에게 체벌로 통제당한 아이들, 그들은 자신보다 힘이 약하고 낮은 위계에 있는 또래들을 폭력으로 통제하려 든다. 폭력의 대물림인 것이다. 폭력적인 환경에 노출된 아이들일수록 불안감이 높다. 불안감이 높기에 깊은 호흡이 잘 이뤄지지 않고, 얕은 호흡은 질 좋은 수면을 하기 어렵게 만든다. 질 나쁜 수면은 기억력을 낮추고 나쁜 생각을 반복하게 만든다. 불안한 관계로 인해 같은 시간을 공부해도 기억하고 이해하는 양이 줄어들고, 친구

---

9) "'자녀 징계권' 63년 만에 폐지…민법 개정안 국회 통과", KBS, 2021.1.8.
10) Anja Heilmann & Anita Mehay, et al., 「Physical Punishment and Child Outcomes: A Narrative Review of Prospective Studies」, 《The Lancet, Vol 398, Issue 10297》, 2021, pp. 355~364.

들과 좋은 관계를 만들어갈 가능성도 낮아진다.

여기서 살펴볼 이론이 있다. 영국의 심리학자 카텔의 '지능이원론'이다. 그는 지능을 결정지능과 유동지능 두 가지로 나누었다. '결정지능'은 경험과 지식처럼 평생에 걸쳐 증가하는 반면 '유동지능'은 발달이 정점에 이른 성인기 이후 하락한다. 여기서 카텔이 말하는 유동지능의 발달 시기는 뇌 발달 시기와 겹친다. 우리 뇌는 대략 20대 중반에 발달의 정점에 이른다고 한다. 성인기 이후 지속해야할 건강한 삶을 위해서 우리 뇌를 최적의 상태로 유지해야 하고 이를 위해 건강한 식사, 수면, 운동, 학습, 관계[11]가 필요하다.

모든 아이는 학교에 다니며 배울 권리가 있다. 권리이자 의무라고 불리는 국민기본권 중 하나인 바로 교육권이다. 의무교육을 받기 위해서 아이들은 학교에 다녀야 하고, 국가는 아동을 위한 양질의 교육을 담보하기 위해 선발과정을 거쳐 교원을 양성한다.

아침에 일어나 씻고 밥을 먹고 학교에 온다(수면). 자신과 다른 가정문화의 또래를, 다른 발달을 거치는 많은 친구를 만난다(관계). 전문가가 계획한 식단에 따라 건강한 식습관을 갖도록 교사의 지도를 받으며 급식을 먹는다(식사). 각종 유해시설에 접근하지 못하도록 학교 인근을 보호구역으로 정해놓았다(안전). 다양한 교과를 통해 폭넓은 관점으로 세상을 바라볼 안목을 얻는다(학습). 숨이 찬 운동을 주 3회 이상 하도록 체육도 배우고 신체와 글, 그림과 소리로 생각과 느낌을 표현하고 경험하도록 이끈다(신체와 인지정서의 통합활동). 숫자와 기호를 통해 패턴을 발견하고 논리와 추상의 세계가 얼마나 드넓은지 배운다(학습). 친구들의 단점을 통해 자신의 장점을 알게 되고, 친구의 장점을 통해 자신의 단점을 알게 된다. 자신보다 성숙한 교사 혹은 또래를 통해 인간으로서 성숙해질 기회를 얻는다(관계 혹은 사회성).

---

11) 산제이 굽타, 『Keep Sharp』, 한정훈 옮김, 니들북, 2021.

하지만 교육은 교사와 학생만으로 이뤄지지 않는다. 교육주체는 교사와 학생 그리고 학부모를 포함한다. 학교에 다니는 학생은 하루의 반을 가정에서, 나머지 반은 학교에서 보낸다. 부모 의존적인 초등 1학년은 학교생활에 적용하면서 부모를 대신하여 교사와의 상호작용으로, 사춘기에 접어들수록 또래와의 상호작용으로 무게중심이 서서히 옮겨간다. 그런데도 모든 아동이 변치 않고 함께 지내는 대상이 바로 부모다. 그만큼 부모가 오랜 시간 자녀에게 영향을 미친다는 뜻이다.

지금 성인이 된 대부분의 부모는 체벌을 직·간접적으로 경험하며 학창시절을 보냈다. 부모의 자녀징계권을 법에서 삭제한 것도 바로 올해이며 여전히 다수의 부모가 양육에서 체벌이 필요하다고 주장한다. 자녀징계권이 부모의 정당한 훈육방법이라는 이들의 생각은 체벌이 존재했음에도 건강하게 성장한 자신을 근거로 체벌의 필요성을 역설한다. 체벌이 포함된 양육만을 경험한 이들이 가장 쉽게 선택하는 양육방법은 당연히 체벌이다. 체벌 이외 양육방법이 있다는 것을 배우고 익히고 경험할 기회가 없었기 때문이다.

너무 낯선 학교

초등학교 1학년. 많은 아이가 가정이 아닌 학교라는 낯선 곳에서, 유치원과 다른 40분 수업 10분 휴식이라는 시간의 패턴으로, 바닥이 아닌 딱딱한 의자에 앉아서, 한 사람의 이야기에 귀를 기울이고, 자기 생각이나 느낌을 말로 표현하는 방식에 익숙해져야 하는 시기다. 자기 또래의 다양한 친구들과 한 공간에서 오래 지내야 하는 학교는 어른들이 첫 직장에서 처음 근무할 때 느끼는 두려움과 공포의 몇 배가 될지도 모른다. 부모는 어떨까? 통계청 자료에 따르면 우리나라 가임여성 1명당 출산율은 0.918명[12]이다. 자녀의 수가 적은 만큼 부모가 접하

---

12) 통계청, 「인구동향 조사결과(가임여성 1명당 출산율)」, 2019.

는 요즘 학교의 모습도 적다. 한 학교, 학 학급 담임교사의 모습이 학교 혹은 교사 전체의 모습으로 보일 가능성이 크다는 뜻이다. 자녀를 처음 학교에 보내는 부모는 학교에 대해서, 교사에 대해서 얼마나 알고 있을까? 그들이 아는 학교와 교사의 모습은 그들이 겪은 학창시절이 아닐까? 10년, 20년 전 학교의 모습으로 내 아이가 다니는 학교의 모습을 그리고 있지 않을까? 혹은 언론에서 비추는 학교의 모습이 전부가 아닐까? 언론은 학교를 어떤 모습으로 비추고 있을까? 언론이 비춘 학교의 모습이 내 아이가 다니는 학교의 모습이라고 여기지 않을까? 그렇다면 학교는 보호자의 불안을 줄이기 위해 어떤 노력을 하고 있을까? 직접 만나서 소통할 기회는 얼마나 있을까? 부모의 자녀 이해를 통한 건강한 양육을 위해 학교는 어떤 노력을 하고 있을까? 학교교육과정 설명회 및 학부모 총회, 학부모 공개수업, 학부모 상담. 공식적으로 학교가 학부모와 소통하는 세 번의 행사를 살펴보면 아이를 가르치는 교사와 직접 이야기 나눌 자리는 단 한 번에 불과하다. 바로 학부모 상담이다. 내 아이를 가르치는 교사가 어떤 사람인지, 어떤 생각으로 가르치고, 어떤 태도로 아이들을 만나는지 알기에는 턱없이 부족하다. 짧은 면담만으로 알기 어려운 부분을 채우기 위해 주변 사람들 이야기에 귀를 기울이기 쉬운 구조다.

아이들은 저마다 다르다. 같은 연령대의 아이들은 물론이거니와 똑같은 염색체를 가진 일란성 쌍둥이조차 다른 모습을 보인다. 책에서 공부한 이론이 아이들을 이해하는 관점을 폭넓게 만들어주지만 개별 아동을 설명해주지는 못한다. 따라서 교사는 자기가 만나는 아이들을 섣불리 판단하고 평가해서는 안 된다. 학교에서의 모습이 아이의 모든 것을 설명하지 못하기 때문이다. 부모도 마찬가지다. 가정이라는 안전한 공간에서 오랫동안 함께해온 가족 앞에서 보이는 모습과 학교라는 공간에서 처음 만나는 타인들 앞에서 보이는 모습은 전혀 다르다. 교사는 가정에서의 아이 모습을, 부모는 학교에서의 아이 모습을 모른다. 아이들의 발달수준이 어느 정도인지, 어떻게 성장하고 있는지 정확히 판단하기 어렵다. 교사와 학부모가 만나서 함께 이야기해야만 아이를 더 깊이 이해할 수 있고 아이를 위한 교육을 보다 효과적으로 할 수 있다.

⋮

코로나 시대의 아이들

사회가 만드는 관계의 결핍

2020년 코로나19로 인해 전국의 초·중·고등학교 개학이 3월 9일로 연기되었다. 6.25전쟁 이후 처음 있는 일이었다. 아이들은 집에 갇혔다. 사람들의 이동이 멈춘 만큼 경제도 악화돼갔다. 고용노동부가 발표한 '2020년 6월 사업체노동력조사'에 따르면 코로나19로 휴업과 휴직이 증가했고 근로시간이 줄어들었으며 소득도 더불어 줄었다. 제조업 종사자의 경우 3월부터 매월 수만 명씩 줄어들었다. 특히 대면이 불가피한 서비스업에 종사하는 가정은 타격이 컸다. 제조업, 서비스업 등에서 일자리를 잃은 부모들은 새로운 일자리를 찾아서 집을 비우거나 더 열악한 일자리를 향해야 했다. 부모와 떨어져 지내는 아이들이 늘어난 것이다. 소득이 줄어든 가정의 보호자들은 경제적 불안으로 스트레스가 높아져 건강한 양육을 하기 어려워졌다. 아이들만 놓아둔 채 일하러 나가야 하거나 일자리가 없어 집에 머물면 아이를 학대하기 쉬웠다. 학대 및 방임으로 고통받는 아이들이 연일 언론에 오르내렸다.

학교에 가지도, 집에서 부모와 함께 있지도 못하는 가정의 아이들은 스스로 끼니를 해결해야 했다. 그런 아이들이 목숨을 잃는 사건이 발생했다. 목숨을 잃은 아이들 모두 화기를 사용한 조리식품을 먹으려 했다. 조리에 미숙한 아이들이 스스로 챙겨 먹을 수 있는 끼니는 영양이 열악할 가능성이 높다. 이는 2021년 3월 아동권리보장원이 발표한 코로나19와 아동의 삶 설문조사 결과에서 잘 드러났다. 설문 결과에 따르면 빈곤가구(중위소득 50% 이하) 미취학 아동이 보호자의 돌봄 없이 혼자 또는 형제자매와 지내는 시간은 약 133분이었고 비빈곤 가구 아동은 약 89분이었다. 한부모 및 조손 가구에서는 약 137분, 양부모 가구는 약 90분이었다. 미등교일의 결식률도 빈곤가구는 50.1%였고, 비빈곤 가구 아동 역시 결식률이 38.5%에 달했다.

관계의 결핍과 발달

집에 있는 시간이 길어진 만큼 아동들의 신체활동지수가 낮아진 반면 매체 이용시간은 증가했다. 발달을 고려한 영양과 칼로리 섭취는 불가능해졌고 건강한 수면 패턴도 유지하기 힘들어졌다. 건강보험심사평가원 자료에 따르면 2015년 8만4000여 명에 달했던 성조숙증 환자가 2019년 10만8000여 명으로 4년간 2만4000여 명이 증가했다. 2020년에는 13만6000여 명이 발생하여 단 1년 만에 약 3만여 명이 증가[13]했다. 성조숙증의 주요 원인이 바로 비만, 스트레스, 운동부족이다. 성조숙증은 2차 성징이 또래보다 2년 이상 빠른 만 8세 미만의 여아, 만 9세 미만의 남아에게 나타나는 것으로 빨리 크는 만큼 성장이 빨리 멈춘다.

코로나19로 인해 여가의 대부분을 디지털 기기를 사용하며 보내는 아이들은 비대면 온라인수업으로 디지털 기기 사용시간이 더 늘었다. 콘텐츠 제공형 수업이나 화상 수업에 참여하면 필히 화면에 고개를 가까이하게 되고, 오랜 시간 의자에 앉아 있어야 해서 자세가 흐트러지기 쉽다. 자세가 기울어지면 척추측만증이 생기기 쉽고, 척추측만증은 폐활량 감소로 인한 호흡곤란은 물론 소화기능 장애와 전반적인 성장에도 악영향을 미친다. 뿐만 아니라 눈의 피로가 쉽게 쌓여 각종 안과 질환에 시달릴 가능성도 높아진다.

더 큰 문제는 사실 다른 곳에 있다. 바로 사회성이다. 학교에서 아이들은 또래와의 수평적 관계를 경험하며, 타인이 추구하는 삶의 가치를 접하고, 나와 다

---

13) 보건의료빅데이터개방시스템, 의료통계정보, 국민관심질병통계(성조숙증) 참조.

른 발달에 위치한 모습을 만나며, 단 한 명도 같은 성격이 존재하지 않는다는 걸 알게 된다. 그 속에서 겪는 갖가지 갈등을 해결하는 과정 하나하나가 협력, 상호성, 신뢰, 우정, 사랑, 용서, 호기심, 학구열과 같은 다양한 가치와 정적 정서를 경험케 하면서 아이들을 성숙한 성인으로 이끌게 된다. 그런 학교생활 1년이 사라졌다. 그 대가를 우리 사회는 언제, 어떻게 치르게 될까.

:

학교가 문을 닫으면

매체 의존성

보건복지부의 조사에 따르면 가족이 저녁식사를 함께 하는 비율은 2005년 76%에서 2014년 64%로 줄었고, 2014 국민건강통계에 따르면 아침식사를 함께 하는 비율은 2005년 62.9%에서 2014년 40.8%로 줄었다. 정서적으로 친밀해야 할 가족도 줄고, 함께 지내는 시간도 줄었다. 과거에는 아이들이 TV와 부모를 통해 세상을 접했다면 지금은 유튜브와 SNS로 세상을 접한다.[14] 10대들은 매일 TV를 이용한 비율도, 하루 평균 TV 이용시간도 가장 적은 반면[15], 유튜브 사용 시간은 가장 많았다.

유튜브는 알고리즘에 의해 접속자 취향의 영상을 골라서 전송하여 장시간 접속하도록 만들며, SNS는 사진을 통해 계층 간 빈부의 차이를 여실히 느끼게 하여 상대적 박탈감을 쉽게 느끼게 하는 반면, 비언어적 표현이 제외된 문자를 통한 소통으로 오해와 갈등이 빈번하게 발생한다. 더하여 '차단'으로 조금이라도 불편한 타인과의 관계는 쉽게 단절하고 자신과 유사한 가치관을 가진 집단끼리 상호작용하기 쉽다. 미성숙한 아이들이 타 집단에 대한 왜곡된 편향적 사고를

---

14) 송경화, "국내 최장시간 이용 앱은 유튜브⋯10대 월 41시간, 50대 이상 20시간", 한겨레, 2019.9.10.

15) 이소아, "TV 좀 그만 보라고요? 10~20대, 'TV는 낯설고 불편한 기기'", 중앙일보, 2021.5.13.

갖고 있을 때 자신과 다른 사고를 가진 집단을 배척하고 유사한 사고를 가진 집단을 가까이 함으로써 편향된 사고를 강화할 가능성이 높다는 뜻이다. 편향된 사고는 말과 행동으로 드러난다. 하지만 자신의 생각이나 느낌을 솔직하게 표현하기는 쉽지 않다. 왜 그럴까? 1년에 2회 학교폭력실태조사를 실시한다. 학폭 사안이 생기면 학폭실태조사를 하기도 한다. 친구들의 말과 행동을 신체폭력, 언어폭력, 정서폭력, 성폭력 등에 해당하는 말과 행동인지 아닌지 판단해야 한다. 초등학교 1학년(학폭실태조사는 초등 4학년부터 실시함) 때부터 고등학교 3학년 때까지 같은 질문을 반복한다. 미성숙한 말과 행동은 '학교폭력'에 포함될 가능성이 높고, 가해의 기록이 학생생활기록부에 남을 수 있다. 따라서 나와 다른 집단과 소통하며 갈등하기보다 자신과 유사한 집단과 소통하기를 선택하거나 타인에게 무관심해지는 것이 미성숙한 자신을 보호하는 가장 효과적인 방법이 된다.

학교에 대한 불신

학교는 인성교육을 해야 한다는 사회적 압박에 시달리지만 정작 사회는 교사와 학생이 상호작용할 시간을 주지 않는다. 수업과 생활지도를 하는 교과 교사 수는 줄이고 비교과 교사 수[16]와 교육행정직 수는 늘린 것[17]이다. 학생 개개인의 학습과 생활을 관찰하고 그에 맞는 피드백을 제공할 교사는 줄인 반면, 그들에게 방과후학교와 돌봄, 학교폭력예방, 학교 주관 교복 공동구매 등 매뉴얼이 150~250쪽에 이르는 복잡한 절차와 다양한 문서서식을 따라야 하는 업무는 늘려놓았다. 교사들이 업무에 시달릴수록 가장 피해를 입는 대상은 학생이다. 가르치는 학생 수십 명의 교과 학습발달 상황과 또래 및 가족관계까지 살피고 다루어야 하는 것이 수업과 생활지도를 하는 교사의 주된 역할이다. 그러나 복잡

---

16) 최아리, "내년 국가공무원 올해보다 규모 줄어든 1만6140명 충원…2018년 이후 초중고 교과교사 첫 감축", 조선일보, 2020.9.1.

17) 김제림·최희석, "학생 30% 감소하는 동안 교육청 직원은 38%로 늘었다", 매일경제, 2021.7.18.

해진 절차와 기한을 두고 재촉하는 행정업무의 특성상 학생 개개인을 관찰하고 피드백해야 할 교사 본연의 업무는 제한된다. 결국 학생의 학습과 생활에 소홀해지고 속사정을 알 리 없는 학생과 학부모는 학교를 깊이 불신하게 된다.

사회구성원 전체의 학력이 높아졌다. 반면에 교사를 대하는 사회의 태도는 과거에 비해 현격하게 거칠어졌다. 교권침해 사례가 크게 증가했다는 뜻이다. 교사의 81%가 수업 방해 행위를 제지할 경우 아동학대로 몰리는 위험 때문에 그냥 넘어가는 등의 교권 침해 사례가 심각[18]하다고 했다. 학생의 수업 방해 행위를 교육적으로 제한할 매뉴얼이 부재한 상황에서 교실 뒤에 세워두거나 교실 이외 별도 장소에 머물도록 할 경우 아동학대로 신고를 당하는 사례가 생겼다. 법적 다툼에 시달리게 된 교사들은 학생의 수업 방해 행위를 좌시하는 경우가 늘어나게 되고 결국 그 피해는 고스란히 학생을 향하게 되고 이로 인해 학교에 대한 학생, 학부모의 불신은 더욱 커져만 갔다.

계층 간 격차

교육과정도 계층을 배려하지 않았다. 높은 수준의 교육을 받은 부모와 상호작용을 한 아이는 문자를 습득하고 다양한 어휘를 사용한 상호작용에 노출되었을 가능성이 높다. 따라서 습득한 어휘 수가 많은 만큼 또래에 비해 문해력도 좋을 가능성이 높다. 반면 낮은 수준의 교육을 받은 부모와 상호작용한 아이는 문자를 습득하지 못했거나 좁은 범위의 일정한 어휘를 사용한 상호작용만 되는 경우가 많다. 습득한 어휘가 적은 아이는 또래에 비해 의사소통이 쉽지 않다. 학생 개개인에 따라 문자 습득 정도는 물론 어휘력 차이가 크다고 가정할 때 학년별 각 교과서의 어휘는 학년별 위계에 따라 확장 및 심화되어야 학습자의 부담이 줄어들고 학습에 대한 유능감을 경험할 가능성이 높아진다. 그러나 안타깝게

---

18) 정지훈, "교사 81% '교권 침해 심각'…수업 방해해도 절반은 '그냥 넘어간다'", 뉴시스, 2021.5.14.

도 우리나라 교육과정은 교과 전문성을 중시할 뿐 계층 간 발달 위계는 고려하지 않아 그 피해는 고스란히 학생에게 미치고 있다.

계층 간 격차를 키우는 교육과정에 더해 코로나19로 원격수업이 늘어나자 아이들의 생활패턴이 무너졌다. 원격수업으로 등교하지 않으니 밤늦게 잠자리에 드는 아이들이 늘어났고 매일 아침 교사와 부모 들은 아이들을 깨우느라 힘들어했다. 수면이 부족한 아이들은 충동을 조절하는 청반이라는 뇌 부위의 기능이 약해진다. 쉽게 말해서 짜증이 늘어난다는 뜻이다. 늦게 잠자리에 들고 억지로 아침에 일어나야 하는 아이들은 낮잠을 자거나 수업에 멍한 상태로 참여한다. 등교수업이 만들어주던 규칙적인 생활습관이 무너져 생긴 문제다.

끼니를 거르거나 대충 때우는 아이들이 늘어났다. 끼니를 해결하지 못하는 아이들을 위해 각 시·도교육청에서는 희망급식 바우처를 운영하거나 원격수업으로 무상급식에 책정된 예산을 집행하기 위해 일정 금액의 식재료를 구매할 수 있는 쿠폰을 제공했다.

2020년에는 코로나19로 인하여 많은 학교가 해마다 초등 5, 6학년을 대상으로 벌이는 학생건강체력평가Physical Activity Promotion System: PAPS를 취소했다. 따라서 아이들의 심폐지구력, 유연성, 근력·근지구력, 순발력, 체지방 등을 측정하지 못했고 관련 신체활동을 하기 어려웠다. 2021년에는 거리두기 공간을 확보하며 PAPS를 비롯한 신체활동을 실시했으나 코로나19 이전만큼의 움직임은 여전히 어려웠다.

음성화된 학교폭력

사회성은 관계 속에서 드러나고, 갈등 속에서 성장한다. 여러 친구들과 함께 어울려 지내면서 생기는 다양한 갈등을 넘어서는 과정에는 교사의 중재와 학생 개개인의 많은 노력이 필요하다. 타인을 혐오하고, 비난하고, 험담하고, 증오하기는 쉬운 반면 건강한 우정과 연대를 보여주기는 어렵다. 바로 부정성 편향[19] 때문이다.

비언어적 표현이 배제된 텍스트를 기반으로 하는 SNS나 화상 수업에서 타인의 생각이나 느낌을 정확히 이해하는 것은 매우 어렵다. 같은 말도 해석하는 사람에 따라 다르게 읽힌다. 따라서 부정성 편향을 따르기 쉽다. SNS는 사적인 공간이다. 아이들 사이에 오가는 말들을 교사나 부모가 확인하기 어렵다. 학교폭력의 음성화가 늘어난 환경적 요인인 셈이다.

원격수업이 증가한 만큼 아이들 사이에 벌어진 갈등을 목격하고 중재할 기회가 줄어들었다. 교사의 얼굴을 캡처해 조롱하고 모욕하는 일도 벌어졌다.[20] 잘못된 행동을 지적하고 제지할 건강한 또래와 상호작용할 기회는 물론 교사와의 안정적인 라포 형성을 통한 문제행동 예방 가능성이 크게 낮아진 것이다. 또래 및 교사와의 사회적 관계 결여가 아이들의 건강한 사회성 발달을 가로막고 있다.

:

우리가 다시 만나면

양육과 교육의 협력

'~구나 병'이란 말이 있다. 공감을 글로 배운 보호자가 자녀에게 자주 쓰는 표현이라고 한다. 말이란 마음을 울려서 나오는 소리라고 했는데 왜 아이들은 '~구나'라는 표현을 싫어할까? 불일치하기 때문이다. 말로는 공감하지만 마음은 공감하지 못한다는 걸 아이들은 보호자의 표정, 말투, 목소리 등으로 느끼는 것이다. 아이들의 거부반응에 보호자는 마음이 상하기 마련이다. 그리곤 이론과 현

---

19) 부정적인 사건이나 정서가 긍정적인 것보다 더 강력한 영향을 비치는 보편적 경향성(로이 F. 바우마이스터, 『부정성 편향』, 정태연 옮김, 에코리브르, 2020.

20) 이연희, "초등학생도 대학생도 원격수업 테러...사이버 교권침해 대책 나올까", 뉴시스, 2021.3.28.

실은 다르다고 말하게 된다. 바로 이때 부모의 노력을 지지하고 응원해줄 동료가 필요하다.

내 자녀와 같은 또래의 자녀를 키우는 보호자를 만날 수 있는 곳이 있다. 바로 학교다. 모든 아이가 전부 다른 발달 과정을 거치고 있다는 차이점이 있지만, 모두가 발달 과정에 놓여 있다는 공통점이 있다. 내 아이가 잘 자라고 있는지, 어떻게 양육해야 하는지 서로의 이야기를 들을 수 있다. 하지만 더 중요한 사람과 만나야 한다. 바로 교사다.

사람은 상황에 따라 말과 행동이 달라진다. 주변 상황을 인식하고 그에 알맞은 말과 행동을 하는 것이 바로 적응이다. 가정에서 부모에게 적응했던 아이들은 학교에서 또래와 교사에게 새로운 모습으로 적응을 시작한다. 보호자에게 의존해야만 생존이 가능했던 아이들은 학교에서 또래와 수평적 관계를 처음 경험한다. 가정에서의 모습과 학교에서의 모습이 다른 가장 큰 이유는 이 때문이다. 학부모는 내 아이의 다른 모습뿐만 아니라 비슷한 또래 아이들의 수많은 적응 행동을 관찰하며 발달의 다양한 스펙트럼을 경험하고 공부해온 교사와 만나야 한다. 아이의 건강한 성장을 위해 무엇을 고민하고 어떻게 상호작용해야 하는지 함께 의논해야 한다. 더불어 아이의 이야기를 들어야 한다. 무엇을 어려워하는지, 어떻게 하고 싶은지 교사와 보호자가 함께 귀를 기울여야 한다.

예를 들어, 특수학교 또는 특수학급에서는 특수교육대상자를 위해 개별화교육협의회를 한다. 개별화교육협의회에서는 개별화교육프로그램Individualized Educational Program을 짠다. 학생 개개인의 발달이 어디에 위치하는지 함께 논의하고 그에 맞는 교육프로그램을 계획하고 실시하기 위해서다. 개별화교육협의회는 특수교육대상자에게만 필요한 것일까? 영역별로 아이들이 위치한 발달수준이 천차만별인데, 그에 맞는 교육을 위해 모든 아이를 위한 개별화교육협의회가 필요하지 않을까? 그러려면 아이들의 인지, 정서, 신체 발달은 물론 사회성을 비롯한 개별 아동 전반에 대해 교사와 부모가 함께 논의하고 협력하는 자리를 마련해야 하

1. 세대의 변화   2. 학교의 변화   3. 정책의 변화

고, 때로는 전문가와 함께 협의해야 할 것이다.

학생을 위한 교육

모든 교사가 모든 아이를 깊이 이해하는 것은 불가능에 가깝다. 공부 모임도 좋고, 전문적학습공동체도 좋고, 교사회도 좋다. 학교 안에서 만나기 어려우면 학교 밖이라도 좋다. 학생을 바라보는 다른 교사의 관점을 접하는 것만으로 학생을 이해하는 관점이 깊어지고 넓어진다. 학생을 이해하는 관점이 깊고 넓어지는 만큼 교사 개인의 직무 스트레스도 줄어든다는 연구도 있는 만큼, 교사들이 각자의 교실에서 벗어나 학생에 대한 고민을 서로 나누는 자리가 필요하지 않을까? 이런 자리를 활성화시키려면 어떤 방법이 있을까? 한 가지 예를 들면, 초등학교의 방과후학교 프로그램 개설 및 운영, 고등학교의 고교학점제를 시행할 때 단위 학교에서 개설이 어려운 선택과목을 교육청 주관으로 개설하고 운영하는 방법이 있을 것이다. 지금처럼 각 학교에서 프로그램을 기획하고, 강사를 공고하고 채용하고 관리하다 보면 지역 간, 학교 간 격차는 더욱 커지고 그로 인한 피해는 고스란히 학생이 입게 된다. 교사와 교사가, 교사와 학부모가, 교사와 학부모 그리고 학생이 한자리에 모여 학생 개개인의 건강한 성장과 발달을 위해 무엇을, 언제, 어떻게, 왜 가르치고 배워야 하는지 이야기하고 실천하는 학교문화. 학생 한 사람 한 사람을 소중히 여기고 그들의 성장을 위해 교육 3주체가 같은 마음으로 노력하는 학교를 만드는 것이 앞으로 미래교육이 지향해야 할 방향이 아닐까?

2부 변화

돌봄

양적 확대를 넘어 양질을 도모하다

정 성 식
이리고현초등학교 교사

⋮

코로나19, 돌봄 갈등을 수면 위로 드러내다

2020년 1월에 촉발된 코로나19는 우리의 일상을 정지시켰다. 학교라고 예외일 수 없었다. 교육부는 2020년 2월 23일, 전국 유·초·중·고 신학기 개학을 연기하는 사상 초유의 조치를 발표했다. 학교의 휴업은 교육과정 운영을 비롯해 급식, 방과후활동, 돌봄교실 등 학교에서 학생을 대상으로 해오던 모든 활동이 멈춘다는 것을 의미한다. 휴업의 파장과 고통도 이만저만 아니다. 이에 정부는 학교의 휴업에 따른 고통을 최소화하기 위해 2020년 2월 28일 긴급돌봄 대책을 발표했다. 학교가 일시 정지된 상태지만 돌봄만이라도 선택 재생하자는 것이었다. 정부의 발표로 우려했던 돌봄 공백과 같은 급한 불은 껐지만 돌봄 갈등의 불씨는 긴급돌봄을 계기로 살아나기 시작했다.

긴급돌봄

긴급돌봄은 코로나19로 인한 휴원 또는 개학 연기에 따른 돌봄 공백에 대한 학부모의 우려와 걱정을 해소하고자 어린이집, 유치원, 초등학교의 휴업 기간 동안 안심하고 자녀를 맡길 수 있도록 4개 부처가 합의하여 마련한 조치였다.

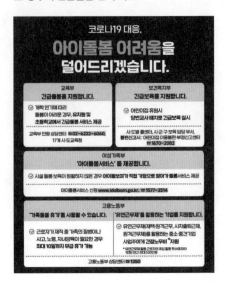

교육부는 유치원 및 초등학교에서 긴급돌봄을, 보건복지부는 당번교사 배치로 긴급보육을, 여성가족부는 아이돌보미가 직접 가정으로 찾아가 아이를 돌보는 아이돌봄서비스를, 고용노동부는 가족돌봄휴가와 유연근무제 활용을 제시했다.

긴급돌봄 대책이 발표되자 어린이집, 유치원, 초등학교에서 반발이 이어졌다. 코로나19 확산을 방지하기 위해 휴업까지 하는 상황인 만큼 휴업 기간에는 어떤 이유로도 학교 문을 열어서는 안 된다는 입장이었다. 이에 교육부는 교원단체와의 간담회를 제안하며 협력을 당부하고, 2020년 3월 19일에 성사된 간담회 자리에서 교원단체는 '코로나19 위기 극복을 위한 교원단체 공동선언'을 채택하여 발표했다. 교원단체는 시급한 긴급돌봄을 수용할 뿐만 아니라 학생들의 학습지원과 학부모 소통을 위해 노력하겠다면서 양질의 돌봄체제 구축을 위해 돌봄의 지자체 이관을 골자로 한 입법 마련을 정치권에 촉구했다. 휴업이 계속되는 상황에 교육부장관과 교원단체 대표자들이 만나 협력을 다짐한 것은 국민 불안을 해소하는 의미 있는 행보였다.

교육청노조의 성명 파동

휴업 기간 동안 교사들의 협조로 별 무리 없이 진행되던 긴급돌봄은 2020년

4월 24일, 충남교육청노조위원장이 낸 성명서로 술렁이기 시작했다. 노조는 "코로나19 사태로 국민과 학부모들은 직장마저 위협받고 생계가 막막해지는 위기인데, 교사들은 돌봄교실에서 학생들을 돌봤다고 수당을 받아가는 기막힌 상황이 벌어지고 있다"며 "긴급돌봄 수당으로 '돈잔치'를 하고 있다"는 말로 교사들을 성토했다.

교원단체는 즉각 반발했다. "긴급돌봄은 돌봄전담사가 맡는 것이 마땅한데, 정부 정책에 따라 긴급돌봄에 투입된 교사들을 코로나19를 빌미로 수당이나 챙기는 비양심적인 집단으로 매도한 것에 심한 모욕감을 느낀다"며 노조위원장에게 사과를 요구했다. 충남교육청노조위원장의 주장과 달리 긴급돌봄 참여 교사의 대부분은 수당을 받지 않고 참여하고 있는 상황이었다.

교육부의 '초·중등교육법 일부 개정안' 행정입법 발의

교육부는 2020년 5월 19일, '초·중등교육법 일부 개정안'을 입법예고했다. 초·중등교육법 제23조의2를 신설하여 방과후학교와 돌봄교실의 운영 책임을 교육감과 학교에 두는 내용을 골자로 하고 있었다. 해당 법안은 2016년에도 정부 입법 발의로 추진했는데 전국시도교육감협의회가 교육·학예의 본질에서 벗어난 보육활동을 교육감의 의무로 강제하는 것은 적절하지 않다는 의견을 제시하면서 철회된 적이 있었다. 같은 내용의 법안이 입법예고되자 교육계는 같은 이유로 반대했고, 교육부는 해당 법안을 곧바로 철회했다.

'온종일 돌봄 체계 운영·지원에 관한 특별법안'발의

문재인 정부의 공약이기도 했던 온종일 돌봄 체계 구축을 위해서 국회도 움직이기 시작했다. 2020년 6월 5일 권칠승 의원은 제21대 국회 제1호 법안으로 '온종일 돌봄 체계 운영·지원에 관한 특별법'을 대표발의했다. 의안 원문은 법안 제안 이유를 다음과 같이 밝히고 있다.

…교육·사회 및 문화 정책에 관하여 관계 중앙행정기관을 총괄·조정하는 부총리 겸 교육부장관이 범정부 차원에서 통합적인 온종일 돌봄 체계를 구축하는 한편 지방자치단체가 주체가 되어 지역의 특성과 여건에 맞는 돌봄 서비스를 제공할 수 있도록 온종일 돌봄 전달체계에 관한 사항을 규정하고자 함.

법안이 발의되자 교원단체와 학교비정규직노조는 "돌봄에 대한 법적 규정을 하겠다는 것에는 찬성하지만 법안 내용에 대해서는 수정 또는 폐기해야 한다"는 입장을 내놓았다. 그러나 수정 또는 폐기 이유는 달랐다. 교원단체는 "교육부장관에게 온종일 돌봄 기본계획을 수립해야 할 의무를 부과하도록 하는 것은 현행 교육법 및 아동·청소년 복지 관련 법령 체계와도 맞지 않으니 수정 또는 폐기해야 한다"고 주장했다. 학비노조는 "돌봄 운영의 주체가 지자체가 되는 점, 지원 센터를 위탁 운영할 수 있게 한 점 등은 극히 우려스러우니 전면 수정이 필요하다"고 주장했다. 돌봄이 교육이냐 아니냐는 논란은 이렇게 불이 붙었다.

돌봄 논란이 계속되자 강민정 의원은 2020년 8월 4일 같은 이름의 법안을 대표발의했다. 의안 원문은 법안 제안 이유를 다음과 같이 밝히고 있다.

…국무총리를 위원장, 사회부총리인 교육부장관을 부위원장으로 하며, 여성가족부, 보건복지부, 행정안전부의 장관 및 지방자치단체 협의회장을 위원으로 하는 '온종일 돌봄 특별위원회'를 구성하여 범정부 차원에서 통합적인 돌봄 체계를 구축하고 관리하는 한편, 지방자치단체가 주체가 되어 지역의 특성과 여건에 맞는 돌봄 서비스를 제공할 수 있도록 온종일 돌봄 체계에 관한 사항을 정하고자 함.

법안이 발의되자 교육계의 의견은 갈렸다. 교원단체는 국무총리를 위원장으로 하여 지방자치단체가 주체가 되어 돌봄 서비스를 제공하는 것에 찬성하는 입장을 보였고, 학비노조는 지자체 이관 시 민간 위탁에 따른 고용불안이 우려된다며 반대 입장을 보였다. 같은 이름의 두 법안은 현재 국회에 계류 중이다.

돌봄 파업 현실화

돌봄교실은 학교 정규수업이 끝난 뒤 오후 늦게까지 맞벌이 부부의 자녀를 돌봐주는 서비스다. 그동안 돌봄교실은 법적 근거가 없어 책임 주체와 업무 영역을 둘러싸고 논란이 끊이지 않았다. 이를 해소하기 위해 정부는 지자체가 운영하고 학교가 공간을 제공하는 협업 모델을 추진하기로 하고, 국회에서도 돌봄교실 지자체 이관 내용을 담은 '온종일 돌봄 체계 운영·지원에 관한 특별법안'(이하 온종일돌봄법안)을 발의했다. 이에 대해 돌봄전담사 노조는 돌봄교실의 지자체 이관에 반대하며, 현재 시간제로 근무하고 있는 돌봄전담사의 근무형태를 상시 전일제로 전환을 요구하며 파업을 예고했다.

2020년 10월 6일 돌봄 파업은 현실이 되었고, 이날 파업에 돌봄교실을 운영하는 전체 초등학교 5998개교 중 2696개교(44.9%)에서 돌봄전담사 4902명(41.3%)이 참여했다. 교육부와 각 시도교육청은 교장·교감 등 관리직 교원들이 돌봄을 지원하고 마을돌봄시설을 연계하는 등 돌봄 공백 최소화를 위한 조치를 시행함으로써 실제 돌봄교실 운영이 중단된 학교는 총 4230실(34.6%)이었다. 이날 파업에서 돌봄노조 측은 요구 조건이 받아들여지지 않으면 2020년 12월 8일과 9일에 걸쳐 2차 돌봄 파업을 하겠다고 예고했다.

파업 이후 교육부는 교원단체, 돌봄노조, 학부모단체 등의 의견을 수렴하며 돌봄 대책을 마련하기 위한 논의를 이어갔지만 접점을 찾기는 쉽지 않았다. 2차 파업을 하루 앞둔 2020년 12월 7일 교육부와 국회 교육위원회는 전국학교비정규직연대회의의 대표자들과 긴급 간담회를 열었다. 이 간담회에서 유은혜 부총리 겸 교육부장관은 "정부는 초등돌봄의 공적인 기능을 강화하기 위해 재정투입 노력 등 정부 차원의 책임을 다하고, 교사의 행정업무 경감과 돌봄전담사 근무시간 확대를 연계해 돌봄전담사 처우를 개선하는 등 학교돌봄 운영 개선 대책을 마련하겠다"고 밝혔다.

간담회 결과 전국학교비정규직연대회의는 2차 파업을 유보하고 정부 및 국회

교육위원회와 협의를 진행하기로 했다. 교원단체는 우려했던 2차 파업이 철회된 것은 다행이지만 국회 교육위원회와 교육부가 교원단체를 제외하고 돌봄전담사 노조하고만 긴급 간담회를 갖고 일방적으로 합의안을 발표한 것에 대해 심각한 우려를 표명했다.

초등돌봄 운영개선협의회

이후 정부는 초등돌봄의 질적 개선을 위한 방향 논의를 이어가기 위해 교육부, 국가교육회의, 보건복지부, 혁신교육지방정부협의회, 시·도교육청, 돌봄노조, 교원단체, 학부모단체가 참여하는 '초등돌봄 운영개선협의회'를 꾸려 논의를 이어갔다. 협의회에서는 2020년 11월 24일, 12월 1일, 12월 29일 3회에 걸쳐 논의한 결과, 초등돌봄교실의 운영시간, 인력 운용, 교원의 행정업무 등 돌봄 서비스 제공과 직접적 관련이 있는 학교 내 요인에 대한 질적 개선에 초점을 둔 초등돌봄교실 운영 개선방안을 2021년 상반기에 마련하기로 합의했다.

초등돌봄 운영 개선방안 발표

2021년 8월 4일, 교육부는 초등돌봄교실 질 개선 및 돌봄업무 체계화를 위한 초등돌봄교실 운영 개선방안을 발표했다.

교육부는 고심 끝에 초등돌봄교실 운영 개선방안을 내놓았지만 갈등의 불씨는 여전하다. 교육부 발표 후 각 단체들이 교육부의 발표 방안은 근본적인 해결책이 아니라 미봉책에 불과하다는 입장을 밝혔기 때문이다.

항목	개선방안	비고
돌봄교실 확충 지속	연 700실 확충, 2018~2022년까지 총 3500실 확충	돌봄 수요가 높은 지역 중심 공급 확대에 중점
돌봄 운영시간	학부모 수요 고려하여 19시까지 운영시간 확대 추진	
전담사 근무시간	교육청별 돌봄전담사의 적정 근무시간 확보	예) 돌봄시간 6시간 + 1~2시간 행정업무 등
돌봄교실 행정 체계 운영	돌봄전담사 중심의 행정 지원체계 구축	
	교육(지원)청 주도의 '거점 돌봄기관' 시범 운영 추진	
	초등돌봄교실 질 제고를 위한 제도적 뒷받침	돌봄공간 설치 관련 지침 개정 및 전담사 연수과정 운영 등

자료 출처: 교육부 보도자료, 2021.8.4.

⋮

돌봄 갈등의 배경

돌봄 갈등은 언젠가는 터질 뇌관이었다. 코로나19가 방아쇠 역할을 함으로써 사회 문제로 부각된 것이다. 첨예하게 얽혀 있는 돌봄 갈등을 해결하기 위해서는 돌봄 현황을 면밀하게 이해해야 한다.

부처별 온종일돌봄 서비스 현황

우리나라는 현재 아동을 대상으로 한 돌봄 서비스를 3개 부처에서 실시하고 있다. 교육부는 '초등돌봄교실', 보건복지부는 '다함께 돌봄'과 '지역아동센터', 여성가족부는 '청소년방과후아카데미'를 운영하고 있다.

'초등돌봄교실'은 교육부가 교육부고시인 「교육과정총론」에 근거하여 2004년부터 맞벌이 가정 중심의 자녀(초등 1~6학년)를 대상으로 무상으로 실시하고 있다. 학기 중에는 방과 후부터 17시까지 운영하고, 방학 중에는 여건에 따라 자율적으로 운영하고 있다. 해당 아동은 보호, 교육 및 일부 급식이나 간식을 지원받는다. 2020년 11월 9일 기준으로 전국에 1만4620실이 운영 중이며, 20만6427명 (7.7%)의 아동이 이용하고 있다. 이는 전체 돌봄 서비스의 65.1%에 해당한다.

'다함께 돌봄'은 보건복지부가 「아동복지법」에 근거하여 2018년부터 맞벌이 가정 중심의 자녀(만 6~12세 미만 아동)를 대상으로 이용자가 비용을 부담하여 실시하고 있다. 학기 중에는 14시부터 19시까지, 방학 중에는 9시부터 18시까지 운영하고 있다. 해당 아동은 방과후돌봄, 프로그램 등을 지원받는다. 2020년 9월 말 기준으로 전국에 295개소가 운영 중이며, 5364명의 아동이 이용하고 있다. 이는 전체 돌봄 서비스의 1.7%에 해당한다.

'지역아동센터'는 보건복지부가 「아동복지법」에 근거하여 2004년부터 중위소득 100% 이하인 취약계층 중심의 자녀(만 18세 미만)를 대상으로 무상으로 실시하고 있다. 학기 중에는 14시부터 19시까지, 방학 중에는 12시부터 17시까지 운영하고 있다. 해당 아동은 보호, 교육, 문화, 정서지원, 지역사회 연계 등을 지원받는다. 2020년 9월 말 기준으로 전국에 4221개소를 운영 중이며, 9만9175명의 아동이 이용하고 있다. 이는 전체 돌봄 서비스의 31.3%에 해당한다.

'청소년방과후아카데미'는 여성가족부가 「청소년기본법」에 근거하여 2005년부터 돌봄취약계층 우선지원 아동(초등 4학년~중학교 3학년)을 대상으로 무상으로 실시하고 있다. 학기 중에는 방과 후부터 21시까지, 방학 중에는 여건에 따라 자율적으로 운영하고 있다. 해당 아동은 체험활동, 보충학습 지원, 급식 및 상담 등을 지원받는다. 2020년 10월 말 기준으로 전국에 300개소(초등 196개소 포함)를 운영 중이며, 초등생 5960명의 아동이 이용하고 있다. 이는 전체 돌봄 서비스의 1.9%에 해당한다.

이와 같이 같은 대상인 아동을 3개 부처에서 별도의 사업으로 서비스를 운영하다 보니 각각의 사업이 유기적으로 연결되지 않으면서 중복과 누락이 발생한다. 특히 초등돌봄교실은 돌봄 서비스의 65.1%를 차지하는데 마땅한 법적 근거 없이 교육부고시인 교육과정총론에 근거하여 실시함으로써 인력, 예산, 업무 등

을 두고 끊임없이 갈등을 양산하고 있다. 보건복지부가 운영하는 '다함께 돌봄'
과 '지역아동센터'가 「아동복지법」에 근거하고, 여성가족부가 운영하는 '청소년
방과후아카데미'가 「청소년기본법」에 근거하여 시행되는 것과 비교해보면 '초등
돌봄교실'이 얼마나 허술하게 운영되고 있는지 알 수 있다.

▨ 부처별 초등돌봄 서비스 현황

구분		교육부	보건복지부		여성가족부	비고
사업명		초등돌봄교실	다함께 돌봄	지역아동센터	청소년방과후아카데미	
법적근거		교육과정총론	아동복지법	아동복지법	청소년기본법	
지원대상		초 1~6학년	만 6~12세 미만	만 18세 미만	초 4~중 3학년	
지원기준 (소득)		맞벌이 가정 중심 (없음)	맞벌이 가정 중심 (없음)	취약계층 중심 (중위소득 100% 이하)	돌봄취약계층 우선지원	
지원형태		무상 (간식비 등 일부 자부담)	이용료 자부담 (프로그램 참여 등 월 10만 원 이내, 간식비는 실비 별도 부담)	무상 (소득별 이용료 5만 원 이내 부담)	무상	
운영 시간	학기	방과 후~17시 (일부 저녁돌봄 운영)	14~19시	14~19시	방과 후~ 21시	
	방학	여건에 따라 자율	9~18시	12~17시	여건에 따라 자율	
지원내용		보호, 교육 및 일부 급·간식 지원	방과후돌봄, 프로그램 지원 등	보호, 교육, 문화, 정서지원, 지역사회 연계 등	체험활동, 보충학습지원, 급식 및 상담 등	
운영 현황		1만4620실 20만6427명 (7.7%)	295개소 5364명	4221개소 초등 9만9175명	300개소 (초등196개소 포함) 초등 5960명	31만6926명
비중(%)		65.1	1.7	31.3	1.9	

초등돌봄교실 사업 개요

돌봄 갈등은 초등돌봄 서비스의 대부분을 차지하는 '초등돌봄교실'을 두고 벌
어지는 논란이다. 따라서 초등돌봄교실이 어떻게 운영되고 있는지 살펴볼 필요
가 있다. 교육부와 시·도교육청이 공동개발한 「초등돌봄교실 길라잡이」에서 관
련 내용을 어떻게 소개하고 있는지 살펴보자.

■ 초등돌봄교실 사업 개요

온종일 돌봄 정책(2018.4.4.)

: 초등돌봄에 대한 국가 책임 강화, 학교 및 마을 협력을 통해 빈틈없는 돌봄 체계 구축
 - 학교 및 마을돌봄: 2017년 33만 명 → 2022년 53만 명(초등돌봄교실 31만 명)
  ※ 초등돌봄교실(7만 명): 2018년부터 매년 700실씩(1만 4000명), 5년간 총 3500실 확대

○ **목적**: 돌봄에 대한 국가책임을 강화하여 빈틈없는 돌봄 서비스를 제공하기 위해 초등학교 내 돌봄 서비스 확대
  및 운영 내실화
○ **대상**: 돌봄이 필요한 맞벌이·저소득층·한부모·다자녀 등 가정의 학생
○ **내용**: 방과 후 및 방학 중, 휴업일 등에 돌봄서비스 제공
  [시간] 오후돌봄(방과 후~17시), 저녁돌봄(17~22시) 및 방학기간 운영
  ※ 시·도교육청(학교)의 여건에 따라 돌봄시간 탄력적으로 운영
  [이용료] 무상(급·간식비 수익자 부담 원칙이며 저소득층 무상 지원)
○ **현황**: 돌봄전담사, 현직교원, 프로그램 강사, 보조인력(학부모, 자원봉사자 등) 등
  [돌봄전담사 업무] 학생 관리, 돌봄교실 관리, 간식 및 급식 준비 제공 등
○ **돌봄전담사 자격**: 돌봄전담사의 전문성 확보를 위해 유·초·중등교원 자격증 소지자, 보육교사 2급 이상 자격
  소지자를 원칙으로 함
  - 인력 확보가 어려운 농·어촌 지역 등은 시·도별 채용기준·절차 마련
  ※ 돌봄전담사의 고용 등에 관한 사항은 노동관계법령 등에 따라 시·도교육감이 결정
○ **학생 정원**: 단일 학급 내 인원은 20명 내외로 구성하되 교실 공간의 크기, 학년 당 학생 수, 퇴실 시간, 학생들의
  발달 단계 등 여러 측면을 고려하여 학급 편성

코로나19에 따른 초등 긴급돌봄 운영 상황

코로나19 대응 관련하여 개학이 연기되고, 이후 온라인 개학(4.16.~)이 실시되면서 정부는 긴급돌봄을 실시했다. 이후 단계적 등교수업(5.11.~)이 이루어지고 학사운영 형태(5.19.~)가 달라짐에 따라 돌봄 수요도 달라졌다.

개학이 1차 연기된 3월 2일에는 2만 3703명(0.9%)이 돌봄에 참여하다가 2차 연기된 4월 6일에는 7만 2140명(2.7%)으로 늘어난다. 이후 5월 7일 온라인 개학 시점에는 13만 1694명(4.8%)이던 돌봄 참여 학생은 이후 등교수업이 이루어져도 밀집도를 고려한 분산 등교가 이루어지면서 계속해서 늘어난다. 기간별 돌봄 참여 학생 현황을 통해 학생이 가정에 머무는 시간이 늘어갈수록 돌봄 참여 학생도

따라서 늘어난다는 것을 알 수 있다.

▨ 코로나19 대응 학사운영에 따른 돌봄학생 참여 현황

기간	개학 연기		온라인개학	등교수업 이후				
일자	3.2.	4.6.	5.7.	6.22.	8.24.	9.14.	10.28.	11.11.
참여인원(명)	2만3703	7만2140	13만1694	18만7300	13만5040	16만609	20만8768	20만6427
참여대비(%)	0.9	2.7	4.8	6.9	5.0	6.0	7.8	7.7

자료 출처: 교육부 보도자료, 2021.8.4.

돌봄전담사 근무 현황

파업으로까지 치달았던 돌봄 갈등의 주된 요인 중 핵심은 돌봄전담사들이 요구한 근무 여건 개선이었다. 따라서 현재 돌봄전담사들의 근무 현황을 파악하는 것은 돌봄 갈등을 해결하는 열쇠가 될 수 있다. 돌봄전담사는 고용관계법령에 따라 교육감이 채용하는데 2020년 9월을 기준으로 전국에 1만 1859명이다.

고용 형태에서 알 수 있듯이 1만 1859명의 돌봄전담사 중 1만1729명 (98.9%)은 무기계약직이다. 돌봄전담사는 애초 기간제 형태로 계약했으나 이후 2007년부터 비정규직보호법이 시행되고 학교비정규직이 사회 문제로까지 대두되면서 문재인 정부는 2018년에

▨ 지역별 돌봄전담사 근무 현황 (2020.9. 기준)

지역	무기계약직	기간제	계
서울	1794	0	1794
부산	526	0	526
대구	376	0	376
인천	560	36	596
광주	288	0	288
대전	353	49	402
울산	252	4	256
세종	195	6	201
경기	2983	0	2983
강원	386	0	386
충북	340	0	340
충남	570	0	570
전북	744	0	744
전남	621	7	628
경북	646	4	650
경남	889	7	896
제주	206	17	223
계(명)	1만1729	130	1만1859
비율(%)	98.9	1.1	100

자료 출처: 교육부 보도자료, 2021.8.4.

학교 비정규직 대부분을 무기계약직으로 전환했다. 계약 기간을 정하지 않은 점은 정규직과 같지만, 본질은 계약직에 해당하는 모순을 갖고 있다. 따라서 돌봄전담사는 법률상 비정규직에 해당하지 않지만 정규직과 임금이나 복지 면에서 차별이 있어도 법적 대응이 어려운 측면이 있다.

이와 같은 근무 여건을 개선하기 위해 돌봄전담사들은 자신들의 근무시간을 주 40시간 전일제로 전환할 것을 요구하고 있다. 돌봄전담사의 근무시간은 지역별 상황에 따라 계약 요건을 달리하고 있는데 주 40시간 전일제 근무는 전체 돌봄전담사 1만1859명 가운데 1996명으로 16.8%에 해당한다.

돌봄전담사들의 전일제 전환 요구에 대해 정부는 초등돌봄의 특성상 학생의 방과 후에 이루어지는 점, 전일제 전환 시 소요되는 예산 확보의 어려움 등을 이유로 난색을 표하고 있다. 이에 대한 접점을 찾지 못해 2020년 11월 돌봄 파업은 현실이 된 것이다.

'온종일 돌봄 체계 운영·지원에 관한 특별법안' 추진 현황

돌봄 문제가 중요하게 대두되자 이를 해결하기 위해 더불어민주당 권칠승 의원은 '온종일 돌봄 체계 운영·지원에 관한 특별법안'을 2020년 6월에 발의했다. 사회부총리를 겸하고 있는 교육부장관이 돌봄 시행계획을 수립하는 내용이었다. 같은 해 8월 열린민주당 강민정 의원은 같은 이름의 법안을 발의했다. 국무총리가 위원장을 맡고 교육부장관이 부위원장을 맡아 돌봄 시행계획을 수립하도록 하는 내용이었다. 교육부는 두 법안에 대해 수정이 필요하다고 보고 교육부장관이 돌봄 시행계획의 수립 주체가 되어 지자체와 학교의 협력모델을 시행할 수 있는 별도 법안을 마련하려고 부처 간 사전협의를 거치며 의원실을 통해 법안 발의를 준비하던 상황이었다.

국회에서 발의한 법안이나 정부에서 준비하던 법안이나 근본 목적은 같았다. 각 부처별로 분절적으로 운영되고 있는 돌봄 사업을 총괄하는 주체를 정하

▨ 지역별 돌봄전담사 근무시간 현황 (2020.9. 기준)

지역	15시간 미만	주15~ 20시간 미만	주20~ 25시간 미만	주25~ 30시간 미만	주30~ 35시간 미만	주35~ 40시간 미만	주40시간	계
서울	0	0	1231	0	0	0	563	1794
부산	0	0	0	201	214	17	94	526
대구	0	0	3	1	341	21	10	376
인천	0	0	21	138	110	3	324	596
광주	0	0	136	0	0	0	152	288
대전	0	0	0	153	127	62	60	402
울산	0	0	0	116	0	0	140	256
세종	0	0	0	0	201	0	0	201
경기	0	0	1414	7	1188	31	343	2983
강원	0	0	0	0	386	0	0	386
충북	0	11	1	5	8	5	310	340
충남	0	0	0	570	0	0	0	570
전북	0	0	744	0	0	0	0	744
전남	0	0	0	579	0	49	0	628
경북	0	4	489	157	0	0	0	650
경남	0	0	400	0	496	0	0	896
제주	0	0	0	223	0	0	0	223
계(명)	0	15	4439	2150	3071	188	1996	1만1859
비율(%)	0	0.1	37.4	18.1	25.9	1.6	16.8	100

자료 출처: 교육부 보도자료, 2021.8.4.

고, 지자체장이 중심이 되어 지역 특성에 맞는 돌봄 서비스를 제공할 수 있는 근거를 마련하는 것이 법 제정의 취지였다. 이에 대해 교원단체는 교원의 돌봄 업무 부담 해소를 위해 학교돌봄의 완전한 지자체 이관을 희망하며 법안 내용 중 온종일 돌봄 기본계획 수립 주체를 교육부장관이 아니라 보건복지부장관 또는 국무총리로 전환할 것을 요구했다. 돌봄노조는 돌봄전담사의 처우 악화를 우려하며 학교돌봄의 지자체 이관 자체를 반대했다. 법안 내용 중 지자체장이 지역별 돌봄 시행계획을 수립하는 것, 국공유재산 무상사용 조항에 대해서 학교돌봄을 민간위탁하기 위한 전제로 해석했으며, 법안 내용과 별도로 돌봄전담사들의 8시간 전일제 채용을 요구했다.

이에 대해 정부는 돌봄노조 측이 우려하는 것과는 달리 국회에 발의된 권칠승 의원안 및 강민정 의원안, 정부가 준비 중인 발의 예정안에는 학교돌봄 전체를 지자체로 이관한다거나 학교돌봄을 민간위탁한다는 내용이 포함되지 않았다는 입장이었다. 나아가 온종일 돌봄 확대를 위해서는 학교의 공간 제공을 유도하는 것이 필요한데, 그러자면 지자체-학교 협력모델에 대한 근거 조항이 있어야 하고, 협력모델의 운영과 관리 책임을 지자체장이 부담하도록 명확하게 법에 규정하여 학교장의 부담을 면제해줌으로써 협력모델을 원활하게 추진하기 위해 별도 법안 마련이 필요하다는 입장이었다.

돌봄 갈등을 해소하고 양질의 돌봄 정책을 펴나가기 위해서는 관련 입법이 마련되어야 하는데 교육당사자 간에 첨예하게 의견이 엇갈리며 돌봄 파업으로까지 이어지자 발의된 두 개의 법안은 현재 국회에 계류 중이다. 정부에서 준비하던 법안도 답보상태다.

⋮

돌봄의 전망

2021년 범정부 온종일 돌봄 수요조사 결과에 따르면 돌봄 필요 인원은 47만 4000명에 달하고, 정부는 2022년 초등돌봄 이용 수요는 53만 명으로 추정하고 있다. 해가 갈수록 돌봄 수요는 증가 추세를 보일 전망이다.

2021년 1월에 교육부에서 실시한 '초등돌봄교실 운영에 관한 인식조사' 설문 결과에 나타난 학부모의 요구도 시사하는 바가 크다. 학부모들은 안전한 학교 공간에서 맞벌이 부모의 퇴근시간이 반영된 현실적인 돌봄 운영시간이 필요하고, 돌봄교실을 통해 창의·인성 계발, 신체활동, 외국어 관련 프로그램 등과 같은 다양한 경험을 제공받기를 희망했다.

이런 분위기를 감안하면 초등돌봄교실은 당분간 학교에 유지될 가능성이 크다. 기존대로 유지되는 것이 아니라 이와 같은 수요를 반영하여 학교돌봄의 형태도 변화할 것으로 보인다.

▨ **2021년 범정부 온종일돌봄 수요조사 결과 (2020.11.)**

돌봄서비스 필요
초등학교 재학생 및 예비취학아동(약 268만 명)의 보호자를 대상으로 전체 응답자 104만9607명(응답률 39%) 중 47만4559명(45.2%)이 돌봄이 필요하다 응답했으며, 초등학교 저학년(신입생, 1학년, 2학년)일수록 돌봄 필요 응답률이 높음

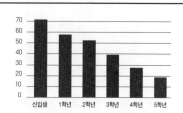

구분	신입생	1학년	2학년	3학년	4학년	5학년	계
전체 응답인원(명)	13만6050	21만4600	21만5962	18만3173	16만2376	13만7446	104만9607
돌봄 필요 응답인원(명)	9만5972	12만3225	11만2546	7만2220	4만4336	2만6260	47만4559
비율(%)	70.5	57.4	52.1	39.4	27.3	19.1	45.2

돌봄서비스 필요 시간
오후 1~5시(66.3%)이며, 그 다음으로는 오후 5~7시(17.6%) > 수업 시간 전(13.8%), 오후 7시 이후(2.3%) 순

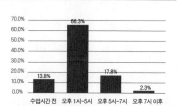

구분	수업 시간 전	오후 1시~5시	오후 5시~7시	오후 7시 이후	비 고
응답자수(명)	8만8614	42만7375	11만3541	1만4868	중복 답변 가능
비율	13.8%	66.3%	17.6%	2.3%	

자료 출처: 교육부, 「초등돌봄교실 운영에 관한 인식조사」, 2021.

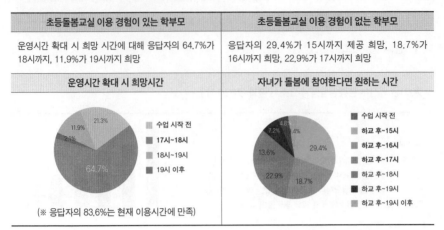

▨ 초등돌봄교실 운영시간 확대에 관한 학부모 요구조사 결과

초등돌봄교실 이용 경험이 있는 학부모	초등돌봄교실 이용 경험이 없는 학부모
운영시간 확대 시 희망 시간에 대해 응답자의 64.7%가 18시까지, 11.9%가 19시까지 희망	응답자의 29.4%가 15시까지 제공 희망, 18.7%가 16시까지 희망, 22.9%가 17시까지 희망
운영시간 확대 시 희망시간	자녀가 돌봄에 참여한다면 원하는 시간

운영시간 확대 시 희망시간
- 21.3%
- 11.9%
- 2.1%
- 64.7%

범례:
- ■ 수업 시작 전
- ■ 17시~18시
- ■ 18시~19시
- ■ 19시 이후

(※ 응답자의 83.6%는 현재 이용시간에 만족)

자녀가 돌봄에 참여한다면 원하는 시간
- 4.8%
- 7.2%
- 3.4%
- 29.4%
- 13.6%
- 22.9%
- 18.7%

범례:
- ■ 수업 시작 전
- ■ 하교 후~15시
- ■ 하교 후~16시
- ■ 하교 후~17시
- ■ 하교 후~18시
- ■ 하교 후~19시
- ■ 하교 후~19시 이후

자료 출처: 교육부, 「초등돌봄교실 운영에 관한 인식조사」, 2021.

초등돌봄교실 확대

범정부 온종일돌봄 수요조사 및 초등돌봄교실 운영에 관한 인식조사 결과에서 보듯 초등돌봄에 대한 수요는 계속 늘어나고 있다. 이에 현재 학교에서 제공하는 초등돌봄교실은 어떤 식으로든 확대될 전망이다. 초등돌봄교실을 확대하기 위해서는 돌봄 공간, 돌봄 시간, 돌봄 인력 등이 뒷받침되어야 한다. 이를 해결하기 위한 정부 차원의 노력이 있을 것으로 보인다. 먼저 돌봄 공간이 확대될 전망이다. 최근 10년간 초등돌봄교실은 2배 이상 증가했다. 2010년에 6200실이던 돌봄교실 수는 2015년에 1만966실, 2017년에 1980실, 2020년에는 1만4278실로 늘어난 상황이다. 돌봄교실에 참여하는 학생 수도

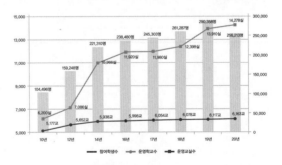

▨ 최근 10년간 초등돌봄교실 운영 현황(2010~2020)

자료 출처: 교육부, 「초등돌봄교실 운영에 관한 인식조사」, 2021.

2010년에 10만4496명이었는데 2014년에 22만1310명, 2017년에 24만5303명, 2020년에 25만6213명으로 늘어났다.

이와 같이 늘어나는 돌봄 수요를 맞추기 위해 교육부는 돌봄시설을 확충하고 있으나 최근 3년간 연도별 돌봄교실 시설 확충 현황에서 보듯이 돌봄교실 확충은 늘어나는 돌봄 수요를 미처 감당하지 못하는 상황이다.

2021년 8월 4일 교육부가 발표한 '초등돌봄교실 운영 개선방안'에서도 이를 반영하여 맞벌이·저소득·한부모 가정 등의 자녀 25만6000명의 초등학생을 대상으로 학교 내 돌봄교실을 활용하여 제공한다는 내용을 담고 있다. 총 6163개교

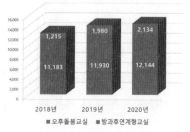

초등돌봄교실 시설 확충 현황 (2018~2020)

최근 3년간 연도별 돌봄교실 확충 수(실)

■ 오후돌봄교실　■ 방과후연계형교실

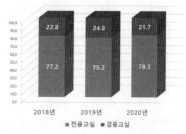

최근 3년간 연도별 겸용/전용교실 비율(%)

■ 전용교실　■ 겸용교실

자료 출처: 교육부, 「초등돌봄교실 운영에 관한 인식조사」, 2021.

에 4278실(오후돌봄 1만2144실, 방과후연계형 2134실)을 확대한다는 계획이다. 그러나 한계도 있다. 돌봄은 별도 공간을 활용하여 제공되는 특성상 공간 확보가 핵심인데 현재 학교 내 추가 공간 확보는 상당히 제한적이다. 가용한 공간은 이미 증실 (2018~2020)되어 추가 공간 확보가 어렵기 때문이다. 따라서 학교 내 가용 여력 내에서 운영 프로그램, 인원 및 시간 편성의 다양화를 통한 접근이 예상된다.

교육부는 돌봄교실 공급 물량 확충은 계획대로 추진하여 2022년까지 3500실을 확충하여 돌봄을 위한 공간을 확보하고, 시설 개선 등으로 돌봄의 질을 높일 계획을 갖고 있다. 또한 방과후학교와 초등돌봄교실을 연계 운영하여 학생 중심의 다양한 프로그램을 마련하여 학교 내 돌봄 수용률을 높일 방안도 모색하고 있다.

돌봄 시간과 돌봄 인력도 확대될 전망이다. 돌봄전담사가 직접 돌봄 서비스를 제공하므로 전담인력 운용은 돌볼 운영시간 등 돌봄의 질에 직접적인 영향을 미치기 때문이다. 현재 운영 중인 초등돌봄교실은 17시 이후 돌봄 수요를 반영하기 위해서는 돌봄 제공 및 준비·정리 등 돌봄전담사의 근무 여건을 고려한 적정 근무시간 마련이 필요한 상황이다. 정부는 돌봄전담사가 꾸준히 요구해온 근무시간 연장을 통해 이를 해결할 전망이 크다.

▨ **초등돌봄교실 운영시간 및 인력 운용 현황(요약)**

구분	현황
돌봄 시간	전체 돌봄교실의 88.9%가 17시까지만 돌봄 제공 17시 이후에도 운영하는 초등돌봄교실은 전체의 11.1% 수준
근무 시간	일 6시간 미만 근무 전담사가 다수(56.4%) → 17시 이후 돌봄 희망 수요 반영 곤란
행정업무 시간	전담사는 돌봄교실 관련 행정업무를 주당 3~5시간(일 0.5~1시간) 수행
효율적 시간 운영	돌봄전담사의 근무시간은 일 4시간 미만~일 8시간으로 다양하나, 주당 근무시간이 길수록 근무 시작 시간이 앞당겨지는 경향

자료 출처: 교육부, 「초등돌봄교실 운영에 관한 인식조사」, 2021.

업무 구조도 변화할 것으로 전망된다. 현재 돌봄은 학교장이 총괄하고 돌봄전담사와 돌봄담당교사가 돌봄 및 관련 행정업무 등을 분담하고 있다. 따라서 초등돌봄교실의 행정업무를 두고 교사와 행정업무를 두고 교사와 돌봄전담사 간에 인식 차이가 있으며 이 또한 갈등 요소로 작용하고 있다. 이는 설문조사 결과에서도 확인할 수 있다.

돌봄 관련 행정업무 실태를 반영하여 돌봄전담사의 근무시간을 연장하여 현재 교사가 담당하고 있는 돌봄 관련 업무를 돌봄전담사가 전담할 수 있도록 함으로써 두 집단의 갈등은 어느 정도 해소될 전망이다.

▨ **돌봄교실 행정업무 담당에 관한 교사-전담사 간의 인식 차 및 의견**

(교사: N=1만9793, 전담사: N=5947)

구분		돌봄교실 행정업무 담당				계
		담당교사	돌봄전담사	같이	별도 인력	
교사 인식	명	1만7237	1301	1194	61	1만9793
	%	87.1	6.6	6.0	0.3	100
전담사 인식	명	1464	2636	1837	10	5947
	%	24.6	44.3	30.9	0.2	100

자료 출처: 교육부, 「초등돌봄교실 운영에 관한 인식조사」, 2021.

교사 의견
- 초등돌봄교실 관련 업무가 과다하여 교사 기피대상 업무
- 돌봄은 교육이 아닌 보육, 학교 업무가 아닌 지자체의 업무
- 교원이 돌봄 관련 행정업무를 담당하는 것은 '교원의 행정업무 경감'이라는 교육부 정책과 상충

돌봄전담사 의견
- 돌봄과 행정업무를 함께하기에는 시간이 부족, 전담사가 돌봄 관련 행정업무를 할 수 있는 시간 확보가 시급
- 행정 업무가 학교마다 요구하는 부분이 달라 통일성 있는 행정업무 기준 제시가 필요
- 돌봄 관련 행정업무 수행을 위한 전문성 강화 기회(온라인 연수 등) 제공

▨ **초등돌봄교실 개선 방향**

수요	돌봄 서비스 질 개선, 17시 이후 운영시간 확대 및 프로그램 다양화

공급		현황(2020.9 기준)	문제점	개선 방향
공간		· 총 1만4278실 ※ 오후돌봄 1만2144실, 방과후연계형 2134실	· 수요 대비 공급 부족 ※ 저학년 등 학교별 자격기준에 따라 대상자 선정	· 초등돌봄교실 시설 확충 지속 ※ 연 700실, 2018~2022
시간	돌봄 운영시간	· 17시 까지 운영: 88.9% · 17시 이후 운영: 11.1%	· 학부모 퇴근시간 고려 한계 · 오후돌봄(방과후~17시)을 위한 준비·정리 및 행정업무 시간 부족	· 돌봄수요를 반영한 돌봄 운영시간 확대
	전담사 근무시간	일 6시간 미만 근무자가 전체 전담사의 56.4%		· 돌봄전담사의 적정 근무시간 확보
업무구조		· 학교별 여건 등에 따라 교사와 돌봄전담사가 분담	· 교원 업무부담 가중	· 행정 지원 체계 운영
수요 대응 등		· 주로 3~6학년 방과후학교 참여 학생 대상으로 수강 전후 틈새휴식 제공	· 별도 프로그램 없이 공간만 제공 · 돌봄 수용 확대에 한계	· 방과후학교 수강과 연계한 다양한 돌봄교실 운영으로 돌봄 수용 확대

교육청의 부담 증가

교육부가 발표한 '초등돌봄교실 운영 개선방안'에 따라 돌봄전담사 중심의 행정 지원 체계를 구축하면 교육청의 역할이 커질 수밖에 없다. 교육청은 돌봄전담사가 행정업무를 전문적으로 수행할 수 있도록 여건을 마련하고 연수 등을 통해 관련 역량을 높이기 위한 조치를 시행해야 하기 때문이다. 아울러 개선방안이 제시한 교무행정지원팀에 돌봄전담사가 소속되어야 하므로 돌봄교실 운영에 관한 업무 및 전담사 복무 등에 관한 사항을 구체화하여 학교에 안내할 필요도 있다.

개선방안에서는 지역 내 돌봄 거점을 마련하여 수요에 기반한 새로운 돌봄교실 운영모델을 창출할 계획이므로 이에 따른 교육청의 역할 변화도 있을 전망이다. 거점 돌봄기관은 유휴교실 등 공간 확보가 가능한 지역의 학교 등 시설을 활용하되, 돌봄 인력 운용 및 프로그램 운영 등은 교육청이 직접 관리해야 하기 때문이다. 교육(지원)청은 거점형 돌봄교실 운영 전반에 관한 실무를 총괄하게 됨으로써 지금보다는 돌봄교실 운영에 대한 역할은 훨씬 커질 수밖에 없다. 학부모, 돌봄전담사, 학교의 요구를 중재하고 조정하는 역할도 교육청의 몫으로 주어짐에 따라 교육부의 부담은 줄어든 반면에 교육청의 부담이 커진다. 교육청이 주어진 역할을 어떻게 감당하느냐에 따라 돌봄 갈등의 양상도 달라질 것으로 보인다.

돌봄 관련 입법 시도

교육부가 발표한 '초등돌봄교실 개선방안'도 법적 근거 없이 시행할 수밖에 없는 상황이다. 급한 불은 껐지만 갈등의 불씨는 남아 있는 것이다. 이를 해결하기 위해서 돌봄을 법제화하자는 움직임은 계속될 것으로 보인다. 집단에 따라 이해관계가 달라 상충하는 면이 있지만 지속가능한 사회 발전을 위해 양질의 공적 돌봄 시스템이 필요하다는 데에는 누구나 공감하므로 입법 관련 논의는 급물

살을 탈 수도 있다. 바람직한 입법을 위해서는 현행법에 대한 이해가 필요하다. 이를 개정하거나 제정하는 것이 입법이기 때문이다.

가. 교육 관련 법

「교육기본법」

제9조(학교교육) ① <u>유아교육·초등교육·중등교육 및 고등교육을 하기 위하여 학교를 둔다.</u>

나. 돌봄 관련 법

「아이돌봄 지원법」제2조(정의) 이 법에서 사용하는 용어의 뜻은 다음과 같다.

1. "아이"란 만 12세 이하 아동을 말한다.

2. <u>"아이돌봄서비스"란 아이의 주거지 등에서 개별적으로 제공하는 보호 및 양육 등의 서비스를 말한다.</u>

「아동복지법」

제44조의2(다함께돌봄센터) ① 시·도지사 및 시장·군수·구청장은 초등학교의 정규교육 이외의 시간 동안 다음 각 호의 돌봄서비스(이하 "방과 후 돌봄서비스"라 한다)를 실시하기 위하여 다함께돌봄센터를 설치·운영할 수 있다.

3. <u>등·하교 전후, 야간 또는 긴급상황 발생 시 돌봄서비스 제공</u>

4. 체험활동 등 교육·문화·예술·체육 프로그램의 연계·제공

5. 돌봄 상담, 관련 정보의 제공 및 서비스의 연계

6. 그 밖에 보건복지부령으로 정하는 방과 후 돌봄서비스의 제공

「청소년기본법」

제48조의2(청소년 방과 후 활동의 지원) ① <u>국가 및 지방자치단체는 학교의 정규교육으로 보호할 수 없는 시간 동안 청소년의 전인적(全人的) 성장·발달을 지원하기 위하여 다양한 교육 및 활동 프로그램 등</u>을 제공하는 종합적인 지원 방안을 마련하여야 한다.

「영유아보육법」

제2조(정의) 이 법에서 사용하는 용어의 뜻은 다음과 같다.

1. "영유아"란 6세 미만의 취학 전 아동을 말한다.

2. <u>"보육"이란 영유아를 건강하고 안전하게 보호·양육하고 영유아의 발달 특성에 맞는 교육을 제공하는</u> 어린이집 및 가정양육 지원에 관한 사회복지서비스를 말한다.

다. 교육과 보육 역할 분담 관련 법

「정부조직법」

제28조(교육부) ① 교육부장관은 <u>인적자원개발정책, 학교교육·평생교육, 학술에 관한 사무를 관장한다.</u>

제38조(보건복지부) ① 보건복지부장관은 생활보호·자활지원·사회보장·아동(영·유아 보육을 포함한다)· 노인·장애인·보건위생·의정(醫政) 및 약정(藥政)에 관한 사무를 관장한다.

제41조(여성가족부) 여성가족부장관은 여성정책의 기획·종합, 여성의 권익증진 등 지위향상, <u>청소년 및 가족</u>(다문화가족과 건강가정사업을 위한 아동업무를 포함한다)<u>에 관한 사무를</u> 관장한다.

「지방자치법」

1. 제9조(지방자치단체의 사무범위) ① 지방자치단체는 관할 구역의 자치사무와 법령에 따라 지방자치 단체에 속하는 사무를 처리한다.

② 제1항에 따른 지방자치단체의 사무를 예시하면 다음 각 호와 같다. 다만, 법률에 이와 다른 규정이 있으면 그러하지 아니하다.

2. 주민의 복지증진에 관한 사무

라. 노인·아동·심신장애인·청소년 및 여성의 보호와 복지증진

「지방교육자치에 관한 법률」

　제18조(교육감) ①시·도의 교육·학예에 관한 사무의 집행기관으로 시·도에 교육감을 둔다.

　제19조(국가행정사무의 위임) 국가행정사무 중 시·도에 위임하여 시행하는 사무로서 교육·학예에 관한 사무는 교육감에게 위임하여 행한다. 다만, 법령에 다른 규정이 있는 경우에는 그러하지 아니하다.

살펴본 바와 같이 돌봄이 교육이냐 보육이냐는 논쟁은 현행법에서 비롯된다. 그러나 시대 변화에 따라 법도 변하기 마련이므로 변화된 돌봄 여건을 감안하지 않고 이 논쟁만 되풀이하는 것은 옳지 않다. 소모적인 논쟁을 접고 돌봄에 대한 사회적 합의를 바탕으로 양질의 돌봄이 실현될 수 있도록 돌봄 관련 법령을 정비하는 것에 주력해야 한다. 교육부는 '초등돌봄교실 운영 개선방안'에 제시했지만 돌봄 관련법을 정비하지 않으면 돌봄 갈등의 불씨는 언제든지 살아날 수밖에 없다. 돌봄 관련 입법 시도는 이 갈등을 해소하기 위해서라도 이어질 것이다.

$$\vdots$$

돌봄 정책의 화두 바뀌어야

누가 언제 어디에서 아이를 돌보게 할 것인가? 복잡한 것 같아도 돌봄 갈등의 본질은 이 한 문장으로 정리할 수 있다. 그러나 이 질문에 대한 대답은 쉽지 않다. 학교가 제 역할을 할 수 있도록 지자체에서 해야 한다는 말을 이제야 겨우 하고 있지만 당연히 학교에서 해야 한다는 의견도 만만치 않다. 이렇듯 돌봄 문제로 사회적 갈등이 깊어가고 있는데 과연 이 문제를 어떻게 풀어야 할까?

　문제를 풀기 전에 마음부터 가다듬자. "애 볼래, 밭 맬래 하면 밭 맨다"는 말은 괜히 나온 게 아니다. 아이를 돌보는 것이 얼마나 힘들면 이 말이 나왔는지 생각해볼 필요가 있다. 이유와 과정이야 어찌되었든 지금까지 학교에서 방과 후에도 아이들을 돌봐온 것에 대해 정부는 미안함과 고마움을 먼저 표현해야 한다. 사정이 이러한데 돌봄 여건을 개선하라는 학교의 요구에 대해 학교는 공공재라는 논리로 교사의 사명까지 거론하는 것은 도리도 예의도 아니다. 돌봄 문제 해결에 어떤 도움도 되지 않는다.

　그동안 정부의 돌봄 정책은 미봉책으로 양적 확대에 주력해왔다. 이렇게 해서라도 돌봄의 수요를 충족해온 것은 충분히 의미가 있었다. 그러나 돌봄 주체, 돌봄 인력, 돌봄 재원 등을 체계적으로 운영할 수 있도록 관련법을 정비하고 시행했더라면 하는 아쉬움은 여전히 남는다. 오늘의 돌봄 갈등은 여기에서 비롯되었기 때문이다. 최근 파생된 돌봄 갈등이 안타깝지만 한편으로 돌봄 갈등은 관련법을 정비할 수 있는 단초를 제공하므로 이렇게라도 드러난 것이 다행이라고 생각한다. 최근에는 돌봄청을 만들어야 한다는 주장이 힘을 얻고 있다. 질병관리청을 만들어서 감염병에 신속하게 대응하고 있듯이 돌봄청을 만들어서 부처별로 혼재되어 있는 돌봄 정책을 일원화하자는 주장이다. 돌봄으로 인한 사회혼란과 갈등을 해결하고, 양질의 돌봄으로 나아가기 위해서라도 돌봄청 신설을 적극 검토할 필요가 있다. 아이의 행복한 삶을 위해서 앞으로의 돌봄 정책은 달라져야 한다. 양적 확대를 넘어 양질의 돌봄을 화두로 삼아야 한다. 우리 모두의 몫이다.

학교 형태의 다양화

사회 전체가 거대한 학교가 된다

서 영 선
세종특별자치시교육청 장학관

사람마다 다르듯 학교마다 다르다

우리나라를 비롯한 전 세계는 급격한 사회 변화를 겪고 있다. 정보통신기술 발달로 전 세계가 거대한 네트워크로 묶이면서 지속적으로 증가하던 불확실성은 코로나19 이후 폭증하고 있다. 급격한 사회 변화 속에서 획일적인 교육으로는 미래를 대비할 수 없다는 것이 많은 사람들의 의견이다.

21세기 학교 기능과 역할

현대 공교육체제는 프랑스혁명의회가 입안하고 제정했다. 프랑스혁명의 기본 정신인 자유와 평등을 교육에 구현하는 교육개혁안인 「공공교육의 전체 조직에 관한 보고서와 법안」이 오늘날 공교육체제의 전신이다.

한국의 공교육도 평등성의 원리 실현을 목적으로 프랑스 공교육체제의 기본 정신을 추구하고 있다. 대한민국헌법 제31조[1]와 교육기본법 제3조, 4조[2]에서는 대한민국 공교육이 균등한 교육기회를 제공하고 무상 의무교육이 국민의 기본 권리이며 의무임을 제시하고 있다.

공교육이 처한 문제의 원인은 다양하겠지만 여러 논의를 종합해보면,[3] 국가 관리체제로 인한 획일성과 계층 간 불평등 심화를 들 수 있다. 우리나라는 강력한 국가교육과정 중심이다. 교육과정 분권화와 자율화에 대한 논의가 지속적으로 이어져왔지만 여전히 국가교육과정은 강력하다.

그동안 공교육이 처한 문제를 해결하기 위해 다양한 시도가 있었다. 특히 1995년 5.31교육개혁안은 우리나라 교육을 체계적으로 변화하고자 시도했던 정책이다. 이 교육개혁안은 '누구나, 언제, 어디서나 원하는 교육을 받을 수 있는 열린 교육 사회, 평생교육 사회 건설'을 지향한다.[4] 5.31교육개혁안은 신자유주의 철학에 기초, 경쟁과 효율성을 강조하여 교육의 시장화를 초래했다고 비판받았지만 학습자 중심의 교육과정 다양화와 특성화, 정보화, 세계화를 강조한 점은 긍정적 평가를 받았다. 특히 학교체제의 다양화 정책은 개인의 소질과 적성을 고려한 정책이다. 자율학교, 특성화학교, 자립형사립학교, 대안학교 정책은 향후 학교가 지향해야 할 다양한 학교 형태를 제시했다고 볼 수 있다.

5.31교육개혁안에서 제시한 다양한 정책은 지금도 유효하게 추진되고 있다. 하지만 현재의 학교는 급변하는 세계와 학생들의 요구를 충족하지 못하고 있으

---

1) 대한민국헌법 제31조 ① 모든 국민은 능력에 따라 균등하게 교육을 받을 권리를 가진다. ② 모든 국민은 그 보호하는 자녀에게 적어도 초등교육과 법률이 정하는 교육을 받게 할 의무를 진다. ③ 의무교육은 무상으로 한다. ④ 교육의 자주성·전문성·정치적 중립성 및 대학의 자율성은 법률이 정하는 바에 의하여 보장된다. ⑤ 국가는 평생교육을 진흥하여야 한다. ⑥ 학교교육 및 평생교육을 포함한 교육제도와 그 운영, 교육재정 및 교원의 지위에 관한 기본적인 사항은 법률로 정한다(국가법령정보센터).

2) 교육기본법 제3조(학습권) 모든 국민은 평생에 걸쳐 학습하고, 능력과 적성에 따라 교육 받을 권리를 가진다. 교육기본법 제4조(교육의 기회균등) ① 모든 국민은 성별, 종교, 신념, 인종, 사회적 신분, 경제적 지위 또는 신체적 조건 등을 이유로 교육에서 차별을 받지 아니한다. ② 국가와 지방자치단체는 학습자가 평등하게 교육을 받을 수 있도록 지역 간의 교원 수급 등 교육 여건 격차를 최소화하는 시책을 마련하여 시행하여야 한다(국가법령정보센터).

3) 원순아 외, 「세종형 공립 대안교육기관 교육과정 개발 연구」, 세종시교육원교육정책연구소, 2020.

4) '新교육체제 수립을 위한 교육개혁 방안', 대통령기록관.

며, 특히 최근 상황은 더욱 다변화, 개별화되는 추세다. 따라서 다양한 학교 유형이 출현하는 것은 필연적으로 보인다.

학생 재정의

최근 세대 담론이 왕성하다. 1990년대 X세대를 시초로 하여 Y세대, N세대 등이 등장했다. 최근에는 MZ세대에 대한 관심이 뜨겁다. 과학기술이 급변하면서 세대별 디지털 리터러시 역량에 따른 차이가 발생하고 있다. 디지털 네이티브 Digital Native의 등장은 세대 담론을 확장시켰다. 디지털 네이티브는 디지털 원어민이라는 영어 뜻처럼 개인용 컴퓨터, 휴대전화, 인터넷, MP3와 같은 디지털 환경을 태어나면서부터 생활처럼 사용하는 세대를 말한다.

존 카우치는 "교육이 맞닥뜨린 가장 큰 문제는 교사가 디지털 이전의 언어를 갖고서 디지털 언어를 사용하는 이들을 가르치는 것"이라고 했다.[5] 현재의 교육 시스템은 디지털 네이티브가 가지고 있는 요구와는 너무나 다르다. 게리 스몰 캘리포니아대 신경과학자는 "디지털 네이티브 세대와 기성세대는 의사결정과 복잡한 정보 통합에 관여하는 뇌 부위 활성화 정도가 다르다"고 밝혔다.[6]

현재 학생들을 기존 학생관으로 이해하기는 어려우며, 포노사피엔스[7]인 현 세대를 이해하기 위한 다양한 노력과 연구가 필요하다. 따라서 다양한 학교 형태의 출현은 다양한 학생들의 요구를 충족시키기 위한 필연으로 보인다.

학생들이 단순히 예전과 다르다거나 학업성취도가 떨어진다는 식의 평가에만 머물러서는 안 되며, 현재 학생들이 사용하는 디지털 언어를 깊이 고민하고 연구해야 한다. 언어는 배움과 의사소통에 있어 매우 중요한 도구다. 현재 학생들에게 디지털 기기는 그 자체가 하나의 언어다. 학생들이 사용하는 언어체계와

---

5) 존 카우치·제이슨 타운, 『교실이 없는 시대가 온다』, 김영선 옮김, 어크로스, 2020.

6) 위키피디아, 2021.8.3.

7) '포노사피엔스'는 2015년 「이코노미스트(The Economist)」 특집기사에서 처음 등장한 단어로 '스마트폰이 낳은 신인류'를 뜻한다(최재붕, 『포노사피엔스』, 쌤앤파커스, 2019.).

디지털 기기를 이해하는 것이 시급한 이유다.

교육과정 재구조화

학생들의 능력, 적성, 진로에 따라 다양한 내용을 선택하여 배울 수 있는 맞춤형 교육은 시대적 요구다. 대한민국헌법 제31조와 진로교육진흥법에서 보듯 국가와 교육청, 학교는 학생 맞춤형 교육과정을 지원해야 하지만 현실은 녹록치 않다. 학생들의 다양한 요구를 수렴하여 추진했던 정책 중 하나가 경기도교육청의 꿈의학교와 몽실학교다. 꿈의학교는 학생들이 프로그램을 직접 기획하고 예산을 신청하여 운영한다. 몽실학교는 학교 밖 자치배움터로 청소년들이 학습 내용과 주제, 학습 방법을 프로젝트 활동으로 진행하는 학교다. 하지만 여전히 학교 밖 활동으로, 정규교육과정으로 연결되지 못해 학점은 인정되지 못했다.

이런 측면에서 세종형 대안교육과정 8가지 개발 원리는 대안학교뿐만 아니라 일반학교 교육과정 개발원리에도 시사하는 바가 많다.[8]

세종형 대안교육과정 8가지 개발 원리

1. 학생들의 요구를 최대한 반영하여 교육과정을 설계한다.
2. 관계 형성이 곧 교육으로 먼저 신뢰를 구축한다.
3. 학생들에게 권한과 책임을 부여한다.
4. 지역의 교육자원과 연계한다.
5. 인적자원을 최대한 확보하고 지원한다.
6. 미래교육에 필요한 요소를 결합한다.
7. 눈에 보이는 시설보다 안 보이는 자유를 선물한다.
8. 교사가 곧 교육과정으로 경계 밖을 상상한다.

향후 교육과정을 설계할 때 학생들의 요구를 반영해야 하는 것은 선택이 아닌 필수라고 할 수 있다. 교육과정에 참여하는 권한과 책임 또한 학생에게 부여

---

8) 원순아 외, 「세종형 공립 대안교육기관 교육과정 개발 연구」, 세종시교육원교육정책연구소, 2020.

해야 할 것이다. 교육과정을 개발하기 위해서는 지역 자원과 연계하여 학생 삶에 기반을 둔 공간을 구축하고, 학교 정규교육과정을 넘어서는 교육과정을 개발하기 위한 고민이 필요하다.

학생들이 자신의 적성, 흥미, 능력에 따른 교육을 받으려면 교육과정의 다양화와 특성화는 필연적이다. 현재 정부는 2025년 고교학점제 정책을 전면 시행할 예정이다. 교육과정의 다양화와 특성화는 고등학교만의 문제가 아니다. 유치원, 초등학교, 중학교에 다니는 학생들도 자신의 적성, 흥미, 능력에 따라 교육을 받을 권리가 있다.

학교 경계 해체

공교육이 시작된 이래 학교의 체제는 매우 견고했다. 교육의 본질은 학생의 성장을 지원하는 데 있다. 시대에 따라 학생에게 요구되는 역량은 다르다. 예측할 수 없는 미래를 살아갈 학생(학습자)들이 신장해야 할 역량은 무엇이고, 역량 신장을 위해 학교 경계는 어떠해야 할까?

우리 사회는 근로자의 직장 근속기간이 점점 짧아지고 있다. OECD 회원국 1년 미만 근속자 비율이 한국은 30.4%로 콜럼비아(42.1%)에 비해 두 번째로 높은 비율이다(OECD, 2018). 학생(학습자)들이 사회에 진출하는 시점의 삶에 대해 학교는 무엇을 가르쳐야 할까?

OECD는 미래 학교교육 시나리오를 네 가지로 제시했다.[9] 이 시나리오는 더 이상 학교가 기존 학교 체제를 유지하기 어렵다는 것을 시사한다. 학교교육에 참여하는 사례는 지속적으로 증가할 것이고, 공공기관과 민간기업은 협력하여 디지털 학습환경을 발전시킬 것이다. 홈스쿨링, 튜터링, 온라인 학습, 지역사회 교수학습 활동 등 교육 형태도 더욱 다양해질 것이다. 학교 활동은 학교라는 벽

---

9) 4가지 시나리오는 ① 학교교육의 확대(Schooling Extended) ② 교육 아웃소싱(Education Outsoured) ③ 학습 허브로서의 학교(School as Learnging Hub) ④ 삶의 일부로서의 학습(Learn-as-you-go)이다(조윤정 외, 2020).

을 넘어 더 광범위한 교육환경에서 기획되고 설계될 것이다. 학습은 더이상 획일적이고 경직된 교육과정이 아닌, 개인 혹은 집단의 요구나 지역 여건에 따라 설계될 것으로 예측된다. 삶의 일부로서의 학습은 인공지능^{AI}, 가상현실^{VR}, 증강현실^{AR}, 사물인터넷^{IoT} 등이 급격하게 발전하면서 이를 토대로 이루어질 것이다. 더욱 완화된 규제로 인해 모든 종류의 학습이 가능해질 전망이다.

우리는 현재 교육 대전환의 시대에 있다. 더이상 고정되고 획일화된 학교는 존재하기 어렵고, 학교의 경계는 해체되고 경계는 사라질 것이다.

⋮

이런 학교들이 떠오른다

공교육제도가 정착되고 난 후 다양한 형태의 학교들이 등장했다. 풀무학교나 이우학교 등의 대안학교, 오디세이학교나 꿈틀리 인생학교 등의 전환기 학교, 꿈의학교나 몽실학교 등의 방과후 교육활동(프로젝트) 등이 지속적으로 출현했다. 다양한 형태의 학교 출현은 현재진행형이다.

내가 직접 만들고 배우는 학교

내가 다닐 학교의 교육과정을 직접 기획하고, 학교 공간도 직접 설계한다면 어떨까? 경기도교육청에서 실제 벌어지고 있는 일이다. 경기도교육청은 학생들이 직접 교육과정을 기획하고, 학교공간도 설계하는 '신나는학교'를 설립할 예정이다. 신나는학교는 중학교와 고등학교 통합학교로 기숙형 학교다. 일명 '해리포터학교'라고 불리는데. 영화 〈해리포터〉에 나오는 학교처럼 학생들이 저마다 가진 재능을 마음껏 발휘하고 온전한 성장을 이루는 학교이길 바라는 철학을 담고 있다.

경기도교육청은 신나는학교 설립을 위해 2021년 9월부터 학생 개교추진단을 구성하여 '미리 신나는학교'를 운영한다. 학교 설립 단계부터 학생들이 주도권을 갖고 개교를 준비하는 최초의 사례. 개교추진단은 1기와 2기로 나뉘어 교육과정, 철학, 비전 등을 함께 기획하고 만들 예정이다. 학교 공간은 경기도 안성시에 위치한 폐교를 활용하여 구축하고, 학생들이 직접 설계에 참여한다고 한다.[10]

▨ 경기도교육청 '미리 신나는학교' 소개 자료

학생의 성장 발달을 위한 '미래형 통합운영학교'

통계청의 「2020년 출생아 수 및 합계 출산율」에 의하면 2020년 한국의 출산율은 0.84라고 한다. 인구감소로 인한 학령인구 감소는 불가피한 상황이다. 교육부와 시·도교육청은 미래형 통합운영학교를 운영하기 위해 다양한 모색을 하고 있다.

통합운영학교는 초·중, 중·고등의 형태로 이루어지며, 단순히 학교 간 물리적 통합이 아닌 학생의 성장 발달에 따른 교육과정을 운영하고자 한다. 한국교육개발원이 제시한 미래지향적 통합운영 모형을 살펴보면, 통합운영학교를 중심으로 탄력적 교육체제를 운영하기 위해서는 지원 체제(행정적·제도적), 인적 체제(교원), 과업 체제(교육과정), 문화적 체제(교직문화, 학교문화) 등의 과제를 선행해야 한다.

전라남도교육청은 단순히 통폐합 정책으로 추진하는 통합운영학교가 아닌 미래형 통합운영학교 정책을 추진하고 있다. 해외 통합운영학교들이 추진했던 연계 교육과정의 장점을 토대로 통합운영학교 모델을 만들어가고 있다. 전라남도교육청은 '함께 크는 아이들, 지속가능한 전남교육'이라는 슬로건을 걸고 학

---

10) 장건, "경기도교육청, 학생 개교추진단 '미리 신나는학교'운영", 에듀인뉴스, 2021.9.2.

교급 간 교육과정, 인력 및 시설 등 교육자원을 연계하는 방법을 고민하고 있다. 정책 추진에 있어서도 교육공동체와 도민들에게 정책 추진과정을 공유하고, 미래형 통합운영학교를 위한 교육과정, 인사, 교육환경을 최적화하고 법·제도를 개선하고 있다.

진로 맞춤형 교과중점과정 '미래형 고교 모델'

세종특별자치시교육청은 6-3생활권 약 6만4000여㎡ 부지에 50개 학급, 학생 1200명을 수용하는 캠퍼스 고등학교를 설립한다. 캠퍼스 고등학교는 인문·자연·예술 분야의 중점과정을 통해 고등학생들의 과목 선택권을 확대하는 한편 교과과정을 고도화하여 진로맞춤형 교과 중점과정을 운영하는 미래형 고등학교 모델이다. 세종특별자치시교육청은 2025년 전면 시행되는 고교학점제 도입을 위해 다양한 정책을 추진하고 있다. 일반계 고등학교에 교과특성화 과정을 도입하고,

출생아 수 및 합계 출산율

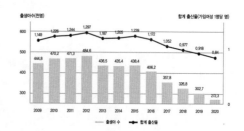

자료 출처: 통계청, 「2020년 출생통계(확정), 국가승인통계 제10103호 출생통계」, 2021.

통합운영학교를 중심으로 한 탄력적 교육체제

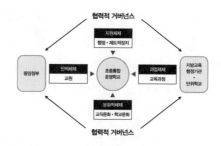

자료 출처: 정미경 외, 「공교육 혁신을 위한 탄력적 교육체제 운영방안: 통합운영학교 도입을 중심으로」, 한국교육개발원, 2020.

전남교육청 미래형 통합운영학교 이즈백 소식지

학교 간 캠퍼스형 공동교육과정을 통해 학생 맞춤형 교육을 추진한다.

캠퍼스 고등학교는 설립단계부터 고교학점제에 적합한 공간 구성과 인문, 자연, 예술 교과의 교육과정을 특성화하는 데 중점을 두고 있다. 캠퍼스 고등학교 공

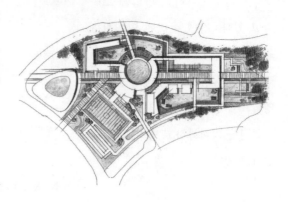

▨ 세종특별자치시교육청이 추진하는 캠퍼스 고등학교 설립 예정 평면도

간은 중앙에 지원센터를 두고 훈민동, 정음동, 창제동으로 하여 인문, 자연, 예술 계열 교과를 중점으로 운영할 수 있는 형태의 학교로 설계했다. 직속기관인 평생교육원과도 연계하여 교육과정을 내실 있게 운영하고자 기획하고 있다.

:

학교 형태 다양화가 가져올 변화

획일적 배움의 시기는 존재하지 않는다

꿈틀리 인생학교는 중3 졸업생들에게 1년간 전환기 교육을 실시한다. 우리나라 대부분의 교육은 만 6세에 초등학교에 입학하여 초등학교 6년, 중학교 3년, 고등학교 3년의 과정을 마치고 대학에 가거나 재수를 하고, 취업을 하는 등의 형태로 이루어진다. 최근 이러한 획일적인 학사제도의 흐름과 달리 1년간 전환기 교육을 추진하는 사례가 나타나고 있다. 꿈틀리 인생학교 사례와 함께 서울특별시교육청에서 추진하는 오디세이학교 또한 대표적인 전환기 교육 프로그램이다.

전환기 교육은 모두 같은 시기에 학교에 입학하고 졸업하는 것에 의문을 제기한다. 동일한 시기에 동일한 학업을 성취해야 한다는 기준은 어디에서 기인한 것일까? 꿈틀리 인생학교나 덴마크 애프터스콜레 사례는 획일적 학사 운영이 이제 더이상 유효하지 않음을 시사한다.

만학도 전형 확대

최근 대학별 대입전형에 만학도[11] 전형 비율이 증가하고 있다. 일반적으로 우리나라에서 대학에 입학하는 나이는 만 19세다. 하지만 이 규정에 의문을 제기하는 사람들이 늘고 있다. 김영식은 대입제도 정책 제안에서 만학도 전형의 확대를 제안[12]한 바 있다. 만학도 전형 비율의 증가는 대학은 20살에 가야 한다는 통념을 깨는 것이다. 대학이 고등학교 졸업 이후 누구나 반드시 가야 하는 필수 과정이 아니라 평생교육의 관점에서 개인이 필요해서 선택하는 곳이라는 인식 변화가 일어나고 있다.

---

11) 임종해, 「만학도 전형 입학생의 대학교육 경험과 의미에 대한 탐색-경지지역 C대학교 학생을 중심으로」, 가톨릭대학교 교육대학원 평생교육 전공 석사논문, 2015. * 만학도는 일반적으로 '나이든 학습자'로 만학도, 만학자, 고령학습자 등을 포괄하는 것으로 비전통적 학습자 중에서 학령기를 넘어선 학습자를 지칭하는 용어다.

12) 김영식, 「대입, 어떻게 바꿀까」, 2021.

학업중단율의 의미와 대책은?

2010년 이후 연도별 초·중·고등학생 학업중단율을 보면 초·중·고등학생은 큰 변화가 없다. 다만 초·중학생에 비해 고등학생의 비율이 높은 편이다. 고등학생 비율을 보면 2015년까지 감소하다가 2016년부터 다시 증가하고 있다. 고등학생 학업중단 비율이 일정부분 지속되고 있는데, 이는 어떤 의미일까?

초·중학교는 의무교육이다. 초·중학교는 유예(질병, 장기결석, 미인정 유학)와 면제(질병, 해외출국) 사유로 인해 학업중단이 발생한다. 반면 고등학교는 자퇴(질병, 가사, 부적응, 해외출국 및 기타), 퇴학(품행), 제적, 유예, 면제 등의 사유로 중도에 학업을 중단한다. 고등학교 학업중단의 가장 큰 원인 중 하나는 검정고시이고, 다음으로는 학교 부적응이 주로 나타나고 있다.[13] 따라서 고등학생 학업중단 이유를 면밀히 분석하여 대책을 마련할 필요가 있다.

비진학 청소년들의 진로 고민

고졸 청년들의 취업은 점점 어려워지고 있다. 특히 코로나19 이후 경기 불황 등으로 직업계 고등학생들의 취업률이 더욱 감소하는 추세다. 취업난으로 인해 직업계 고등학생들이 대학진학으로 진로를 변경하는 비율은 증가하고 있다.[14]

반면, 대안학교이지만 대다수의 학생이 대학진학을 하는 이우학교의 비진학 학생들에 대한 사례는 많은 시사점을 준다. 함께여는교육연구소는 이우학교 졸업생들 중에서 대학 진학을 하지 않는 학생들에게 청년작업장을 제공하여 지역사회

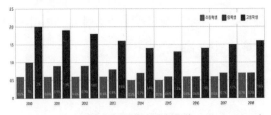

초·중·고등학생 연도별 학업중단율

자료 출처: 한국청소년정책연구원(https://www.nypi.re.kr)

---

13) 원순아 외, 「세종형 공립 대안교육기관 교육과정 개발 연구」, 세종시교육원교육정책연구소, 2020.
14) 정필재, "불황에 울고 차별에 서럽고...갈 곳 잃은 고졸 청년들", 세계일보, 2021.3.28.

에서 창업할 수 있도록 추진했다. 청년들이 청년작업장에서 스스로 먹고 사는 법을 배우게 함으로써 교육불평등 문제를 지역 단위에서 해소하는 방법을 모색한 것이다. 이는 또한 아동 청소년들의 교육적 선택을 확대하는 방안을 제시[15]한 것이라 할 수 있다. 청년작업장은 고등학교 이후의 교육과정까지도 고민하고 지원하는 좋은 사례라고 할 수 있다.

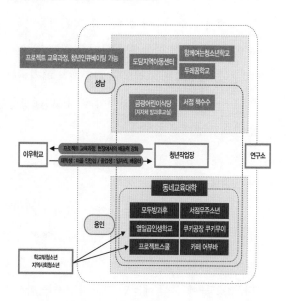

▨ 함께여는교육연구소 청년작업장

이처럼 학생들의 삶과 배움이 일치하도록 지역을 기반으로 한 마을교육공동체는 더욱 확장될 전망이다.

⋮

미래학교는 어디로 가는가

2016년 다보스 포럼에서 제기한 제4차 산업혁명과 더불어 코로나19로 인해 미래사회 담론이 더욱 구체화·현실화되고 있다. 미래교육을 위해 지향해야 할 것은 배움에서의 학습자 주체화, 삶과 연계된 학습, 학습의 시공간 확장, 교육격차 해소다. 급변하는 미래사회에 대응하기 위해서 학습자는 수동적 참여자가 아닌 능동적 참여자가 되어야 한다. 공교육 이래 교육의 주요한 목적은 자기주도학습

---

15) 우경윤, 「다양한 길을 만드는 학교교육」, 함께여는교육연구소, 이우학교, 2021.

이었다. 이제 학습자 주도성은 선택이 아닌 필수다. 또한 배움은 학습자 삶의 맥락 속에서 이루어져야 한다. 학습의 시공간은 경계가 희미해지고, 학교에서 이루어지는 공식적 학습뿐만 아니라 학교 밖 다양한 교육활동도 학습으로 인정해야 한다. 학습자는 자신의 사회경제적 배경이나 학업성취 수준에 따라 차별받지 않고 공평하게 배울 수 있어야 한다. 미래교육은 학교 형태를 더욱 다변화하는 방향으로 전개될 것이다.

맞춤형 개별화 학교

학교는 더이상 획일적 교육이 아니라 개인의 관심, 속도, 학습 유형, 적성에 따라 학습을 지원해야 한다. 헌법 제31조에서 보듯 맞춤형 개별화교육은 시대적 요구다. 개인별 교육과정은 학생이 주도적으로 설계하고 참여하는 교육과정이다. 2025년에 시행 예정인 고교학점제는 학생별 맞춤형 개별화교육을 가속화하고 있다.

전통적인 입장에서 교육과정은 공급자(국가, 교육청, 학교)가 연구자들이 구성한 교육과정을 제공하는 것이었다. 이는 국가 주도의 정책이나 표준교육에는 적합할지 모르나 다양한 개인의 적성과 진로를 반영하기는 어렵다. 이제 개인 학습자는 자신의 속도와 진로에 따라 교육과정을 설계하고 참여한다. 학습자 주도성 Student Agency은 미래세대에게 요구되는 중요 핵심 역량이다. 학생이 주도적으로 설계하는 교육과정으로 학교자치를 넘어 학습자치가 실현될 것이다.

학생이 설계하는 교육과정은 한 명의 학생도 소외되지 않는 교육을 지향한다. 특수교육진흥법 제16조[16]는 개별화교육을 법으로 의무화하고 있다. 지금 당장 모든 학교가 개별화교육을 의무화하기는 어렵지만, 현재 시민이자 미래시민인 학생들을 위한 개별화교육은 지속적으로 추구해야 할 가치다.

---

16) 특수교육진흥법 제16조(개별화교육): 각급 학교의 장은 특수교육대상자의 능력 및 특성에 적합한 개별화교육방법을 강구하여 특수교육대상자로 하여금 그의 능력을 최대한 계발하도록 해야 한다.

교육과정 다양화·특성화 학교

학교별로 교육과정을 다양화하고 특성화하는 것은 선택이 아닌 필수다. 각 시·도교육청은 학생들의 다양하고 특색 있는 배움을 지원하기 위해서 여러 정책을 시도하고 있다. 세종특별자치시교육청의 '캠퍼스형 공동교육과정'은 학생들의 진로에 따라 강좌를 선택하여 들을 수 있다. 일부 교육청은 교과중점학교, 진로집중과정, 교육과정 클러스터, 주문형 강좌 등을 운영하여 학생들의 다양한 교육과정을 지원하고 있다.

학생들이 더 다양하고 양질의 교육을 원하고 있기 때문에 이런 흐름은 앞으로 더욱 강화될 전망이다. 유네스코 또한 '지속가능발전목표 달성을 위한 교육'에서 네 번째 의제로 양질의 교육을 제시했다. 모두를 위한 포용적이고 공평한 양질의 교육을 보장하고 평생학습 기회를 증진하기 위해 노력해야 한다는 주장이다. 학생 한명 한명을 위한 다양하고 특색 있는 교육과정을 지원하는 것은 이제 필수 과제라고 할 수 있다.

언제 어디서나 접근할 수 있는 경계 없는 학교

사람들을 연결하고 배움을 제공하는 열린 플랫폼들이 빠르게 성장하고 있다. 이제 개인의 관심사와 필요에 맞는 교육이 가능한 시대다. 5.31교육개혁안의 주요 의제였던 '언제 어디서나 열린 배움'이 실현되고 있는 것이다. 특히 코로나19는 '언제 어디서나 교육이 가능한 시대'를 현재화했다. 최근 대두되는 '칸 아카데미Khan Academy, 미네르바 스쿨Minerva School, 아웃스쿨Outschool' 등은 이러한 배움이 가능한 실제 모델이라고 할 수 있다.

유발 하라리Yuval Noah Harari는 뉴노멀로 '온라인 학습의 일상화'를 제시했다. 코로나19는 온라인 학습을 강제적으로 안착하게 했고, 다양한 의견[17]에도 불구하

---

17) 온라인 학습 효과에 대한 의견은 여전히 분분하다. 코로나19는 온라인 학습을 일반화했지만 역설적으로 학교교육의 중요성을 인식하는 계기가 되었다. 그렇다고 해도 코로나19 이전으로 회귀하는 것은 불가능할 것이다. 교육은 대면교육과 비대면교육을 함께 활용하여 효과를 극대화하는 방향으로 전개될 전망이다.

고 온라인 학습과 대면 학습이 혼재하는 블렌디드 러닝은 향후 우리 교육의 일상으로 자리 잡을 것이다. 온라인을 통해 학교와 마을을 넘나드는 다양한 학습이 이루어지고 프로젝트학습, 토론학습을 통해 공동체가 함께 복잡하게 연결된 문제들을 해결한다. 현재까지의 학년제나 학급제 중심의 수업방식이 아닌 학생이 선택한 학습 중심으로 수업이 이루어질 것이다.

이러한 학습은 학교 안팎을 넘나들면서 학교의 경계는 사라지고 학생의 배움을 중심에 둔 교육이 이루어진다. 이는 학습공간의 확장을 가져온다. 학습의 장은 학교 공간뿐만 아니라 지역사회까지 자연스럽게 확장된다. 정보통신기술[ICT]을 기반으로 한 스마트 학습환경으로 인해 학교 내외 온라인 학습이 일상화되고 있다. 이제 교육은 학생들의 온전한 선택을 위해 온 마을이 학습환경으로 구축될 것이다. 온 마을의 학습장화는 이미 우리 곁에 와 있다.

직접 기획하고 설계하는 만들어가는 학교

OECD는 2030 교육의 지향점으로 학습자 주도성[Student Agency]을 강조하고 있다. 미래교육의 핵심은 학습자가 주도성을 발휘하여 자신이 배움을 기획하고 스스로 설계하여 배움의 주체가 되는 것이라고 한다. 배움의 주체가 되기 위해서는 '참여'가 전제조건이다. '신나는학교' 사례에서 보듯 이제 교육주체인 학생이 스스로 기획하고 설계하는 교육과정은 매우 중요하다. 앞으로는 학생의 요구에 부응하는 차원을 넘어 학생들이 교육과정을 직접 설계하고 그 교육과정에 따라 스스로 배움을 조정할 수 있도록 지원하는 형태의 학교들이 출현할 것으로 보인다. 학생의 참여를 기반으로 학생이 기획하고 직접 만들어가는 학교가 미래학교상일 것이다. 따라서 학생들이 직접 설계하고 기획한 내용이 구현될 수 있도록 예산이나 제도 등 실질적 지원 여건을 마련하는 것이 시급해 보인다.

다양한 학교 형태

·대표적인 대안학교 사례

구분	연령대	기간	운영 형태	특징

풀무학교
(풀무농업고등기술학교)
(충남 홍성군)
	고	3년	민간 주도	·교육과정
				  - 머리(학문), 가슴(신앙), 손(노작)의 조화: 성서 위의 학원,
				    인문학 소양 쌓기, 생명, 환경, 노동을 생각하는 친환경
				  - 일상에서 배우는 개인과 공동체: 모든 학생 생활관 생활,
				    스스로 꾸려가는 학우회, 생활반, 동아리
				  - 자신을 알아가며 진로 찾기: 지역단체와 함께하는
				    창체활동, 진로캠프, 창업논문

제천 간디학교 (충북 제천시)	고	3년	민간 주도	·비인가 대안학교 ·중고 통합 6년 과정, 기숙사 생활 ·작은 규모 지향 ·지역사회와 함께 하는 학교: 자치마을

이우(以友)학교
(경기도 성남시)
	중고	3~6년	교육청 주도	·이우(以友): 상호의존과 협력
				·이우교육공동체
				  - 100인 공동체: 100명의 공동설립자가 재산을 출연하여
				    이우교육공동체를 설립하고 이우교육공동체가 학교 설립의
				    주체가 됨으로써, 학교에 대한 사유재산 개념 극복하고,
				    소수에 의한 전횡과 독단의 가능성 배제
				·이우 교육공동체 창립 선언문
				·도시형 대안 중·고등학교

·대표적인 학교 밖 센터 사례

구분	연령대	기간	운영 형태	특징
몽실학교	초·중·고	프로젝트별	서울특별시교육청(교육청 주도)	·프로젝트 형태로 추진 ·지역별(5개 지역) 모임
하자센터	중고	프로그램별	서울시 주도(지자체 주도)	·진로탐색 프로그램
삶디센터	중·고	프로그램별	광주광역시(지자체 주도)	·진로탐색 프로그램

·전환기 학교 사례 현황

구분	국가	연령대	기간	운영 형태	특징
오디세이학교	한국 (서울)	고1 (10학년)	1년	교육청 주도	·고교자유전환학년제 ·하자센터 위탁
꿈틀리 인생학교	한국	고1	1년	민간 주도	·자신을 세우고 함께 살아가는 세계 시민 ·전교생 농사짓기
에프터스콜레 (Efterskole)	덴마크	9~11학년	1년 (또는2~3년)	시민 주도 (2/3 재정 지원)	·인격 형성(민주시민교육)
전환학년제 (TranstitionYear)	아일랜드	10학년	1년	국가 주도 (지원 없음)	·쉼·주위 둘러보기 ·입시경쟁교육 문제
갭 이어 (Gap Year)	영국	18세 이상	1년	비영리기관	·대학 중도탈락자 감소 ·학업성취도 향상
폴케호이스콜레 (Folkeojskole)	덴마크	18세 이상	4주~1년	시민 주도 (2/3 재정 지원)	·인생 설계학교 ·기숙형

공간이 교육을 묻다

김 태 은
광주공업고등학교 교사

화두가 된 학교공간

2018년 건축가 유현준은 〈세상을 바꾸는 시간세바시〉에서 "감옥 같은 학교 건물을 지금 당장 바꿔야 한다"고 말했다. 학교는 세금으로 만드는 공공건축물이므로 건축주로서 시민의 역할도 당부했다. 그 역할은 학교, 교육, 제도의 변화를 요구하고 실행 주체가 되는 것이다. 학교건축을 화두로 꺼낸 교육 변화에 대한 국민들의 공감이 시작되었다.

이후 학교건축에 대한 성찰과 비판이 이어졌다. 김광현 서울대 건축학과 교수는 "좋은 건축이 뭐냐고요? 좋은 학교가 무엇이냐고 질문했으면 해요. 그러면 좋은 건축이 뭔지 자연스럽게 알게 되거든요. 우리 사회가 학교건축을 진지하게 돌아보지 않았다는 사실은 굉장히 부끄러운 일입니다. 교육에 대한 진지한 물음이 뒤따를 때 건축은 비로소 달라질 겁니다"라고 말했다. 연이어 〈차이나는클라스〉(2018), 〈세바시〉(2018/2020), 〈어쩌다 어른〉(2019) 등의 프로그램을 통해 학교와 학교건축의 변화를 촉구하는 목소리가 나왔다.

유은혜 교육부 장관은 취임사에서 "학교가 창의적 학습공간이 되도록 미래형 교실모델을 구축하고, 아이들에게 쉼이 있는 공간과 창의적 생각이 열리는 공간을 만들어나가겠다"고 선언했다. 2019년 교육부는 학교공간혁신사업을 위해 지방교육재정법에 따른 기준재정수요(학교교육환경 개선비)로 영역단위 600억 원을 편성했다. 교육청은 기준재정수요로 측정된 사업비 외 교육청에 교부된 보통교부금[1]을 활용하여 영역단위사업에 총 1162억 원(588개교)을 편성하고 집행했다. 2020년에도 영역단위사업으로 배정한 1000억 원 외 교육청별 보통교부금으로 추가예산을 확보해 총 1522억 원(618개교) 규모의 학교공간혁신사업을 교육청 주도로 수행했다. 각 시·도교육청은 2019년부터 지금까지 교육부 방침을 기본으로 지역 형편에 따라 학교공간혁신사업을 진행하고 있다.

실제 시·도교육청별 2018년 국정과제 추진 성과를 살펴보면, 학교 옥내외 공간 구축을 포함한 다양한 사례를 찾을 수 있다. 경기도교육청은 예술활동 확산 및 초·중고 문예체 교육 활성화 과제에 따라 일상의 예술활동을 위한 전시터, 공연터 조성 지원교 선정(200개교), 학교 내 유휴교실을 활용한 복합예술체험터 선정(10개교)을 진행했고 경기예술창작소 시범 운영과 경기학교예술창작소 구축을 완료(2019.3.)했다. 또한 강원 친환경 감성학교(2014), 서울 메이커스페이스, 꿈담교실(2017), 충북 행복·감성 뉴스페이스(2018), 광주 아지트(2018), 부산 별별공간(2018), 경기 마을학교만들기(2018) 등 시·도교육청이 자체 공간사업을 진행하면서 공간혁신은 2019년 시작 당시 교육부 핵심 정책과제가 아니었음에도 탄력을 받았다.

학교공간혁신사업을 본격 추진하기 시작하면서 교육박람회(2019, 학술심포지엄 '미래교육 및 공간혁신'), 글로벌인재포럼(2019, '창의융합을 위한 학교공간혁신') 등에서도 학교공간을 의제로 민·관·학 토론의 장이 열렸다. 공간혁신사업을 본격화하면서 교육계와 학교공간 조성 전문가 그룹인 건축계가 워크숍, 연수, 배움여행 등 구

---

1) 교육청 재원은 지방교육재정교부금법에 따라 국가가 교부하며, 배분 방식에 따라 학교 수, 학생 수, 학교시설 현황 등 측정단위에 따른 기준수요측정액 및 그 외 부족분에 대해 총액으로 교부되는 보통교부금으로 구분된다.

성원 역량 강화와 현장사업 실행을 위한 교육프로그램을 수시로 개최했다.

2020년까지 전국 시·도교육청의 학교공간혁신 참여학교 수는 1200여 개 이상에 달한다.[2] 민간단체와 지자체가 지원한 학교를 포함한다면 이보다 훨씬 많다.

학교공간혁신은 진행 1년 만에 3가지 판^{track}으로 실행 목표를 달리했다. 1판은 쉼과 놀이가 있는 '균형 있는 삶의 공간으로서의 학교', 2판은 '학습 변화를 지원하는 공간 변화'다. 3판은 배움의 시간과 공간의 경계를 허무는 '경계 없는 학교'다. 이 구분은 순차적 발전이라기보다 진행 주체, 즉 교육부, 교육청, 학교의 비전과 목표, 상황에 따라 선택적 또는 복합적으로 진행됐다.

교육부는 2021년 2월 3일 한국판 뉴딜로 그린스마트미래학교 추진계획을 발표했다. 18조5000억 원 예산으로 40년 이상 된 학교 건물 중 2835동(약 1400개교)을 개축 또는 리모델링해 교수·학습 혁신을 추진하는 미래교육전환사업이다. 학교공간혁신은 그린스마트미래학교로 귀속되어 한국판 뉴딜 10대 대표 사업이자 2021년 교육부 핵심 정책 사업으로 정리됐다.

이는 단기간 내 확산과 발전을 거듭한 학교공간혁신이 대한민국 교육의 트렌드로 자리매김했음을 보여준다. 때문에 이제 교육부(청)는 학교공간혁신으로 이룬 질적 성과가 무엇인지를 함께 언급해야 하며, 그 출처는 학교현장이어야 한다. 동시에 종합적인 정보여야 한다. 몇몇 학교의 결과 및 성과를 학교공간혁신 추진 종합 성과로 설명할 수는 없다.

⋮

학교공간혁신의 마중물

우리 생각으로 공간이 바뀌니까 더 많이 생각하게 되더라고요. 마인드맵처럼.

---

2) 2019년: 학교단위 57개교, 영역단위 588개교, 국립부설학교 5개교 / 2020년: 학교단위 30개교, 영역단위 618개교, 국립부설학교 5개교

생각을 해야 바뀌니까요.

2015년 EBS 다큐프라임〈학교의 기적, 공간의 발견〉에 출연한 중학생의 이야기다. 이 학생은 수업시간에 '학교 안 청소년 친화 공간 만들기' 프로젝트를 진행했다. 학생들은 관련 도서 읽기를 시작으로 학교공간의 문제점을 찾고, 개선점에 대해 토의·토론했다. 수학여행을 공간 벤치마킹 시간으로 활용하고, 수시 체험학습 때 마을 운영자들과 대화를 나눴다. 모형을 만들고 공간디자인을 했고, 공간 조성 이후에는 사용시간과 규칙 등 학생들이 공간을 통해 학교에서 원하는 삶이 무엇인지 발표했다. 반별 수업은 전교생 공유로 이어졌고 지역 문화예술기획자, 학부모, 교사, 학생 청중에게 평가를 받았다. 공간이 수업을 바꾸고, 문화를 만든 것이다. 질문은 '원하는 학교공간'이었고, 답은 '원하는 학교생활'이었다.

방송 이후 이 학교는 종종 지역 매체에 소개됐고, 이렇게 만들어진 기사나 지역 방송은 다음날 수업자료로 쓰였다. 수업 과정이나 결과가 알려지고, 학교는 다시 지역사회를 초대했다. 이렇게 조성된 공간은 지역민의 야간 학습장 기능도 수행했다. 학교는 지역의 마루지가 되고 학생들은 기자, 강사가 되어 학교를 소개했으며, 타 지역에서도 학교 방문 문의가 쇄도했다. 연속적인 순환이 일어난 것이다. 이를 해당 학교는 '공간혁신'이라고 불렀다.

단위학교뿐만 아니라 초록우산어린이재단, 씨프로그램C-program과 같은 민간단체도 학교공간에 주목했다. 초록우산은 놀이환경 개선 캠페인 일환에서 아동의 놀 권리를 옹호하는 '어디든 놀이터'를 영강·군남·극락·아미초등학교 등과 함께 조성했다. 아미초 결과보고서를 보면 놀이와 여가생활 만족도가 평균 3.87점에서 4.38점으로 향상됐고, 학교 내 놀이공간 충분성 역시 평균 3.15점에서 3.60점으로 향상됐다. 놀 권리 인지 여부도 77.2%에서 94.2%로 향상되어 '어디든 놀이터' 참여로 놀 권리 인식도 높아졌음을 알 수 있다.

'씨프로그램'은 강원 진부고등학교, 이우학교와 같은 중등학교와 '배움공간 프로젝트'를 진행했다. 본격 추진에 앞서 교육자들과 '공간공감포럼-배움의 공간을 이야기하다'(2017)를 열었는데, 이 내용은 책으로도 출판됐다. 씨프로그램은 중등학교 2개교, 초등학교 2개교의 추진 내용을 담은 카드뉴스와 「배움의 공간을 고민하는 교육자를 위한 매뉴얼」을 보급했다. 씨프로그램의 매뉴얼은 학교시설 연구기관의 「미래학교를 위한 학교공간 재구조화 매뉴얼」(한국교육개발원, 2019)과 함께 2019년 교육

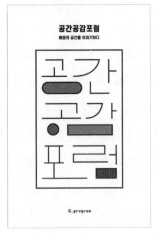

한성은, 『공간공감포럼』 씨프로그램, 2020.

부 참고자료로 활용됐고 시·도교육청과 학교에 많은 도움이 되었다.

이러한 분위기 속에서 지자체의 교육지원사업에 학교공간이 포함, 확대되었다. 서울시(꾸미고 꿈꾸는 학교 화장실, 2016), 광주 광산구(문화예술플랫폼 엉뚱, 2016), 경기 시흥시(2017)와 오산시(별별숲, 2018), 서울 강동구(우리가 꿈꾸고 만드는 행복학교, 2019)는 지자체 관내 학교를 대상으로 학교공간혁신사업을 공모했다. 단위학교에서 프로젝트 수업으로 진행한 학교공간혁신은 지자체를 만나 지원책을 마련하고 지역 전문가와 학교가 결합하기 시작했다. 학교 자체 사업인 경우 새로운 상상을 더한 공간은 학교회계법과 마찰이 생길 수 있고 학교운영비만으로 진행하기에도 부담이 컸다. 민간단체 지원사업은 희망 학교에 비해 선정된 학교가 적었다. 지자체의 학교공간혁신공모사업은 참여학교의 양적 확대와 개별학교의 다양한 사례를 남겼다.

학교, 민간, 각 지자체별로 목표와 규모는 달랐으나 모두 학교공간혁신 범주로 볼 수 있다. 핵심은 '사용자참여설계'다. 참여설계는 사람에 주목한 활동이다. 사람들은 각 지역의 공간에서 사람의 방식으로 프로세스(기획)보다 내러티브적

(실천)으로 움직였다. 그 사람들이 학교공간혁신의 마중물이다. [3]

⋮

학교공간혁신 1판: 균형 잡힌 삶의 공간

학습-놀이-휴식의 균형

"학교공간혁신을 통해 학교를 학생 중심의 다양하고 유연한 교육활동이 가능한 공간으로 조성하고 학습·놀이·휴식 등 균형 잡힌 삶의 공간으로 만들겠다."

학교공간혁신사업 초기 유은혜 교육부 장관의 모두 발언에 반복적으로 언급된 내용이다. 사업 목적은 학생의 창의성을 키우기 위함이고, 그 방법은 유연한 교육활동이다. 이를 가능케 하기 위한 지원책 중 하나가 공간혁신이다. 균형 맞추기 작업은 두 가지 유형으로 나타났다.

첫째, '없는' 놀이공간을 조성하거나 '있으나' 잘 쓰지 않는 공간을 놀이공간으로 바꾸는 유형이다. 초등학교에서 운동장 전체를 재구조화하거나 운동장과 구령대를 놀이공간으로 바꾸는 작업이 해당된다. 또 유휴공간과 교실을 학생 동아리실이나 문화공간으로 고치는 것도 포함된다. 학교 사용자들의 '놀이' 해석에 따라 조성된 공간은 크기, 위치 등이 다르게 분포됐고, 학교 생활문화에 따라 이용률도 다르게 나타났다.

둘째, 학습·놀이·휴식이 모두 가능한 공간을 만드는 것이다. 사용자들의 희망사항에 비해 예산과 전체 면적이 충분하지 않은 상황에서 나타나기도 하지만, 선택 공간의 자체 면적을 넓히고 대신 다른 공간을 빼는 전략으로 사용되기에 경험 많은 건축가(촉진자, 사전기획가)들이 먼저 제안하기도 한다. 수업혁신에 중점을 두는 학교 사용자가 많은 경우 이 제안을 반영한다.

---

3) 일일이 언급하지 않았지만 학교공간 변화를 위해 많은 학교가 노력하고 있다. 여기서는 교육부의 「학교공간혁신 가이드라인」에 명시된 사례를 중심으로 소개하고 언론자료, 백서 등을 참고했다.

두 유형 중 무엇이 더 발전적이라는 판단은 맞지 않다. 첫째 유형으로 조성했으나 둘째 유형으로 사용되기도 하고 그 반대의 경우도 학교현장에서는 일어난다. 그만큼 공간은 사용자에 의해 변하는 유기체다. 다만 학교 사용자가 공간혁신 목표에 동의했다면, 즉 진행 사업을 통해 유연한 교육활동이 가능해졌는지, 학생·교사의 창의성 발현에 도움이 됐는지 연구할 필요가 있다. 이런 차원에서 교육과정 연계는 공간혁신의 중요한 요소다.

교육과정 연계와 전문성 결합

교육부는 가이드라인 및 각종 사업설명회에서 공간혁신을 교육과정과 연계해서 실시할 것을 강조했다. 이는 사용자참여설계의 현장 적용방안이었다. 선도 사례가 나오면 전국에 적용할 수 있다고 본 것이다.

좁은 의미의 교육과정 연계는 학생 참여를 교육과정에서 운영하는 것이다. 공간혁신 워크숍, 수업을 전체 또는 학년별 교과 프로젝트나 창의적 체험활동으로 진행하면서 이 자체가 학생에게 유의미한 경험, 교육이 되도록 하려는 의도다. 이를 현실화하기 위해 ㈜한국교육녹색환경연구원은 2019년 유·초·중·고 공간혁신 수업사례 30여 개를 수집해서 전국 학교에 배포했다.

넓은 의미의 교육과정 연계는 교육청 및 사용자들이 수립한 지역교육 또는 학교의 비전과 목표, 방법, 특색에 따른 교육과정에 따라 학교공간 구성을 고민하고 기획하는 것이다. 이에 대한 이해도를 높이기 위해 지원기관은 공간혁신 유튜브[4]에 전문가 특강을 탑재했다.

교사는 교육청에서 연결한 건축전문가와 함께 수업을 기획할 수 있다. 실제 교육활동에서 전문분야 간 융합 추진이 일어난다. 이때 교사는 학교공간 기획자, 워크숍 보조자, 학생언어 해석 및 전달자, 학생과 전문가를 직·간접적으로

---

4) "학교는 살아있다 학교공간 뚝딱뚝딱"(https://www.youtube.com/channel/UCPq83FDOkbHZ98e8Ckmppvg), 학교 공간혁신 유튜브.

만나게 하는 연결자다. 어떤 역할을 수행할지는 학교와 교사마다 다르다. 이런 의미에서 학교공간혁신 경험은 곧 교육자치 경험이다.

초등 - 학습과 놀이

학교공간혁신을 하면서 많은 의견이 있었지만 학교의 주인은 학생이며 학교 안에서 가장 중요한 공간은 교실이라는 답이 나왔다. 무리한 공간 확장이나 특별실 마련보다는 현재 교육과정에서 학생들이 가장 많은 시간을 보내는 교실에 집중했다. 1~2학년은 학습공간과 놀이공간 비율을 20:80으로 조성했고 3~4학년은 50:50, 5~6학년은 면학 분위기를 살려 80:20으로 설정하고 교실 구성을 달리했다. 1층 로비에는 종합실내놀이공간 앙성마루를 설치했고, 이용률이 적었던 학교 옥상은 녹색정원으로 꾸며 휴식과 문화공간으로 이용한다.

위는 충북 앙성초등학교와 관련된 유튜브와 기사를 엮어 정리한 내용이다. 앙성초는 공간혁신학교단위(개축)사업 대상 학교다. 사전기획 단계에서 주민, 학생, 교사들이 적극 참여해 많은 의견을 냈고 이용률을 고려해 교실 변화에 집중했다. 학생들의 학습 발달단계와 학년별 교육과정을 고려하여 학습과 놀이공간의 비율을 달리 구성, '균형 잡힌 삶의 공간'이라는 문제를 풀었다.

1학년과 2학년 교실은 동일하게 설계됐지만, 1학년 교실은 놀이시간의 안전 문제를 고려해 학생들 동선을 한눈에 파악할 수 있도록 열린 공간으로 구성했다. 놀이학습 경험이 더 풍부한 2학년 교실은 열린 공간을 조금 줄였다. 교실 문은 접이문을 설치해 수업 내용에 따라 교실을 다양하게 활용할 수 있게 했다. 2층과 3층의 복도 중간에 있는 놀이공간은 저학년의 경우 순수 놀이공간으로, 고학년은 놀이, 원탁회의, 수업을 할 수 있는 복합공간으로 활용하도록 했다.

충분히 놀고 즐겁게 공부할 수 있는
저학년 교실

1층 양성마루로 자연광을 이어주는
옥상정원

4학년 교실 내부. 중문과 누다락을 두어
공간을 효율적으로 사용한다.

1층 홀 양성마루. 교육문화예술놀이
복합공간

자료 출처: 충청북도교육청

중등 - 학습과 휴식

학교공간혁신 발표를 준비하면서 사전조사를 했는데, 대부분이 휴식공간을 원했어요. 그래서 우리는 '쉼'에 대해 고민했어요. 저는 실내건축과 진학에 도움이 될 것 같아 공간혁신 동아리에 지원했어요. 그런데 학교공간혁신을 진행한 후 전국각지에서 찾아온 많은 사람들 앞에서 우리가 학교를 어떻게 만들어 갔는지 발표하면서 말과 행동이 영향력을 발휘한다는 것을 알았어요. 그래서 저는 마케팅 분야로 진로를 바꿨어요. 학교를 만든다고 생각했는데 관계를 만드는 일이었고, 몰입 장소를 만들고자 했는데 진행 자체가 몰입이었어요. 공부 말고 딴짓 해보려고 한 건데 딴짓이 생각의 근육을 키우는 공부가 됐어요. 우리는 과도기인 줄 알았는데 현재를 사는 시민이었어요.

광주 첨단고등학교 공간혁신동아리 '아키놀이터' 소속 학생의 말이다. 초등학교가 놀이 자체로 균형 맞추기를 실험했다면, 중등학교는 교과수업 외 유의미한 창의적 체험활동을 시도했다. 교과를 중심으로 시간과 공간이 편성된 중등학교에서 결코 쉽지 않은 일이다. 특히 영역단위 학교라면 일반적으로 유휴공간과 이용률이 현저하게 적은 공간 또는 시급하게 개선이 필요한 공간을 찾아 용도를 변경하는 방법을 많이 쓰게 된다. 첨단고는 가정실을 개선하여 가정교과 외에도 다른 교과 수업도 진행할 수 있게 했다. 점심시간, 창체시간에는 문화공간으로도 사용된다. 다목적실 옆 준비실은 회의실로, 방치돼 있던 체력단련실은 공연, 행사, 수업 등 다목적실 기능의 복합문화공간으로 바꾸었다.

교사들은 이 모든 과정을 담당 교과수업과 창의적 체험활동 시간을 활용해 교육과정 안에서 운영했다. 궁극적으로 학교 안 모든 활동은 학습경험이다. 교사들은 학생 중심의 교육과정을 운영해 학생들과 함께 휴식의 의미를 찾고 이를 학습으로 연결했다. 학생의 경험은 결과적으로 진로활동에도 영향을 끼쳤다. 이 과정은 자발성, 창조성, 몰입, 만족감 등의 놀이 특징[5]에 가깝다. 학습·놀이·휴식 등 균형 잡힌 삶의 시·공간으로서 학교를 만든 사례다.

중등은 주로 홈베이스(로비, 홀)를 활용한 휴식공간, 북카페, 소규모 동아리실 등의 공간 조성이 많다. 급식실을 카페테리아로 바꾸고 식사시간 외 커뮤니티 활동을 하는 겸용 공간도 참여설계에서 여러 번 제안했으나 동선, 배치, 위생, 관리 등의 문제로 실행한 사례는 별로 없다.

⋮

학교공간혁신 2판: 학습 변화, 공간 변화

한국교육개발원[6]은 2019년 '학교건축 혁신을 통한 교육혁신 및 삶의 질 향상'을 주제로 교육시설 포럼을 개최했다. 당시 '학교공간혁신' 세션 발표자였던 프라카시 나이르는 "뉴욕교육청에서 5년간 100개 학교를 바꿨지만 완공된 학교를 방문

---

5) 요한 하위징아, 『호모루덴스(놀이하는 인간)』, 이종인 역, 연암서가, 2010, 41~47쪽.
6) 한국교육개발원 교육시설·환경연구센터(EDUMAC)는 미래학교 모형개발, 학교시설 재구조화 모델, 고교학점제 학교 공간 조성 등 교육시설·환경 분야 전문 연구조직이다.

해보면, 새로운 학교에 새로운 교육은 없었다"며 가르치는 공간의 기본 구조가 바뀌지 않은 것을 지적하고, "이제 건축과 교육의 간극을 줄여야 할 때"라고 말했다.

그가 말한 '건축과 교육의 간극'은 교육의 현재를 넘어 새로운 교육, 새로운 학습을 포함한다. 대부분의 교육자들은 창의성을 장려하는 것이 교실의 중심 목표라는 것에는 동의하지만 학생들의 창의적 개발을 촉진하는 환경을 구축하고 유지하는 것은 도전이 필요한 일이다. 당위를 실천으로 바꾸기 위해서는 근거가 필요하다. 이를테면 전통적 학습환경과 혁신적 학습환경이 학생의 태도와 학습성과, 창의성에 미치는 영향을 비교 분석해 공간디자인의 변화 자체가 어떤 차이를 만들어내는지 증명하는 것이다. 다양한 교실 레이아웃이 교수·학습에 미치는 영향, 즉 학습경험, 동기부여, 참여 및 학업결과 태도 등을 보여주는 사례가 많이 나와야 한다. 그런데 우수한 사례를 발견해도 이를 일반화하기는 어려웠다.

2019년 교육부는 혁신적 학습환경과 교육정책, 프로그램 실천을 목표로 하는 학교를 공모했다. 교육부 국립부설 및 국립특수학교 선정 계획(2019.11)을 보면 "2019년 균형 잡힌 삶의 공간에서 2020년 미래학교 조성으로 진화 중인 학교공간혁신사업을 확산하기 위한 마중물로서의 역할"을 추진 배경으로 밝혔다. '유연한 학습환경, 스마트 학습환경, 미래형 학습환경'이 선도모델 조건이었다. 1차년도에는 전주교대 부설초등학교, 충북대사대 부설고등학교, 국립서울농학교가 선정됐다.

창의융합형 정보교육공간 구축

충북대사대부고는 창의융합형 정보교육실 구축사업으로 학교공간혁신 사업을 신청했다. 공간혁신을 통해 창의융합 교육을 지원하고, 과학 중점 학교 특색을 고려한 점, 고교학점제 운영을 위한 전략적 공간 활용(예정) 등이 미래형 교육과정을 지원하는 새로운 학습환경 조성이라는 점에서 높은 점수를 받았다.

주요 공간을 살펴보면, 메이커스큐브^{Maker's Cube}는 강의식 수업, 모둠 수업 및 토론, 발표수업 등 다양한 교수·학습방법이 가능한 유연한 공간으로 구성했다. 우선, 가변형 테이블과 좌식 형태의 공간 구성으로 학생들이 자유롭게 활동하도록 했다. 디지털 사이니지(미디어월) 대형 패널 6개를 설치해 필요에 따라 전체 혹은 개별적으로 활용할 수 있고, 학생·교사 양방향 통신시스템을 구축했다. 교실 전면에 화이트보드, 프로젝터, 대형화면을 설치하고, 서쪽 벽에 대형 TV를 설치해 어느 위치에서든 수업자료를 볼 수 있도록 했다. 3D 프린터를 설치해 자신이 모델링한 작품을 출력해볼 수도 있다. 동쪽 벽면에는 화이트보드를 설치해 학습자료나 학생들 의견을 게시할 수 있도록 했다. 슬라이드 문이 있어 메이커스큐브에 위치한 2개 공간을 하나의 공간으로도 사용할 수 있다. 커뮤널스페이스 Communal Space의 라이브러리는 원격수업 스튜디오와 동아리 등 소규모 활동을 지원한다. 벽을 없애고 누구나 사용 가능한 열린 공간에 도서관 기능을 더했다. 더 아트스튜디오^{The Art Studio}는 교과별·부서별 교구를 한데 보관해 예산 낭비를 막고 모든 교과에서 사용할 수 있도록 했다.

▨ **충북대사대부고 별관 2층 평면도**

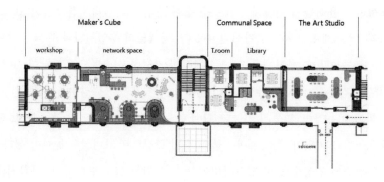

자료 출처: 오즈앤엔드 건축사사무소

보편적 학습공간 설계

우리나라 특수교육은 2021년 현재 187개교, 1만2042학급, 2만3494명의 교원으로 운영되고 있다. 학생은 9만8154명이다.[7] 이에 국립부설학교 및 국립특수학교공간혁신 사업설명회에서 보편적 학습공간 혁신을 강조하며, '스마트한 학습환경' 조성 조건에 "학교 구성원의 장애 유무와 관계없이 보편적 학습 지원이 가능한 공간"을 포함했다. 국립서울농학교가 조성 과정에서 밝힌 학교공간혁신의 목표는 다음과 같다.

> 새로 조성되는 공간은 크게 최첨단 기자재로 다양한 형태의 수업이 가능한 중학교 6개 교실의 '다목적실'과 의사소통 연구, 수어 개발, 방송활동, 교직원 연수가 가능한 '윤백원[8]실'과 발표수업, 영화관람 등 문화휴식 및 창작공간인 '햇살터'다. 서울농학교 공간혁신은 단순히 노후화된 학교시설을 개선하는 사업이 아니라 미래교육을 위해 학교공간을 재구성하고 학교 인식을 새롭게 하며, '인공지능[AI] 시대'에 적합한 교육환경을 만들어가는 과정이다. 이러한 혁신은 물리적 환경 변화와 더불어 미래교육 활동이 함께 연계되는 정보 접근성을 보다 강화한 새로운 교수·학습 전략 개발, 다양한 수업활동 실현으로 이어질 것이다.

교사들은 윤백원 수어실에서 새로운 수어 수업이 가능하기를 희망했고, 교실 2개보다 더 크게 느껴지는 공간이길 바랐다. 학생들의 수업시간과 휴식시간 모두 안락하게 사용할 수 있어야 하고, 영상제작이 가능한 시스템도 필요했다. 교사회의, 학부모간담회, 바자회, 공연 등의 문화행사가 가능한 다양한 규모를 원했다. 이를 학교 사용자는 '뭐든지 가능한 교실'로 불렀다. 뭐든지 가능한 곳으로 사용하려면 공간을 비워야 했고, 사용자들의 수시 조정으로 가변성을 높여야 했다.

수업환경은 영상수업 및 멀티미디어 활용을 위한 크로마키 공간, 사각지대가

---

7) e-나라지표, 특수교육규모, https://www.index.go.kr/potal/main/EachDtlPageDetail.do?idx_cd=1544
8) 윤백원은 한글 지문자를 만든 교육자로, 국립서울농학교 초대교장이다.

없는 양방향 수어시스템과 블랙 모니터와 벽을 통한 집중효과 공간을 구성했다. 공간 확장을 위해 접이식 문을 설치했고, 정원의 사계절이 교실로 연결될 수 있게 통창을 냈다. 복도 쪽 휴게공간(햇살터)과 연결되도록 해 수어시스템을 교실에서 복도까지 연동해 물리적 확장을 통한 시각적 연결을 의도했다. 중학교 교실(농학생 4실, 중도 중복 장애학생 2실)은 서로의 표정과 수어 동작을 시각적으로 인지하여 대화하는 학생들의 학습방법을 고려해 시각적인 개방성을 지원하면서도 다양한 형태의 수업이 가능한 학습공간을 필요로 했다. 이에 따라 교실 전후, 좌우면 전체를 모두 활용할 수 있게 구획을 나눴다. 중복도 구성에 따른 낮은 조도는 복도 양쪽에 대형 창을 두어 자연채광을 유입하고 학생과 교사들이 함께 고른 색을 입혀 분위기를 개선했다.

구축 후 학생들과 교사들의 만족도는 매우 높았다. 특히 스마트 기기를 활용할 수 있어 시각 감각을 주로 사용해 의사소통하는 농학교 학생들이 증강현실[AR], 가상현실[VR]을 통한 대화로 그간의 학습활동 제약을 극복할 수 있게 됐다. 스마트 기기 활용 수업에서 스마트한 학습환경으로의 변화가 곧바로 수업과 생활의 변화로 이어졌다. '자신만의 방법'으로 학습이 가능한 공간 설계는 특수학생들의 특별한 교육적 요구에서 출발했지만, 보편적 학습공간 설계[9]는 모든 학생들에게 적용할 수 있는 학습의 개념 체계이자 실천이다.

⋮

학교공간혁신 3판: 경계 없는 학교

교실은 시간상, 공간상 물리적 제약이 많아요. 그런데 학생들의 배움은 이러

---

9) 보편적 학습(UDL, Universal Design for Learning) 설계를 학교에 적용하면, 모든 학생들이 학습 지식, 기술, 열정을 얻는 데 도움을 주는 교육환경을 디자인하는 것이다. 로널드 메이스의 UDL 7원칙 ① 공평한 사용 ② 사용상 융통성 ③ 간단하고 직관적인 사용 ④ 쉽게 인지할 수 있는 정보 ⑤ 오류에 대한 포용력 ⑥ 적은 물리적 노력 ⑦ 접근과 사용을 위한 충분한 공간(한국교육학술정보원, 「미래학교 디자인 가이드라인」, 2011, 37쪽 재인용.)

한 제약을 뛰어넘고자 하는 노력이 많거든요. 디지털 기술을 학교현장으로 가져와서 학생들의 상상력이 제한받지 않고, 뭔가 실현할 수 있는 곳이 학교이고 교실이었으면 좋겠다고 생각했어요.

2019년 '경계 없는 학교'[10] 구축에 참여한 교사의 인터뷰 내용이다. '경계 없는 학교'의 공간디자인은 완전히 새로운 것도, 혁신적 아이디어로 처음 제시된 것도 아니다. 스마트·스팀·메이커 교육이 등장할 때마다 효율적 공간디자인 지침이 보고서나 논문을 통해 소개되었고, 미래학교의 철학과 방향, 설계 원칙에 대한 연구결과도 많다. 하지만 실현사례는 찾아보기 어려운데, 그 이유는 여러 가지 행정·재정의 문제를 비롯해 학교 간 형평성, 국가교육과정 등 모든 분야에 걸쳐 있다.

일단 사용자참여설계 원칙을 그대로 적용해 실제 공간을 구축해보기로 했다. 미래학교를 만들어갈 학생과 교사들이 온·오프라인으로 참여했다. 이들은 가상공간에서 공간디자인을 제안했고, 모형을 만들어 전달하기도 했다. 이 공간에서 실제 수업을 진행할 교사들이 경계 없는 학교를 구체화했다.

우선 과제는 '경계'가 무엇인지 정의하는 것이었다. 경계는 시간, 공간, 학습방법이다. 세 요소는 독립, 종속, 매개, 조절, 외생, 통제 변수로 복합적이지만 교육부의 '경계 없는 학교'는 이렇게 정리하고 있다.

경계 없는 학교

· 학습, 쉼, 놀이의 시간을 허물다.
· 학습방법에 대한 선택권을 넓히다.
· 디지털(가상) 공간으로 배움 경계를 없애다.

---

10) '경계 없는 학교'는 국립부설학교 공간혁신보다 먼저 이뤄졌다. 건축과 교육의 간극을 좁히는 선도모델로서 국립부설학교 공간혁신 추진에 앞서 필요한 사례를 모아 모델이 될 학교를 만든 것이다. 2019년 8월에 기획됐고, 9월 사용자 참여설계를 거쳐 10월 교육부 박람회에서 국립부설학교 및 국립특수학교에서 구축 과정과 수업시연 영상이 안내되면서 공간혁신 2판의 선 사례로 활용됐다. 여기서는 공간혁신의 흐름상 3번째 판으로 설명한다.

시간 요소는 학교공간혁신 1판에서 강조된 학습, 놀이, 휴식의 경계를 없애고 하나의 공간에서 균형을 유지하는 것으로 진화됐다. 학습방법 요소는 새로운 학습을 지원하는 새로운 공간 창출이라는 2판의 내용을 학습방법 선택권으로 바꾸었다. 이는 공간 창출의 목적을 드러낸다. 마지막으로 공간 요소는 물리적 경계는 허물되 디지털 원어민Digital Native인 학습자를 중심으로 디지털 기술을 활용하는 미래학교 공간의 역할을 분명히 했다.

종합하면 '경계 없는 학교'의 공간디자인은 현장 실현 가능성을 기본으로 학교생활과 교수·학습의 변화를 담되 공간 변화에 따른 빈자리를 디지털 기술이 채워나가는 역할을 담당한다.

경계 확장을 돕는 디지털

'사용자 경계 확장'은 학생, 교사, 학부모(시민) 외 '에듀테크(디지털)'를 포함한다.

어릴 때부터 디지털 문화를 접한 사람은 자연스럽게, 마치 모국어를 구사하듯 디지털과 더불어 살아간다. 정보화 시대에 맞게 이들 세대(학생)의 잠재력을 실현하도록 지원하는 교육과 학습환경도 고민해야 한다. "기기를 활용하는 수업을 넘어"는 디지털이 학습과 생활의 변화를 주도하라는 주문이다. 이때 목표는 디지털을 이용해 현재 교육으로 실현하기 어려운 높은 차원의 학습Deep learning으로 현실세계의 문제를 해결하는 교육혁신에 있다. 눈에 보이진 않지만, 사용자 주도 참여학습이 실현 가능하도록 디지털 영역과 물리적 영역을 상호보완해 통합, 완전히 새로운 시스템과 공간을 창출할 것을 요구한 것이다. 실질적인 생활 변화, 혁신 단계는 현재 업무를 개별적으로 보완하는 과정이 아니라 구성원이 가장 필요로 하는 근본적인 고민을 새로운 기술로 채우는 총체적인 작업이어야 한다.

변화를 꾀할 때 누구와 함께, 누구에게 도움을 받을 수 있을까? 여기에 사용자 경계를 확장한 이유가 있다. 사용자 경계 확장은 교육 3주체인 학생, 학부모, 교사뿐만 아니라 구성원을 지원하는 민간 전문가 때로는 기업을 포함한다. 학습을 지원하는 참여 주체의 경계를 없애는 것이다. 학생의 학습을 지원하는 교수자나 방법에 더이상 제약은 없다. 이는 공간과 스마트 기술을 지원해야 가능해진다.

경계 해체를 지원하는 공간

'경계 없는 학교(실)'의 사용자들은 언제 어디서 누구와 무엇이든 배울 수 있다. 앞서 언급한 대로 학습방법은 시간과 공간의 영향을 받는다. 이를 염두에 두고 현장교사, 학생들의 경계를 허무는 도전은 전문가의 지원으로 구현됐다.[11]

경계 없는 학교는 데이비드 손버그와 존 카우치가 학생들의 잠재력을 이끌어 내기 위해 제안한 학습공간 설계 내용과 닮아 있다. 일대 다수 교육을 위한 모닥불형, 다수 대 다수 교육을 위한 물웅덩이형, 일대일 교육을 위한 동굴형, 피드백과 실행이 진행되는 산꼭대기형이다. '모닥불형'은 전문가(교사) 한 명이 다수의 학습자들과 대화하고 쓰고 읽는 공간이다. '물웅덩이형'은 현재 수업에 관한 개별학습 내용을 공유하고, 집단 기반 환경에서 다양한 시각의 내용을 발견하고 탐구하며 다른 학생들의 피드백을 이끌어낸다. 학생들은 학습자이자 동시에 교사가 되며 기술을 적절하게 이용하도록 요구받는다. '동굴형'은 혼자 시간을 보내고 글을 쓰고, 코딩을 하고 조사를 하고 검토하고 생각하고 계획하고 다른 공간에서 얻은 정보를 되새기는 개별형 학습공간이다. '산꼭대기형'은 실행을 통한 즉각적이고 지속적인 피드백이 강점인 공간이다. 저자는 학습공간의 계획설계와 제작 그리고 제대로 된 운영은 교육의 회로를 성공적으로 바꾸기 위해 중요하고, 학생 요구에 부응하는 데 큰 도움을 준다고 봤다. 이런 공간을 만들어 이용 기회를 주는 것이 우리가 할 일이라고 강조했다.[12]

---

11) 교육부의 '경계 없는 학교' 안내지 뒷면에는 공간 구성 시 학생들의 제안이 대화체로 게재돼 있다. 여기서는 구축 의도와 과정을 중심으로 서술했다.
12) 존 카우치·제이슨 타운, 『교실이 없는 시대가 온다』, 김영선 옮김, 어크로스, 2020, 118쪽.

이들이 제안한 미래 학습공간을 단순히 학교 또는 교실 안 공간 구획 기준으로만 사용한다면 디지털 공간(디지털 플랫폼), 가상공간이 물리적 공간과 배움의 경계를 어떻게 허무는지에 대한 학습경험 설계를 놓칠 수 있다.

스마트한 학습환경의 창조자들

'경계 없는 학교'을 구축하면서 수업 시연과 워크숍을 열고, 전시 체험을 진행했다.[13] 수업 시연 시 교사는 수업 콘텐츠를 학습공간에 설치된 디지털 기기와 전자칠판에 공유(미러링)하면서 수업을 준비했다. 학습자들은 휴게공간에 놓인 빈백에 눕고, 유튜브실을 기웃거리고, 메이커실에 전시된 3D 출력물을 보고 만지며 기기 관리자에게 이것저것 질문하거나 친구들과 이야기했다. 스마트팜 기기 앞에 삼삼오오 모였고, 휴게실 벽면 녹화에서 셀카를 찍고 SNS에 올렸다.

수업은 프로그램에 따라 일대일, 일대 다수, 다수 대 다수의 형태로 진행됐다. 전문가 한 명이 다수의 학습자들과 정보를 공유하는 학습형태를 지원하는 공간은 두 곳의 수업공간과 무대에서 이뤄졌다. 이 구획에 설치된 전자칠판과 무대쪽 빔프로젝터는 국내외 전문가를 만나게 한 '모닥불' 도구였다. 휴게 및 개별공간에서 주로 다수 대 다수 형태로 수업 중에는 학생들끼리의 만남이, 수업 후에는 참관자들과 학생들의 인터뷰, 참관자들끼리의 교류가 일어났다. 이때 학생들은 스마트 기기로 자신들의 생각을 표현하며 대화했고, 필기가 가능한 벽과 창을 활용해 의견을 나눴다. 수업공간에 설치된 전자칠판을 통해 '경계 없는 학교' 안 학생들과 행사장 밖 학생들의 만남도 이뤄졌다. 메이커 스페이스와 근접한 수업공간에서는 다른 공간에서 얻은 정보를 바탕으로 코딩하고, 생각을 실제로

---

13) 수업, 전시 프로그램은 그린, 스마트, 미래학교로 구분된다. 그린 분야는 SDGs 지속가능한 발전 문제와 해결로 풍력 발전, 지진계 데이터 활용 수업 등이 초등교육과정으로 이뤄졌다. 스마트 분야는 에듀테크를 활용한 수업이 선보였는데 스마트팜, 교육용 앱, 로봇코딩, 메이커 수업을 진행했다. 미래학교 분야는 주로 학교공간혁신으로 주제를 좁혀 미래학교 디자인 수업으로 편성 디지털 플랫폼 안에서 함께 미래교실을 디자인했고, '경계 없는 학교' 지원공간인 메이커 부스에서 3D 디자인 수업으로 연결했다.

구체화했다. 그 과정에서 풀리지 않은 것은 인터넷을 검색하거나 교사나 친구에게 물어 해결해갔다. 유튜브실에서는 다른 공간에서 일어나는 활동을 담아서 즉시 편집하고 외부로 송출하는 등 '산꼭대기'를 찾아 배움을 만들어갔다.

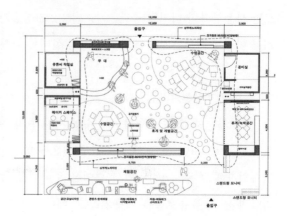

대한민국 미래교육 한마당 최종 평면도

자료 출처: 아키에듀+디엠건축사사무소

이 과정에서 주목할 대목은 구획된 공간과 설치된 디지털 기기를 활용하는 과정이 순차적으로 일어나지 않았다는 데 있다. 학생들은 각자 축적된 학습경험에 따라 진전된 경험을 만들기 위해 주도적으로 장소를 옮겨다녔다. 다수 대 다수 형태로 앉았던 공간일지라도 혼자 생각하고 정리하고 실행하는 상황도 일어났다. 이때 클라우드를 통해 연결된 다른 회의 내용을 보고 들으면서 자신의 생각을 교정하기도 했다. 공간 구획을 통한 분산 배치가 학생들의 공간선택권을 확장한 결과물로 보일 수 있지만, 이는 우리가 시각적으로 쉽고 익숙하게 인지하는 물리적 경계일 뿐이다. 실제 현장에서는 디지털화를 통해 물리적 경계를 넘는 역동적 확장이 일어나고 있다. 이와 같이 디지털은 물리적 공간 한계를 확장하고 부족분을 메운다.

'경계 없는 학교'를 위해서 반드시 위 모델과 같이 큰 면적의 교실이 필요한 것은 아니다. 학교는 학생들에게 필요한 경험과 교수학습의 근본을 고민하고, 이를 위해 꼭 필요한 '공간'을 정의해야 한다. 현실 여건을 고려해 기존 학교에 새로운 공간을 더하기만으로 해결할 수 없을 때 공간을 덜어내는 작업과 함께 부족한 공간을 디지털 기술로 채워야 한다. 물론 이러한 경험의 설계는 교사에게 새로운 역량을 요구한다. 불가능한 조건은 아니다. '경계 없는 학교'의 학생선택권은 단지 여러 공간을 선택하는 교실을 만들고 쓰게 하는 것이 아니라 학교 사용자들이 스마트한 학습과 그 환경의 창조자[14]가 되는 것이기 때문이다.

:

학교공간혁신 이후, 그린스마트미래학교

2020년 7월 발표한 '한국판 뉴딜 종합계획'은 선도국가로 도약하기 위한 '대한민국 대전환' 선언이다. 추격형 경제에서 선도형 경제로, 탄소의존 경제에서 저탄소 경제로, 불평등 사회에서 포용 사회로, 대한민국을 근본적으로 바꾸겠다는 정부의 강한 의지를 담은 구상과 계획이다. 한국판 뉴딜은 경제 전반의 디지털 혁신과 역동성을 확산하기 위한 '디지털 뉴딜'과 친환경 경제로 전환하기 위한 '그린 뉴딜'을 두 축으로 한다. 10대 전략 사업[15]에는 교육 뉴딜인 그린스마트스쿨이 포함됐다. 교육부는 그린스마트스쿨을 내부 사업명 그린스마트미래학교로 호칭하고 '그린 뉴딜'은 탄소중립 실현과 환경생태교육의 체험장 구축을 핵심으로 하는 '그린 학교'로, '디지털 뉴딜'은 교수학습 혁신을 위한 '스마트교실'에 대응시켰다. '안전망 강화'에 대해서도 개인 학습격차를 축소하고 다양성을 지원하는 미래학교의 지향 목표로 흡수했다.

그린스마트미래학교는 미래교육 변화에 대비한 시설 인프라 구축을 위해 디지털과 그린 기술을 융합하는 사업이다. 교육부 종합추진계획에 따르면 40년 이상 된 학교 건물(7980동) 중 합숙소, 창고 등을 제외한 6000여 동의 절반인 2835동을 미래학교 사업대상으로 하며, 사업수행 방식에 따라 재정사업(75%)과 민자사

---

14) 2019년 미래교육 한마당에 참석한 안드레아스 슐라이허 OECD 교육국장은 '학생 성공을 다시 정의하다' 기조연설에서 한국 교사들 수준을 높게 평가하고 자율권 확대를 강조하면서, "한국은 우수 인재가 교직에 들어온다. 이들을 스마트한 학습환경 디자이너 및 창조자로 인식 전환이 필요하다"고 말했다.

15) 한국판 뉴딜 10대 대표 사업: 데이터 댐, 인공지능 정부, 스마트 의료 인프라, 그린 리모델링, 그린 에너지, 친환경 미래 모빌리티, 그린스마트스쿨, 디지털 트윈, SOC 디지털화, 스마트 그린산단.

업(25%)으로 구분한다. 사업의 1차 목표는 2022개정교육과정과 고교학점제가 본격 적용되기 시작하는 2024년부터 K-에듀 통합 플랫폼과 함께 새로운 미래학교 운영을 개시하는 데 있다.

사업 절차는 계획수립, 사업선정, 사전기획, 설계, 공사, 유지관리로 나뉜다. 계획수립단계에서는 교육부의 종합계획과 사업실행계획이 각 시·도교육청에 배부되면 교육청은 지역 상황과 특색에 따라 지역형 실행계획을 수립한다. 교육청 관할 학교들은 교육청의 사업설명회나 안내문서에 따라 사업을 신청한다. 여기에서 중요한 내용은 교육청의 실행계획이다. 국가정책이 발표되면 광주형 일자리, 경남형 긴급재난소득, 충남형 청년고용사업, 제주형 거리두기와 같이 각 지역에 맞는 실행계획을 수립한다. 학교공간혁신의 최종 실행주체는 지역교육청과 단위학교다. 그린스마트미래학교로 사업이 광범위해져도 그 주체는 달라지지 않는다. 다만, 부분 수행해온 사업이 국가수준으로 대규모로 진행됨에 따라 교육 뉴딜은 지역밀착형, 지역주도형, 중앙·지방협력형으로 추진될 수밖에 없다. 따라서 교육 뉴딜은 중앙 정책이 지역 여건에 맞게 정착하는 과정이 필수적이다. 최근 경기형·경남형·전남형 그린스마트미래학교가 등장하는 것은 당연하면서도 사업 성공을 위해 반드시 필요한 고무적 변화라 하겠다.

교육부 종합추진계획에 따르면 대한민국의 미래학교는 "다양성, 창의융합, 시민성 구현을 위한 미래 핵심 역량을 높이고, 혁신적 교수학습을 통한 교실수업 변화와 지역사회 공동체 발전과 사회통합을 이루는" 사업으로 이해할 수 있다. 중앙정부 주도의 전략적 언어는 전국 모든 학교의 추구 방향이며 이를 균형적으로 추진하고 실현하기 위한 구체적 전략 수립은 지역의 노력으로 이뤄진다.[16]

---

16) 경기도교육청은 도민 대상 85% 수준의 그린스마트미래학교에 대한 도민 공감을 확인, '경기형 그린스마트미래학교 사업 우선 추진'이 필요한 사항과 학교에 미치는 영향, 지속가능성을 종합 고려해 혁신학교, 미래형 통합운영학교, 시설 복합화 등을 지역 전략으로 제시했다.(경기도교육청, 「2021 경기교육정책 정기여론조사 4회차 결과 보고서-주제: 그린스마트미래학교」)

확산의 트라이앵글

학교공간혁신이 확산된 배경을 짚어보면 첫째, 학교현장에서 시작된 수업활동이라는 점을 들 수 있다. 학교공간에 주목한 교사들의 노력은 진행 과정에서 학생 중심의 많은 스토리를 만들었다. 스토리는 설득력을 발휘하며 새로운 수업과 프로젝트를 찾는 교사들에게 많은 호기심과 실행을 위한 강력한 동기를 부여했다. 토의·토론수업을 통해 실제로 제안한 내용이 학교공간 어딘가에 실현되는 과정은 교사와 학생 모두에게 참여와 성취의 경험을 만들었다.

둘째, 학교공간혁신이 상향식^{bottom-up}으로 진행되면서 중앙의 교육정책이 되었고, 동시에 물리적 시설 개선 시기와 맞아떨어졌다. 단위학교의 프로그램이 지자체의 프로젝트가 되고, 민간단체의 사업이 됐으며 교육부 교육정책으로 전국화됐다. '사용자참여'라는 스토리만으로는 중앙 정책이 되기 어렵다. 학교시설물의 물리적 특성을 고려할 때 건축물 노후도는 40년을 정점으로 기능이 급격히 쇠퇴한다. 사회 변화와 거주환경에 대한 사용자의 높아진 요구수준을 고려하면 학교시설의 리모델링과 개축은 피할 수 없는 과제였다. 우리나라 학교시설 중 40년 이상 된 학교시설의 연면적은 15% 수준으로 비율은 높지 않지만 일거에 개축하기에는 기하급수적인 비용이 소요된다. 그린스마트미래학교 사업이 18조5000억 원이나 편성됐음에도 불구하고 단위학교에 지원 가능한 사업비가 넉넉지 않은 원인이다. 더구나 1980년대 지어진 건물은 이보다 더 많은 20% 수준임을 감안할 때 학교시설 개선은 더이상 미룰 수 없었다. 지금 수행되는 학교의 물리적 개선은 향후 40년 이상 우리나라 교육의 장으로 기능하게 될 것이다. 그린스마트미래학교 워크숍에서 "지금 아니면 우리는 다시 40년을 기다려야 한다"[17]라고 한 이유가 여기에 있다.

---

17) 교육부, '그린스마트미래학교 인디워크숍(분임토의)', 건축가 김정임 발언, 2021.7.30.

셋째, 미래학교 학습환경 조성은 세계적 트렌드라는 점이다. 미래학교의 세계적 흐름은 맞춤형 교육과정, 개인·지역·국제 문제해결을 위한 프로젝트 수업, 양질의 학습환경, 최첨단 기술 지원 등이다. 영국은 미래학교를 "학습을 촉진하고 모든 학생과 교사의 개별 특성을 고려하고 양성하는 시설 및 환경"으로 정의하고, 2003년 66조 원 규모의 '미래를 위한 학교건립사업Building School for Future: BSF'을 발표했다. 싱가포르는 1997년부터 교육 전반에 정보통신기술ICT 통합 지원을 통해 "혁신적 기술, 교수방법, 학교디자인을 통해 학생에게 의미 있는 참여 경험을 제공"하는 것을 미래학교로 보고 있다. 뉴질랜드는 "모든 개인이 잠재력을 최대한 발휘하는 개별화된 학습환경"을 포함하여 교육 전문직들이 자신의 전문성을 개발하는 지속적인 기회를 제공하고 교육제도와 시민들이 참여하는 다른 사회의 서비스망 사이 연결을 강화해 교육환경을 재건하는 것을 실행 중이다. 일본은 1990년대 후반부터 다목적 공간을 확장하고, 지역과 함께하는 열린 학교를 계획하며, 에코스쿨을 추구하고 있다. 이 외에도 2000년을 전후로 핀란드, 노르웨이 등 유럽 각국이 다양한 방식으로 미래를 준비하는 학교환경 개선사업을 전개하고 있다. 이런 흐름을 타고 국내에서도 미래학교 연구가 진행됐는데, 학교공간혁신 학교단위부터 그린스마트미래학교 사업 속에서 연구가 실천으로 이어지는 힘을 얻게 되었다.

⋮

학교 변화의 중심은 학생

코로나19는 학교공간의 미래를 앞당겼을까? 공간혁신, 그린스마트미래학교는 미래사회에 대응하기 위한 혁신을 강조해왔다. 그러나 아이러니하게도 배움 공간을 만들어가는 이들에게 '배움은, 학교는, 교사는 무엇인지'를 물었다. 결국 모든 것은 학생 중심, 학생 선택, 개별화 학습이라는 결론에 도달했다. 학교공간의 미래를 앞당긴 것은 오늘을 자유롭게 살고 미래를 만들어가는 '학생'이다.

사용자참여설계는 1판에서 '사용자에 의한 설계'를 강조했다. 2판부터 새로운 학습을 창출하는 과정에서 교사의 전문성이 요구되면서 학생에 의한 설계는 학생을 위한 설계로 넘어갔으나 사용자참여설계의 취지가 변경된 것은 아니다. 3판인 '경계 없는 학교'는 사용자의 권리를 4가지로 명시했다. ① 공간을 함께 기획하고 세울 수 있는 권리, ② 공간 속에서 다양한 관계를 맺고 누릴 권리, ③ 언제 어디서나 서로 배움을 만들

자료 출처: 교육부, '경계 없는 학교' 안내지 뒷면

수 있는 권리, ④ 오늘, 내일을 준비할 정보와 기회를 가질 권리다. 여기에는 사용자 주도의 공간을 구축한 후 학습과 생활문화 생산자로서 사용자의 권리이자 의무, 현재와 미래의 연결성, 접근성 권리가 고루 담겨 있다. '경계 없는 학교' 안내지에서 눈여겨볼 부분은 주관·주최자로 '대한민국 청소년'을 등장시킨 점이다. 학생보다는 청소년이라는 말을 사용한 것은 학교 안팎 청소년을 모두 포함하겠다는 의도로 보인다. 학교공간혁신이라는 교육트렌드를 통해 다시금 확인한 것은 '교육'이다. 공간이 교육에게 질문했다. 공간 변화를 매개로 교육 변화에 대해 질문했다. 공간은 인간을 존재하게 하는 기본 바탕 중 하나이고, 그 시대의 문화를 보여준다. 학교공간혁신은 2021년 대한민국을 넘어 전 세계에서 공간을 통해 새로운 학습경험의 필요와 요구로 교육 패러다임이 이동하고 있음을 보여준다. 해가 거듭될수록 학교공간에는 변화가 일어나고, 그 변화를 주도한 사람들에 의해 점점 생각도 바뀔 것이다. 생각이 바뀌면 미래도 바뀐다. 그 변화의 중심에 '학생'이 있다.

기초학력

모두를 위한 교육,
여기에서 시작하자

김영식
좋은교사운동 공동대표

학업성취도평가와 기초학력 논쟁

수면 위로 떠오른 기초학력 문제

매년 11월, 교육부는 국가수준 학업성취도 평가결과를 발표한다. 6월에 학업성취도 평가시험을 치르고 그 결과를 11월 정도에 발표하는 것이다. 2020년에는 코로나19 확산으로 6월이 아닌 11월에 시행했고 2021년 6월에 결과를 발표했는데, 비대면 수업으로 인해 중하위권 학생들의 학력 저하와 이로 인한 학습격차가 심화되지 않을까 하는 우려가 데이터를 통해 사실로 확인되었다. 자료를 보면 중3과 고2 학생 모두 국어, 영어, 수학 과목에서 3수준(보통학력) 이상 학생의 비율이 줄어들었고, 1수준(기초학력미달) 학생의 비율은 늘어난 것을 확인할 수 있다.

국가수준 학업성취도 평가는 2008년 이명박 정부가 처음 시작했다. 전국의 초6, 중3, 고2 학생 전체를 대상으로 학업성취도를 평가해서 결과를 공개하고, 기초학력미달 학생 비율이 20%가 넘는 학교는 학력향상 중점학교로 지정하여 학생들의 학력향상 프로그램을 진행했다. 엄청난 예산도 지원했다. 하지만 기출문제 풀이 수업과 같은 교육과정 파행 운영, 미달 예상학생 평가응시 사전 제외 등 부작용에 대한 비판이 거세지면서 박근혜 정부(2013~2016)에서는 초6을 대상에서 제외하고 중3, 고2 학생만 대상으로 시행했고, 문재인 정부(2017~2020)가 출범하

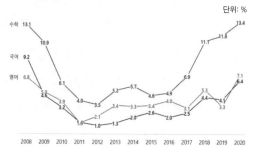

■ 중3 국어·수학·영어 기초학력미달 학생 비율 연도별 변화

단위: %

자료 출처 : 교육부·교육과정평가원

면서 중3, 고2 학생 중 3%를 표집해서 평가하는 방식으로 바뀌었다.

전수평가와 표집평가의 변화를 거치면서 13년간 실시한 국가수준 학업성취도 평가결과에서 기초학력미달 학생 비율은 위 그래프와 같이 나타났다.[1]

■ 학업성취도 평가 교과별 성취수준 비율(2019~2020)

단위: %

구분 연도	3수준(보통학력) 이상						1수준(기초학력미달)					
	중3			고2			중3			고2		
	국어	수학	영어	국어	수학	영어	국어	수학	영어	국어	수학	영어
2019	82.9 (0.54)	61.3 (0.94)	72.6 (0.82)	77.5 (0.90)	65.5 (1.24)	78.8 (0.98)	4.1 (0.28)	11.8 (0.44)	3.3 (0.24)	4.0 (0.40)	9.0 (0.59)	3.6 (0.35)
2020	75.4 (0.76)	57.7 (1.01)	63.9 (1.1)	69.8 (1.14)	60.8 (1.27)	76.7 (1.07)	6.4 (0.4)	13.4 (0.59)	7.1 (0.43)	6.8 (0.52)	13.5 (0.75)	8.6 (0.64)

*1. 표집시행에 따라 2018~2020년 결과는 모집단 추정치이므로 괄호 안에 표준 오차를 제시함(이하 동일).
2. 통계적 유의도는 95% 신뢰구간(표본의 통계치±1.96*표준오차)을 활용함(이하 동일).
3. 회색 부분은 전년 대비 통계적으로 유의한 차이가 있는 경우를 표시함.

자료 출처: 교육부 보도자료, 2021.6.2.

기초학력미달 논쟁 대두

기초학력미달 비율이 높아진 결과가 발표되면 정치권과 언론을 중심으로 학력저하를 우려하면서 국가수준 학업성취도평가 전수조사와 결과를 공개하는 정

---

1) 그래프 결과는 시험방식이나 기초학력미달을 구분하는 분할점수의 변화를 고려하지 않은 단순한 수치적 비교일 뿐 통계적이고 과학적인 비교는 아니다.

책이 필요하다고 강하게 주장할 것이다. 주로 보수 정당이 전수조사 실시와 결과 공개 의무화를 주장하고,[2] 학계 안에서도 결과를 공개하지 않는 전수조사에 동의하는 의견이 상당수 존재한다. 반면 교원노조 등을 중심으로 반대하는 목소리도 높다. 학업성취도평가를 전수조사하는 것은 일제고사식 성취도 평가의 부활이며, 학생, 학교, 지역 간 경쟁을 부추겨 문제풀이식 시험 대비 수업을 양산하고 학교교육과정을 비정상적으로 몰게 된다는 이유에서다.

국가수준 학업성취도평가가 도입되고 기초학력미달 비율이 대폭 감소하던 시기에 실제 학생들이 학력이 향상되었다는 데에 동의하기 어렵다는 것이 학교현장의 시각이다. 기초학력미달 수준이던 학생이 시험문제 몇 개 더 잘 풀어서 미달에서 벗어나는 경우가 많다. 기출문제 풀이를 시켜준다거나 별도 보충학습을 시키면 상당수 학생들이 기초학력미달에서 벗어난다. 기초학력미달 비율이 줄었다고 해서 기초학력미달 현상이 줄어드는 건 아니다.[3] 정부 차원에서 기초학력미달 비율을 발표하고, 결과에 따라 학력향상 또는 학력저하 논쟁을 벌이는 것이 공허하게 다가오는 이유다.

학교현장에 있는 교사들 상당수는 무엇보다 정책을 통해 기초학력미달 비율을 '0'로 만드는 것이 가능한지 의문을 제기한다. 대표적인 학력향상 정책인 미국의 NCLB[No Child Left Behind]나 ESSA[Every Student Succeeds Act] 정책을 추진했지만, 의미 있는 학력 향상이 일어났다는 보고는 찾기 어렵다. 학습지원시스템이 잘 마련된 핀란드도 15세 학생의 읽기와 수학, 과학의 기초학력미달 비율이 각각 11.1%, 13.6%, 11.5%나 된다. 핀란드는 개별 학생에 대한 학습지원시스템이 촘촘하게 되어 있는 것으로 잘 알려져 있다. 우리나라 초·중학교 개념의 핀란드 종합학교에 가보면 학년마다 특별지원교사가 배치되어 있어 수업 참여를 어려워하거나

---

2) 20대 국회에서는 전희경 의원(자유한국당)이, 21대 국회에서는 정경희 의원(국민의힘)이 전수조사와 결과공개 의무화를 담은 초·중등교육법 개정안을 발의했다.

3) "학업성취도평가 기초학력미달 판정기준에 문제 있다", 좋은교사 논평 보도자료, 좋은교사 교육정책포럼, 2016.

내용 이해에 문제가 있는 학생들을 집중 지원한다. 그럼에도 기초학력미달 학생이 10% 이상 나타나는 것을 보면 기초학력미달 비율을 '0'으로 만드는 목표가 가능한지 의문이다. 의미있는 것은 핀

란드의 기초학력부진 비율이 다른 유럽연합[EU] 국가들의 평균인 19.7%, 22.2%, 20.6%의 절반 수준이라는 점이다. 핀란드가 학습지원 정책을 잘 펼쳐서 기초학력부진 비율을 다른 EU 국가들의 절반 수준으로 낮추고 있음을 보여준다.

학업성취도 평가결과의 의의

학업성취도 평가결과의 기초학력미달 비율을 따지는 것은 실제로 학습에 어려움을 겪는 학생들에게는 별 도움이 되지 않는다. 국가수준의 학업성취도 평가는 학생의 국영수 교과 학업 성취수준을 알려준다. 가령 수학 교과에서 기초학력미달이라는 결과를 얻었다면, 그 학생이 수학을 잘하지 못한다는 사실을 아는 것 외에 새로운 정보를 얻을 수 없다. 수학 영역 중 취약한 영역이 어디인가를 보여주는 정보도 일부 있지만, 그 부분이 실제 학생의 학습을 지원하는 데 의미있는 정보는 아니다. 현장의 교사가 교실에서 1~2주 수업하면 파악할 수 있는 정보를 모든 학생을 대상으로 시험을 봐서 알아내야 하는지도 의문이다. 표집평가를 통해 학생들의 학업성취 추이를 모니터링하고, 그에 맞는 정책을 수립하는 데 참고하면 된다는 것이 현장의 중론이다.

주목해야 할 것은 혼자서는 학습하기 힘든 학생이 교실 속에 얼마나 존재하느냐다. 기초학력미달은 해당 과목의 성취수준을 대부분 이루지 못했음을 의미

---

4) PISA 평가는 평가결과를 7단계로 구분하는데, 레벨1과 레벨2가 기초학력미달(Underachieving)에 해당한다.

한다. 달리 표현하면 혼자서는 해당 과목의 수업을 따라갈 수 없고, 누군가의 도움이 필요하다는 의미다. 기초학력미달을 이런 관점에서 보면, 비율 수치가 의미 있게 다가온다. 가령, 수학 과목의 기초학력미달 비율이 13.4%라고 한다면 30명 정원의 중3 교실에서 수학 수업을 따라가지 못하는 학생이 평균 4명 정도 항상 존재한다는 의미다. 그런데 '기초학력(2수준)'에 해당하는 학생들도 별반 다르지 않다. 학습 과정에서 항상 어려움을 호소하거나, 어려워하다가 학습을 포기할 가능성이 높은 학생들이다.

▨ 중3 학생의 연도별 과목별 기초학력 및 기초학력미달 비율

과목	성취수준	2017 기초학력	2017 기초학력미달	2018 기초학력	2018 기초학력미달	2019 기초학력	2019 기초학력미달	2020 기초학력	2020 기초학력미달	평균 기초학력	평균 기초학력미달
국어	비율	12.1	2.5	14.2	4.4	12.8	4.1	18.0	6.4	14.3	4.4
국어	소계	14.6		18.6		16.9		24.4		18.7	
수학	비율	24.7	6.9	26.6	11.1	26.9	11.8	28.8	13.4	26.8	10.8
수학	소계	31.6		37.7		38.7		42.2		37.6	
영어	비율	23.3	3.1	28.8	5.3	28.9	3.3	28.9	7.1	27.5	4.7
영어	소계	26.4		34.1		32.2		36.0		32.2	

자료 출처: 교육부

학습지원 관점에서 보면 실제로는 기초학력미달 학생뿐만 아니라 기초학력에 해당하는 학생들도 주목할 필요가 있다. 표를 보면 국어, 수학, 영어 과목의 기초학력에 해당하는 학생 비율이 각각 평균 14.3%, 26.8%, 27.5%가 있음을 알 수 있다. 이를 기초학력미달 비율과 합산하면 국어, 영어, 수학 각각 18.7%, 37.6%, 32.2%가 존재한다. 중학교 3학년 30명 중 국어 5~6명, 수학 11~12명, 영어 10~11명은 혼자서 학습이 어려운 학생들이라는 뜻이다. 교실에서 수업하면서 체감하는 것과 크게 어긋나지 않은 수치이며(지역별, 학교별로 차이는 있겠지만), 학생들이 코로나19로 인해 학습에 어려움을 겪는다는 점을 감안하더라도 매우 높

1. 세대의 변화   2. 학교의 변화   3. 정책의 변화

은 비율이다.

기초학력 정책은 이와 같은 학생이 교실 속에 늘 있다는 전제하에 수립해야 한다. 핀란드와 같은 학습지원 정책을 잘 펼치면 이런 수치에서 절반 정도는 줄일 수 있다. 어떤 학생은 조금만 지원해주면 보통학력이 될 수 있고, 기초학력 수준 학생이 기초학력미달이 되는 것을 방지할 수 있으며, 기초학력미달 학생이 기초학력 수준으로 향상될 수도 있다. 수치 파악이 아니라 학생을 지원하는 것에 초점을 맞춰야 한다.

⋮

특별한 지원이 필요한 아이들

기초학력이 부족한 학생은 교실에서 소외되기 쉽다. 학교 수업은 자신이 소화하기에는 늘 어렵다. 교실에 앉아 있지만, 학습활동이 주가 되는 공간에서 학습이 안 되면 자기 존재감을 경험하지 못하고 자연스럽게 배제를 경험한다. 함께 있지만 배제되는 상태, 교실에 있지만 배우지 못하는 상태, 우리는 이를 '교육소외'라 부른다. 교실 안에는 교육소외에 처하기 쉬운 불리한 조건을 가진 학생들이 많이 있다.

빈곤

빈곤은 학습에 불리한 조건 중 하나다. 빈곤 가정에서 자란 아이들은 그렇지 않은 아이들보다 신체적·정서적·인지적 발달 측면에서 낮은 수준의 성취를 보일 가능성이 높다. 주거환경, 영양, 건강, 양육, 가정학습 등 여러 면에서 자원 결핍이 발달에 부정적 영향을 주게 되고, 이는 자존감이나 자기효능감 결핍으로 이어질 가능성 또한 높게 나타난다. 여기에 사교육 이용에 대한 격차까지 고려한다면 학업성취 부진의 다양한 요인이 빈곤에서 오는 것을 알 수 있다.

단위: %

구분	2016	2017	2018	2019	평균
개인 빈곤율	17.6	17.3	16.7	16.3	16.98
가구 빈곤율	21.0	20.6	20.3	19.8	20.43
18세 미만 아동 빈곤율	15.2	14.2	12.3	10.6	13.08
한부모 가구 빈곤율	42.3	38.7	38.6	30.1	37.42
노인 빈곤율	43.6	42.3	42.0	41.4	42.33

* 빈곤율: 전체 인구(가구) 대비 가처분소득 기준 중위소득 50% 미만에 해당하는 인구(가구) 가구의 비율자료

출처: 한국보건사회연구원, 「2020년 빈곤통계 연보」, 2020.

2016년부터 2019년까지 우리나라 빈곤율 추이를 보면 18세 미만 아동의 빈곤율이 4년 평균 13.08%로 보고된다. 이는 교실에서 만나는 학생 10명 중 1~2명은 빈곤으로 인해 여러 가지 결핍 환경에 있음을 말한다. 특히, 한부모 가구의 빈곤율 평균이 37.42%로 가구 빈곤율보다 1.8배 높고, 노인 빈곤율이 42.33%로 개인 빈곤율보다 2.5배 높게 나타나, 한부모 가정이나 조손 가정의 학생들 상당수가 빈곤으로 어려움을 겪고 있음을 짐작할 수 있다. 실제 우리나라 한부모 가정 비율은 10.9%(2017), 조손 가정은 전체 가구의 0.6%(2018) 정도로 파악되며, 농어촌의 경우 초등학생의 34.0%, 중학생의 31.2%, 고등학생의 32.1%가 조손 가정인 것으로 나타난다.[5] 한부모 가정이나 조손 가정은 경제적 결핍뿐만 아니라 원가족의 해체, 부모 중 한쪽 또는 양쪽 모두와의 단절 등으로 자아존중감 저하, 우울 등 정서적 결핍까지 함께 겪으며 더욱 힘든 학교생활을 하는 것으로 추정된다.

다문화가정

다문화가정의 학생은 빈곤, 언어문제, 심리문제 등으로 학교생활 적응에 어려움을 보이고, 학습에도 어려움을 겪고 있어, 교육소외를 경험할 가능성이 높다. 다문화가정 학생의 증가 추세를 볼 때, 이들의 교육소외를 예방하고 지원할 대

---

5) 이종재 외 5인, 「사회적 약자를 위한 교육정책론」, 학지사, 2020, 66쪽.

책이 시급함을 알 수 있다.

다문화가정 학생은 초·중등(각종학교 포함) 다문화 학생 수는 14만7378명으로 전년(13만7225명) 대비 1만153명(7.4%↑) 증가하여, 지난 2012년(4만6954명) 조사 시행 이후 지속적인 증가 추세를 보였다. 2020년 다문화 학생 14만7378명 중 초등학생이 10만7694명으로 전체 다문화 학생 대비 73.1%를 차지하고 있어, 향후 중학교와 고등학교의 다문화 학생 비율도 더 증가할 것으로 예상한다.

▨ 다문화가정 학생 현황(초·중·고)

구분	2012	2014	2016	2018	2020
다문화가정 학생 수(명)	4만6954	6만7806	9만9186	12만2212	14만7378
전체 학생 수 (명)	673만2071	633만3617	589만949	558만4249	534만6882
다문화가정 학생 비율(%)	0.70	1.07	1.68	2.18	2.75
중도입국 학생 수(명)	4288	5602	7418	8320	9151

자료 출처: 한국교육개발원 교육통계서비스

2016년 조사된 다문화가정 학생의 학업중단율은 초·중·고 각각 0.74%, 1.16%, 1.53%로 같은 해 전체 학생의 0.56%, 0.61%, 1.35%보다 높다. 다문화가정 학생 중 중도입국 학생도 증가하고 있는데, 이 학생들은 언어 문제 등으로 국내에서 출생한 다문화가정 학생들보다 학교 적응에 더 큰 어려움을 겪기 때문에 보다 세심한 접근이 필요하다.

▨ 다문화가정 학생 학업중단율 격차(2016)

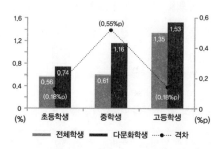

자료 출처: 국회입법조사처, 「한국 초중고학생 학업중단률」 2016.

▨ 2014년도 중학생 학업성취도 분석결과

구분	국어			수학			영어		
	보통 이상	기초학력	기초미달	보통 이상	기초학력	기초미달	보통 이상	기초학력	기초미달
일반	87.3	10.7	2.0	66.8	27.5	5.7	75.2	21.4	3.3
다문화	64.6	22.4	13.0	40.5	46.0	13.5	49.9	41.6	8.5

자료 출처: 교육부·국회 유은혜의원실

2014년 시·도별 초등학교 3~6학년 학습부진 학생 비율을 보면, 일반학생 학습부진 비율이 5.3%인 반면에 다문화가정 학생의 학습부진은 13.3%로 2배 이상 높게 나타났고,[6] 2014년 중학교 다문화가정 학생의 기초학력미달 비율은 일반학생보다 2.3(수학)~6.5배(국어) 높게 나타나고 있다.[7]

부모 출신국적별 다문화가정 학생 수를 보면 2018년 현재 베트남＞중국＞필리핀＞중국(한국계)＞일본 순으로 분포한다. 2012년에는 일본 출신 비중이 가장 높았고, 2014년부터는 중국 출신이 가장 많다가 2015년 이후부터는 베트남에서 온 가정의 자녀들이 가장 많이 입학하고 있다. 지역으로 보면 베트남 출신은 상대적으로 농어촌이 많은 영남권, 호남권에 거주하고 있고, 중국은 수도권, 필리핀은 강원/호남권에 많이 거주하고 있다. 언어 지원 정책을 모색할 때 참고할 필요가 있다.

▨ 부모 출신국적별 다문화가정 학생 수 분포 현황(2018)

구분	베트남	중국	필리핀	중국(한국계)	일본	기타
비율(%)	29.1	22.3	11.5	10.2	8.5	18.4

자료 출처: 국회 입법조사처

---

6) 교육부·국회 유은혜의원실
7) 교육부·국회 유은혜의원실

1. 세대의 변화   2. 학교의 변화   3. 정책의 변화

탈북청소년

탈북학생은 북한에 주소, 직계가족, 배우자, 직장 등을 두고 있는 사람으로서 북한을 벗어난 후 외국 국적을 취득하지 않은 사람 중 학령기 청소년을 말한다. 탈북학생 수는 2005년 이후 지속적으로 증가하다가 2017년부터 정체 상태이다.[8]

탈북학생 출생국별 재학 현황을 보면, 2011년에는 탈북학생 중 북한 출생자가 1073명이고 중국 등 제3국 출생자가 608명으로 북한 출생자가 많았지만, 2015년부터 역전되어 2019년에는 북한 출생자가 982명이고 중국 등 제3국 출생

▨ **탈북학생 증가 추이**

구분	2005	2010	2015	2019
전체 인원(명)	421	1417	2475	2531

자료 출처: 한국교육개발원 탈북청소년교육지원센터, 2019.

▨ **탈북학생 출생국가별 재학 현황**

구분	2011	2015	2019
북한 출생(명)	1073	1226	982
중국 등 제3국 출생(명/%)	608(36.2)	1249(50.5)	1549(61.2)
계	1681	2475	2531

자료 출처: 한국교육개발원 탈북청소년교육지원센터, 2019.

▨ **탈북학생과 전체학생 학업중단율 비교**

단위: %

구분	'08	'09	'10	'12	'14	'15	'16	'17	'18	'19
탈북학생	10.8	6.1	4.9	3.3	2.5	2.2	2.1	2.0	2.5	3.0
전체학생	1.2	0.8	1.1	1.0	0.8	0.8	0.8	0.9	0.9	1.0

자료출처: 교육부, 2020 · 한국교육개발원 탈북청소년교육지원센터, 2019.

자가 1549명으로 전체의 61.2%를 차지한다. 따라서 이들 중에는 한국어에 서툰 경우가 많고, 부모 중 1인만이 북한이탈주민일 경우에는 탈북학생교육사업 지원대상이나, 대학 특례입학 및 교육비 지원 등에서 제외된다. 탈북학생의 학업중단율은 지속적으로 줄어들다가 2018년부터 다시 늘고 있다. 일반학생의 학업중단율보다 약 1.5% 더 높게 나타난다.

최근 5년간의 학업중단 사유를 보면, 가장 많은 것이 이민 등 출국, 장기결석, 학교부적응, 진로변경, 가정 사정 등으로 나타났다. 제3국으로의 출국이나 장기결석의 원인을 추론할 때 학교부적응이 원인이 되는 것으로 추정된다. 특히 중

---

8) 한국교육개발원 탈북청소년교육지원센터(https://www.hub4u.or.kr/hub/edu/status01.do), 2020.7.18.

국에서 태어나 한국에 들어온 학생의 경우 언어가 가장 큰 학습의 장벽이 되고 있다.

특별한 교육적 요구

우리나라 특수교육법은 제정 당시부터 '장애인 및 특별한 교육적 요구가 있는 사람'을 법적 대상으로 삼고 있다. 대상을 장애인에 국한하지 않고 '특별한 교육적 요구'가 있는 사람으로 확대한 것이다.

> 제1조 (목적) 이 법은 「교육기본법」 제18조에 따라 국가 및 지방자치단체가 장애인 및 특별한 교육적 요구가 있는 사람에게 통합된 교육환경을 제공하고 생애주기에 따라 장애유형·장애 정도의 특성을 고려한 교육을 실시하여 이들이 자아실현과 사회통합을 하는 데 기여함을 목적으로 한다.

그러나 실제 우리나라에서는 특수교육대상자로 지정되는 것이 매우 어렵고 복잡하다. 특수교육대상자로 지정되는 것을 부정적으로 받아들이는 정서가 많기도 하지만, 정책적으로도 매우 까다롭게 특수교육대상자를 분류하고 있다. 사정이 이렇다 보니 실제 교실 안에는 특별한 교육적 지원이 필요한 학생들임에도 특별한 교육적 지원 없이 학급에서 방치되는 경우가 다수 존재한다.

우리나라 초·중·고등학교 전체 학생 대비 특수교육대상 학생 비율 변화를 보면, 2010~2018년 약 1%대의 비율을 보인다. 비슷한 시기 호주 8.3%(2012), 핀란드 7.3%(2012~2013), 미국 8.87%(2014~2015)과 비교해서 매우 낮은 비율이다.[9] 비교해보면 우리나라가 '특별한 교육적 요구'를 가진 대상자 선정에 매우 소극적인 것을 알 수 있다. 특수교육 지원을 받아야 할 많은 학생이 대상에서 누락되고 있고, 교실에서 자신에게 필요한 교육 지원을 제대로 받지 못하고 있음을 의미한다. 미국의 경우, 특수교육대상 학생 중 난독, 난산, 경계선 지능과 같은 특정학

---

9) 김지연, 「특수교육대상자 특수학교 배치 현황의 국제 및 국내 분석」, 《특수아동교육연구 19(1)》, 2017, 111~136쪽.

습장애가 40.7%를 차지하는 것에 반해 우리나라는 3.1%에 불과해 학습장애를 가졌음을 판별하는 것에서 많은 차이를 보이고 있다(미국 교육부).

■ 특수교육대상 학생 비율 변화(초·중·고)

구분	2010	2012	2014	2016	2018
특수교육대상자 수(명)	7만3780	7만7732	7만8316	7만7506	7만9403
전체 학생 수(명)	723만6248	673만2071	633만3617	589만949	558만4249
특수교육대상 학생 비율(%)	1.0%	1.2%	1.2%	1.3%	1.4%

출처: 교육부·한국교육개발원

⋮

기초학력 지원을 위한 방안

현재 시행 중인 기초학력 지원정책

교육부나 시도교육청이 시행하는 기초학력 프로그램에는 기초학력진단보정시스템과 협력교사제, 두드림학교 등이 있다.

· 기초학력진단보정시스템

기초학력진단보정시스템은 교육과정평가원이 초3~고1 학년의 학습부진 학생 및 경계 학생을 대상으로 개발하여 17개 시·도교육청이 각자 운영하고 있는 학습 포털이다. 이 시스템은 기초학력 미달학생의 기초학력 보장, 체계적인 진단·보정 프로그램 보급, 선택형 맞춤형 교육이 가능한 환경으로의

■ 기초학력진단보정시스템 사이트 맵

사이트맵
사이트맵 페이지입니다.

학생관리
- 내 학생 관리
- 지도계획서 관리
- 학습 이력 현황

진단·향상도 검사
- 검사 준비
- 답안 작성
- 결과 조회
- 보정 학습
- 성취도 통계

3R's
- 검사 준비
- 답안 작성
- 결과 조회
- 보정 학습

기초학습
- 기초국어 튼튼
- 기초수학 튼튼
- 기초영어

진단처방학습
- 정서·심리 검사도구
- 학습자료실

알림마당
- 포털소개
- 공지사항
- 문의하기
- 자주 묻는 질문

변화라는 목적을 가진다. 국어, 사회, 역사, 수학, 과학, 영어 과목을 진단하고 보정하는 프로그램을 운영할 수 있고, 검사는 온·오프라인 모두 가능하다.

이 시스템은 크게 진단·향상도 검사 및 보정학습, 3R's 검사 및 보정학습, 기초학습, 진단처방학습(정서·심리 검사 도구) 등의 프로그램으로 구성되어 있고, 교사가 학생을 대상으로 기초학력을 진단하고 보정하는 프로그램을 운영할 수 있다. 3R's 메뉴에는 초2, 3학년 학생들의 3R's 능력을 진단하는 검사지와 보정학습 프로그램이 탑재되어 있고, 초4~초6학년은 학기 초 '진단 향상도 검사' 메뉴를 활용해서 이전 학년은 교과 학습 상태를 진단한다. 진단 결과에 따라 3R's 진단을 다시 해야 하는 학생은 3R's 진단을, 보정이 필요한 학생은 보정학습 프로그램을 내려받아서 학생에게 과제를 부여할 수 있다. 특히 진단검사 후에는 학업성취도가 낮은 단원이나 영역이 무엇인지 정보를 제공하기 때문에 보정학습에 참고할 수 있다는 장점이 있다.

그런데 정작 교사들은 이 시스템을 잘 활용하지 않는다고 한다. 그 이유는 우선, 꼭 사용할 필요가 없다는 의견이다. 교육부와 시·도교육청이 학기 초에 초3~고1 학생들에게 기초학습을 진단한 결과를 보고하게 하는데, 의무사항은 아니다. 학교나 학년 방침에 따라 모든 학년이 함께 사용하는 경우도 있으나, 강요하기는 어려운 분위기다.

둘째, 보정을 위해서 학습 프로그램을 제공하지만 교수 프로그램이 없다. 보정 프로그램이 필요한 학생들은 대체로 스스로 학습할 역량이 부족해서 낮은 학업성취도를 보이는데, 이들에게 문제 맞추는 방식의 보충학습 과제를 준다 해도 학습효과를 거두기는 어렵다. 게다가 학습이 끝나면 재진단을 실시해야 하는데, 효과에 대한 신뢰가 없으니 과정 자체를 불필요한 일로 여긴다.

셋째, 사용이 불편하다. 3R's 진단의 대상이 되는 초3학년생들은 웹사이트를 이용해서 컴퓨터로 시험을 보는 것이 익숙하지 않다. 특히 학급단위로 진행할 경우, 학생들이 로그인부터 많은 시간과 에너지를 쓰게 된다. 그래서 문제지를 출력해서 오프라인으로 시험을 보고, 학생들이 표기한 답을 일일이 시스템에 입력하는 과정을 거쳐야 한다.

그나마 초2, 3학년들은 보정 효과가 있는 편이지만 초4학년을 지나고 중·고등학생이 되면 이미 발생한 학습부진 정도가 깊어서 기초학습 부진을 진단받아도 이를 보정할 방법이 마땅치 않다. 1~2주 보정으로 해결 가능한 학생은 별로 없다. 학습부진이 깊어질 때까지 기다렸다가 진단하고 보정하는 대책은 사후약방문처럼 효과가 없다고 본다. 초등학교 저학년 시기나 미세한 부진이 발생했을 때 조기에 개입하는 것이 적은 비용으로 큰 효과를 볼 수 있다.

· 협력교사제

협력교사제는 서울특별시교육청에서 초2 학생을 대상으로 2개 학급당 1명의 보조교사를 배치하여 국어와 수학 수업 중 도움이 필요한 학생들을 지원하도록 한 제도다. 두 명의 교사가 동일한 학생 집단을 대상으로 수업을 계획하고 교수학습을 진행하는 협력수업이 핵심이다. 2015년 6개 학교에서 시작하여 2017년 52개 학교로 사업을 확대했다. 이후 문재인 정부에서 1수업 2교사제로 변형되어 추진되었고, 정교사 2명을 배치하는 더불어교사제로 변형되기도 했다. 현재 서울특별시교육청은 여전히 협력교사제를 시행하고 있고, 다른 시·도교육청에서도 이름을 달리하여 추진하고 있다.

협력교사제는 3가지 수업 모델로 분류된다.[10] 서울시의 협력교사제나 1수업 2교사제는 개별지원 수업모델을 주로 활용하며, 필요할 경우 특별지원도 고려한다.

---

10) 이형빈, 「기초학습 보장을 위한 초등 협력교사제 수업모델 개발 연구」, 서울특별시교육청, 2015; 김은영, 「초등 협력교사제 운영 모델 발전 방안 연구」, 서울특별시교육청, 2016.

■ 협력교사제 3가지 수업 모델

수업모델	특징
특별지원	· 다른 학생들과 함께 공부하는 것이 어려운 학생을 협력교사가 일반교실 혹은 별도 공간으로 분리시켜 개별 지도하는 모델
개별지원	· 다른 학생들과 함께 공부하는 데 특별한 문제는 없으나 개별적인 관심과 지원이 필요한 학생들을 협력교사가 일반교실에서 개별적으로 지원하는 모델 · 개별지원 대상 학생을 별도 공간으로 분리하지 않고 평소 교실 배치를 유지하면서, 협력교사가 대상 학생에게 자연스럽게 다가가 학습 과정을 돌봐줌.
일반지원	· 담임교사와 협력교사가 협력수업(co-teaching)을 적용하는 방식

자료 출처: 이형빈, 2015; 김은영, 2016.

협력교사제의 효과에 대해서는 다양한 반응을 보였다. 협력교사의 도움으로 학습부진 학생들이 수업에 더 잘 참여하게 되고, 실제 3R's 등의 학습활동에서 성취를 경험하는 학생들이 많았다는 답변도 있다. 특히 협력교사가 담임교사와 적극적으로 소통하고 학생들의 학업수행, 학업동기, 학교 적응을 살피는 열정을 보이면 학생들의 학업성취 향상, 학습에 대한 관심 증가, 학습동기 증가라는 결과로 나타나기도 했다.

그러나 협력교사제 또한 여러 한계점이 있다. 교실에서 개별지원이 필요한 학생들은 많은데 협력교사는 겨우 1~2명에 불과하다. 만일 교실 한곳에 개별지원이 필요한 학생이 4명 정도라면 45분 수업 중에 1명이 개별지원을 받을 수 있는 시간은 극히 미미하다. 협력교사제의 또 하나의 한계는 전문성 문제다. 협력교사들은 학생을 이해하고 대응하는 전문성이 떨어지는 편이고, 전문성을 갖춘 협력교사를 구하기도 매우 어렵다. 특별지원이 필요한 학생들은 일반적인 교수 방법으로는 문제를 해결하기 어려운 경우가 대부분이다. 더 높은 전문적인 관리가 필요한 학생들에게 더 낮은 전문성을 가진 교사를 파견한 꼴이다. 낮은 전문성으로 개별지원, 특별지원을 수행하는 것은 매우 어렵다. 근본적으로 협력교사는 강사 신분의 임시 인력이어서 1~2년 활동하다가 그만두는 경우가 많다. 해를 거듭할수록 전문성을 축적할 수 있는데, 전문성이 충분히 생길 무렵이면 더이상 학교에 없는 경우가 많다. 즉, 개인에게 축적된 전문성이 학교의 전문성으로 축적되기 어렵다는 점이 협력교사제의 한계로 꼽힌다.

· 두드림학교

박근혜 정부의 핵심 기초학력 정책이 두드림학교 사업이다. 두드림학교는 학습부진 학생에게 맞는 종합 지원을 위해 담임교사 외에도 상담교사, 보건교사, 특수교사 등이 학교 내 다중지원팀이라는 협력구조를 구성하여 학생을 지원한다. 학교 당 400만 원에서 800만 원 정도의 예산을 지원하고 있다.

두드림학교의 특징은 두드림팀을 구성한다는 점이다. 담임교사와 협력교사 또는 담당교사가 개인적으로 활동하던 것과 달리 지원팀을 구성해서 대응하는 방법을 선택한 것이다. 학생이 무엇을 어려워하고 왜 어려워하는지, 무엇이 필요한지를 각자의 전문 영역에서 제시하고 논의해서, 공동의 노력으로 학생에게 적합한 프로그램을 선정해서 지원한다. 두드림학교는 학습지원뿐 아니라 상담과 심리검사, 심층관찰을 통해 학습전략, 자기효능감, 스트레스 등의 심리적 요인까지 파악한다. 이를 통해 가정의 경제적 상황이나 위기 상황과 같은 환경요인을 분석해서 학생에 최적화된 맞춤형 지원방안을 모색한다.

하지만 두드림 업무담당자들은 업무 가중과 팀원의 낮은 사업 이해, 협조 부족으로 인해 운영에 어려움을 겪고 있다. 두드림 담당자도 1년에 한 번씩 바뀌는 경우가 많은데, 그만큼 학교에서 중요도가 낮고 기피 업무이기 때문이다. 두드림팀의 성공 여부는 협업에 달려 있는데 현재는 업무 담당자의 전문성이나 권한 측면에서 미비한 부분이 많아 제대로 작동하지 않는 것으로 보인다.

핀란드의 학습지원시스템[11]

· 3단계 기초학력 지원

핀란드 정부는 학생들의 학습부진 정도에 따라 3단계로 지원하는 시스템을 운영하고 있다. 이를 위해 일반교사, 보조교사^{Teacher's Assistant}, 특별지원교사^{Special needs Teacher}를 학교에 배치한다.[12] 일반교사는 수업 이외 부담을 최소화하여 학습이 뒤처지는 학생을 발견하고 지원하는 것을 기본 책임으로 한다. 일반교사는 수업 중 소그룹 활동이나 개인별 활동을 통해 학습부진 학생을 적절하게 지원한다. 보조교사는 교사자격이 필수는 아니며 일반교사를 보조하는 역할을 담당한다. 정규 수업에서 일반교사와 팀을 이뤄 학생이 도움을 요청하는 주제를 지원한다. 특별지원교사는 대학원에서 전문과정을 전공했거나 1년간 학습장애와 특수교육에 대한 특별 연수를 받은 전문가다. 이들은 일반교사와 보조교사의 지원으로 해결되지 않는 심각한 학습부진 또는 장애를 가진 학생들을 지원한다. 특별지원교사는 통합 학급에서 일반교사의 수업을 보조하기도 하고, 통합 학급의 수업과 병행해서 같은 교과를 다른 교실에서 수업하기도 하며, 1교시 시간을 활용해 추가로 지도하기도 한다. 특별수업은 고정되거나 지속적인 것은 아니며 성적이 지나치게 떨어졌을 때 일시적으로 이루어진다.

이처럼 기초학력부진 학생을 3단계로 지원하는 핀란드의 '시간제 특수교육^{Part-time Special Education}'은 주로 읽기, 쓰기, 수학, 외국어 등의 교과에서 도움이 필요한 학생들의 학습을 지원한다. 특히 어떤 의학적·심리학적 진단자료 없이 교사의 관찰만으로도 시간제 특수교육을 받을 수 있는 자격기준이 된다는 점이 특별하다.[13] 이는 교사의 교과 전문성에 대한 신뢰가 두텁고, 특수교육대상자를 선

---

11) 남궁욱, 「핀란드의 기초학력 지원 사례」, 《월간 좋은교사 2021-4》.

12) 황진숙, 「학습부진학생 지도·지원정책의 개선방안 연구」, 한국교원대학교 교육정책전문대학원, 2011.

13) Ström, K., & Hannus-Gullmets, B., 「From Special (Class) Teacher to Special Educator: The Finnish Case. Transitions in the Field of Special Education」, Theoretical Perspectives and Implications for Practice, 2015, pp. 137~150.

정하는 행정 절차보다 학습자의 교육권을 우선 보장하는 핀란드의 교육 풍토이기에 가능하다고 할 수 있다. 핀란드에서는 소수의 특수교육대상 학생뿐 아니라 전체 학생 중 30%에 육박하는 학생들이 이 시간제 특수교육을 받고 있으며, 대부분의 학생들이 지원받은 경험이 있다.

· **학생복지팀 운영**

핀란드에서는 기초학력부진을 담임교사나 교과 교사가 독자적으로 해결할 수 있는 문제로 보지 않는다. 학습 문제뿐만 아니라 가정이나 사회적 문제와도 관련이 깊다는 인식이 사회적 공감대를 형성하고 있다. 학습부진은 학습 문제만이 아닌 경우가 대부분이어서 학생의 복지 차원에서 접근할 때가 많다. 이를 위해 교사들 간 협력은 물론이고 교장, 특수교육교사, 보건교사, 심리치료사, 담임교사 등으로 구성된 학생복지팀Student Welfare Team을 운영한다. 이 팀은 한 달에 한두 번 모임을 갖고 추가 지원을 받는 학생들의 발달 상태에 관해 협의한다. 교사 또는 학교의 지원만으로 해결하기 어려운 다양한 학생의 문제를 돕고, 보다 광범위한 교육과 사회 서비스를 받을 수 있도록 연결하는 역할을 담당한다.

· **기초학력 보장을 위한 생태학적 환경**

기초학력부진 학생들을 지원하는 것은 몇 가지 제도로 해결할 수 있는 기계적인 문제가 아니라, 여러 가지 환경적 요인을 조성해야 하는 유기적이고 복합적인 문제다. 핀란드는 기초학력 문제를 해결하기 위해 생태학적 환경을 조성하는 데 큰 노력을 기울여왔다. 먼저, 교사들이 교수·학습에만 집중하는 핀란드의 학교 여건은 기초학력 보장을 위한 중요한 생태학적 환경이 된다. 핀란드 단위 학교의 1년 공문 처리 개수는 평균 5개 미만이다. 핀란드의 교사들은 행정업무 부담이 없이 교수·학습에 집중하므로 학습부진 학생들에게 필요한 자료를 개발할 수 있는 여력이 있다.

기초학력 지원을 염두에 둔 학교 공간의 설계도 중요한 생태학적 환경이다. 핀란드 헬싱키에 위치한 라토카르타노 종합학교^Latokartanon Peruskoulu는 항상 교실 2개를 붙여서 운영한다. 두 교실 중간에는 유리벽을 설치하여 학급 규모가 크면 합쳐서 사용하고, 한 학급 내 학습부진 학생들을 따로 지도할 때는 2개 공간으로 나눈다. 즉, 학습 수준에 맞는 수업활동이 가능하도록 설계되어 있다.[14] 또한 1년에 절반 이상이 겨울철 날씨인 핀란드의 특성을 반영하여 바로 외투를 벗을 정도로 항상 실내 온도를 따뜻하게 유지한다. 복도에서도 편안하게 학습하도록 배려한 테이블과 의자, 빈백소파 배치 등 핀란드 학교에서는 다양한 수준별 모둠 학습이 가능한 공간 혁신을 어렵지 않게 찾아볼 수 있다.

⋮

학습지원체제 만들기

한국형 3단계 학습지원체제 구상

핀란드의 3단계 학습안전망은 반응중재모델^Response to Intervention: RTI의 원리에 따라 구축한 시스템이다. RTI는 학습자의 학업성취도를 극대화하고 문제행동을 줄이기 위해 3개 수준으로 운영하는 예방시스템이다. 예방에 초점을 두고, 전체 학생을 대상으로 하며, 조기 개입이 특징이다. 학습이나 행동에 문제가 있는 학생들의 정도에 따라 단계별로 접근하는데, 중재 프로그램을 도입했을 때 반응이 약한 정도에 따라 그룹 크기, 개입 강도와 빈도에 3단계로 지원한다.

우리나라의 기초학력 지원체제 역시 RTI 모델에 따라 3단계로 구성하면 기초학력이 부족한 학생을 예방하는 정책을 펼칠 수 있다.

1단계에서 모든 학생을 대상으로 프로그램을 진행하면 전체 학생의 약 80%

---

14) 세계의 교육현장 - 3편 핀란드의 평등 교육, 단 한명도 포기하지 않는다!
   (https://www.youtube.com/watch?v=LCFaSm1uA0Y&t=572s)

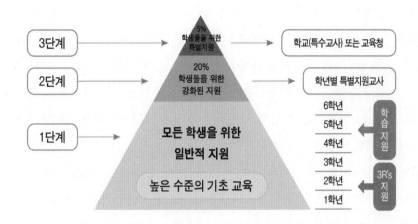

■ 핀란드의 3단계 지원 모형

자료 출처: Thuneberg, 2013(월간좋은교사, 2021-4).

는 정해진 과제를 수행할 수 있다. 일반교사들이 교실 수업에서 모든 학생을 대상으로 수업하는 상황을 생각하면 된다. 통계적으로 20%의 학생들은 과제 수행을 어려워하는데 이때 2단계의 개별적이고 강화된 중재 프로그램을 진행한다.

2단계에서 남은 20% 학생들에게 중재 프로그램을 실시하는데, 교실 수업 중에 개별적으로 지원하거나, 수업 공간을 분리해서 개별 지원한다. 이때 일반교사 외에 학습지원 전문 교사가 이 과정을 주도한다. 통상 15%의 학생들이 학습지원 효과를 통해 학습 문제를 해결하는 것이 목표다.

3단계에서는 2단계 중재로도 효과를 보기 어려운 5%의 학생들을 위한 중재 프로그램을 실시한다. 프로그램의 강도와 빈도는 매우 높고, 소요시간도 길다. 특수교사와 같이 높은 중재 전문성을 가진 교사가 별도 공간에서 프로그램을 실시한다. 학교 밖 전문기관의 도움을 받을 수도 있다.

3단계 학습지원체제가 성공을 거두려면 우선 1단계 프로그램의 질을 높여야 한다. 1단계가 잘되면 잘될수록 2, 3단계의 성공 가능성도 높아진다. 일과 수업 속에서 모든 학생을 대상으로 실행할 수 있는 실제 효과가 있는 프로그램을 교사들이 배워서 사용한다면 학생들은 개별 지원 없이도 해당 학습과제를 잘 익히고, 다음 단계 학습도 자연스럽게 수행할 것이다.

얼마 전 좋은교사 배움찬찬이연구회 교사들이 모든 학생들을 대상으로 읽기 유창성과 곱셈구구를 가르치고 다질 수 있는 프로그램을 만들어 현장교사들과 학습효과를 검증했다. 초2 학생들을 대상으로 1회에 15분, 주 3회씩 40일을 '따라 읽기, 스스로 읽기, 함께 읽기' 과정을 수행해보았다. 소리내어 읽으면 읽기 수준이 '상'이던 학생이나 중·하위권 학생 모두 읽기 유창성이 높아지는 것으로 나타났다. 이는 자연적인 향상이나 다른 프로그램으로 기대할 수 있는 향상보다 더 높은 효과로 나타났다. 또한 초3 학생을 대상으로 곱셈구구를 재미있고 체계적으로 배울 수 있는 프로그램을 만들어 역시 1회에 15분, 주 3회씩 40일을 수행해보았다. 사전검사에서 상, 중, 하 수준이던 학생들이 각각 곱셈구구 실력이 유의미하게 향상되는 것으로 나타났다.

2, 3단계가 성공하려면 전문 인력이 개인별 맞춤형으로 효과가 검증된 지도 방법을 전문적으로 그리고 지속적으로 투입하는 것이 가장 중요하다.[15]

첫째, 전문 인력이 필요하다. 핀란드처럼 특별지원교사라 불러도 좋고, 학습 지원전담교사나 학습지원전문교사라는 이름도 좋다. 오랜 시간 학생을 만나 가르치면서 학습지원에 대한 높은 전문성을 가진 교사나 특수교육 자격을 가진 교사도 가능하다. 기초학력 지원정책은 전문지도 인력의 확보가 성패를 좌우한다. 그동안 기초학력 지원정책이 성공하지 못한 이유도 외부강사, 방과후교사, 학습 도우미 등 전문성을 갖추지 못한 사람들이 담당했기 때문이다. 교단 경험이 풍부한 교사들을 최소 6개월 이상 학습지원 전문가 연수를 받도록 해서 학습지원 전문교사로 배치할 수 있다. 특수교육이 아닌 학습지원 교육을 목적으로 특수교사를 선발해서 일반학교에 배치하는 방안도 고려해봄직하다. 두 종류의 전문가

---

15) 이대식, 「기초학력정책을 위한 제언」, 좋은교사 제1회 기초학력정책포럼, 2019.

들이 모두 필요하다.

둘째, 맞춤형 개별화교육을 위한 전문성이 필요하다. 전문 인력은 맞춤형 개별화교육을 위한 전문성을 갖춰야 한다. 기초학력이 부진한 다양하고 복잡한 원인을 진단하고 이해하는 전문성, 다른 학습의 기초가 되는 영역으로서 기초학력 부진 학생의 주요 진단 및 지원영역 이해, 학습지원 학생의 필요에 맞는 학습과제를 정확하게 찾아내고 기획하는 전문성 등을 갖출 때 맞춤형 개별화교육이 가능해진다.

셋째, 효과적인 중재 프로그램이 필요하다. 가령, 난독 학생이나 경계선 지능의 학생들이 쉽게 한글을 익힐 수 있는 프로그램과 수 감각이나 계산원리 학습 프로그램을 개발해서 보급하되, 과학적 검증을 거친 효과가 있는 프로그램이어야 한다. 교사들이 사용하는 데 쉽고 간편할수록 이용률은 높아진다.

넷째, 지속적인 학습지원이 필요하다. 2, 3단계의 학습지원이 필요한 학생들은 1~2개월의 중재로도 효과를 보기 어려울 때가 많다. 최근 교육지원청이 운영하는 학습지원클리닉센터가 학생들에게 여러 도움을 주고 있으나, 지원 대상 학생이 많아 10회기 정도에 그쳤다.

다섯째, 팀 운영이 필요하다. 학습지원은 개별 교사의 노력만으로는 매우 어려운 과제다. 학생마다 학습부진 원인은 복합적이기 때문에 핀란드의 학습복지팀과 같이 학습부진의 원인, 가정환경이나 정서적 문제, 학습지원의 방향, 지원자원 확보 등을 논의하고 협력하는 팀이 필요하다. 두드림학교 사업의 다중지원팀도 이와 유사한 역할을 한다. 다만 학습지원 전문교사를 배치해서 팀의 중심 역할을 할 수 있도록 한다. 전문교사를 중심으로 상담교사, 사회복지사, 보건교사, 생활지도 담당교사, 담임교사, 특수교사 등이 함께 학습지원 활동을 한다면 개별 학생의 요구에 맞는 학습지원이 가능하다. 뿐만 아니라 합리적인 학교시스템과 협의구조로 학습지원이 이루어진다는 신뢰도 보여줄 수 있어 학생, 학부모들의 적극적인 참여를 이끌어낼 수도 있다.

학습지원체제 구축을 위한 변화

· 적정한 학급당 학생 수

과밀학급에서 학습이 뒤쳐진 학생을 지원하기는 매우 어렵다. 수업을 하고, 수업한 결과를 점검하고 미흡한 부분을 추가 지원하기 위해서는 20명 내외의 적정한 학생 수가 필요하다. 연령이 낮을수록 보다 집중 지원이 가능한 학급당 인원수가 필요하다.

· 학습지원 전문가를 양성하는 교원자격제도 도입

학교 안에는 일반학생들보다 특별한 학습지원이 필요한 학생들이 존재한다. 학습장애, 심리·정서적 트라우마, 경계선 지능을 가진 학생들을 위해 보다 심화된 전문성을 가진 교사가 필요하다. 이를 위해 일정 경력을 가진 교사 중 학습지원에 관심 있는 교사를 장기 연수를 거쳐 학습지원 전문교사로 양성한다. 이들은 학교 안에서 학습지원 조직을 운영하고, 동료 교사를 지원하며 학교 안의 학습지원 활동을 총괄할 수 있다. 이를 위해 1급 정교사로 10년 정도 근무한 교사가 취득 가능한 전문교사 자격을 신설하는 방안을 검토한다. 학습지원뿐만 아니라 새롭게 학교에 필요한 전문성, 예를 들어 교육과정 설계, 수업코칭, 생활지도, 상담, 갈등 조정 등으로 확대해서 적용할 수도 있다. 교육부와 시·도교육청은 학생의 교육적 필요를 위해 보다 심화된 전문성을 가진 교사자격체제를 운영해야 한다.

· 특수교육과 일반교육의 경계 완화

특수교육대상 학생을 위한 특수교사는 필요하다. 아직 80% 수준에 그치고 있는 특수교사 배치율도 100%를 만들어야 한다. 특수교육대상자는 아니지만 특별한 도움이 필요한 학생이 일반학교에도 상당수 있다. 미국의 특수교육대상자 비율은 약 10%에 이르고, 그중 40% 가까이는 다양한 학습장애로 분류된다. 특수교육법 상에서는 장애를 가진 학생뿐만 아니라 특별한 교육적 요구를 가진 학생을 모두 특수교육대상자로 정하고 있다. 하지만 특수교육대상자로 분류하는 비율은 1.4%에 그쳐 일반교육과 특수교육에서 모두 외면하고 있는 일반학교 내 특수교육이 필요한 학생이 최소 5% 이상이다. 이제 일반학교에도 특수교육을 전공한 전문가를 배치할 필요가 있다. 국가교육과정 문서 속에서 특수교육과 일반교육의 경계를 허물고, 특수교육대상자 선별이나 진단 없이도 특수교육 지원을 받도록 교육과정에 포함하여 모든 학생들이 학습지원 대상이 되도록 한다. 학습지원을 받을 권리는 모든 학생들에게 보장되어야 할 기본권이다.

· 학습지원에 대한 교사의 전문성과 책무성 확보

모든 교사들은 기초학력과 학습지원에 대한 기초적인 전문성을 갖추어야 한다. 교수·학습은 교사들의 가장 기본적이고 핵심인 책무이며, 학생의 학습 성공을 위해 모든 노력을 기울이는 것이 교사의 윤리적 책무다. 교사 양성과정과 교원연수 과정에 반영해서 이에 대한 전문성과 윤리성을 함양하도록 해야 한다.

⋮

잠재력을 끌어내는 교육

우리 교육은 그동안 인재 양성에만 초점을 맞춰왔다. 창의적 인재, 글로벌 인재 등 특정한 인재만이 우리가 길러내야 할 유일한 인간상처럼 인식되어왔다. 무한 경쟁에서 살아남은 우수한 인재를 한곳에 모아 소수의 엘리트로 기르고자 했다. 우수한 인재를 기르겠다는 목표가 비판받을 일은 아니나, 인재 양성만을 중심으로 한 교육시스템 속에서 수많은 학생들이 투명인간 취급을 받으며 소외되었다. 대입에만 초점을 맞추는 고등학교 교실에서 배움의 의미를 찾지 못한 학생들은 엎드려 자거나 학교에서 이탈하여 거리를 배회한다. 아이들은 저마다 다른 출발선을 갖고 초등학교에 입학하지만 이를 고려한 학습지원 철학과 시스템은 취약하다. 어느 누구도 소외받아 마땅한 사람은 없으며, 어느 누구도 소외되기 위해 학교에 오지 않는다. 이제 '모두를 위한 교육', '모두의 탁월성^{Excellence}을 위한 교육'이 목표여야 한다. 어떤 학생이든 자신이 가진 재능을 계발하고 꿈을 이룰 수 있어야 한다. 저마다의 탁월성을 발견하고 교육받을 수 있는 기회를 가져야 한다. 교육소외의 위기 속에 있는 학생들이 배움에서 멀어지지 않도록 기초학습 역량을 갖추고, 이를 토대로 소질과 적성을 찾아갈 수 있어야 한다.

모든 학생들은 저마다 잠재력이 있다. 이를 최대한 끌어낼 기회를 제공하는 교육, 탁월성 교육이야말로 우리 교육의 방향이 아닐까? 혼자서 학습하기 어려운 학생, 다문화가정 학생, 탈북학생, 장애를 가진 학생 등 모두가 교육의 주인공으로서 자신의 잠재력을 길러낼 수 있는 학습지원체제를 만드는 것은 이 시대 모든 교육자에게 주어진 숙제다.

미디어 리터러시

미디어의 시대,
소유에서 접속으로

김 차 명
참쌤스쿨 대표 · 경기도교육청 미디어 담당 장학사

:

지금은 미디어 시대

미디어는 이제 우리 삶에서 뗄 수 없을 정도로 우리에게 많은 영향을 미치고 있
다. 미디어라고 하면 보통 동영상 시청을 떠올리지만 BTS의 음악을 듣고, 온라
인 게임을 즐기며, 요일마다 업데이트 되는 웹툰을 보고, 넷플릭스에 접속하여
콘텐츠를 시청하는 등 다양하다. 언론 매체와 같은 정보제공 기관부터 동화책이
나 잡지와 같은 서적, 텔레비전, DVD, 스마트폰 애플리케이션(앱)에 이르기까지
다양한 의미로 사용된다(김정현, 2014). 아마 잠자는 시간을 제외한 모든 시간을 미
디어와 함께한다고 해도 과언이 아닐 것이다.

　지금 우리가 미디어를 소비하는 모습과 10년 전을 비교해보면 당시에는 상상
하지 못한 모습으로 많이 변했다. 그중 흥미로운 모습 중 하나가 텔레비전 시청자
의 고령화다. TV 기반의 대표적인 지상파 방송인 KBS, MBC, SBS의 2021년 주
시청자를 살펴보면 시청률 1위인 KBS1에서 50대 이상 시청자는 84.2%를 차지
한다. 전체 지상파 방송사에서 50대 이상 시청자는 71.7%, 종편은 77.3%였다.

전체 TV 시청자로 보면 50대 이상 비율은 66%이고, 이는 2020년에 비해 3.5%포인트 확대된 수준이다.

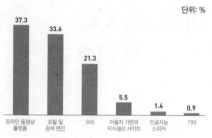

■ 10대 청소년의 관심·흥미 있는 주제 이용 경로

단위: %

온라인 동영상 플랫폼 37.3
포털 및 검색 엔진 33.6
SNS 21.3
이용자 기반의 지식생산 사이트 5.5
인공지능 스피커 1.4
기타 0.9

자료 출처: 한국언론진흥재단, 「2019 10대 청소년 미디어 이용 조사」

10년 전만 해도 TV의 시대였지만 지금은 모바일을 중심으로 재편됐다. 이는 2015년 기준 대한민국 전체 인구의 78.8%, 2020년 기준 93.1%가 스마트폰을 보유한 것(방송통신위원회, 2020)에 따른 자연스러운 결과로 보인다.

한국언론진흥재단이 2020년 발표한 '제2회 10대 청소년 미디어 이용 조사' 결과에 따르면 10대 청소년의 모바일 인터넷 이용률은 97.2%로, 텔레비전(81.8%), PC 인터넷(68.7%), 라디오(16.5%), 잡지(8.8%), 종이신문(7.8%) 등 매체 중 가장 높은 이용률을 보였다. 청소년이 일상에서 가장 중요하게 인식하는 매체도 스마트폰이었다. 또한 10대 청소년이 관심이나 흥미 있는 주제가 있을 때 가장 많이 이용하는 경로는 '온라인 동영상 플랫폼'(37.3%)으로 나타났다. 다음으로 포털 및 검색엔진(33.6%), SNS(21.3%), 이용자 기반의 지식생산 사이트(5.5%) 순이었다. 요약하면 '모바일을 통해 동영상 중심의 미디어를 본다'는 것을 알 수 있다.

⋮

OTT가 나를 따라온다

OTT^Over The Top^는 영상 콘텐츠를 다운로드하거나 스트리밍 서비스를 제공하는 것으로, OTT 동영상 콘텐츠 시장은 콘텐츠 제작자와 방송사업자는 물론 통신사업자 수익에도 큰 영향을 미치는 미래형 영상 비즈니스 모델로 자리 잡고 있다.[1] 대표적으로 유튜브, 넷플릭스, 티빙, 디즈니플러스, 왓챠 등의 서비스가 있다. 최근 10년 동안 TV에서 OTT로 시청자가 급격하게 이동하고 있다.

2021년 NHN데이터가 발표한 「2021 상반기 앱 트렌드 리포트」에 따르면, 엔터테인먼트 앱 중 30위권 안에 OTT 앱 6개가 이름을 올렸다. 넷플릭스(1위), 웨이브(2위), 시즌(4위), 티빙(11위), 왓챠(20위), 쿠팡플레이(25위) 순이다. 보고서는 "OTT 앱은 대부분 설치 수가 2020년 하반기보다 10% 이상 증가했다"며 2020년 말 출시한 쿠팡플레이는 약 2배, 왓챠는 40%로 높은 성장률을 보였다"고 전했다. OTT 앱 설치 수는 2021년 상반기에도 성장한 것으로 나타났으며 넷플릭스 오리지널 콘텐츠의 인기와 디즈니플러스의 국내 진출로 경쟁이 더 치열해질 것으로 전망했다.

OTT가 기존 지상파 등 래거시 미디어^{Legacy Media}와 가장 다른 점은 바로 '선택'이라는 측면이다. 물론 기존 TV도 채널 선택권이 있지만 제한적이다. 예를 들어 평일 저녁 9시에는 대부분 뉴스 선택권만, 주말 저녁에는 예능 선택권만 있다. TV 시간에 맞춰 내 일정을 맞추고 귀가시간을 조정했으며, 영상을 시청하는 동안 꼼짝 않고 TV를 시청했다. TV 시대에는 철저하게 시청자가 미디어에 맞췄다면 지금은 정반대다. OTT 중심의 콘텐츠 소비는 시청자가 보고 싶은 시간에 콘텐츠를 시청할 수 있으며 영상을 보다 잠시 멈출 수도 있고, 출근 전 TV로 보던 영상을 출근길에 스마트폰으로 바로 이어보기도 한다. 또한 시청자가 자주 보는 영상을 분석하여 알고리즘이 시청자에게 적절한 영상을 추천한다.

이제는 미디어가 시청자에 철저하게 맞춘다. '선택'은 '개별화'를 전제로 하며 이는 '다양성'을 전제로 한다. 다양화와 개별화는 미래교육의 주요 화두인 개념으로 교육 분야에서도 생각할 거리를 던져준다. 2025년부터 전국적으로 전면 시

---

[1] 정동훈, 『미디어, 너 때는 말이야』, 넥서스, 2020.

행하는 '고교학점제'의 핵심도 '선택'이라 할 수 있다. 물론 세부 내용을 더 살펴 봐야 하며 아직 현실적인 문제가 많지만 이런 흐름은 유치원의 놀이중심교육과 정, 중학교의 자유학년제와 더불어 '학생 중심'을 지향한다는 점에서 미디어 발 전에 따른 변화와 많이 닮아 있다.

:

소유에서 접속으로, 그런데…

10대 때 주로 어떤 기기를 활용해 음악을 들었나? 사람마다 차이는 있지만 대부 분 1990년대생은 MP3플레이어, 1980년대생은 CD플레이어, 1970년대생은 워크 맨, 마이마이 등 카세트로 음악을 들었다. MP3플레이어, CD플레이어, 카세트의 공통점은 콘텐츠 하나하나를 소유해야 소비할 수 있었으며 별도 기기가 있어야 음악을 들을 수 있었다. 게다가 이 기기들은 필수품은 아니었기 때문에 지금의 스마트폰처럼 모두가 가진 것도 아니었다. 반면 스마트폰으로 인한 Z세대의 미 디어 소비형태는 '소유에서 접속으로' 변했다. 지금은 스마트폰을 이용해서 스트 리밍으로 음악을 듣거나 유튜브를 통해서 음악을 듣는다.

제러미 리프킨은 『소유의 종말』[2]에서 "앞으로 경제생활에서 우리 의식을 지 배하는 것은 물건 소유가 아니라 서비스와 경험 접속이 될 것이다. 소유권의 시 대는 막을 내리고 접속의 시대가 올 것이다"라고 말했다. 그의 말처럼 지금은 접 속의 콘텐츠, 스트리밍의 시대가 되었다. 이러한 변화가 가져온 결과는 모두가 느끼는 것처럼 어마어마하다.

모든 변화에는 긍정적인 면과 부정적인 면이 함께 존재한다. 긍정적인 면으 로는 누구나 쉽게 디지털 정보와 미디어에 접근할 수 있다는 점이다. 물론 정보

---

2) 제레미 리프킨, 『소유의 종말』, 이희재 옮김, 민음사, 2001.

의 질적인 면에서 어느 정도 차이가 있겠지만, 비교적 대중적인 정보는 누구나 마음먹으면 쉽게 접근할 수 있게 됐다. 예전에는 물리적 거리나 지역에 따라 문화수준이나 정보습득 방법이 차이 났다. 지금은 도시든 시골이든 인터넷이 연결된 곳에서는 비슷한 콘텐츠를 보고 비슷한 게임을 하고 비슷한 영화를 관람하며 비슷한 패션문화를 공유한다.

교육 분야도 마찬가지다. 특히 코로나19 이후 모두가 비슷한 교육 영상 콘텐츠를 시청하고 비슷한 온라인 클래스 서비스를 사용하며 비슷한 수업을 한다. 학생이 보유한 하드웨어나 스마트 기기, 가르치는 교사에 따라 분명 차이는 있지만 접근하는 교육 콘텐츠 질은 크게 차이 나지 않는다. 어차피 비슷한 유튜브 플랫폼을 통해 검색하고, 결국 비슷한 플랫폼에서 정보를 접하기 때문이다.

하지만 계층별 디지털 정보화 수준 차이는 존재한다. 과학기술정보통신부와 한국지능정보사회진흥원이 발간한 「2020 디지털 정보격차 실태조사」에 따르면 일반국민의 디지털 정보화 수준을 100으로 할 때, 고령층의 디지털 정보화 수준이 68.6%로 가장 낮으며, 저소득층이 95.1%로 가장 높고, 장애인 81.3%, 농어민 77.3% 순으로 나타났다. 인터넷 이용률은 84.9%로 일반국민 인터넷 이용률 91.9% 대비 7.0%포인트 낮은 수준이며, 계층별로 연령층이 낮은 저소득층의 인터넷 이용률이 87.9%로 가장 높고, 농어민(79.9%), 장애인(79.0%), 고령층(76.5%) 순이었다. 스마트폰 보유율은, 일반국민 스마트폰 보유율 93.1% 대비 8.0%포인트 낮은 수준이며 인터넷 이용률과 마찬가지로 스마트폰 보유율도 저소득층(90.3%)이 가장 높고, 그 다음 농어민(85.3%), 장애인(83.6%), 고령층(76.5%)으로 나타났다. PC 이용률은 일반국민 PC 이용률 67.8% 대비 33.1%포인트 낮은 수준으로 인터넷 이용률이나 스마트폰 보유율과 마찬가지로 저소득층(55.7%)이 가장 높고, 장애인(37.5%), 농어민(32.9%), 고령층(32.4%) 순이었다.

전체적으로 살펴보면 취약계층의 디지털 정보화 수준은 꾸준히 상승 중이며 취약계층과 일반국민 수준의 격차도 꾸준히 줄어들고 있다. 이는 PC 이용률보다는 스마트폰 보유로 인한 영향이 커 보이며, 개인 소득 차이보다는 연령에 따른 디지털 정보화 수준 차이가 극명해 이를 보완할 대책도 필요하다.

미디어 접속과 소비가 쉬운 만큼 유해한 정보에도 쉽게 노출되는 점도 문제다. 2019년 시사저널 김

▨ 취약계층 디지털 정보화 수준

단위: %

구분	2017	2018	2019	2020
장애인	70.0	74.6	75.2	81.3
저소득층	81.4	86.8	87.8	95.1
농어민	64.8	69.8	70.6	77.3
고령층	58.3	63.1	64.3	68.6
취약계층 평균	65.1	68.9	69.9	72.7

자료 출처: 과학기술정보통신부·한국지능정보사회진흥원, 「2020 디지털 정보격차 실태조사」, 2020, 19쪽.

종일 기자는 2019년 대한민국의 혐오 키워드를 소개하면서 지금은 스마트폰만 있으면 누구나 영상을 만들 수 있는 시대라고 정의했다.[3] 대중의 관심을 받을 만한 지식이나 외모 같은 매력자본을 가진 사람은 많지 않다. 이럴 때 사람들이 선택할 수 있는 아주 손쉬운 선택지가 바로 '혐오 코드'라고 지적했다. 이는 대중들로 하여금 혐오와 분노를 유발하는 방식은 짧은 시간 관심을 끄는 데 효과적이기 때문이며 자극적이고 폭력적이고 선정적인 콘텐츠일수록 더 많은 관심을 받을 가능성이 높다고 말했다.

김지수는 유튜브와 아프리카TV에서 활동 중인 대표 창작자 4명의 영상 100건을 대상으로 여성 혐오 발언이 어떻게 비즈니스로 활용되는지 분석했다.[4] 이 연구에 따르면 여성 혐오 발언이 등장할 때 후원 수익 금액은 107% 증가했고 발언의 공격성이 높을수록 수익률도 높아진다. 더 큰 문제는 혐오에도 '역치'가 있다는 점이다. 이진순 재단법인 와글 이사장은 "혐오에 중독된 이들은 점점 더 강한 혐오를 갈구하고 심리적 배설을 위해 더 많은 돈을 지불한다"고 말했다.

구글 투명성 보고서에 따르면 유튜브가 2020년 삭제한 전체 영상은 3470만

---

3) 김종일, "혐오를 팝니다…'혐오 비즈니스'에 빠진 대한민국", 시사저널 1556호, 2019.8.19.

4) "혐오해야 돈 버는 시대…혐오 경제를 퇴출시키려면?", 이로운넷((https://www.eroun.net/news/articleView. html?idxno=22665), 2021.2.9.(김지수, 「인터넷 개인방송에서 혐오발언은 어떻게 비즈니스가 되는가?」, 서울대 언론정보학과 석사논문, 2019 인용).

7236건에 달했다.[5] 이 가운데 한국 영상은 108만9761건이다. 유튜브는 자체 커뮤니티 가이드라인을 어기는 위반사항이 발견되거나 위반이 누적되면 채널을 삭제한다.

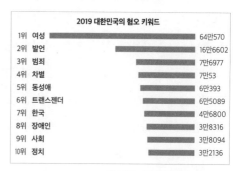

■ 소셜 빅데이터로 본 혐오 연관어 분포

2019 대한민국의 혐오 키워드

순위	키워드	건수
1위	여성	64만570
2위	발언	16만6602
3위	범죄	7만6977
4위	차별	7만53
5위	동성애	6만393
6위	트랜스젠더	6만5089
7위	한국	4만6800
8위	장애인	3만8316
9위	사회	3만8094
10위	정치	3만2136

자료 출처: 시사저널 1556호, 2019.8.19.

'가짜뉴스'도 심각하다. 10년 전에는 부모가 자녀에게 "인터넷에 있는 거 다 믿지 마"라고 했다면 현재는 자녀가 부모에게 "유튜브에 있는 거 다 믿지 마"라고 한다는 우스갯소리는 전 세대를 가리지 않는 가짜뉴스의 위험성을 알려준다. 과거에는 소수의 신문이나 공중파 TV 등에서만 뉴스가 생산되고 퍼졌지만, 지금은 인터넷과 미디어의 발달로 누구나 쉽게 뉴스를 생산하고 공유할 수 있다. 그 결과 정보와 뉴스를 쉽고 빠르게 받아본다는 장점이 있지만 반대로 정확하지 않은 뉴스를 만들고 공유했을 때는 정보의 신뢰성 하락과 가짜뉴스로 인한 피해자를 만들 수 있다는 위험성도 같이 존재한다.

양정애 한국언론진흥재단 선임연구위원은 교육부 《행복한교육》 지면[6]에서, "가짜뉴스는 각종 소셜미디어 네트워크를 통해 이용자들 사이에서 급속히 퍼져나가는 것이 특징"이라고 언급하면서 이용자들이 가짜뉴스 확산에 알게 모르게 기여하는 구조라고 지적했다. "조금이라도 의심되는 정보가 있으면 내 단계에서 공유를 멈춤으로써 가짜뉴스가 내 소셜네트워크상에서 퍼져나가는 것을 막는 것만으로도 가짜뉴스 범람을 상당히 막을 수 있다"면서 '미디어 리터러시 교육'을 강조했다.

스마트폰은 중독성도 매우 강하다. 과학기술정보통신부와 한국지능정보사

5) 금준경, "선 넘은 유튜버, 어떻게 막을 수 있을까", KISO저널, 2021.3.8.

6) 양정애, 「가짜뉴스, 어떻게 대응해야 할까」, 《행복한교육 2019-9》, 교육부.

회진흥원이 발간한 「2020 스마트폰 과의존 실태조사」 결과에 따르면 2020년 우리나라 스마트폰 이용자 중 과의존위험군(고위험군 + 잠재적 위험군) 비율은 23.3%로 전년(20.0%) 대비 3.3%포인트 증가했다. 연령대별로는 유·아동(만 3~9세)의 과의존위험군 비율은 4.4%포인트 증가한 27.3%로 나타났고, 청소년(만 10~19세)은 35.8%(5.6%p), 성인(만 20~59세)은 22.2%(3.4%p), 60대는 16.8%(1.9%p)로 조사됐다.

음란물, 폭력물, 혐오 콘텐츠와 가짜뉴스 등 과거에는 쉽게 접하지 못했을 유해한 새로운 콘텐츠들을 지금의 10대 학생들, 심지어는 굉장히 어린 연령의 학생들부터 보고 접하기 시작한다. 이런 현상으로 인해 대부분의 기성세대들은 미디어를 부정적으로 바라볼 수밖에 없다. 하지만 한 가지 분명한 것은 과거와는 달리 현재는 미디어 접속을 제한하기 어렵다. 예전 미디어 소유의 시대에는 아이가 미디어를 보거나 내가 미디어 콘텐츠를 즐기는 것을 적절하게 통제할 수 있었다. TV 전원을 뽑고, 기기를 뺏으면 가능했다. 지금은 부모가 자녀를 통제하기 어렵다. 중학생, 고등학생만 되더라도 부모세대보다 더 쉽게 모바일과 스마트 기기를 조작하며, SNS와 온라인 세상에 더 익숙하다. 그렇기에 이제는 단순히 '통제' 차원에서 미디어 리터러시에 접근하는 것은 의미가 없다.

⋮

짧아지는 미디어

'숏폼'은 짧다라는 뜻의 영어단어 '숏short'과 형식을 뜻하는 '폼form'의 합성어다. 한마디로 '짧은 동영상'을 뜻한다. 디지털 마케팅 솔루션 기업 메조미디어는 기업의 광고 및 홍보용 영상 길이가 2016년 이후 점차 줄고 있으며 2분 이하의 영상이 전체의 73%를 차지한다고 밝혔다. 2016년 출시되어 15초 내외의 짧은 동영상을 제작하고 공유하는 소셜미디어 플랫폼 '틱톡TikTok'이 Z세대 중심으로 폭발적으로 인기를 끌며 숏폼 콘텐츠의 전성시대가 열렸다.

틱톡은 2020년 기준 전 세계적으로 20억 다운로드 이상을 기록하며 페이스북을 제치고 세계에서 가장 많이 다운로드 받는 앱[7]이 됐으며, 전 세계 월간 활성 이용자 수는 19억 명에 달한다. 시장조사업체 모바일인덱스에 따르면 틱톡의 국내 이용자 수는 2020년 1월 기준 250만 명에서 2021년 6월 420만 명으로 68% 증가했다. 우리나라 국민 100명 중 8명은 한 달에 한 번 이상 틱톡을 이용하는 셈이다(CCTV 뉴스, 2021). 이에 따라 유튜브도 틱톡에 영향 받아 '유튜브 쇼츠Shorts'를 서비스하고 있으며, 인스타그램도 '릴스Reels'를 서비스하고 있다.

숏폼 영상의 가장 큰 특징은 '짧다'는 점이다. 틱톡은 15초라는 최소화된 길이의 영상 형식을 선택했다. 이후 유튜브에 대항해 60초까지 늘렸으며 2021년 말 3분까지 늘릴 예정이다. 미디어의 홍수 속에서 우리들은 글이나 긴 호흡의 영상에 쉽게 피로감을 느끼며 짧은 시간 내에 핵심 정보만을 얻고자 한다. 예를 들어 언론사 기사에는 본문 가장 위에 '세 줄 요약'을 제공하는 언론사가 늘고 있으며 영화 한 편을 보는 것보다 유튜브에서 내용을 요약해주는 것을 찾아 본다. 예전에는 지상파나 종편 방송사가 운영하는 유튜브 채널에서 드라마나 예능 영상을 한 편 통째로 업로드했다면 지금은 영상을 부분으로 짧게 편집해 여러 편으로 업로드한다. 한 번에 소비하는 미디어 콘텐츠의 길이는 점점 짧아지고 있다. 궁금한 것이 있으면 유튜브에서 검색할 정도로 글보다 영상에 익숙한 Z세대에게 '짧은 영상'매체라는 점에서 매우 친숙하게 다가온다.

숏폼 콘텐츠는 대부분 '세로 영상'이다. 전통적인 미디어는 대부분 4:3 혹은 16:9의 가로가 긴 영상이 대부분이었다. 기존 TV나 PC, 노트북 등 모든 미디어 매체의 디스플레이도 가로가 길다. 하지만 스마트폰이 보급되면서 세로 영상이 조금씩 등장하기 시작했다. 굳이 스마트폰을 가로로 돌리지 않고 스트리밍 영상을 보며 댓글을 달고, SNS처럼 한 손가락으로 위아래로 빠르게 피드를 넘겨가며

---

7) 이재현, "2020년 가장 많이 다운로드 된 앱은?", 코딩월드뉴스, 2021.1.18.

영상을 소비할 수 있기 때문이다. 이는 PC나 TV보다 스마트폰이 익숙한 10대들을 중심으로 이러한 세로 영상 시청 패턴이 대중화되는 추세다. 글로벌 시장조사업체 칸타의 2020년 설문조사에 따르면 국내 MZ세대는 세로형 광고가 가로형 광고보다 17.4%포인트 높게 흥미가 있다고 답변했다. 틱톡에 의하면 세로형 광고를 제공한 틱톡에서의 평균 시청 지속률은 89%인 반면, 가로형 광고를 제공한 타 플랫폼의 평균 시청 지속률은 33%로 나타났다고 한다.

검색 후 영상을 시청하는 유튜브와는 다르게 틱톡에서는 앱을 열자마자 바로 영상이 재생된다. 짧은 영상이기 때문에 대부분 영상 초반에 시청자의 관심을 잡을 수 있는 독특한 영상이 대부분이며 영상의 핵심 중 핵심만 보여준다. 또 말로 하는 대사보다는 춤, 연기, 노래 등의 비언어적인 표현이 주로 사용된다. 영상이 바로 피드에서 재생되기 때문에 사용자의 선호도에 맞는 맞춤 영상 추천이 중요한데, CB 인사이트는 틱톡의 모회사인 바이트댄스를 '콘텐츠 플랫폼 제작자'로 보기보다는 '비디오, 음악에서 뉴스 및 전자상거래에 이르기까지 다양한 콘텐츠를 사용자에게 매치하는 알고리즘 개발 및 인공지능 연구소'로 보는 것이 정확하다고 언급했다.

짧은 영상은 영상을 제작할 때 비교적 손이 많이 가지 않고 긴 영상 대비 영상 제작에 있어 부담이 적다. 그리고 PC 전문 프로그램을 통해 영상을 제작하여 업로드하는 유튜브와는 다르게 100% 모바일로 촬영하고, 앱 자체에서 제공하는 편집 프로그램뿐만 아니라 무료 영상 소스인 각종 음원, 스티커, 필터를 이용하여 편집하고 업로드해 모바일 세대인 10대들에게 쉽게 다가갈 수 있다. 특히 다양한 '챌린지'를 열어 특정 동작이나 춤, 미션을 따라하는 등 쉬운 방식으로도 영상을 만들 수 있게 했다. 누구나 쉽게 영상을 만들 수 있으며, 이와 관련해 틱톡은 "점차 콘텐츠가 다양하고 유용한 정보가 많아지면서 30~40대, 시니어층까지 포함해서 전 연령층이 즐기는 플랫폼으로 성장하고 있다"고 밝혔다.

사용자가 많은 만큼 잡음도 많다. 일단 틱톡은 서비스 초기부터 선정성 논란에 자유로울 수 없었다. 짧은 영상이 주요 콘텐츠이기 때문에 시선을 사로잡을 자극적이며 선정적인 영상이 많았기 때문이다. 이 때문에 인도네시아에서는 한때 틱톡 금지령이 내려지기도 했다. 2018년 인도네시아 루디 안타라 정보통신부 장관은 "틱톡에는 아이들에게 부정적 영향을 줄 수 있는 유해한 콘텐츠가 많다"면서 틱톡의 서비스를 강제로 막기도 했다. 사용자의 개인정보 침해와 관련된 잡음도 끊이지 않는다. 2020년 한국에서 틱톡의 개인정보보호 법규(정보통신망법) 위반 시정조치에서, 방송통신위원회는 과징금 1억8000만 원과 과태료 600만 원을 부과했다. 2021년 중국 바이트댄스가 미국 소비자들이 제기한 개인정보 침해 소송에서 9200만 달러(약 1020억 원)를 지급하기로 합의했다. 틱톡이 어린 아이들을 위한 프라이버시 보호규정을 위반했다며 네덜란드의 데이터 보호 감독 기관인 AP가 틱톡에 75만 유로의 벌금형을 내리기도 했다.

틱톡은 2021년 8월 만 19세 이상의 신규 회원을 초대하면 가입자에게 현금을 주는 '현금 살포' 프로모션인 '틱톡코리아 친구 초대 이벤트'를 진행했다. 그러면서 7월부터 "사용자 콘텐츠를 구성하는 이미지와 소리 정보를 수집할 수도 있다"면서 '자동으로 수집하는 이미지와 소리 정보' 항목과 '당사가 이용하는 개인정보 유형' 중 '사용자 콘텐츠와 행동 정보' 항목에 이런 내용을 넣었다. 이에 대해 김명주 서울여자대학교 정보보호학과 교수는 SBS 뉴스와의 인터뷰에서, "특정한 사람의 목소리와 얼굴을 가져가면 인공지능을 만들 수 있다"고 언급하면서, "개인정보를 수집하여 보이스피싱이나 얼굴 인식을 이용해 송금을 하는 등 개인정보 악용 위험이 이전보다 더 심각해질 수 있다"고 지적했다.

지금은 유튜브 시대

미디어를 떠올릴 때 유튜브를 떠올릴 정도로 유튜브는 전 세계 미디어에 있어 상징적 존재이며 압도적인 콘텐츠 플랫폼이다. 새로운 채널과 콘텐츠가 매 순간 쉴 새 없이 쏟아진다. 유튜브 통계분석 전문업체인 플레이보드에 따르면 2020년 말 기준 국내 광고수익 유튜브 채널은 인구 529명당 1개꼴로 집계됐다. 한국의 인구수 대비 수익창출 유튜브 채널 개수가 미국, 인도보다 많다. 인구 몇만 명 수준인 일부 섬나라와 도시국가를 제외하면 사실상 세계 1위다.[8]

유튜브 빅데이터 플랫폼 소셜러스(https://socialerus.com)가 공개한 「2020 한국 유튜브 성장 연간 보고서」에서 와이즈앱이 발표한 자료에 따르면 유튜브 앱 사용 시간은 2위 카카오톡, 3위 네이버를 합한 것보다 월등히 높게 나타나며 가장 많이 사용하는 앱 순위에도 1위 카카오톡과 근소한 차이를 보이며 2위를 차지했다. 코로나19로 인해 실내 생활이 많아진 2020년은 유튜브가 폭발적으로 성장하는 기폭제가 되었다고 언급했다. 한국 유튜브 구독자는 2018년 80.19%, 2019년 68.43% 성장에 이어 2020년 67.92% 성장하여 누적 구독자 14억9000만 명을 기록했다"면서 매년 성장률은 소폭 감세했지만 양적으로는 2017, 2018년 증가한 구독자를 합한 것보다 많은 6억1000만 명의 구독자가 1년 만에 증가한 것으로, 성장률은 감소했지만 양적으로는 폭발적 성장이라 평가했다.

교육부와 한국직업능력개발원이 초·중·고생 2만3223명을 대상으로 장래 희망 직업을 조사(2020.7.15.~10.15.)한 결과, 초등학생의 장래 희망 1위는 2018, 2019년에 이어 운동선수(8.8%)였다. 다음으로 2위 의사(7.6%), 3위 교사(6.5%), 4위 유튜버 등 크리에이터(6.3%), 5위 프로게이머(4.3%) 순이었다. 유튜버 등 크리에이터는 2019년 3위에 이어 초등학생에게 상당히 높은 순위로 나타났다.

---

8) 이동우, "국민 529명당 1명이 유튜버…세계 1위 '유튜브 공화국'", 머니투데이, 2021.2.14.

▨ 한국인이 가장 오래 사용하는 앱

▨ 한국인이 가장 오래 사용하는 앱

단위: 억 분

유튜브	카카오톡	네이버	인스타그램	페이스북	다음	네이버웹툰	틱톡 26	카카오페이지	네이버카페
622	265	190	47	39	38	31	26	24	24

▨ 한국인이 가장 많이 사용하는 앱

단위: 만 명

카카오톡	유튜브	네이버	밴드	쿠팡	인스타그램	네이버지도	배달의민족	당근마켓	페이스북
4223	4006	3570	1920	1790	1424	1353	1199	1106	1016

자료 출처: 소셜러스, 2020년 한국 유튜브 빅데이터 분석 보고서(http://scrs.me/files/Socialerus_2020-K-YouTube-Report.pdf)

유튜브의 성공요인은 무엇보다 '접근성'과 '다양성'에 있다. 앞서 살펴본 OTT의 장점과 더불어 스마트폰만 있으면 언제 어디서나 쉽게 접속할 수 있다. 광고를 시청해야 하지만 대부분의 콘텐츠가 무료다. 모든 사람에게 콘텐츠가 열려 있다. 전 세계 사람들이 가진 수많은 취향과 니즈를 충족시킬 만큼 다양한 콘텐츠가 매일 올라온다. 비교적 많은 제작비와 예산이 투입되고 일방적으로 공급하는 TV 콘텐츠가 이를 따라가는 것은 불가능에 가깝다. 또한 유튜브에는 비교적 가벼운 콘텐츠가 올라오기 때문에 다양한 시도가 가능하다. 대표적인 것들이 '브이로그', '먹방', '공방(공부방송)' 등이다. 소셜블레이드에 따르면 2021년 8월 1일 기준 우리나라 유튜브 채널 추정 연소득 기준 15개 채널 중 '먹방', '음식 소개'관련 채널이 1~5위를 차지했고 상위 15개 중 무려 9개나 된다.

남이 음식 먹는 영상을 도대체 왜 볼까? SBS 스브스뉴스를 기획한 하대석 기자는 『아이 엠 미디어』(2020)에서, 먹방의 인기 요인을 '관계' 때문이라고 분석했다. 먹방을 보는 가장 큰 동기는 겉보기에는 식욕 대리만족처럼 보이지만 본질은 관계 맺기 측면이 강하다고 하면서 마치 같이 밥을 먹으며 친해지는 것처럼 이해관계를 떠나 제대로 된 관계를 맺는 관계 차원에서 바라봐야 한다고 전했다.

유튜브 '나잼니'는 공부방송(공방)이다. 채널 소개에는 중등 임용고시를 준비하고 있다고 되어 있다. 이 채널은 아침 8시 30분부터 저녁 11시까지 하루 10시간 공부하는 모습을 실시간 중계한다.
영상은 조용히 앉아서 공부하는 모
습만 보여준다. 배경음악인 장작
타는 소리, 책장 넘기는 소리, 사각
사각 종이에 뭔가를 적는 소리만
들릴 뿐 별다른 미동도 없다. 쉬는
시간을 제외하고는 실시간 채팅도
확인하지 않는다. 공부방송 중 어

■ 유튜브 공부방송 '나잼니'

떤 채널은 공부하는 이의 얼굴조차 보여주지 않는다.

연합뉴스는 "한국 학생들이 공부하는 모습을 유튜브로 중계하는 '공부방송'이
해외에서 인기를 얻고 있다"는 홍콩 사우스차이나모닝포스트^{SCMP} 기사를 인용
했다.[9] SCMP는 '한국 유튜버들, 집중 공부를 새로운 수준으로 하다'는 제목의 기
사에서 "한국 학생들이 '공부방송'을 통해 가상의 공부 파트너를 제공한다"고 보
도했다. 힘든 공부 과정에서 나 혼자 공부하는 것이 아니라 공부하는 방송을 보
며 누군가와 함께 공부하면서 위안과 자극을 얻는 것이다.

이러한 다양성은 유튜브의 강력한 알고리즘에 힘입어 시청자의 관심사에 맞
춰 계속해서 영상을 추천한다. 2019년 한국언론진흥재단과 군산대학교, 카이스
트, 서울대학교 등이 「유튜브 추천 알고리즘과 저널리즘」이라는 보고서를 발간
했다.[10] 이 보고서에 따르면 유튜브 이용자 시청시간의 70%가 추천 알고리즘에
의한 결과라고 소개했다. 유튜브 알고리즘은 좀더 긴 영상을, 좀더 흥미로운 영
상을, 긴 제목의 영상을, 특정기간에 가장 화제가 되는 시의성 있는 영상을 추천
하는 빈도가 높다고 분석했다.

요약하자면 유튜브의 성공요인은 누구에게나 열려 있으며(공공성), 시청자의

9) 윤고은, "한국 '공부방송' 미국·영국·인도 등서 인기", 연합뉴스, 2021.2.14.
10) 이일호, "신묘한 유튜브 알고리즘, 조회수를 만드는 네 가지 비밀", 블로터, 2021.4.18.

수많은 요구를 충족시킬 만큼 다양하고 새로운 콘텐츠를 매일 제공하고 있으며 (다양성), 이는 알고리즘에 의해 맞춤형으로(개별화) 안내된다는 점이다. 미래교육은 정의하는 사람마다 다르겠지만 위에서 언급한 공공성, 다양성, 개별화는 미래교육의 필수 요소라는 점에서 생각할 거리를 준다.

:

미디어 리터러시

미디어는 신문, DVD, TV, 스마트폰과 같은 매체의 의미로도 쓰이지만 언론사, 방송사와 같은 정보제공 기관을 의미하기도 해 혼재되어 사용된다. 리터러시 Literacy는 문해력처럼 기본적으로는 읽고 쓰는 능력을 의미하나 역량이나 활용 능력 같은 개념으로 복합적으로 사용된다. 일반적으로 미디어 리터러시란 다양한 매체를 이해할 수 있는 능력이며, 다양한 형태의 메시지에 접근하여 메시지를 분석하고 평가하고 의사소통할 수 있는 능력이다. 하지만 미디어 리터러시는 독립적으로 존재하는 개념이 아니며 다양한 종류의 리터러시와 연계되어 있다.[11] 맥클루어는 다양한 리터러시가 고유한 영역을 지니면서도 상호 공통적 특성을 지닌다고 정의했다.

미국 미디어교육전국연합회NAMLE는 미디어 리터러시란 다양한 미디어에 접근Access하고, 미디어가 제공하는 정보와 콘텐츠를 비판적으로 이해Analyze, Evaluate 하며, 자신의 생각을 미디어로 책임있게 표현Create, 소통Act할 수 있는 능력으로 정의했다. 유럽집행위원회 ECEuropean Commission는 미디어에 접근하는 능력, 미디어와 미디어 콘텐츠(이미지, 사운드, 텍스트)를 분석하고, 비판적으로 평가하는 능력, 그리고 다양한 상황에서 커뮤니케이션을 창의적으로 제작Produce하는 능력으로

---

11) 변숙자, 「미디어 리터러시 교육 실태 분석 및 개선방안 연구」, 충북교육정책연구소, 2020.

제시한다. UN의 UNAOC^{United Nations Alliance of Civilization}는 서로 다른 문화권에 속한 국가와 사람들 간의 이해와 협력, 사회 통합과 시민 참여를 위한 필수 역량으로 미디어 리터러시의 중요성을 주장했다.

국내에서는 정현선 등이 미디어 리터러시 개념을 정리했다(2015). 미디어가 전달하는 정보나 문화 콘텐츠에 적절히 접근하여 이를 비판적으로 이해하고 미디어를 활용하여 의미 있는 정보와 문화를 생산하고 전달하는 능력 및 윤리적이고 책임 있게 미디어를 이용하는 태도라는 설명이다. 김경희 등은 다양한 미디어를 통해 필요한 콘텐츠에 접근하고, 미디어 이해를 바탕으로 미디어 콘텐츠를 비판적으로 해석하며, 자신의 생각을 표현하기 위해 미디어 콘텐츠를 창의적으로 생산하되 그 영향력을 책임지고, 미디어를 활용해 사회적 소통에 참여할 수 있는 능력이라고 정리했다(2018).

충청북도교육연구정보원은 「미디어 리터러시 교육실태 분석 및 개선방안 연구」에서 미디어 리터러시를 커뮤니케이션 관점에서 규정되는 능력이라고 설명했다. 첫 번째 단계로 미디어나 정보에 접근할 수 있는 능력이 전제되며, 두 번째 단계는 접근한 미디어와 미디어 정보에 대한 이해이며, 이러한 이해가 사회문화적 맥락과 결부된다는 점에서 비판적 시각이 필요하다고 강조했다. 또한 미디어는 고정된 불변의 실체가 아니라 언제든지 재구성 가능한 유동적 실체이므로 새로운 형식의 미디어와 정보로 표현할 수 있는 창의적 능력이 필요하다고 했다. 미디어 리터러시는 사회적 능력이자 교육의 한 요소로서 단계적인 배움 과정이 필요한 능력임을 주지해야 하며, 이는 미디어 리터러시 교육을 위해 필요한 일이라는 말했다.

디지털 리터러시

디지털리터러시교육협회[12]에 따르면 '디지털 리터러시'란 디지털 기술과 미디어를 활용해 디지털 데이터, 정보, 콘텐츠를 소비·분석·관리·활용·생산하고, 건강한 디지털 시민으로서 지혜롭게 관계 맺고 소통하며, 개인 발전과 사회 발전을 균형 있게 도모하는 역량이다. 미디어 리터러시와 디지털 리터러시는 디지털 미디어의 비판적 이해와 창의적 활용을 다루는 면에서 중첩된다. 하지만 디지털 리터러시는 미디어 표현, 소통뿐 아니라 디지털 기술 자체와 영향, 디지털 환경에서의 인간 삶, 디지털 세상에서 타인과의 관계, 학습과 일을 위한 기능과 태도 등을 중시한다는 점에서 미디어 리터러시와 구분된다.

OECD가 발표한 「21세기 독자: 디지털 세상에서 문해력 개발하기」 보고서(2021.5.)에 따르면, 한국 청소년들은 제시된 문장에서 사실과 의견을 식별하는 능력(식별률 25.6%)이 OECD 평균(47.4%)에 비해 떨어지는 것으로 나타났다. 이는 OECD 회원국 중 최하위에 해당하는 수치다. OECD는 매 3년마다 청소년들의 인터넷 사용 현황과 그 의미를 분석한 문서를 발간해왔으며, 2018년 PISA[13]에서 한국은 읽기 영역 점수가 37개국 중 5위로 상위권을 기록한 것과는 상당히 대조적이다.

이 보고서에 따르면 우리나라 15세 청소년의 주당 인터넷 사용시간은 2012년 21시간, 2015년 29시간, 2018년 35시간으로 갈수록 늘고 있다. 아울러 피싱메일을 판별하는 능력에서도 한국은 멕시코, 브라질 등과 최하위 집단에 속했고, 주어진 문장에서 사실과 의견을 식별하는 능력에서도 최하위였다. 전체 문해력은 높지만 가짜뉴스를 판별하거나 정보의 신뢰성 여부를 판별하고 왜곡된 내용을

---

12) https://www.cdledu.org
13) 국제학업성취도평가(Program for International Student Assessment: PISA). OECD가 실시하는 각국 학생들의 교육 수준 평가를 위한 시험.

	Students reported that during their entire school experince they were taught the following:													
	All students													
	How to use keywords when using a search engine such as <Google©>, <Yahoo©>, etc.		How to decide whether to trust information from the Internet		How to compare different web pages and decide what information is more relevant for your schoolwork		To understand the consequences of making information publicly available online on <Facebook©>, <Instagram©>, etc.		How to use the short description below the links in the list of results of a search		How to detect whether the information is subjective or biased		How to detect phishing or spam emails	
	%	S.E.	%	S.E.	%	S.E.	%	S.E.	%	S.E.	%	S.E.	%	S.E.
Australia	70.1	(0.5)	83.7	(0.4)	77.9	(0.5)	87.6	(0.3)	63.3	(0.5)	74.5	(0.5)	53.2	(0.5)
Austria	55.6	(0.9)	66.6	(1.1)	55.4	(1.0)	78.6	(0.6)	44.7	(0.7)	50.7	(0.8)	45.2	(1.0)
Belgium	56.1	(0.9)	75.0	(0.6)	63.3	(0.7)	74.8	(0.7)	42.9	(0.6)	62.2	(0.7)	32.4	(0.9)
Canada	61.8	(0.6)	78.7	(0.5)	72.5	(0.7)	81.4	(0.4)	54.5	(0.7)	70.2	(0.7)	38.4	(0.6)
Chile	48.2	(1.0)	65.2	(0.9)	62.2	(0.9)	69.9	(0.9)	46.3	(0.9)	49.7	(0.9)	33.3	(0.9)
Colombia	56.3	(1.0)	71.9	(0.6)	65.1	(0.8)	79.6	(0.8)	56.4	(0.9)	45.0	(1.0)	41.8	(1.0)
Czech Republic	59.7	(0.9)	65.7	(1.0)	59.0	(0.9)	66.7	(0.8)	50.3	(0.7)	50.2	(0.8)	47.3	(1.2)
Denmark	73.6	(0.9)	90.4	(0.6)	84.5	(0.7)	85.9	(0.6)	56.6	(0.9)	73.6	(0.8)	37.9	(0.9)
Estonia	63.0	(0.9)	74.8	(0.7)	67.1	(0.9)	78.2	(0.7)	56.5	(0.9)	54.1	(0.8)	53.0	(0.8)
Finland	70.6	(0.8)	83.3	(0.7)	78.4	(0.7)	85.6	(0.6)	52.2	(0.8)	60.5	(0.9)	47.2	(0.8)
France	68.0	(0.8)	74.5	(0.7)	69.2	(0.8)	78.6	(0.7)	50.1	(0.6)	49.9	(0.6)	36.3	(0.7)
Germany	49.4	(1.0)	54.3	(0.8)	46.5	(0.9)	73.9	(0.8)	37.2	(0.8)	48.7	(0.8)	25.3	(0.8)
Greece	58.5	(0.9)	66.5	(0.9)	60.1	(0.8)	71.9	(0.7)	49.7	(0.8)	51.3	(0.8)	47.6	(0.8)
Hungary	57.9	(1.0)	61.7	(0.9)	52.8	(0.9)	81.8	(0.7)	52.8	(0.8)	46.2	(0.9)	49.4	(1.0)
Iceland	57.6	(0.8)	70.5	(0.7)	66.8	(0.9)	76.1	(0.7)	54.5	(0.9)	51.5	(0.8)	41.5	(0.9)
Ireland	44.3	(0.9)	58.2	(0.9)	45.7	(0.8)	83.1	(0.7)	35.1	(0.8)	59.1	(0.9)	28.0	(0.9)
Israel	48.7	(1.0)	58.4	(1.0)	53.0	(1.1)	77.2	(0.8)	41.8	(1.0)	43.3	(0.9)	38.1	(0.8)
Italy	44.2	(0.9)	57.9	(0.8)	57.3	(0.8)	60.4	(0.9)	31.7	(0.9)	49.0	(0.7)	27.3	(0.8)
Japan	74.2	(0.9)	88.9	(0.5)	64.2	(0.8)	86.9	(0.5)	42.8	(1.0)	66.2	(0.8)	57.5	(1.2)
Korea	49.7	(0.9)	55.0	(1.0)	51.3	(0.7)	46.2	(0.8)	42.6	(0.7)	49.1	(0.8)	34.7	(0.8)
Latvia	47.9	(0.8)	56.5	(0.9)	54.2	(0.9)	74.7	(0.8)	47.3	(0.7)	38.4	(0.8)	48.3	(0.7)
Lithuania	62.1	(0.7)	67.2	(0.7)	56.7	(0.8)	74.2	(0.6)	57.3	(0.7)	54.7	(0.8)	54.1	(0.7)
Luxembourg	54.3	(0.7)	63.3	(0.6)	58.2	(0.7)	77.0	(0.6)	45.1	(0.6)	46.6	(0.7)	37.2	(0.7)
Mexico	67.5	(0.9)	83.2	(0.7)	78.1	(0.8)	81.3	(0.7)	68.0	(0.8)	62.3	(0.9)	45.6	(0.9)
Netherlands	58.4	(1.0)	72.1	(1.1)	61.6	(1.1)	67.6	(0.9)	44.8	(1.0)	61.3	(1.1)	28.4	(1.0)
New Zealand	66.8	(0.9)	78.0	(0.7)	74.1	(0.7)	81.8	(0.6)	58.5	(0.8)	65.0	(0.7)	46.4	(0.7)
Norway	40.9	(0.9)	82.4	(0.8)	73.3	(0.8)	78.0	(0.8)	42.3	(0.8)	47.7	(1.0)	21.6	(0.9)
Poland	35.8	(1.1)	39.5	(0.9)	40.5	(1.0)	78.5	(0.8)	39.0	(0.9)	48.4	(0.9)	48.7	(1.0)
Portugal	56.8	(1.0)	64.4	(1.0)	62.6	(0.9)	78.3	(0.7)	54.3	(1.0)	54.6	(0.9)	54.1	(0.9)
Slovak Republic	49.6	(0.9)	63.2	(1.0)	55.3	(0.9)	58.4	(0.8)	44.6	(0.8)	43.5	(0.9)	44.4	(1.0)
Slovenia	47.7	(0.6)	55.0	(0.7)	52.4	(0.7)	75.9	(0.7)	45.5	(0.8)	40.2	(0.7)	48.6	(0.7)
Spain	40.4	(0.5)	67.3	(0.5)	58.1	(0.6)	82.4	(0.4)	36.2	(0.4)	45.9	(0.5)	35.8	(0.6)
Sweden	51.7	(1.1)	92.5	(0.5)	87.3	(0.6)	76.5	(0.7)	52.0	(1.0)	62.9	(1.0)	34.4	(1.0)
Switzerland	54.2	(1.1)	59.7	(1.0)	53.6	(1.1)	73.6	(0.8)	42.6	(1.1)	44.2	(1.1)	32.8	(1.0)
Turkey	33.9	(1.2)	56.2	(1.3)	53.0	(1.2)	47.5	(1.3)	37.2	(1.3)	48.9	(1.0)	27.1	(1.2)
United Kingdom	57.0	(0.9)	74.9	(0.7)	61.8	(0.8)	89.8	(0.4)	51.9	(0.9)	67.6	(0.8)	52.9	(1.2)
United States	75.0	(0.9)	87.5	(0.7)	82.5	(0.9)	84.4	(0.7)	66.5	(0.8)	78.8	(0.8)	49.0	(1.0)
OECD average	55.9	(0.1)	69.3	(0.1)	62.6	(0.1)	75.8	(0.1)	48.5	(0.1)	54.5	(0.1)	41.2	(0.1)

1. The socio-economic profile is measured by the PISA index of economic, social and cultural status (ESCS).
2. Countries which administered the paper-based form had no available data in this item: Argentina, Jordan, Lebanon, the Republic of Moldova, the Republic of North Macedonia.

자료 출처: OECD, 「21세기 독자: 디지털 세상에서 문해력 개발하기」, 2021.

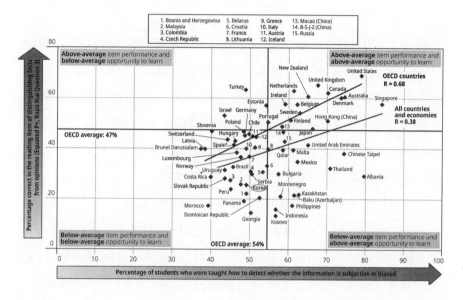

■ 사실과 의견을 구별하는 항목 읽기 및 학교에서 편향된 정보 탐지 방법 교육을 받은 경우

자료 출처: OECD, 「21세기 독자: 디지털 세상에서 문해력 개발하기」, 2021.

걸러내는 능력은 상당히 낮다는 뜻이다.

학교에서 피싱메일 판별 교육을 받았다고 답한 한국 청소년은 OECD 평균(41.2%)보다 낮은 34.7%였으며 이는 OECD 37개국 중 28위에 해당하는 수치로 상당히 낮았다. 정보의 주관·편향성을 판별하는 교육을 받았다고 답한 응답자도 49.1%로 OECD 38개국 중 24위였다. OECD 7개국 중등교사의 디지털 리터러시 교육은 스페인, 칠레, 영국, 미국에서 활발한 반면, 한국에서는 가장 미미한 것으로 확인됐다.[14]

---

14) 김수혜·신형석, 「OECD 7개국 중등교사의 디지털 리터러시 교육 실태와 ICT의 교육적 활용 간 관계 탐색」, 2020.

미디어 리터러시 교육

2018년 유럽평의회^{CoE}는 EU 회원국들에게 '미디어 다원주의와 소유의 투명성 증진을 위한 가이드라인'을 발표했다. 여기에서는 미디어 리터러시를 위한 입법 조치를 포함한 정책을 실행할 것을 강조한다. 특히 상업적 콘텐츠와 왜곡된 정보에 대한 비판적 분석과 판별 역량, 그리고 합리적인 의사결정을 강조하고 있다. 핀란드, 프랑스, 호주, 캐나다 등 해외 각국에서도 미디어 리터러시 교육을 위한 다양한 정책이 펼쳐지고 있고, 이는 교육정책뿐만 아니라 미디어 리터러시 관련 행정부처, 유관기관, 시민영역에도 영향을 미치고 있다.

우리나라도 2020년 8월 방송통신위원회, 문화체육관광부 등 5개 부처가 '소통과 배려의 새로운 디지털 공동체 실현'을 비전으로 하는 '디지털 미디어 소통 역량 강화 종합계획'을 발표했다. 전략 과제는 ① 온·오프라인 미디어교육 인프라 확대 ② 국민의 디지털 미디어 제작 역량 강화 ③ 미디어 정보 판별 역량 강화 ④ 배려·참여의 디지털 시민성 확산으로 정했다. 범부처 민관협의체인 '디지털 미디어리터러시 협의체' 운영도 추진한다. 정부는 이번 종합계획을 시작으로 비대면 사회에 디지털 미디어 서비스가 확대되는 과정에서 소외되는 사람 없이 디지털 미디어를 매개로 국민이 더 행복해지는 건강한 디지털 공동체를 만들어나갈 계획이라고 밝혔다.[15]

2019년 교육부 정책연구보고서 「미디어 리터러시 교육과정 운영을 통한 시민 역량 제고 방안 연구」(연구책임자 강진숙)를 보면 "현재 미디어 리터러시 교육은 학교교육과정에 체계적으로 도입되지 않았고, 교사들조차 이에 대한 관심과 인식이 희박하다"면서 몇 가지 의견을 내놓았다. 첫 번째 향후 개정될 교육과정 총론에 '미디어 리터러시 역량'을 포함해야 한다는 것이다. 두 번째 미디어 리터러시

---

15) 전형, "미디어 리터러시, 우리 모두에게 중요합니다!", 대한민국 정책브리핑, 2021.2.19.

▨ 미디어교육 실시 기관 및 부처 현황

기관명	중심교육	주관부처
한국언론진흥재단	뉴스 리터러시, NIE	문화체육관광부
한국인터넷진흥원	인터넷 리터러시	방송통신위원회
한국지능정보사회진흥원 (구. 한국정보화진흥원)	인터넷(디지털) 리터러시 디지털 격차 해소	방송통신위원회 과학기술정보통신부
시청자미디어재단	시청자미디어센터를 통한 미디어교육	방송통신위원회
영화진흥위원회	지역미디어센터를 통한 미디어교육	문화체육관광부
한국콘텐츠진흥원	게임리터러시 콘텐츠 인재 양성	문화체육관광부
방송통신심의위원회	미디어 윤리의식	방송통신위원회
한국문화예술교육진흥원	문화예술교육	문화체육관광부
시·도교육청	미디어 리터러시	교육부/시·도교육청

자료 출처: 김여라, 「디지털 시대의 미디어 리터러시 해외 사례 및 시사점」, 국회입법조사처, 2019.

▨ 학교 미디어교육 내실화 지원 계획 추진전략

학교교육과정을 통한 미디어교육 지원	교원의 미디어교육 역량 강화
① 체계적인 미디어교육을 위한 교수·학습자료 개발 ② 미디어 선택과목 개설 및 인정도서 개발 지원 ③ 교육과정과 연계한 미디어교육 환경 개선	① 현장성을 강화하는 교원 연수 실시 ② 맞춤형 미디어 교원 연수 확대
학생의 미디어교육 기회 확대	학교 미디어교육을 위한 지원체계 구축
① 민주시민역량을 키우는 미디어교육 활성화 ② 창의·융합적 사고력 키우는 미디어교육 지원 ③ 문화소회계층을 위한 미디어교육 지원 ④ 지역지원을 활용한 미디어교육 활성화	① (가칭) 미디어교육센터 설립 ② 교육부, 시·도교육청, 학부모가 함께 만드는 미디어교육 ③ 유관 기관과의 정책 공조

자료 출처: 교육부, 「학교 미디어교육 내실화 지원 계획(안)」, 2019, 2쪽.

역량의 정의와 구성요소에 대해 교육계와 미디어교육 전문가 및 활동가들의 공론화가 이루어져야 한다는 의견이다. 마지막으로 학교 미디어 리터러시 교육의 목표와 방법에 대한 정책적 연구가 필요하다고 제언했다.

김여라는 「디지털 시대의 미디어 리터러시 해외 사례 및 시사점」(2019)이라는 국회입법조사처 NARS 현안분석 보고서에서 우리나라의 디지털 미디어 리터러시 교육은 여러 정부부처와 산하 기관 및 관련 기관들이 신문, 방송, 인터넷 등의

미디어 리터러시   259

미디어와 게임, 영화 등 문화예술 분야에서 개별적으로 시행하고 있다고 밝혔다.[16] 방송통신위원회, 과학기술정보통신부, 문화체육관광부, 교육부 및 시·도 교육청 산하의 기관에서 뉴스, 인터넷, 게임, 문화예술 교육 등을 중심으로 미디어교육을 실시하고 있으며 디지털 미디어 리터러시 함양을 위해 통합적이고 체계적인 정책을 추진하고 관련 기관, 전문가 등 이해관계자들의 적극 협업이 필요하다고 의견을 밝혔다.

교육부는 2019년 휴대폰 보급의 저연령화, 1인 미디어 확산 등 미디어 환경이 급변하고 미디어를 통한 의사소통이 활발해짐에 따라 미디어교육에 대한 체계적 정책 지원이 요청된다면서 「학교 미디어교육 내실화 지원 계획」을 발표했다. 이 계획에 따라 2021년 2월 교육부는 한국청소년정책연구원과 미디어교육 통합지원포털 '미리네'[17]를 개설하고 미디어교육·원격수업 지원 서비스를 본격 시작했다.

미리네에서는 별도 회원가입 절차 없이 다양한 미디어 교육자료를 손쉽게 찾아볼 수 있다. 교육부는 체계적인 미디어교육 학습체계를 구축하고 온·오프라인이 연계된 미디어교육의 본보기를 제시한다는 데 의미가 있다고 밝혔다. 미리네가 기존 한국지능정보사회진흥원의 아인세, 시청자미디어재단의 미디온, 한국언론진흥재단의 포미[18] 등의 전 국민 대상 포털과 차별성을 갖추고 학교현장과 청소년을 대상으로 한 전문 포털로서 역할 할 것이라는 기대와 관계기관 소식과 정보제공 기능을 강화해 미디어교육 통합 플랫폼으로 기능하길 바란다는 지적도 있었다(한국청소년정책연구원, 2021).

2020년에는 17개 시·도교육청 대상으로 직속기관형 학교미디어교육센터 설립 공모가 이루어졌다. 경기·대구·충북 교육청이 선정되어 각각 2022년과 2023년 개

---

16) "디지털 미디어 리터러시 교육 강화 필요", 국회입법조사처 보도자료, 2019.12.20.

17) 미리네(Media & Information Literacy Network for Education), http://www.miline.or.kr

18) 아인세(http://www.digitalcitizen.kr), 미디온(http://edu.kcmf.or.kr), 포미(http://www.forme.or.kr)

관을 앞두고 있다. 경기도교육청의 경우 4급 상당의 기관장이 센터장 역할을 수행하며 미디어 리터러시 교육뿐만 아니라 개방된 미디어 공간, 가까운 거리의 EBS와의 협력, 교육 콘텐츠 개발 및 교원 전문적학습공동체 지원 등의 다양한 역할을 수행하는 계획을 세웠다.

경기도의회는 2020년 6월 '경기도교육청 미디어 리터러시 교육지원 조례안'을 의결했다.[19] 학생들이 사회 현안 관련 미디어 정보를 올바르게 이해하고 내용의 진위 여부를 판단, 비판적으로 사고하는 능력을 함양하기 위한 것이다. 이에 따라 경기도교육감이 장기적이고 체계적인 정책과 미디어 리터러시 교육 기본계획을 수립·시행하도록 했다.

청소년정책연구원이 발간한 「미디어 리터러시 교육 지원체계 구축 방안 연구」(배상률, 2021)에 따르면 경기도의회에 이어 2021년 부산, 전남, 광주, 서울 등 주요 시·도의회가 미디어 리터러시 교육 조례안을 발의·공포하고 있지만 아직 국가 차원의 미디어교육 관련 법안은 국회 문턱을 넘지 못했다고 밝혔다. 현재 변화된 미디어 환경을 반영하는 효과적인 미디어교육을 위한 법적 기반은 취약하다고 지적하면서, 정부의 미디어교육 의지 천명과 근거 법률 제정이 필요하다고 강조했다. 추가 제언으로 교육부 차원에서 미디어교육의 정책 방향을 설정하고 인력양성, 교육과정 개정 등을 통해 교육현장의 여러 문제를 해결하고 효과적인 미디어교육이 이루어지도록 주도적으로 정책을 펼칠 필요가 있다고 했다. 범정부적 컨트롤타워 구축, 통합 교육지원체계 마련, 광역단위 지역별 미디어교육 협의체 구성, 그리고 실천공동체 관점으로 교사의 미디어 리터러시 교육활동 지원책도 필요하다고 제언했다. 미디어교육 전문 강사 양성 및 관리, 미디어 리터러시 교육 통합아카이브 구축, 지역 격차 및 사각지대 해소 등의 구체적인 의견도 내놓았다.

---

19) "경기도교육청 미디어 리더러시 교육 지원 조례안 본회의 통과", 뉴스팜, 2020.6.25.

현재 학교 미디어 리터러시 교육은 현장교사들의 열정과 재량에 맡겨 놓고 있다. 충북교육정책연구소의 「미디어 리터러시 교육 실태 분석 및 개선방안 연구」(2020)에 교사들이 학교 미디어 리터러시 교육을 실행하는 데 가장 어려워하는 점으로 물리적 환경, 즉 미디어 제작 장비, 시설, 환경 조성 부실을 문제점으로 지적했다. 미디어 리터러시 교육 활성화 방안으로는 미디어교육을 위한 학교 환경 및 시설 구축, 미디어교육 수업자료 개발 보급 요구가 가장 높은 것으로 나타났다.

⋮

미디어 경험을 기반으로 한 교육 연구

지금은 미디어 시대다. '소유'했던 미디어에서 '접속'하는 미디어로 변했으며, OTT 플랫폼은 TV 앞에 붙잡혀 있던 시청자에게 주도권을 넘겨주었다. 대형 방송사 중심의 철저하게 기획하고 많은 자본을 투자했던 미디어에서 좀더 가볍고, 다양하고, 소수 인원이 제작하는 미디어로 변하고 있다. 초등학생들이 꿈꾸는 장래 희망 중 언제나 상위권에 유튜버와 스트리머가 있으며 누구나 소비자이자 생산자 역할을 하게 됐다. 2019년 '교사 유튜브 겸직 논란'이 시작됐고 갑론을박이 이어졌지만 2020년 코로나19 이후 온라인수업이 시작되면서 많은 교사가 반강제로 유튜버가 되는 웃지 못할 상황도 벌어졌다. 영상은 갈수록 짧아지고 군더더기가 없어진다. 콘텐츠 플랫폼의 강력한 알고리즘은 내 관심사를 분석하여 끊임없이 더 흥미로운 영상을 추천하여 미디어에 더 오래 머물게 만든다. 여기서 각종 혐오 콘텐츠와 가짜뉴스 등이 양산돼 미디어의 부작용과 우려를 던져준다.

1990년대 지금은 대부분 사라진 비디오대여점에서 비디오를 빌려 보면 언제나 영상 앞부분에 다음과 같은 안내가 나왔다.

옛날 어린이들은 호환, 마마, 전쟁 등이 가장 무서운 재앙이었으나, 현대의 어린이들은 무분별한 불량, 불법 비디오를 시청함으로써 비행 청소년이 되는 무서운 결과를 초래하게 됩니다.

어린이들이 불량·불법 비디오를 시청하면 비행 청소년이 되는 결과를 초래한다는 단순한 시선이 지금도 이어지지는 않는지 생각한다. 기존 세대는 미디어 변화를 몸소 겪으며 넘어왔지만 현재 학생들의 삶은 누구보다 미디어와 맞닿아 있다.[20] 시청자미디어재단은 미디어 리터러시 교육이 학습자의 삶과 동떨어지지 않는 모습으로 진행되기 위해서는 어린이·청소년의 미디어 경험을 기반으로 한 미디어 리터러시 교육이 이루어져야 한다고 강조했고, 이를 가능하게 하는 교육방법은 성찰 중심의 교육이라고 언급했다. 어린이·청소년이 자신이 경험하는 미디어에 대해 말하고 서로의 미디어 경험을 비교해보며, 미디어가 자신의 삶에 그리고 우리가 살고 있는 사회에 의미하는 바가 무엇인지 성찰하고 미디어의 발전 방향을 함께 고민하는 교육이 가능하다는 것이다. 학교교육과정에서도 아이들의 삶과 맞닿아 있는 교육과정을 강조하지만 미디어는 특정 교과에서 일부 다루거나 수업자료 정도로 사용하던 것도 사실이다. 앞으로 미래를 살아갈 학생들의 삶과 미디어를 좀더 적극적으로 연구하고 성찰하는 자세가 필요하다.

---

20) 김아미, 「미디어 리터러시 교육과 디지털 시민성」, 《행복한교육 2019-9》.

원격교육과 에듀테크

'교육'에서 '학습'으로,
축의 이동

유 재
(사)경기교육연구소 대표이사

:

현실이 돼버린 원격교육과 에듀테크

BTS University

얼마 전 BTS의 '버터'라는 노래가 빌보드 차트 6주 연속 1위(2021.7.7. 기준)를 해 세계를 놀라게 했다. 빌보드 차트 Hot 100에 1위로 데뷔해 6주 연속 1위를 지킨 곡은 지금까지 총 10곡도 되지 않는다고 한다.[1] '아미(BTS 팬클럽)'에 의해 각국 언어로 발음을 표기한 자막과 함께 전 세계에서 노랫말을 따라 부른다고 하니, K-팝의 위상과 세상의 변화를 느끼게 해준다. BTS 멤버들의 나이는 20대 중후반이다. 데뷔한 지 8년째라니 대부분 중·고등학생 때 아이돌을 시작한 셈이다. 바쁜 일정에도 불구하고 멤버 7명 중 6명은 현재 대학을 졸업했고, 나머지 한 명 또한 재학 중이다. 이들이 다닌 학교는 글로벌사이버대학으로 해외에서는 BTS University로 불린다. 원격교육이 없었다면 대부분의 활동을 해외에서 하는 BTS

---

1) 오보람, "BTS '버터', 빌보드 메인 싱글차트 6주 연속 1위 대기록", 연합뉴스, 2021.7.7.

1. 세대의 변화   **2. 학교의 변화**   3. 정책의 변화

가 대학교육을 받기는 어려웠을 것이다.

우리에게 잘 알려진 대표적인 사이버대학은 MOOC^{Massive Online Open Courses}다. 2008년 캐나다에서 처음 시작된 MOOC는 2012년 코세라, 유다시티, 에드엑스 등 3대 주요 서비스가 등장하면서 널리 퍼졌다. 강좌를 듣고 나면 증명서를 받고, 일정 교육과정을 수료하면 인증학위 취득도 가능하다. MOOC는 학위 취득 중심의 기존 대학 체제를 학습자가 필요로 하는 교육과정을 이수하는 방식으로 대체했다는 점에서 의미가 있다.

▨ Global MOOC 현황

구분	주도 국가	협력기관 수	수강생 수	강좌 수
Coursera	미국	150개	3700만 명	2700개
edX	미국	118개	1800만 명	2778개
Udacity	미국	17개	1000만 명	229개
FutureLearn	영국	171개	870만 명	297개
FUN	프랑스	135개	100만 명 이상	544개
íversity	독일	-	-	74개
miriadax	스페인권	105개	407만 명 이상	690개
OpenUpEd	범유럽	15개 국가	-	404개
网易公开课	중국	29개	-	1만1406개
XuetangX	중국	중국	2400만 명	2300개
JMOOC	일본	82개	50만 명	307개
Malaysia MOOCs	말레이시아	20개	약 29만 명	408개

자료 출처: 경기연구원, 2019(자료 재구성).

온라인 개학과 원격수업

4차 산업혁명은 급격한 사회 변화를 가져왔다. 원격교육은 이미 우리 곁에 있었지만 공교육에서 원격교육이 적극 활용되기 시작한 것은 코로나19 이후부터다. 짧은 시간에 원격수업에 어려움을 겪는 교사를 위한 원격연수가 만들어졌고 순식간에 수만 명의 교사가 참여했다. 코로나19 이전부터 디지털 교육 콘텐츠를 제작했던 교사들은 한 달 만에 1800여 건(경기도교육청 기준)의 자료를 공유하며 팬데믹 상황의 교육 공백을 메우고자 했다.

초반에는 e-학습터와 EBS 온라인 클래스가 주 플랫폼이었으나 시간이 지나면서 학교마다 다양한 온라인 학습 플랫폼을 사용하여 효과적인 방안을 찾아나갔다. 학교마다, 교사마다 원격수업 운영 및 관리의 질에 격차가 발생하기도 했지만 기존 콘텐츠 활용 수업과 과제 중심 수업을 줄이고 온오프 연계, 실시간 쌍방향 수업 등으로 학생과 학부모의 만족도를 높였다.

온라인 학습 플랫폼별 특징 및 현황

플랫폼	주요 특징	운영사	개설연도
줌	실시간 화상회의, 화면 및 자료 공유	줌비디오커뮤니케이션	2011
행아웃	실시간 화상회의, 화면 및 자료 공유	구글	2013
팀즈	실시간 화상회의, 온라인 과제 및 공지	마이크로소프트	2017
웨일온	실시간 화상회의, 화면 및 자료 공유	네이버	2020
EBS 온라인클래스	EBS의 다양한 콘텐츠 활용	EBS	2020
e학습터	초등 중심의 다양한 콘텐츠 활용	한국교육학술정보원	2018
구글 클래스룸	구글의 다양한 앱과 연결, 실시간 과제 수행	구글	2015
에드위드	구글 클래스룸과 유사, 실시간 과제 수행	네이버	2020
위두랑	교사가 학급을 개설하여 운영	한국교육학술정보원	2013
리로스쿨	수행평가 제출 관리	㈜리로소프트	2015
클래스팅	오픈클래스, 교육용 SNS	㈜클래스팅	2012

자료 출처: 각 기관 홈페이지

원격수업의 유형별 운영 형태

구분	운영 형태
① 실시간 쌍방향 수업	• 실시간 원격교육 기반(플랫폼)을 토대로 교사·학생 간 화상 수업을 하며, 실시간 토론 및 소통 등 즉각적 피드백
② 콘텐츠 활용 중심 수업	• (강의형) 학생은 지정된 녹화 강의나 학습콘텐츠로 학습하고, 교사는 학습 진행도 확인 및 피드백 • (강의+활동형) 학습콘텐츠 시청 후 댓글, 답글 등으로 원격 토론
③ 과제 수행 중심 수업	• 교사는 교과별 성취기준에 따라 학생이 자기주도적 학습내용을 확인할 수 있도록 온라인으로 과제 제시 및 피드백
④ 기타	• 교육청, 학교 여건에 따라 별도로 정할 수 있음

자료 출처: 교육부 보도자료, 2020.3.27.

물론 아직 갈 길은 멀다. 원격교육을 진행한 지 1년 반이 지나 많이 안정되었지만 여전히 부족하다. 경기연구원에서 진행한 인식조사를 봐도 원격교육의 가능성은 인정받았으나 여전히 디지털 격차를 우려하고 있음을 확인할 수 있다.

▨ 언택트 서비스 분야별 소비자 인식조사

분야	항목	분석결과(%)					
종합	언택트 서비스 기술혁신 필요성	매우 필요	필요	불필요	전혀 불필요	잘모름	총합
		37.2	52.7	3.7	0.5	5.9	100.0
	우리나라 언택트 산업 발전잠재력	매우 충분	충분	부족	매우 부족	잘모름	총합
		28.5	48.7	15.0	1.9	5.9	100.0
	디지털 격차 우려	매우 크다	크다	별로없다	전혀없다	잘모름	총합
		46.2	44.5	5.5	0.6	3.2	100.0
	정보보안 우려	매우 크다	크다	별로없다	전혀없다	잘모름	총합
		39.1	50.6	7.5	0.5	2.3	100.0
원격학습	온라인수업 선호하는 수업방식	EBS	녹화영상	실시간	동영상콘텐츠	자료다운	기타	총합
		27.8	24.5	33.3	7.1	7.1	0.2	100.0
	효과적인 소통방식	실시간화상	메신저/이메일	토론게시판		SNS	기타	총합
		50.8	7.3	13.1		28.3	0.5	100.0
	원격학습 만족 이유 (만족 38.9%)	시간절약	소통원활	흥미유발	학습콘텐츠활용	편리	총합
		22.1	6.5	18.2	11.7	41.5	100.0

자료 출처: 경기연구원 설문조사, 2020(편집).

이런 우려는 2020년 국가수준 학업성취도 평가결과에 여실히 드러났다. 코로나19로 인해 원격수업이 전면적으로 실시된 이후 3수준(보통학력) 이상 비율이 감소하고, 1수준(기초학력미달) 비율이 증가한 것이다.

▨ 교과별 성취수준 비율(%)

구분 연도	3수준(보통학력) 이상						1수준(기초학력미달)					
	중3			고2			중3			고2		
	국어	수학	영어	국어	수학	영어	국어	수학	영어	국어	수학	영어
2019	82.9 (0.54)	61.3 (0.94)	72.6 (0.82)	77.5 (0.90)	65.5 (1.24)	78.8 (0.98)	4.1 (0.28)	11.8 (0.44)	3.3 (0.24)	4.0 (0.40)	9.0 (0.59)	3.6 (0.35)
2020	75.4 (0.76)	57.7 (1.01)	63.9 (1.1)	69.8 (1.14)	60.8 (1.27)	76.7 (1.07)	6.4 (0.4)	13.4 (0.59)	7.1 (0.43)	6.8 (0.52)	13.5 (0.75)	8.6 (0.64)

*1. 표집시행에 따라 '18~'20년 결과는 모집단 추정치이므로 괄호 안에 표준 오차를 제시함(이하 동일)
 2. 통계적 유의도는 95% 신뢰구간(표본의 통계치±1.96*표준오차)을 활용함(이하 동일)
 3. 회색 부분은 전년 대비 통계적으로 유의한 차이가 있는 경우를 표시함

자료 출처: 교육부 보도자료, 2021.6.2.

중학교의 경우 읍면 지역이 대도시 지역보다 3수준(보통학력) 이상 비율이 더 큰 폭으로 감소하고 1수준(기초학력미달) 비율이 더 큰 폭으로 증가했다는 것은 사회·경제적 취약계층에서 학습결손과 교육격차가 더 크게 발생하고 있음을 의미한다.

▨ 지역 규모별 '1수준(기초학력미달)' 비율

단위: %

구분 연도	중3						고2					
	국어		수학		영어		국어		수학		영어	
	대도시	읍면	대도시	읍면	대도시	읍면	대도시	읍면	대도시	읍면	대도시	읍면
2019	3.8 (0.43)	4.9 (0.65)	10.3 (0.76)	15.2 (1.18)	3.4 (0.44)	3.6 (0.53)	3.9 (0.58)	3.1 (0.89)	7.6 (0.81)	9.3 (1.69)	3.6 (0.58)	3.0 (0.77)
2020	5.4 (0.58)	9.6 (1.52)	11.2 (0.86)	18.5 (1.78)	6.1 (0.68)	9.5 (1.48)	7.9 (0.88)	6.6 (1.23)	13.7 (1.04)	13.7 (1.95)	9.6 (1.05)	8.1 (1.30)

자료 출처: 교육부 보도자료, 2021.6.2.

에듀테크[2], 어디까지 왔을까?

원격교육의 가능성과 방향은 누구도 부인하기 어려울 것이다. 원격교육을 통해 에듀테크에도 눈을 뜨게 되었다. 먼 미래 이야기로만 생각했던 에듀테크는 생각 이상으로 우리 가까이에 있었다.

2016년 조지아 공대에서 학생들을 깜짝 놀라게 한 사건이 벌어졌다. 300여 명의 학생들이 온라인수업으로 인공지능 강의를 들었는데, 학생에게 쪽지 시험 문제를 내고 토론 주제를 주며 학생과 답변을 주고받던 조교가 사람이 아닌 인공지능[AI]이었다는 사실을 뒤늦게 안 것이다. 조교의 이름은 질 왓슨으로, 교수의 수업을 도와 학생의 학습에 도움을 주도록 만들어진 AI다. 학생들은 비속어까지 사용하며 자연스럽게 대화를 하는 질 왓슨이 AI였다는 사실을 수업이 끝나도록 전혀 몰랐다고 한다.

카네기멜론대에서 중고생을 대상으로 운영하는 매티아[MATHia]는 학생에게 가

---

2) Education과 Technology의 합성어로 빅데이터, 인공지능, 가상현실 등의 정보통신기술을 활용한 교육을 말한다.

장 적합한 맞춤형 지도를 하는 수학 학습지원시스템이다. 학습자에게 수집한 데이터를 바탕으로 학습자별로 학습 내용을 변경하고 진도를 결정하며 평가까지 한다. 학생이 부족한 부분은 별도로 개인지도를 하는데 학생에게 적절한 힌트를 제공하여 학생의 학습을 돕는다.

유럽의 항공기 회사인 에어버스는 미라^{MiRa}라는 증강현실 시스템을 통해 제작 중인 항공기의 모든 정보를 엔지니어에게 3차원으로 제공하고 있다. 이를 통해 기존 3주가 소요되던 검사기간이 3일로 단축됐다. 보잉 또한 항공기의 배선 작업 공정에 증강현실을 적용하여 작업시간을 25% 단축하고, 작업 오류 비율 0%를 기록하기도 했다. 이런 성과를 내는 증강현실을 교육에 적용하기 위해 구글이 개발한 것이 익스피디션 파이오니아 프로그램이다. 이 프로그램은 직접 체험하기 힘든 내용을 간접 체험할 수 있도록 도와 학습자의 몰입감을 높이는 데 도움을 준다.

아리조나주립대의 e-Advisor 시스템은 학생들이 자기에게 적합한 전공을 선택하는 데 도움을 주는 자료를 제공하는 것은 물론, 대학입학 후에도 학습 상황과 성과를 바탕으로 적절한 교과목을 제시해준다. 이 시스템은 학생지도에 필요한 정보를 교수에게 제공하는 등 학생의 학습을 직·간접적으로 돕는다. 빅데이터 역시 맞춤형 학습지원을 위한 학습 분석에 활용되고 있다. 이처럼 에듀테크는 인공지능을 기반으로 개별화된 학습지원시스템을 통해 학습자의 교수학습과 교사의 교수를 돕고 교육행정을 간접적으로 지원하는 시스템으로 발전하고 있다. 인공지능, 가상현실, 증강현실, 클라우드 컴퓨팅, 빅데이터, 메타버스 등이 가미되어 놀라울 정도로 발전을 거듭하고 있는 에듀테크는 이미 현실이 되었다.

에듀테크 서비스 사례

에듀테크	특징
Udemy / AirKlass	2만 명이 넘는 강사와 4만 개 이상의 콘텐츠가 등록되어 있고, 한국어를 포함하여 80개의 언어로 서비스되고 있음.
바풀(바로풀기)	바풀은 학생이 모르는 문제가 있을 때 사진으로 찍어 애플리케이션에 등록하면 문제에 대해 아는 사람이 풀어주는 형식으로 질문이 등록되고 답변이 등록되는 시간이 약 13분밖에 되지 않음.
클래스팅	학부모, 교사, 학생 간의 공유를 지원하고 선생님과 1대1 상담이 가능한 비밀방, 과목별 게시판, 타학급과의 교류, 과제 제출 및 취합 등의 서비스를 지원.
Expeditions Pioneer	구글이 미국 13개주와 3개국에 서비스하고 있는 가상현실(VR) 프로그램으로 만리장성에서 화성까지 다양한 지역의 모습을 체험할 수 있고 종이로 만들어져 부담없이 VR을 경험할 수 있다.
eon reality	VR/AR의 강자로 보잉, 인텔, 도요타, 삼성전자 등에 교육훈련 프로그램을 제공하고 있다.
사이언스 AR	과학교육과 증강현실이 접목된 애플리케이션으로 화면을 통해 생물학, 지구과학, 지리학, 천문학, 화학 등 다양한 분야에 증강현실 콘텐츠를 제공하고 있다.
MOOC	대규모 사용자를 대상으로 제공하는 온라인 공개 수업으로 일반적으로 대학 수업을 온라인으로 접속해 무료로 들을 수 있는 강의를 말한다. 최근 빠르게 변화하는 현장의 요구를 수용하지 못하고 학습자와의 상호작용이 제한적이어서 이탈률이 높아지고 있다.
Platzi	실시간 방송(댓글)과 e-Learning을 결합한 서비스로, 주로 실습이 필요한 프로그래밍, 데이터 사이언스, 마케팅 분야에 서비스를 제공하며 현장 전문가의 생생한 강의가 전달되는 것이 강점이다.
Udemy	이용자가 e-Learning을 제작해 판매하거나 무료로 제공할 수 있는 클라우드 플랫폼으로 누구나 강의를 하고 누구나 수강할 수 있다.
Udacity	기술 분야 교육에 특화된 MOOC로 공학과 IT분야에 관심이 있거나 취업 및 이적을 준비하는 성인학습자를 대상으로 관련 기업과 연계하여 강의 기획부터 인증까지 서비스를 제공하고 있다.
SICKO	2012년 스탠포드 의대에서 의사, 웹개발자 등이 함께 개발한 가상훈련 프로그램으로 외과수술 실습생이 가상의 상황에서 환자에게 적절히 대응하도록 훈련을 제공한다.

⋮

원격교육과 에듀테크가 가져온 변화

환경에서 과정, 역할의 변화까지

영국 교육부는 교육행정, 교육평가, 교수법, 교사 전문성 개발, 평생학습 등 5개 분야에서 총 10가지 과제를 정하고 개선 가능성을 시험하고 있다.

▨ 영국 교육부가 에듀테크를 기반으로 추진하는 10대 과제

구분	10대 검토 과제
행정	교사 업무를 학기당 최대 5시간 줄이고 학부모 참여와 소통 개선
	학교 시간제 및 유연근무를 촉진하는 기술 제시
평가	교사의 수업, 과제를 준비, 분석, 평가 시간을 주 2시간 이상 단축
	모의 중등교육인증시험(GSCE) 에세이 채점 시간을 최소 20% 단축
	부정행위 방지 기술 개발
교수법	특수교육이 필요하거나 장애가 있는 학습자를 지원하는 기술 검토
전문성 개발	학교 및 교사 개발 필요 요소를 진단하고 교수 역량 지원 기술 발굴
평생 학습	가정 학습 초기 앱의 불우한 아동 문해력과 의사소통 기술 개선 효과 검증
	온라인 기초 기술 교육 접근성 확대 및 개선
	인공지능 온라인 학습 효과 검증

자료 출처: 영국 교육부, 「Realizing the Potential of Technology in Education: A Strategy for Education Providers and the Technology Industry」, 2019.

10대 과제의 세부 내용에서 보이듯 법령에 따라 처리해야 하는 사무에서부터 학생을 관리하고 평가하는 기계적인 업무, 개별 학생 학습 수준을 모니터링하고 진단하는 일에 이르기까지 에듀테크 적용 분야는 넓다. 학생의 학습과정을 모니터링 하면서 정책적 판단에 유용한 정보를 제공할 수 있다.

코로나19가 아니더라도 4차 산업혁명은 교육에 변화를 일으키고 있었다. 스마트폰으로 검색만 하면 뭐든지 알려주는 세상이지만 학습은 맥락 속에서 일어나기 때문에 온라인을 통해 얻은 단편적 지식만으로는 어렵다. 결국 교육과정은 학생의 지식이 확장될 수 있도록 체계적인 경험을 제공하는 방향으로 바뀌어갈 것이다.

더 심화된 학습 목표를 지향하는 교육과정의 변화는 교사의 역할 변화를 요구한다. 왜 배우는가를 모르는 학생이 더 깊은 학습을 할 수는 없다. 교육의 의무와 필요성을 강조하는 시대는 끝났다. 더욱이 고도로 발전한 기술혁신시대에는 학생을 가르치기보다 학생의 학습을 돕는 협력자를 요구한다. 교사는 학습 주도권을 학생에게 이양하고 교실 앞 지휘자에서 교실 뒤 조언자로 바뀌어야 한다. 또한 지식 전문가가 아니라 학습전략 전문가로서, 학생을 평가하는 평가자가 아니라 학생을 안내하고 상담하는 코치로서의 역할을 강화해야 한다. 에듀테크를 교사가 사용하면 교육 보조수단이나 도구에 그치겠지만, 학습자가 주도적으로 사용한다면 주요 학습도구가 되고 맞춤형 교육수단이 될 것이다.

정보 중심 사회로의 변화와 과제

누구도 미래를 확언하긴 어렵다. 하지만 지금까지 살펴본 현상을 통해 우리는 어느 정도 미래 상황을 예측할 수 있다. 예측에는 명확히 정리되는 것도 있지만 지속적 논쟁으로 이어질 풀리지 않는 쟁점도 있을 것이다. 우선 인공지능, 빅데이터, 온라인 기술이 교육에 적극 활용될 때 나타나는 근본적 고민이 있다.

페이스북, 트위터, 유튜브가 확산되면서 전 세계의 다양한 정보를 쉽게 얻을 수 있고, 자신들만의 이야기를 세계와 공유할 수 있는 길이 생겼다. 또한 이를 통해 사람들은 더 다양한 의견을 듣고, 자신에게 필요한 정보를 기존 미디어 권력이 선별해주는 정보에 국한하지 않고 광범위하게 수집한다. 하지만 동시에 동질적인 사람들과의 편향된 정보 공유가 소통을 방해한다는 지적도 증가하고 있다.

구글의 인종차별 논란[3]과 최근 우리나라 챗봇 '이루다' 논란[4]을 통해서 알 수 있듯이 인공지능은 획일적 학습으로 인해 잘못된 결정에 이르거나 왜곡된 판단을 할 수 있다는 문제점도 있다. 이렇듯 온라인과 인공지능, 빅데이터의 교육적 활용이 올바른 방향으로 진행되는지에 대한 논쟁은 끊임없을 것이다. 물론 이런 논쟁은 없는 것보다 있는 것이 훨씬 이롭다.

정보의 편향성과 이에 따른 AI의 판단 오류 문제와 더불어 데이터를 수집하고 분석하는 데는 늘 부정적 시선이 존재한다. 가장 먼저 정보유출 문제가 거론

---

3) 2015년 흑인 남성 사진을 구글 포토에서 고릴라로 인식한 사건, 2020년 구글의 클라우드 비전 API에서 비접촉 체온계를 피부색이 밝으면 망원경으로 인식하고 피부색이 어두우면 총으로 인식한 사건
4) 2020년 12월 출시된 인공지능 챗봇 '이루다'의 각종 혐오·차별 발언으로 생긴 논란

된다. 민감한 개인정보 유출은 그 자체로도 심각한 문제이고, 범죄에 악용될 가능성도 있기 때문에 이에 대한 방비는 늘 최고 수준이 요구된다. 광범위한 데이터를 수집하고 분석하기 위해 거대 자본과 기술에 의존할 수밖에 없다는 문제도 있다. 의사결정 과정에서 자칫 교육 본연의 의미보다 기업이나 시장의 필요와 논리가 선행된다면 교육의 본질이 왜곡될 수 있다. 이는 공교육 발전보다는 사교육 확대로 이어져 특정 계층을 위한 전략적 데이터로 활용될 수도 있다. 정보가 많아질수록 선택의 문제가 발생하고 이를 해결하기 위해 표준화된 데이터로만 분석한다면 학생, 지역, 학교 등의 다양한 상황이나 맥락이 누락될 가능성이 있다. 결국 데이터 해석을 너무 맹신하지 않고 지속적으로 변화를 관리해야 한다.

기술발전과 사람의 적응력, 그리고 기술을 대하는 세대 간의 차이가 점차 극복할 수 없는 수준으로 격차가 벌어질 수도 있다. 글보다는 이미지가, TV보다 유튜브가 익숙한 세대는 어쩌면 기존 세대와 전혀 다른 세상에서 태어난 사람이라고 할 수 있다. 기술발전에 둔감한 기성세대 교사가 이미 새로운 기술에 적응을 마친 학생들의 요구 수준에 맞는 기법을 계속해서 활용하기는 쉽지 않다. 이러한 격차는 에듀테크가 발전하면 할수록 커져 논란을 야기할 수 있다.

다만 정보유출 문제는 기술발전으로 상당부분 해결 가능하다. 기존 데이터 저장방식은 해킹으로 인한 데이터 조작과 유출 위험이 늘 도사리고 있어 안정성과 투명성에서 한계가 명확했고, 기존 중앙집중식 정보처리 시스템에서 각종 법적 서류가 위조되지 않았다는 증거를 제시하기 위해 관공서에서 공증(생활기록부, 등기 등)을 받아야 하는 번거로움이 있었다. 하지만 블록체인[5] 기술의 등장으로 모든 데이터를 분산 저장하게 되면서 시스템에 참여하는 모두가 공증인이 되고 그 활동이 분산되므로 별도의 공증 절차를 거치지 않아도 되는 이점이 있다. 블

---

5) 블록체인: 데이터를 분산 관리하기 위해 데이터를 블록으로 구분하고, 각 블록을 고리 형태로 서로 연결하는 형식의 데이터 목록으로 네트워크상에서 다수의 합의 없이는 데이터를 임의로 변경할 수 없는 분산 컴퓨팅 기반의 데이터 위·변조 방지 기술을 말한다.

록체인 기술은 교육 콘텐츠를 활용할 때 정보의 저장과 전송에 따르는 보안 문제를 해결해줄 것으로 기대된다. 물론 아직 국내 교육 분야에서 블록체인 기술을 적용한 사례를 찾기 어렵지만, 교육 인증 서비스에 블록체인 기술을 적용하기 위한 연구와 블록체인 기반 에듀테크 생태계를 구성하기 위한 노력은 계속 이루어지고 있다.

학습 주도권의 이양

교육은 기본적으로 미래를 살아갈 학생에게 과거를 가르치는 행위다. 이를 통해 인류가 지금까지 쌓아온 지혜로 미래를 살아갈 힘을 부여하는 것이다. 이때 과거의 무엇을 교육하는지가 관건이 되고 여기서 교육의 권위와 힘이 발휘된다. 결국 기성세대의 경험과 판단이라는 조건하에서 권력이 강한 집단이 내용을 선별한다. 하지만 학습은 자유롭다. 배우는 것과 달리 학습한다는 것은 내가 선택하고, 나의 개성이 존중되며, 과거보다 미래지향적이다. 그리고 일정한 시기가 아닌 평생에 걸쳐 이루어진다. 교육이 강조되면서 학습이 교육의 결과로 치부되었지만 본래 학습은 교육보다 포괄적 개념이다. 지금처럼 급변하는 사회 속에서 학습은 교육과 마찬가지로 공공의 책무가 되어야 한다. 학습은 제도적으로 지원해야 하는 사회의 의무이고 구성원의 권리다. 에듀테크는 교육이 아닌 학습이 중심이 된 사회에서 그 힘을 발휘할 것이다. 이러한 학습이 민주주의와 공동체의 발전에 기여할 수 있도록 체계적인 준비가 필요하다.

구글의 창업자 에릭 슈미트는 "인류 문명이 시작했을 때부터 2003년까지 창출한 정보의 총량이 이제는 2일마다 창출되고 있고, 2020년에는 2시간마다 창출될 것이다"라며 지식의 양이 기하급수적으로 증가하고 있음을 시사했다. 이렇듯 지식의 양이 기하급수적으로 증가하는 사회에서 교사가 먼저 학습하고, 이를 학생에게 전달하는 기존 학습방식은 더이상 효과가 없을 것이다. 유튜브, 넷플릭스 등 OTT 서비스가 등장하기 전까지 시청자는 방송사가 편성한 시간표에 따라 프로그램을 골라서 볼 수밖에 없었다. 하지만 이제는 자신이 보고 싶은 프로그램을 자신이 원하는 시간, 원하는 장소에서 볼 수 있고, 언제든 다시 볼 수 있다. 나아가 시청자가 주도권을 쥐는 것에 그치지 않고 자신이 원하는 프로그램을 직접 만드는 1인 미디어 시대가 바짝 다가왔다. 교육에서도 이와 같은 일이 벌어질 것이다. 지식의 양이 감당할 수 없이 많아지면 결국 선택의 문제가 발생할 수밖에 없고, 선택권은 학생에게 주어질 것이다. 에듀테크는 학생의 주도권을 대폭 확대하는 실질적인 방안으로 등장하고 있다. 학생이 알고 싶어 하는 것을 가장 잘 아는 사람(콘텐츠)과 연결해주는 것이 바로 에듀테크가 추구하는 디지털 플랫폼이다.

완전학습 이론의 부활

같은 나이의 학생 사이에서도 학습수준은 천차만별이다. 고등학교 1학년인데도 수학 실력이 초등학생 수준인 사람이 있고, 미분과 적분을 이해하는 중학생도 있다. 공교육에서는 이토록 다양한 학습자의 수준을 고려하지 못하고 각 학년에 해당하는 교육과정에 따라 진도를 나가는 것이 일반적이다. 때문에 어떤 학생은 수업 내용을 전혀 이해할 수 없어 포기하고, 어떤 학생은 너무 시시해서 재미없어 한다. 이런 문제점을 극복하고자 탄생한 것이 완전학습 이론이다.

완전학습이란 학급 내 95% 학생이 교육 내용의 90% 이상을 학습(습득)하는 것을 말한다. 1968년 미국의 교육심리학자 벤자민 블룸[Benjamin Bloom]이 처음 제안한 이 이론은 학습성취도를 학습 목표에 도달하기 위해 필요한 시간과 학습에 실제로 투입한 시간의 상관관계로 설명할 수 있다는 생각에서 출발했다. 이차방정식의 인수분해를 습득하는 데 어떤 학생은 5시간이면 충분하고, 어떤 학생은 10시간이 필요할 수도 있다. 그런데 모든 학생에게 전통적으로 정해진 6시간만을 수업한다면 전반적으로 좋은 결과를 기대할 수 없다. 그렇다고 해서 실패의 원인을 교사나 학생에게서 찾으려 하는 것은 더욱 큰 오류다. 같은 목표라도 도달하는

데 필요한 시간이 학생마다 다르다는 것을 간과했기 때문이다. 블룸은 이런 문제를 극복하고자 완전학습 이론을 바탕으로 한 교수전략을 계발했다. 이를 적용하여 일대일 맞춤학습을 진행한 학생과 강의식 교실수업을 진행한 학생의 학습성취도를 비교하는 연구를 진행했고, 1984년 마침내 "일대일 맞춤형 학습을 받은 학생의 성취수준이 전통적 강의방식에 의해 교육을 받은 학생의 상위 2%에 해당한다"는 연구결과를 발표했다. '블룸의 2 시그마 문제Bloom's 2 Sigma Problem'로 널리 알려진 이 연구는 이후 후속 연구에 의해 완전학습을 받은 학생들이 인지발달, 학습태도, 학습성취도, 학문에 대한 자기신념 등에서 큰 차이를 나타낸다는 결론을 얻는다. 일대일 맞춤형 학습을 통한 완전학습을 대규모로 시행하면 사회에서 엄청난 비용을 감당해야 하는 문제가 있어 이 연구는 오랜 시간 이론에 머물렀고 가정교육이나 사교육 측면에서만 접근해왔다.

하지만 급속도로 발전한 에듀테크는 과거에 불가능하게 여겨졌던 완전학습을 실현시킬 가능성을 갖고 있다. 에듀테크를 활용한 교육활동 지원은 다양한 형태로 이루어지는데, 그중 가장 주목해야 할 부분이 학습관리시스템Learning Management System: LMS이다.

학습관리시스템은 학습에 필요한 학급편성, 출결관리, 게시판 기능을 넘어 학생의 학습과정을 추적하고 학습이력을 관리하는 시스템이다. 학습관리시스템이 발달하면 학생이 어떤 교육과정을 이수하고, 어떻게 학습에 참여하여 어떤 성취를 냈으며, 수업과 과제 수행과정에서 어떤 활동을 했는지까지 자세히 기록할 수 있다. 이렇게 학습관리시스템을 통해 학습과정 전반을 데이터화하면 이를 분석하여 체계적인 학생 맞춤형 학습지원이 가능해진다.

물론 이를 위해서는 학습관리시스템으로 디지털 교육 생태계를 구축하는 것이 전제되어야 한다. 그러려면 각종 에듀테크와 학습 콘텐츠 유통 서비스를 통합 운영해야 한다. 다양한 에듀테크와 학습콘텐츠에 의해 축적된 결과물이 일정한 기준에 의해 생성되어야 학생의 학습활동을 분석할 수 있기 때문이다. 스마트폰의 기본 운영체계인 iOS와 안드로이드를 바탕으로 수많은 애플리케이션(앱)이 개발되고, 그 앱을 활용한 혁신적인 활동과 다양한 자료가 축적되어 다시 다양한 앱이 탄생하는 것과 마찬가지로 국가가 통일된 기준을 만들고 에듀테크 기업들이 이러한 기준에 따라 다양한 콘텐츠와 기술로 디지털 교육 생태계를 풍성하게 만들어야 한다.

디지털 교육 생태계가 활성화되면 학습평가에도 변화를 일으킬 것이다. 기존에는 일정한 기간에 일정한 형식으로 수행평가와 지필평가를 시행했다. 앞으로는 학생의 학습과정에서 나오는 실시간 데이터를 바탕으로 평가자료를 만들고, 이를 통해 즉각적인 피드백이 가능할 것이다. 출석률, 학급과정, 학생의 학습속도, 평가점수 등을 종합 분석해 학생의 학습 부진과 부적응을 미리 감지할 수 있어 보다 효과적이고 효율적인 학습이 이루어질 것이다.

시공간적 한계의 소멸

근대 학교의 시작은 산업혁명 시기 영국으로 거슬러 올라간다. 당시 영국은 공장에서 일할 수 있는 수준의 노동자를 양성하기 위해 '근로학교'를 만들었다. 근로학교의 공간은 모두의 시선을 독점하여 효율적인 관리와 통제를 극대화하는 교도소 '파놉티콘'과 근본적으로 같은 형태였다. 교사는 학생을 한눈에 파악할 수 있고, 교사와 학생 사이의 소통은 쉽지만 학생과 학생 사이의 소통은 매우 어려운 구조였다. 학교는 교육과정을 운영하고 배우는 데 적합한 공간이기보다는 학생을 수용하고 지식을 전달하기 위한 공간이었다. 그러다보니 교실과 교실은 단절되고, 교사를 위한 공간과 학생의 공간이 교실 앞뒤로 분단되며, 복도는 이동을 위한 좁은 통로에 불과했다.

이제 학교는 단순히 가르치는 공간이 아닌 학생에게 배움이 일어나는 공간으로 탈바꿈해야 한다. 코로나19로 인해 수업 공간이 가정으로 옮겨졌고, 이런 상황이 대면수업의 소중함을 일깨워주기도 했지만 가상현실^{VR} 기술이 에듀테크와 결합하면 이러한 공간적 한계를 극복할 수 있을 것이다. 기존에 쉽게 찾아갈 수 없던 지역에서의 체험이나 위험한 실험도 가능해지고, 현실보다 더욱 실감나는 세밀한 경험을 제공할 수도 있다. 원격 화상회의시스템을 통해 다른 지역뿐만 아니라 다른 나라의 학생들과 공동 프로젝트를 수행할 수도 있다. 이런 시도는 이미 몇몇 학교에서 이루어지고 있다.

홀린 물을 도로 담을 수 없듯이 한번 지나간 시간은 되돌릴 수 없다. 적어도 기존 교육방식에서는 그랬다. 하지만 원격수업에서는 필요한 강의를 얼마든지 다시 볼 수 있고, 실시간 온라인수업에서 논의했던 내용도 다시 볼 수 있다. 한쪽으로만 흐르던 시간을 되돌릴 수 있게 해준 기술의 발전은 학습을 체계화하고 기초학력을 향상시키는 데 크게 기여할 것이다. 학습이력을 체계적으로 관리하고 시공간을 뛰어넘는 교육기회를 제공하여 기술이 교육 형평성을 강화하는 데 일조한다는 것을 보여줄 것이다.

⋮

오늘의 이슈는

원격수업 보완

우리는 아직 명확한 미래교육 환경을 그리지 못하고 있다. 온라인과 오프라인이 융합된 환경과 개별화교육이라는 방향은 분명하지만 사회적 관계 맺음, 학생 건강 등을 고려한 구체적인 모습이 명확하지 않은 상황이다. 또한 발달된 에듀테크의 결합이 반드시 성공적 교육을 의미하지는 않는다. 홈스쿨링의 대안으로 주목받았던 알트 스쿨[6]은 첨단 정보기술[IT] 기기를 활용해 수업 영상을 분석하고

---

6) 알트 스쿨(AltSchool): 2013년 구글 출신 엔지니어 맥스 벤틸라가 설립한 학교로 학생의 다양한 교육요구를 충족시키는 개별화 학습 제공을 목적으로 한다. 나이에 따라 학년과 반을 나누지 않고, 학생의 흥미와 특성으로 반을 나누고 첨단기술을 교육에 적극 활용하는 것이 특징이다.

학생, 학부모, 교사가 협력해 학습효과를 극대화한다는 목표를 추구했지만 기술에 지나치게 의존하고 교육과정이 기계화되는 과정에서 발생한 오류를 그대로 학습자에게 제공하는 문제가 발생하여 현재는 폐교 절차를 밟고 있다.

결국 학습을 진단하고 부족한 점을 실시간으로 개선하는 것만으로는 교육이 충분히 일어나지 않는다. 학생은 학습 과정에서 좌절하거나 지루해하고 자신감을 잃는 등 기계와는 달리 부정적 감정을 느끼기도 한다. 이를 배움의 과정으로 바라보며 학생에게 관심과 애정을 보내고 지지하면서 학생은 성장한다. 결국 교육에서 교사의 역할을 기술로 온전히 대체할 수는 없다. 교사와의 만남과 기술의 조화 그리고 교육과 기술의 조화가 더욱 절실하다.

원격수업 준비를 위한 제반조건을 마련하는 것도 필요하다. 교사들이 온라인 수업 콘텐츠를 제작할 때 가장 우려하는 것 중 하나가 저작권 문제다. 수업에 활용하는 모든 자료를 혼자 만드는 것은 사실상 불가능하므로 인터넷 공간에 있는 적절한 자료를 교육적으로 활용해야 하는데, 이때 저작권 문제 해결이 복잡하여 자료를 활용하는 데 소극적이 된다. 정부는 상업적으로 활용되지 않는 교육용 콘텐츠 제작물에 한해 저작권법을 달리 적용하는 방안을 적극 고려할 필요가 있다.

▨ **저작권 분류**

구분		주요 내용
저작인격권	공표권	저작물 공표 여부 및 공표 방법을 선택할 권리
	성명표시권	저작물의 저작자임을 주장하고 표시할 권리
	동일성유지권	저작물이 창작한 본래 모습대로 활용되도록 할 권리
저작재산권	복제권	저작물을 인쇄, 복사하거나 형태를 바꿀 수 있는 권리
	공연권	여러 사람들 앞에서 저작물을 공개(상영, 연주, 가창 등)할 권리
	공중송신권	여러 사람들이 저작물을 수신하거나 접근하도록 송신하거나 제공할 권리
	전시권	저작물 원본 및 복제물을 전시할 권리
	배포권	저작물 원본 및 복제물을 사람들에게 나눠주거나 빌려줄 권리
	2차저작물성권	저작물을 번역, 편곡, 변형 각색, 영상화하는 등의 방법으로 이용할 권리
	대여권	판매용 음반과 판매용 컴퓨터 프로그램에 대해서 인정되는 권리

자료 출처: 저작권법

정보격차 완화

공정한 교육기회를 제공하기 위해 디지털정보 격차를 완화하는 것도 중요하다. 2019년 과학기술정보통신부 조사에 의하면 일반국민 대비 취약계층의 디지털 정보화 수준은 저소득층 87.8%, 장애인 75.2%, 농어민 70.6%, 고령층 64.3%로 나타났다. 사회 취약계층이 곧 디지털정보 취약계층이 되고 이런 차이로 인해 교육격차가 발생하지 않도록 적극적인 지원이 필요하다.

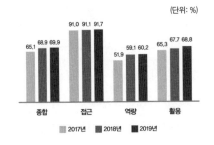

▨ 디지털정보화 수준 추이

(단위: %)

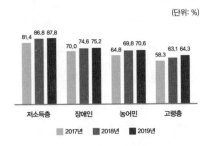

▨ 정보취약계층별 디지털정보화 수준 추이

(단위: %)

자료 출처: 과학기술정보통신부, 「2019년 디지털정보격차 실태조사」

스마트 기기 부작용

청소년의 과도한 스마트 기기 사용에 따른 부작용을 어떻게 완화할 수 있을까? 2019년 조사에 따르면 스마트폰 이용량을 스스로 조절하지 못해 주변 사람과 갈등을 겪고 신체적 불편과 가정 및 학교생활에서 어려움을 호소하는 스마트폰 과의존 위험군 887만 명 가운데 유·아동이 77만 명(22.9%), 청소년은 46만 명(30.2%)으로 나타났다. 코로나19로 인한 원격수업이 진행된 후 많은 가정에서 학생들이 스마트폰을 지나치게 많이 사용한다고 우려하는 것을 감안하면 이러한 수치는 현재 더욱 악화되었을 가능성이 크다. 신체활동과 스마트 기기 사용의 적절한 균형은 성인이 된 이후까지 영향을 미치는 중요한 문제이므로 적극적인 대처가 필요하다.

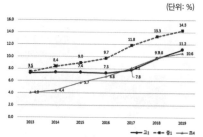

학년별 인터넷 과외존 위험군 비율

(단위: %)

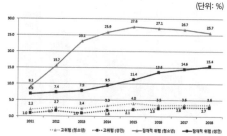

정보취약계층별 디지털정보화 수준 추이

(단위: %)

자료 출처: 교육통계서비스, 이슈통계, 2019.8.

⋮

거대한 변화, 교육계의 선택은

현실이 돼버린 원격교육과 에듀테크로 기존 학교와 대학의 체제가 흔들리고 있다. 각 학교와 교사들이 변화된 환경에 맞는 효과적인 방안을 찾으면서 많은 진전이 있었지만, 정보보완 및 격차 문제와 스마트 기기의 부작용은 여전하다. 그럼에도 불구하고 인공지능, 가상현실, 증강현실, 클라우드 컴퓨팅, 빅데이터, 메타버스 등이 놀라울 정도로 발전하여 더이상 거부할 수 없는 시대가 되었다. 기술발전은 학습환경부터 교육과정, 교사의 역할까지 큰 변화를 불러와 결국 교육의 의무와 필요성보다는 개별 학생의 성장을 돕는 시대로 이끌 것이다.

앞으로의 사회는 교육이 아닌 학습이 중심이 될 것이다. 에듀테크는 학생의 학습주도권을 확대하고 완전학습을 실현하는 방안이 되겠지만 배움은 학생의 부족한 점을 보완하는 것만으로 충분하지 않기 때문에 교사의 역할은 여전히 중요할 것이다. 학생이 학습과정에서 겪는 좌절과 막막함을 이해하고 따뜻한 시선으로 지지해주는 것은 기술이 할 수 없기 때문이다.

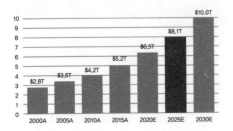
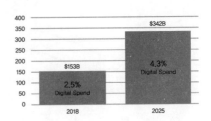

자료 출처: Holon IQ, 2020.1.28.

글로벌 교육시장은 매우 가파르게 성장해 2020년 6조5000억 달러에서 2025년 8조1000억 달러, 2030년에는 10조 달러에 달할 것으로 전망된다. 이 중 에듀테크시장은 2018년 1530억 달러에서 2025년 3,420억 달러에 이를 것으로 예측된다.

하지만 이 예측이 코로나19가 본격적으로 확산되기 전에 작성된 점을 감안하면 에듀테크가 교육에서 차지하는 비율은 더욱 빠르게 확대될 것이다. 기업과 에듀테크시장은 사회 변화에 대응해 빠르게 변화했다. 지금까지 공교육은 이러한 사회 변화에 둔감했던 것이 사실이다. 지금 교육계는 코로나19라는 거대한 사회 변화 앞에서 또다시 선택의 기로에 놓여 있다. 변화의 주체가 될 것인가, 아니면 변화에 휩쓸릴 것인가?

유아교육 공공성 강화

유보통합, 더는 미룰 수 없다

송 대 헌
세종특별자치시 교육감 비서실장

유아교육의 과거와 현재

유아교육에 대한 무관심

유아교육은 교육청의 행정업무에서 별책부록 같은 취급을 받아왔다. 학교를 표현하는 단어는 '초·중등'이거나 '초·중·고'였으며, 유치원은 항상 빠져 있었다. 이것을 '유·초·중·고'로 바꾸기 위해서 오랫동안 반복해서 주의를 환기해야 했다. 대한민국 교육에서 유아는 항상 뒷전이었다. 교육정책을 논할 때도 유아교육정책은 학교정책에서 빠져 있었다. "솔직히 사립유치원이 사립학교였다는 사실을 '사립유치원 파동 때 알았다'"고 말하는 관료나 학자들도 있었다.

그런데 잘 보이지 않는 그곳, 유치원과 어린이집에 200만 영유아와 38만 교직원이 생활하고 있다. 부모의 경제적 능력이 교육과 보육의 질적 차이를 극명하게 좌우하는 영역,[1] 공적 영역이지만 사적 이해가 지배하는 곳, 월 100만 원이

---

1) 가구소득 149만 원 이하 가정의 유치원 이용률이 18.7%인데 반해 600~699만 원 소득 가정의 37.7%가 유치원을 이용하고 있다(2015년 통계, 교육부 보도자료, 2017.12.27.).

넘는 영어유치원이 버젓이 성업 중인 반면 부실한 급식이 언론에 자주 등장하는 곳. 최저임금의 '선생님'들이 CCTV의 감시를 받는 곳. 선진국에 진입한 대한민국의 가려진 질곡인 그곳이 바로 영유아의 보육과 교육의 현장이다.

우리나라에서 교육과 보호를 담당하는 기관 중에서 영유아를 담당하는 기관은 초·중등학교, 대학처럼 단일하지 않다. 교육기관으로서 유치원은 만 3~5세 유아를 담당하고, 어린이집은 만 0~5세 영유아를 담당한다. 만 3~5세 유아는 학교시

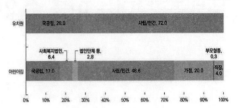

설립 유형별 유치원·어린이집 영유아 비중(2019)

단위: %

자료 출처: 한국교육개발원, 교육통계연보, 2019·보건복지부, 보육통계, 2019.12. 기준.

유치원·어린이집 이용 연령별 영유아 비율

단위: %

자료 출처: 한국교육개발원, 교육통계연보, 2019·보건복지부, 보육통계, 2019.12. 기준·행정안전부, 주민등록 인구통계(만 0~5세), 2018.

설인 유치원과 어린이집이 함께 담당하고, 양대 시설의 틈새에서 유아 담당 학원(통칭 영어유치원)이 세력을 넓히고 있다.[2]

유보통합 논쟁과 입법 그리고 무상교육과 보육

· 유보통합 논쟁

1994~1995년에 걸쳐 '초기 유보통합 논쟁'이라는 매우 큰 논쟁이 있었다. 만 3~5세 연령은 교육부가 주도하는 교육시설과 보건복지부가 주도하는 보육시설이 동일한 대상을 놓고 경쟁하는 영역이다. 이 영역에서 누가 주도권을 장악하는지는 시설운영자들에게 사활이 달린 문제다. 그래서 유치원과 보육시설을 정

---

2) 세종시의 경우, 유치원과 어린이집, 유아 대상 학원(영어유치원)이 4.5:4.5:1로 분점하고 있다.

리해서 하나의 부처가 담당하고, 시설기준과 교사자격기준을 갖추며, 지역을 안배하여 시설을 공급해야 한다는 요구가 일었다. 이 일을 어느 부처가 맡을지 중앙부처 간 다툼이 벌어지고 이를 둘러싼 아동복지와 유아교육 전문가들 사이의 논쟁과 각 시설운영자들의 이해관계가 엉키면서 발생한 논쟁이 바로 '유보통합 논쟁'이다.

과거 영유아의 교육과 보호에 대해서 정부는 방치하고, 개인이 세운 민간시설은 상대적으로 소수의 여유 있는 계층의 자녀를 담당했다. 일부 저소득층 거주지에는 빈민운동 차원에서 탁아소가 들어섰다. 결국 '국공립'이 만들지 않은 공간에 '민간'이 주류로 자리 잡은 것이다. 민간시설이 주도하는 영유아 영역에서 정부가 공적 개입을 해서 가르마를 타고자 했던 것이 유보통합이었고, 이 과정에서 엄청난 논쟁이 분쟁으로 발전했다. 이후 30년간 '유보통합' 논의는 많았으나 특별한 진전도, 결론이 난 것도 없다. 유보통합 또는 유보일원화는 유아교육과 영유아보육에 공공성을 확보하는 시작이자 끝이다.

· 초등학교 취학 전 1년 무상교육과 무상보육

1996년 전교조와 참교육을위한전국학부모회 등 전국의 교육시민 단체와 유아교육 단체들이 모여서 '만 5세아 무상교육(취학 전 1년 무상교육)'을 추진하는 조직을 결성하고, 교육법 개정운동을 벌였다. 이 운동의 결과 그해 10월 당시 신한국당과 정부가 당정협의를 갖고, 취학 전 1년 무상교육을 입법화하기로 합의했다.[3] 만 5세 아동은 취학 직전 연령층으로 초등학교 입학과 맞닿아 있다. '출발점 평등교육'이라는 슬로건에 들어맞는 나이다. 이 아동들이 최소한의 유아교육을 받은 후 초등학교에 입학하도록 하기 위한 장치로 무상교육 도입을 요구했던 것이다.

---

3) 1996년 당정이 협의한 이후 1998년 초·중등교육법이 제정되면서 해당 내용이 실렸다가, 이후 유아교육법이 독자 제정되면서 유아교육법에 만 5세 아동 무상교육 조항이 옮겨진다.

취학 전 1년 무상교육이 합의된 이후 어린이집에도 무상보육을 하기로 했다. 1998년 2월 기존 교육법이 폐지되고 새롭게 초·중등교육법이 제정, 시행되면서 초·중등교육법 제37조에 "초등학교 취학 직전 1년의 유치원교육은 무상으로 하되, 대통령령이 정하는 바에 의하여 순차적으로 실시한다"는 조항이 들어갔다. 아울러 어린이집과 관련된 영유아보육법에도 제21조의2를 신설하여 "초등학교 취학 직전 1년의 유아에 대한 보육은 무상으로 하되, 대통령령이 정하는 바에 의하여 순차적으로 실시한다"는 조항을 포함했다.

취학 전 1년 무상교육을 진행하다가 2012년 3월 21일자로 "초등학교 취학 직전 3년의 유아교육은 무상으로 실시"(유아교육법 제24조), 2013년 3월 1일자로 "국가와 지방자치단체는 영유아에 대한 보육을 무상으로"(영유아보육법 제34조)한다고 개정하면서 영유아보육과 유아교육의 전면적인 무상시대가 열렸다.

학령인구 감소, 사립유치원과 민간어린이집의 위기

영유아 수는 전체 인구와 비슷하게 감소 추세다. 만 0~2세 영아는 2023년 87만 명으로 최저치를 기록한 후 2031년 109만 명까지 늘어난 후에 하락세로 전환될 전망이다. 유아 수는 2026년 87만 명으로 가장 적은 수를 기록한 후 2033년까지 상승해서 100만 명을 넘길 예정이다. 영유아 수 합계는 2025년 180만 명으로 최저치를 기록한 후 2032년 210만 명까지 늘었다가 이후 완만하게 계속 감소할 것으로 보인다.

유치원의 원아 수는 무상교육이 확대되기 시작한 2011년부터 급격하게 늘었다. 전국적으로 만 3세까지 무상교육이 확대되면서 유치원에 입학하는 유아 수가 늘었고, 사립유치원 숫자 역시 많이 늘었다. 그러나 2016년부터 유치원 취원아 수가 줄어들고 사립유치원 수 역시 급격하게 줄어들었다. 반면, 공립유치원수는 정부의 공립유치원 확대 방침에 힘입어 증가했고, 수용 유아 수 역시 증가하고 있다. 이것은 공립유치원에 대한 학부모들의 선호도가 높아 공립유치원에 먼저 지원한 후 탈락할 경우 사립유치원으로 취원하기 때문이다.

학령인구의 감소는 사립유치원에 가장 먼저 타격을 주고 있다. 교직원 전원이 공무원 신분이어서 인건비를 지원받는 공립유치원과는 달리 사립유치원은 학부모가 내는 유아학비를 기본 재원으로 하기 때문에 원아 수가 감소하면 재정 수입이 줄어 유치원을 유지, 운영하기 어려워진다. 게다가 사립유치원 3법이 통과되어 유치원 원아모집 시스템인 '처음학교로'에 전체 사립유치원이 참여하도록 의무화되었다. 재정 역시 사학기관재무회계규칙을 적용해서 투명한 재정이 강화되고, 재정 운영 전산시스템인 에듀파인[4] 가입이 의무화되어 재정을 사적으로 이용하는 것도 어려워졌다.

▨ 유치원아 수 변동 추이

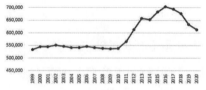

* 유치원 무상교육이 확대되면서 2011년부터 원아 수가 급격하게 늘었음. 2016년 이후 학령인구 감소 영향으로 점차 원아 수가 감소하고 있음.

자료 출처: 한국교육개발원, 교육통계서비스(KESS)에서 추출

▨ 공사립학생 수 변동 추이

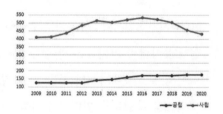

자료 출처: 한국교육개발원, 교육통계서비스 통계에서 추출

▨ 공사립유치원 수 변동 추이

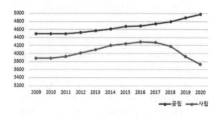

자료 출처: 한국교육개발원, 교육통계서비스 통계에서 추출

▨ 영유아 수 변동 추이

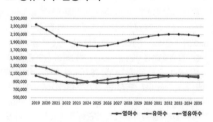

자료 출처: 통계청 장래인구 추계에서 추출(2019 기준)

---

4) Edu는 교육(Education)을, Fine은 재정(Finance)을 뜻한다.

이처럼 재정 운영에서 사적 이익의 가능성이 줄어들고, 원아모집의 어려움이 겹쳐서 유치원 운영을 포기하는 사립유치원들이 증가하고 있다. 특히 읍면지역의 사립유치원들은 운영이 불가능한 상황이다. 2016년 4291개원이던 사립유치원은 2020년 3729개원으로 줄어들어 13%나 감소했다. 초등병설 공립유치원과 어린이집도 읍면지역 초등병설유치원의 원아모집이 어렵기 때문에 폐원이 속출하고 있다. 농촌인구 자체가 감소하기 때문이다. 이런 추세는 앞으로도 계속될 것으로 보인다.

⋮

영유아 교육현장의 불협화음

사립유치원 운영자와 정부 - 바우처 제도가 빚은 갈등

현재 유아학비 지원금은 초·중등학교처럼 시설에 직접 지원하는 방식이 아니라 유아의 보호자에게 지원하는 것을 원칙으로 한다. 일종의 교환권voucher을 주는 방식으로 운영하고 있다. [5] 유아학비의 재원은 지방교육재정교부금[6]으로 통일했다가 한시적으로 유아교육지원특별회계로 전환했다.

바우처 방식을 사용하는 이유는 사립유치원이 '개인이 설립 가능'한 학교라서

---

5) 유아교육법 제24조(무상교육) ① 초등학교 취학 직전 3년의 유아교육은 무상으로 실시하되, 무상의 내용 및 범위는 대통령령으로 정한다. ② 제1항에 따라 무상으로 실시하는 유아교육에 드는 비용은 국가 및 지방자치단체가 부담하되, 유아의 보호자에게 지원하는 것을 원칙으로 한다.

6) 여기서 문제가 생겼다. 2011년까지는 만 5세 유치원 누리과정 교육비는 지방교육재정교부금에서 부담하고, 만 5세 어린이집 누리과정 비용은 국고와 지방비로 충당했다. 그런데 박근혜 정부는 2012년부터 누리과정의 범위를 만 3~5세 유치원과 보육시설로 확대할 뿐 아니라 그동안 국고와 지방비로 충당했던 보건복지부 관할 어린이집의 누리과정 비용도 학교 교육비를 충당하는 지방교육재정교부금에서 충당하도록 했다. 결국 각 시·도교육청에서 유·초·중등학교가 사용할 교육예산이 부족해진 것이다. 이 문제로 각 시·도교육감들이 예산집행을 거부해서 어린이집 운영자들이 교육감에게 항의하는 일이 많았고, 박근혜 정부 교육부와 시·도교육감도 충돌했다. 누리과정에 투입된 지방교육재정교부금은 제도 시행 이후 계속 증가하여 2015년에는 3조9732억 원에 달하여, 교육재정이 고갈된 시·도교육청이 2016년 기준으로 지방채를 3조1259억 원을 발행하기에 이르렀다. 대부분의 교육청이 빚더미에 앉게 되었다. 이후 2016년 말 유아교육지원특별회계법을 제정하고, 이 법이 정한대로 중앙정부 일반회계에서 국고로 일부를 충당하면서 각 시·도교육청의 교육재정이 여유가 생겼다.

다. 교육청이 직접 시설에 지원했다가 개인이 시설을 매도할 경우 회수가 불가능하기 때문이다.[7] 학부모가 공·사립유치원 어디를 가게 될지 모르는 상황에서 일단 학부모에게 카드 입금하고, 이후 입학하는 유치원에서 해당 카드를 등록하면 유치원이 그 카드의 유아학비를 인출하여 누리과정 교육비로 사용하는 방식이다. 학부모에게 교육·보육비를 지원하고, 학부모가 이 돈을 유치원 시설에 납부하는 것이다.

여기서 사립유치원과 정부의 갈등이 싹튼다. 정부는 학부모를 통해 사립유치원에 지원하는 돈이 국가 보조금이라는 입장이다. 사립유치원은 학부모가 유치원에 내는 돈이라고 주장한다. 정부는 그 돈이 정부에서 출발했으므로 당연히 보조금이 제대로 쓰이는지 감사하여 잘못 사용하는 경우 환수하고 처벌할 수 있다는 주장이다. 반면 사립유치원 원장들은 개인이 설립·운영하는 사립유치원은 사유재산이며 자신들은 개인사업자이고 그 서비스를 받는 학부모에게 서비스 대금을 받았으므로 이후 그 돈을 어떻게 사용하는지는 전적으로 개인사업자인 유치원장의 결정이라는 주장이다. 식당 주인이 음식을 주고 그 대금을 받아서 어디에 사용하든 식당 주인 마음이라는 것이다. 여기서 학교운영자와 식당운영자를 동일하게 보는 관점은 문제가 있다.

정부가 사립유치원에 공적 회계제도를 요구하기 시작한 것은 2012년 누리과정을 시작하면서부터다. 그전에는 개인사업자처럼 운영해오다가 누리과정으로 보조금을 받으면서 사립학교로서 지켜야 할 회계규칙인 '사학기관 재무회계규칙'을 준용하도록 요구받았다. 회계규칙을 보면 "학교의 재정 출납은 개인의 수입과 지출이 아니라 학교의 세입과 세출로 잡아야 한다"고 규정하고 있다. 당연히 원장이더라도 개인 지출이 불가능하다. 현재 유치원장으로서 받을 수 있는

---

7) 우리나라 사립유치원의 대부분은 개인이 세운 사립학교다. 유아교육법 제7조3호에 따르면 사립유치원은 개인 또는 법인이 설립할 수 있도록 허용한다. 사립학교 중에서 개인이 설립 가능한 학교는 사립유치원과 산업체부설학교뿐이다. 사립유치원은 개인이 설립 운영한다는 점에서 사유재산 성격과 유아교육법과 사립학교법에 따라 규율되는 공교육체제 안 학교라는 공적 성격을 동시에 지녔다.

돈은 원장으로서의 보수가 전부다.[8] 유치원에 따라서는 원장의 가족이 유치원에 다양한 직종으로 채용되어 보수를 받는 방식으로 영리를 추구하기도 한다.

사립유치원 운영자들은 사립유치원 운영은 사적 자치영역이라고 주장하나 분명히 공교육기관으로서 공적 영역에 속해 있다. 개인이 세운 교육시설이더라도 학원과 학교는 엄연히 다르다. 학원은 사교육기관이고 학교는 공교육기관이다. 그래서 각 시·도교육청이 각종 지원 예산을 만들어서 지급하고 있다. 현재 시·도교육청은 학부모를 통해 사립유치원에 유아학비를 지원하는 것뿐 아니라 각종 교육활동비와 교사인건비의 상당 부분, 그리고 유치원 운영비를 지원하고 있다.[9] 원장은 개인이지만 교육을 제공하는 주체로서 개인사업자가 부담해야 하는 관련 세금을 부과하지 않는다. 사립유치원의 토지나 건물 등 재산에도 취득세나 재산세를 상당 부분 면제하는 특혜를 부여하고 있다.[10]

학부모의 고민: 법에는 무상, 현실은 비용부담

유아교육법과 영유아보육법 모두 무상교육과 무상보육이 조문화되어 있다. 그러나 완전한 무상교육과 보육이 이뤄지는 것은 아니다. 공립이나 사립이냐, 유치원이나 어린이집이냐에 따라 바우처로 보조되는 비용 기준이 다르다.

유치원의 경우, 공립유치원 학부모에게는 교육과정비 8만 원과 방과후과정비 5만 원 총 13만 원을 지원하고, 사립유치원 학부모에게는 교육과정비 26만 원과 방과후과정비 7만 원 총 33만 원을 지원한다(민간보육시설에도 사립유치원에 준해서 지급한다).

---

8) 현재 사립유치원은 국·공립학교 교원의 보수규정을 따르지 않아, 원장의 보수를 매우 높게 책정하고 있다.

9) 세종특별자치시교육청의 경우, 2021년 관내 사립유치원 2곳에 6억9700만 원을 지원한다. 이 중에서 교사처우개선비로 1억3000만 원을 교사 9명에게 지원한다. 아울러 방과후과정 강사를 중규모 유치원에 2명, 작은 유치원에 1명을 지원하여 교사의 근무 부담을 줄여준다. 병가 등 휴가를 대체하는 교사 인건비를 1일 7만 원씩 보조하고 있으며, 기타 급식 등 다양한 지원을 하고 있다.

10) 호남지역에 사학이 많은 이유를 호남의 대지주들이 토지개혁 대상인 토지를 지키기 위해서 학교법인을 세우고 넓은 토지를 법인에 출연하는 방식으로 재산을 지켰다는 설이 있다.

공립유치원은 서울에서 월 3400원을 징수하는 것을 제외한 대부분 지역에서 교육과정비를 징수하지 않는다. 방과후과정비 역시 경기도가 특별히 높은데, 평균 월 2만 원을 징수하고 서울, 울산, 대구에서 1000~2000원을 징수할 뿐 나머지 지역은 무상교육을 시행하고 있다. 평균을 내면 교육과정과 방과후과정을 모두 합치면 월 5726원을 학부모가 부담하는 것이다.

반면, 사립유치원은 훨씬 많은 비용을 부담한다. 교육과정비는 서울이 가장 높은데 23만3000원을 징수한다. 중소도시와 농촌이 많은 도 지역은 10만 원 내외를 징수하는데, 이를 평균 내면 월 14만5000원을 부담한다. 여기에 방과후과정비를 합치면 학부모들은 원아 1인당 월 17만 원을 부담하고 있다. 이 금액은 공립유치원의 30배가 되는 액수로, 사립 학부모가 공립 학부모에 비해 16만4000원을 더 부담하고 있다. 유아교육법에는 무상교육을 규정하고 있지만 실제로는 초·중등학교에서도 부담하지 않는 교육비를 학부모들이 부담하고 있다.

초·중등학교에서 완전 무상교육이 가능한 것은 교육비 지원을 학부모를 통한 바우처 방식이 아니라 시설에 직접 지원하는 방식이기 때문이다. 학교에 직접 지원할 수 있는 이유는 사립초·중·고는 법인화되어 시설 지원이 가능하고, 공·사립학교 교사자격이 동일하므로 동일한 호봉표에 따라 인건비 지원이 가능하며, 재정운영의 투명성이 어느 정도 정착되어 있기 때문이다. 이울러 공·시립학교 간 교육수준 편차가 거의 없기 때문에 비평준화지역 고등학교를 제외하고는 학구제, 학군제 방식의 학생 강제 배정도 가능하다.

반면, 유아 대상 시설은 만 0~5세 영유아를 담당하는 기관으로 유치원과 어린이집, 교육부와 보건복지부로 이원화되어 있고, 공립과 사립, 공립과 민간시설로 나뉘는 복잡한 구조에서 교사의 자격과 보수기준도 다르다. 또한 운영의 공공성과 영리성이 혼재되어 투명한 재정이 보장되지 않고 시설 수준 역시 차이가 난다. 이런 상황에서 영유아를 학구제나 학군제를 통해서 강제 배정하는 것은 불가능하고, 시설과 교육수준 차이를 보완하지 않은 상태에서 '학부모의 선택권'

으로 포장하여 시설 간 격차 문제를 학부모에게 전가하는 것이 바로 바우처 방식이다.

학부모들은 공립유치원을 선호한다. 2018년 유치원 취학 수요조사에 따르면 학부모의 56.2%가 공립유치원을 선호하고, 20.7%만 사립유치원을 희망했다. [11] 그러나 유치원에서 공립이 차지하는 비율은 취원유아의 29% 수준이다. '학부모의 선택권'이 바우처제도를 통해서 자유롭게 보장되었다고 보기 어렵다. 이 상황을 개선하기 위해서는 정부가 완전한 무상교육과 무상보육을 목표로 과정과 비용을 표준화하여 지원하는 정책이 필요하다.

▨ 공립·사립유치원 학부모 부담 비용

단위: 원

구분		교육과정비	방과후과정비	합계
공립유치원	3세	444	5089	5533
	4세	575	5184	5759
	5세	553	5333	5886
	평균	524	5202	5726
사립유치원	3세	14만8006	2만4400	17만2406
	4세	14만6168	2만4194	17만362
	5세	14만3532	2만3861	16만7393
	평균	14만5902	2만4152	17만54

자료 출처: 2021년 정보 공시자료 추출

사립유치원 교사 vs 사립학교 교사

사립유치원이 '학교'라는 것을 모르는 사람이 많다. 사립유치원과 사설학원을 같은 것으로 이해하는 사람도 많다. 사립유치원의 원장이나 교사들조차 대부분 그렇다. 사립유치원이 사립학교법의 적용을 받는 사립학교이므로 사립유치원 교사가 신분이 보장된다는 사실도 모르고 있다. 심지어 교육청에서 유아교육을 담당하는 전문직 중에도 이를 모르는 사람이 적지 않다. 사립유치원 교사들 중

---

11) 교육부 보도자료, 2017.12.27. 참조

에서 해고나 부당한 징계를 받는 경우, 소청심사위원회에 소청심사를 낼 수 있다는 사실을 아는 사람도 거의 없다. 그래서 사립유치원 교사들은 쉽게 해고당한다. 일정 기간 경력이 쌓이면 이런저런 이유로 해고당하거나 육아를 위해 스스로 사직하기도 한다.[12)]

국·공립유치원 교사는 대통령령인 국가공무원 보수규정과 수당규정에서 정한 호봉과 수당을 받고 있다. 국·공립어린이집 교사도 호봉과 보수, 수당 기준에 따라 보수를 받는다. 반면, 사립유치원 교사나 민간어린이집 교사는 국공립 기준을 따르지 않고, 시도별 또는 시설별로 서로 다른 기준을 적용하고 있다.

사립유치원이 교사들의 보수를 별도 기준으로 지급하는 것은 합법일까? 아니다. 「교원의 지위 향상 및 교육활동 보호를 위한 특별법」 제3조 ②항에 따르면 "사립학교법 제2조에 따른 학교법인과 사립학교 경영자는 그가 설치·경영하는 학교 교원의 보수를 국공립학교 교원의 보수 수준으로 유지하여야 한다"고 되어 있다. 분명히 법률에는 사립학교 교원의 보수는 공립학교 교원의 보수만큼 지급하도록 정해져 있다. 하지만 많은 지역의 사립유치원 교사들이 최저임금을 기준으로 보수를 받고 있는 실정이다.

사립유치원 교사들은 휴가나 휴직, 연수 등에서 국공립 유치원교사에 비해 상대적으로 불리한 대우를 받고 있다. 병가를 쓰기 어렵고, 연가나 출산휴가를 허용하는 곳이 많지 않다. 이런 상황에서 육아휴직을 쓰겠다고 말하지도 못한다. 그래서 사립유치원 교사는 출산과 육아를 하는 시기가 되면 은근한 내부 압력과 스스로 견디지 못해 사직하는 경우가 많다. 사립유치원은 공립유치원보다 경력교사나 1급 정교사도 적다. 사립유치원에는 10년 미만의 저경력 교사가 대부분인데, 교단에서 전문성을 쌓아 교육의 질을 높일 수 있는 근무환경을 갖추

---

12) 사립유치원교사를 대상으로 하는 연수에서 사립학교법의 적용을 받고 사립학교 교사로서 신분보장과 각종 교권 보호장치를 활용할 수 있다고 말해주면 대부분 '처음 듣는 말'이라고 한다.

지 못했기 때문이다.[13] 국·공립과 사립유치원, 국·공립어린이집과 민간어린이집에서 근무하는 교사의 근무환경과 자격조건은 확연히 다르다.

현재 유치원교사는 3년제 또는 4년제 유아교육과를 졸업해야 한다. 이런 기준은 최근에 마련되었다. 1960년대에는 유치원교사 자격자가 매우 적었다. 정부는 급한 대로 강습회를 열어 자격을 주기도 했고, 1970년대에는 초등교사 자격증이 있으면 자동으로 유치원교사 자격을 주고, 중등교사도 일정한 보수교육을 받으면 유치원교사 자격을 주었다. 유아교육의 전문성을 인정하지 않았던 것이다. 2004년 유아교육법을 제정한 이후 비로소 유아교육과를 졸업해야 유치원교사 자격을 주는 것으로 정리했다.

국공립·사립유치원 교원 자격·경력 현황

단위: 명

구분	자격별		경력별			
	1급 정교사	2급 정교사	10년 미만	10~20년 미만	20~30년 미만	30~40년 미만
국공립	9290	8276	9968	4602	1753	2767
사립	6293	2만3226	2만6705	4893	2674	733

공사립 교원 자격 현황

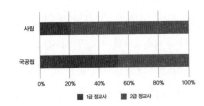

공사립 교원 경력 현황

단위: %

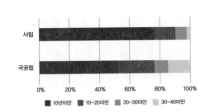

자료 출처: 2020년 교육통계에서 추출

---

13) 지금 대한민국에서 최저임금 기준으로 보수를 받는 '선생님'들이 있다는 사실에 관심을 갖는 사람들이 적다. 휴가도, 휴직도, 초과근무수당도 없는 3만4000명의 사립유치원 교사들이 43만3000명의 유치원아들을 돌보고 있다. 적지 않은 지역에서 사립유치원교사가 출근하면 휴대폰을 보관함에 넣고 자기 반으로 간다. 지금은 국가인권위원회가 학생들의 핸드폰 일괄수거를 인권침해라고 하는 상황이다. 교권 수준을 넘어 인권과 생존권이 바닥을 치는 사립유치원 교사들에 대한 지지와 연대가 필요하다. 그러나 대부분의 교원단체는 이들에 관심을 갖고 있지 않다.

어린이집 교사

보육시설에서 영유아를 돌보는 일을 하는 사람을 1980년대까지는 보육사라고 불렀고, 1991년 영유아보육법을 제정한 이후에는 보육교사, 최근에는 보육교직원이라고 부른다. 보육사는 영아반 담당자를 부르는 이름이었고, 유아반은 '교사'라고 불렀다. 1991년 보육교사 자격은 고졸이상 졸업자가 소정의 양성과정을 거친 경우 2급 자격을 부여하고, 전문대 이상 관련학과[14] 졸업자 또는 2급 자격자가 3년 이상 근무하면 1급 자격을 부여했다.

2005년 영유아보육법시행령을 개정하면서 보육교사는 1급, 2급, 3급으로 나뉘었다. 눈에 띄는 것은 '관련학과 졸업'에서 '보육 관련 교과목 및 학점 이수'로 자격취득이 매우 쉬워졌다는 점이다. 이 조치로 인해 대학, 전문대학, 방송통신대학, 개방대학 및 기술대학뿐 아니라 평생교육시설과 직업교육훈련기관에서도 자격취득이 가능해졌다. 2007년 정보통신매체를 이용한 고등교육기관에 사이버대학이 추가되면서 보육교사 자격은 사이버대학에서도 쉽게 취득할 수 있게 되었다. 학점은행제에서 학습자가 가장 많이 이수하는 교과목이 아동·가족전공일 정도로 평생학습의 본래 목적보다는 단기간에 자격증을 취득하기 위한 수단이 되고 말았다.

:

유보통합, 장기적이고 현실적인 방향

유보통합, 천천히 가는 길

영유아 관련자들은 유보통합 일원화에 대부분 동의한다. 다만, 이해관계 조

---

14) 관련 학과로는 사회복지학과, 사회사업학과, 사회복지행정학과, 아동학과, 아동복지학과, 유아교육학과, 사회개발학과, 사회학과, 특수교육과, 심리학과, 가정관리학과, 간호학과, 의학과, 가정교육학과 등 실제로 보호와 교육의 전문성과 무관한 학과도 많았다.

정이 어려워 지난 30년간 '논의는 있되 결론이 없는' 상태를 이어왔다. 무리한 통합보다는 통합을 위한 전제인 격차 해소부터 시작하는 것이 현실적이다. 이 방식은 교육부와 교육청, 보건복지부와 각 시·도교육청이 각자 영역에서 격차를 해소해가는 상향식이라 할 수 있다.

· 시설 배치와 폐원의 통합관리

유치원을 담당하는 교육청과 어린이집을 담당하는 시·도교육청이 서로 설립과 배치에서 정보를 공유하고 공동으로 정책을 결정한다. 해당 지역의 영유아 수요를 파악하고, 필요한 시설을 지역별로 분배하고 유치원과 어린이집을 적절하게 배정해야 한다.[15] 세종시처럼 도시개발지역에서는 공립유치원과 공립어린이집을 붙여서 짓고, 만 0~2세는 어린이집에서 만 3~5세는 유치원에서 담당하여 어린이집을 다니던 아이가 만 3세부터는 바로 옆 시설로 옮겨가는 식으로 배치한다. 놀이시설 등 다양한 시설을 공동으로 사용할 수 있고, 학부모 입장에서는 형과 동생이 같은 지역 시설에 다닐 수 있어 안심할 수 있다.

· 입학시스템 통합

학부모들이 유치원과 어린이집을 자유롭게 선택할 수 있도록 취원 안내시스템을 통합·운영해야 한다. 집에서 가장 가까운 위치에 어떤 시설이 있는지 한눈에 알아볼 수 있도록 하고, 해당 시설의 교육과 보육정보, 교사정보 등을 공개한다. 세종특별자치시교육청과 세종시청은 이 시스템을 보완, 발전시킬 계획이다.

---

15) 유아교육법 시행령 제17조 3항에 따르면 "초등학교를 신설하는 경우에는 신설되는 초등학교 정원의 4분의 1 이상에 해당하는 수의 유아를 배치할 수 있는 공립유치원의 설립계획을 유아배치계획에 포함"시키도록 되어 있고, 어린이집 등 누리과정 운영시설의 변동을 고려하여 계획을 세우도록 되어 있다.

· 교사의 자격과 수준 격차 해소

어린이집 교사자격 부여기준을 유치원교사 자격기준으로 상향할 필요가 있다. 어린이집 교사자격은 정규 양성과정인 대학의 해당 '학과졸업'이 아닌 '학점이수'가 기준이다. 평생교육과정인 사이버대학 등에서 학점을 이수하면 자격이 부여된다는 점 때문에 '인강으로 손쉽게 자격을 딴다'는 비판이 있다. 이것은 영유아보육법과 시행령을 개정하면 조정 가능하다. 시행령 개정 이전이라 하더라도 지자체가 직접 관장하는 국·공립어린이집부터 신규 보육교사를 채용할 때 공립유치원의 임용고시 수준으로 높이는 방식을 채택하면 된다. 이 정책을 일정 기간 유지한다면 국·공립어린이집의 교사 수준을 공립유치원 수준으로 높일 수 있고, 민간보육시설도 자연스럽게 따라갈 것이다.

· 교사 처우 개선과 통합

사립유치원과 민간보육시설의 교사 인건비를 지원하여 교사의 처우를 통일하고 보조교사 등 필요인력을 지원하여 교육과 보호의 질을 높여야 한다. 하루 7시간 쉼없이 영유아를 돌보는 일은 사람으로서 감내하기 어려운 수준이다.[16] 어린이집과 사립유치원에 CCTV를 설치하여 교사를 감시하는 것보다 교사들의 근무 부담을 감당할 수 있는 수준으로 낮추는 것이 교육과 보호의 질을 높이는 데더 효과적이다. 교육청은 사립유치원에, 시청은 민간어린이집에 지원을 늘리면 된다.

---

16) 유치원이나 어린이집이 초·중등과 다른 점은 '쉬는 시간'이 없다는 점이다. 화장실 오가는 시간이나 급식시간에도 교사가 항상 유아 곁에 있다. 공립유치원 교사는 오전 9시부터 오후 1시나 2시까지 4~5시간 교육과정 수업을 담당한다. 이후 방과후과정 시간에는 기간제교사나 강사를 별도 채용해서 교육과 보호를 한다. 공립유치원 정교사는 오후 2시 이후에는 업무정리나 다음 수업을 준비한다. 사립유치원은 방과후과정 수업 담당교사를 배치하는 경우도 있지만 대부분 교사가 방과후과정 시간에도 계속 유아를 돌본다. 이 경우 다른 업무는 따로 시간을 내야 한다. 어린이집의 경우 하루 8시간 근무를 원칙으로 하는데 7시간 영유아를 담당하고 1시간 휴식한다. 늦게까지 돌봄을 해야 하는 경우에는 연장반 교사를 투입한다. 시설마다 교사들의 근무 부담이 다르고, 투입되는 교사와 보조교사 수도 다르다. 유보통합이 된다면 인건비를 지원해서 공립유치원 수준으로 맞추어야 한다.

· **표준교육비 산정을 통한 시설 직접지원체제 마련**

교육과 보호의 질을 보장하기 위해 교육활동에 필요한 비용을 정확하게 계산해서 지원해야 한다. 학교에서 사용하는 표준교육비 개념을 도입해서 지원해야 할 재정규모를 표준화해야 한다. 이렇게 계산한 비용을 학부모를 통한 바우처가 아닌 시설에 직접 지원하는 체제를 갖춘다.

· **교육청의 보육교사 연수 지원**

현재 교사연수 시설과 과정을 구비한 교육청이 어린이집 교사를 연수대상으로 포함하여 교사의 질을 높이는 연수과정을 운영할 수 있다. 어린이집 교사 연수는 시군구에서는 체계적으로 진행하기 어렵다. 교사연수 체계를 갖추고 있는 교육청이 통합연수체계를 구축하는 것이 채택 가능한 방안이다.

· **유치원 보육기능 강화**

유치원에는 원래 전일제 개념이 없었다. 2004년 유아교육법을 제정한 이후 전일제를 도입했다. 유치원은 수업일수가 180일로 규정되어 있고, 70일간의 방학이 있다.[17] 그러나 학부모들은 250일 돌봄[18]이 필요하다. 유치원도 방학중·방과후과정을 진행하며, 교육청에서 공·사립유치원에 각각 5만 원과 7만 원의 방과후과정비를 지원하고 있다.

학령인구 감소로 읍면지역에는 보육시설과 유아교육시설을 따로 설치·운영하기 어려워, 읍면지역 병설유치원에 영아반을 운영해달라는 요구가 있다. 세종시 연구에서 "어린이집이 없는 지역에는 유치원 영아반을 운영해달라"는 요구가 69.3% 나왔다. 이런 응답은 농·산·어촌 지역에서 만 3세 이상의 유아와 2세 이하

---

17) 1년 중 공휴일을 빼면 250일 정도가 평일이다. 여기서 180일을 빼면 70일의 방학기간이 나온다.

18) 동아일보와 고려대 정부학연구소, 한국리서치가 공동으로 실시한 '2017 대한민국 정책평가'에서 2위였던 초등돌봄교실(3.84점) 역시 매년 높은 평가를 받고 있다. 2015년 1위에 올랐고 2020, 2021년 2년 연속 좋은 정책 2위에 올랐다(동아일보, 2017.12.18.). 돌봄은 학부모들이 바라는 가장 중요한 교육정책이다.

의 영아를 한 시설에서 함께 수용하자는 매우 현실적인 요구다.

유보통합 - 빨리 가는 길

30년간 유보통합을 이야기했지만, 실제로 진행된 것은 미미하다. 여전히 보건복지부와 지자체, 교육부와 교육청이 각자 영역에서 서로 다른 정책을 진행하고 있다. '누리과정'이라는 교육과정을 통합한 것이 거의 전부다. 무엇을 유보통합이라고 할까? ① 주무부처 통합 ② 유치원과 어린이집의 운영기준과 시스템 통합 ③ 영유아보육과정(서비스 내용) 통합을 진정한 유보통합의 모습으로 기대하고 있다. 여기서 ③에서 ①로 가는 방식을 상향식이라고 한다면 ①에서 ③으로 가는 방식은 하향식이라 할 수 있다. 관계자나 전문가[19]들은 어떤 것을 원할까?

육아정책연구소의 「유보통합 정착을 위한 실행방안 연구」(최윤경 외 3인, 2016)에 따르면 유보통합의 가장 중요한 요소로 '중앙부처의 통합'(41.9%)을 꼽고 있다. 성공적인 유보통합의 실행전략으로는 '정부의 의지 및 구체적인 통합실행계획'(46.2%)을 가장 많이 선택했다. 세 번째로 지적한 '유보통합의 목적·지향 등 정책의 목표설정'(15.6%)과 합치면 '정부의 추진의지'(61.8%)를 강하게 요구하고 있음을 알 수 있다. 어느 부처로 통합하는 것이 좋은지에 대한 응답은 69%가 교육부를 꼽았다.

2021년 8월 '아이행복을 꿈꾸는 교육보육모임'에서 보육교사, 원장, 관련학과 2만6000명을 대상으로 한 조사에서도 90%가 행정부처 일원화에 찬성했고, 80.6%가 교육부가 맡는 것이 좋겠다고 응답했다. 현장에서 실제 교육과 보육을 담당하는 당사자들은 정부가 강한 의지를 갖고 유보통합을 추진해야 한다는 입장이다. 우선, 담당 중앙부처를 통합해야 하고 통합은 교육부가 맡아야 한다는 인식이다.

---

19) 이 조사는 유보 관련 공무원 24.4%, 전문가 25.2%. 유치원과 어린이집 시설운영자(원장) 50.4%가 참여했다.

지난 30년간 논쟁만 있었던 유보통합 문제는 2022년 출범하는 새 정부에서 논쟁보다는 먼저 실천하되, 양 기관을 교육부로 통합한 이후 그 안에서 정리하는 방식을 고민해야 한다는 주장이 있다.[20] 육아정책연구소 연구에서도 상향식(21.8%)보다 하향식(74.9%)을 선호하는 결과를 보여준 것처럼 실제 유보통합은 정부의 강한 의지로 실행할 단계가 되었다는 인식이 대부분임을 알 수 있다.

세종시의 작은 시도

학부모들이 원하는 것은 '집에서 가장 가까운 곳'에서 '질 높은 교육과 보호'를, '저렴한 가격'으로, '원하는 만큼 받는 것'일 것이다. 부모들은 집 주변에 영유아 시설이 있기를 원한다. 이는 궁극적으로 유보통합을 통해서 이룰 수 있는 목표다. 세종시가 육아정책연구소에 맡겨 진행한 '유치원과 보육시설의 연계를 위한 연구'(2021.2) 결과에 따르면, 유치원과 어린이집 원장의 73.3%가 유보연계를 지지한다. 세종특별자치시교육청도 세종형 유보통합을 모색하는 '세종형 격차해소방안'을 연구하고 있다.

세종특별자치시교육청과 세종시청은 유보통합에 대해 원칙적으로 견해를 같이한다. 전국적인 유보통합은 당장 어렵더라도 세종시의 독자 모델은 가능하다는 판단에서 기초 논의와 공동사업을 모색하고 있다. 우선, 유치원과 어린이집의 입학시스템을 통합할 예정이다. 인터넷이나 모바일로 입학정보를 찾을 경우, 교육부는 유치원 입학정보를 '처음학교로'라는 독자적인 홈페이지에서 안내하고, 보건복지부는 '아이사랑복지포털'을 만들어서 별도 운영하고 있다. 학부모 입장에서는 전국 어린이집 정보보다 해당 지역 유치원과 어린이집 정보가 더 필요하지만 유치원과 보육시설 담당부처가 다르다 보니 지역별 통합운영이 아닌 부처별 통합운영되는 것이다.

---

20) 교육부로 통합되더라도 내부에서 영유아를 완전하게 하나의 체계로 통합하는 방식과 유아교육과 영아보육으로 나누는 방식, 지방자치단체 차원에서 통합하는 방식 등 다양한 방식이 가능하다.

세종특별자치시교육청과 세종시청은 통합입학시스템을 추진하고 있다. 학부모가 한눈에 우리 지역 유치원과 어린이집 상황을 보고, 입학 신청 절차를 밟도록 하자는 것이다. 우선 부처별 통합시스템에서 지역별 통합시스템으로 전환하는 첫 단계로 상호 홈페이지 방문이 가능한 메뉴를 만들어서

세종특별자치시교육청 유아모집 홈페이지. 메뉴에 시청 어린이집 현황 바로가기가 있다.

사용하고 있다. 원래 하나의 홈페이지에서 유치원과 어린이집 정보를 검색할 수 있게 하려 했으나, 보건복지부 홈페이지에서 세종시 어린이집만 분리할 수 없어 양쪽을 오가는 메뉴를 만들었다.

⋮

교육부의 강한 의지 필요

유아에 대한 교육과 보호는 국가정책에서의 중요성과 부모들의 절박함에 비해서 국가의 관심이 턱없이 부족한 채 현재에 이르렀다. 교육부와 보건복지부로 나뉘고, 지역에서는 교육청과 시·도청으로 나뉘었다. 시설로는 유치원과 어린이집으로 나뉘고, 운영자로는 국공립과 사립, 민간과 법인, 그리고 직장으로 나뉘었다. 대학원을 졸업한 교사부터 평생교육시설에서 인강을 수료한 보육교사까지 접근경로와 채용방식, 교사에게 요구하는 자질과 자격도 천차만별이다.

유아교육과 보육 모두 유아교육법과 영유아교육법상 무상교육과 무상보육을 정해놓았으나, 실제로는 설립자나 시설에 따라서 수십만 원까지 부모에게 교육비와 보육비를 징수하고 있다. 법령이 현실에서 힘을 갖지 못하는 상황이다.

교육부와 보건복지부, 교육청과 지자체로 나뉘어 영유아 수요를 통합적으로

파악하지 못하고, 공급에 대한 통합 계획도 없어 각자의 역할만 수행하면 된다는 식의 행정이 문제다. 게다가 학령인구가 감소되면서 필요한 시설 감축이나 조정에 대한 통합 관리도 안 되고 있다. 결국 사립과 민간시설들은 원아모집이 되지 않고 있거나 폐원하여 그 지역 영유아들은 각자 알아서 다른 지역의 시설을 찾아야 한다.

1995년 처음 유보통합을 논의한 이후 지금까지 혼란이 계속되는 것의 책임은 많은 부분 정부에 있다. 얼마 전까지만 해도 교육부는 유아교육정책이 없었다고 해도 과언이 아니다. 교육청에서 유아교육이 찬밥 신세였듯이 교육부 내부에서도 유아교육은 관심대상이 아니었다. 역설적으로 2019년 '사립유치원 문제'가 터지면서 '공립유치원 확대' 등의 유아교육정책을 발표했다. 반면, 보건복지부는 보육시설을 교육부에 통합하는 데 부정적이었다. 이에 따라 정부 안에서 일관된 정책이 마련되지 않았고, 민간을 포함한 논의에 떠밀어버린 셈이다.

유아교육과 영유아보육 정책을 수립하다 보면 다양한 설립운영자 집단의 이해관계와 부딪친다. 이미 대부분 민간(사립) 영역이 다수를 차지하고 국공립은 소수다. 영리와 공익이 부딪치는 곳에서 영유아들의 이익을 보장하는 정책을 만들어내기가 쉽지 않다. 예를 들어 정치가들은 때만 되면 '만 5세 유아 의무교육'같은 설익은 정책을 내어놓는다. 겉으로는 진보적인 것처럼 보이는 파격적인 정책이다.

그러나 실제 내부로 들어가서 의무교육을 담당할 유치원 시설이 전국에 균등하게 배치되어 있는지, 균등한 교육을 위한 시설 여건이 공·사립 간, 도심과 변두리 간 균등하게 설치되어 있는지, 만 5세 유아를 교육기관인 유치원에 빼앗기게 되는 어린이집의 동의가 가능한지와 같은 문제가 산적해 있다. 또한 사립유치원은 의무교육 대상이 아닌 만 3세와 4세 유아를 담당하게 되는지, 아니면 어린이집으로 넘겨줄지에 대한 합의가 가능한지, 공립유치원을 선호하는 학부모들이 강제로 사립유치원에 배정되었을 때 만족할지 등 구체적으로 살펴보면 '만

5세 유아 의무교육'이라는 정책이 외견상 훌륭하나 실제 실현이 가능하지 않다는 것을 알 수 있다.

새로운 정부는 기존 문제에 더해 학령인구 감소로 인한 민간(사립)시설의 운영난 해결이라는 과제가 하나 더 늘었다. 어느 지역 어떤 시설을 정리할지는 시장원리에 의한 도태가 아니라 교육청과 지자체가 통합관리하는 가운데 학급당 원아 수 축소 등 교육·보육환경 개선과 더불어 연착륙 방안을 찾아야 한다. 새 정부가 유보통합(유보일원화)을 통한 영유아의 보육과 교육의 공공성을 높이겠다는 의지가 강하다면 앞에서 언급한 '빠른 길'을 선택하는 것이 적합하다고 생각한다. 지금 상황은 30년간 논의해왔던 것만으로는 해결이 난망하기 때문이다. 차라리 먼저 1개 부처로 통합하고 그 이후 그 부처 안에서 정리하는 것이 나을 수 있다. 물론 교육부가 얼마나 강한 의지를 갖고 있느냐가 관건이다.

적지 않은 사립유치원들이 노인복지시설로 전환하고 있다. 사립학교에 적용하는 예산운용을 요구하고, 학령인구 감소로 인해 원아모집이 어려지면서 폐원을 결정하고 업종을 전환하는 것이다. 이는 정부가 책임져야 할 일이다. 새로운 대통령, 새로운 교육부장관이 나서서 해결해야 한다.

'경쟁교육'이 발행한 청구서가 도착했다

서용선
국회 보좌관

교육불평등 시대

교육격차의 가시화

'개천에서 용 나는' 시대가 끝났다고 한다. 이 말도 꽤 오래전부터 써왔던 터라 이미 완전히 달라진 새로운 시대라고 해도 과언이 아니다. 그렇다면 우리가 사는 시대를 교육적으로는 어떻게 정의할 수 있을까? 최근 들어 가장 회자되는 말이 '교육불평등의 시대'라는 말이다. 사실 교육불평등은 '개천에서 용 난다'라는 말보다 더 오래된 말이다. 조선시대와 구한말, 미군정과 군부정권 시기를 차례로 생각해보면 알 수 있다. 어쩌면 교육은 태생부터 특정 계층과 계급을 위한 일이었을지 모른다. 지금은 입시를 잘 치러 좋은 대학에 입학하고 대기업에 다니는 소수가 우리 주변에 있다. 가난하거나 공부를 못한 평범한 사람들 입장에서 보면, 교육은 일종의 사치품이나 닿지 못하는 신기루처럼 느끼는 것도 이 때문이다.

코로나19로 인해 '교육격차'가 커졌다는 소식이 연일 들린다. 이런 교육격차를 어떤 사람은 '교육불평등'이라고 부르고, 어떤 사람은 '교육양극화'라고 부른다. 심지어 '교육손실', '교육공백'으로도 부른다. 일반적으로 교육불평등은 교육에 대한 이념적·사상적·상징적 관점이 녹아 있다. 반면, 교육격차는 탈가치적이고 현상적이며 실제적이다. 교육격차는 교육불평등보다 가시적인 성격이 강하다. 교육양극화, 교육손실, 교육공백도 교육격차에서 교육불평등으로 가는 길목 어딘가에 놓여 있는 말이다. 교육양극화는 자원의 불균등한 분포로 인한 계층 차이를, 교육손실은 여러 원인에 의해 부족해진 부분에 대한 판단을, 교육공백은 정상과 비정상의 비교를 드러낸다. 어떤 면에서 보면, 교육불평등이 신념에 가깝다면 교육격차는 현실에 가깝다. 교육격차와 함께 쓰이는 학습격차, 학력격차라는 말도 교육격차에 대한 미시적 관점이 반영되어 있다.

차이가 있다고 불평등할까? 이 논쟁은 교육 분야뿐만 아니라 정치, 경제, 사회, 문화 분야에서도 나타나는 공통 쟁점이다. 차이든 불평등이든 현재 상태에서 드러난 교육의 문제를 극적으로 보여주는 건 사실이다. 교육기회와 여건, 교육활동과 성취부터 부자와 빈자, 도시와 농촌, 남학생과 여학생, 앞선 세대와 후세대의 차이가 극명하게 벌어지면 선명해 보인다. 이렇게 벌어지는 질과 양, 속도와 정도, 분포와 배분에 대한 관심은 전문가만의 관심이 아니라 학생을 포함한 학부모와 교사들도 직접 느끼고 체감한다.

교육불평등의 흔적들

2020년 한 국책연구원의 연구[1]가 주목을 받았다. '학습부진 학생은 어떻게 성장하는가'를 다룬 이 연구는 말 그대로 공부 못하는 학생들이 어떻게 잘 클 수 있는지를 객관적으로 보여준다. 4년 동안 50명의 초등학교와 중학교 학습부진 학생들을 추적한 종단연구로, 학교 안팎에서 학생들의 삶을 심층 탐색했다. 이 학

---

1) 김태은 외, 「초·중학교 학습부진학생의 성장과정에 대한 연구(IV)」, 한국교육과정평가원, 2020.

생들을 성장할 수 있게 하는 결정적 계기는 이렇다.

우선, 빠르게 진단하는 일이다. 학생들이 어떤 상태인지 들여다봐야 성장 발판을 마련할 수 있다는 말이다. 교육현장에서는 당연히 받아들이는 현상이지만 제대로 들여다보기는 쉽지 않다. 어떤 상태인지 들여다볼 수 없다면, 교육불평등은 커진다. 다음으로, 교사와 학생이 신뢰를 형성하는 일이다. 서로를 궁금해하며 믿고 알아가는 과정이 공부 못하는 학생들에게 중요하다는 것이다. 반대로 서로 믿음이 깨지면 교육불평등은 커질 수밖에 없다. 또한 학생 개개인에게 지속적으로 학습기회를 제공하는 것이다. 몸에 비유컨대, 근육이 생길 수 있도록 도와주는 일이다. 이런 기회가 생기지 않으면 교육불평등은 커진다.

몇 가지 결론이 더 있다. 세분화된 학습자료를 제공하고, 성공 경험을 갖도록 하는 일이다. 어떻게 배우고 있는지 물어봐주는 것도 중요한데, 이것은 학습관리 방법을 익히는 일이다. 학습에 몰입하는 경험, 즉 '잉크 떨어뜨리기'도 필요하다. 맑은 물이 담긴 투명한 컵에 잉크 한 방울이 번져가는 것처럼, 학생이 몰입해가는 게 중요하다는 의견이다. 적절한 자료를 제공하지 않았고, 학습관리가 되지 않았으며, 몰입이 어려워지면 교육불평등은 커진다. 그 외에도 교실에서 서로 미안해하고 배려하는 분위기도 중요하다. 학교와 가정의 소통과 협업은 학습부진 학생들이 성장하는 데 중요한 요인이다. 이 학생들에 대해 인내심을 갖고 이해하고 성취감을 북돋워주는 일도 중요하다.

이 연구에서 내린 결론은 초등학교와 중학생의 학습과 관련된 이야기지만, 반대로 보면 교육불평등이 보여주는 흔적들이다. 어떻게 해서 교육불평등이 시작되었는지, 교육불평등의 모습은 어떻게 나타나는지를 알 수 있다. 학습부진 학생들이 성장할 수 있는 토대와 학습지원이야말로 교육불평등을 완화하거나 해소하는 길이다.

코로나19가 불러온 교육불평등

창녕 아동학대와 인천 라면형제 사건

코로나19로 학교 문이 닫혔던 2020년 6월과 9월, 전 국민을 충격에 빠뜨린 사건이 발생했다. 경남 창녕의 아동학대 사건과 인천의 라면형제 사건이다. 이들 사건의 원인에 대해 여러 견해가 있지만, 교육적으로 보았을 때 가정을 배경으로 부모의 학대와 결손이 교육불평등으로 고스란히 드러난 사건이었다. 피해를 입은 아이들이 모두 학교를 가야 할 나이이고, 결과론적이지만 학교에 있었으면 벌어지지 않을 일들이었다.

재난은 가난한 사람들에게 더 가혹하다고 한다. 재난은 모두에게 힘들고, 모두가 서로를 끌어안아주는 계기가 될 것이라고 믿고 싶겠지만 현실은 그렇지 않다. 재난이 집단에 끼치는 영향은 다르며, 각 집단마다 대응방법도 엄청나게 다르다. 그래서 재난은 각자를 다른 방향으로 끌고 간다. 『재난불평등』의 저자 머터^{John C. Mutter}는 "부자는 재난을 이용하지만 가난한 사람은 그렇게 못한다"며 이를 신랄하게 비판했다.[2]

우리나라 학습손실 피해 3337조 원

이런 사건들을 전 세계로 확대해보자. 우리나라만의 일이겠는가? 방역에 어려움을 겪거나 경제적으로 낙후된 곳의 교육불평등은 상상만 해도 아찔하다. 특히 코로나19로 학습이 얼마나 객관적으로 결손을 가져왔는지를 깨닫는다면 이는 단순히 특정 지역의 특정한 아이들에게만 벌어지는 특별한 경우의 일로 치부되지 않을 것이다.

코로나19가 발생한 지 2년째를 지나고 있다. 교육격차, 교육양극화, 교육공

---

2) 존 C. 머터, 『재난불평등』, 장상미 옮김, 동녘, 2020.

백 등 다양한 이름으로 언론에 그 심각성을 드러냈다. 하지만 구체적인 정보 없이 막연한 불안과 사건만 있던 2020년 9월, OECD가 중요한 발표를 했다. 교육공백으로 인한 손해를 경제적 비용으로 환산한 「학습손실의 경제적 영향」이라는 보고서로, 내용을 보면 '학습결손'이 실질적으로 심각한 상황에 이르렀음을 알 수 있다. 이 보고서는 또한 G20 국가들의 학습결손으로 인한 GDP 손실액을 비교해서 밝혔다. 규모가 큰 미국과 중국을 제외하더라도 대부분의 국가가 우리나라 못지않았다. 우리나라보다 학습손실이 크지 않은 국가는 아르헨티나, 호주, 캐나다, 사우디아라비아, 남아프리카공화국 정도이고, 다른 나라들은 학습손실 피해가 팬데믹이라는 이름이 보여주듯이 엄청난 규모였음을 알 수 있다.

▨ 2021학년도 1학기 평균 등교율 현황
(2021.7.16. 기준)

학교급	등교율	학교급	등교율
유치원	89.6%	특수학교	85.1%
초등학교	74.6%	각종학교	76.9%
중학교	63.8%	합계	73.1%
고등학교	72.0%		

자료 출처: 교육부, 2021.7.

▨ G20 회원국의 코로나 학습손실로 인한 GDP 손실액

단위: 십억 달러

국가	GDP 2019	학습손실 영향	
		1/3분기 손실	2/3분기 손실
아르헨티나	990	-683	-1347
오스트레일리아	1262	-871	-1716
브라질	3092	-2134	-4205
캐나다	1843	-1272	-2507
중국	2만2527	-1만5543	-3만636
프랑스	3097	-2137	-4212
독일	4474	-3087	-6084
인도	9229	-6368	-1만2552
인도네시아	3197	-2206	-4347
이탈리아	2557	-1765	-3478
일본	5231	-3609	-7114
한국	2206	-1522	-3000
멕시코	2519	-1738	-3426
러시아	3968	-2738	-5397
사우디아라비아	1609	-1110	-2189
남아프리카공화국	731	-504	-994
터키	2350	-1621	-3196
영국	3121	-2154	-4245
미국	2만575	-1만4197	-2만7982

자료 출처: OECD, 「학습손실의 경제적 영향」, 2020.

누적된 교육격차 위에 학습결손

코로나19로 인한 교육불평등은 교육격차, 학습격차, 학력격차의 문제이지만 이는 기존 격차에 더해 결손이 가해지는 문제다. 대면수업이 중단되면서 원격수업을 실시했지만 너무 급하게 도입한 전국 규모의 원격수업은 학습 질에 대한 끊임없는 질타로 이어졌다. 그 피해는 고스란히 가정환경이 어려운 학생들에게 집중된 것이 사실이다.

원격수업은 기본적으로 인터넷 환경과 문서작성이 가능한 태블릿과 같은 스마트 학습기기가 필수다. 코로나19 상황에서 이를 잘 활용하기 위한 도움과 지원은 필수불가결한 것이었다. 이 지점에서 큰 사각지대가 생겨버렸다. 교사들도 처음이라 원격수업의 질 차이는 그대로 학생들에게 전이되어 학습 돌봄의 어려움으로 다가왔다. 가정 내 학부모의 도움을 받지 못하는 학생들과 이 시기에 사교육까지 한 학생 간 격차는 하늘과 땅 차이였다. 모든 계층 학생들의 학업성취도가 저하되었지만, 취약계층의 성취도는 더 많이 저하된 것이다.

이런 상황을 수치로 보여준 사례가 있다. 2020년 10월, 미국에서는 코로나19 이전에 비해 '읽기'는 87%만 배웠고, '수학'은 67%만 배웠다. 이를 시간으로 나타내면 읽기는 1.5개월의 학습결손이, 수학은 3개월의 학습결손이 나타났다고 보고했다. 학년이 올라갈수록 학습결손은 심해졌고, 백인보다 유색인종에서 2배 이상 심각한 상황이 벌어진 것이다. 학업성취도가 최대 6개월이 늦춰졌다는 보도도 있었다. 이는 가정형편이 어려운 아이들, 즉 취약계층에 나타나는 보편적 현상임을 말해준다. '코로나 세대', '팬데믹 세대'의 어두운 그림자는 취약계층의 학생들에게 짙게 드리워졌다.

코로나19로 학교 문을 걸어 잠그고 방역에만 집중했던 우리나라도 학업성취도 평가결과를 발표하면서 충격을 받았다. 기초학력미달 비율로만 보면, 중학교 수학을 제외한 모든 과목에서 전년 대비 증가했다. 학교생활의 행복도 역시 전년 대비 중학교는 4.9%포인트, 고등학교는 3.5%포인트 감소했다. 학생들의 만족도·적응도 등을 나타내는 학교생활 행복도는 2013년 이후 꾸준히 증가, 매년 60% 안팎의 결과를 나타냈지만 코로나 상황이 지속된 2020년에는 중학교 59.5%, 고교 61.2%로 전년 대비 하락했다.

'코로나19 세대' 출현의 핵심은 '코로나19 교육결손 세대'라는 점이 분명해졌다. 원격수업 기간 동안 학생들의 학습기회를 계획적이고 효과적으로 이끌어내지 못한 점은 코로나19를 책임져야 할 기성세대의 몫이 되었다.

⋮

영유아 과잉 사교육

사교육걱정없는세상과 국회는 그동안 꾸준히 교육불평등 문제를 해소하기 위해 함께 노력해왔다. 관련 자료조사는 물론 법안 마련을 위해 토론회, 기자회견 등 다양한 주제로 추진해왔는데, 그중 몇 가지를 살펴본다.

아동 삶의 만족도

우리나라 영아(만 0~2세)와 유아(만 3~5세)의 삶은 어떨까? 흔히 나이가 어리면 부모가 잘 챙겨주니 큰 문제가 없다고 생각할 수 있다. 하지만 우리나라 아동의 삶의 만족도는 6.37점으로 OECD 27개국 평균점수인 7.6점보다 낮다. 스페인 8.1점에 비하면 1.5점이나 차이 나고 OECD 27개국 중 가장 낮다.

여러 지표들을 보면, 우리나라 영유아의 현주소를 알 수 있다. 우선 영유아의 우울과 불안, 공격성은 2013년 1.27점 대비 2018년 1.88점으로 뚜렷하게 증가해왔다. 공격성도 2013년 1.25점이었는데, 2018년 1.96점으로 대폭 올랐다. 스트레스 인지율은 40.4%, 우울감 경험률은 27.1%이고, 비만율은 17.3%이다. 코로나19로 시간을 보낸 2020년과 2021년은 더 심각한 수치가 예상된다. 더 심각한 것은 9~17세 아동의 3.6%가 자살을 고려한 경험이 있다는 사실이다.

이렇게 된 핵심 이유는 '아동의 놀 권리'가 충분히 보장받지 못하기 때문이다. 아동 발달에 중요한 영향을 미치는 신체활동 시간이 턱없이 부족한 상황이다. 2018년 아동실태조사에서 1주일에 하루 이상, 30분 이상 놀이를 하는 아동은 36.9%에 불과한 것으로 나타났다. 학업에 대한 높은 기대와 불안에 비해 놀이나 사회관계 형성의 중요성에 대한 인식은 상대적으로 낮은 편인 것이다.

놀이가 부족한 원인으로는 과도한 학구열(50.8%)과 학생이 놀면 안 된다는 사회적 분위기(34.6%)가 압도적이었다. 아동들은 친구들과의 놀이시간을 여전히 목말라

▨ **아동의 (영역별) 삶의 만족도**

아동의 영역별 삶의 만족도

아동의 삶의 만족도

자료 출처: OECD, 2018.

하며, 과거보다 방과 후 놀 권리를 보장받지 못하고 있다. 희망보다 실제가 가장 저조한 분야가 바로 '친구와 놀기', '신체활동 및 운동하기' 순으로 나타나 놀이시간이 턱없이 부족하다는 것을 보여준다.

영유아 사교육 실태

사교육걱정없는세상(2021)에 따르면, 영유아 사교육 실태를 확인할 수 있는 유일한 지표였던 연구를 2017년 종료했다고 한다. 이후 영유아 사교육비를 추정할 수 있는 조사는 전무한 상태다.

최근 5년간 영유아 사교육비는 꾸준히 증가했다. 총액 규모는 2.7배 증가했고 특별활동비를 제외해도 매년 폭증하는 상황이다. 육아정책연구소는 최근 3년간 영유아 1인당 월평균 사교육비는 2015년 3만7200원에서 2016년 4만2000원,

2017년 11만6000원으로 큰 폭으로 상승했다고 밝혔다. 영유아 사교육비 연간 총액 규모도 2015년 1조2051억 원, 2016년 1조3809억 원에서 2017년 3조7397억 원으로 전년 대비 2.7배를 뛰어넘은 것으로 나타났다.

⋮

대학 서열화

고착화된 대학 서열

서울대학교를 정점으로 대학 서열이 고착화되었다는 말은 어제오늘 일이 아니다. 소위 SKY대학(서울대, 고려대, 연세대), 인서울(서울 소재) 대학, 수도권 대학, 지방국립대학, 지방사립대학 순서로 대학 서열이 고착화되었다고 해도 과언이 아니다. 문제는 이러한 서열화된 대학의 모습이 바뀌지 않거나 심화될 것이라고 생각하는 비율이 82.8%나 된다는 데 있다.

▨ 대학 서열화 전망(2011~2019)

단위: 명(%)

전망	2018						2017	2016	2015	2014	2013	2012	2011
	전체	중졸 이하	고졸	전문대 /대졸	대학원 졸	전체	전체	전체	전체	전체	전체	전체	전체
악화될 것이다	537 (13.4)	10 (11.4)	113 (13.8)	374 (13.7)	40 (10.8)	257 (12.9)	242 (12.1)	313 (15.7)	222 (11.1)	128 (6.4)	123 (6.2)	147 (8.2)	81 (5.4)
큰 변화 없을 것이다	2336 (58.4)	52 (59.1)	490 (59.9)	1574 (57.8)	220 (59.5)	1219 (61.0)	1249 (62.5)	1115 (55.8)	1207 (60.4)	1010 (50.5)	1340 (61.7)	1156 (64.2)	923 (61.5)
심화될 것이다	975 (24.4)	16 (18.2)	178 (21.8)	684 (25.1)	97 (26.2)	423 (21.2)	415 (20.8)	475 (23.8)	522 (26.1)	781 (39.1)	587 (29.4)	484 (26.9)	486 (32.4)
잘 모르겠다	152 (3.8)	10 (11.4)	37 (4.5)	92 (3.4)	13 (3.5)	101 (5.1)	94 (4.7)	97 (4.9)	49 (2.5)	81 (4.1)	56 (2.8)	13 (0.7)	10 (0.7)
계	4000 (100.0)	88 (100.0)	818 (100.0)	2724 (100.0)	370 (100.0)	2000 (100.0)	2000 (100.0)	2000 (100.0)	2000 (100.0)	2000 (100.0)	2000 (100.0)	1800 (100.0)	1500 (100.0)

자료 출처: 한국교육개발원(KEDI, 2019)

우리 사회는 대학 서열에 따른 사회적 대우가 다르고 공공연한 차별이 존재한다. 취업과정에서 출신대학으로 인한 차별대우를 당한 사례가 지속적으로 존재한다. 사회 각 분야에서 서열이 높은 대학의 졸업자들이 권력을 독점하는 현상도 뚜렷이 나타난다. 역대 정부의 고위직 출신대학을 분석한 결과 SKY 대학 출신이 50~60%를 차지한다. 21대 국회의 경우 서울 소재 대학을 졸업한 사람은 300명 전체 당선인 중 238명으로 79%에 이른다.

각종 대학 재정 지원사업도 사실상 서열이 높은 대학과 수도권 대학을 집중 지원하고 있다. 사람들은 불확실한 미래에 대한 투자로 학벌 획득에 매달리고, 이는 중등교육의 파행과 과열 입시경쟁으로 이어지고 있다.

과열 경쟁과 기회 격차

우리 사회는 서열이 높은 대학에 들어갔을 때의 결과물이 명확히 차이 나는 상황에서 누구든 가진 자원을 대입 경쟁에 쏟아붓는 구조가 된 지 오래다.

2019년 초·중·고 사교육비 조사 결과에 의하면, 1인당 월 평균 사교육비가 소득 200만 원 미만인 구간은 10만4000원인데 비해 700만 원 이상인 구간은 53만 9000원으로 사교육비 격차가 5배에 달한다. 이는 교육기회 불평등이 구조화되었음을 나타낸다. 더 심각한 문제는 우리나라 정부의 고등교육비 부담 비중이 낮다는 점이다. 학생들의 대학등록금 부담은 높으면서도 학생 1인당 고등교육비는 OECD 평균 3분의 2 수준이다. 교부금으로 움직이는 초·중등교육에 비해서도 상대적으로 낮다.

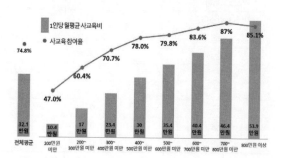

소득수준별 1인당 월평균 사교육비 및 사교육 참여율

1인당 월평균 사교육비
● 사교육참여율

구분	사교육비	참여율
전체평균	32.1만원	74.8%
200만원 미만	10.4만원	47.0%
200~300만원 미만	17만원	60.4%
300~400만원 미만	23.4만원	70.7%
400~500만원 미만	30만원	78.0%
500~600만원 미만	35.4만원	79.8%
600~700만원 미만	40.4만원	83.6%
700~800만원 미만	46.4만원	87%
800만원 이상	53.9만원	85.1%

자료 출처: 교육부·통계청(2019)

▨ 학생 1인당 공교육비 지출액(2016년 회계연도 기준)

단위: 달러

구분	초등교육	중등교육	고등교육	초등~고등교육
한국	1만1029	1만2370	1만486	1만1318
OECD 평균	8470	9968	1만5556	1만502

자료 출처: 교육부, 2019.

▨ OECD 국가들의 대학등록금 비교(학부 수업료 기준)

단위: 달러

구분	2017~2018학년도	
	국공립	사립(독립형)
영국(잉글랜드)	1만1866	a
미국	8804	2만9478
칠레	7524	6723
에스토니아	6764	8565
캐나다	5286	a
일본	5234	8784
호주	5034	9360
한국	4886	8760
뉴질랜드	4487	m
이스라엘	3130	6872
네덜란드	2537	m
이탈리아	1926	6707
스페인	1747	7771
스위스	1291	3202
오스트리아	921	m
벨기에(프랑스어권)	536	a
프랑스	237	m
독일	133	4908
노르웨이	0	5680
덴마크	0	a
핀란드	0	a
스웨덴	0	a
그리스	0	a

* a: 해당사항 없음, m: 자료 미제출

자료 출처: 교육부, 2019)

출신학교 차별 문제

이런 광고, 본 적 있죠?

예전에는 대학합격 현수막이 당연하게 걸렸고, 이걸 목표로 공부해야 한다는 교사들의 목소리와 부모들의 성화가 대단했다. 최근에는 이런 모습이 많이 줄어들었고 과잉 경쟁을 부추긴다고 시민들이 불편해한다.

2012년과 2015년 국가인권위원회는 "합격 현수막이 학벌 차별을 부추기는 비교육적인 광고수단이니 자제하라"는 성명을 발표했다. 특정 학교 합격홍보물 게시가 학벌주의를 부추길 우려가 있고, "학벌주의가 심화될수록 본인의 능력을 개발하기 위한 학교 선택보다는 이른바 '명문학교'에 입학하기 위한 경쟁에 몰두"하게 되며, "개인의 역량이나 능력에 따른 인력 채용과 운용을 저해할 뿐 아니라 인적자원 활용을 왜곡시켜 기업 및 국가 경쟁력 강화에도 부정적인 영향을 미치기 때문"이라고 적시했다.

교육부도 합격 현수막을 자제해달라는 공문을 각 학교마다 보내고 있다. 하지만 일부 학교, 특히 사립학교와 학원가에서는 여전히 합격 현수막을 내걸고 있다. 학교 대비 학원가의 합격 현수막은 1:9 정도로 훨씬 심각한 상황이다. 특히 시·도교육청의 관리 감독이 엄격하지 않은 지역에는 학원가마다 합격 현수막이 도배되다시피 한다. 외벽뿐 아니라 내부 게시판과 복도 벽면 전체를 합격 정보로 도배하는 실정이다.

교육불평등의 근원, 출신학교 차별

대학 서열화가 대학입학과 관련되어 있다면, 출신학교 차별은 학교와 고용부문 전반과 관련이 있다. 2019년 리얼미터가 전국 만 19세 이상 성인남녀 1015명을 대상으로 설문조사한 결과, 77.4%가 「출신학교 차별금지법」 제정에 찬성했다. 찬성률이 높은 이유는 출신학교 차별을 넘지 않으면 교육불평등의 근간이 사라지지 않는다는 인식 때문이다.

한국교육개발원이 2015년 실시한 교육여론조사에서 사교육의 근본 원인을 묻는 질문에 '학력·학벌 중심의 사회구조 때문'(68.6%)이라는 응답이 가장 많았다. 2019년 조사에서는 79%가 넘는 국민들이 '학벌주의는 지속될 것'이라고 부정적으로 전망했다. 교육불평등 해소를 위해 가장 필요한 과제를 묻는 질문에는 '학벌 위주의 사회제체 개선'(27.0%)이라고 응답해 이를 뒷받침한다. 이는 2008년부터 이어져온 결과이기도 하다.

출신학교 차별 극복을 위해 사교육 받는다?

취업 때 출신학교 차별을 극복하기 위해 사교육을 받는다고 한다. 통계청이 2009~2013년 실시한 사교육 의식조사를 보면 '취업 등에 있어 출신대학이 중요하기 때문'에 사교육을 받는 것으로 나타났다. 이 결과는 조사하는 매년 부동의 1위를 차지했다.

▨ 사교육 증가의 원인

순위	내용	2009	2010	2011	2012	2013
1	취업 등에 있어 출신대학이 중요하기 때문	4.15	4.20	4.20	4.10	4.10
2	특목고, 대학 등 주요 입시에서 점수 위주로 학생을 선발하기 때문	4.05~3.95	3.70	4.20	4.10	4.10
3	대학 서열화 구조가 심각하기 때문	4.02	4.20	4.10	4.10	4.00
4	부모세대의 전반적인 학력상승, 저출산 등 자녀에 대한 기대치 상승 때문		4.10	4.00	3.90	3.90
5	사교육이 보편화되어 있어 사교육에 참여하지 않으면 불안하기 때문		3.70	3.70	3.60	3.60
6	학교교육만으로는 자녀의 특기적성을 제대로 키워주기 어려워서			3.70	3.60	3.50
7	과거에 비해 국민경제수준이 높아졌기 때문		3.70	3.60	3.50	3.50
8	학교에서 자녀 학습관리를 개별적으로 잘해주지 못해서			3.30	3.30	3.30
9	학교에서 이뤄지는 진학준비, 상담, 정보제공이 부족해서			3.20	3.20	3.20
10	학교에서 수준별 수업이 제대로 이뤄지지 않아서			3.20	3.20	3.10
11	학교시험이 학교에서 실제 배우는 내용보다 어렵게 출제되어서		3.90	3.00	3.00	3.00
12	학교의 학습 분위기, 학습시설 등이 좋지 않아서			2.80	2.70	2.70

자료 출처: 통계청, 2015.

블라인드 채용

문재인 정부의 공약인 블라인드 채용은 최근 몇 년간 민관에서 증가해왔다. 이에 따라 전국 금융 공공기관 10곳 중 6곳(중소기업은행, 한국무역보험공사, 한국주택금융공사, 한국예탁결제원, 기술보증기금, 신용보증기금이다)에서 SKY 출신 신입사원 비중이 감소했다. 감소율 또한 높다. 부산이나 대구지역은 SKY 출신 합격자 비율이 적게는 3.4%포인트(기술보증기금)에서 많게는 22.9%포인트(한국주택금융공사)까지 떨어졌다. 한국주택금융공사는 블라인드 채용을 도입한 후 2018년 하반기 신입직원 중 SKY 출신자가 단 한 명도 없었다. 눈여겨볼 기업은 중소기업은행과 한국무역보험공사인데, 그중 중소기업은행의 감소폭은 12.4%포인트나 된다. 블라인드 채용은 공정한 기회를 부여하기 위해 도입한 제도이기 때문에 출신학교에 따른 합격자 비율은 계속 달라질 수 있다. 하지만 블라인드 채용을 통해 직무능력 중심의 채용이 현장에 안착되고, 출신학교 편중현상이 완화되고 있음은 분명하다.

▨ 블라인드 채용 전후 SKY 출신 채용 비율

	기관명	블라인드 채용 전 SKY 출신 비율(%)	블라인드 채용 후 SKY 출신 비율(%)	증가△ 감소▼ (%p)
서울	금융감독원	52.3	53.4	△ 1.1
	한국산업은행	47.8	48.3	△ 0.5
	예금보험공사	46.7 도입 직전 2년 52.9	50.7	△ 4.0 ▼ 2.2
	중소기업은행	17.1	4.7	▼12.4
	한국무역보험공사	56.3	53.1	▼ 3.2
	한국수출입은행	50.0	50.0	0
부산	한국주택금융공사	41.5	18.5	▼22.9
	한국예탁결제원	32.6	22.8	▼ 9.8
	기술보증기금	18.1	14.7	▼ 3.4
	한국자산관리공사	자료없음	28.6	비교불가
대구	신용보증기금	24.0	17.7	▼ 6.3

자료 출처: 사교육걱정없는세상, 2021.

특권 대물림

특권 대물림, 얼마나 심각할까?

지금이 조선시대도, 신분제 사회도 아니기 때문에 우리 사회의 특권 대물림이 심하지 않다고 생각하는 사람이 많다. 하지만 2019년 리얼미터 조사 결과는 예상과 달랐다. 전국 만 19세 이상 성인남녀 1015명을 대상으로 한 설문조사에서 89.8%가 직업·경제력·출신학교와 같은 부모의 특권이 교육제도를 통해 자녀에게 대물림되는 '특권 대물림 교육문제가 심각하다'고 응답했다. 소득계층별 교육비 지출에서도 양극화는 뚜렷하다. 교육비 지출로 인한 양극화와 특권 대물림은 맞물리면서 대물림 현상을 고착화한다.

▨ 소득 계층별 교육비 지출

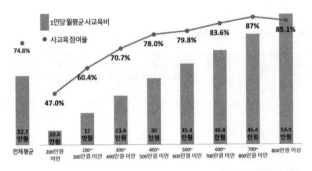

자료 출처: 리얼미터, 2019

특권 대물림 사례

특권 대물림은 교육제도 속에 시간과 공간의 불평등을 구조적으로 보여준다. 그래서 이와 관련된 사례도 많다. 합법적인 교육제도 내에 존재하는 기회와 결과의 불평등 그리고 양극화의 흔적은 도처에 있다.

첫째 특권은 '우수한 학생 독식'이다. 우수한 학생을 독식하는 문제는 중·고등학교와 대학교를 막론하고 매우 오래되었고, 학교서열화의 주범이다. 진보와 보수로 나뉘어 이 부분에 대해 싸워왔지만 교육적으로 보면, 공공성 관점의 교육과 사적 영역으로서의 교육이 부딪히는 문제이자 교육과 비교육의 경계가 여기에 있다.

둘째 특권은 '교육과정상 입시에 유리한 요소'다. 2022개정교육과정부터는 '국민과 함께 만드는 교육과정'을 표방했지만 이전까지 국가교육과정은 교육부의 전유물이었다. 그래서 입시 위주의, 입시에 유리한 교육과정 운영이 학교현장에 구조와 문화로 자리 잡게 되었다. 특목고와 자사고를 중심으로 한 교육과정을 공적 견제 없이 입시라는 하나의 이유로 추진해왔고, 사적 시장 영역에서 치러진 각종 대회가 입시 터널을 통해 공적 영역에 침투했다.

셋째 특권은 '정치·사회적 네트워크'다. 앞서 두 부분에 대한 문제제기와 보수·진보 정부 간 다툼과 경쟁이 있었던 반면, 이 부분은 이런 다툼과 경쟁 없이 공공화되어 왔다. 하지만 최근 들어 의사, 판·검사들의 공적 행위와 질에 대한 판단이 급속히 부각되는 것으로 보아 이 부분의 특권 대물림이 얼마나 심각한 지경인지 보여준다.

넷째 특권은 '진학·채용·승진 등의 차별적 혜택'이다. 출신학교라는 학벌과 학력을 기반으로 학교와 취업 입문에 강력한 영향을 미치고, 조직 내 승진은 물론 선출직에서도 공식·비공식으로 서로 밀고 끌어주는 행태가 상상하는 것보다 더 깊게 우리 사회에 자리 잡고 있다.

특권 대물림은 구조적 문제로 앞으로도 정치권은 물론 국민들이 지속적으로 고민하고 해결하려는 사회 의제가 될 것으로 본다. 특권 대물림 해소를 위해 가장 먼저 국가 교육불평등 지표를 만드는 일이 주춧돌이 될 수 있다. 기득권층에 해당하는 국회의원, 고위공직자, 재벌, 판·검사, 의사 등의 자녀들이 어떻게 교육적으로 되물림하는지 감시와 견제가 필요하다.

■ 특권 대물림의 내용과 사례

특권 유형	특권 내용	세부 특권(과거 자료)
제 1 특 권	우수한 학생 독식	· 고교유형별 서울대 입학 실적 차이: 일반고 대비 영재고 약 89배, 과학고 약 22배, 외고·국제고 약 11배, 자율고 약 4배
		· 수도권에만 영재 있나? 전국 8개 영재학교 71%가 서울+경기
		· 외고, 국제고, 자사고 신입생 중학교 내신성적 상위 10% 비율이 일반고 신입생보다 최대 5.2배 높아
		· 서울 소재 A 자사고 신입생 중 중학교 내신성적 상위 10% 학생이 무려 85.9%
		· "금수저 고교, 서울대 독식 더 심해졌다"(한겨레, 2016.3.16.) - 서울대 입시에서 특목고, 자사고가 합격자를 독식하는 현상 심화
		· "정시 확대? 서울대 정시 합격생 3분의 1은 16개 고교출신" - 조승래의원실 2018 서울대 입시현황자료 발표, 16개교에 정시 모집인원 703명 중 229명이 16개교 출신임. - 16개교는 자사고 7개, 외고 1개, 전국 단위 선발 자율고 1개, 일반고 7개 · "정시 확대 시 서울대는 특목·자사고가 독식"(세계일보, 2018.11.17.)
		· 강남 A고 1년에 14명, 금천 B고 12년에 1명 서울대 합격 - '잘나가는 고교' 60개가 서울 내 서울대 정시 합격생 90% - 일반·자사고 수시 합격생 절반은 교육특구 출신 · "고소득자도, 서울대 진학도 강남·서초 압도적 우위"(중앙일보, 2019.3.13.)
제 2 특 권	교육과정상 입시에 유리한 요소	· 상산고 이과반 국영수 비율 50% 넘어
		· 비교과 활동비 고교 유형에 따라 격차 심각, 국제고가 일반고의 8.8배 (사교육걱정없는세상+신경민의원실, 2019.9.30.)
		· 강남지역 연간 교내대회 개최수 21.8개인 반면 전북 임실 2.5개, 강남과 임실 간 격차 8.7배 (사교육걱정없는세상이 학교알리미를 통해 2016년 실태 분석)
제 3 특 권	정치 사회적 네트워크	· "현직 검사 2058명 출신고교 1위 대원외고, 2위 한영외고, 3위 명덕외고" (2016.9.기준, 중앙일보)
		· 자사고 진학 희망 중3생들의 고액 사교육비가 일반고 진학 희망 중3학생들보다 최대 4.9배로 높아
		· 자사고 1학년은 일반고 1학년에 비해 각각 12만3000원, 6만9100원 더 지출 (2015년 기준, 서울교육연구정보원 2017.6 발표)
제 4 특 권	진학·채용· 승진 등의 차별적 혜택	· "서울대생 1인당 3000만 원 지원받는데 타 대학생은?...교육예산, SKY 독식" (머니투데이, 2018.10.14.)
		· 한양대 로스쿨 입학과정, 출신대학 차별(2014년, 기사화 및 사건화 2016년)
		· 하나은행 면접점수 조작해, SKY 대학출신 합격시켜(2016)
		· 서울대병원 2013~2017년, 출신학교 등급 나눠 가중치
		· 현직검사 출신고교 외고가 독식(2016)
		· "정부 고위직인사 67명 중 SKY 대학출신 43명으로 64.2%"(데이터뉴스, 2017.1.8.)
		· "국내 주요 대기업 최고경영자 10명 중 4명이 SKY"(FETV, 2019.7.11.)

자료 출처: 사교육걱정없는세상, 2021

불평등 줄이는 미래교육 방향

영유아 인권, 법으로 실현해야

사교육이 중·고등학교뿐만 아니라 영유아 교육까지 영향을 미치고 있다. 입시지옥으로 힘들어하는 청소년과 뛰어놀아야 할 나이인 영유아의 사교육 문제는 다른 접근이 필요하다.

문재인 정부는 교육공약에 아동인권법 제정을 제시한 바 있다. 영유아의 과도한 학습이 심각한 문제라는 인식이 확산된 것이다. 아동인권법에는 유엔 아동권리협약에서 명시한 놀 권리와 독서시간 등을 보장하기 위한 '초등학생 놀이와 독서시간 보장', '영유아 대상 과도한 사교육 억제' 등의 내용을 담아야 한다.

2020년 사교육걱정없는세상과 리얼미터는 만 18세 이상 남녀 1000명을 대상으로 영유아인권법 관련 설문조사를 했다. 조사에 따르면, 영유아 시기에 놀 권리를 보장하고 과도한 학습부담으로 아이들이 고통받지 않도록 하는 영유아인권법 제정에 '찬성한다'는 응답은 10명 중 7명가량인 68.5%(매우 찬성 35.8%, 찬성하는 편 32.7%)이었다. 이는 '반대한다'는 응답 22.1%(반대하는 편 13.9%, 매우 반대 8.3%)보다 3배 이상 높은 수치였다.

국민들은 일반적으로 지역별, 연령대별, 성별, 자녀유무별, 가구소득별 등으로 나눴을 때도 모든 계층에서 찬성 응답이 반대보다 높게 나타났다. 특히 영유아 사교육 고통의 당사자들이라 할 수 있는 '수도권에 거주하는 30~40대 자녀 있는 학부모'가 영유아인권법 제정에 높은 지지율을 보였다. 이제 이런 여론과 미래교육 방향을 고려한 법제화라는 과제가 남았다.

대학 서열화 개혁, 과감한 결정 필요한 때

대학 서열화는 당연한 현상이 아니다. 기득권층의 제도화와 문화화를 동시에 고착시킨 역사구조적인 일이다. 이는 다른 나라의 경우를 살펴보면 명확해질 것이다. 유럽 대다수의 국가들은 고교 졸업시험이나 자격시험에 합격하면 더이상 경쟁을 요구하지 않고 대학입학 자격을 부여한다. 프랑스의 바칼로레아는 20점 만점에 10점 이상이면 합격이고, 2017년 합격률은 78.6%였다. 합격자는 그랑제콜 같은 일부 대학을 제외하고 대부분 대학의 입학자격을 획득한다. 독일의 아비투어는 학교 수업을 충실히 수행하면 충분히 치를 수 있는 수준으로 대학입학 시험을 운영한다. 대학 합격률은 80~90%에 이르고, 합격자는 일부 인원제한 학과[NC]를 제외하고 원하는 대학 입학을 보장받는다. 그렇다고 독일의 대학교육 수준이 낮다는 말은 들어보지 못했다. 네덜란드는 의대나 법대 자격기준을 충족하는 지원자를 대상으로 가중치를 두고 추첨선발제를 실시하고 있다.

최근 유럽 대학들의 개혁 흐름을 보면, 우리나라의 대학 서열화가 얼마나 뒤쳐진 일인지 알 수 있다. 유럽 혁신대학 컨소시엄[European Consortium of Innovative Universities: ECIU]은 혁신, 창의성, 사회적 영향력에 주안점을 두고 1997년 조직한 유럽 14개국의 연구중심대학 연합이다. 유럽 대학에 선발된 17개 그룹 중 가장 큰 그룹의 하나로, 총 29만8000명의 재학생과 489개에 달하는 연구집단이 속해 있다.[3]

대학이 개별적으로 존재할지, 공유하고 연대하여 혁신할지 고민하는 것도 대학 서열화라는 교육불평등을 창의적으로 극복하는 방법이라 본다. 대학을 지역의 구심점이자 혁신적 생태계를 이끌어가는 주체라고 본다면, 지역에서 대학의 위상을 재고해봐야 한다. 이런 점에서 미국 캘리포니아주의 대학입학 시스템은 참고할만한 내용이 많다. 캘리포니아에 거주하는 고등학생이라면 적격성 지표 평가에서 일정 점수 이상만 획득하면 주 내 대학입학을 보장하는 제도다.

---

3) 은수진, 2020.

출신학교 차별금지를 위해

무엇보다 공공기관과 민간기업이 함께 채용 전 과정에서 출신학교 정보를 블라인드로 진행하는 것이 필요하다. 이와 함께 임금, 승진, 부서배치 등에서도 출신학교에 따른 차별을 금지해야 한다.

교육 영역도 할 일이 많다. 교육부가 2019년 발표한 '대입제도 공정성 강화 방안'에는 대입전형 전체, 면접과 서류평가 전 과정에 출신 고등학교를 블라인드 처리한다는 정책을 포함했다. 앞으로 학생부종합전형 중 면접전형에만 권장했던 출신고교 블라인드 처리를 입시 전체와 서류·면접전형까지 포함한 전 과정으로 확대하고 입학전형에 명시할 필요가 있다. 하지만 대입 공정성의 틀 안에서만 출신학교 블라인드 처리를 논할 일만은 아니다. 출신학교가 차별요소로 작용하여 공정성을 해칠 수 있는 모든 경우에 출신학교를 블라인드 처리해야 한다. 또한 정책의 틀을 넘어 법으로 강제하여 어떤 정부가 들어서도 흔들림 없이 추진해야 한다.

차별을 표시하거나 조장하는 광고·표시 금지도 중요하다. 특히 방송·광고에서의 차별행위는 여파가 크다. 요즘은 온라인 영향력이 너무 커서 이에 대해 공공적 성격의 제재가 필요하다. 누구든지 합리적인 이유 없이 학력 등을 차별하거나 조장하는 방송, 광고, 기사 및 게시를 직접 하거나 방송, 광고, 기사 및 게시를 허용·조장하는 행위를 하지 않도록 하는 노력이 필요하다.

차별 확인을 위한 정보공개 요청권을 확보하는 일도 중요하다. 학교나 기업에서 학력이나 출신학교에 대한 차별을 발견한 경우, 인권위원회나 국회, 정부 소관 부처 등 감독할 만한 단위에서 관련 내용을 정보공개 청구할 경우 모든 정보를 제출하는 방법을 생각해볼 수 있다. 이 과정을 통해 교육 관련 기관, 공공기관, 민간기업을 투명하게 운영하기 위해 일상적인 정보 공시를 확대해야 한다.

실질적인 벌칙도 필요하다. 출신학교 차별이 심화될수록 본인의 능력을 개발하기 위한 학교를 선택하기보다 이른바 명문학교에 입학하기 위한 경쟁에 몰두하면, 이는 국가경쟁력이나 개인성장에 큰 걸림돌이 된다. 나아가 인간 존엄의 본질적 요소인 평등의 가치를 파괴하는 행위가 된다. 출신학교 차별금지를 위반할 경우, 적절한 제재조치가 필요하다는 국민적 공감대를 형성한다.

:

교육불평등 관련 법안, 어디까지 왔을까?

교육단체가 제시한 법안들

2020년 21대 국회의원선거가 치러질 때, 72개 단체로 이뤄진 교육불평등 해소를 위한 교육연대체가 꾸려졌다. 이때 교육불평등 해소를 위한 법안을 각 정당에 요구했는데, 그 내용을 보면 교육불평등 해소와 관련된 법과 제도의 변화 방향을 짐작해볼 수 있다.

18개 법안의 의미

교육연대체가 제시한 18개 법안의 내용과 의미를 보면, 교육불평등에 대한 관점을 상당히 폭넓게 잡고 있는데, 전반적 해소에 대한 의지를 표현한 것이다. 학부모·학생·교사회의 법제화와 같이 현재 발의한 법안도 있고, 특권학교 차별금지법과 같이 논의 중인 법안도 있다.

18개 법안은 주제별로 교육자치와 학생참여, 학생의 쉼과 건강과 인권 보장, 사학 비리 추방, 학력 차별금지, 교원승진제 등 퇴행적 제도 폐지, 교장 선출·공모 등 새로운 제도 도입, 공영형 사립대와 국·공립대 네트워크, 교원 정치·노동 기본권 보장, 마을교육 통합학교, 교육재정 확보, 사교육비 절감 등 사실상 교육개혁 전반의 내용이 들어 있다. 이 법안들은 교육불평등 해소가 교육개혁의 주요 주제이고, 전략적이면서도 포괄적인 접근방법이 필요함을 말해준다. 교육불평등에는 직접적인 것(예. 학력 차별금지)도 있고, 간접적인 것도 있다. 법률의 영향에 따라 포괄적인 것(예. 학생 인권법)도 있고, 협소한 것도 있다. 시간상으로도 오래 걸리는 것(예. 마을교육 통합학교)도 있고, 바로 가능한 것도 있다. 국회에서는 이와 같이 포괄적인 법안 추진과 달리 '교육불평등 해소'를 직접적으로 표방하며 '기초학력 보장법'과 '교육불평등 해소법'을 추진하고 있다.

▨ 5대 핵심과제 선정 과정을 통해 교육단체가 마련한 18개 교육개혁안

법률 제·개정 내용	의미
학부모·학생·교사회 법제화	학교자치 강화를 위한 교육 특별법 제정
만 20세 이하 아동·청소년 무상의료	아동·청소년의 건강은 전 생애 삶을 평등하게 살아갈 기초 자원
사학 공공성 강화·사립학교법 개정	사학비리 추방, 사학의 공공성·투명성·민주성 강화, 교권 보호
학력 차별금지법 제정	「진학 및 고용상 학력 차별 금지 및 권리 구제에 관한 법률」 제정
교장공모제 모든 학교 전면 실시	중임제 폐지, 교장자격증제 폐지, 교장선출보직제, 공모교장제 확대
어린이·청소년 인권법 & 학생 인권법 제정	어린이·청소년 인권의 체계적 보장을 위한 기본법 제정
유아에서 대학까지 무상교육 실현	대학까지 무상교육으로 경제적 불평등해소
대학 통합네트워크 구축	국·공립대 통합네트워크 공영형 사립대를 포함한 네트워크 필요
교원의 완전한 노동기본권보장을 위한 법률 개정	국제수준으로 교원 노동기본권 보장
근무시간 외에 교원 정치기본권 보장	정당 가입, 선거운동 국제수준으로 보장
법정수업시수 및 수업일수 감축	숨·쉼·삶이 있는 교육 실현
국가교육위원회 법제화 추진	미래교육체제 설계와 장기적이고 안정적인 교육정책 수립
학원 휴일 휴무제	세계 최장의 학습 노동 감축 , 사교육비 절감, 삶의 질 확보
학교운영위원회에 학생위원 참가 보장	학교 운영에 학생의 참여권 보장
교육감 선거권 연령 만 16세 이상 보장	유·초·중등 정책 결정하는 교육감 선거에 가능한 범위에서 참여권 보장
마을 교육 활성화 촉진법 제정	인구감소 대비 급간 통합학교 촉진
어린이 건강과 비만 관리법	'어린이집 유치원 초등학교' 지원에 관한 법률 제정
지방 교육재정 확대	학령인구 감소를 계기로 선진국 수준의 교육환경 조성 필요성

자료 출처: 교육불평등해소 교육단체전국연대, 2020

[기초학력 보장법]

강득구 의원 발의(2020.6.18.)

제안 이유

모든 학생이 자신의 잠재된 역량과 소질을 계발하고, 궁극적으로 자아를 실현하고 인간다운 삶을 영위하도록 하는 최소한의 안전망으로서 학생의 기초학력 보장은 국가 차원의 중요한 책무임.

그러나 최근 국가수준 학업성취도 평가 결과에 따르면 기초학력미달 비율이 5년 전에 비해 전반적으로 높게 나타났으며, 특히 '코로나19' 이후 교육격차가 더욱 심화될 것이라는 우려도 제기되고 있어 국가 차원의 기초학력 보장은 더이상 지체할 수 없는 매우 시급한 문제임.

현재 정부에서도 기초학력 보장을 국정과제로 설정·추진하며 배움의 과정에서 소외되는 학생이 없도록 다양한 지원 사업과 제도를 마련하고 있으나 이를 뒷받침할 법적 근거가 충분하지 않은 상황임.

이에, 학생의 기초학력 보장을 지원하기 위한 체계적이고 종합적인 법적 근거를 마련하고 기초학력 보장에 대한 국가의 책임을 강화함으로써, 학생 개개인의 학습권을 보장하기 위한 기초학력 안전망 구축에 내실을 기하려는 것임.

주요 내용

가. 이 법은 학습지원대상 학생에게 필요한 지원을 실시함으로써 모든 학생의 기초학력을 보장하여 능력에 따라 교육을 받을 수 있도록 그 기반을 조성하는 것을 목적으로 함(안 제1조).

나. 교육부장관은 특별시·광역시·특별자치시·도·특별자치도의 교육감과 협의한 후 제6조에 따른 기초학력 보장위원회의 심의를 거쳐 5년마다 기초학력 보장 종합계획을 수립하도록 함(안 제5조).

다. 기초학력 보장에 관한 사항을 심의하기 위하여 교육부장관 소속으로 기초학력보장위원회를 둠(안 제6조).

라. 학교의 장은 학습지원대상 학생을 조기에 발견하고 학생별 학력의 수준과 기초학력미달의 원인 등을 종합적으로 진단하기 위하여 기초학력진단검사를 실시할 수 있고 그 결과를 학생의 보호자에게 통지할 수 있도록 함(안 제7조).

마. 학교의 장은 기초학력진단검사 결과와 학급담임교사 및 해당 교과교사의 추천에 따라 학습지원교육이 필요하다고 판단되는 학생을 학습지원대상으로 선정할 수 있도록 함(안 제8조).

바. 학교의 장은 효율적인 학습지원교육의 수행을 위하여 「초·중등교육법」에 따른 교원 중에서 학습지원교육을 담당하는 교원을 지정할 수 있도록 함(안 제9조).

[교육불평등 해소법]

강득구 의원 발의(2021.1.22.)

제안 이유

부모의 사회·경제적 배경에 따른 교육불평등은 예전부터 사회적 이슈였지만 최근 코로나바이러스 감염증-19(COVID-19)로 인해 그 심각성이 더욱 부각되고 있음. 교육이 계층 이동의 사다리 역할을 하기보다 오히려 부모의 부를 자녀에게 대물림하는 촉매제가 되어 우리 사회의 소득 불평등을 심화·고착시키고 있다는 의견이 제기되고 있음.

우리 사회에서는 교육제도의 공정성에 대한 인식을 우리 사회의 공정성으로 인식하는 경향이 있음. 공정성은 재화 분배의 정당성을 부여하고 사회 통합의 기준점 역할을 하는 데 대학입시가 개인의 노력보다는 부모의 경제적 소득 등 외부적인 요인에 많은 영향을 받을 수 있다는 점은 우리 사회의 공정성에 대한 의구심을 갖게 만들기도 함.

이에 현재 우리 사회의 교육불평등의 정도를 나타낼 수 있는 지표 및 지수를 개발하는 등 교육불평등을 해소하는 데 필요한 사항을 규정함으로써 개인의 노력이 존중되는 공정한 사회를 만드는 데 기여하고자 함.

주요 내용

가. 이 법은 헌법상의 균등하게 교육받을 권리를 실현하기 위하여 교육불평등을 해소하는 데 필요한 사항을 규정함으로써 공정한 사회를 만드는 데 이바지함을 목적으로 함(안 제1조).

나. 교육부장관은 교육불평등을 해소하기 위한 기본계획을 5년마다 수립하도록 함(안 제4조).

다. 관계 중앙행정기관의 장은 기본계획에 따라 소관 분야에 관한 연도별 교육불평등해소시행계획을 수립·시행하도록 함(안 제5조).

라. 교육불평등 해소에 관한 중요 사항을 심의하기 위하여 교육부장관 소속으로 교육불평등 해소 위원회를 설치하고 관계 중앙행정기관 등을 참여시키도록 함(안 제6조 및 제7조).

마. 교육부장관은 공정한 교육이 이루어질 수 있도록 하기 위하여 교육불평등 지표 및 지수를 개발하고 매년 인터넷 홈페이지에 게재하는 방법으로 공개하도록 함(안 제8조 및 제10조).

바. 교육부장관은 기본계획, 시행계획 및 교육불평등 지표·지수의 개발을 위하여 교육불평등 실태를 조사할 수 있고, 실태조사를 위하여 필요한 때에는 관계 중앙행정기관의 장 등에게 관련 자료를 요청할 수 있도록 함(안 제9조).

혁신교육지구와 마을교육공동체

진화하는 교육거버넌스

김 태 정
인천광역시교육청 마을교육지원단 전문관

대한민국 교육의 행정적 배경

혁신교육지구라는 단어가 공식적으로 등장한 것은 2011년이다. 경기도교육청은
'혁신교육지구 관리 및 운영 계획'에서 혁신교육지구를 다음과 같이 정의했다.

> 경기도교육청과 경기도 내 기초지자체가 협약을 통해 경기혁신교육 정책을
> 추진함으로써 모두에게 신뢰받는 공교육 혁신을 이룰 수 있도록 교육감과 지
> 자체장이 상호 협력하여 지정한 시·군 또는 시·군의 일부 지역을 의미한다.

대부분의 나라에서는 교육행정이 일반행정 영역에 포함되어 있다. 교육청이
별도 관청으로 존재하지 않고 교육감도 따로 선출하지 않는다. 왜 한국에서는
교육행정과 일반행정이 분리되어 있을까? 여기에는 한국사회의 특수한 정치적
맥락이 있다.

1945년 우리나라는 일본의 패망으로 자주독립국가가 수립되는가 싶었으나,
남과 북으로 분단되었다. 이후 이승만 초대 대통령은 부정선거로 정권을 유지하

려 했고, 군인이나 경찰은 물론 공무원들도 정권의 하수인으로 동원했다. 이승만 정권은 결국 학생을 비롯한 시민들의 죽음을 불사한 4.19혁명으로 무너졌다. 때문에 이 시기에 외친 '공무원의 정치적 중립'이라는 것은 정권의 시종 노릇을 하지 않겠다는 선언이었다. 그러나 4.19혁명은 박정희 등 군부를 중심으로 일으킨 쿠데타로 미완에 그치며 지방자치제도도 시행되지 못했다.

지방자치제도는 건국 당시 제헌헌법에 근거를 마련했고, 1949년 「지방자치법」을 제정한 바 있다. 1952년에는 서울특별시장과 도지사는 대통령이 임명하고 지방의회에서 시·읍·면장을 선출했으며, 1956년 서울특별시장·도지사는 그대로 대통령이 임명하되 주민들이 시·읍·면장을 직접 선출했다. 1960년에는 서울특별시장·도지사도 주민들이 선출하도록 바뀌었다. 그러나 군부 쿠데타로 1961년 지방의회는 해산되고 지방자치단체장은 다시 임명제로 바뀌었다. 당시 「군사혁명위원회 포고 제4호」에는 "민의원과 참의원, 지방의회는 1961년 5월 16일 오후 8시를 기해서 해산한다"고 기술되어 있으며 「지방자치에 관한 임시조치법」에는 "지방자치단체장은 공무원으로 임명하고, 지방의회는 폐지한다"라고 되어 있다. 이어 1972년 유신헌법 부칙 제10조에서 "지방의회는 조국통일이 이루어질 때까지 구성하지 아니한다"라며 지방자치가 전면 유예되었다. 박정희의 죽음으로 1980년 잠시 민주화 국면이 열렸으나 전두환 정권이 들어섰다. 1980년 광주민중항쟁의 정신은 1987년 민주화 항쟁으로 이어졌고, 헌법도 1987년에 전면 개정된다. 1991년에는 지방자치제도가 전면 부활한다. 그 이후 1995년 지방선거를 계기로 시장, 도지사, 군수, 구청장 등을 시민들이 선출하게 된 것이다.

교육감의 경우 1992년까지는 대통령이 임명했으나 이후 교육위원들이 선출했다가 1997년에는 학교운영위원과 교원단체가 선출했고, 2000년에는 학교운영위원이 선출하는 방식으로 변화했다. 이후 2006년 「지방교육자치에 관한 법률」 개정을 계기로 2010년부터 지방선거와 동시에 교육감을 직선으로 선출하게 되었다. 교육감은 지방자치단체장과는 달리 정당원이 될 수 없으며, 당연히 정당

구분	교육협력 담당부서		교육행정협의회	지역교육행정협의회	교육협력관 파견	교육지원조례
	시·도교육청	시·도청				
서울	기획조정실〉참여협력담당관〉지역사회협력팀	평생교육국〉교육정책과	○	×	○	○
부산	기획조정관〉의회협력담당	교육협력담당관	○	○	×	○
대구	대외협력담당관〉시정협력팀	교육청소년정책관〉교육지원팀	○	○	×	○
인천	정책기획조정관〉교육협력관	교육협렵담당관	○	○	○	○
광주	교육자치과〉교육협력팀	청년정책과〉교육지원팀	○	○	○	○
대전	기획조정관〉정책협력팀	기획조정실〉청년정책담당관〉교육지원담당	○	○	○	○
울산	정책관〉대외협력팀	인재육성과〉평생교육담당	○	○	×	○
세종	정책기획관〉교육협력팀	자치행정과〉교육지원담당	○	×	○	○
경기	기획조정실〉대외협력담당관	교육협력과	○	○	×	○
강원	정책기획관〉소통협력팀	교육법무과	○	○	×	○
충북	총무과〉교육협력팀	정책기획팀〉교육지원팀	○	○	×	○
충남	예산과〉의회협력팀	기획조정실〉교육법무담당관〉교육협력팀	○	○	○	○
경북	기획조정관〉의회협력팀	인재개발정책관〉교육협력담당	○	○	×	○
경남	정책기획관〉교육협력관	기획조정실〉교육지원 담당관	○	○	×	○
전북	예산과〉교육협력팀	자치행정과〉인재양성담당	○	○	×	○
전남	정책기획관〉정책평가팀	청소년정책담당관〉교육지원담당	○	○	○	○
제주	국제교육협력과〉교육협력팀	특별자치행정국〉평생교육과〉교육지원팀	○	×	×	○

자료 출처: 김종오, 「교육청과 지방자치단체의 교육협력 실태와 인식분석(2018.3.2. 기준)」, 2019.

의 선거 관여는 금지되어 있다. 현재까지 시민들이 직접 뽑는 민선교육감은 3기를 경과하고 있으며, 2022년 4기 민선 교육감 선거가 예정되어 있다.

학교에서의 교육활동, 즉 정규교육과정은 교육청이 책임진다. 그런데 아동·청소년의 성장과 발달은 결코 학교 안에서만 이루어지지 않기 때문에 학교 밖에서 이루어지는 아동·청소년들의 다양한 교육활동과 복지에 대해서 지방자치단체가 상당한 역할을 하고 있다. 예를 들어 「청소년활동 진흥법」에는 "시·도지사 및 시장·군수·구청장은 읍·면·동에 청소년 문화의 집을 1개소 이상 설치·운영하여야 한다"고 명시되어 있다. 이런 점에서 교육 행정단위와 일반 행정단위, 즉 교육청과 지방자치단체가 협력하는 것은 너무나 당연하다. 인위적 통합보다는 교육행정과 일반행정의 협력을 강화하는 것이 자치의 정신에 부합한다고 할 수 있다. 실제로 광역 수준에서 교육청과 지방자치단체는 초·중등교육법, 지방교육 자치에 관한 법률, 학교보건법, 학교용지 확보에 관한 특별법, 지방교육재정교 부금법, 교육세법, 지방교육세법 등에서 상호협력하도록 규정되어 있다. 그리고 이 협력을 위해서 '교육행정협의회' 등을 두어서 교육협력 담당부서를 두거나 관 련 조례를 두고 있다.

그런데 이 협력은 광역단위 수준에서의 관청과 관청의 협력 수준이지, 기초 지방자치단체까지 협력이 일반화된 것은 아니었다. 특히 주권자인 시민들의 참 여에 기반을 둔 것이라고 하기에는 한계가 너무나 명확하다.

⋮

혁신교육지구의 확산

이후 혁신교육지구가 등장하면서 교육청과 기초지방자치단체 수준의 협력이 늘어나기 시작했다. 혁신교육지구는 기초지방자치단체를 구획으로 하여 지정되 는데, 2011년 경기도에서 최초로 등장했다. 서울은 2013년 구로, 금천에서 시작 되어 이후 서울 전역으로 확장되었고, 인천은 2015년 교육혁신지구라는 이름으 로 도입되었다.

혁신교육지구는 2015년을 기점으로 급증하기 시작해 2017년까지 가파르게 상승한다. 2018년 약간 감소하는가 싶더니 2019년 다시 상승한 후 점차 하강하 는 모습이지만 전체적으로 혁신교육지구는 확산돼왔음을 알 수 있다. 이런 양 상을 보이는 것은 2014년과 2018년에 교육감선거, 지방자치단체장 선거가 있었 기 때문이다. 실제로 서울의 경우 2014년 10월 서울시장과 서울교육감의 협약을 계기로 2015년부터 '서울형 혁신교육지구'라는 이름으로 증가세를 보였다. 이는 이른바 '민주진보 교육감들'의 등장 및 확대와 연동된 것이라 할 수 있다. 즉, 2014년과 2018년 전교조 간부 출신이거나 진보적 성향의 교수들이 교육감으로 대거 당선된 것이다. 한편

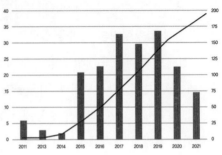

■ 연도별 혁신교육지구 지정 현황

자료 출처: 교육부

2016~2017년 촛불항쟁의 영향으로 2018년 지방선거에서는 혁신교육지구에 우호적인 자치단체장들이나 시·군·구 의원들이 당선되었다. 비록 현재 야당 소속 정치인이라 하더라도 학교와 지역사회(마을)의 연계, 교육행정과 일반행정의 연계 협력은 거스를 수 없는 대세였기에 혁신교육지구에 반대할 이유는 없었다. 그 결과 2020년에는 전체 기초지자체 중 190개가 혁신교육지구에 동참하게 되었다.

현재 혁신교육지구는 17개 광역 시·도 중 16개 시·도에서 진행 중이며, 이름도 다양하다. 경기, 서울, 전남은 '혁신교육지구'라고 쓰며, 인천은 '교육혁신지구'라고 쓴다. 세종, 강원, 충북, 충남, 경남은 '행복교육지구'라고 쓰며 대구, 경북은 '미래교육지구', 부산은 '다행복교육지구', 울산은 '서로나눔교육지구', 대전은 '행복이음 혁신교육지구', 전북은 '교육협력지구', 광주는 '마을교육공동체' 등 이름이 조금씩 다르다. 이는 지역별로 정치적 지형 차이로 '혁신'이라는 단어에 거부감을 갖는 이들에 대한 정치적 고려로 해석할 수 있고, 각 시·도마다 지향하는 방향에 미묘한 차이가 반영된 것이라고도 할 수 있다. 예를 들어 '혁신교육'과 '교육혁신'은 단어배열 차이 이상의 의미를 가진다고 해석되며, '행복'과 '미래'라는 수식어는 수식어 이상의 지향 차이가 내포되었다고 본다.

혁신교육지구 지정 운영 현황(2021.3.1. 기준)

지역	명칭	운영 현황	지정 현황
서울	서울형혁신교육지구 (25/25)	2013 구로구, 금천구 2015 은평구, 도봉구, 노원구, 종로구, 서대문구, 강동구, 동작구, 　　　관악구, 강북구 2016 영등포구, 양천구, 강서구, 동대문구, 중구, 광진구, 성동구 2017 서초구, 용산구, 마포구, 성북구 2019 중랑구, 송파구. 강남구	2014(5) 2015(11) 2016(5) 2017(1) 2018(1) 2019(2)
부산	다행복교육지구 (9/16)	2018 북구, 동구, 영도구, 사하구, 사상구 2019 부산진구, 연제구 2021 금정구, 해운대구	2018(5) 2019(2) 2021(2)
대구	대구미래교육지구 (8/8)	2020 동구, 서구, 남구, 북구, 수성구, 달서구 2021 중구, 달성군	2020(6) 2021(2)
인천	교육혁신지구 (7/10)	2015 미추홀구 2017 부평구, 계양구, 중구 2019 연수구, 서구, 남동구	2015(1) 2017(3) 2019(3)
광주	마을교육공동체 (5/5)	2016 동구, 서구, 남구, 북구, 광산구	2015(5)
대전	행복이음혁신교육지구 (5/5)	2019 대덕구 2020 동구, 중구, 서구, 유성구	2018(1) 2019(4)
울산	서로나눔교육지구 (2/5)	2020 중구, 남구	2019(2)
세종	행복교육지구 (1/1)	2019 세종	2018(1)
경기	혁신교육지구 (31/31)	2011 광명, 구리, 시흥, 안양, 오산, 의정부 2016 군포, 부천, 안산, 화성 2017 성남 2018 고양, 동두천, 안성, 여주, 의왕 2019 가평, 과천, 광주, 김포, 수원, 양주, 양평, 용인, 이천, 　　　평택, 포천 2020 연천, 파주, 하남 2021 남양주	2011(5) 2016(5) 2017(4) 2018(1) 2019(15) 2021(1)
강원	행복교육지구 (18/18)	2016 태백, 화천 2018 원주, 영월, 정선, 철원, 인제 2019 속초, 삼척, 홍천, 평창, 양구 2021 춘천, 강릉, 동해, 고성, 양양, 횡성	2015(2) 2017(5) 2018(5) 2020(6)
충북	행복교육지구 (11/11)	2017 충주, 제천, 보은, 옥천, 괴산, 증평, 진천, 음성 2018 청주, 영동, 단양	2017(8) 2018(3)
충남	행복교육지구 (14/15)	2017 아산, 논산, 당진, 부여, 서천, 청양 2018 공주, 홍성, 예산 2019 천안, 보령, 서산 2020 금산, 태안	2017(6) 2018(3) 2019(3) 2020(2)

전북	전북교육협력기구 (14/14)	2015 전주, 정읍, 남원, 완주 2017 익산, 김제, 진안, 무주, 장수, 임실, 순창, 고창, 부안 2019 군산 ※ 농어촌교육특구를 전북교육협력지구로 통합	2015(4) 2017(1) 2017(8) 2019(1)
전남	혁신교육지구 (22/22)	2013 장흥 2014 장성, 영광 2015 함평, 영암, 강진, 고흥, 곡성, 나주, 광양 2016 무안, 해남, 화순, 담양, 여수 2017 보성 2018 구례, 목포, 순천, 신안, 완도, 진도	2012(1) 2013(1) 2014(3) 2015(8) 2016(2) 2017(1) 2018(6)
경북	미래교육지구 (5/23)	2020 경주, 안동, 상주, 의성, 예천	2020(5)
경남	행복교육지구 (13/18)	2017 김해 2018 밀양, 양산, 남해 2019 진주, 사천, 고성, 하동 2020 합천 2021 통영, 거제, 산청, 창녕	2016(1) 2017(3) 2019(4) 2020(5)
제주	해당사항 없음		

자료 출처: 교육부 자료로 재구성함.

혁신교육지구는 양적으로만 확대된 것이 아니라 질적인 변화로도 이어지고 있다. 시민참여를 통한 자치 실현이라는 문제의식이 스며드는 것으로 보인다.

시민들의 삶에 영향력을 미치는 중요한 직위는 시민들이 직접 선출하는 것이 민주주의의 원리와 정신에 부합할 것이다. 대통령도 국민들이 선출한 지 30년이 넘었는데, 민주주의의 확대와 심화를 위해서 판사, 검사, 경찰 등의 주요 직책도 시민들이 선출하면 어떨까? 대학의 총장도 대학 구성원들이 선출하는데 교장을 교사, 학생, 학부모들이 선출하지 못할 이유가 있을까? 고대 그리스 도시국가는 인구가 2만 명 정도였다. 고대 그리스처럼 제비뽑기식으로는 하지 않더라도 주요 직위는 선출직으로 만들 필요가 있다. 현재 한국의 대도시에는 인구 수만 명에 이르는 동들이 있다. 지방자치의 역사에서 언급한 것처럼 1956년과 1960년에는 읍·면장을 직선으로 선출한 바 있다. 민주주의 확대와 심화라는 측면에서 주민들이 읍·면·동장을 선출하지 못할 이유가 없다.

1. 세대의 변화   2. 학교의 변화   3. 정책의 변화

그런데 민주주의는 단지 대표를 선출하는 것으로 그칠 수 없다. 시민들이 대통령, 국회의원, 자치단체장들과 교육감을 선출한다 한들 국가와 지방정부의 운영에 참여할 수 없다면 그것은 대의제의 함정에 빠지게 된다. 마치 자율적인 학교 운영이라는 미명하에 학교장이 멋대로 학교를 운영해서는 안 되듯 자치와 분권이라는 미명하에 교육감과 자치단체장만의 자치가 되어서는 안 된다.

이런 측면에서 일반행정과 교육행정의 협력이 주민자치와 교육자치의 협력으로 진화하는 방향을 생각해보아야 한다. 이러한 문제의식을 담아 혁신교육지구의 개념 자체가 바뀌기 시작했다. 경기도보다 늦게 혁신교육지구를 도입한 서울이 이 경우로, 2017년 '서울형 혁신교육지구 지정 운영계획'에서 혁신교육지구를 다음과 같이 정의한다.

> 모두에게 신뢰받는 공교육 혁신을 이루기 위해 교육청, 서울시, 자치구, 지역주민이 참여하고, 지역사회와 학교가 협력하여 새로운 교육모델을 실현하도록 서울시와 교육청이 지정하여 지원하는 자치구.

이 정의가 2011년 경기도의 혁신교육지구 개념 정의와 차이가 있는 것은 협력 주체를 교육청과 지방자치단체만이 아니라 지역주민으로 확대하고 지역사회와 학교의 협력을 강조하고 있기 때문이다. 행정 대상, 심지어 통치 대상이던 시민들이 주권자로 교육행정과 일반행정에 참여한다는 것은 이제 중앙집권적 통치 시대에서 지방분권적 자치 시대로 접어들었음을 의미한다. 관청과 관청 간의 협력을 넘어 지역사회와 학교의 협력으로 프레임이 이동하면서 '마을교육공동체' 시대가 열리기 시작했다.

이런 측면에서 혁신교육지구는 마을교육공동체를 조성하기 위한 협력사업 성격을 가진다면, 마을교육공동체는 학교와 마을이 함께하는 지역운동, 교육운동, 문화운동의 성격을 갖는다. 이러한 흐름에서 2014년 지방선거 이후 '마을교육공동체'라는 개념이 본격 등장한다. 이번에도 경기도가 선도적인 역할을 담당했다. 2015년 11월에 제정된 「경기마을교육공동체 활성화 지원에 관한 조례」는 마을교육공동체의 개념을 다음과 같이 명기하고 있다.

마을교육공동체의 개념

제1조(목적) 이 조례는 경기도 학생의 건강한 성장과 발달을 지원하고, 교육의 질을 향상시키며 나아가 학생 스스로의 꿈 실현과 학교와 마을 간 교육적 연대 생태계를 조성하고자, 마을교육공동체 활성화 지원에 필요한 경기꿈의학교·교육협동조합·교육자원봉사활동 지원 사항에 대하여 규정함을 그 목적으로 한다.

제2조(정의) 이 조례에서 사용하는 용어의 뜻은 다음 각 호와 같다.

2. "마을"이란 생활환경을 같이 하는 학생, 교직원, 학부모, 마을주민이 교육·경제·문화 등의 가치를 공유하는 공간적·사회적 범위를 말한다.

4. "마을교육공동체"란 마을 내 학생, 교직원, 학부모, 마을주민 등이 함께 학생의 교육활동 지원을 위해 자발적으로 참여하는 공동체를 말한다.

자료 출처: 경기도, 「경기마을교육공동체 활성화 지원에 관한 조례」, 2015.

이 조례는 '교육 생태계' 조성을 언급하고 관-관 협력을 넘어 학교-마을 간의 협력을 강조한다. 또한 학생, 교직원, 학부모, 마을주민들이 주체로 참여하는 '공동체'로 마을교육공동체를 규정하고 있다. 이를 통해 교육행정과 일반행정의 협력을 넘어 교육자치와 주민자치의 협력으로 나아갈 수 있는 단초가 마련되었다고 할 수 있다.

이와 관련하여 주목할 것은 '마을공동체'다. 한국에서 마을공동체가 확산되는 데 중요한 역할을 한 것은 서울시다. 2010년 보궐선거로 당선된 박원순 시장은 마을공동체를 조성하여 주민자치 활성화의 계기를 마련했다고 평가할 수 있다. 2012년에 제정된 「서울특별시 마을공동체 만들기 지원 등에 관한 조례」에서는 마을공동체를 다음과 같이 정의한다.

자료 출처: 서울시, 「서울특별시 마을공동체 만들기 지원 등에 관한 조례」, 2012.

서울시 마을교육공동체 조례는 2012년에 제정되었고 경기도의 경우 3년 뒤인 2015년에 제정되었다. 게다가 경기도 조례의 '마을' 개념이 서울 마을공동체 조례의 2조와 유사한 것에서 확인되듯이, 경기도 마을교육공동체 조례는 서울시 마을공동체 활성화 사업에서 영향 받았음을 알 수 있다.

서울시 마을공동체 조례는 행정단위가 아니라 '마을'에 주목했다. 조례 목적으로 '주민자치의 실현'과 '민주주의 발전에 기여하는 것'도 명시했다. 이는 일반 행정과 일반자치에서 주민자치로 프레임이 전환되기 시작했음을 의미한다. 더욱 중요한 점은 이 마을공동체 개념이 교육자치와 만나면서 '마을교육공동체'로 진화하기 시작했다는 것이다. 이를 극명히 보여주는 것이 2019년에 제정된 「인천마을교육공동체 활성화 지원에 관한 조례」다. 이 조례에서는 제정 목적과 마을교육공동체 개념을 다음과 같이 정의한다.

> ### 마을교육공동체의 개념
>
> **제1조(목적)** 이 조례는 학교, 마을, 지역사회가 연대하고 협력하는 교육 생태계 조성을 위해 인천마을교육공동체 활성화 지원에 필요한 사항을 규정함을 목적으로 한다.
>
> **제2조(정의)** 이 조례에서 사용하는 용어의 뜻은 다음과 같다.
>
> 1. "마을"이란 생활환경을 같이 하는 학생, 교직원, 학부모, 마을주민 등이 교육·경제·문화 등의 가치를 공유하는 시·공간적 범위를 말한다.
>
> 2. "마을교육공동체"란 주민자치와 교육자치의 결합으로 마을이 아이들의 배움터가 되고, 마을에서 아이들이 자라도록 교육청과 지방자치단체 그리고 학부모와 시민사회가 협력하고 연대하는 교육 생태계를 말한다.
>
> 3. "교육혁신지구"란 교육청, 기초자치단체, 지역주민, 학교가 서로 소통하고 협력하는 마을교육공동체 구현을 위하여 인천광역시교육청과 기초자치단체가 협약을 통해 지정한 자치구 또는 자치구 일부 지역을 말한다.

자료 출처: 인천시. 「인천마을교육공동체 활성화 지원에 관한 조례」, 2019.

이 조례는 마을교육공동체를 '주민자치와 교육자치의 결합'으로 보고 있다. 즉, 일반행정과 교육행정의 결합을 넘어 자치라는 관점에서 행정 간의 협력을 넘어 자치 간의 결합으로 본다. 마을 구성원인 주민들이 자신의 삶에 직접 영향을 미치는 것에 대해 자치를 구현하자는 것이고, 특히 교육영역에서 주민자치를 이루겠다는 것이다. 이런 점에서 마을교육공동체는 주민들에 의한 교육자치를 실현하고자 하는 사회운동, 지역운동, 교육운동이라고 할 수 있다. 또한 이 조례는 혁신교육지구를 마을교육공동체 구현을 위한 자치구로 규정하여, 혁신교육지구의 수행단위가 기초지방자치단체이며 그 책무가 마을교육공동체를 조성하는 데 있음을 분명히 한 점에서 중요하다. 이는 혁신교육지구와 마을교육공동체, 그리고 마을공동체와 마을교육공동체를 명확히 구분하는 근거를 마련했다는 점에서 의의가 있다.

이렇게 혁신교육지구는 마을교육공동체로 진화 중이며, 양적 확대만이 아니라 질적 측면에서도 변화가 일어나고 있다.

혁신교육지구와 마을교육공동체 현황
거버넌스를 중심으로

혁신교육지구가 확산되면서 지역별 특성에 맞는 지역 특화사업들이 만들어지고 있다. 그럼에도 혁신교육지구 대부분이 수행하는 공통 사업이 있다. 민·관·학 거버넌스, 마을연계 교육과정, 마을학교 등이다. 여기에서는 민·관·학 거버넌스를 중심으로 현황을 파악해보고자 한다.

초기 교육거버넌스 논의는 대체로 행정학 분야에서 많이 연구되었고, 교육거버넌스를 지방자치 확산에 따른 통치방식의 변형으로 이해하는 경향이 강했다. 예를 들어 다음과 같은 방식으로 교육거버넌스를 이해했다.

> 지방교육의 지배구조와 절차의 운영 과정에서 종래 지방교육행정의 주체(교육청)의 위계적 독점을 탈피하여 시장과 시민사회의 참여와 공유를 바탕으로 조정과 협력을 통해 통치해나가는 것.[1]

그러나 혁신교육지구와 마을교육공동체가 등장하면서 교육문제를 해결하는 방법으로 교육거버넌스를 이해하는 연구가 등장한다.

> 관과 민, 학을 포함하는 각 행위 주체들이 그들 사이의 자율적이며 수평적으로 형성되는 상호의존과 협력, 경합을 기반으로 교육문제를 해결하는 방법[2]

그런데 우리가 착목할 지점은 민·관·학 거버넌스 자체를 마을교육공동체의 본질이자 운영원리라고 이해하는 다음과 같은 연구들이다.

---

1) 신현석, 「지방교육의 협력적 거버넌스 구축을 위한 쟁점 분석과 설계방향 탐색」, 《행정학연구 29권 4호》, 2011, 103쪽.
2) 김환희, 「마을교육공동체 사례 연구를 통한 협력적 거버넌스 구축방안 연구」, 전라북도교육연구정보원 전북교육정책연구소, 2017, 32쪽.

마을교육공동체를 협력적 교육거버넌스로 바라보아야 하는 이유는 마을교육공동체 자체가 교육청, 지자체, 학교, 교사 및 학생, 학부모, 지역사회 주민, 지역사회단체 구성원이 자율적으로 참여하고 호혜적이며 상호의존성에 기반하여 협력하는 체제이기 때문이다.[3]

혁신교육지구 거버넌스는 크게 4개 층위로 구성된다.

▨ **혁신교육지구 민·관·학 거버넌스 유형**

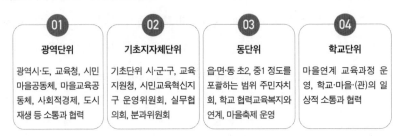

01 광역단위	02 기초지자체단위	03 동단위	04 학교단위
광역시·도, 교육청, 시민마을공동체, 마을교육공동체, 사회적경제, 도시재생 등 소통과 협력	기초단위 시·군·구, 교육지원청, 시민교육혁신지구 운영위원회, 실무협의회, 분과위원회	읍·면·동 초2, 중1 정도를 포괄하는 범위 주민자치회, 학교 협력교육복지와 연계, 마을축제 운영	마을연계 교육과정 운영, 학교·마을·(관)의 일상적 소통과 협력

광역단위 거버넌스

서울시와 서울특별시교육청의 협력체계가 가장 대표적인 예다. 시장과 교육감의 업무협약에 근거하여 혁신교육지구가 확장된 것은 물론이고, 관-관 협력을 넘어 혁신교육지구에 참여하는 시민들이 운영위원회를 구성하고, 운영에 관해 협의하는 것을 강제하고 있다. 2016년에 제정한 「서울형혁신교육지구 운영에 관한 조례」에는 다음과 같이 명기되어 있다.

---

3) 조윤정·이병곤·김경미·목정연, 「마을교육공동체 실천사례연구: 시흥과 의정부를 중심으로」, 경기도교육연구원, 2016, 31~32쪽.

제4조(혁신교육지구의 지정 및 운영)

④ 교육감은 혁신교육지구의 운영에 관하여는 혁신교육지구 운영위원회의 협의를 거쳐야 한다.

제8조(위원회의 구성)

① 위원회는 위원장을 포함하여 35명 이내로 구성한다.

② 당연직 위원은 교육청과 시에서 각각 혁신교육지구 사업을 담당하는 실, 국장으로 한다.

③ 위촉직 위원은 다음 각 호의 어느 하나에 해당하는 사람 중에서 교육감이 위촉한다. 이 경우 위촉직 위원이 전체 위원의 과반수이어야 한다.

　1. 시장이 추천하는 사람

　2. 서울특별시의회가 추천하는 사람

　3. 혁신교육지구로 지정된 자치구에서 추천하는 사람

　4. 혁신교육지구 사업과 관련한 전문지식 및 경험이 풍부한 사람

　5. 그 밖에 교육감이 필요하다고 인정하는 사람

④ 위원회는 필요한 경우 그 산하에 실무협의회 및 소위원회를 둘 수 있다.

최근에는 광역단위에서도 마을교육공동체 관련 조례가 늘고 있으며 민·관·학 거버넌스 원리에 입각하여 운영위원회 등을 구성하도록 하고 있다. 운영위원회 대표로 시민을 포함하기도 한다. 2019년에 제정된 「인천마을교육공동체 활성화 지원에 관한 조례」에는 위원회 구성에 민간 대표를 포함시키고 있다.

제11조 (위원회 및 실무협의회 구성 등)

① 위원회는 위원장 3명을 포함하여 20명 이내의 위원으로 구성한다.

② 위원장은 부교육감, 부시장, 민간대표로 구성하며, 민간대표는 위원 중에서 호선한다.

2021년 7월 기준으로 광역단위 혁신교육지구 조례가 제정된 곳은 17개 시·도 중 서울, 경기, 울산, 전남이다. 마을교육공동체 조례는 서울, 대구를 제외하고 15개 광역시·도에서 제정했다. 이 추이만 봐도 앞서 언급한 것처럼 혁신교육지구에서 마을교육공동체로 진화하고 있음을 확인할 수 있다.

광역시도	조례명	광역 지자체 및 교육청 소관부서
강원도	마을교육공동체 활성화 지원에 관한 조례	민주시민교육과
전라북도	전라북도 마을교육 생태계 활성화 지원에 관한 조례	교육혁신과
광주시	광주광역시 어린이 청소년 친화적 마을교육공동체 조성에 관한 조례	시민참여담당관
제주도	제주특별자치도교육청 마을교육공동체 활성화 지원 조례	정책기획과
대전시	대전마을교육공동체 활성화 지원 조례	혁신정책과
전라남도	전라남도교육청 마을교육공동체 활성화 지원 조례	혁신교육과
울산시	울산광역시 마을교육공동체 및 서로나눔교육지구 활성화 지원에 관한 조례	교육혁신과
부산시	부산마을교육공동체 활성화 지원에 관한 조례	교육혁신과
경상북도	경상북도교육청 마을교육공동체 활성화 지원 조례	정책기획관
충청남도	충청남도교육청 충남 마을교육공동체 활성화 지원에 관한 조례	교육혁신과
충청북도	충청북도교육청 마을교육공동체 활성화 지원에 관한 조례	학교혁신과
인천시	인천마을교육공동체 활성화 지원에 관한 조례	마을교육지원단
세종시	세종마을교육공동체 활성화 지원에 관한 조례	교육협력과
경기도	경기마을교육공동체 활성화 지원에 관한 조례	마을교육공동체정책과
경상남도	경상남도마을교육공동체 활성화 지원에 관한 조례	학교혁신과

기초지방자치단체 수준의 민·관·학 거버넌스

2021년 3월 기준 190개 기초지방자치단체가 혁신교육지구에 참여하고 있으나, 모든 기초 지자체가 관련 조례를 가진 것은 아니다. 190개 혁신교육지구에서 106개에 혁신교육지구 혹은 이와 연관된 조례가 있다. 혁신교육지구 조례가 없는 곳이 절반에 가깝다는 말이다.

현재, 기초지방자치단체 조례에서는 운영위원회(혹은 운영협의회)를 두고 그 산하에 실무협의회 및 소위원회(분과위원회)를 둘 수 있게 했다. 운영위원회(혹은 운영협의회) 구성에서 자치단체장이나 교육지원청의 교육장이 공동대표를 하는 경우도 있고, 자치단체장이나 교육지원청이 추천하는 교직원, 학부모, 시민들이 운영위원으로 참여하는 경우가 많다. 실무협의회의 경우 교원, 학부모 그리고 지역에 따라서는 청소년을 포함하여 구성하고 있다. 협의회의 과제를 대체로 세부

계획 수립, 실행점검 및 실무지원, 민·관·학 네트워크 구성 및 활성화, 홍보, 모니터링 등으로 설정하고, 산하에 분과위원 구성을 가능하도록 했다.

그런데 실제 기초지방자치단체 수준의 민·관·학 거버넌스는 지자체별로 편차가 있다. 조례를 만들어 놓고도 운영위원회, 실무협의회, 분과위원회, 소위원회를 구성조차 하지 않는 경우도 발견된다. 코로나 국면을 핑계로 지자체나 교육지원청이 정기적인 협의회를 미루는 경우도 있다.

이에 비해 정상적으로 운영되는 혁신교육지구는 비대면으로라도 정기적으로 협의하고 있다. 분과나 소위원회에서 차기년도 사업안을 제안하고 민·관·학이 협력하여 사업계획도 수립하고 있다. 분과는 교사, 학부모, 마을교육활동가, 청소년 등 주체별로 구성하기도 하고, 마을학교 운영과 같은 사업별로 구성하기도 하며, 이를 혼용하기도 한다.

혁신교육지구가 지속가능하려면 지자체마다 관련 조례를 만들어야 한다. 조례가 모든 것을 해결할 수 없지만 조례조차 없다는 것은 자치단체장이 선거로 교체될 경우 혁신교육지구사업도 일몰될 수 있기 때문이다.

읍·면·동 생활권역 민·관·학 거버넌스

혁신교육지구는 지정 영역이 기초지방자치단체다. 기초지자체는 인구가 수만에서 백만 명에 육박할 만큼 편차가 있고, 면적은 넓지만 인구가 적은 곳도 있으며, 대도시 아파트 밀집지역으로 인구밀도가 아주 높은 곳도 있다. 수십만 명이 사는 도시를 마을로 부를 수도 없고, 지나치게 넓은 지역을 마을로 설정할 수도 없다. 마을은 일상의 시·공간이라는 점에서 우리는 생활권역에 주목할 필요가 있다. 이런 점에서 읍·면·동 생활권역을 구획으로 학교와 마을의 협력체계를 만들 필요가 있다. 이를 마을교육자치회, 마을교육협의체 등으로 부르기도 한다.

앞의 조례에서 확인한 것처럼 '마을'이란 생활환경을 같이 하는 학생, 교직원, 학부모, 마을주민 등이 교육·경제·문화 등의 가치를 공유하는 시·공간적 범위를 말한다. 한편, 교육자치는 일정한 지역의 주민이 교육정책을 심의·결정하고 교육활동에 참여하는 것을 의미한다. 그런데 우리가 마을을 생활권단위, 즉 읍·면·동이라는 가장 기본 행정구역을 공간 범위로 상정할 때, 마을교육자치는 읍·면·동에서 민·관·학이 협력하여 마을연계 교육과정, 마을학교, 평생교육, 사회적돌봄 등을 함께 만들어가는 것이라 할 수 있다. 실제로 현재 경기도 시흥시나 전남 순천시, 충북의 충주시, 인천의 계양구 등의 다양한 사례에서 확인되는 마을교육자치회는 읍·면·동 수준에서 행정 책임자인 면장이나 동장, 주민대표(주민자치회장), 학교관계자(교장), 학부모(학부모 운영위원장, 학부모회장), 학생, 마을교육활동가 등이 참여하는 협의 구조다.

이를 통해 혁신교육지구는 마을교육공동체라는 교육 생태계를 실질적으로 조성할 수 있다. 과거 신자유주의가 지배하는 시절에는 학교, 교사를 공급자로 설정하고 학부모와 학생을 수요자로 설정했다. 공문에 버젓이 수요자라는 표현이 들어가 있었고, 아직도 그런 관행이 남아 있는 교육청도 있다. 수요자로 호명된 학부모와 학생들이 교사와 학교에 수요자로 요구하는 것은 당연한 귀결이다. 그런데 혁신학교가 등장하고 혁신교육지구가 도입되면서 교육행정과 일반행정의 협력이 시작되고, 지방자치단체도 학교를 지원하고자 마을의 인적역량과 물적 자원을 찾고 마을 강사를 육성하고 학교와 마을에 대한 예산을 확대했다. 그러나 이는 교육 생태계 조성으로 발전하지 못했다. 지방자치단체와 마을(주민)이 공급자가 되고 학교와 교사는 수요자로 마을의 자원을 활용, 소비하는 수준에 머물고 있기 때문이다. 그 결과 마을은 그야말로 소비되는 형국이다.

그러나 학교와 마을이 일상적으로 소통하는 공론의 장이 생활권역에서 형성되면서 학교와 지역사회가 동반 성장하고 교사, 학생, 학부모, 주민이 함께하는 교육 생태계가 조성되고 있다. 읍·면·동 생활권역 민·관·학 거버넌스인 마을교육자치회가 바로 그것이다. 현재 190개 혁신교육지구 중 22개 기초지자체가 교육부 미래교육협력지구 공모사업에 참여하고 있으며, 공통과제로 읍·면·동 생활권역 민·관·학 거버넌스를 다양한 이름과 형태로 형성하고자 노력하고 있다. 이런 흐름은 향후 전국으로 확산될 전망이다.

학교단위 거버넌스

학교단위 거버넌스는 마을연계 교육과정 운영원리다. 마을연계 교육과정은 학교에서 마을의 사람들, 기관들과 협력하여 교육과정을 운영하는 것이다. 마을에는 특정 분야에서 학교 교사들보다 전문성을 가진 사람들이 있으며 기관들도 특수 영역에서는 높은 수준의 전문성을 가지고 있다. 따라서 이들과의 협업은 교육과정을 다양하고 풍부하게 구성할 수 있어 보다 높은 수준의 양질의 교육을 학생들에게 제공할 수 있다. 그런데 마을연계 교육과정은 마을의 도움과 협력에 기초하지만 여전히 학교와 교사가 주도하며, 현실에서 학교는 국가수준의 교육과정에 충실할 수밖에 없기 때문에 이는 형식적 교육의 연장선에 있다고 할 수 있다.[4]

▨ **마을연계 교육과정 운영 원리**

아이들의 자발성 살리기	·인격적으로 성인과 동등한 존재이며, 학생 스스로 배움의 주체가 될 수 있다.
교사의 마을에 대한 관심	·교사는 마을의 기능, 역사, 경제, 정치, 생태, 사회적 역학 및 미래 등에 호기심을 가져야 함. ·마을자원을 조사하고 관찰하고 마을사람들을 만나야 함.
체험을 의미 있는 배움으로 만들기	·마을교육과정이 체험하는 수준으로 머물지 않게 하려면 교사가 마을교육과정의 철학과 목적을 깊이 이해해야 함. 교육과정의 성취 기준에 맞게 교육과정을 재구성할 수 있는 교과 전문성이 요구됨. ·교육과정을 구성할 때 체험, 감성, 인지적 요소를 통합적으로 포함하고, 현장 체험 전에 이론수업과 체험을 다녀온 후 기록, 발표 활동을 연결함.
교육공동체 구성	·동료교사, 학부모, 지역주민의 도움이 필요함. ·네트워크를 형성했을 때 마을에서 학교로 들어와 아이들의 배움을 풍부하게 할 수 있고 학교에서도 마을로 나갈 수 있는 물적 자원의 범위가 확대될 수 있음.

자료 출처: 경기도교육연구원. 「학습생태계 확장을 위한 마을교육과정의 개념과 실천 방안」, 2017.

---

4) 김태정, 「마을에서 자라는 아이들, 함께 성장하는 우리」, 양천나눔교육사회적협동조합, 2019, 88쪽.

마을연계 교육과정 운영 방안

단계 구분	주요 사업 및 내용
마을연계 교육환경 형성	· 교직원 대상 연수, 학부모 대상 연수 등으로 개념 공유와 공감대 형성 · 학교 홈페이지, 도서관 등에 관련 자료 탑재, 자료 공유 · 가정통신문 등을 통해 학부모와 소통 · 지역사회 자원목록 확보 및 네트워크 형성(교육청과 기초지자체 지원)
교육과정 재구성	· 마을연계 교육과정을 위한 민·학·관 거버넌스(협의체) 구성 　(학교운영위원회 조례 심의사항 중 교육과정 운영 준용 가능) · 교과, 교사 간 협력체계 형성(교사연구동아리, 전문적학습공동체 운영) · 학부모 학습동아리 운영(창의체험활동 연계) · 교육과정에서 마을(지역사회)과 연관된 내용 추출 · 마을의 인적역량 및 물적자원과 연계하여 교육과정 재구성
마을연계 교육과정운영	· 교육과정, 학생동아리 활동 · 마을연계 학교 밖 체험활동, 사회참여활동 · 활동 결과 공유 및 평가 활동

자료 출처: 김태정, 「마을교육과정과 마을학교에 대해」, 2019.

마을연계 교육과정이 잘 운영되려면 무엇보다 학교가 마을을 소비하겠다는 태도를 버려야 한다. 학교는 마을과 교육과정 운영을 위한 거버넌스를 만드는 데 주력해야 한다.

마을연계 교육과정의 핵심은 학교가 마을과 교육과정을 재구성하는 협의의 틀을 정기적으로 구성하는 것이다. 그런데 학교는 마을사람들과 협력하여 교육과정을 재구성하는 데 익숙지 않다. 상당수 학교는 여전히 관리자인 교장의 성향에 따라 좌우된다. 교사들 경우에도 마을과 함께할 필요를 느끼지 못하거나 심지어 꺼리는 비율이 그렇지 않은 사람들보다 많은 것이 현실이다. 그러나 초등교육과정에서 이미 마을이 배움의 주제로 설정되어 있으며, 중학교 자유학년제에서 마을과의 협력은 피할 수 없다. 게다가 논란 중이기는 하나 고교학점제가 도입된다면 학교가 지역사회와 협력하여 교육과정을 운영하는 것은 해도 되고 안 해도 되는 변수가 아니라 상수가 될 것이다.

이런 점에서 교육지원청과 기초지방자치단체 간의 협력, 학교와 지역사회(마을)의 협력을 일상화하는 매개체로 중간지원조직의 중요성이 커지고 있다.

현재 광역단위 시·도의 혁신교육지구나 마을교육공동체 관련 조례에서 중간지원조직 설치를 언급하거나 별도 중간지원조직 설치 조례가 있는 곳을 포함할 때 중간지원조직에 대한 내용이 없는 지역은 서울, 대구, 대전, 세종, 강원, 전북이며 나머지 11개 시·도는 관련 내용이 있다. 혁신교육지구사업을 하는 기초지방자치단체 중 중간지원조직 설치를 언급한 자치구는 190개 중 53개에 불과하다.

▨ 마을교육공동체 중간지원조직 유형

구분	특징
관청 단독 운영	기초지방자치단체 혹은 교육청 중 어느 한쪽에서 설립 운영 · 민간 전문가를 임기제 공무원으로 채용하는 경우도 있음. · 교육(문화)재단을 설립하여 이를 통해 중간지원조직 업무를 수행
관청 간 공동운영	기초지자체와 교육지원청이 공동사무처 형태로 운영(파견 업무 등) 예) 미래교육지구에서 공동협력센터를 운영
민간 위탁 운영	업무협약을 통해 민간단체가 중간지원조직을 위탁받아 운영 · 관 주도형이 아니라 민간 주도로 유연성을 담보할 수 있다. · 의사결정의 독립성이 보장되지 않으면 단순 하청업무 수행이 될 수 있음.

올해는 지방자치제도를 부활한 지 30년, 혁신교육지구가 시작된 지 10년이 되는 해다. 2015년 경기도가 마을교육공동체 관련 조례를 최초로 제정한 후 혁신교육지구는 이제 마을교육공동체로 점차 진화하고 있다. 혁신교육지구가 교육행정과 일반행정의 협력에서 출발했으나 시민 참여를 통해 민·관·학 거버넌스로 발전하고, 일상의 시·공간인 마을에서의 학교와 마을의 협력체계인 마을교육자치회로 점점 현장에 착근되고 있다. 이를 위해서는 관련 조례 제정이 확산되어야

▨ 기초지자체 중간지원조직 현황

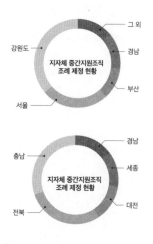

하며, 조례만이 아니라 상위법령 수준의 법 개정이나 제정에 대해 본격적으로 논의할 필요가 있다.

더욱 중요한 것은 공공성을 가진 시민적 결사체들이 늘어나야 한다. 협치는 깨어있는 민주시민, 교육을 상품이 아닌 권리로 인식하고 실천하는 공공성, 시민성을 가진 시민들이 자발적으로 만든 사회적 협동조합과 같은 공익적 결사체들이 양적으로 확대되고 질적으로 성숙할 때 관청의 전횡을 막고, 주권자(시민)에 의한 통제를 통해 주민교육자치가 실현될 수 있을 것이다.

교육 생태계의 새로운 질서

김 성 천
한국교원대 교육정책전문대학원 조교수

미래교육담론의 핵심은 학교자치와 학교민주주의

현재 우리나라 교육은 김영삼 정부 때 발표한 5.31교육개혁안의 틀을 여전히 유지하고 있다. 이를 바꿀 수 있는 교육비전체계를 아직 수립하지 못했다. 우여곡절 끝에 출범할 국가교육위원회가 그 역할을 감당할 것으로 기대를 받고 있다.

5.31교육개혁안은 시대 변화를 읽고 패러다임을 바꾸기 위해 시도했고, 정권 차원에서 힘을 실어주었기에 생명력이 긴 교육개혁 방안이었다는 평가를 받는다.[1] 반면, 신자유주의 정책을 본격적으로 도입하는 계기가 되고, 대학설립준칙주의나 자율사립고(자사고) 등을 허용한 부작용이 지금도 이어지고 있다는 평가도 있다.[2] 5.31교육개혁안은 중앙정부가 주도한 하향식 개혁이라는 한계가 있다. 향후 교육개혁안을 수립한다면 현장과 지역, 풀뿌리, 네트워크 관점을 지니지 않으면 기존 틀을 깨고 새로운 상상력을 입히기 어려울 것이다. 관점이 바뀌

---

1) 안병영·하연섭, 『5.31교육개혁 그리고 20년』, 다산출판사, 2015.
2) 이수광 외, 「4.16교육체제 비전과 전략 연구」, 경기도교육연구원, 2016.

어야 새로운 정책 설계가 가능해지고 방법도 달라진다.

미래교육의 담론은 '에듀테크'라든지 '테크놀로지'에 함몰되어서는 안 되며, 동시에 '혁신교육'에 대한 무시로 이어져서도 안 된다.[3] 코로나19 사태와 같은 생태, 환경, 기후 등의 자연위기가 인간의 사회적 삶을 위협하는 상황에 이르렀는데, 이러한 문제를 해결할 수 있는 능동적 시민이 절실한 상황이다. 결국, 미래교육의 본질과 핵심은 심화되는 불확실성, 불안정성, 불평등 문제를 타개할 수 있는 역량을 갖춘 시민을 누가 어떻게 길러낼 것인가로 환원된다. 그렇다면 학교는 과연 시민을 길러내고 있는가 하는 문제에 맞닥뜨리게 된다.

한 연구에서는 서구 선진국의 의제를 중심으로 구성한 세계시민교육을 경계할 필요가 있다고 보고, 새로운 시민교육 개념인 '글로컬리제이션glocalization'을 강조한다.[4] 지역의 정체성을 존중하되 폐쇄적이지 않고, 세계와 연대하는 중첩적이면서도 다중적 관점이 필요하다는 것이다. 이 연구는 글로벌 시민성과 지역 시민성의 유기적 연계 내지는 상호보완적 관계를 중시하면서 크게 지식 및 이해, 기능. 가치 및 태도, 행동 및 실천의지를 포함한 네 요소와 하위 항목을 제시한다. 학교교육의 목표를 시민성 함양이라고 본다면, 우리 교육의 현재 모습을 성찰하고 반성해야 한다.

안타깝게도 우리 교육은 이중의 허위 구조를 가지고 있다. 이론과 실제, 정책과 현장, 목표와 실천 간 간극이 심한 편이다. 교육기본법과 교육과정 총론에서 민주시민교육을 강조하고 있지만 잃어버렸던 학교의 원형을 찾기 위해 현장에서 노력하는 순간, 공격과 비난의 대상이 될 가능성이 크다. 일부 지역의 학부모와 지역주민들이 혁신학교 지정을 목숨 걸고 반대하는 상황이 단적인 예일 것이다.

이론은 이론이고, 정책은 정책이고, 목표는 목표일 뿐이다. 이상은 집어치우고, 입시교육과 경쟁교육을 그대로 유지하라는 압력이 여전하다. 국가가 관리

---

3) 송기상·김성천, 『미래교육 어떻게 만들어갈 것인가』, 살림터, 2019.
4) 이병하 외, 「글로컬 세계시민역량 측정 도구 개발에 관한 연구」, 서울특별시교육청교육연구정보원, 2019.

하는 표준화 내지 객관화된 평가체제에서 승리한 이들에게는 권력과 부, 명예를 안겨주고, 그렇지 않은 이들에게는 고통이 돌아간다. 근대 교육체제는 국가가 주도하는 교육과정 시스템이었고, 평가를 통해 각자에게 돌아갈 몫을 배분했다. 이 체제가 산업화시대에서 사회의 역동성을 만들어낸 측면도 있지만 이 과정에서 교육의 본질은 사라지고 수단만 남았다. 시민역량, 협업, 자기주도성 등의 아름다운 용어는 교육학 이론에서나 볼 수 있고, 현실은 '빡쎈 공부'와 '엄격한 생활지도'를 기본으로 깔면서 시민으로서 누려야 할 권리와 의무는 유보된다. "그런 건 대학 가서 해도 돼!"

⋮

학교민주주의와 학교자치, 어디까지 왔을까?

규제 완화를 촉구하는 목소리

경기도교육청이 2019년 학교민주주의 지수를 분석한 결과[5]를 보면, 혁신학교 81.1〉혁신공감학교 79.1〉일반학교 77.7 순으로 나타났다. 교육주체별로는 교직원 85.4〉학부모 75.8〉학생 73.1이다. 학생들은 '평화적 갈등 해결'(64.1), '권한과 책임의 민주적 규정'(65.6), '지역사회와의 협력'(67.5)을 낮게 평가했다. 학부모는 '평화적 갈등 해결'(64.1)을, 교직원은 '교권보호'(72.4)를 낮게 평가했다. 이 조사 결과는 주체 간 인식 차이가 있고, 간극을 좁히기 위한 노력과 소통의

▨ **경기도교육청 각 영역별 규제 분석 결과**

단위: 건(%)

영역	폐지	수정	존치	합계
교무학사	271(62.7)	90(20.8)	71(16.4)	432(45.8)
일반	183(90.5)	11(5.4)	8(1.9)	202(21.4)
행정	73(23.5)	21(6.8)	216(69.7)	310(32.8)
합계	527(55.8)	122(12.9)	295(31.3)	944(100)

자료 출처: 김혁동·김진희·황유진, 「학교자치 구현을 위한 규제적 지침 정비 방안」, 경기도교육연구원, 2018, 53쪽.

---

5) "경기 학교민주주의 지수 79.65로 4년째 상승", 경기도교육청 보도자료, 경기도교육청 민주시민교육과, 2019.

장이 필요하다는 점을 시사한다. 또한 학교 내 갈등상황이 발생할 때 이를 해결하는 과정이 전반적으로 취약하다는 것도 말하고 있다.

경기도교육청의 조례, 규칙, 훈령, 지침, 공문 등 학교에 영향을 미치는 각종 규제 944건을 폐지, 수정, 존치를 기준으로 분석해본 결과, 폐지해도 무방한 규제는 55.8%에 달했고 존치해야 할 규제는 31.4%로 나타났다.[6] 필요한 규제이지만, 현장에서 수정이 필요한 경우도 12.9%로 나타났다. 모든 규제가 불필요하지 않고 반드시 필요한 규제도 있지만 학교자치 관점에서 보면 현행 각종 규제의 70% 가까이는 과감하게 폐지하거나 수정할 필요가 있다는 것을 시사한다. 각종 규제와 지침이 많아지면 학교자치 공간은 더욱 축소될 수밖에 없다. 과감하게 규제를 정비하되, 학교자치를 중시하는 방향으로 나아가야 한다.

교육자치의 행정적 과제

본격적으로 학교자치를 논하기 전에 교육자치를 먼저 살펴보자. 교육자치의 근거는 교육기본법 5조 1항에 "국가와 지방자치단체는 교육의 자주성과 전문성을 보장하여야 하며, 지역실정에 맞는 교육을 실시하기 위한 시책을 수립·실시하여야 한다"라고 명시되어 있다. 학교자치는 동법 5조 2항에 언급되어 있다. "학교운영의 자율성은 존중되며, 교직원·학생·학부모 및 지역주민 등은 법령으로 정하는 바에 따라 학교운영에 참여할 수 있다." 우리나라는 미군정기 영향을 받아 교육 기틀을 마련했는데, 도입 초기 분권과 자치의 관점을 반영했다. 하지만 해방 이후 혼란기를 거치고 군부 독재가 장기집권하면서 제도상으로는 교육자치 철학을 반영했지만, 실제로는 중앙집권적 통제방식을 적용했다. 결과적으로 형식적 자치의 시기를 오랫동안 거쳐왔다.

1991년 6월 시행된 「지방교육자치에 관한 법률」은 형식적 자치에 변화의 계

---

6) 김혁동·김진희·황유진, 「학교자치 구현을 위한 규제적 지침 정비 방안」, 경기도교육연구원, 2018, 53쪽.

기를 마련한다. 시·도에 교육위원회를 두고 교육위원을 선출했으며, 교육위원회가 교육감을 무기명투표로 선출하기 시작했다. 관선 교육감 내지 임명직 교육감 체제에서 간선 교육감을 선출했고, 이후 직선교육감 체제로 전환한다. 우리나라 지방교육자치 역사는 상당히 오래됐지만 일반자치의 경우 1991년 지방의원을, 1995년 주민직선에 의해 단체장을 선출했다. 교육감 주민직선제는 2006년 12월 지방교육자치법 개정으로 도입했으며, 2007년 부산교육감, 2008년 서울교육감, 2009년 경기교육감을 선출했다. 초기에는 투표율이 낮았으나 2010년 전국동시 선거와 함께 실시되면서 투표율 문제는 어느 정도 해소되었다. 교육자치는 일반자치에 비해 경험 축적이나 제도 개선 등에서 10년 정도 늦어졌다고 볼 수 있다.

교육자치의 층위는 사실 복잡하다. 역사적 과정을 살펴보면, 우선 교육부와 시·도교육청의 갈등과 대립이 상당했다. 교육 관련 법령을 보면, '교육부장관과 교육감'으로 시작하는 공동 주어가 매우 많다. 예를 들어, 초·중등교육법 제30조의4에는 "교육부장관과 교육감은 학교와 교육행정기관의 업무를 전자적으로 처리할 수 있도록 교육정보시스템을 구축·운영할 수 있다"라고 명시되어 있다. 초·중등교육법 시행령 제12조나 제13조에는 '교육부장관 또는 교육감'으로 표현되어 있다. 이런 경우, 임명된 교육부장관과 선출된 교육감 간에 긴장관계가 형성될 가능성이 있다.

우리나라 법체계는 오랫동안 중앙집권화 관점에서 설계했고, 따라서 상급기관인 교육부장관과 하급기관 수장인 교육감이 특정 정책을 갖고 갈등하고 대립한다는 것은 상상할 수도 없었다. 그러나 주민직선교육감제를 도입하면서 일제고사 평가, 학교폭력 가해학생의 생활기록부 기재, 고교평준화, 자사고와 특목고 지정 및 평가, 누리교육과정 재원 마련 등을 둘러싼 갈등이 나타났다. 이 과정에서 권한 배분을 둘러싼 법적 다툼 내지는 쟁송이 나타날 수밖에 없었다. 그런 점에서 교육자치를 논할 때, 교육부와 교육청 내지는 교육부장관과 교육감의 권한 배분은 매우 중요한 문제다.

정부와 교육계의 괴리

정책이 성공하려면 중앙정부와 교육청, 학교가 동일한 비전을 공유하면서 함께 나아가야 하는데, 우리나라는 역사적으로 그런 일치현상을 별로 경험하지 못했다. 노무현 정부 때는 교육혁신위원회를 바탕으로 변화를 시도하려 했지만 교육부와 교육청이 그 이상을 뒷받침하지 못했다. 이명박 정부와 박근혜 정부 때는 주민직선교육감제 이후 교육청의 역동적인 변화가 나타났으나, 중앙정부와 코드가 맞지 않았다. 이러한 엇박자로 인한 갈등 비용도 적지 않게 발생했다. 문재인 정부에서는 교육부와 교육청의 갈등과 대립 양상은 많이 감소하고 교육자치 철학도 공유했으나, 여전히 갈 길이 멀다.

교육자치의 본질이 교육부장관의 권한을 교육감에게로 옮기는 것인지는 곱씹어볼 여지가 많다. 제도적 권한과 의사결정의 자율성을 가져오는 것은 교육자치의 필요조건이지만 충분조건은 아닐 수 있다. 궁극적으로 교육자치는 학교자치를 지향할 수밖에 없다. 물론, 학교자치는 불완전한 개념임에 틀림없다. 자치가 성립되려면 예산, 인사, 조직에 관한 권한을 가져야 한다. 미인가형 대안학교라든지 자사고의 경우, 국가지원을 거의 받지 않는 만큼 자율권을 보다 많이 보장받는다. 하지만 국가예산에 의존하게 되면 자연스럽게 행정 규제를 받게 된다. 자사고에 국가예산 지원을 하지 않는 대신 학부모가 내는 학비에 의존하여 학교를 운영하면, 학부모 요구에 민감한 학교가 만들어진다고 가정할 수도 있다.

이주호 전 교육부장관이 '고교다양화 300 프로젝트'를 통해 자사고를 늘리려고 했던 핵심 이유는 다음과 같다. 고교평준화를 적용하면서 공·사립고 불문하고 관료적 통제 내지는 관치주의에 놓였다고 보고, 이를 해소하기 위해 규제와 규율이 거의 없는 자사고를 만들어 공교육의 경쟁력을 갖추겠다는 의도라고 해석할 수 있다. 결과적으로 자사고 정책은 일반고 슬림화 내지는 황폐화를 가져왔다고 평가할 수 있다. 자사고 정책 평가는 차치하고, 학교자치가 성립되려면 교육부와 교육청의 개입요소를 최소화해야 한다. 이른바 작은 정부론과 학교자치는 맞물릴 수 있다. 그런 점에서 학교자치가 과연 성립할 수 있는 용어인가에 관한 논의는 학술적으로 가능하다.

⋮

학교자치의 본질은 무엇인가

학교자치의 의의와 방향성

불완전한 개념임에도 불구하고, 학교자치는 여전히 유효하다. 우선은 교육자치의 지향점으로서 의미를 지닌다. 자치는 하방의 속성을 지닌다. 교육부장관에서 교육감으로, 교육감에서 교육장으로, 교육장에서 학교장으로, 학교장에서 학교공동체로 실천원리와 중심축이 이동하게 된다. 중앙 단위에서 광역 단위로, 기초지자체 단위로, 동 단위로 세분화되고 정교해질 수밖에 없다. 이른바 자치라는 용어 자체가 풀뿌리로 나아가는 필연적 속성을 내포한다. 학교자치는 동시에 상대적 속성을 지닌다. 교육부와 교육청, 교육지원청, 학교, 시민사회 등 생태적 관점에서 존재한다. 즉, 학교자치는 진공상태에서 존재하는 폐쇄적 개념이 아닌, 타 기관 내지는 타 주체와의 상호작용 과정에서 나타나는 상대적 관점을 지닌다. 학교자치는 제도적 자치만을 의미하지 않는다. 교육부와 교육청의 권한을 학교로 보내는 차원을 넘어서 제도를 운영할 수 있는 역량을 갖추었는지의 문제로 귀결된다. 학교자치는 문화와 사람, 제도의 범주에서 작동한다. 그렇다면, 우리는 어떤 자치를 지향하는가?

교육자치의 역사를 보면 형식적 자치였다. 제도상으로는 아름다운

▨ 교육자치의 인식 전환

	현재	미래
역사	형식적 자치기	실질적 자치기
범위	제도	문화
대상	교육청(교육감)	학교
양상	선택적 자치	전면적 자치
수혜자	특정인	공동체
지향점	~로부터	~을 향한/위한
선택의 길	편한 타율	피곤하지만 의미있는 자치

용어가 넘쳐나지만 현실 공간에서 자치의 공간은 허용되지 않는 이중의 모습을 형식적 자치로 규정할 수 있다. 이제는 제도와 현실의 간극과 괴리를 좁혀 문화적 자치로 나아가야 한다. 학교운영위원회의 경우, 거버넌스 관점에서 좋은 취지를 가진 제도로 볼 수 있다. 하지만 현실에서 학교운영위원회가 제 기능을 하지 못하는 사례가 얼마나 많은가?

자문기구를 넘어 심의기구로, 더 나아가 의결기구로 그 위상을 올린다고 해도 의식과 문화, 역량이 결합되지 않으면 한계가 명확하다. 교육자치에 대한 논의는 교육부장관과 교육감의 권한 다툼에서 촉발된 면이 있지만 그 차원에 머물러서는 안 된다. 교육청은 정거장이지 종착점이 아니다. 과도기적 관점에서 교육부에서 교육청으로, 지원청으로, 학교로 권한을 넘기는 과정이 필요하겠지만 교육청에 머무르면 안 된다. 그런 점에서 학교자치를 지향점으로 삼아야 한다.

특히, 우리가 경계해야 할 것이 선택적 자치다. 이른바 '업무 핑퐁' 양상도 따지고 보면 선택적 자치의 일환이다. 워크숍과 학습공동체를 통해 학생과 현장, 미래 중심으로 교육을 바라보자고 이야기하다가 "그런데 이 일을 당장 누가 할까요?"라고 묻는 순간, 정적이 흐르면서 "그 업무는 우리 부서 소관이 아니고, 저쪽 부서가 담당하는 것이…"라고 얼버무리게 된다. 폼 나는 일은 서로 한다고 나서지만 힘든 일은 아무도 나서지 않는다. 과거에도 학교자율화 내지는 학교업무 경감 조치를 일부 시행했는데 골치 아프고, 민원 많고, 소송 가능성도 있는 일을 넘기고 막강한 권한을 행사할 수 있는 일은 쉽게 넘기지 않는다. 이러한 모습이 교육부와 교육청이 많이 보여왔던 관료적 행태다. 학교에도 이런 모습이 없다고 말할 수 없다. 우리들 스스로 자치를 해야 한다고 말하지만, 상황과 업무 난도에 따라 자치를 요구하는 강도가 차이 난 적은 없었을까?

학교자치는 권력의 문제와 무관하지 않다. 사실, 자치라는 용어는 힘 있는 자들보다는 힘없는 자들이 그들을 견제하기 위한 의도로 사용했다. 일제강점기에 사학의 자율성을 억압할 때 목숨 걸고 투쟁하고 항거한 사례가 이를 증명한다.

일방적인 리더십을 휘두르는 학교장을 향해 민주주의와 학교자치를 계속 강조하는 것이 우리의 대응 방법이다. 대립과 투쟁, 쟁취의 관점에서 교육자치와 학교자치를 사용할 수밖에 없었던 역사적 현실을 인정하면서도, 그 차원을 넘어서야 한다. 자치 그 자체가 목적이 되어서는 곤란하고, 무엇을 위한 혹은 무엇을 향한 자치인가를 끊임없이 자문해야 한다. 일종의 타도 대상을 세우고 자율공간을 찾으려는 노력에서 자치의 공간이 확보되는 역사적 과정을 무시할 수는 없지만, 그것만으로는 충분하지 않다.

하지만 교육자치를 넘어 학교자치를 꿈꾸는 과정은 결코 낭만적이지 않다. 무엇을 위한 혹은 무엇을 향한 자치인가는 '지금도 힘든데 그것까지 해야 하는가'에 관한 질문으로 전환될 가능성이 크다. 학교자치의 적용 범주는 교육과정도 예외는 아니다. 국가교육과정의 필요성을 인정한다고 해도, 학교의 자율공간은 매우 협소하다. 이를 확장하기 위한 노력이 '교사별 평가'라든지 '교육과정 재구성' 등으로 구현되었다. 나아가 혁신학교와 혁신교육을 통해 학교와 지역의 특성에 맞는 교육과정을 디자인하기 위한 노력을 기울였다.

학교자치는 교육과정의 자치로 이어진다. 국가는 큰 틀에서 방향과 비전, 목표, 핵심성취 기준 정도를 제시하고 세부 내용은 학교와 지역, 교사가 만들고 채우자는 것인데, 학교와 지역에서 필요한 교과목 개설을 쉽게 할 수 있는가의 질문이 간단하지는 않다. 고등학교에서 고시 외 과목을 활용하거나 교과목 개설을 시도하는 사례가 있지만 초등학교와 중학교에서는 그런 사례가 드물다. 공통교육과정을 가르치기도 버거운데 학교와 지역의 색깔을 입힐 수 있는 교육과정 편제의 공간 자체가 나오지 않는다. 창의체험활동에서 적용하거나, 중학교는 자유학년제, 초등학교에서는 학교자율과정에서 일부 적용이 가능하다. 자율학교가 일반학교에 비해 교육과정의 자율성을 상대적으로 보장했다고 해도 편제 실험으로 나아가기란 매우 어렵다.

동시에 왜 교과목을 힘들게 개발하는지 잘 모르겠다는 의견도 적지 않다. 이는 교사의 정체성 문제로 이어진다. 교사는 수업을 잘하는 사람일까? 교육과정을 개발하고 적용하는 사람일까? 그동안 수업에 방점을 찍었는데, 이 경우 자칫 교육과정을 보지도 않은 채 교과서만으로도 1년의 삶을 무사히 보내는 사례도 나올 수 있다. 하지만 교육과정 개발자라는 정체성을 갖게 되면 이야기는 달라진다. 국가가 무수히 많은 예산을 들여 연구하고 집필한 교육과정과 교과서보다 교사 개인이 더 잘하기는 어렵기 때문에 주어진 교육과정에만 충실해도 된다는 주장도 가능하다. 이런 관점에서는 교육과정 전달자로서 교사의 위상을 설정할 가능성이 크다. 기껏해야 교육과정 재구성을 할 수 있는 위상을 부여한다. 주어진 교육과정이 아니라 만들어가는 교육과정이라든지 교육과정 수행자가 아닌 개발자로서 그 관점을 가질 때 학교에 대한 새로운 상상력이 열릴 수 있다. 학교자치는 교육과정의 기존 문법에도 변화를 가져올 수 있다.[7]

코로나19와 학교자치

코로나19 상황은 학교자치 관점에서 양면적 속성을 지닌다. 지침으로 환원되지 않는 주제와 영역에 대한 논의와 고민이 촉발될 수밖에 없었다. 어떤 플랫폼을 써야 하는지, 평가는 어떻게 해야 하는지 등은 지침만 기다려서 될 문제가 아니다. 학교 내부에서 치열하게 논의를 거쳐야 한다. 아무리 논의하여 결정해도 지침과 공문에 의해 갑자기 모든 것이 무력화되기도 한다. 이런 과정을 반복해서 경험하다 보면 논의는 소용없고 지침 하달을 기다리는 상황에 이른다. 이는 조직의 효능감을 저하시킨다.

이런 맥락에서 학교자치는 우리들 스스로 논의하고 합의하여 함께 책임진다는 의미를 지닌다. 기존 지침과 관례, 관행대로 업무를 처리하는 것이 개인의 안위를 보장한다. 어찌 보면 '편리한 타율'이 보장되는 시스템이다. 하지만 학교자

---

7) 김성천 외, 『학교자치 1, 2』, 테크빌교육, 2019.

치는 우리들 스스로 논의하고 결정하고 책임지겠다는 의미가 있다. '위에서 결정해라, 그러면 따르겠다'는 방식이 아니라 '오래 걸리고, 힘들어도 함께 논의해서 결정하자'는 방식을 채택한다. 이 과정은 '피곤한 자율'이면서 동시에, 민주주의를 회복하고 구현하는 '의미 있는 자율'이다. [8]

⋮

학교자치 구현을 위한 핵심 가치

신뢰성

학교자치 구현의 핵심 가치는 우선, '신뢰성'이다. 신뢰가 낮을수록 감시비용과 거래비용이 증가한다. 예전에는 대출을 받으려면 연대보증을 받거나 적지 않은 서류를 가지고 은행을 방문했다. 최근에는 스마트폰 뱅킹에서 몇 단계를 거치면 대출 여부를 알 수 있는데 대출 요건 중 하나가 신용점수다. 대출 문턱은 점수가 높은 사람에게 낮고, 낮은 사람에게 높다. 이 과정은 신뢰도를 확인할 수 있는 시스템이 어딘가에 구현된다는 것이고, 대면하지 않아도 개인을 확인할 수 있는 다단계 장치가 존재하기 때문에 가능하다.

공교육에서는 과연 신뢰의 가치가 작동하고 있을까? 그렇지 않은 것 같다. 신뢰의 가치가 작동하지 않으면 불신을 해소하기 위한 감시와 통제 장치가 작동한다. 여러 가지 서류와 절차를 요구한다. 정책과 행정을 추진할 때, 신뢰와 불신중 어떤 가치를 담아냈는가에 따라 일하는 방식이 달라진다.

전문성과 자율성

신뢰성은 곧 전문성과 연결된다. 전문성을 구현하다 보면 고도의 기획력과

---

8) 김성천 외, 앞의 책, 테크빌교육, 2019.

판단력을 요구하게 된다. 전문성은 누군가에게 인정받으면서 시작된다. 자격증과 같은 제도적 인정과 함께 특정 영역에서 이른바 실력을 발휘하고 이를 타인이 인정하는 과정과 맞물린다. 전문성을 축적하지 않고는 진입은 물론, 버티기 힘든 구조가 함께 작동한다. 이때 전문성은 개인 차원을 넘어서는 집단 차원을 의미한다. 학습공동체는 전문성을 입증하고 보증하는 가장 강력한 증거다. 전문성이 없다고 판단될 때, 관료적 개입은 강화된다.

전문성은 자율성과 연동된다. 전문가 스스로 전문지식을 바탕으로 어떤 상황에서 어떻게 교육과정, 수업, 평가를 기획하고 실행할지 판단한다. 지금까지는 이러한 자율적 공간이 부족했다. 이는 알이 먼저냐 닭이 먼저냐의 문제이기도 하다. 전문성이 부족하니까 상급기관 지침대로 수행해야 한다는 논리로 이어지기도 하고, 상급기관의 통제 방식이 전문성을 구현하도록 설계되지 않았다는 논리로도 이어진다. 전문성은 상당한 축적의 시간을 거쳐 형성되는 과정이므로, 전문성을 구현하기 위한 제도적 공간을 확보해야 한다. 교사별 평가와 내신 절대평가가 대표적인 예다. 평가는 교육과정과 수업의 판을 흔들 정도로 영향력이 강력한 공간인데, 이를 구현할 수 있는 자율공간 확보는 매우 중요하다. 동시에, 교사 개개인의 임의적 전문성을 넘어 전문적 공동체에 의한 자율 통제가 작동하는 방향을 생각해보아야 한다.

학교자치의 가장 큰 딜레마는 개인과 학교, 지역 간의 편차 발생인데, 이를 해소하기 위해서 1차적으로 동료 교원들과의 비전 공유, 개방과 공유, 나눔, 피드백을 통한 전문적 통제가 필요하다. 2차적으로는 학생과 학부모, 지역사회, 외부 전문가로 구성된 거버넌스에 의한 소통과 피드백, 조정 과정이 필요하다. 3차에서 교육청이나 지원청의 장학 내지는 지원이 필요하다.

책무성과 책임성
이러한 전문성은 책무성과 책임성을 동시에 담보한다. 외부에 의해 제도적

강제를 요구하는 방식이 책무성이라면, 책임성은 직업윤리를 강조한다. 지금까지 전자의 방식이 강했는데, 이제는 후자의 방식을 더욱 강조해야 한다. 교육과정을 따라오지 못하는 학생에 대해서 교육부나 교육청이 제시한 압력요인에 의해 어떤 시스템을 작동하기보다는 교원 스스로 학생의 성장을 돕고 싶은 마음이 움직여야 한다. 책임성이 발현될 때 학생과 학부모의 전문성과 신뢰성이 높아지고 이 과정에서 자율성이 더욱 보장되는 선순환 구조가 만들어진다.

학교자치는 민주주의를 전제하는 개념이다. 사람에 대한 신뢰, 구성원에 대한 믿음이 없으면 학교자치는 성립되지 않는다. 민주주의는 삶과 문화로 구현되는데, 말이 쉽지 상당히 어렵다. '수업 시작 전에 핸드폰 걷고, 일과 이후에 돌려주기' 안건 하나만 봐도, 주체 간 생각은 물론이고 동일 주체 내에서도 다를 수 있다. 이러한 생각의 차이를 조정하기 위해서는 기획과 시간이 필요하다. 하지만 다수결에 의한 양적 민주주의를 넘어 학습과 소통, 토론에 의한 숙의 과정을 거쳐 조정과 합의에 이르는 질적 민주주의의 과정을 우리는 얼마나 경험해봤는가? 박제화된 민주주의의 지식과 개념을 오랫동안 배웠지만 그것을 구현할 수 있는 내적인 힘이 없음을 느끼곤 한다.

⋮

학교자치, 어디로 가야 하나?

관료주의 체제 타파

교육 영역에 자리 잡은 과도한 관료주의 체제와 맞서야 한다. 학교현장을 보면 감사의 파놉티콘 상황에 이르렀다고 봐도 과언이 아니다. 목표는 사라지고 수단이 남았으며, 본질은 잃어버리고 감사 대비 행정만 남는다. 무슨 일을 도모할 때, 무수히 많은 지침과 규제, 감사를 대비하여 일하게 되고 이 과정에서 행정 우위 내지는 감사 지배 체제가 만들어진다. 무슨 사안이 터질 때마다 규제와 지침은 강화되고, 이러한 내용들이 오랫동안 누적된다. 규제와 지침대로 하지 않았을 때 누군가는 다치게 되고, 현장은 더욱 움츠러든다.

이러한 관료주의를 혁파하는 방법 중 하나가 교육자치와 학교자치의 강화다. 의사결정 권한을 관료조직에 주지 않고, 직접 일하는 현장 주체들에게 넘겨야 한다. 동시에 거버넌스를 통해 의사결정 과정에 관료를 견제하고, 현장 주체 내지는 다양한 주체들과 소통하면서 공동으로 기획안을 만들어가는 정책과 행정의 추진과정을 모색하는 방법을 생각해볼 수 있다. 이렇게 의사결정 권한을 현장으로 넘기게 되면 자연스럽게 교육부나 교육청 조직은 작아져야 한다. 행정 효율화를 도모하되, 현장 지원의 실질화, 체계화는 강화해야 한다. 국가교육위원회가 출범하면 교육자치와 학교자치를 중요한 가치로 설정하고 교육부의 슬림화, 교육청의 정책 기능 활성화, 교육지원청의 학교 지원 기능 강화, 학교자치에 의한 공동체성 구축을 바탕으로 교육 생태계의 질서를 새롭게 구축해야 한다.

참여의 공간 만들기

학교자치와 학교민주주의를 강화하기 위해서는 우선 교직원, 학부모, 학생(청소년)이 의견을 표출하고 참여할 수 있는 공간을 열어야 한다. 학교장의 리더십 수준에 의해 학교의 문화와 분위기가 좌지우지되는 경우가 많다. 근본적으로는 어떤 교장이 오더라도 학교공동체가 추구하는 비전과 철학, 조직문화를 유지할 수 있어야 하지만 현행 학교장 승진시스템은 학교자치와는 거리가 멀다. 학교 구성원들이 원하는 학교장을 임용하고 평가할 수 있어야 한다. 공모제는 예외겠지만 승진제의 경우, 교육청이 일방적으로 발령을 내고 있다. 이러한 체제도 학교자치 관점에서 보면 바람직하지 않다. 왜 학생들은 학교운영위원회에 참여하지 못할까? 민주학교의 출발은 학교의 의사결정에 교육 3주체의 소통과 참여, 논의를 보장하는 거버넌스의 형성이다. 거버넌스는 교육부와 교육청 차원에서만 강조할 사항은 아니다. 학교는 거버넌스가 작동하는 방향을 생각해보아야 한다. 거버넌스가 작동하려면 공동육아와 같은 수준의 공동체 의식이 구성원들에게 있어야 한다.

학교의 개혁 방향은 크게 국가주도형, 시장주도형, 공동체주도형으로 나눌 수 있다. 지금까지 국가주도형과 시장주도형이 혼합된 방식으로 교육개혁을 추진했다면, 이제는 공동체주도형을 지향해야 한다. 문제는 공동체주도형을 경험해보지 못했다는 데 있다. 이를 구축하는 데 상당한 시간이 필요한 상황이다. 공동체주도형은 개인의 사적 이익을 넘어서는 공공선 내지는 공동이익을 고려하는 관점으로서 이기적 자아를 내려놓는 과정을 의미한다. 타인과의 관점 차이를 인정하고, 참여와 소통의 과정을 통해 때로는 나의 생각과 관점의 변화를 가져올 수 있는 유연하고 열린 사고를 가져야 한다. 이러한 과정을 통해 우리는 학교에서 민주주의를 경험하고 배우게 된다.

공동체주의 내지 공화주의적 관점을 지니지 않으면, 자칫 민주주의를 가장한 편의주의에 빠져들거나 다수결로 일방적으로 결정하는 절차적 민주주의에 머무를 수 있다. 교육 3주체의 관점과 생각이 다르다면 사회적 약자의 관점을 우선해서 들어야 한다. 특히 학생의 시선과 관점이 중요하다. 학생의 고통을 최소화하고, 학생의 성장과 행복을 극대화하는 방안이 무엇인지 모색하는 과정에서 때로는 어른들이 기득권을 내려놓아야 한다. 일부 학교행사를 학생들이 기획할 수 있게 자율성을 보장해주거나 학생들의 건의사항을 일부 반영하는 차원을 넘어서야 한다. 학생들의 목소리를 듣고, 그들을 학교 주체로 인정하는 과정이 중요하다. 민주주의 역사는 부르주아에서 노동자로, 남성에서 여성으로, 백인에서 흑인으로 다양한 권리를 보장하는 확장의 과정이었다. 마지막 남은 확장의 영역이 어른에서 학생과 청소년으로 전이되어야 한다.

학생의 학교 참여수준을 다각도로 분석한 연구를 보면, 학생의 참여수준이 여학생들이 남학생에 비해, 경제적 배경이 좋은 학생들이 그렇지 않은 학생들에 비해 높게 나타난다. 이 연구는 참여수준을 형식적으로 동원되는 명목적 참여

(1점), 의사개진만 하는 소극적 참여(2점), 의사결정에 참여하는 적극적 참여(3점)로 나누어 분석했다.

▨ 고등학생의 학교 참여수준 분석

구분		평균	표준편차
학교운영 참여	학교운영위원회 참여	1.17	1.10
	학사일정 협의	1.04	1.10
	학교 규정 제정 및 개정	**2.54**	**0.78**
	학교 공간 및 시설물 개선	2.14	1.00
	학교 예·결산 편성 및 심의	0.84	1.05
	학생복지	2.06	0.98
	합계	**1.63**	**0.71**
학습활동 참여	교육과정 편성 및 운영	1.62	1.18
	수업계획 및 운영	1.32	1.08
	교과서 및 학습자료평가	0.96	1.08
	수업 및 학습활동 평가	0.95	1.10
	방과후학교 프로그램 개설 및 운영	1.91	1.06
	합계	**1.35**	**0.93**
학생자치활동 참여	학급회의 구성 및 운영	2.72	0.60
	전교 학생회 또는 학생대의원회 구성 및 운영	**2.79**	**0.52**
	민주시민의식 함양 프로그램 계획 및 운영	2.38	0.93
	학교행사 계획 및 운영	2.67	0.63
	동아리 구성 및 운영	2.52	0.72
	학생자율예산 운영	1.85	1.19
	지역사회연계 활동	1.83	1.07
	합계	**2.40**	**0.56**
전체		**1.85**	**0.61**

자료 출처: 이선영 외, 「학생의 학교 참여수준과 특징 분석」, 한국교육개발원, 2020, 109쪽.

표를 보면, 학생자치 활동 참여는 비교적 활발하나, 학교운영 참여라든지 학습활동 참여는 약한 상황이다. 학생자치 활동 참여에서 전교학생회 또는 학생대의원회 구성 및 운영은 2.79점으로 보편화되었음을 알 수 있다. 학교운영 참여에서는 학교 규정 제정 및 개정이 2.54점으로 가장 높게 나타났으나, 학교운영위원회 참여는 1.17점, 학교 예·결산 편성 및 심의는 0.84에 그쳤다. 학습활동 참여는 수업 및 학습활동 평가 0.95점, 교과서 및 학습자료 선택 0.96점에 그쳤다. 이러한 모습은 영역별로 학생이 참여할 수 있는 공간이 균질하지 않음을 시사한다. 특히, 교육과정과 수업 영역에서 학생의 의견을 듣고 이를 반영할 수 있는 흐름이 방과후학교 프로그램에 비해 정규 교육과정 영역이 취약한 것으로 보인다. 학습활동 영역에도 거버넌스를 통해 학생들의 참여를 보장하고 이 과정에서 피드백을 통해 개선점을 찾으려는 노력이 필요하다.[9]

학교 자체평가는 학교자치와 민주학교를 만들어가는 첫걸음이다. 과거의 학교평가는 교육청 관계자들이 와서 온갖 서류를 보면서 외부적 시선과 일방적 기준으로 실시했다. 이러한 과정이 갖는 한계와 문제점이 지적되면서 학교알리미 차원의 공시정보를 정량평가로 대체하고, 대신 학교 자체평가로 전환했다. 시간이 지나면서 학교 자체평가 역시 형식화 내지 무력화되는 상황으로 흘렀다. 학교 자체평가를 일로 보면 한없이 '귀찮은 일'이었겠으나 학교자치 내지는 학교민주주의의 관점에서 보면 '의미 있는 일'이 될 수 있다. 한 학기 내지는 1년을 마무리하는 시점에서 학교의 장점과 성과, 한계와 문제점, 요구, 발전방향 등에 관한 구성원들의 생각이 존재할 것이고, 이를 어떤 방식으로든 확인하고 정리하여 차년도 학교교육과정 내지는 학교운영계획서에 반영하는 방법을 생각해볼 수 있다. 구성원들의 평가와 피드백은 학교를 변화시키는 원동력이 될 수 있다.

학교자치와 학교민주주의를 말할 때, 주체별 회의라든지 총회, 대토론회, 학교 자체평가 등이 현재 어떻게 작동하는지를 먼저 들여다보고 이를 바꾸어나가는 작업을 먼저 시작해본다. 보통 3월 말에 학부모총회를 여는데, 행정행위 내지는 요식행위로 생각하지 말고 이 과정을 학교의 비전과 방향을 공유하고 교육과정을 설명하는 소통과 참여의 장으로 기획하는 것이다. 학부모회뿐 아니라 교직

---

9) 이선영 외, 「학생의 학교 참여수준과 특징 분석」, 한국교육개발원, 2020.

원회와 학생자치회도 마찬가지로 운영할 수 있다.

한 연구에서 Y초등학교 교직원회의의 문제를 다음과 같이 지적했다. 첫째, 외형은 민주적이지만 실제로는 형식적으로 운영한다. 둘째, 회의 절차나 진행 기술이 부족하다. 셋째, 부장회의나 간부회의 등 일부만 참여하고 결정하는 회의가 많아 의미 전달이 부족하다. 넷째, 때로는 교장과 교감이 답을 정한 상태에서 회의에서 추인하는 형태의 폐쇄적인 의사결정 구조가 있다. 다섯째, 구성원 간 원활하지 않은 의사소통으로 인해 소모적인 회의로 보였다. 이러한 모습이 나타나는 원인 중 하나를 '눈치보기'로 규정했는데, 교원이 의견에 자신이 없거나 교장과 교감의 의견과 다른 발언을 했을 때 돌아올 불이익과 갈등상황을 우려하기 때문이다.[10]

또 다른 연구에서는 학부모 교육주체화가 제대로 이루어지지 않음을 지적한다. 학부모 행사를 학교가 주도하고 있고, 학부모의 요구를 반영하기보다는 학부모 봉사조직 구성 등 학교가 필요한 부분에 학부모를 동원하고 있다는 것이다. 학부모를 교육주체로 인식하기보다는 단순 봉사자로 바라보는 시각을 바꾸어야 한다. 김장중[11]은 학부모들이 학교자치에 대해 잘 모르고 있으며 현재 학교자치 활동도 부정적 평가가 많다고 지적했다. 다수의 참여라는 양적 조건으로는 학교자치가 충분하지 않고 구성원들의 적극적인 의지와 전문성 수준이 결합되어야 한다고 주장한다. 또한 거창한 일이 아닌 작은 일부터 학부모들이 참여하도록 이끌어야 한다고 제시한다. 즉, 학부모의 참여가 학교자치의 관건이라고 보았다.[12]

10) 이요섭, 「'무늬만 혁신학교'의 교직원회의 특징 탐색」, 한국교원대 교육정책전문대학원 석사학위 논문, 2021.
11) 김장중, 「학부모가 보는 학교자치의 문제점과 활성화 방안」, 《학부모연구 6(2)》, 2019, 23~54쪽.
12) 오재길 외, 「학부모 교육주체화 방안 연구」, 경기도교육연구원, 2016.

교육자치, 교육과정으로 이어져야

교육자치와 학교민주주의의 열매는 교육과정으로 이어져야 한다. 우리나라의 교육과정 개편의 역사는 더디지만 분권과 자치, 자율의 가치가 조금씩 확대되었다고 볼 수 있다. 지역교육과정에 관한 실천 담론이 대표적인 예다. 여기서는 우리나라 교육과정은 '인간상과 철학 부족', '입시 위주 교육에 종속된 교육과정', '교사와 학교, 지역의 자율적 공간 취약', '삶과 분리된 교육과정'이며, 인간의 성장을 촉진시키는 데 한계가 있다.[13] 이 연구는 지역교육과정이 갖는 개념이 모호하다는 한계가 있음에도 불구하고 지역교육과정이 인간의 삶과 연결되고, 민주시민을 기를 수 있으며, 지역을 배우고 공동체성을 강화할 수 있고, 지역과 학교가 상생할 수 있게 만들기 때문에 의미가 크다고 분석했다.

학생들은 지역을 통해 교육과정에 친근하게 접근할 수 있고, 지역의 현안을 내 문제로 인식하며, 이 문제를 해결하기 위해 실천하면서 지역 시민으로 성장한다. 지역에서 겪는 불편함을 인지하는 데 그치지 않고 변혁의 관점으로 민원을 내고, 캠페인을 하고, 시·군관계자나 시·도의원들에게 정책을 제안하는 과정 자체를 통해 학생들은 성장할 것이다. 선거연령 인하와 맞물려 학생들이 직접 공약과 정책을 평가하는 과정을 적극적인 선거교육으로 인정한다면 정치인들과 행정가들도 학생과 청소년들을 위한 정책을 더욱 많이 제시할 것이다.

기존 시민교육의 패러다임이 바뀌어야 한다. 각종 사회과학 지식을 요약한 내용을 압축하는, 그래서 사회과를 암기과목으로 치부하던 시대에 이제 종말을 고해야 한다. 이를 위해서는 사회과 교사들부터, 아니 대학의 사회과 교수들부터 시민의 삶을 제대로 살아야 한다. 시민성 함양은 모든 교과에서 구현해야 할 핵심 목표다. 모든 교사가 시민의 삶을 살아야 한다. 시민교육의 출발은 학교에서, 마을에서 시작된다. 차기 교육과정은 모든 교과가 학생들이 시민으로 성장

---

13) 김성천 외, 「지역사회학습장을 활용한 군포·의왕의 지역교육과정 운영모델 개발」, 경기도군포의왕교육지원청 위탁연구보고서, 2021.

하는 데 역할을 할 수 있도록 설계해야 한다. 나아가, 학교의 문화와 구조를 민주학교로 탈바꿈하기 위한 전면적인 재구성이 필요하다.

기존 국가수준의 교육과정이 지닌 한계를 지역교육과정이 메워야 하며, 그 목표를 민주시민, 세계시민, 행복, 지속가능성, 사회적 웰빙, 미래설계로 두어야 한다(김성천 외 2021). 이를 위해서는 거버넌스 구축을 통한 목표와 비전에 대한 논의와 합의가 필요하다. 결국, 차기 교육과정은 지역과 학교 차원에서 자율공간을 최대한 발휘하는 시스템을 구체적으로 어떻게 보장할지가 중요한 논의 축이다. 초·중·고 공히 교과목 개발까지 가능해야 한다. 이는 학교자치와 민주학교를 구현하는 데 핵심 과제다. 민주시민 양성은 사회과만이 아닌 전 교과의 몫으로, 학생들은 교육과정을 통해 민주주의를 자연스럽게 터득해야 한다.

하지만 현실적으로 교육과정은 자신의 전공 영역을 확보하기 위한 투쟁의 장이라는 점에서 견고한 기득권 체제가 형성되어 있다. 이러한 문제를 해소하기 위해서는 국가, 교육청, 학교 차원의 교육과정 거버넌스 구축이 불가피하다. 학생들의 발달단계와 성장을 중심에 놓고 교육과정의 체제와 내용, 성취기준 등을 새롭게 재구조화하는 방향을 생각해보아야 한다.

⋮

자치 역량을 쌓기 위한 시간 필요

교육자치와 민주학교는 결코 새로운 개념이 아니다. 민주주의의 가치를 지역과 학교에서 구체적으로 구현하기 위한 제도와 문화적 틀로서 교육자치와 학교자치를 모색할 수밖에 없다. 교육자치와 학교자치는 민주주의 양식을 삶의 공간에서 제도와 의식, 문화로 구체화하려는 시도로 봐야 한다. 상급기관들이 시혜적 관점으로 요구받을 때마다 규제를 일부 풀어주고 현장에 권한을 넘기는 방식으로 이해해서는 곤란하다. 학교자치의 철학을 튼실하게 세운 상태에서 현장에서 스스로 판단할 수 있는 권한과 공간을 주어야 한다.

학교자치는 분권의 제도적 실현만으로 완성되지 않으며, 자치 역량을 구축하는 방향을 생각해보아야 한다. 이러한 자치 역량은 민주학교의 면모를 갖추면서 축적된다. 문제는 우리는 이런 경험을 가지지 못했다는 점이다. 중앙집권적 사고, 관료주의, 권위주의, 전문가주의를 표방한 폐쇄주의는 학교자치와 민주학교의 걸림돌이다. 자치 역량은 하루아침에 구축되지 않는다. 시행착오와 갈등, 고통의 과정을 거치면서 한 사람의 탁월한 리더십보다는 공공성과 공화주의, 공동체주의 관점을 지닌 구성원들의 집단지성을 더욱 신뢰하는 방향으로 전개해야 한다. 이러한 믿음을 가진다는 것은 쉬운 일이 아니다. 때로는 나의 관점과 기득권을 내려놓고, 입장이 다른 사람들과 지난하게 학습하고 토론하는 과정에 내 시간을 투자할 수 있어야 한다. 결코 쉬운 일이 아니지만, 가치 있는 일임에 틀림없다. 이 과정만이 학교를, 교육을, 우리 사회를 새롭게 할 수 있다.

Ⅱ부 변화

국민참여형 교육정책의 실현

성 기 선
가톨릭대학교 교육학 교수

:

미래교육을 부탁해

국가교육위원회 설치안이 드디어 통과되었다. 이름하여 「국가교육위원회 설치 및 운영에 관한 법률」이 2021년 7월 20일 공포되었다. 오랫동안 논란이 많았던 법안이 통과되면서 새로운 교육거버넌스 체제를 예고하고 있다. 교육부와 국가교육회의는 협의를 거쳐 출범준비단 구성에 착수했으며, 위원회는 2022년 7월에 본격 가동한다고 예고했다.[1]

교육문제 전반을 다루면서도 교육부로부터는 독립된 기구를 설치해야 한다는 내용은 1997년 김대중 대통령 후보가 공약으로 내세운 이래 대통령선거 때마다 등장해왔다. 2002년 이회창 후보, 2007년 정동영 후보, 이명박 후보에 이어 2012년 문재인 후보까지 공약으로 걸었으나 제대로 공약을 실천한 대통령은 없었다. 그러다가 문재인 정부 들어서 국가교육위원회 설치안이 발표됐고, 당·정·

청 협의를 거쳐 관련 입법 계획을 수립하여 위원회 설치를 준비한 결과, 대통령 임기가 1년도 남지 않은 시점에서야 법안이 통과되었다. 국가교육위원회가 필요한 이유를 다시 짚어보자.

지속가능한 교육정책 보장

교육은 백년지대계百年之大計라는 말이 있다. 교육정책은 장기적인 안목으로 수립해야 한다고 주장할 때 늘 사용하는 문구다. 하지만 5년 단임 대통령제인 우리나라에서는 정권이 바뀔 때마다 교육정책이 수시로 바뀌었다. 100년은커녕 5년 단위의 소계小計에 불과한 것이 현실이다. 교육정책의 지속가능성을 보장하기 위해서는 기존 교육부 체제로는 한계가 있다. 정권의 부침에 따라 교육정책이 변화되는 것을 행정부서 차원에서 막을 수 없기 때문이다. 따라서 정권 교체와 관계없이 국가 교육정책을 일관성 있게 다루는 새로운 기구인 국가교육위원회의 필요성이 대두되었다.

복잡한 교육문제 해결하는 대안

행정부서인 교육부의 힘만으로는 복잡한 교육의 문제를 해결하기 어려운 상황이다. 교육을 둘러싼 사회 갈등과 이해 충돌이 심화되면서 더이상 교육계 내부에서 해결할 수 없다는 중론인 것이다. 이를테면 과도한 사교육비, 대학서열화와 학벌사회, 입시과열, 교육과정을 둘러싼 갈등 같은 문제들은 교육 자체만의 문제가 아니라 노동, 복지, 정치, 경제 등 사회 모든 체제와 긴밀하게 연계되어 있다. 우리나라 교육의 복잡성과 단절성 문제를 해결하기 위한 제도적 대안으로 제시된 것이 바로 국가교육위원회다.

미래사회의 변화를 담지

상명하달식 의사전달체제에서는 국민의 공감을 얻는 교육정책을 추진하기 어렵다. 특히 교육부 폐지론으로 대표되는 교육부와 교육관료에 대한 불신이 지속적으로 제기되었다. 현실화되지 않았던 '교육부 폐지론'[2]은 2017년 대선 정국에서 지지를 얻기도 했다. 이와 함께 '위로부터 아래로'의 교육개혁, 교육정책의 한계를 벗어나기 위해 자치, 자율, 분권, 사회적 합의, 협력적 거버넌스, 신뢰와 소통 등의 가치를 담지하는 새로운 조직구조와 의사결정방식으로 변화해야 한다는 지적이 있어 왔다.

⋮

국가교육위원회 탄생의 조건

교육부와 역할 중복

국가교육위원회의 필요성이 제기될 때마다 핵심 사안으로 거론된 것이 기존 행정체제인 교육부와의 업무 중복 문제다. 교육부를 유지한 상태로는 국가교육위원회가 제 기능을 다할 수 없다는 이유로 '교육부 폐지론' 또는 '교육부의 교육처 전환' 등의 요구도 나타났다.[3] 특히 초·중등교육 영역은 교육청으로 권한을 이양하고, 교육부는 고등교육과 평생교육, 직업교육을 담당하도록 해야 한다는 주장이 제기되었는데, 이 경우 기존 교육부의 위상과 역할은 상당히 변화될 수밖에 없다.

교육부의 역할 변화에 대한 요구는 2017년 전국시도교육감협의회가 실시한 국민 대상 여론조사에서도 강하게 제기된 바 있다. 국민 6000명을 대상으로 한 '교육정책 및 방향 수립을 위한 설문조사' 결과, 10명 중 7명이 '교육부 폐지 또는

---

2) 누리과정 예산 지원과 국정화 시행을 두고 교육부와 대립했던 전국 시·도교육청들은 2021년 8월 초 교육의 자율성 보장을 위해 교육부를 폐지하고 국가교육위원회를 신설하는 등의 내용을 담은 교육공약을 대선후보들에게 제안했다. 주요 대선후보들도 교육부 폐지·축소론에 우호적이다. 문재인 전 대표는 교육부 기능을 대폭 축소하고 독립적인 국가기구인 '국가교육위원회'를 신설한다는 입장을 밝혔다.(옥기원, "국정교과서·대학구조조정 '헛발질', 교육부 폐지론 불 지폈다", 민중의소리, 2017.3.2.).

3) 박진하·엄기형, 「교육부 폐지(축소) 주장의 양상과 경과」,《교육비평(47) 2021년 여름호》, 136~169쪽.

축소'에 찬성하는 것으로 나타났다.[4] 이 조사 결과에 따르면 '교육정책을 교육부가 아닌 정치적 중립기구에서 연속성 있게 추진해야 한다'는 항목에 37.3%가 찬성했고, '교육부는 대학을 담당하고 교육청은 유·초·중등교육 담당으로 역할 분담해야 한다'는 항목에 31.4%가 찬성했다. 두 항목에 찬성한 비율을 합치면 68.7%가 교육부의 역할 변화와 국가교육위원회와 같은 독립기구 설치에 찬성한다고 해석할 수 있다.

▨ 교육부와 교육청의 역할 분담

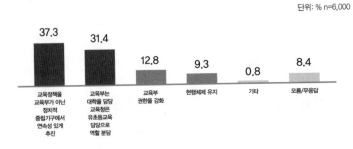

단위: % n=6,000

자료 출처:전국시도교육감협의회, 「2021년 제4차 전국혁신교육담당(관)자협의회 자료집」.

그럼에도 불구하고 교육부와 국가교육위원회가 함께 존치한다면 '옥상옥'이 될 우려가 있다는 비판을 눈여겨볼 필요가 있다. 이동연 정의당 대변인은 "교육부가 존속하는 상황에서 국가교육위원회는 또 다른 옥상옥이 될 수 있으며, 교육부나 시도 교육감과 잦은 마찰을 빚을 소지가 많을 것"으로 보인다며 "교육백년지대계는 커녕 교육오년지소계라도 제대로 실천할 수 있을지 의문"이라고 논평한 바 있다. 이런 지적에 따라 각 기구의 역할을 분명히 구분할 필요가 있다. 교육부는 국가교육위원회의 결정사항을 집행하는 행정기구 역할을 충실히 하

---

4) 2017년 6월 전국시도교육감협의회는 「교육정책 및 방향 수립을 위한 설문조사 결과 보고서」를 공개했다. 이 자료는 전국 19세 이상 성인남녀 6000명을 대상으로 전화면접조사(70%)와 모바일 애플리케이션 조사(30%)한 결과로, 표본 오차는 95% 신뢰수준에서 ±1.3%였다.

며, 교육자치 정신에 입각하여 시·도교육청에 상당한 권한을 이양하고 교육부 조직을 축소하는 등의 조치가 따라야 한다고 본다.

국가교육위원회의 법률적 위상

지금까지 대한민국의 교육정책을 결정하는 방식은 크게 대통령과 교육부의 교육정책 결정체제로 나누어볼 수 있다.

대통령 교육정책 결정체제는 대통령이 선거과정에서 내세운 공약이나 시대적·사회적 요구에 대한 대통령의 결심사항이나 의도를 정책으로 전환하는 과정에서 작동하는, 대통령을 중심으로 한 최상위 교육정책 결정체제다. 고도의 정치적 숙고와 판단을 요구하는 정책을 여기서 논의한다고 할 수 있다. 이를 위해 대통령 직속 교육 자문기구를 설치하고 외부 전문가들이 대통령의 교육정책 구상에 도움을 준다. 제5공화국 때부터 운영된 교육 관련 대통령 자문기구를 보면 역대 대통령들의 재임기간 명칭 변화와 활동기간을 알 수 있다. 교육개혁심의회부터 국가교육과학기술자문회의까지 매번 명칭은 바뀌었지만 법률적 위상은 헌법상 자문기구가 아니라 관련 법규에 의해 설치된 한시적 기구라는 공통점이 있다. 자문기구의 성격과 역할은 대통령에게 교육정책 안건을 보고하고 건의하는 수준이었다. 따라서 교육개혁안이 구속력을 갖지 못했으며, 행정부서인 교육부와 갈등이나 경쟁의식이 표출될 여지가 있었다. 교육개혁안 추진과정을 점검하거나 평가하고 피드백하는 활동에는 소극적일 수밖에 없는 한계도 있었다.

국가교육위원회의 설치를 논의하는 과정에서 이 기구의 법률적 위상을 어느 정도로 해야 하는지 강한 문제 제기가 있었다. 국가교육위원회는 헌법에 근거를 두어야 한다는 주장도 있다.[5] 국가교육위원회의 안정적 구조를 확보하고 위상을 강화하기 위해서 헌법에 근거를 둘 필요가 있지만 현실적으로 헌법 개정이

---

5) 헌법상으로는 국가원로자문회의, 국가안전보장회의, 민주평화통일자문회의, 국민경제자문회의, 감사원, 법원, 헌법재판소, 선거관리위원회를 행정 각부와 별도로 다루고 있다

쉬운 일은 아니다. 따라서 먼저 법률 근거를 확보할 필요가 있다는 주장이 제기되어왔다.

▨ 대통령 교육개혁 자문기구

교육개혁 자문기구	역대 대통령	활동기간
교육개혁심의회(교개심)	전두환	1985.3.~1987.12.
교육정책자문회의(자문회의)	노태우	1989.9.~1993.2.
교육개혁위원회(교개위)	김영삼	1994.2.~1998.2.
새교육공동체위원회(새교위)	김대중	1998.7.~2000.7.
교육인적자원정책위원회(인자위)	김대중	2000.10.~2003.2.
교육혁신위원회(혁신위)	노무현	2003.7.~2007.10.
국가교육과학기술자문회의(교과위)	이명박	2008.10.~2012.12.

자료 출처: 서정화·김지희, 「교육개혁 자문기구의 평가와 과제」, 《이슈페이퍼 CP-2013-02-8》, 한국교육개발원, 2013.

법률적 기구가 되는 경우에도 위원 구성에 있어서 당파에 따른 편향성이 반영된다는 우려가 있다. 특히 여당의 영향력이 강하게 반영된다면 정치적 중립성을 보장하기 어렵다는 비판이다. 2019년 국회 공청회에서 여당과 교육위원회 참여단체는 국가교육위원회 설치에 대해 찬성한 반면, 학계와 야당은 반대의 목소리를 높인 바 있다.[6] "초정파적이고 초당파적인 기구는 현실적으로 불가능하다", "학부모나 교육 수요자를 대변할 수 있는 위원 구성은 전혀 없다"라는 주장으로, 국가교육위원회 설치의 문제점을 강하게 제기한 것이다. 2020년 다시 열린 공청회에서 박남기 교수는 "야당의 반대를 무릅쓰고 국가교육위원회 설치 법안을 통과시키면 동의를 얻기 어려울 것"이라며 "현 대통령 임기 내에 법이 통과되더라도 위원회 구성과 출범은 차기 정부에서 하자"고 제안하기도 했다.[7]

---

6) 연합뉴스, 2019.4.16.

7) 박남기, 「국가교육위원회 설치를 위한 국회 교육위원회 공청회 진술문」(https://blog.naver.com/ngpark60/222167947229).

1. 세대의 변화   2. 학교의 변화   3. 정책의 변화

국가교육위원회 위원 구성 방식

국가교육위원회 설치 법률안이 국회에서 처음 발의된 것은 2012년 10월 2일, 19대 국회 이용섭 의원 외 31인에 의해서다. 이 법률안은 별다른 논의를 거치지 못한 채 19대 국회 임기만료와 함께 자동 폐기되었다. 20대 국회에 들어서서는 박홍근 의원이 '교육기본법 일부개정법률안'을 통해 국가교육위원회 설치 근거를 마련하는 안을 대표 발의한 바 있다. 이 법안에서는 국가교육위원회 위원 구성을, 위원장 1인에 상임위원 3인 등 총 15명을 제안하고 있다. 이 가운데 국회 선출 9명, 대통령 지명 4명, 교원단체 선출이 2명이다. 위원 수가 가장 많은 안은 박경미 의원의 안으로 위원장 1인, 상임위원 6인을 포함한 총 20명이었다. 이 안은 교육부장관, 시도교육감협의회장이 당연직으로 참여하며 대통령 3인, 국회 6인, 교원단체 2인, 교육감협의체 1인, 고등교육 관련단체 3인, 학부모 및 시민사회단체 추천 3인으로 구성된다. 두 법안을 고려해볼 때 정부 여당 측 추천인사가 전체의 과반을 넘어설 가능성이 매우 높아, 야당에서는 정치적 중립성을 훼손할 수 있다며 강하게 반대했다.

국가교육위원회 운영 원리: 전문가주의, 시민참여주의

앞서 살펴본 바와 같이 국가교육위원회 위원 구성방식은 다양할 수 있다. 교원단체, 학부모 및 시민사회단체에서 추천하는 인사가 포함되면 다양한 교육 주체들의 의견을 대변할 수 있겠지만 국회의 여야 추천을 통하는 과정에서 정치성이 스며들 수 있다. 직능단체 대표가 아닌 전문가 추천권을 부여했다는 점에서 단체의 이해관계보다는 전문성을 강조한 듯하지만 그렇게 추천된 위원이 추천단체와 관련짓지 않고 오롯이 자신의 전문적인 관점에 기초하여 논의과정에 참여할 수 있을지는 의문이다. 대통령과 국회 추천 인사들의 정치적 당파성, 학자들의 전공영역, 교원단체의 이념적 노선, 대학 관련 단체의 이해관계 등이 얼마나 강하게 작동할 것인가라는 우려가 있는 것이다.

이처럼 국가교육위원회의 위원 구성방식은 크게 전문가주의와 시민참여주의 방식으로 나뉜다. 기존 자문기구들이 대부분 전문가주의를 취했기 때문에 교육 주체들과 다양한 국민들의 참여가 제한되었다는 지적이 있었다. 따라서 국민 참여가 보장되는 방식으로 위원을 구성해야 한다는 주장이 강하게 제기되었다. 공공가치 및 교육거버넌스에 대한 국민들의 인식을 토대로 한 협력적 교육거버넌스 기구라야 그 정당성이 확보될 수 있다는 주장이다.[8]

국가교육위원회는 공공가치와 협력적 교육거버넌스를 실현하는 구체적인 방안으로 '국민참여 정책숙려제'를 주도하게 되는데 이 제도를 통해 갈등이 심한 교육 의제를 충분한 의견수렴과 학습, 숙의과정을 거쳐 합리적 대안을 만들어야 한다. 또한 교육과정 개정, 입시제도 개편, 미래교육 비전 설정 등 다양한 영역에서 전문성을 필요로 하기 때문에 전문가주의도 배제할 수 없다. 결국 위원 구성과 운영방식에 이 두 가지를 어떻게 조화롭게 만들어가는지에 국가교육위원회의 성격과 성패가 달렸다.

⋮

국가교육위원회, 이렇게 한다

19대 국회에서부터 시작된 관련 법률안은 2021년 7월 1일 대한민국 제21대 국회 본회의에서 국가교육위원회 설치 법률안이 최종 의결되었다. 유기홍 교육위원장을 비롯한 5명의 의원이 국가교육위원회 설치 법률안을 발의하여 토론회(2020.11.), 공청회 2회(2020.12., 2021.2.), 안건조정위 심의(2021.2.~2021.5.) 등 다양한 국회 논의과정을 거쳤다.

---

8) 박남기, 「국가교육위원회 적정 모형 개발을 위한 탐색적 연구」, 《열린교육연구 제28권 제1호》, 2020, 249~269쪽; .윤혜원, 「공공가치와 교육거버넌스에 대한 국민들의 인식 분석을 통한 국가교육위원회 설치 논의 고찰」, 《교육정치학연구 제2집 제3호》, 2019, 29~58쪽.

□ (목적) 국가교육위원회를 설치하여 교육정책이 사회적 합의에 기반하여 안정적이고 일관되게 추진되도록 함으로써 교육의 자주성·전문성·정치적 중립성을 확보하고 교육발전에 이바지함

□ (법적지위) 대통령 소속 합의제 행정위원회

□ (위원구성) 모든 위원회처럼 대통령 지명(상임위원 1명 포함), 국회 추천(상임위원 2명 포함) 반영하고 사회 각계각층 인사(학생·청년, 학부모 등) 포함하여 총 21명

· 총 21명(장관급 상임위원장 1명, 차관급 상임위원 2명)

: 대통령 지명 5명(상임위원 1명 포함), 국회 추천 9명(상임위원 2명, 비교섭단체 1명 포함), 교원관련단체 추천 2명, 대교협·전문대교협 추천 2명, 광역지방자치단체 추천 1명, 당연직 2명(교육부차관, 교육감협의회대표)

ㅇ 위원장은 상임위원 중에서 대통령이 임명, 위원의 임기는 3년(1회 연임 가능)

ㅇ 학생·청년, 학부모 위원을 각 2명 이상씩 의무적으로 포함하고, 위원의 정당가입 금지 및 교수·공무원 등 각 직능별 제한*으로 편중인사 방지

　　* 위원 임명 시 교원, 교수, 공무원, 전문가 등 직능별로 최대 30%로 제한

□ (소관사무) 위원회는 3가지 주요 소관사무를 독자적으로 수행

ㅇ (국가교육발전계획 수립) 교육비전, 중장기 정책방향, 학제·교원정책·대학입학정책·학급당 적정 학생 수 등 중장기 교육 제도 및 여건 개선 등을 포함한 10년 단위의 국가교육발전계획 수립

ㅇ (국가교육과정 기준·내용 수립 등) 국가교육과정의 기준과 내용 수립 및 고시, 조사·분석 및 모니터링

ㅇ (국민의견 수렴·조정) 교육정책 수립과정에 국민 참여를 확대하는 등 사회적 합의 도출을 위해 상시적 공론화 시스템 구축

□ (위원회 조직) 전체위원회, 국민참여위원회(상설), 전문위원회(상설), 특별위원회(비상설) 및 사무처

⋮

예상 문제와 오답 방지 노트

이제 국가교육위원회는 법적 위상을 부여받게 되었다. 지난한 논쟁과정을 거쳐 통과되었지만 이 제도를 제대로 안착시키기 위한 난제들이 여전히 많다. 당장 위원 구성을 어떻게 할지, 중장기 교육 의제 가운데 무엇을 우선 선정할지 등에 준거 마련이 필요하다. 국가교육위원회 설치와 운영에서 많이 거론되는 예상 문제점은 다음과 같다.

---

9) 「국가교육위원회 설치 법률안, 국회 본회의 통과-2022년 7월 국가교육위원회 출범」, 교육부 보도자료, 2021.7.1.

차기 대통령 선거, 변수로 작용

국가교육위원회는 정치적 중립성을 내걸었지만 2022년 대선 결과에 따라 위상이 흔들릴 위험을 안고 있다. 법안 통과 과정에서도 야당이 불참하는 등 강하게 반대했음을 상기해야 한다. 현재 여당이 재집권하는 경우와 야당이 집권하는 두 경우의 수를 고려해야 한다. 만일 대선에서 국민의힘으로 정권이 바뀌더라도 국회의석 분포가 그대로라 국가교육위원회법이 폐기되지는 않을 것이다. 다만 이 경우 국민의힘 측이 국가교육위원회의 과반수 위원을 차지할 뿐 아니라 설립준비단이 마련한 국가교육위원회의 규모, 직제, 예산을 최종 단계에서 최대한 축소할 가능성을 배제하지 못한다는 지적이 있다.[10] 그렇게 된다면 국가교육위원회의 위원 구성과 운영방식에도 변수가 생길 수 있다.

독립적이되, 유관기관과 밀접한 관계 유지

국가교육위원회의 법적 지위는 '대통령 소속 합의제 행정위원회'이다. 중앙행정기구에 속하기는 하지만 대통령의 지시나 통제를 받지 않으며, 일반 행정부처와 독립적으로 업무를 수행할 수 있다. 다시 말하면 관료적 지배와 정권의 통제로부터 자유로운 조직이다. 그럼에도 불구하고 국회, 교육부 및 17개 시·도교육청과 밀접한 관계를 형성해야만 위원회 활동을 제대로 할 수 있다. 자칫 잘못하면 고립무원의 처지에 빠져들 위험도 있다.

위원 구성 문제 제기 가능성

통과된 법에는 위원 구성을 21명으로 명시하고 있다. 이 가운데 친여 인사가 전체의 과반을 넘을 가능성이 매우 높다. 이를테면 대통령 지명 5명, 여당 국회의원 최소 4명, 교육부차관, 교원단체 추천, 광역지방자치단체 추천 1명, 교육감

---

10) 곽노현, 「국가교육위원회, 어떻게 정치중립성과 전문성·실효성을 확보할 것인가?」, 2021 교육현안 국회 연속토론회 제4차 토론회 자료집, 2021.

1. 세대의 변화   2. 학교의 변화   **3. 정책의 변화**

협의회 대표까지 고려하면 12~13명까지 가능하다. 위원 임기는 3년이며 1차 연임이 가능하다.

위원 21명 중 18명이 비상임위원인 점도 문제의 소지가 있다. 3년 임기에 비상임위원이라면 책임성이 낮을 수밖에 없고 자신이 대표하는 단체의 이해관계에서 자유롭지도 않다. 위원 구성의 균형 측면에서도 고려할 점이 많다. 학생·청년, 학부모 위원을 각 2명 이상씩 의무적으로 포함하고, 위원의 정당가입 금지 및 교수·공무원 등 각 직능별로 30%를 넘지 못한다는 조건을 갖추면서 유·초·중등, 대학교육, 직업교육, 평생교육 등 다양한 영역을 모두 포괄하고, 남녀 성비, 현장성과 전문성도 고려해야 한다. 그러려면 국가교육위원회 위원의 임명권자와 추천권자가 사전에 인선 기준과 절차에 대해 깊이 논의해야 한다. 공개전형 절차를 통해서 투명한 인선을 마련할 필요도 있다.

참여민주주의 방식의 어려움

국가교육위원회는 국가교육비전과 10년 단위의 국가교육발전계획을 수립하는 과제를 부여받았다. 1995년 5.31교육개혁안이 공표된 이후 25년 동안 이를 대체할 만한 중장기 교육발전 방안이 마련되지 못했다. 특히 최근 미래교육에 대한 다양한 문제점과 불확실성에 대한 우려들이 제기되고 있다. 인구감소, 기후환경 위기, 사회적 양극화, 교육격차, 지방소멸 등 매우 심각한 거시적 변화가 예고되고 있다. 이러한 상황에서 국가교육위원회는 중장기적 관점에서 교육의 이념, 비전, 정책들을 설정하고 이를 체계적으로 실행하기 위한 액션플랜Action Plan도 수립해야 한다. 더불어 그 방식이 국민참여 정신을 제대로 구현하는 것이라야 한다. 소수의 전문가들이 결정하는 방식에서 벗어나서 참여민주주의 방식으로 의제를 설정하고 계획을 수립해나가는 방법론을 제시해야 하는 것이다.

권한과 역할분담체계 재정립

지금까지는 교육부가 중심이 되어 관료적, 폐쇄적, 일방향적인 방식으로 교육정책을 결정해왔다면 이제 국가교육위원회는 국회, 교육부, 국가교육위원회, 시·도교육청과 지자체, 각급 학교와 교육기관 등의 권한과 역할분담체계를 분명하게 재정립해야 한다. 중앙정부와 지방정부, 시·도교육청, 학교현장을 연결하고 다양한 교육 관련 이해 당사자들과 협력하는 참여적 거버넌스를 구현해야 한다. 자칫 잘못하면 지금까지 비판받아온 것과 같이 소위 '옥상옥'이 되어 업무영역이 중첩되어 효율성이 떨어지고 정책에 대한 책임성이 부족하게 되거나 사안별 갈등을 불러일으킬 우려가 있다. 초·중등교육 분야는 시·도교육청으로 이양하고, 교육부는 교육복지, 교육격차, 학생안전·건강, 예산·법률 등 국가적 책무성이 요구되는 부분에 집중하며 고등교육, 평생직업교육과 인재양성 등 사회부총리 부처로서의 기능을 강화해나가는 가운데 국가교육위원회가 본격적인 교육자치의 기틀을 마련할 수 있을 것이다. 수직적 차원의 권한 배분, 즉 '국가교육위원회-교육부-시·도교육청' 사이의 권한과 기능 재분배를 반드시 이루어야 한다. 만약 그렇지 못하면 의사결정의 혼선과 정책에 대한 책임소재 불분명 등 어려움이 따를 것이다. 교육자치와 관련된 사무 중에서 공동 사무와 전국적 통일성을 기할 필요가 있는 사무를 수행하기 위해 시·도교육청 연합의 사무처를 설치할 필요도 있다. 이를 위해서는 「지방교육자치에 관한 법률」을 개정하여 법적 지위를 확보해야 한다.

국가교육과정 개정 합리적 방안 마련

국가교육위원회는 "국가교육과정의 기준과 내용에 관한 기본적인 사항을 정하여 고시"해야 하는 과제를 부여받고 있다. 기존 국가교육과정 개정 과정을 보면, 교육과정과 관련된 이해당사자들의 의견 수렴과정을 충분히 거치지 않은 상태에서 관련 전공자들 중심으로 교육과정을 개정하는 절차를 따르다보니 교과

1. 세대의 변화   2. 학교의 변화   **3. 정책의 변화**

이기주의, 학문 지향성, 실생활 요구 미반영 등의 문제점이 존재했다. 교육과정 총론에서는 다양한 사회적 변화, 학문적 변화, 미래사회 변화를 적극 수용해야 한다고 표현하지만 각론에 들어가면 이 취지는 제대로 구현되지 못했다.

국가교육위원회 설립 이후로는 전 국민 차원의 의견수렴, 토론 및 숙의 과정을 거쳐 국가교육과정의 방향을 결정하고 적용 과정을 상시적으로 평가·환류하는 시스템을 적용할 필요가 있다. 다양한 이해관계자들의 의견을 통합·조정해야만 실용적이며 타당한 내용으로 학생들을 가르칠 수 있다. 이를테면 교사, 교수와 같이 직접 교과내용을 구성하는 전문가 집단을 포함하여 학부모, 시민단체, 중앙정부, 지방자치단체를 비롯하여 인문, 경제, 과학, 사회, 문화, 예술, 체육 등 다양한 직업과 관련된 영역 참여자들의 관점과 이해를 반영하도록 개방적인 과정을 전제해야만 한다. 이 과정 역시 수많은 이해관계가 충돌할 수 있어 어떻게 풀어갈지 우려된다. 교육과정의 분권화, 현장 중심의 새로운 거버넌스 형성, 평가에 기반한 개발과정 등 여러 필요성을 수렴해나갈 합리적 방안을 모색해야 한다.

사무처 구성 기준 마련

21명 위원 중에 18명이 비상임위원인 위원회에서 사무처가 차지하는 비중은 매우 높다. 교육부 출신의 행정 관료가 사무처 구성과 활동내용을 주도한다면 국민참여, 교육현장 지원이 부족할 수 있고, 교육정책이 사업 위주로 남발될 위험도 있다. 이를 방지하기 위해서 사무처 구성 기준을 마련하고, 교육현장과 전문성의 균형을 살리는 방향으로 전개해야 한다. 지금까지의 교육정책 결정과정의 문제점을 극복하고 국민참여형 교육정책 결정의 새로운 패러다임을 정착시키기 위해서는 이러한 사무처 구성방식과 같은 부분까지 세심하게 준비해야 한다.

교육거버넌스의 신세계를 기대하며

2022년 7월부터 국가교육위원회가 본격적으로 활동을 시작한다. 우리나라 교육거버넌스 구조의 일대 혁신이라는 점에서 긍정적인 기대를 받고 있다. 이러한 기대에 부응하려면 먼저 위원 구성이라는 첫 번째 관문을 잘 통과해야 한다. 정치적 편향성과 직능단체나 이해단체의 강한 영향력을 배제하여 국민의 뜻을 골고루 대변하는 위원을 구성해야 하는, 매우 어려운 과제다. 아울러 각종 위원회 구성, 국가교육발전계획 수립, 국민참여형 교육과정 개정, 다양한 국민적 합의가 필요한 교육정책 결정 등 교육에 대한 지금까지의 의사결정 과정과는 전혀 다른 새로운 접근이 시도될 것이다.

국가교육위원회를 성공적으로 안착시키기 위해서는 설립 초기에 국민 속에 그 위상을 높이는 일이 매우 중요하다. 먼저 교육부와 국가교육회의가 준비단을 통해 행정·재정 기반을 마련하고 다양한 이해관계를 고려한 인선 작업기준도 마련하여 업무 로드맵을 작성해야 한다. 이 과정에서 무엇보다 학교, 교사, 학생, 학부모, 교수학습활동 등 교육 관련 주체와 내용이 핵심이 되도록 한다. 지금까지의 교육개혁이 위로부터 이루어지면서 학교사회는 심각할 정도로 관료화, 경직화되고 주변화되었다. 정치·경제계의 논리로 교육을 재단하는 우를 범하면서 심각한 왜곡현상, 본말전도현상도 일어났다. 국가교육위원회를 통해서 국민참여형 의사결정과정이 제대로 일어난다면 이러한 문제들을 극복할 수 있다.

이제 지금까지 경험하지 못했던 모두가 함께 결정하는 구조, 수평적 의사결정구조, 아래로부터의 의사결정구조, 민주적 의사결정구조가 가능한 체제로 전환을 맞이한다. 교육에 관한 협력적 거버넌스의 신세계를 기대한다.

마음을 얻는 자가 재정을 가져간다

유 재
(사)경기교육연구소 대표이사

⋮

사회적 합의를 위한 마음

현대사회에서 가장 어려운 일은 타인의 주머니에 있는 돈을 내 주머니로 가져오는 것이란 말이 있다. 하지만 사막여우가 어린 왕자에게 이야기했듯이 세상에서 가장 어려운 일은 사람의 마음을 얻는 일일 것이다. 타인의 돈을 내게 가져오는 것도 결국 타인의 마음을 얻는 것이 핵심이다. 사람 사이의 이러한 일은 정부 부처 간에도 동일하게 적용된다. 논리와 계산에 의해서만 부처 간의 예산이 편성되지 않는다. 다수 국민의 마음을 얻는 만큼 그 부처의 예산이 편성되는 것이 아닐까?

교육재정은 철학이다

대한민국헌법 제31조 제6항은 "학교교육 및 평생교육을 포함한 교육제도와 그 운영, 교육재정 및 교원의 지위에 관한 기본적인 사항은 법률로 정한다"라고 하여 교육재정의 법정주의를 채택하고 있다. 지방교육재정교부금법(제1조)은 지방자치단체가 교육기관 및 교육행정기관을 설치·경영하는 데 필요한 재원의 전부 또는 일부를 국가가 교부하여 교육의 균형 있는 발전을 도모함을 목적으로 한다. 대한민국헌법에서 교육분야의 재정과 교원의 지위를 특정하여 포함하고 지방교육재정교부금법에 교육의 균형 있는 발전이란 가치를 포함한 것에서 우리 사회가 교육을 바라보는 철학을 느낄 수 있다. 이는 다른 재정법과 비교해보면 그 차이를 확연히 알 수 있다.

국가재정법(제1조)은 국가의 예산기금 결산 성과관리 및 국가채무 등 재정에 관한 사항을 정함으로써 효율적이고 성과지향적이며 투명한 재정운용과 건전재정의 기틀을 확립하고 재정운용의 공공성을 증진하는 것을 목적으로 한다. 지방재정법(제1조)은 지방자치단체의 재정에 관한 기본원칙을 정함으로써 지방재정의 건전하고 투명한 운용과 자율성을 보장함을 목적으로 한다. 결국 국가재정법과 지방재정법은 모두 효율성, 성과, 투명성, 공공성을 중심으로 하고 있어 헌법과 교육재정 관련 법률의 가치와 근본적으로 다른 접근이라는 것을 알 수 있다.

교육은 투자이고 복지는 소비다

현재 기획재정부를 중심으로 고령화에 따라 늘어나는 복지 수요의 재정을 인구감소에 따라 교육재정에서 충당해야 한다는 논리가 팽배하다. 하지만 재정 투입이 모두 같은 것은 아니다. 교육은 투자이고 복지는 소비다. 소비와 달리 투자는 적정한 수준에서 적당히 재원을 투입하는 방식으로는 목적을 달성하기 어렵다. 전략적 목표를 세우고, 그에 따른 최적의 지출이 필요하다. 교육재정은 매년 소비하고 끝나는 것이 아니라 장기적으로 투자되어야 한다.

대한민국 교육재정의 변화는 정확히 국가 발전과 맥을 같이 했다. 급변하는 세계정세 속에서 신생국 대한민국이 현재에 이른 비결은 교육이었고, 이는 미래에도 여전히 유효하고 유일한 수단일 것이다. 옛 선인들은 흉년으로 아무리 어려워도 다음해 농사지을 씨앗만은 반드시 남겨놓았다. 힘든 굶주림에 씨앗주머니 속 곡식은 너무나 큰 유혹이었을 것이다. 하지만 그 상황에서도 씨앗주머니만은 남겨둔 것은 합의의 마음이 있었기 때문이다. 현재 우리에게도 내일의 희망을 이야기하며 유혹을 견디고 고통을 감내하는 사회적 합의가 절실하다. 그리고 그 합의를 위한 마음이 절실한 때다.

이 글은 교육재정 중 유·초·중등 교육재정을 중심으로 다루고자 한다. 여러 한계로 인해 고등교육재정과 평생교육재정은 교육이라는 큰 틀에서 서로 연계된 부분만 간략히 다루고자 한다.

:

지방교육재정의 구조 분석

지방교육재정의 변천

지방교육재정 관련 규정은 1949년 12월 지방세법과 교육법에 처음으로 등장한다. 이후 교육의 확대발전과 더불어 교육재정 또한 확대되었다. 1958년에는 교육완성 6개년 계획을 지원하기 위해 교육세법이 제정되었고, 1971년에는 중학교 무시험제 시행으로 인한 학교의 급격한 팽창과 중학교까지 의무교육을 연장하기 위한 재정수요를 확보하기 위해 지방교육재정교부금법이 제정되었다. 이후 1982년에 인구증가, 교육방법 개선 등 교육개혁 안착과 지방교육의 균형적 발전을 위해 지방교육재정교부금에 교육세 해당 금액을 추가했고, 1996년에는 교육개혁에 소요되는 부족한 교육재정을 확보하기 위해 광역자치단체세 총액의 일정 비율을 교육비특별회계로 전출하도록 했다.

2001년 들어서 초·중등학교에 국가지원금을 확대하고, 지방자치단체의 교육투자에 대한 책임과 역할을 제고하기 위해 내국세 총액 비율과 교육비특별회계 전출 비율을 각각 인상했다. 2007년에는 지방자치단체가 법정 전출금 외에 별도 경비를 교육비특별회계에 전출할 수 있도록 하여 광역자치단체도 학교에 직접 경비를 보조할 수 있게 되었다. 이후 지방교육재정 관련 규정은 특별한 변화 없이 지속되다가 2017년 누리과정을 둘러싼 사회적 혼란과 갈등을 방지하기 위해 한시적으로 누리과정 운영을 지원하는 '유아교육지원특별회계'를 설치하여 국가가 일정한 금액을 책임지도록 했다. 2019년에는 고교무상교육에 필요한 재원의 47.5%를 국가가 지원하는 것으로 했다. 2020년 지방교육재정교부금의 내국세 비율을 20.79%로 현재와 같이 조정하여 지방분권에 맞춰 지방교육재정을 조정했다.

지방교육재정의 규모 및 구성

2020년 총 80조 원 규모(한국조세재정연구원 산정)인 지방교육재정의 세입구조는 크게 정부 지원금, 자치단체 전입금, 자체수입으로 정리될 수 있다.

▨ **지방교육자치의 수입재정 현황**

구분				규모
정부 지원금	지방교육재정교부금	내국세	보통교부금	내국세 총액의 20.79%의 97/100
			특별교부금	내국세 총액의 20.79%의 3/100
	국고보조금	국고사업 보조금		용도 지정
	유아교육지원특별회계			국세교육세 중 일부와 국고보조금
자치단체 전입금	시·도세 전입금			시·도세 총액의 10%(서울), 5%(광역시 및 경기도), 3.6%(이외의 도)
	담배소비세 전입금			특별·광역시 담배소비세 총액의 45%
	지방교육세			전액
	학교용지 부담금			학교용지 실경비의 50%
	교부금 보전금			지방소비세 확대분(부가가치세의 6%)의 20.27%
	기타 일반전입금			공공도서관 운영지원비 등
자체수입	납입금, 재산수입, 사용료 등			

자료 출처: 한국조세재정연구원, 2020.

세부적으로 살펴보면 지방재정의 85%가량을 차지하는 정부 지원금은 내국세 총액의 20.79%와 국세교육세 중 일부 그리고 용도가 지정된 국고보조금으로 구성되어 있다. 자치단체 전입금은 시도세 전입금, 담배소비세 전입금, 지방교육세, 학교용지 부담금, 보전금, 기타 일반전입금으로 구성되어 있고, 자체수입은 납입금 및 재산수입 등이 있다.

한국교육개발원의 2019년 지방교육재정분석 종합보고서에 따르면 세출에서 인적자원운용이 46.26%로 가장 많은 비중을 차지하고 학교재정지원관리가 15.46%, 교육복지지원이 10.03%, 학교교육여건 개선시설이 9.29%, 교수·학습활동지원이 6.19%, 보건·급식·체육활동 등이 3.07%를 차지한다.

2019년 OECD에서 발표한 교육투자규모 국제비교 자료에 따르면 2016년 한국의 GDP 대비 총 교육비는 OECD 평균의 1.1배이고, 정부지출 대비 총 교육비는 1.3배에 이른다. 학생 1인당 교육비는 OECD 평균의 1.3배이고 1인당 GDP를 반영하면 1.4배에 이른다. 하지만 GDP 대비 공공부담만을 산정하면 OECD 평균과 동일한 수준이다. 같은 보고서의 교육여건 국제 비교를 살펴보면 2017년 한국의 교원 1인당 학생 수는 OECD 평균의 1.1배이고 학급당 학생 수는 1.1~1.2배로 우리나라가 약간 많은 수준이라는 것을 알 수 있다.

지방교육재정은 절대적 비중을 차지하는 보통교부금이 내국세와 연동되는 구조다. 이에 경기 변화에 따라 교육재정의 변동이 크다는 문제점과 인건비, 기관운영비, 공무직 처우

▨ **교육투자 규모 국제 비교(2016): 한국 vs OECD 평균**

단위: US달러(ppp), %, 배

구분		한국	OECD	비교 (한국/ OECD)
학생 1인당 교육비	초등학교	1만1029	8470	1.3
	중학교	1만1477	9884	1.2
	고등학교	1만3113	9968	1.3
	전체*	1만1762	9357	1.3
(학생 1인당 교육비/1인당 GDP)	초등학교	30	21	1.4
	중학교	31	24	1.3
	고등학교	35	25	1.4
	전체*	32	23	1.4
(총교육비/ GDP)	초등학교	1.6	1.5	1.1
	중학교	0.9	0.9	1.0
	고등학교	1.2	1.1	1.1
	전체*	3.7	3.5	1.1
(총교육비/ 정부지출)	초등학교	4.5	3.4	1.3
	중학교	2.6	2.1	1.2
	고등학교	5.5	4.4	1.3
	전체*	10.0	7.9	1.3
(부담 주체별 공교육비 부담/ GDP)	공공 부담	3.1	3.1	1.0
	민간 부담	0.5	0.4	1.3
	계	3.7	3.5	1.1

* 주: post-secondary non-tertiary 포함

자료 출처: OECD, 2019, 274쪽.

개선비 등 경직성 경비가 많다는 문제점이 있다. 이 문제를 해결하려면 세입 변동에 따라 지출을 조정할 수밖에 없는데 인건비, 기관 운영비 등 경직성 경비를 줄이기는 쉽지 않으니 교수·학습활동 지원과 학교시설 및 교육환경 개선과 같은 항목이 주로 조정되었다. 더 큰 문제는 이렇게 조정될 수밖에 없는 예산이 모두 학생에게 직접적인 영향을 준다는 데 있다. 즉, 교육재정의 구조적 문제로 인해 학생에게 직접적 영향을 주는 항목이 세입 여건에 따라 대폭 조정되고 있다.

⋮

현재 교육재정 관련 쟁점

인구구조 변화와 국가 재정 정책의 조건

2020년 통계청 인구동향조사에 따르면 출생자 수보다 사망자 수가 더 많아져 대한민국 건국 이후 최초로 인구 자연감소가 발생했다.

합계 출산율은 0.84로 세계에서 유일하게 1.0 이하로 떨어진 국가가 되었고, 출생아 수는 27만 명으로 30만 명 선마저 붕괴되었다. 연평균 20조 원이 넘는 막대한 재정(2021년 43조 원)을 투입하면서도 양육수당과 출산장려금 등 단순한 현금 지원정책이 주를 이루고, 국가와 지방이 분절적 정책을 추진하면서 출산율을 높이는 데 실패한 것이다. 세계에서 가장 빠른 고령화사회로 진입하고 있는 상황에서 1955년생부터 1963년생까지의 베이비붐세대가 모두 은퇴하는 2025년이 되면 초고령사회로 진입하게 된다. 결국 중위연령도 2020년에 43.7세에서 2040년 54.5세로 급격히 상승할 것으로 예상된다.

이러한 인구구조 변화는 지

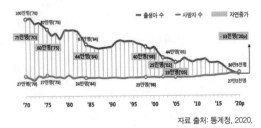

■ 인구 동향조사

자료 출처: 통계청, 2020.

1. 세대의 변화   2. 학교의 변화   3. 정책의 변화

역 불균형을 초래할 것이다. 비수도권의 인구가 급격히 감소하고 이로 인해 비수도권은 경쟁력이 약화되고, 그 결과로 다시 비수도권의 인력이 수도권으로 유출되어 악순환의 고리가 만들어질 것이다. 이는 지역의 경제성장을 둔화시키고 일자리 감소와 함께 교육·문화·의

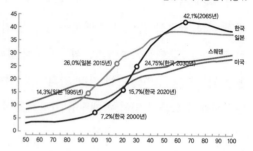

▨ **주요 국가의 노령화 추세**

단위: 65세 이상 인구비중 %

자료 출처: UN, 「World Population Prospects」(http//population.un.org/wpp) 참조하여 재구성, 2020.5.20.

료 서비스 등의 생활여건을 열악하게 만든다. 반면 수도권은 인구집중으로 인해 주거비 부담이 증가하고 결혼, 출산 기피 등과 겹치면서 사회적으로는 복잡한 어려움에 처할 가능성이 높다.

OECD가 발표한 세출 통계[SOCX]를 살펴보면 노인, 유가족, 장애인, 보건, 가족, 구직지원, 실업, 주택, 기타 등에 걸친 사회보호[Social Expenditure] 분야의 대한민국 지출은 2018년 기준 11.13%로 OECD 국가 중 멕시코, 칠레 다음으로 낮은 편이다. 또한 급속한 노령화로 인해 잠재성장률은 2030년 이후 1%대 초반까지 하락할 것으로 국제통화기금[IMF]는 추정하고 있다.

국가부채[1)]는 2018년 기준 GDP의 43.2%로 미국 106.1%, 영국 116.3%, 독일 72.4%, 프랑스 123% 등 OECD 국가 중 상당히 양호한 수준이지만 국가채무는 향후 5년 동안(2019~2023) 9%포인트나 증가할 전망이다. 결국 재정여건은 최근까지 양호했지만 앞으로는 사회보험 분야에서 대규모의 재정부담이 지속적으로 증가할 것이고, 국가채무 상황도 최근 국내외 경제 여건이 악화됨에 따라 세출구조 조정이 큰 폭으로 이루어지지 않는 한 건전재정 유지가 쉽지 않을 것이다.

---

1) 국가부채는 국가채무 외에 금융기관채무, 공기업채무, 민간기업채무, 가계채무를 모두 합한 확정채무와 국민연금, 공무원 연금, 건강보험 등 현재 발생하지 않고 있지만 미래에 확실하게 발생하는 잠재부채를 합한 것이다.

구체적으로 2020년 예산안에 따르면 2019~2023년 총수입이 평균 3.9% 증가하지만 총지출은 같은 기간 평균 6.5% 증가한다. 이와 같이 구조적으로 발생하는 재정 적자 규모를 줄이기 위해서는 증세가 검토될 필요가 있지만 증세는 정치적 부담으로 단행하기 어렵고, 성장잠재력 하락기에는 경제활력에 부정적 영향을 주는 문제가 있다. 이에 따라 기획재정부를 중심으로 인구구조 변화에 따른 재정지출 소요를 반영하여 재정을 효율화해야 한다는 요구가 거세질 것으로 보인다.

지방교육재정 자체의 쟁점

학령인구 감소에 따라 지방교육재정의 축소가 필요하다는 주장이 있다. 이 주장은 논리가 매우 단순하고 쉽기 때문에 교육계 밖에서 많은 공감대를 형성하고 있는 것으로 보인다. 하지만 개인단위로 제공되는 일반적인 공공서비스와 달리 교육서비스의 제공단위는 수업이 이루어지는 학급단위이다. 2019년 강원도교육청의 표준교육비 연구에 따르면 초등학교 24학급 규모 기준에서 학교당 경비는 57%, 학급당 경비는 14%, 학생당 경비는 29%를 차지한다. 결국 교육비를 산정하는데 학생 수보다 학교 및 학급 수가 더 큰 영향을 미쳐 학생 수가 줄어든다는 이유로 교육재정을 줄이는 것은 합당하지 않은 측면이 있다. 또한 학생 수 감소에도 불구하고 택지개발 등으로 인한 신설 학교 수요는 계속 발생하고, 미래교육을 준비하여 교육 경쟁력을 높이기 위해서는 교육재정이 더욱 늘어나야 한다는 주장이 이에 맞서고 있다.

또 다른 쟁점으로는 경제가 성장함에 따라 세입은 점차 늘어나는데 세출은 그에 따라 증가하지 않기 때문에 세출을 구조 조정해야 한다는 주장이 있다. 즉 세출의 범위를 확대하여 보건복지부, 지방자치단체 등에서 주도적으로 담당하는 사업에 대해 교육청이 비용을 분담해야 한다는 것이다. 하지만 지난 정부 시절 경제가 성장함에 따라 세입이 확대될 것이라는 장밋빛 전망으로 진행한 일들이 전망과 다르게 진행되어 시·도교육청에 어려움이 부과되고 이로 인해 급격히 지방채[2]가 증가했던 기억이 생생하다. 또한 세입과 세출의 차이는 구조적 문제에 기인한다. 경제 상황에 따라 늘거나 줄어드는 세입과 달리 세출은 해당 시기의 수요에 맞춰지게 되고, 방학기간에만 공사할 수밖에 없는 학교의 특수성으로 인해 공사대금이 이월되기 쉬운 구조다. 마지막으로 세입이 세출보다 많은 것은 최근 몇 년간의 문제점이고 더 긴 시간의 간격으로 바라보면 지방채를 얻을 수밖에 없었던 시기도 많이 존재했다.

교육재정 확대와 정부 총지출 대비 교육비 지출이 OECD 평균에 비해 많은 편임에도 불구하고 사교육 감소에 기여하지 못하기 때문에 교육재정을 축소해야 한다는 주장도 있다. 공교육에 종사하는 교육자로서 가슴 아픈 지적이 아닐수 없다. 또한 교육재정을 효율의 관점으로 바라본다면 일견 타당해 보인다. 하지만 자원이라고는 인적자원밖에 없는 한국의 특수한 상황에서 교육의 비중과 역할을 고려한다면 외국의 교육비 지출 비율과 기계적으로 비교하는 것 자체가 무의미하다. 물론 공교육에 대한 투자가 사교육 감소에 큰 영향을 미치지 못한다는 비판은 진지하게 받아들여야 한다. 하지만 이를 다른 관점에서 생각해보면 학생의 다양한 요구와 필요를 공교육에서 받아들이기 위해서는 더욱 적극적인 투자가 필요하다고 해석할 수도 있다.

지방교육재정을 둘러싼 교육재정의 쟁점

법정률에 따라 편성되는 유·초·중등의 지방교육재정과 달리 고등교육재정은 매년 정부예산에서 재량적으로 편성된다. 고등교육재정은 2012년 국가장학금 도입과 더불어 확대된 후 현재까지 조금씩 증가하여 2018년 기준 16.3조 원에 이른다. 특히 고등교육재정의 상당 부분을 차지하는 교육부 지원 예산은 10조

---

2) 지방채는 지방 공공단체가 지방재정법의 규정에 의해 발행하는 채무증권이다. 일반적으로 교육, 교통, 수도 등의 공공사업이나 이미 발행된 지방채의 치환, 천재지변 등으로 필요한 자금을 조달할 때 발행된다.

원대로 2015년 이후 큰 변화가 없는 상황이다.

2019년 OECD 자료에 따르면 초·중등교육은 학생 1인당 공교육비가 OECD 평균의 126.1%인데 반해 대학생 1인당 공교육비는 OECD 평균의 68.8%로 매우 부족한 상황이다. 이를 정부와 민간이 차지하는 비율로 세분하여 계산하면 초·중등교육에서 학생 1인당 공교육비의 정부 비율은 OECD 평균의 120.5%인데 반해 대학생 1인당 공교육비의 정부 비율은 OECD 평균의 38.8%로 정부 비율이 매우 적다는 것을 알 수 있다.

▨ 교육단계별 학생 1인당 공교육비

단위: PPP 환산액, %

발표 연도	기준 연도	구분	초·중등교육			고등교육		
			정부(비율)	민간(비율)	총(비율)	정부(비율)	민간(비율)	총(비율)
2014	2011	OECD 평균	1만6064	1512	1만7576	9659	4299	1만3958
		한국	1만2246 (76.2)	2929 (193.8)	1만5175 (68.3)	2680 (27.7)	7247 (168.6)	9927 (71.1)
2019	2016	OECD 평균	1만6777	1844	1만8621	1만267	4978	1만5245
		한국	2만213 (120.5)	3276 (177.7)	2만3489 (126.1)	3985 (38.8)	6501 (130.6)	1만486 (68.8)

* 비율은 OECD 평균 대비 학생 1인당 공교육비 비율

자료 출처:OECD, 「Educational at a Glance」(2014/2019)를 바탕으로 편집.

평생교육의 재정 현황은 종합적으로 정리하기 매우 어렵다. 대학, 지방자치단체, 회사, 지역 등 다양한 영역에서 이루어지고 있고 형식교육과 비형식교육으로 나뉘어져 재정의 총 실태를 파악하는 것은 매우 어렵기 때문이다. 다만 2019년 국가평생교육진흥원이 발표한 자료에 따르면 성인학습자의 68.3%가 직업과 관련 있고 대부분이 비형식교육에 참여하고 있다. 이는 취업, 이직, 기술습득, 고용안정 등의 목적으로 평생교육을 활용하고 있다는 것을 보여준다. 그리고 비형식 평생교육기관은 2019년 기준 4295개, 프로그램 수는 24만4221개, 학습자는 약 1635만 명으로 매년 증가하고 있는 추세다. 이는 산업구조의 변화와 저출산 고령화 등으로 인해 단기 직업전환교육이나 재취업교육과 관련된 평생

교육 수요가 증가하고 있다는 것을 나타낸다. 정부 차원의 지원예산은 극히 적은 수준으로 파악되지만 향후 사회구조 변화에 따라 평생교육에 대한 국가차원의 투자는 불가피할 전망이다.

이런 상황에서 지방교육재정은 세입이 세출보다 많아 외부 시각으로는 지방교육재정이 여유 있는 것으로 이해되고 이를 사회 변화에 따른 복지비 지출과 고등교육 및 평생교육 등 다른 분야로 돌려야 한다는 요구가 제기되고 있다.

유아교육을 둘러싼 쟁점

복지보조금 형태의 갈등은 사실상 2000년대 중반부터 시작되었다. 정부는 복지정책을 보편적 사회서비스로 전환하고 선제적인 사회투자정책을 확대했다. 이에 따라 기존의 사회안전망이 확대되고 매년 새로운 사회서비스가 공급되었다. 문제는 자체적인 재정계획 없이 중앙정부의 지침대로 의무적으로 재정을 분담해야 하는 자치단체는 매우 심각한 재정 압박을 받게 된 것이다. 이런 흐름은 교육에까지 영향을 미쳐 교육재정을 둘러싼 첨예한 대립이 발생하게 되었다.

교육재정 문제는 일반인의 관심 영역이 아니었다. 하지만 2014년 정부에서 누리과정 예산을 시·도교육청이 부담하도록 하는 과정에서 일반인들에게 알려지기 시작했다. 누리과정은 유치원과 어린이집의 교육과정을 통합하여 만 3~5세 어린이가 유치원이나 어린이집에서 같은 교육과정으로 교육받을 수 있도록 한 것이다. 기존에 교육부와 보건복지부로 이원화되어 있는 유치원과 어린이집의 교육과정을 통합해 영유아에게 차별없는 교육을 제공하겠다는 취지였다. 도입 취지에는 모두 동의했지만 문제는 이에 소요되는 예산을 정부가 일방적으로 시·도교육청에 떠넘기면서 시작되었다. 결국 2014년 전국시도교육감협의회는 2015년 누리과정 예산 중 보건복지부에서 관할하는 어린이집 예산을 편성하지 않겠다는 발표를 하게 되었고, 이 문제는 2016년 말 '유아교육지원 특별회계법'이라는 한시법이 도입되면서 일단락되었다. 하지만 이 법은 2년간만 유효해

2019년 말 국회에서 진통 끝에 다시 2년이 연장되어 현재 2022년 12월 31일까지 효력을 가지게 되었다. 이 문제는 2022년 말에 정부와 시·도교육청, 그리고 국회에서 다시금 큰 논란이 될 것으로 보인다. 누리과정 예산 문제는 단순히 어느 주머니에서 돈이 나오느냐의 지엽적 문제를 떠나 정부 정책으로 국가차원에서 진행된 정책의 예산 부담을 일방적으로 시·도교육청에 전가함으로써 유·초·중등교육에 심각한 영향을 줄 수 있다는 것을 확인한 사례로 교육자치의 중요성을 일깨워주었다고 평가되고 있다.

고교무상교육을 둘러싼 쟁점

고교무상교육은 2013년 제18대 대통령직 인수위원회의 140대 국정과제에 포함되면서 본격 논의되기 시작했다. 당시 지역별·소득계층별·교육비 항목별로 우선순위를 고려하여 단계적으로 추진하고, 사립외고·국제고·자사고에는 적용 여부를 사회적 합의를 거쳐 추후 결정하겠다고 했다. 하지만 이런 계획은 계획으로만 머물고 실현되지 않았다.

고교무상교육에 대한 쟁점은 크게 2가지였다. 고교 진학률이 99.7%(2018년 기준)에 달해 고교 교육의 보편화가 달성된 상황에서 실시할 필요가 있느냐라는 것과 연간 2조 원의 재원을 어떻게 확보할 것이냐였다. 하지만 대기업, 공기업, 일부 중소기업의 직원에게 사원 복지 차원에서 학비가 지원되고 공무원 자녀, 농어민 자녀, 저소득층 자녀, 특성화고 재학생은 이미 학비가 지원되거나 면제되고 있었다. 결국 도시 자영업자, 소상공인, 일부 중소기업 재직자 등만 고등학교 학비를 부담하고 있는 기형적 구조가 만들어져 사회적 형평성에 어긋나는 문제가 발생했다. 또한 국가가 무상교육복지를 외면하는 상황에서 지방자치단체가 나서서 무상교육복지를 확충한 결과 교육의 본질적인 부담인 입학금, 수업료는 유상이고 교육의 주변적 부담인 급식비, 교복비 등은 무상인 모순이 발생했다.

이와 더불어 고교무상교육은 OECD 36개국 중 대한민국만 유일하게 실시되지 않았고, 고등학교 교육이 보편화된 상황에서 헌법에 규정된 교육받을 권리를 실현하기 위해서는 국가책무로서 고교무상교육을 실시해야 한다는 주장에 힘이 실리고 있었다.

결국 고교무상교육은 제19대 대통령 선거공약에 다시 등장했고, 문재인 대통령 당선 이후 대통령직인수위원회를 대신하여 구성된 국정기획자문위원회에서 2020년부터 단계적으로 실시하여 2022년에 완성하겠다는 계획을 발표한다. 이 계획은 유은혜 교육부장관 취임 이후 급속도로 진전되어 관련 법률이 개정되기도 전인 2019년 2학기부터 고등학교 3학년을 시작으로 2020년에 고등학교 2, 3학년으로 확대되고, 2021년에 전면 고교무상교육을 시행[3]하는 것으로 확정되었다. 지원 항목은 입학금, 수업료, 학교운영지원비, 교과서비 등 4개 항목이고 재원은 국가와 시·도교육청이 총 소요액의 47.5%를 부담하고, 일반지자체는 기존 지원 규모인 5%를 부담하는 것으로 합의했다.

▨ **연도별 고교무상교육 시행 방안**

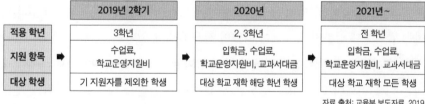

	2019년 2학기	2020년	2021년~
적용 학년	3학년	2, 3학년	전 학년
지원 항목	수업료, 학교운영지원비	입학금, 수업료, 학교운영지원비, 교과서대금	입학금, 수업료, 학교운영지원비, 교과서내금
대상 학생	기 지원자를 제외한 학생	대상 학교 재학 해당 학년 학생	대상 학교 재학 모든 학생

자료 출처: 교육부 보도자료, 2019.

하지만 고교무상교육에 따른 경비를 지원하기 위해 개정된 지방교육재정교부금법 제14조가 2020년 1월 1일부터 2024년 12월 31일까지 유효한 한시적 특례이기 때문에 고교무상교육을 둘러싼 논쟁은 아직 끝났다고 볼 수 없다.

---

3) 단, 입학금과 수업료를 학교장이 정하는 사립학교는 제외.

향후 예상되는 교육재정 쟁점

대학의 경쟁력 강화와 구조조정 요구

벚꽃 피는 순서대로 망한다는 말이 나올 정도로 지방대의 미달 사태가 현실이 되고 있다. 1990년대 5.31교육개혁 방안에 의해 실시된 대학설립준칙주의와 대학 정원의 자율화로 인해 사립대학 수가 급격하게 늘었다. 이에 더해 학령인구 감소로 2018년부터 대학 입학정원보다 고교졸업자 수가 더 적은 상황이 벌어졌다.

대학은 학생 수 감소로 인한 입학정원 확보 문제와 더불어 대학 경쟁력 강화라는 문제도 해결해야 하는 상황이다. 대학에서는 교육 경쟁력을 강화하기 위해 4차 산업혁명에 따른 교육과정 운영과 시설설비 첨단화에 투자가 시급하고, 자치단체와 대학의 협력을 기반한 지역혁신 사업 추진이 필요하다고 주장한다. 또한 미래 신산업 인재양성을 위한 투자와 유학생 유치를 위한 지원이 추가적으로 필요하다고 한다. 물론 여기에는 막대한 재정이 뒷받침되어야 한다. 하지만 정부 지원 고등교육예산에서 국가장학금 재원을 마련하기 때문에 대학이 필요로 하는 금액보다 정부지원 예산이 턱없이 적을 수밖에 없다.

또한 정부의 등록금 인상 규제와 자체 장학금 지급률을 유지하다보면 대학재정은 더욱 여력이 없어진다. 물론 일부 대학이 방만한 운영으로 사회적 문제가 되기도 했지만 전반적으로 대학이 구조적 어려움을 겪고 있는 것도 사실이다. 이런 이유로 급기야 대학에서 유·초·중등교육 예산까지 넘보는 상황으로 발전하고 있다. 학령인구 감소의 직격탄을 먼저 맞고 있는 유·초·중등의 교육재정 중 일부를 대학의 재원으로 사용하자는 것이다. 이와 동시에 국가균형발전특별회계 내에 지방(국립)대학 분을 신설하자는 주장과 국가장학금제도를 개편해야 된다는 주장까지 고등교육재정을 둘러싼 논란은 지속될 것으로 보인다.

지방교육재정 확대 요구

대한민국 예산의 헌법상 가장 큰 특징은 예산이 법률의 형식을 취하지 않는 예산비법률주의를 채택하고 있다는 점이다. 더욱 특이한 점은 예산총괄부처인 기획재정부가 예비타당성조사 및 타당성재조사를 수행한다는 점이다. 미국은 사업의 타당성과 예산반영을 시행부처에서 판단하고 연방정부와 예산당국은 이 결정과정에서 규정과 지침을 따르도록 하고 있다. 우리나라의 경우 사업부서와 상대적으로 독립적인 기획재정부가 타당성을 조사하여 상대적으로 사업의 공정한 평가를 수행할 수 있는 것으로 보이지만 결과적으로 교육에 철학적 가치를 반영하지 못하는 우를 범하게 될 수 있다.

우리나라는 교육을 국가공공재로서 인식해 중앙정부가 교육재원 조달에 주된 역할을 하고 집행은 지방에서 하는 분권화된 형태를 취하고 있다. 이런 형태는 형평성은 높지만 효율성이 낮아질 수 있다. 이는 향후 교육재정의 안정적 확보에 약점으로 작용할 것이다. 또한 지방교육재정은 결국 세입 규모에 따르므로 경제 상황에 따라 연도별 변동 폭이 상당히 클 수밖에 없다. 이런 불안정성은 지방교육재정의 부채 의존성을 크게 하고, 세입 규모 변화에 따른 충격을 일부 항목이 흡수하도록 만든다. 그 결과 교수학습활동지원비는 세수 여건이 좋지 않았던 2013~2015년에 크게 감소했다기 세수 여건이 회복된 2016~2017년에 빠르게 회복되었다. 학교시설개선비도 2013~2015년에 총지출 증가분의 2.4%만 사용되었다가 2016~2017년에는 21.9%가 사용되었다. 결국 세수 여건이 좋지 않았던 시절 학교를 다닌 학생들에게 그 피해가 고스란히 전가된 것이다. 학생에게 직접 제공되는 교수학습활동지원비와 학생 생활과 밀접한 관련 있는 학교시설개선비가 이렇게 불안정한 상황 속에서 안정적이고 수준 높은 교육을 유지한다는 것은 정말 어려운 일이며, 교육의 질적 발전을 위한 장기적 계획을 추진하는 것은 더욱 어려운 일이다.

이에 시·도교육청을 중심으로 교육복지 확대와 미래교육 준비를 위해 지방교육 재정을 대폭 증가해야 한다는 주장이 강하게 제기되고 있다. 우선 유아교육 공공성 확대, 고교무상교육 등 국정과제 실현을 위해서는 교육재정 확대가 불가 피한 측면이 있다. 유아기 교육투자는 이후 어느 시기보다 성과가 크므로 정부 가 지불하는 사회적 비용을 감소하는 효과가 있다. 또한 대한민국의 경제력에 맞게 이제는 고교무상교육이 실시되어야 한다는 데 모두 동의할 것이다. 문제 는 어느 수준까지 지원할 것인가이다. 누리과정 지원에도 불구하고 학부모가 유 치원 및 어린이집에 지불해야 하는 비용은 아직도 많고, 유·초·중등 정규교육과 정에 포함되어 운영하는 현장학습, 수련활동, 체험활동 등의 비용도 수익자부담 원칙에 따라 개인이 비용을 지불하고 있다. 급식비와 교복비는 지원되는데 교육 과정 운영에 포함된 각종 활동비는 지원되지 않는 상황을 학부모 입장에서는 쉽 게 납득할 수 없을 것이다.

무엇보다 큰 쟁점은 미래교육을 준비하기 위한 투자일 것이다. 현재와 같은 일자형 학교 공간 구조와 정형화된 교실 구조로는 다양한 융합교육과 학습활동 이 이루어지기 어렵다. 고교학점제를 대비한 인사정책을 실현하고 온·오프라인 수업이 자유롭게 구현될 수 있는 환경을 갖추기 위해서는 막대한 예산이 필요하 다. 현재 무선망 확충과 스마트 기기 등 인프라 구축에 많은 예산이 투입되고 있 지만 클라우드 환경과 학습관리시스템^{LMS}의 조속한 구축을 위해서는 지속적 예 산 투입이 필요하다. 경기도교육청이 2020년 추계한 자료에 따르면 2021년 이 후 5년 동안 매년 3조8328억 원이 필요하다고 한다. 세부적인 예산은 표와 같다. 경기도 학생 수가 전국 학생 수의 27%, 학급 수가 25%임을 감안하면 전국적으 로 경기도교육청 소요 액수의 4배인 14조 원 이상이 매년 필요하여, 5년간 총 60 조 원이 필요하다. 매우 파격적으로 보일 수도 있지만 제4차 산업혁명 대응의 핵 심이 교육 분야라는 점을 감안한다면 보다 적극적인 교육투자 전략이 필요한 때 라고 생각된다.

	항목	예산
총 예산	2021년 이후 5년간 매년 총액	3조8328억 원
세부 예산	유치원 공공성 강화와 고교무상교육 실현 등 교육공공성 강화	6851억 원
	고교학점제 전면시행을 위한 기반 조성과 기초학력 보장 등 공교육 혁신	2784억 원
	다문화 학생 지원과 전체 학교에 전문상담교사 배치 등 교육의 희망사다리 복원	640억원
	학교공간 및 시설재구조화와 정보인프라 및 클라우드 구축 등 미래교육 준비	2조8000억 원

자료 출처: 경기도교육청 추계 자료, 2020(재구성).

⋮

미래 내다보는 관점과 철학

인구구조의 어려움 속에서도 대한민국의 국가 경제력은 당분간 선진국의 지위를 누릴 것이다. IMF는 2019년 세계경제전망 데이터베이스 최신판에서 대한민국은 1인당 GDP에서 2021년 일본을 추월하고, 2023년 영국, 2024년 프랑스를 추월한다고 예측했다.

대한민국의 경제적 위상이 이와 같은데 교육기관에 적용되는 기준 틀은 매우 낙후되어 있다. 한 예로 현재 학교 건물의 개축 기준은 건물의 안전, 즉 내구연한이라는 요소에 의해 결정된다. 이에 따라 학교 건물은 40년이 지날 때 개축을 검토한다. 2002년 한일월드컵을 까마득한 옛일로 생각하는 2010년대에 태어난 아이가 국민 1인당 GDP가 1700달러였던 1980년에 지어진 건물에서 수업을 받고 있다. 지난 40년간 한국의 GDP는 18배 이상 증가했으니 결국 18배 이상 가난했던 그 시절의 건물에서 아이들이 교육을 받는 것이다. 과연 그 아이들은 학교를 어떻게 바라볼까? 이런 일이 발생하는 것은 학교 개축 기준이 오직 내구연한이라는 요소에 의해 결정되기 때문이다. 교육과정의 변화, 학생의 행복, 스마트 교육환경 등 앞으로 사회 변화에 조응할 수 있는 수준의 요소가 반영되지 않은 결과다.

교육재정을 추산할 때에는 앞을 내다보는 관점과 철학(신념)이 필요하다. 세계에서 가장 심각한 저출산을 완화시키고 사회의 지속가능성을 회복하기 위해서는 학령인구 감소시기에 오히려 교육재정 투자 증가로 교육의 질을 획기적으로 개선하고 미래교육을 준비하는 기회로 삼아야 한다. 또한 지방교육재정은 학교교육과정 내실화와 차별화에 집중하는 전략적 목표를 향해 투자해야 한다. 학습자의 요구와 선택을 존중하는 교육제도를 구축하고 그에 맞게 교원의 재훈련 시스템을 전면적으로 개선해야 한다. 더 나아가 유·초·중등교육과 고등교육 및 평생교육이 체계적으로 연계되는 시스템을 만드는 데 국가의 역량을 집중해야 한다.

물론 이를 위해 학생과 학부모의 마음을 얻는 일에 교육계는 더욱 노력할 필요가 있다. 여러 한계 속에서도 지금의 대한민국은 교육의 성장과 함께 눈부신 발전을 거듭했다. 앞으로 닥치게 될 교육재정의 시련 속에서도 학생을 위한 마음을 간직하며 노력할 때 우리는 그들의 마음을 얻게 된다. 그리고 그렇게 얻게 된 마음은 효율성이라는 칼날 속에서 교육을 지켜주는 방패가 될 것이다.

교원양성체제

미래의 교사를 위한 선택과 집중

성 기 선
가톨릭대학교 교육학 교수

:

교사가 넘쳐난다

미래교육의 현주소

"코스모스는 과거에도 있었고 현재에도 있으며 미래에도 있을 그 모든 것이다". 칼 세이건의 명저 『코스모스』의 첫 구절이다. 이 표현을 교육에 적용하면 '교육은 과거에도 있었고 현재에도 있으며 미래에도 있을 인간활동의 모든 것이다'라고 말할 수 있다. 인간이 인간답게 성장하기 위한 가장 기본 조건이 가르치고 배우는 활동이다. 교육이 없다면 개인의 성장도, 사회와 국가의 발전도 담보할 수 없으며, 문명의 발전도 기약할 수 없기 때문이다. 교육의 중요성을 논하는 장면에서 빠질 수 없는 것이 교사에 관한 논의다. 교육의 수준은 교사의 수준을 넘지 못한다는 주장까지 있는 만큼, 교육의 질을 높이기 위해서는 교사교육이 매우 중요하다.

한때 '19세기 교실에서 20세기 교사가 21세기 학생을 가르친다'라는 말이 유행했다. 낙후된 공간과 산업화 시대의 가치관을 지닌 교사 그리고 미래를 살아갈 학생들 사이에 커다란 간극이 존재한다는 뜻이다. 사실 이러한 교사와 학생 사이의 세대 차이는 영원히 해결할 수 없는 문제다. 기본적으로 교사는 구세대이고, 학생은 늘 새로운 세대이며, 적어도 10년에서 많게는 50년 이상의 나이 차이가 두 집단을 가르는 기본 특징일 수밖에 없는 구조이기 때문이다. 해결해야 할 문제라기보다는 학교교육이 마주해야 할 기본 특징이다. 우리의 문제의식은 여기서부터 출발한다. 21세기를 맞이한 지도 벌써 20년이 훌쩍 지난 지금 시점, 1990년대에 태어난 사람들이 교사가 되는 이 시점에 과연 교사들은 어떻게 양성되는지, 교사교육에는 어떤 문제가 있는지, 그리고 미래사회를 대비하는 교육을 위해 교사교육이 어떻게 변해야 하는지를 검토해봄으로써 우리 교육의 미래를 준비할 수 있을 것이다.

미래에 대한 불안은 지금껏 경험하지 못한 변화의 속도와 질에서 비롯된다. 이른바 4차 산업혁명으로 대표되는 급격한 변화는 초연결과 융합을 요구하며, 교육현장이 역동적이고 불확실한 상황에 끊임없이 대응하고 신속하게 적응하도록 변화하기를 요구한다. 교육 영역에 대한 변화의 요구도 매우 강하게 제기되고 있으며, 이에 대응하여 미래사회 인재 확보를 위한 국가적 차원의 치밀한 계획 수립과 전략적 접근 등의 교육적 노력이 이루어지고 있다.[1]

그동안 4차 산업혁명 시대의 교육 방향이나 학교 및 교사의 역할 재구조화, 인프라 구축의 필요성에 관한 주장은 끊임없이 나왔지만, 실질적인 변화는 미미했고 여전히 학교는 혁신 대상으로 인식되는 경향이 있었다. 그러나 코로나19로 인해 강제된 변화 속에서 교원 및 학교의 역량에 따른 편차와 이를 극복하기 위한 다양한 시도와 노력은 미래교육을 한발 더 앞당기는 기회가 되었다. 이제 교사는 단순한 지식전달자에서 학생의 성장·진로개척을 함께하는 협력자, 미리 국가에서 정한 표준화된 교육과정에 기초한 교육에서 교과 간 융합과 교육과정 재

---

[1] 최기옥 외, 「핵심역량기반 성장시스템 구축을 위한 교원역량개발 연구」, 경기도교육청, 2020.

구성을 하는 수업 기획자 역할을 요구받고 있다. 또한, 다양한 갈등 상황을 해결하는 소통·중재자, 변화에 대한 통찰력 및 탐구심(열린 태도), 새로운 기술(지능정보 기술 등)에 대한 수용성 등을 지니고 다가올 미래에 대비해 유연하게 준비하는 혁신가의 역할도 강하게 요구받고 있다.[2]

이와 같은 미래사회의 요구에 부응하는 교사의 역할 변화를 위해서 가장 중요하게 관심을 기울이고 혁신해야 할 부분이 교원양성 교육과정이다. 특히 2022년 교육과정 개정, 2025년 고교학점제 시행, 2028년 대입제도 개편 등 커다란 변화를 앞둔 시점에서 교원양성 교육과정의 문제점과 개선 방향을 검토하는 작업은 매우 의미 있는 일로 보인다.

교원양성 교육과정

기본적으로 교육대학교와 사범대 및 교직과정 등 교원양성 교육과정을 이수하면 2급 정교사 자격증을 부여한다.

▨ 교원자격 무시험 검정 기준

구분		최저 이수 기준		
		중등		초등
전공 (50학점 이상)	기본 이수	21학점 이상, 7과목 이상		50학점 이상 (기본이수 21학점 이상, 7과목 이상)
	교과교육	8학점 이상, 3과목 이상		
	성적	75점/100점 이상		
교직 (22학점 이상)	교직이론	12학점 이상 6과목 이상	교육학개론, 교육심리, 교육철학 및 교육사, 교육과정, 교육평가, 교육방법 및 교육공학, 교육행정 및 교육경영, 교육사회, 생활지도 및 상담, 기타 교직이론에 관한 과목	
	교직소양	6학점 이상	특수교육학개론(영재교육 영역 포함, 2학점 이상), 교직실무(2학점 이상), 학교폭력 예방 및 학생의 이해(2학점 이상)	
	교육실습	4학점 이상	학교현장실습(2학점 이상), 교육봉사활동(2학점 이내)	
	성적	80점/100점 이상		
기타		· (교직 적성·인성검사) 적격판정 2회 이상 · (성인지교육) 연 1회 이상	· (응급처치 및 심폐소생술) 2회 이상	

자료 출처: 교육부 교원양성과(2021. 7. 기준)

---

2) 교원양성체제혁신위원회, 「현장성과 미래 대응력 제고를 위한 초·중등 교원양성체제 발전 방안시안」, 2021.

이 자격증은 시험을 거치지 않는 무시험 검정 방식으로 진행되며, 교사자격증 부여를 위한 공통 기준을 적용한다. 이를테면 전공(50학점), 교직(22학점), 적·인성검사(2회) 등 교원자격 검정 기준에 맞추고 대학별로 정하는 자율적 교육과정을 운영하여 자격증을 부여한다.

초등교사 양성 임용 현황

초등교사 양성은 목적형 방식을 지향하고 있다. 목적형 방식은 초등교사의 양성이 매우 중요하고 특별하기에 일반적인 교육기관과 구별되는 특별한 교육기관, 즉 교사양성만을 목적으로 하는 교육기관을 설치하고 교사양성을 전담해야 한다는 생각에서 시작되었다.[3]

현재 초등교사 양성은 전국 10개 교육대학교와 제주대학·교원대·이화여대 초등교육과에서 담당하고 있다. 13개 기관에서 양성하는 예비교원과 임용 규모 변화를 살펴보면 2000년대 초반에는 4945명, 2005년에 6225명으로 증가 추세를 보이다가 2012년 무렵에는 3848명으로 정원이 대폭 축소되었으며 지난 10여 년 동안 양성기관 정원은 현상을 유지하고 있다. 반면에 초등학교 교원으로 임용된 예비교원 수는 2000년 초반 8936명에서 2020년 3916명으로 절반보다 더 많이 줄어들었다. 경쟁률 역시 0.7:1에서 1.7:1로 급격히 상승했다. 결국, 초등교사의 공급이 수요보다 많은 상태라고 할 수 있다.

▨ 초등교원 양성기관 양성 및 임용 규모 변동 추이

학년도	2000	2005	2012	2020
교대 등 양성정원	4945명	6225명	3848명	3847명
채용 인원	8936명	6050명	6507명	3916명
임용경쟁률	0.7:1	1.4:1	2:1	1.7:1

자료 출처: 교육부 교원양성과(2021.7. 기준)

---

3) 이윤식 외, 『교직과 교사』, 학지사, 2007.

초등교사 양성기관의 경우 채용인원과 양성정원 사이의 균형은 어느 정도 유지하고 있다고 평가할 수 있다. 다만 향후 학령인구 급감으로 인해 통폐합, 폐교 등이 급속도로 진행된다면 문제가 일어날 수밖에 없다. 지금도 일부 지역에서는 초등교원 수급에 문제가 발생하고 있다. 대도시 선호 현상에 따른 지역 간 차별로 인한 문제인데, 강원·충북·충남·전남·경북 등에서는 임용 교원이 부족한 사태가 발생하고 있으며, 현직 교원이 대도시 임용시험에 재응시하여 이동하는 등 교원 수급 불균형 문제를 겪고 있다.

아울러 목적형 양성기관인 교육대학이 학교당 평균 입학정원 358명의 소규모 대학을 유지하고 있다 보니 교육과정이 다양성이 부족하고, 학생의 선택권이 미흡해 양질의 교원 양성이 어렵다. 다양한 학문을 경험하고 새로운 사회 변화에 대응하는 역량을 길러야 하는데도 불구하고 현재의 초등교사 양성 과정 프로그램은 현장의 요구를 제대로 수용하지 못한다는 비판이 계속되고 있다.

중등교사양성, 임용 현황

중등교사 임용은 초등교사와는 달리 다양한 경로를 허용하고 있다. 가장 근간이 되는 양성기관은 사범대학이다. 여기에 일반대 교직과정 및 교육대학원 중에서 교사양성이 가능한 기관들에서 중등교사 자격증 과정을 운영하고 있다. 초등교사 양성이 목적형 방식이라고 한다면, 중등의 경우 목적형과 개방형을 혼합한 체제라고 할 수 있다.

2020년을 기준으로 사범계열 대학 9544명(43.2%), 일반대 교직과정 5212명(23.6%), 교육대학원 7347명(33.2%)의 비율로 중등교사를 배출하고 있다. 교원자격증 부여 숫자만을 기준으로 본다면 사범계열이 1만1835명(61.2%), 교직과정이 4141명(21.4%), 교육대학원은 3360명(17.4%)이다. 지난 10여 년 동안 양성기관 평가를 통해 계속해서 감축해온 결과 2010년 대비 총인원이 49%가량 줄었으며, 자격증 부여 수도 40% 정도 감축되었다.

▨ 중등교원 양성기관 현황

단위: 명(%)

구분	교원양성 정원			교원자격증 부여		
	2010	2015	2020	2010	2015	2020
사범계열	1만4348	1만368	9544(43.2)	1만5140	1만1876	1만1835(61.2)
교직과정	1만5228	8709	5212(23.6)	1만933	6039	4141(21.4)
교육대학원	1만3651	1만50	7347(33.2)	5838	3902	3360(17.4)
계	4만3227	2만9127	2만2103(100)	3만1911	2만1817	1만9336(100)

자료 출처: 교육부 교원양성과(2021.7. 기준)

▨ 자격증별 임용고사 응시자, 합격자 및 경쟁률(2017~2021학년도)

단위: 명(%)

구분	2017학년도			2018학년도			2019학년도			2020학년도			2021학년도		
	모집(합격)	응시	경쟁률	모집(합격)	응시	경쟁률	모집(합격)	응시	경쟁률	모집(합격)	응시	경쟁률	모집(합격)	응시	경쟁률
유치원	638(604)	5471	8.6	1460(1382)	7546	5.2	1539(1445)	2만64	13.0	1244(1166)	1만1927	9.6	1232(1152)	1만2227	9.9
초등	6022(4854)	7195	1.2	4089(3821)	5981	1.5	4032(3625)	6317	1.6	3916(3564)	6612	1.7	3864(3643)	7123	1.8
중등	4262(4079)	4만4786	10.5	4742(4428)	4만8385	10.2	4457(4238)	4만2808	9.6	4282(4085)	3만9491	9.2	4433(4225)	3만7618	8.5

자료 출처: 교육부 교원양성과(2021.7. 기준)

그런데도 중등교사 수는 실제 필요한 예비교원 수를 훨씬 넘어선다. 한 해 필요한 신규 중등교사 수는 평균 4000여 명이지만 매년 평균 2만 명 정도의 중등교사가 양성되고 있으며, 경쟁률 또한 9대 1로 매우 높다. 한 해 사립학교 채용 규모가 평균 1000여 명이고, 신규 기간제교사 수요가 한 해에 4000~5000명이라는 점을 고려해도 중등교사가 과잉 양성되고 있는 것은 분명하다.

기관별 기능 특성화가 미흡하여 인재가 중복되는 것도 검토사항이다. 사범대학, 교직과정, 교육대학원이 전부 같은 자격증을 배출하는 현 체제는 교원 수가 부족하던 시절에는 임시방편으로서 유효했지만, 지금은 교원양성의 질을 높이는 것을 막는 심각한 구조적 문제가 되었다. 임용률 저하로 교사를 일찌감치 포

1. 세대의 변화   2. 학교의 변화   **3. 정책의 변화**

기하는 사범대생이 늘고 있고, 교육실습 학교를 구하기가 어려워 현장성 있는 예비교원 양성 프로그램을 수행하기도 어렵다.

⋮

교원양성체제 어떻게 바꿀까

사회적 협의 과정

2020년 국가교육회의는 '미래학교와 교육과정에 적합한 교원양성체제 발전 방향 협의문'을 발표했다. 교원양성체제의 문제점을 사회적 협의로 도출하고 향후 정책적 논의의 출발점이 되도록 하기 위한 의견수렴 과정이었다. 기존 정책이 위로부터의 일방적 정책 결정이었다면, 이번 사회적 협의 과정은 다양한 이해당사자들의 의견을 미리 듣고 정책 방향을 정하도록 한다는 점에서 매우 의미 있었다. 사회적 협의 과정을 통해서 제시된 교원양성 관련 개편 주제는 크게 네 가지로 교육과정의 문제, 교육실습, 양성체제 및 연수제도 개편에 관한 내용이다.

사회적 협의문 주요 내용

교육과정: 교원양성 교육과정 운영 시 교육실습 내실화 등 현장 적합성[4]을 높이고, 미래교육에 직합한 학교교육[5]을 위한 유연한 대응 필요

양성체제:
· 초등교원 양성체제는 목적형[6]으로 정원 규모를 관리하되, 교대 간 권역별 통합, 교대와 거점국립대 통합 등 지역별 상황을 고려한 발전 방안 모색
· 중등교원 양성체제는 양성·임용 불균형이 크므로 일반대학 교직이수 과정, 교육대학원 신규양성 과정 등을 조정하여 양성 규모 감축 필요

연계정책: 임용제도 개선, 교원의 지속적인 전문성 개발(재교육) 등도 연계하여 검토

이행방식: 교육부는 거버넌스 기구를 구축하여 개편 로드맵을 2021년 내 제시

자료 출처: 교원양성체제혁신위원회, 2021.

교육과정

교원양성기관에서 4년을 공부하고 임용고사를 준비해 초·중등교사가 되는 기쁨을 느끼는 것도 잠시, 학교현장에 들어서면서부터 초임교사들은 난감하다. 교육내용과 교수·학습은 어느 정도 준비되어 있지만, 학생과 학부모 대응이나 행정업무, 지역사회의 특색 등 경험하지 못한 것들을 마주하기 때문이다.

경기도율곡교육연수원이 교직

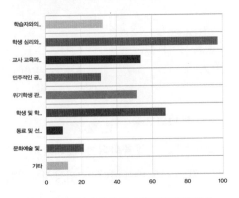

■ 저경력 교사 교육요구도 설문조사 결과

자료 출처: 경기도율곡교육연수원, 「2017 경기도교육청 연수과정 온라인 수요조사 결과」

경력 3년 이하 저경력 교사를 대상으로 한 교육요구도 설문조사(유치원 22명, 초등 146명, 중등 22명 등 약 190명) 결과를 보면 학습자와의 공감적 이해 및 의사소통 16.6%, 학생 심리와 이에 따른 생활지도 51.3%, 교사교육과정 운영방법 27.8%, 민주적인 공동체 교실문화 조성 16%, 위기학생 관리 및 학교폭력예방 27.3%, 학생 및 학부모 상담 37.4%, 동료 및 선배교사와의 관계형성 5.9%, 문화예술 및 인문학 과정 11.2%, 기타 6.4%로 나타났다. 학생심리와 이에 따른 생활지도를 가장 어려워하고, 학부모 상담과정도 문제의식을 강하게 느끼고 있다. 교육과정 운영이나 교수·학습 문제보다는 학생·학부모와의 관계 설정을 더 어려워한다는 것을 확인할 수 있다.

교육과정에 대한 불만족도는 초등학교 교사들이 더욱 강하게 제기하고 있다. 전국교육대학생연합과 실천교육교사모임이 공동으로 '초등교원 양성기관 교육과

---

4) 학생 발달 고려한 교육과정, 학생 이해, 학부모 소통, 지역사회 연계, 교사 협업 등
5) 학생 중심의 선택형 교육과정, 교과 간 융합 수업, 온·오프라인 병행 수업 등
6) 교원양성을 목적으로 전문기관을 설치하고 임용 규모를 고려해 양성 규모를 조정하는 형태

정에 관한 예비교사·현장교사들의 인식도 조사를 실시한 바 있다.[7] 이 조사 결과, 교육대학교 수업 전반에 대한 만족도 평균점수(5점 만점)는 예비교사 2.2점, 현장교사 1.8점으로 나타났다. 예비교사와 현장교사 모두 교대 교육과정 운영에 만족하지 못한다는 것을 확인한 결과였다. 교육대학교의 교육과정이 현장교사가 되었을 때 역량을 기르는 데 도움이 되는지를 묻는 문항에도 예비교사 2.7점, 현장교사 2.2점으로 양측 모두 "교육대학교가 교직을 위한 역량을 제대로 길러주지 못한다"고 답했다. 특히 교대 교육과정의 전반적인 운영에 대해서 예비교사 26.7%, 현장교사 52.9%가 1점을 주어, 현행 교육대학교 교육과정에 대한 불만족 비율이 상당히 높다는 것을 확인했다.

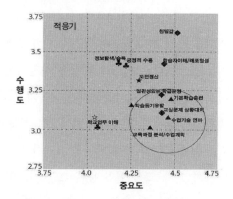

▨ 교사 생애주기별 필요 역량

자료 출처: 손성호, 「교사 생애주기별 핵심역량 모델링 및 역량기반 교육과정 개발 연구」, 인천대학교 대학원 박사학위논문, 2016.

이러한 문제는 손성호의 연구[8]에서도 확인된다. 이 연구는 교사 생애주기별로 필요 역량의 중요도·수행도 매트릭스를 분석하여 가장 필요로 하는 역량의 우선순위를 도출했다. 중요도·수행도 매트릭스에서 수행도는 상대적으로 낮지만, 중요도가 상대적으로 높은 영역의 역량들이 우선순위가 높은 역량이라고 할 수 있다. 적응기 교사들은 교육과정 분석·수업계획, 수업기술연마, 교실 문제상황 대처, 학습동기 유발, 기본학습훈련, 학급운영 등이 가장 필요로 하는 역량임을 밝히고 있다.

---

7) 실천교육교사모임, 「교대 교육과정, 현장과의 연계성 강화하라」, 보도자료, 2019. 이 조사는 2019년 5월 1일부터 13일까지 구글 설문으로 수집했으며, 총 5074명(현장교사 817명, 예비교사 4275명)의 응답 자료를 분석했다.
8) 손성호, 「교사 생애주기별 핵심역량 모델링 및 역량기반 교육과정 개발 연구」, 인천대학교 대학원 박사학위논문, 2016.

교사양성기관의 교육과정을 살펴보면 학교현장에서 요구하는 역량과는 다소 거리가 있다는 지적이다. 교원양성기관의 교육은 초등학교와 중등학교의 교과내용을 잘 지도하도록 하는 것이 1차 목표다. 그러한 지식과 기능은 그 대상이 되는 일선학교의 교육과정을 직접적이고 심도 있게 교육하여 함양할 수 있다. 그러나 현재 교사양성기관 교육과정의 편제 구조와 내용이 초·중등학교 교과과정과 상당히 유리되어 있어 교육전문가로서의 교사 양성을 어렵게 하고 있다.[9] 뿐만 아니라 학생 발달을 고려한 교육과정, 학생 이해, 학부모와의 소통, 지역사회 연계, 교사 협업 등에 요구되는 역량을 연마하는 프로그램을 제대로 제공하지 못하고 있다. 2022개정교육과정과 2025년 고교학점제 본격 시행을 앞두고 요구되는 학생 중심의 선택형 교육과정, 교과 간 융합 수업, 온·오프라인 병행 수업 등에 대한 대응도 여전히 부족한 실정이다. 교사양성기관의 경우 교과 간 분화가 매우 강하게 유지되고 있으며, 초·중등학교 경험이 부족한 교수진, 현장과 괴리된 연구 등 다양한 문제점이 있다. 이 문제를 해결하기 위해서 다음의 개선 방향을 고려해보아야 한다.

첫째, 교사양성기관은 교과 간 융복합 교육과정을 마련할 필요가 있다. 특히 중등교원 양성기관은 2025학년도 고교학점제 시행에 대비하여 학생선택형 교육과정, 교과 간 융합 수업, 온·오프라인 병행 수업 등을 미리 준비해야 한다.

둘째, 원격교육, 인공지능[AI], 빅데이터 등 기술발전, 환경·기후 위기, 포용사회 등 다양한 사회 변화에 맞춰 교원의 미래 역량을 준비해야 한다. 기존 양성기관의 교육과정을 근본적으로 개편하여 새로운 사회와 교육현장에 필요한 역량 중심으로 재편한다.

셋째, 학교현장 연계형 교육과정 운영을 확대하기 위해 교사교육자인 대학교수들과 현장교사의 협력 연구를 활성화한다. 교사교육자들이 현장 문제를 연구

---

9) 이윤식 외, 『교직과 교사』, 학지사, 2007.

하고 해법을 찾도록 함으로써 교육, 연구, 현장이 연계된다면 교사양성기관의 교육과정 역시 올바른 방향으로 개편될 수 있다. 이를 위해 교원양성기관 교수들의 연구년에 학교현장 연구가 포함되도록 한다든지, 교수업적평가에 현장 연구를 필수적으로 반영하는 방식을 도입할 필요가 있다.

교육실습

교원양성기관 체제 개편을 위한 사회적 협의 과정에서 교육실습이 중요하다는 언급이 강하게 제기되었다. 이 과정 중에 면담했던 내용을 참고해보면 그 중요도를 알 수 있다. 현장 간담회에서 제시한 몇 가지 내용은 다음과 같다.

○ 교육실습이 교원양성 과정 중 가장 큰 도움이 되며, 교육실습이 임용과 연계되도록 설계하는 것이 필요.
○ 실습생이 자기 지역으로 임용될지 모르는 상황에서 교육청의 적극적 역할 기대하기 어려움.
○ 교육실습생이 학기 중간에 한 달가량 다녀가면 학교 분위기 추스르기도 어렵고, 부가적인 업무로만 여겨져 꺼리게 됨.

자료 출처: 교원양성체제혁신위원회, 2021.

교육실습은 교사양성기관의 교육과정 중에서 현장과의 연계성을 고려한 기본 프로그램이라는 점은 틀림없다. 그러나 현재의 교육실습은 전문적이고 체계적인 관리가 되지 않고 있고 실습기간도 4주에 불과하여 형식적인 통과의례로 인식된다는 문제점이 있다. 이를테면 전문직인 의사 양성과정과 비교해볼 때 교육실습은 너무도 초보적이고 비전문적인 방식이라는 점을 확인할 수 있다.

앞서도 언급한 바와 같이 교원의 현장 역량을 키우기 위해 실무형 교육을 강화해야 한다는 요구가 계속 있었다. 이를테면 교수법, 생활지도, 학습자 이해 등 학교현장에서 실제로 필요로 하는 역량을 배양하거나 현장 경험을 통해 교직관·적성을 스스로 점검하고 확인하는 기회를 부여하고 인성, 사회성, 자기조절, 성인지 감수성 등 교직 부적격자 검증과정을 더 강화해야 한다는 주장이다.[10] 특히 교육실습 교육을 강화하여 이러한 현장 역량을 점검하고 배양하도록 해야 한다는 점에서 현재의 교육실습은 근본적으로 질적 변화가 필요해 보인다. 이를 위해 학기 전 과정을 실습에 몰입할 수 있도록 제도를 개편하는 방안을 고려해볼 수 있다. 예를 들어, 교육실습 기간을 늘리는 방법이 있다. 현재의 한 달 정도 기간으로는 미래사회와 학교교육 장면에서 요구되는 교사의 역량을 교육할 수 없기 때문이다. 현재의 학점 기준인 2학점 이상을 실습 학기로 전환하여 실습 기간을 연장하고 실습학점을 상향 조정하거나, 교원양성 과정 중 한 학기를 실습 학기로 운영하고 1주일 중에서 3~4일은 학교현장에서 실습에 임하고 나머지 날들은 대학에서 실습 연계 과정을 이수하도록 운영하는 식이다. 실습을 담당하는 현장학교에서는 실습담당교사를 지정하도록 하고, 교육청에서 이들을 대상으로 연수하여 표준적인 실습이 진행될 수 있도록 돕는다. 실습 결과는 P/F로 성적을 부여하여 부적합 판정 시 재이수를 신청하는 등 엄격한 평가체제를 도입하면 유효할 것으로 생각된다.

:

교원양성체제 이렇게 바뀐다

초등양성체제

초등교원을 양성하는 교육대학 교육을 비판하는 목소리를 들어보면 어떤 변화가 필요한지 확인할 수 있다.

---

10) 교원양성체제혁신위원회, 「현장성과 미래 대응력 제고를 위한 초·중등 교원양성체제 발전 방안시안」, 2021.

○ 교대 교육과정은 선택권이 제한, 마치 고등학교 같음.
○ 초등교사도 특정 교과군에 대한 전문성을 갖추는 것 긍정적, 교과전담교사 운영, 교과 분담 등 협업 지도체제가 바람직한 방향
○ 교대생은 대학에서 교류하는 사람도, 졸업 이후 동문도 초등교사로 제한적, 좀더 다양한 진로의 사람들과 교류·소통할 필요
○ 교대 정원 감축 여력 확보를 위해 교대 간 통합(연합대학), 기능 확대(유아·특수), 종합대학과의 연합대학 모델 등도 검토 가능

자료 출처: 교원양성체제혁신위원회, 2021.

교대 교육과정은 크게 교양과정, 전공과정, 심화과정, 교육실습으로 구성되어 있다. 교양과정 30~44학점, 전공과정은 교육학 16~20학점, 교과교육 43~63학점, 교과실기 6~16학점, 심화과정은 15~30학점, 교육실습 3~5학점, 졸업논문 P/F로 구성된다. 여기서 심화과정은 10개 전공 교과 중 한두 교과를 심화 학습할 수 있도록 한 것으로, 일종의 전공과정이라 볼 수 있다. 교대 평균 입학정원이 350명 전후라는 점을 고려한다면 소규모 학교에서 다양한 교과목을 개설하기도 쉽지 않을 뿐만 아니라 교과별로 교육과정이 구분되어 유연한 전공교과목 개설이 어렵다는 구조적 한계가 있고, 학생들의 교과목 선택권이 제한될 수밖에 없다는 문제점이 있다.

이 문제의 해결법 중 하나로 기본이수과목[11]으로 구성된 교과 구분을 단순화하는 방법이 있다. 이를테면 기본이수과목을 초등학교 교육과정의 교과(군) 단위인 8개 교과(군)으로 축소해서 운영하고, 그만큼의 여력이 있는 교육과정을 교양과정, 학습자·학부모 이해, 현장의 교류 프로그램 등 다양한 선택 교육과정으로 개편하는 방법이다.

기존 교대의 고정적 구조를 변화시키는 시도 역시 유효하다. 교대와 종합대학의 교류를 활성화하여 학점 교류, 교육과정 공동운영 등을 통해 학생들의 다

---

11) 기본이수과목: 초등윤리, 초등국어, 초등수학, 초등사회, 초등과학, 초등체육, 초등음악, 초등미술, 초등실과, 초등영어, 초등컴퓨터, 통합교과, 초등안전교육(13과목).

양한 역량 개발을 위해 체제를 개편하는 것이다. 실제로 이미 제주교대는 제주대학교와 통합했고, 현재 부산교대가 부산대학교와 통합을 추진하고 있다. 물론 이러한 통합이 과연 문제 해결에 도움이 되는지는 다양한 이견이 있다. 이를테면 제주교대의 경우 기존 캠퍼스와 교수진, 교육과정에 큰 변화 없이 이름만 통일하는 방식이어서 교원양성체제의 새로운 모델이라고 보기는 어렵다. 부산교대의 사례도 이러한 단순한 물리적 통합이 아니라 종합대학의 프로그램을 공유하고 학생들에게 다양한 교과목을 선택하도록 하는 등 유기적으로 결합하도록 해야만 의미 있는 통합이라 할 수 있다. 그래도 이러한 통합으로 교대 교육의 강점을 살리면서도 종합대학의 강점을 취할 수 있다면 초등교원 양성의 질적 수준을 높여야 한다는 사회적 요구에 대응할 수 있으리라 본다.

중등양성체제

초등교원 양성이 목적형 교대 중심으로 운영되는 반면 중등교원 양성은 목적형과 개방형 두 체제의 혼합으로 실시되고 있다. 사범대학과 교육대학원이 교원양성이라는 목적형이며 교직과정은 일반대학 재학생들에게 교사자격증을 부여하는 개방형이라 할 수 있다. 그러나 앞서 양성 규모와 임용률을 살펴본 바와 같이 과잉 양성의 문제점을 드러내고 있다. 따라서 중등교원 양성기관별로 목적·기능을 특화하도록 하면서 동시에 과잉 양성을 적절히 조정할 필요가 있다. 사회적 협의 과정에서 표출된 중등교원 양성과 관련된 현장의 목소리는 다음과 같다.

○ 중등 교원의 양성과 임용의 미스매치 해결이 급선무, 임용률이 낮을 경우 집중적·전문적 양성과정 운영에 제한
○ 사범대학은 현행을 유지하되, 교직과정은 폐지(사범대 미설치 교과는 별도 관리), 교육대학원은 재교육 중심으로 개편
○ 교육대학원 양성과정은 교원자격 취득의 재기회로 여겨지나 양성과정이 방만하게 운영되고, 자격이 남발된다는 문제점 지적

자료 출처: 교원양성체제혁신위원회, 2021.

중등학교 교원 양성기관인 사범대학은 일제강점기의 사범학교가 개편되어 4년제 대학에 정착하게 되었다. 1955년에는 일반대학에 교직과정을 설치하여 부족한 교사를 충원하도록 했다. 사범대학에서 양성하지 못하는 특수영역, 이를테면 예·체능계나 실업계 교사 양성을 위해 교직과정이 개설되어 크게 확대되었다. 교육대학원도 중등교사 양성을 담당함으로써 개방화, 다양화 체제를 갖추었다. 그러나 교직과목, 교육대학원이 확대되면서 사범대학과 전공이 중복되었고, 그 결과 양성기관별 특성화가 제대로 이루어지지 않아 공급 과잉이 문제가 되었다.

중등교원 양성기관의 경우 이러한 과잉 양성이 가장 큰 문제다. 이는 교원자격증의 남발과 양성과정에 대한 질적 관리 부족으로 이어지고, 그 결과 교원의 질적 수준을 높이는 것이 어렵다. 이 문제는 기관별로 특성 구분을 강화하여 해결해볼 수 있다. 중등교원을 양성하는 기관의 특성을 분명히 하고 양성 규모를 축소하여 양성기관 교육의 질적 수준을 올려보는 것이다. 기본적으로는 사범대학이 중등교원을 양성하고, 교직과목과 교육대학원은 사범대학이 담당하지 못하는 특수영역의 교원을 양성하는 방식을 고려해볼 수 있다. 교직과정의 경우 전문교과, 제2외국어, 선택·고교학점제 도입에 따른 선택교과, 산업구조 변화 등이 해당되는데 현재 교원 자격이 없거나 정규 교과목이 아닌 사범대와 중복되지 않는 교과목을 특화하여 운영하는 것이다. 교육대학원의 경우 교과 교사 자격을 발급하는 양성과정은 축소하고, 현직교사의 재교육에 집중하면 향후 필요한 교원의 자격증 전환을 위한 발판을 마련할 수 있다고 본다.

다^多교과역량 강화

교육과정 개정 시 가장 어려운 부분이 새로운 교과를 신설하거나 기존 교과를 줄이는 일이다. 교과별 이해관계가 심각하게 걸려 있기 때문이기도 하지만 교사자격증과 교과목 간의 균형이 맞지 않기 때문이다. 교사의 자격증이 교과목별로 구분된 지금 구조에서는 당연히 발생하는 문제다. 학생들의 진로와 적성에 따른 선택형 교육과정이 강조되는 고교학점제가 본격 도입되면 이러한 문제는 더욱 심각해질 것이다. 학교가 새로운 사회 변화를 적극 수용하여 교과를 신설하거나 기존 교과목을 통합 또는 축소하는 방향으로 개편할 필요가 있다. 2021년 2월 교육부가 발표한 '고교학점제 종합추진계획'에서 이 문제에 대한 나름의 계획을 확인할 수 있다.

교원 자격 및 임용체제 개선

ㅇ (표시과목 수시 신설) 교원양성기관 및 교육감이 표시과목 신설을 요청할 경우 교육부장관의 인정을 통해 표시과목을 신설하도록 개선

ㅇ (예비교원 복수전공 활성화) 연계전공 과목을 확대하고, 연계전공 시 학점중복인정 범위를 확대(18→29학점)하는 등 복수전공 활성화 추진

ㅇ (복수전공자 임용 우대 추진) 시도별 중등교원 임용 시 복수전공자 가점 부여를 통해 예비교원의 다과목 지도 전문성 확보

※ 신규교사 채용 시 복수전공 가산점 적용을 위한 교육공무원법 개정 검토

ㅇ (산업현장 전문가의 참여) 교원양성과정이 없는 직업계고 신산업 경우 '교사양성 특별과정'을 시행('21)하여 단기 자격취득 지원

자료 출처: 교육부, 「고교학점제 종합추진계획」, 교육부 고교교육혁신과, 2021.

다교과역량은 복수전공을 필수로 하거나 임용 시 복수전공자를 우대하는 등 교사들이 다양한 교과목을 가르칠 수 있도록 양성과정부터 제도적으로 변화를 준다면 자연스럽게 준비할 수 있다고 본다. 현직교원의 경우에는 연수프로그램이 하나의 대책이 될 수 있다. 교사 생애 성장기록부 방식으로 초임연수, 1정 자격연수, 직무연수, 자율연수 등을 기록하도록 하고 일정 수준의 학점을 이수하면 자격을 부여하는 방식으로 복수전공을 권장할 필요가 있다.[12] 기존 연수 체계에서는 자신이 필요하여 자발적으로 참여하는 연수가 아니다보니 소극적인 태

---

12) 김병찬 외, 「교사생애주기별 성장체제 구축연구」, 전국시도교육감협의회, 2019.

도로 임하는 경향이 강하다.[13] 스스로 필요하여 연수를 선택하게 되면 동기를 부여하고, 전문성 신장을 위한 적극적인 태도도 배양할 수 있어 유의미할 것이다. 지역 내 교육대학원과 연계하여 연수학점을 학위과정으로 인정하는 방식도 적극 고려할 필요가 있다. 그렇게 된다면 양성 기능을 줄인 교육대학원이 현직교원 재교육과 연수 기능을 강화함으로써 균형을 맞출 수 있다.

⋮

교사교육, 미래 위한 준비

우리는 현재도 그렇지만 다가올 미래사회를 위해 중차대한 과제를 안고 있다. 학교교육의 존재 자체가 불확실해질 정도로 다양한 근원적인 변화가 일어나고 있다. 코로나19로 인해 경험하지 못한 미래가 갑자기 우리에게 다가와 있는 현재, 향후 변화를 예견하고 준비하지 않는다면 감당할 수 없는 더 큰 어려움에 직면할 것이다.

학령인구 급감과 지역 간 인구 불균형, AI, 정보통신기술[ICT]의 발전, 사회양극화와 교육격차, 환경문제 등 구조적 변동 속에서 학교교육이 제자리를 잡기 위해서는 무엇보다도 전문성을 갖춘 교원양성이 필요한데, 현재의 교원양성체제로는 이러한 변화에 대응하기 어렵다. 교원양성체제의 질적 수준을 높이고 구조적으로 변화해야 할 시점이다.

이를 위해서는 먼저, 교원양성기관이 교육현장의 변화를 담지하는 교육과정과 프로그램을 적극적으로 개편하는 방법을 생각해볼 수 있다. 생애주기별로 요청되는 교사의 전문성과 역량이 무엇인지 확인하고, 우선 저경력 교사들에게 필요한 역량을 양성기관이 담당하도록 한다.

---

13) 성기선, 「교육혁신을 위한 교원 전문성 연수의 방향」, 『더 나은 세상을 위한 학교혁명』, 살림터, 2018.

둘째, 교육실습을 대폭 강화한다. 현재는 4주 정도 단기간 실습하고 있어 학교교육의 다양한 현상을 제대로 파악하기 어렵다. 교육실습을 강화하여 실습학기제를 도입하는 방안을 적극 검토한다.

셋째, 교육대학의 경우 교육과정을 다양화하여 학습자와 학부모를 이해하고, 현장교육 프로그램 등을 경험하도록 한다. 교과 간 구분을 유연하게 하고 융합교육과정을 개설하여 학습자의 선택폭을 넓힐 필요가 있다.

넷째, 중등교원 양성의 경우 양성 규모를 축소해가면서 사범대학, 교직과정, 교육대학원의 특성화를 유도하여 기관별 역할을 구분한다. 사범대학 중심으로 양성하고, 교직과정은 중복되지 않는 영역을 담당하도록 하며, 교육대학원은 현직교원의 재교육 중심으로 역할을 전환할 필요가 있다.

마지막으로 고교학점제를 준비하기 위해서라도 다[*]교과 전문성을 기르도록 한다. 복수전공자 임용을 우대하고, 현직교원들의 복수전공 프로그램을 지원함으로써 교사의 교육전문성을 강화한다.

교사교육은 교육 변화의 출발점이자 종착점이다. 지금의 교원양성체제가 마주한 과제를 하나씩 해결하다 보면 2025년 고교학점제를 통해 우리 교육의 근본적인 혁신을 기대할 수 있다고 본다.

고교학점제

고등학교 캠퍼스가 열린다

전 대 원
성남여자고등학교 일반사회과 교사

:

뜨거운 감자, 고교학점제

최근 고등학교 교육과 관련된 가장 큰 이슈는 고교학점제다. 교육부가 2021년 2월 고교학점제 종합추진계획을 발표함에 따라 사교육계가 초등학생 학부모를 대상으로 설명회를 여는 등 교육계 전체가 들썩였다. 발표 당시 초등학교 6학년 인 학생이 고등학생이 되는 2025학년도에 고교학점제가 전면 실시되기 때문에 아직 고등학교 입학까지 한참 남은 초등 학부모의 관심이 뜨거웠다. 대한민국에 서 고등학교 교육은 초·중·고 교육 기간 12년 중 3년에 불과하지만, 많은 사람들 의 인식 속에 고교 교육은 마라톤의 결승선이기 때문이다.

인터넷 포털사이트에서 '고교학점제 설명회'를 검색하면 결과가 크게 두 가지 로 구분된다. 하나는 교육청을 중심으로 한 공교육기관에서 주최하는 설명회이 고, 나머지 하나는 학원 등 사교육기관에서 주최하는 설명회다. 교육청 설명회 는 학부모들이 정작 알고 싶어 하는 부분을 건드려주지 못하고, 사교육기관 설 명회는 기승전 '공포 조장'으로 결론이 나는 경우가 많다. 초등학생 때부터 빨리 준비해야 한다며 경쟁의식을 북돋운다. 관료의 정책 홍보와 학원의 세일즈 홍보가 만나 고교학점제는 점점 더 알 수 없는 그 무언가가 되어간다.

고등학교 현장의 교사들에게는 고교학점제가 공포의 대상으로 다가온다. 갑자기 풀어헤쳐진 시간표에 가르쳐본 적 없는 교과목의 신설. 이것이 고등학교 교사가 바라본 고교학점제의 이미지다. 전국교직원노동조합(전교조)이 7월 5일부터 20일까지 일반계고 고교학점제 연구·선도학교를 대상으로 조사한 결과를 보면, 고교학점제에 대해 '재검토 및 문제점 개선 필요'라는 답변이 65.8%, '반대'가 26.9%였다. 교육현장의 반발이 매우 강하다고 볼 수 있는데, 조사 대상이 고교학점제를 선도적으로 실시하는 학교의 교사들이라는 점을 감안하면 피상적인 거부감이 아니라는 사실을 엿볼 수 있다. 새로운 제도를 접할 학생과 학부모는 불안해하고, 교사들은 개선이나 반대를 외치는 등 여러 반대에도 불구하고 고교학점제는 교육부의 로드맵에 따라 현재 부분적으로 도입되었고 2025년 전면적으로 실시될 예정이다.

▨ **고교학점제 로드맵**

	~2021년 제도기반 마련	2022년 운영체제 전환	2023~2024년 제도 단계적 적용	2025년 제도 전면 적용
제도	법령, 교육과정, 지침 정비			· 2022개정교육과정 적용 (2025년 고1~)
교원	고교학점제 핵심 교원 양성(~2022) 및 교원 역량 강화			
		연구·선도학교 교원 추가배치 (2022~)	새로운 교원 수급계획 적용 (2023~)	· 교육과정과 교원 배치 유기적 연계
학교	모든 학교의 학점제 운영 경험 축적(~2024, 100% 연구·선도학교 지정)			· 학생 맞춤형 교육 전면화
책임교육	최소 학업성취수준 보장 지도 준비		책임교육 실행(2023~)	· 학점 기반 고교 졸업 체제 운영
공간	모든 고교 학점제형 공간 조성 완료(~2024)			

자료 출처: 교육부 보도자료, 2021.8.

로드맵을 보면 2024년까지 모든 학교가 고교학점제 연구·선도학교로 지정된다. 2025년 전면 시행 이전에 대부분의 고등학교가 고교학점제를 운영하게 될 예정이다. 당장 2023학년도 고등학교 1학년부터 수업량의 명칭이 '단위'에서 '학점'으로 바뀌어 교과 174학점, 창의적 체험활동 18학점으로 총 192학점 이수 체제가 된다. 정책 당국의 홍보와 비즈니스를 목적으로 한 사교육 기관 사이에서 균형을 잡고 고교학점제를 분석하고 전망하는 글이 의외로 부족하다. 입시와 많이 연관될수록 이런 경향이 강해지는데, 학부모들의 관심이 높은 만큼 시장 규모도 크고 정치적 반응도 이에 비례해 민감해지기 때문이다. 정책 설명회나 학원 설명회를 들어도 수많은 정보 속에서 정작 무엇을 해야 할지에 대한 정보는 별로 없는, 풍요 속 빈곤 현상이 벌어지고 있다.

⋮

고등교육 고등화의 길

고교학점제의 시작

고교학점제의 정책적 시작은 문재인 대통령의 공약에서 비롯되었다. 그동안 학점제 논의가 없었던 것은 아니다. 선진국은 일찌감치 학점제 기반의 고등학교 교육과정을 진행하고 있고, 우리나라는 제7차 교육과정을 도입한 이후 일반화되지는 않았지만 무학년제 과목 선택이 가능하게 되어 있다. 학교단위에서는 무학년제가 아니지만 대한민국 전체적으로 보면 선택과목은 무학년제로 봐도 무방하다. 가령 사회문화 교과목의 경우 어떤 학교에서는 2학년 때 배우지만, 다른 학교에서는 3학년에 개설되는 경우가 있다. 같은 학교에서 2학년과 3학년에 걸쳐서 개설되기도 하는데, 원칙적으로는 다른 학년이어도 다 함께 평가하도록 되어 있다. 이처럼 그동안 고등학교 교육과정에서 학점제로 전환하려는 일정한 흐름은 있었다고 본다.

이후 정책연구 단계에서는 고교학점제의 맹아가 확실히 나타나고 있었다. 이명박 정부에서 나온 한국교육개발원 자료를 살펴보면, '무학년제 및 학점제 운영 방안'에서 고교학점제를 언급했고, 박근혜 정부에서도 '지능정보사회에 대응한 중장기 교육정책의 방향과 전략'이라는 시안을 발표한 바 있다. 교육정책을 포함하여 모든 국가정책은 정권 차원의 강력한 추진 드라이브가 있을 때에야 비로소 정책이 현실화된다. 그런 의미에서 고교학점제에 대한 이전 논의들이 맹아 단계였다면, 본격적인 정책 추진 단계는 문재인 정부에 와서야 시작되었다고 봐도 무방하다.

문재인 정부에서 고교학점제 정책을 급속하게 도입하려는 배경에는 학령인구 감소가 자리하고 있다. 과거 김대중 정부 시절에 학급당 인원수를 35명으로 줄이자는 제안에 정치적 반발이 있었다. 20년 정도 흐른 지금 학급당 인원은 20명을 바라보고 있다. 고등학교 학령기 인구가 줄어들면서 선택형 교육과정을 펼칠 수 있는 여유가 생긴 것이다. 사회의 다원화 현상에 대한 요구를 학교가 떠안기 어려운 물리적 환경이 없어진 것이다. 저출산 현상이 가져온 뜻하지 않은 결과물이다.

과거와 달리 수학포기자(수포자) 담론 확산 등 학교를 둘러싼 요구가 변화한 것도 고교학점제가 등장하게 된 배경 중 하나다. 사회가 민주화되면서 학교 내 부적응자를 정책적으로 배려해야 한다는 요구가 증대되었는데, 수포자 내지 영포자, 그리고 비진학 학생을 위해 실제적이면서 체감하는 정책을 마련하라는 목소리가 높아졌다. 학교 관료제가 과거에는 대입이라는 하나의 목표로 매진하고, 이 외의 목표는 허용하지 않던 문화가 바뀐 것이다. 학교에서 이 모든 요구를 해결하기 위해서는 필연적으로 교과목을 다양화해야 하고 이것이 고교학점제와 연계된 형태로 요구되고 있다. 결국 현재 고교학점제가 등장한 것은 사회·정치적 변화에 맞물려 저출산 현상으로 인해 학령기 인구가 감소되면서 교육정책적 여유를 허락하면서 정치에 투입된 요구들이 정책화된 것으로 이해할 수 있다.

고교에서 학점 따기

고교학점제란 말 그대로 고등학교에도 대학처럼 학점제를 도입한다는 뜻이다. 대학에서 수강신청을 하고 졸업에 필요한 학점을 취득하는 시스템을 고등학교에 적용한다는 뜻인데, 명칭 자체가 어렵지 않음에도 불구하고 많은 학부모들이 궁금증을 표명한다. 우리나라에서 고등학교를 나온 대부분의 사람은 대한민국 고등학교에서 교실을 바꿔가며 수업을 듣고 자율적으로 학점을 취득하는 모습을 상상하기 어렵기 때문이다. 고교학점제는 이런 문화에 전면적인 변화를 가져오는 제도다. 고교학점제라는 문화, 제도를 한 번도 접하지 못한 상태에서 고교학점제 실행 후의 실정이 어떨지 가늠하기란 쉽지 않다.

그동안 우리나라 초·중·고는 모두 학급 중심의 생활을 해왔다. 초등학교와 중학교의 경우 일부 음악수업이나 과학실험 등 특별실에서 진행하는 수업을 제외하고는 등교에서 하교할 때까지 자기 책걸상에 앉아 하루 종일 같은 교실, 같은 자리에서 수업을 듣는다. 고등학교에서는 일부 선택과목이 늘어나면서 교실을 이동하는 수업이 있지만 여전히 대부분의 수업은 각 반에서 진행하고, 일부 교과 수업 때만 이동하는 형태가 일반적이다. 고교학점제는 이런 문화에 전면적인 변화를 가져오는 제도다. 단순한 제도 변화가 아닌 대한민국 고등학교 문화 전체를 바꿀 가능성이 크다.

학교 위계상 고등학교는 대학교와 중학교 사이에 해당한다. 기존 고등학교가 중학교에 가까운 형태였다면, 고교학점제는 보다 대학교에 근접한 형태로 변화시키는 제도라고 보면 된다. 그동안 똑같은 중등 교육과정으로 묶여 중학교와 비슷한 학교문화를 보이던 고등학교가 고교학점제 도입과 함께 대학교에 가까운 문화적 특성을 지니는 모습이 예상된다. 사람들의 거부감 내지 시기상조라는 의견은 이런 예상으로부터 나온다. 초등학교, 중학교와 비슷한 담임제에 아직 확립되지 않은 교과교실제, 여전히 존재하는 과밀학급, 학급과 학년 단위로 움직이는 학교 행정문화 등 기존 시스템의 잔재가 고스란히 남아 있는 상태에서 고교학점제를 도입한다고 하니, 학교를 바라보는 바깥의 시선은 물론이고 교육 주체 또한 당혹할 수밖에 없다.

그럼에도 고교학점제가 가능하다고 주장하는 사람들이 근거로 드는 것은 저출산 현상의 여파로 인한 학령기 인구의 감소다. 학생 수가 감소하면서 고등학교 교실에 여유가 생기고, 교과교실 등 특별실을 만들 공간적 여유가 생겼다. 예전 같으면 상상도 못했을 10여 명 단위의 소인수 교과목 개설도 불가능하지 않은 실정이다. 즉, 대한민국이 맞이한 새로운 사회환경과 교육환경이 모두 고교학점제와 맞물려 있는 것이 작금의 현실이다.

출석만 하면 졸업하던 시대는 끝났다

이 글을 읽는 사람들 중에는 고등학교 시절 유급 경험이 없는 사람이 대부분일 것이다. 그래서 고교학점제를 논하면서 유급 기준을 이야기하는 것이 의아할 수 있지만, 어쩌면 이것이야말로 고교학점제를 이해하는 핵심이라 할 수 있다. 고교학점제 시행 후 학생들은 얼마나, 어떻게 수업을 들어야 고등학교를 졸업할 수 있을까?

기존 시스템에서도 고등학교를 그만두는 학생이 있었고, 졸업장을 받고 싶어도 자격기준 미달로 받지 못하는 학생도 소수이지만 존재했다. 고교학점제 이전 체제에서 가장 기본적인 졸업 기준은 출석일수다. 해당 학년도 총 수업일수 중 2/3를 출석만 하면 상위 학년으로 진급이 가능하고, 졸업반일 경우에는 졸업 자격이 주어진다. 출석 기준도 매우 여유로워서 학교에 왔다는 것만 확인되면 출석일수로 인정된다. 극단적으로 말해 매일 지각, 조퇴를 해도 학교에 왔다가기만 하면 수업을 거의 받지 않아도 졸업이 가능했다는 뜻이다. 시험 성적은 논할 것도 없다. 어떤 학생이 매일 지각을 해서 1년 내내 수학 수업을 듣지 않아도 진급이나 졸업에는 아무런 영향을 미치지 않는다.

고교학점제를 시행하면 이런 부분이 달라진다. 아직 제도 시행 전이라 구체적인 지침이 명확한 것은 아니지만 출결 여부는 출석일이 아니라 교과목을 기준으로 판단하게 될 것이다. 그러면 대학과 마찬가지로 학년 단위 유급이 아닌 각 과목의 이수 여부로 판단한다. 다만 대학에서는 다음 학기에 재수강하든지, 전공 필수과목이 아니면 그냥 넘어가는 방법이 있지만 고등학교에서는 그런 여유가 없기 때문에 미이수 학생을 위한 별도 대책을 마련할 전망이다. 최소한 미이수 학생에게 몇 차시 정도의 보충학습과 별도의 과제 수행 정도는 제시하지 않을까 싶다.

⋮

고교학점제 관련 쟁점 TOP3: 수업, 성적, 교사

교육과정 편제는 어떻게 될까?

이미 몇몇 연구학교와 선도학교에서는 고교학점제를 부분적으로 도입하고 있다. 고등학교에서 선택형 교육과정이 처음 도입된 것은 2002년 제7차 교육과정에서다. 한국근현대사, 경제지리, 법과 사회 등 과거에 보기 어려웠던 전문성을 띤 교과목이 등장한 것이다. 2015개정교육과정에서 자유수강제가 전면 도입되면서 선택형 교육과정이 대대적으로 확대되었다. 과학과제연구, 사회문제탐구, 고급수학 등 과거보다 전문성이 심화된 과목이 고등학교에 많이 도입됐다. 이것이 2025년도 고교학점제 도입 일정과 맞물리면서 학교현장에서는 고교학점제와 자유수강제가 동의어로 인식되기도 한다. 실제로 고교학점제의 의도에 학생들의 과목 선택지 확대가 포함되어 있고, 교과목의 다양화가 실질적으로 선택폭을 확대한다는 점을 감안하면 이해되는 부분이다.

다음은 교육부 지정 고교학점제 연구학교의 교육과정 편제표다. 이 학교의 교육과정을 보면 1학년 때에는 선택과목 없이 공통과목을 듣지만 2, 3학년에서는 선택과목이 급증하는 것을 살펴볼 수 있다.

교육부 지정 고교학점제 연구학교의 교육과정 편제표

교과영역	교과	과목	기준단위	운영단위	1학년 공통 1학기	1학년 공통 2학기	2학년 자유수강 1학기	2학년 자유수강 2학기	2학년 체육중점 1학기	2학년 체육중점 2학기	2학년 미술중점 1학기	2학년 미술중점 2학기	3학년 자유수강 1학기	3학년 자유수강 2학기	3학년 체육중점 1학기	3학년 체육중점 2학기	3학년 미술중점 1학기	3학년 미술중점 2학기	필수이수단위
기초	국어	국어	8	8	4	4													10
		문학	5	4(3)			4		3		3								
		독서	5	4(3)				4		3		3							
		언어와 매체	5	7											4	3	4	3	
	수학	수학	8	8	4	4													10
		수학 I	5	4(3)			4		3		3								
		수학 II	5	4(3)				4		3		3							
		확률과 통계	5	4											2	2	2	2	
	영어	영어	8	8	4	4													10
		영어 I	5	4(3)			4		3		3								
		영어 II	5	4(5)				4		5		5							
		영어독해와 작문	5	7(6)									3	3	4	3	4	3	
		한국사	5	6	3	3													6
	기초교과	고전 읽기/기하/실용영어 [택1]	5	6			3	3											
		화법과 작문/언어와 매체/확률과통계/미적분/심화영어독해 [택3]	5	6									3	3					
			5	6									3	3					
			5	6									3	3					
탐구	사회	통합사회	8	6	3	3													10
		생활과 윤리	5	4(6)					2	2	3	3							
		사회 · 문화	5	4(6)											2	2	3	3	
	과학	통합과학	8	6	3	3													
		과학탐구실험	2	2	1	1													
		지구과학 I	5	4					2	2	2	2							
	탐구교과	사회문제탐구/생활과과학 [택1]	5	4			2	2											
체육·예술	체육	체육	5	4	2	2													10
		운동과 건강	5	4			2	2	2	2	2	2							
		스포츠 생활	5	4									2	2	2	2	2	2	
		스포츠 개론	5	3					3										
		단체 운동	5	2					2										
		육상 운동	5	8					4	4									
		체육 전공 실기 기초	5	8					4	4									
		체육과 진로탐구	5	3						3									
		체조 운동	5	3											1	2			
		체육 전공 실기 심화	5	8											4	4			
		스포츠 경기 체력	5	8											4	4			
		체육 지도법	5	2											2				
		스포츠 경기 실습	5	3												3			
	예술	음악	5	3	3	(3)													10
		미술	5	3	(3)	3													
		음악 연주/ 미술 창작[택1]	5	4									2	2	2	2	2	2	
		매체미술	5	7							4	3							
		드로잉	5	7							4	3							
		미술 전공 실기	5	8							4	4							
		미술사	5	3													1	2	
		평면조형	5	8													4	4	
		입체조형	5	7													3	4	
생활·교양	생활교양	기술 · 가정	5	4	2	2													16
		공학일반	4	4													2	2	
		중국어 I /스페인어 I [택1]	5	4			2	2	2	2	2	2							
		한문 I	5	4									2	2	2	2	2	2	
		심리학/ 교육학 [택1]	5	2									1	1	1	1	1	1	
		논술	5	2	1	1													
교과영역간 선택과목		세계지리/경제/정치와법/동아시아사/생활과윤리/물리학 I /화학 I /생명과학 I /과학과제연구-생명과학실험/과학과제연구-물리학실험/과학과제연구-화학실험/음악사/지식재산일반 [택3]	5	6			3	3											
			5	6			3	3											
			5	6			3	3											
		한국지리/윤리와사상/사회.문화/세계사/지구과학 I /물리학 II /화학 II /생명과학 II /지구과학 II /고급물리학/고급생명과학/고급화학/음악전공실기/중국어 II /스페인어 II [택3]	5	6									3	3					
			5	6									3	3					
			5	6									3	3					
		심화국어/진로영어/수학과제탐구/한국사회의이해/융합과학탐구/공학일반 [택1]	5	4									2	2					
이수단위 소계			180		30	30	30	30	30	30	30	30	30	30	30	30	30	30	
창의적 체험활동			24		4	4	4	4	4	4	4	4	4	4	4	4	4	4	
이수단위 총계			204		34	34	34	34	34	34	34	34	34	34	34	34	34	34	
체육, 예술 교양 성격의 선택과목 수					2	2	1	1	6	5	4	3	4~7	4~7	6	6	6	6	
학기당 이수 과목 수					10	10	10	10	11	10	10	9	12	12	12	12	11	11	

1. 세대의 변화   2. 학교의 변화   3. 정책의 변화

자유수강제는 학생부종합전형에 새로운 평가요소가 등장할 가능성을 보여준다. 실제로 서울대가 예고한 2024학년도 입학전형을 보면 경제학과에 진학할 학생은 미적분을, 의예과는 생명과학을 수강 권장 과목으로 제시하고 있다. 고등학교 교과에 대학교 전공의 연계를 강화하는 이러한 조치는, 고교학점제 시대를 대비한 포석임을 어렵지 않게 짐작할 수 있다.

입시학원들은 이런 측면을 대대적으로 부각시킨다. 달라진 입시환경은 사교육 기관이 주최하는 학부모설명회의 주요 콘텐츠다. 지금까지는 대학이 고교 성적과 학생부 기록만을 봤다면, 앞으로는 학생이 어떤 과목을 선택했는가도 중요한 포인트로 부각될 것이고, 거기에 맞는 전략이 필요하다는 식으로 사교육의 필요성을 내세울 수 있다. 이런 측면을 공교육 차원의 정책적 언어로 바꿔보면 '모든 교사가 교육과정 설계자가 되어야 한다'라고 표현할 수 있다. 학생 상담에서 교육과정 상담의 비중이 대폭 커질 것이다.

여기서 현장교사들 사이에 논란이 터져나오고 있다. 각 고등학교에서 국제정치, 국제경제, 지역학 등 대학교 전공 강좌에서나 들을 법한 강좌들을 경쟁적으로 개설할 가능성이 높아지기 때문이다. 중등 교육과정에서 과연 이런 교과목들을 개설할 필요가 있는지, 누가 가르칠지의 문제가 제기된다. 이런 소인수 교과목의 공급과 수요를 잘 맞출 수 있을지도 의문이다. 학생 수가 많지 않은 농·어촌 학교의 학생들은 교육 양극화의 희생양이 되지 않겠냐는 우려도 있다.

고교학점제를 찬성하는 측에서는 교육지원청이 나서야 한다는 의견을 제시한다. 학교단위로는 어려워도 지역단위에서는 가능하다는 것이다. 고교 교육과정의 다양화는 필연적으로 격차를 발생시킨다. 우리 사회가 이렇게 예상되는 부작용을 얼마나 해소해가며 나아갈 수 있는지가 교육과정 편제를 둘러싼 핵심 과제가 될 전망이다.

성적은 어떻게 산출할까?

사실, 가장 큰 관심사는 고교학점제 하에서의 성적 산출방식일 것이다. 현행 시스템에서는 예체능 교과와 일부 예외를 제외하고는 상대평가 9등급제가 기본이다. 4% 이내에 들어가면 1등급, 11%까지는 2등급이 되는 식으로 거의 모든 과목의 성적 산출방식이 동일하다. 이제 이런 산출방식도 변화가 불가피하다. 만일 어떤 학교에서 '국제정치'라는 교과목을 개설한다고 가정해보자. 나아가서 '드론 연습'이라는 교과목 개설도 가능하고, 요리에 관심이 많은 학생들이 있으면 '한식실습' 같은 과목도 개설할 수 있다. 이런 소인수 수업에서 상대평가 9등급제를 도입하는 것은 거의 불가능에 가깝다. 교육부는 이에 대한 대책의 일환으로 선택과목에서 성취평가제를 전면 도입할 것을 염두에 두고 있다.

교육부가 제시한 '성적 산출방식의 변화'를 보면 공통과목은 현행과 마찬가지로 성취도와 석차등급이 모두 표기되지만 선택과목에서는 석차등급이 없어진다는 것을 알 수 있다. 1학년에서만 석차등급이 나오고 2, 3학년 과정에서는 거의 성취도로만 성적표가 나온다는 뜻이다.

▨ **성적 산출방식의 변화**

현행(2019~)		향후(2025~)	
교과	성적 산출	교과	성적 산출
공통과목 일반선택과목	성취도(A, B, C, D, E), 석차등급 병기	공통과목	성취도(A, B, C, D, E, I) 석차등급 병기
진로선택과목	성취도(A, B, C) 표기	선택과목 (일반/융합/진로)	성취도(A, B, C, D, E, I) 표기

자료 출처: 교육부

이런 변화가 입시에 어떤 영향을 미치는가야말로 초미의 관심사일 것이다. 이에 대해서는 정확히 알려진 바가 없고, 교육부 역시 고교학점제에 대비한 새로운 입시제도를 연구 중이라고만 한다. 가장 큰 쟁점은 고교학점제와 수능을 확대하겠다는 입시정책이 상호 충돌한다는 것이다. 고교학점제는 고교 교육의 다양화를 추동하는 기제라면, 수능으로 치러지는 정시 대학입시는 획일화 기제를 갖고 있다. 학벌 체제가 강고한 대한민국에서 학생들이 수능점수로 대학에 간다면, 고교학점제가 추구하는 교육과정 편제의 다양화 취지는 무색해진다. 이상적 제도가 현실을 만나 좌초하는 현상이 고교학점제를 통해 상징적으로 나타날 수 있다는 것이다.

현장의 많은 교사가 고교학점제의 가장 큰 적은 바로 교육부의 정시 확대 정책이라고 말한다. 교육의 획일화를 피하고 다양화를 추구한다는 좋은 의도가 실제적인 이해관계가 결부되면 본래 목적은 좌초되고 만다. 이는 우리가 오랫동안 목도해온 현실이다. 일각에서는 공통과목에만 석차등급이 표기됨으로써 국영수를 중심으로 한 공통과목의 영향력이 지금보다 훨씬 더 증대할 것이라는 우려도 있다. 결국 입시라는 매듭을 어떻게 풀어내느냐가 고교학점제의 가장 큰 쟁점으로 부각될 것으로 예상된다. 아직은 시작하지 않은 정책이고 입시에 미친 영향력이 구체적으로 보이지 않아서 잠잠하지만 수면 아래에서는 부글부글 끓고 있는 상황인 것이다.

누가 가르칠 것인가?

어쩌면 고교학점제의 가장 큰 쟁점은 '누가 가르칠 것인가'일지도 모른다. 아니, 이미 가장 큰 쟁점으로 부상했다.

고교학점제의 도입과 함께 과목의 다양화가 현안으로 대두되었다. 다양한 과목의 개설은 필연적으로 기존 교사들에게 과목 개설 역량에 대한 부담감을 준다. 이에 대해서 교육부는 '한시적 기간제 도입'이라는 새로운 제도를 예고했다. 박사학위 수여자나 실기능력 보유자가 한시적으로 기간제 교사를 할 수 있는 제도를 도입하겠다는 것이다. 이는 즉각 여러 현장교사들의 반발을 불러왔다. 기존 교원자격증 제도를 흔들 수 있는 문제이기 때문이다.

기존 교사자격증이 없던 과목을 개설할 경우를 대비한 예외적 조처라고 교육부는 답변했지만 이 문제는 학교현장에 상존하는 고교학점제 반대 여론에 강하게 힘을 실어주는 역할을 했다. 핵심은 그렇게까지 해서 고등학교 단계에서 특수한 교과목을 개설해야 하느냐는 문제제기와 한시적 기간제 교사 도입 자체가 초등학교 영어회화 전문강사 등에서 여러 부작용을 낳았던 전례를 답습할 것이라는 비판이었다. 이에 제도화되어 있는 고등학교 위탁교육제도를 고교학점제에 활용하자는 등의 제안이 대안으로 떠오르고 있다.

교육부에서 발간한 고교학점제 종합 추진계획을 보면 '영상 제작의 이해', '코딩 없이 시작하는 AI 데이터 분석', '스페인어' 등의 교과목이 나와 있다. 일부 학교에서 선도적인 교사의 노력으로 이런 과목들을 개설했지만, 고교학점제를 전면화할 경우 필연적으로 이런 특수과목 개설이 가능한지로 학교 역량을 평가하는 상황이 나올 것이다. 이를 고스란히 학교의 몫으로 돌리게 되면 교육 자체가 부담스러운 상황으로 전개될 것이 예상된다.

교육부는 교사들에게 부전공이나 복수전공 연수 기회를 제공하고, 교육지원청의 지원과 수도권에 비해 불리한 지방 소재 고등학교들에 국가단위의 지원방안 등을 강구하고 있지만 아직까지는 아이디어 수준에 불과하다. 현재 교육부 자료를 봐도 실제적인 대책을 강구하지는 않고 정책 홍보 정도에 머무르는 것이 감지된다. 결국은 누가 가르칠 것인가의 문제에서도 지역 간 격차, 기존 교원자격증 제도와의 충돌 문제, 학교 간 혹은 교육지원청 간 역량 차이 등 고교학점제가 가져올 수 있는 단점들이 드러날 공산이 크다.

⋮

고교학점제가 가져온 변화

학교문화의 혁신

고교학점제 시대의 학교생활을 이해하기 위해서 어느 고등학교 3학년 교실의 시간표를 살펴보자. 무슨 암호처럼 보이겠지만 어엿한 시간표다. 같은 반이라 하더라도 동일한 과목을 수강하지 않기에 과목명 대신 분류기준을 나타내는 알파벳을 대신 표기했다. 심리와 독서는 공통 교과목으로 모두가 같은 교실에서 수업을 듣는 과목이고, 진로와 창체(창의적 체험활동)는 특별활동 개념으로 이해하면 된다. 동아리 활동시간은 창체 시간에 이뤄진다.

▨ OO고등학교 3학년 교실 시간표

3-1반	월	화	수	목	금
1	F	J	H	I	G
2	A	B	C	D	E
3	K	F	G	H	I
4	C	D	E	A	B
5	J	K	F	G	창체
6	심리	독서	심리	진로	창체
7	H	I	J	K	

이 표는 미래에 고교학점제가 전면화되는 때를 가정하고 만든 가상의 표가 아니라 자유수강제를 전면화한 학교의 실제 시간표다. 보다시피 자기 반 교실에서 수업을 듣는 시간보다 그렇지 않은 시간이 훨씬 더 많다. 조례, 종례를 제외한 모든 시간을 다른 교실에서 수업하는 학생도 있을 수 있다. 고교학점제하에서는 여기서 2시간 정도 비는 시간이 생긴다고 생각하면 된다. 비는 시간은 공강을 의미한다. 현재 고등학교 과정에서 공강은 일주일에 1시간 정도인데, 실제로는 이 시간표 상 금요일 7교시처럼 1시간 일찍 하교하는 날로 취급되는 경우가 많다. 이 현상을 이해하기 위해서는 현재 고등학교의 졸업 기준을 알아야 한다. 구체적으로는 교과단위와 창체단위가 구분되기는 하지만, 기본적으로는 204단위[1]를 이수하면 고등학교를 졸업할 수 있다. 단위를 다 공부하지 않아도 출석일

---

1) 단위: 일주일에 들어 있는 수업시간. 만약 국어가 일주일에 3시간이 들었다면 3단위가 된다. 대학에서는 주로 학점이라는 표현을 사용하지만, 지금까지 고등학교에서는 단위라는 표현을 사용했다.

수만 채우면 졸업이 되기 때문에 현재 시점에서는 졸업 여부를 판단할 때 204단위라는 숫자가 큰 의미는 없다. 다만 오늘날 고등학교 수업이 어떻게 이루어지는지 살펴볼 때는 중요한 숫자다.

먼저 간단한 계산을 해보자. 매일 7시간씩 주 5일 수업을 하면 한 학기에 35단위를 이수하게 된다. 그러나 보통은 1단위가 비어 있으니(앞서 예시로 든 시간표를 기준으로 하면 금요일 7교시) 34단위가 된다. 고등학교가 총 3년 과정에 6학기이므로, 34×6=204, 즉 현재 고등학교 교육과정은 204단위로 편성되어 있음을 알 수 있다. 여기서 단위를 그대로 학점으로 바꾸면 204학점이 되는데, 교육부는 고교학점제 시행 후 교육과정 기준을 192학점으로 조정한다는 계획이다. 총 12학점, 즉 한 학기에 2학점씩 줄어든다는 뜻이니, 시간표에서 2시간씩 줄어든다고도 표현할 수 있다. 기존에 있던 1시간에 2시간이 더해지면 총 3시간의 여유시간, 즉 공강이 생긴다. 고교학점제를 전면적으로 실시하면 '수업종이 울렸으니 모든 학생은 교실에 들어가야 한다'라는 대전제는 사라지고, 대학생들이 캠퍼스에서 공강 시간을 자유롭게 활용하는 문화가 고등학교에도 자리 잡을 것이다.

이처럼 시간표의 변화는 고등학교 생활에 큰 변화를 가져오게 된다. 강제 야간자율학습 폐지와 두발 및 복장 자유화를 시행하는 데 큰 저항이 있었는데, 앞으로는 이런 논란 자체가 무의미해질 듯하다. 두발 제한이나 강제 야자 등 가부장적인 학교 질서가 가능했던 건 담임이 학생들을 통제하는 제도가 있었기 때문이다. 지금도 담임의 학생 제어권이 많이 사라졌지만, 고교학점제 시행 후로는 조·종례 시간이 아니면 얼굴도 보기 어려운 학생을 상대로 담임이 세세한 생활지도를 하기란 거의 불가능하다. 이처럼 고교학점제 시행은 시간표 변화, 나아가 학교 및 학급 문화의 변화를 가져온다.

학교시설의 변화

고교학점제는 학급교실에서 교과교실로 교실 공간의 변화도 요구한다. 학생이 담임 지도하에 자기 반 교실에서 공부하고 밥도 먹고 청소도 하는 과거의 학교 모델은 완전히 탈바꿈해야 한다. 교사가 학생이 있는 교실을 찾아가는 것이 아니라 학생들이 교사가 있는 교과교실을 찾아가는 것이다. 각각 장단점이 있겠지만 교실이 생활공간에서 수업공간으로 변한다는 점을 생각해볼 때, 이러한 변화가 가져올 파장은 결코 적지 않다. 공강시간에 학생들이 공부하고 생활할 장소도 필요해질 것이다. 교육부의 계획을 보면 고교학점제 실시 후 필요한 공간으로 홈베이스, 도서관, 온라인수업 교실 등이 제시되어 있다. 홈베이스는 수업이 없을 때 편하게 생활할 공간이 되고, 도서관은 공부하거나 자료를 찾는 공간으로 활용도가 높아질 것이다. 대학 캠퍼스의 생활양식을 고등학교에도 도입한다고도 볼 수 있고, 이는 기존 사고방식으로는 상상하기 어려운 변화를 야기할지도 모른다.

과거, 학생들 사물함을 제대로 비치하지 않아 무거운 책가방을 들고 등·하교하는 상황이 사회문제가 된 적도 있다. 지금은 교실마다 사물함이 있지만 앞으로는 사물함을 별도 공간에 배치하는 형태를 상정해야 한다. 고등학교 생활을 다룬 해외 드라마나 영화를 보면 커다란 사물함을 배경으로 하는 장면이 많이 나온다. 고교학점제를 시행하면 이와 같은 모습이 우리 고등학교에서도 자연스럽게 보일지도 모른다.

학령기 인구 감소와 함께 증가하는 여유 공간을 활용한 학교 공간의 재구조화는 고교학점제와 인구감소라는 사회 변화와 맞물린 또 하나의 변화다.

현재 교육부가 추진하고 있는 그린스마트미래학교 정책을 살펴보자. 유·초·중·고 모두에 실시하는 정책이라 고교학점제와 직접 관련이 없어 보일 수도 있지만, 미래교육 전환 사업의 일환으로 추진되고 있는 이 사업은 고등학교에서는 고교학점제와 밀접할 수밖에 없다. 이 사업의 구체적인 대상은 40년 이상 된 건물인데, 고등학교에서는 고교학점제를 원활하게 시행하기 위한 것이 주요 목표가 되고 있다. 학교에 따라서 건물을 리모델링하거나 아예 다시 짓는 학교로 나뉘지는데, 고등학교는 모두 고교학점제 실시 기반을 시설 차원에서 마련하는 것으로 정책을 이해하고 있는 실정이다. 학령기 인구 감소로 남겨진 유휴 교실 리모델링, 다양한 학습 경험이 가능한 교실 구축, 낡은 건물에서 확보되지 않았던 홈베이스 공간 확보 등이 이 사업을 통해 현실화될 것으로 보인다.

시간을 두고 진행해야 할 사업을 급작스럽게 진행하는 데 있어 비판의 목소리도 나오고 있다. 아직 고교학점제에 대한 이해나 저변이 제대로 확산되지 않은 상태에서 건물 인프라의 기획과 설계를 단시간 내에 끝내라는 행정 지시가 내려왔기 때문이다. 변화는 거대한데, 이를 대처할 시간은 부족하다는 문제가 시설 변화에서도 지적이 되고 있다.

교사의 역할 변화

서두에서 밝혔듯 고등학교 교사들은 고교학점제에 상당히 비판적이다. 지금까지 고등학교에서는 출장이나 외부 업무 처리가 필요할 때 시간표를 바꿔서 일을 처리했다. 교실단위 수업이기 때문에 해당 교실 수업에 들어가는 선생님과 합의한다면 시간표를 바꾸기 쉬웠기 때문이다. 하지만 앞으로는 이러한 시간표 교환 형태의 임기응변이 어려워질 것이다. 대학교에서 휴강이 아닌 한 교수 또는 강사가 반드시 해당 수업시간 동안 무조건 강의실에 있어야 하듯, 고등학교에서도 비슷한 상황이 벌어질 것이다. 고교학점제가 본격적으로 도입되면 현재 고등학교에 쏟아지는 기타 행정 처리나 출장 등의 업무가 불가능해진다는 뜻이다.

여러 교과를 동시에 지도하는 부담도 늘어난다. 수업 선택지의 확대는 곧 다양한 과목 개설을 의미하고, 소인수 학급의 가능성은 그만큼 다양한 교과의 탄생으로 이어질 것이다. 가령, 기존 교육과정에서 일반사회 교사는 많아야 한 해에 두 과목 정도를 가르쳤고, 한 과목만을 가르치는 경우도 많았다. 교사자격증에 따르면 '정치와 법', '사회문화', '경제' 과목을 가르칠 자격이 있지만, 이 세 과목을 한 학기에 다 가르치는 경우는 흔하지 않았다. 앞으로는 이런 경우가 일상다반사가 될지도 모른다. 세 과목을 한 학기에 모두 가르친다 하더라도 개설하는 수업이 기존 과목에 한정되면 교재연구 부담은 조금 덜하겠지만, 고교학점제를 본격화하면 여기에 '사회적 과제 연구' 혹은 '사회문제 탐구', '국제경제 브리핑' 같은 전혀 새로운 형식의 교과목을 개설할 가능성이 생긴다. 그러면 기존 교과목뿐만 아니라 새로운 교과목을 맡을 가능성이 커지며, 한 학기에 더욱 많은 교과를 지도하는 시스템이 된다. 이것이 고교학점제를 바라보는 선도학교 혹은 연구학교 교사들이 부정적 시선을 갖게 된 주요 배경이다.

업무 부담 측면에서 긍정적인 방향을 하나 찾아보면, 현재 학교에서 기피 업무인 담임 역할이 보다 가벼워질 수 있다는 점일 것이다. 지금까지는 학생을 담임에게 맡기고 담임이 모든 책임을 지는 형태로 고등학교 시스템이 짜여 있었다면, 이제는 학생에게 개별적 책무를 부과하고 이를 관리하는 유한책임 시스템으로의 변화를 모색할 수 있게 된다.

코로나19로 인해 비대면 교육이 많아지자 각 학교 교무실에서 아침부터 담임교사들이 전화를 붙들고 놓지 못하는 모습을 흔히 볼 수 있다. 집에서 늦잠을 자는 학생을 깨우기 위함이다. 20세기에서 21세기로 넘어오면서 담임은 단순히 부모를 대신하는 역할에서 점차 조언자 내지 상담가로서 역할이 변해왔는데, 여전히 가부장적 담임 문화에서 무한책임을 져야 하는 존재로 인식되고 있다. 이 부분에서 변화가 이뤄진다면 고등학교 교사의 업무 형태가 달라질 가능성이 크고, 업무의 합리적 재편성 또한 기대할 수 있다. 가령 생활지도에서 학생 개개인의 책무를 높이고, 그로 인해 낮아진 업무 부담을 교재연구와 교육과정 설계 역량으로 집중하게 만드는 것이다.

이 과정에서 학생들에게는 자율성이 지금보다 훨씬 더 크게 부여될 수밖에 없다. 관리와 타율은 동전의 앞뒷면처럼 연결되어 있다. 학생들에게 과목 선택권이 부여되는 자율이 주어진다면 학교의 관리 역시 느슨해질 수밖에 없다. 진부한 표현을 쓰자면 학생들에게는 자율과 함께 그만큼 책임도 커진다. 만약 교사에게 더 많은 것을 배우고 싶다면 그만큼 적극성을 띠어야 한다. 떠먹여주는 교육이 불가능해지는 구조이기 때문이다.

학생의 자율이 중시되는 것이 모든 학생에게 교육적으로 마냥 좋은 효과를 가져온다는 보장은 없다. 공교육은 획일적이라고 비난받기도 하지만 그만큼 양질의 대중교육을 제공한다는 이점이 있다. 고등학교 과정에서 고교학점제를 도입한다는 것은 국제 기준에 맞게 고등학생을 준성인으로 대접하고 이에 따른 자율과 책임을 부여한다는 뜻이다. 여기에서 미성년인 고등학생들에 대한 학부모들의 역할이 지금보다 더 증대할 가능성이 크다. 학생들의 자율적 선택 능력이 떨어진다면 안 그래도 부모 개입 정도가 강한 대한민국 교육 현실에서 가정 간 격차가 학력격차를 불러올 가능성도 함께 높아질 수 있다는 불안감이 생길 것이다.

앞으로는 학생이 어떤 과목을 선택했느냐가 학생을 설명하는 주요 자료가 될 수 있다. 이미 서울대는 계열이나 전공별로 권장 이수과목을 지정하는 2024학년도 입학전형 예고사항을 발표한 바 있다. 문과는 수학 미적분을 수강하지 않는 분위기였는데, 경제학과 진학 희망 학생들에게 이 과목을 수강해야 한다는 강한 메시지를 전달하고 있다. 아직 고교학점제를 실시하기 전임에도 불구하고 이런 분위기가 나타난다는 것은 대학입시에서 이런 변화가 가속화될 것을 방증한다.

대학입시의 변화

가장 가늠하기 힘든 변화가 대학입시다. 교육부는 지금부터 연구에 들어간다고 하지만 온 국민의 관심사이면서 이해관계가 첨예하게 엇갈리는 분야라서 전망이 쉽지만은 않다. 학령기 인구가 줄어서 평균 경쟁률은 떨어지겠지만, 이른바 '그들만의 리그'인 상위권 대학 입시 경쟁 강도는 전혀 줄어들지 않기 때문이다.

고교학점제를 먼저 실시한 외국 사례를 보면 우리나라처럼 전국이 한날한시에 치르는 시험으로 서열을 매겨서 합격자를 가리는 사례는 드물다. 미국의 SAT나 프랑스의 바칼로레아도 우리나라 수능처럼 절대적인 영향력을 행사하지 못하고, 시험의 난이도와 형태도 다르다. 미국 SAT는 문제은행식 출제이고 프랑스의 바칼로레아는 서술형 평가다. 우리나라 수능과 단순 비교할 수 없고, 대학이 입시에서 가지는 자율성도 상당히 높은 수준이다. 미국 대학에서는 자기소개서와 같은 에세이를 제출서류로 요구하는데, 이는 다양한 고교 과정을 평가하는 자료로서도 의미 있다. 이런 정성적 평가에 대한 저항감이 상당한 가운데 고교학점제라는 다양한 교육과정 편제를 전제로 하는 고교학점제가 어떻게 입시에 안착할 수 있을지는 매우 큰 관심사이자 고민거리다.

일단 예상해볼 수 있는 방안은 고교학점제에 맞춰서 대학입시를 자율화하는 것이다. 고교 교육이 다양해진다면 이를 평가하고 학생을 받아들이는 대학에도 자율성을 주는 것이 타당하다. 문제는 이러한 수미일관적 구조가 한국사회에서 적용 가능할 것이냐에 있다. 한국사회가 여러 부문에서 변화와 발전을 겪었음에도 입시 문제는 전혀 앞으로 나가지 못했다는 것이 세간의 평가다. 교육정책 문제도 있겠지만 한국사회에서 학벌이 가지는 의미가 변화하지 않고서는 해결책을 제시하기 어렵다는 현실도 인정해야 한다.

긴 샅바 싸움과 백가쟁명百家爭鳴이 입시를 둘러싸고 진행될 것으로 예상된다. 대학은 더 많은 자율권을 요구하고, 학부모 단체에 따라 각기 상반된 제안을 내세울 가능성이 높다. 일괄 고사에 의한 선발이 한계에 봉착했음에도 그것을 유지하려는 측과 대학입시 자율화 등 새로운 고교학점제 시스템에 맞는 입시제도 도입을 논의하는 측의 대결이 심화될 수도 있다. 어느 부분에서는 의견을 같이하는 측 내부에서도 서로 다른 입장이 터져나오며 긴 논쟁의 터널 초입이 나타날 것으로 전망된다.

고등교육 및 졸업 후 진로와의 연결

고교학점제로 전문대학 및 대학교 교육과의 연계는 한결 밀접해질 전망이다. 지금까지는 국·영·수·사·과라는 교과의 틀에서만 진행돼오던 교육이 다양화의 길로 접어들 것이기 때문이다.

가령, 수학과에 진학할 학생은 고급수학 과목을 개설해달라고 요구할 것이다. 경제학과에 진학할 학생은 고등학교 경제 교과목을 넘어서서 경제학개론을 듣고 대학에 진학할 수 있다. 대학에서 전공할 학문을 염두에 두고 고등학교 교과목을 선택하는 비중이 증가할 것으로 예상된다. 전문대학에 진학하거나 취업하려는 학생들을 위한 강좌 개설도 가능하다. 미용 관련 과목을 지역 교육지원청 차원에서 개설한다면 이를 배워서 취직할 수도 있고, 관련 전문대학 진학도 고려할 수 있다. 다양화라는 전제가 잘 안착된다면 고등학교 졸업 이후 학생 개개인의 전망을 학교에서 품어줄 수 있다.

그러나 모든 것이 이상적으로만 흘러간다는 보장이 없다. 만약 학교의 자원이 여전히 입시 위주로 흘러간다면 고등교육과의 연결은 대학진학 스펙을 쌓기 위한 무분별한 과목 개설로 나타날 가능성이 높다. 전문대학에 취업할 학생들에 대한 교과목 개설 역시 형식으로 그치고 내실 있는 교육을 기대하기 어려울 수 있다. 현재 실시되고 있는 위탁교육과정과의 관계 설정도 문제다.

이런 모든 것들이 활성화된다 해도 또다른 문제가 남는다. 학교의 다양화가 자칫 학교의 지역 간 서열화를 고착시킬 가능성이 있다. 문재인 정부는 주요 특목고를 폐지하고 여기에 고교학점제를 보완하여 고교교육의 질적 전환을 기하겠다는 목표를 두고 있지만, 이것이 지역 간 격차를 확대시킬 우려가 완전히 해소되지 않았다. 만약 고교학점제가 지역 간 격차를 확대하는 결과로 나타난다면 이를 해소하라는 정책적 요구가 크게 나타날 수 있다.

:

우리의 희망이 변화의 척도가 된다

지금까지 고교학점제에 대해 기성세대의 시선을 기준으로 설명해보았다. 교사라 하더라도 중학교와 고등학교의 경험이 다르고, 21세기에 교사가 되었어도 2000년대와 2010년대가 다르고, 2020년대는 또 다르다. 이는 물리적 장벽보다는 문화적·세대적 장벽이 이해를 가로막는다고 봐야 한다.

고등학교에서 선택형 교육과정을 전면화한 지 벌써 20년이 되었고, 교과목 전문화도 2015개정교육과정과 함께 시작되었다. 여기에 자유수강제까지 전면화된 상황이다. 현장교사들도 이런 급속한 변화에 적응하기 어려운데, 학교의 내부 변화를 직접 관찰할 수 없는 사람들은 자신들의 학창시절과 너무나 다른 문화적 환경을 이해하기 더 어려울 것이다. 여기에 또 하나, 입시라는 장벽이 더해진다. 입시에서의 유불리 논란은 모든 논쟁을 한 번에 파묻어버리는 블랙홀이다. 논쟁의 합리성은 사라지고 유불리 판단이 모든 논쟁의 결론을 하나의 정답으로 몰아간다. 모두 고교학점제를 있는 그대로 이해하는 데 장벽이 되는 것들이다. 최근 20여 년간 교육청이나 교육부 차원에서 드라이브를 건 사업 중에서 학교문화의 변화까지 초래하는 가장 영향력이 큰 제도 도입이 바로 고교학점제이다. 앞에서 설명했듯이 고등학교의 공간이 변화하고, 교육과정이 바뀌고, 문화를 뒤흔드는 변화를 초래할 것이다. 이 변화의 향방이 어디로 향하고 어떻게 학교를 변화시킬지, 가지 않았던 길이라서 더욱 가늠하기 어렵다.

고등학교 교육의 정상화와 입시 문제는 마치 마주보고 달리는 기관차와 같다. 입시제도에 나타나는 요구를 수용하다보면 고등학교 교육의 파행을 유도하고, 정상적인 교육목표를 향해 매진하다가 입시를 둘러싼 욕망에 정면으로 가로막히기도 한다. 고교학점제는 고등학교에 혁명적인 변화를 가져올 제도이지만, 아직 이에 대한 대비나 보완책은 걸음마 단계다. 수능으로 대표되는 입시제도와의 괴리, 지역 간 격차 문제, 고등학교의 준비 상황, 다양한 교과의 교수 문제 등 하나하나가 큰 갈등을 불러올 수 있는 난제들이다. 일단 고교학점제 자체를 면밀하게 분석하고, 있는 그대로 실체를 파악하면서 시작해야 할 것이다.

경계를 허물고 빗장을 풀다

최 지 윤
국가교육회의 기획단 장학관

국민과 함께 만드는 미래 교육과정

국민의 의견을 듣습니다

국가교육과정은 우리나라 유·초·중·고등·특수학교의 모든 학생이 배워야 할 교육 내용과 방법의 계획, 실천, 평가, 피드백 기준이 들어 있는 국가수준 교육 계획서이다. 교육부는 2021년 4월, "2022개정교육과정을 국민과 함께하는 미래형 교육과정으로 추진한다"고 발표했다. 국가교육회의, 전국시도교육감협의회와 협업하여 국민의 다양한 의견을 수렴하여 교육과정 개정에 반영하기로 한 것이다. 2022개정교육과정을 추진하는 교육부는 연구·개발 및 실행을 담당하고, 전국시도교육감협의회는 교사들의 의견을, 그리고 국가교육회의는 국민 의견을 수렴한다는 계획이었다.

국가교육회의는 대국민 설문을 위한 온라인 플랫폼을 개설하고 한 달에 걸쳐 설문조사를 진행했다. 응답 결과를 국민에게 공개하는 한편, 설문 결과에서 도출한 쟁점에 대한 사회적 협의를 진행했다. 사회적 협의를 위해 온라인 토론방을 한 달가량 열었고, 한편으로는 온라인 공개포럼, 권역별 토론 및 청년·청소년 토론을 거쳐 100인 토론과 30인 토론을 이어갔다. 단계별 토론이 끝나면 결과를 공개하고 다음 단계 토론을 위한 사전 학습

2022개정교육과정 대국민 설문조사 온라인 플랫폼
(http:///www.eduforum.or.kr)

자료나 사전 질문지를 참가자들에게 전달했다.

설문 문항은 교육과정 총론의 주요 사항을 중심으로 구성했다. 교육과정 총론이라는 다소 어렵고 답변 시간도 긴 설문에 일반시민, 학생, 학부모, 교사 등[1] 10만여 명이 참여했고, 일부 참여자들은 사회적 협의에 참여하기 위해 주말을 반납했다.

3월의 사전 설문조사에서 시작하여 5월 한 달 설문을 거쳐 8월까지 약 6개월에 걸친 대장정은 30인 토론단의 종합 정리로 마무리되었다. 토론단은 설문과 토의 결과를 수렴하여 약 10만5000명의 참가자 명의로 '국민참여 국가교육과정 개정을 위한 협의문'을 작성했다. 국가교육회의는 이 협의문에 기초하여 「2022 개정교육과정 권고안」을 교육부에 전달했다.

2022개정교육과정 대국민 설문조사 응답자 분포

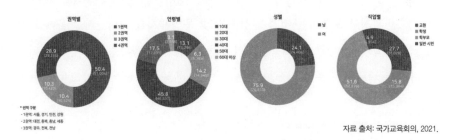

자료 출처: 국가교육회의, 2021.

---

1) 권역별로 수도권 50.4%, 대전, 충북, 충남, 세종 등 충청권 10.4%, 전북, 전남, 광주 등 호남권 10.3%, 대구, 경북, 경남, 제주 등이 28.9% 참여함(교원 27.7%, 학부모 51.6%, 학생 15.8%, 일반시민 4.9%).

대국민 설문과 사회적 협의에 대해 국민들의 반응은 다양했다. 국가교육과정에 대해 교사, 학생, 학부모에게 의견 개진 기회가 주어진 점과 의견수렴이라는 시도 자체가 신선하고 기대된다는 의견,[2] 교육주권 행사에 대한 반가움[3] 등의 반응이 있었다. 한편 회의적이거나 부정적인 시각도 공존했다.[4]

교육부가 교육과정을 개정하여 고시하면 학교는 교육부 지침과 안내를 충실하게 따르기만 하면 된다고 생각하던 시절이 있었다. 전문가가 아닌 이상 일반 국민은 물론 교사들도 교육과정에 관심 두거나 교육과정 문서를 굳이 들여다보려 하지 않았다. 하지만 이제 정부는 국가교육과정에 국민의 의견을 묻기 시작했고 많은 국민이 일회성 설문조사나 의견수렴 대신 설문, 숙의와 토론, 사전학습이 이어지는 일종의 전 사회적 학습을 경험하고 있다. 교육 관료나 일부 전문가가 아닌 국민의 참여와 사회적 협의를 통한 교육과정 개정이라는 흐름을 만들어가고 있다.

국가교육과정 거버넌스의 확장

2022개정교육과정을 추진 과정을 통해 교육과정 거버넌스가 확장되고 있다. 지금까지 국가교육과정 개정이 교육부 주도로 중앙집권적으로 이루어졌다는 한계를 극복하고 좀더 다양한 의견을 반영하려는 노력의 일환이다.

교육과정 거버넌스란 교육과정의 개발-적용-평가 과정에서 교육활동 관련 의사결정 전 과정을 포함하는 정책 결정구조 및 운영체제를 의미한다.[5] 올해 교육부, 국가교육회의, 전국시도교육감협의회는 2022개정교육과정을 추진하기 위해 3기관 협력체제를 구축하고, 국민과 교원의 의견을 수렴하여 국가교육과정 의

---

2) "2022개정교육과정", EBS 미래교육플러스, 2021.8.13.
3) 정성식, "대선에 맞먹는 교육과정 대국민조사", 한국일보, 2021.5.20.
4) 이덕환, "'교육 알박기'된 교육과정 개정 시도", 한국경제, 2021.6.17.
　박승란, "교육과정을 또 바꾼다고?", 에듀프레스, 2021.7.18.
5) 황현정 외, 「학교 자치 실현을 위한 지역교육과정 구성 방안」, 경기도교육연구원, 2019, 81쪽.

사결정에 함께 참여하는 구조를 만들었다. 또한 교육과정심의회 시행령을 개정 (2021.7.1.)하여 학생, 지역사회 전문가가 참여하는 법적 근거도 마련했다.

교육과정심의회는 초·중등교육과정의 제·개정 사항 심의, 조사·연구와 자문 역할을 하는 기구로서 운영위원회, 학교급별위원회, 교과별위원회 등 500여 명으로 구성하여 교육과정 시안을 최종 심의한다. 시행령 개정으로 인해 학생과 지역사회에서 활동하는 각 분야 전문가가 60명 이내로 심의회에 참여했다. 교육부는 "이번 개정을 통해 우리 교육의 중요한 주체인 학생과 지역사회의 참여를 확대하여 학생의 삶과 학습을 보다 밀접하게 연계하는 미래지향적 교육과정을 만들 것이라 기대한다"고 밝혔다.

교육부는 이밖에도 2022개정교육과정의 추진을 위해 교육과정개정추진위원회를 운영했다. 개정추진위원회는 현장 교원, 연구자, 시민사회단체, 학부모, 시민 등 21명의 위원으로 구성하여 월 1~2회 이상 협의를 지속하여 개정 추진의 주체로서 중요한 의사결정에 참여했다.[6] 그 외에 국가교육과정 정책자문위원회, 한국교육과정평가원, 한국직업능력개발원, 한국교육학술정보원, 한국교육개발원 등 관련 기관장 협의회가 있으며, 각론 조정위원회와 교육과정심의회를 구성했다.[7]

교육부는 2015개정교육과정을 추진할 때도 각계각층의 의견을 수렴하는 다양한 위원회를 구성한 바 있다. 하지만 각 위원회가 충분히 논의를 거쳐 국민의 다양한 의견을 수렴하고 조정했는지는 재론의 여지가 있다. 실제로 2015개정교육과정을 위한 교육과정심의회를 운영한 일정을 보면, 2015년 9월에 모든 위원회를 일제히 개최하여 개정 교육과정 시안을 집중 심의했다. 교육과정 총론을 비롯한 전체 심의는 운영위원회가, 각 학교급 교육과정은 학교급별 위원회가, 각론은 각 해당 분과위원회가 심의했다. 심의기간은 2015년 9월 9~15일이었고

---

6) 교육부, 개정추진위원회 회의자료, 2021.
7) 교육부, 「국민과 함께하는 미래형 교육과정 추진 계획」, 2021, 23쪽.

9월 23일 고시했으므로 교육과정심의회의에서 충분히 논의하지 않고 곧바로 확정·고시한 것으로 보인다.[8] 학교현장의 반응도 긍정적이지 않았다. 개정과정에서 현장 의견수렴이 부족하다는 문제 제기가 지속적으로 있었고, 교육과정 개정 시 '사회 각층의 의견수렴을 했다'는 응답은 29.7%에 그쳤다.[9]

▨ **국가교육과정 개정 발의 관련 각 사항 동의 정도**

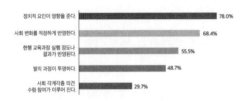
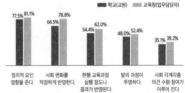

자료 출처: 정영근, 제2차 국가교육과정 혁신포럼, 2020.9.17.

국가교육과정 수립 과정에서 다층적이고 복합적인 거버넌스를 구성하는 핀란드의 경우, 국가교육과정 거버넌스에는 교사, 학부모, 학생 단체뿐만 아니라 교육 공급자인 지방자치단체와 학교 네트워크, 다양한 교육 관련 전문가, 사회단체, 연구기관 등이 장기간 함께 참여한다. 국가교육과정을 수립하고 운영하는 과정에서 과목별 교사협회 등 교사 단체와 개별 교사들, 지방자치단체, 노동시장 조직 등 이익 단체, 학부모 단체, 학생 단체, 지역사회 시민단체 등 다양한 정책 이해관계자들이 폭넓게 참여하는 포용적 정책 협의 프로세스를 구현한다.[10] 온라인 시민참여 플랫폼도 다양한 형태로 활성화해놓았다.

2021년 7월 '국가교육위원회 설치 및 운영에 관한 법률안'(이하 국교위법)이 국회를 통과하면서 국가교육과정 거버넌스는 새로운 전환기를 맞고 있다. 국교위법

---

8) 정영근 외, 「국가교육과정 개발·적용·평가의 순환 체제 개선방안 연구」, 국가교육회의, 2020, 59쪽.

9) 정영근 외, 앞의 책, 국가교육회의, 2020, 59쪽.

10) 서현수, 「미래교육체제 수립을 위한 교육개혁의 사회적 합의 절차와 방법」, 국가교육회의, 2019, 130쪽.

에 의하면 국가교육위원회의 소관 사무는 국가교육과정 기준 및 내용에 대한 기본적인 사항을 정하는 것[11] 등을 포함한다. 국가교육위원회는 21명의 위원으로 구성[12]하며 위원회는 소관 사무를 전문적으로 검토하기 위해 위원회 소속으로 분과위원회를 둘 수 있다. 이밖에도 사회 각계각층의 의견을 폭넓게 수용하고 시민 참여와 사회적 합의에 기반을 둔 소관 사무를 추진하기 위해 위원회 소속으로 국민참여위원회를 구성하여 운영한다.

국가교육위원회가 교육과정 거버넌스를 현재 수준보다 어떻게 발전적으로 확장할지, 그리고 국민들이 낸 다양한 의견을 수렴해 반영하는 사회적 합의 프로세스를 어떤 방식으로 마련할지에 기대와 우려가 교차한다.

▨ **핀란드 2014 국가 핵심 교육과정 개정 참여 그룹**

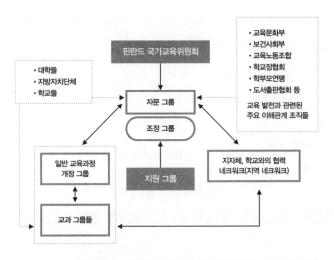

자료 출처: 국가교육회의, 「핀란드 교육과정 어떻게 만들어지는가?」, 2021, 64쪽.

---

11) 「국가교육위원회 설치 및 운영에 관한 법률」, 2021.7.20.
12) 국회 추천 9명, 대통령 지명 5명, 교원 관련 단체 추천 2명, 대교협, 전문대교협, 시도지사협의체가 각각 추천하는 1명 등 총 21명의 위원으로 구성함. 위원 구성 시 학생·청년, 학부모를 각각 2명 이상 포함하여 21명으로 구성함.

학생 중심 교육과정과 자율화, 지역화, 분권화

미래형 교육과정의 키워드는 학생 중심, 학생의 삶 중심이다. 국가교육회의는 한-OECD 국제컨퍼런스에서 미래형 교육과정을 "삶의 질 향상을 위한 역량 중심 학습체제 구축과 분절형 교육시스템에서 생태계형"으로 설정했다.[13] 우리나라에서는 역량 중심 교육과 생태계형 교육시스템이 주로 혁신학교와 혁신지구를 중심으로 성장해왔다. 그 결과 이제는 학생들 스스로 선택하고 도전과 실패를 통해서 역량을 키우는 교육과정이 마을과 지역을 중심으로 지역교육과정, 마을교육과정, 나아가 교사교육과정, 학생주도 교육과정으로 진화하고 있다.

경기도 시흥시 장곡동에서는 2015년부터 해마다 장곡중학교를 중심으로 마을축제인 '장곡노루마루축제'가 열린다. 학생들은 교사, 학부모, 지역주민과 함께 축제를 기획하고 운영한다. 이 축제는 학생들이 자신을 표현하고 자신의 가능성과 진로를 탐색하는 기회가 된다. 마을은 학교교육과정을 이해하고 마을과 학교, 학교와 학교가 네트워크를 확장한다. 마을축제는 민·관·학이 기획-실행-평가 과정을 함께하는데, 민(지역주민), 관(시청), 학(학교연합) 중 관은 비용과 행정절차를 지원하고 민은 학과 함께 축제를 기획하고 운영한다.

▨ '장곡노루마루축제' 구성

자료 출처: 장곡중학교 학교교육과정, 2019.

---

13) 국가교육회의, 「2030 미래교육체제의 방향과 주요 의제」, 2019, 34쪽.

전남 순천은 2020년 마을과 학교가 함께 만든 지역화 교육과정인 '동천마을교육과정'에 이어, 2021년 '순천만 습지 마을교육과정'을 만들고 있다. 이는 민·관·학이 함께 만들어가는 교육과정으로, 순천대 지역혁신연구센터, 연안환경위생연구소, 순천대 학생들을 포함하고, 순천만국가정원에 위치한 국제기구 동아시아람사르지역센터도 함께한다.

▨ **순천만 습지 마을 교육과정**

실무협의회	TF
· 구성: 협업 기관 및 단체 · 참여자: 순천시(평생교육과), 순천교육지원청(학교혁신팀), 순천풀뿌리교육자치협력센터, 파견교사, 우리마을교육연구소 ·내용: 마을교육과정 전반 기획과 실무 협의 등	· 구성: 협업 기관 및 단체 중 마을 교육과정 개발에 함께할 사람 중심으로 10~15인 내외로 구성 · 모임: 현장 답사, 역량강화교육, 마을교육과정 개발 등 40여 차례 운영

자료 출처: 순천 풀뿌리교육자치협력센터, 2021.

전라북도는 교과 외 활동이던 주제통합·마을연계 학습 등을 교사교육과정으로 구체화하여 지역교육과정에 포함하고 있다. 2019년부터 국가교육과정(2015개정교육과정)이 허용하는 20% 시수 증감 범위에서 학교교육과정을 개발했고, 그간 학교에서 주제통합학습이나 비교과활동을 교육과정으로 정리하며 학교 교과목을 개발하는 데까지 나아가고 있다. 이를 위해 지역의 교육대학·사범대학 연구자들이 각 학교나 동아리와 연계하여 학교 교과목 개발의 이론을 검토하고 학교또는 교사교육과정을 체계화하는 작업을 함께하고 있다.

▨ **전라북도 학교 교과목 개발 절차**

(1) 교사의 실천, 기록, 체험, 반성 → (2) 성찰적 글쓰기 및 대화(컨퍼런스, 숙의) → (3) 국가수준 교육과정 및 기본 교과와 차별화 시도 → (4) 학교 및 교사 차원의 학교교육과정 및 학교 교과목 생성 → (5) 수업실행과 집단적 성찰에 기초한 타당성 및 적절성 검토 → (6) 학교교육과정 및 학교 교과목의 체계화 및 공표

▨ **과제별 대학-학교 연계 계획**

주제	대학교수	교사 교육자	학교 교과목 주제
1과제 **마을교육과정**	○○○, ○○○ ○○○, ○○○, ○○○ ○○○, ○○○, ○○○ ○○○, ○○○ ○○○, ○○○, ○○○	○○초 ○○초 ○○초 동아리 개인	· 부부리 마을교육과정 · 아이를 닮은, 우리를 담은 꿈바라기 학교 · 서로를 살리는 마을 · 공동연구 · 개인연구
2과제 **역량교육과정**	○○○, ○○○ ○○○, ○○○ ○○○, ○○○ ○○○, ○○○ ○○○, ○○○	○○초 연합 ○○초 연합 ○○초 동아리 ○○초 동아리 ○○초 연합	· 삶의 성장 위한 글쓰기 · 온작품 읽기 교사교육과정 · 민주시민교육 프로젝트 교육과정 · 서로 이해하고 존중하는 문화다양성 · 함께 실천하는 환경 교육
3과제 **인지적취약계층을** **위한 개인맞춤형 학교** **교과목 개발**	○○○, ○○○ ○○○, ○○○ ○○○, ○○○	○○초 ○○초, 공동참여 개인연구	· 기초를 다지는 학년별 국어 수업 · 1학년 기초문해력 향상을 녹여낸 당당한 　1년 학급교육과정 개발 · 훈민정음 혜례본과 감성중심 활동으로 　다함께 배우는 한글교육과정

자료 출처: 전라북도교육청, 「초등 교과(목) 교육과정 개발 연구」, 2020.

　시·도교육청은 지역의 실천사례를 기반으로 지역교육과정을 구체화하고 있다. 경기도·충청북도·전라북도 교육청은 지역교육과정 총론을 수립하고 총론과 각론을 별도로 개발하여 고시하고 있다. 나머지 지역도 '지역교육과정 지침'[14]에서 교육과정 재구성 사례나 교사교육과정 등을 강조하는 경향이 있고, 교육과정 운영에 도움을 주는 웹사이트, 학교문화개선과 교육과정 재구성 자료 개발, 지역에 맞는 지침 등을 개발하는 등 국가교육과정을 재해석하고 지역적 특성을 반영하는 모습을 보인다.[15] 초·중등교육법에 따르면 시·도교육청은 국가교육과정의 범위에서 지역교육과정의 기준과 내용을 정할 수 있으나 지역교육과정을 자체적으로 편성할 수 있는 것은 아니다. 그래서 대부분의 지역교육과정은 국가교육과정을 요약한 상태에서 일부 지역적 특색을 반영하는 데 그치고 있었고 명

---

14) 서울특별시교육청(2021.8.19.)은 지침 대신 안내서라는 명칭을 사용함. 안내서 제목은 '서울혁신미래교육과정 기반 학교교육과정 편성·운영 안내서, 학교교육과정과 교사교육과정'임.

15) 신은희, 「충청북도교육과정의 역할과 기능 분석 및 발전방안 연구」, 충청북도교육연구정보원, 2020, 10쪽.

칭도 'ㅇㅇ교육과정 편성 운영 지침'이었다. 하지만 이제 경기, 충북, 광주, 세종, 인천, 전북 등에서는 'ㅇㅇ교육과정'이라는 용어를 사용하면서 지역교육과정을 구체화하고 있다. 학교와 지역을 중심으로 교육과정 자율화, 분권화의 큰 흐름이 시작된 것이다.

▨ **2021 지역교육과정 현황**

구성체제			명칭
총론 **급별 각론**	경기도(각론도 통권) 충청북도(각론 급별) 전라북도(각론 급별)	교육과정	경기도교육과정, 충청북도교육과정, 광주광역시교육과정, 인천광역시교육과정, 세종창의적교육과정, 충남참학력교육과정, 전라북도교육과정
급별 분권	15개 시도	편성운영지침	서울, 부산, 대구, 울산, 강원, 전남, 경북, 경남, 제주

자료 출처: 신은희, 2020에서 전라북도 교육과정 추가하여 재구성함.

⋮

학교 일상에서 살아 숨 쉬는 교육과정

국가교육과정과 2022개정교육과정

우리가 흔히 교육과정이라고 표현하는 '초·중등학교 교육과정'은 초·중등교육법과 초·중등교육법 시행령 하위에 있는 시행규칙(행정규칙)이다. 교육과정 제·개정과 관련된 시행령은 교육과정심의회 규정이 유일하며 그밖에 추진 절차나 기준에 대한 별도의 시행령이나 규칙은 존재하지 않는다.

교육과정 개정 추진에 대한 법적 근거는 초·중등교육법 23조 2항이었다. 이에 따르면 "교

▨ **초·중등학교 교육과정의 법령 체계[16]**

자료 출처: 국가법령정보센터, 2021

---

16) 국가법령정보센터, 2021.9.6.

육부장관은 제1항에 따른 교육과정의 기준과 내용에 관한 기본적인 사항을 정하며, 교육감은 교육부장관이 정한 교육과정의 범위에서 지역의 실정에 맞는 기준과 내용을 정할 수 있다." 올해 「국가교육위원회 설치 및 운영에 관한 법률」 (2021.7.20.)이 통과됨에 따라 앞으로는 국가교육위원회가 국가교육과정을 수립하고 고시한다. 하지만 2022개정교육과정은 국가교육과정의 기준 내용 수립에 관한 특례에 의해 국가교육위원회의 심의의결을 거쳐 교육부장관이 2022년 12월 31일까지 고시할 예정이다.[17]

국가교육과정 문서는 총론과 각론으로 구성한다. 2015개정교육과정을 예로 들면, 총론은 Ⅰ교육과정 구성의 방향, Ⅱ 학교 급별 교육과정 편성·운영의 기준, Ⅲ 학교교육과정 편성·운영, Ⅳ 학교교육과정 지원으로 이루어진다. 각론은 초등학교, 중학교, 일반 고등학교(특성화 과목과 특수 교과목 제외)에서 사용하는 300여 개의 교과 교육과정을 포함한다. 2022개정교육과정은 고교학점제로 인해 교과가 더 늘어날 것으로 예상된다.

우리나라 교육과정은 1954년 1차 교육과정 고시를 시작으로 총론만 9차례 개정했다. 2022개정교육과정은 7차 교육과정 이래 4번째 수시개정이며 비공식적으로는 11번째 교육과정이다. 1997년 말 고시된 7차 교육과정까지는 1~7차로 차수를 구분하고 5년 정도마다 정기적으로 개정했으나 2007년 개정부터는 수시개정체제로 전환하고 2009, 2015, 2022 등 교육과정 명칭에서 차수를 빼고 연도로 표기했다.

2022개정교육과정은 2024학년도 초등학교 1·2학년을 시작으로, 2025학년도부터는 중·고등학교에 전면 적용한다. 올해 기준으로 5세(2016년 출생) 아이가 초등학교 1학년에 입학할 때, 6세(2017년 출생) 아이가 2학년이 될 때이고, 현재 초등학교 4학년인 아이(2012년 출생)가 중학교 입학할 때, 초등학교 6학년(2009년 출생) 아

---

17) 국가교육위원회 설치 및 운영에 관한 법률, 2021.7.20.

이가 고등학교에 입학할 때 적용을 시작한다.

국가교육과정의 개정 주기와 적용 시기

		'07	'08	'09	'10	'11	'12	'13	'14	'15	'16	'17	'18	'19	'20	'21	'22	'23	'24	'25	'26	'27
초	1	7차		07				09				15							22			
	2	7차		07				09				15							22			
	3	7차			07				09				15							22		
	4	7차			07				09				15							22		
	5	7차				07				09				15							22	
	6	7차				07				09				15							22	
중	1	7차		07				09				15							22			
	2	7차			07				09				15							22		
	3	7차				07				09				15								22
고	1	7차		07				09				15							22			
	2	7차			07				09				15							22		
	3	7차				07				09				15								22

* '09 '15 '22 는 개정교육과정 발표 시기

자료 출처: 교육부 자료(2021)에서 재구성

　교육부에 따르면 2022개정교육과정의 주요 방향은 첫째, 학생 개별 성장 및 진로 연계 교육을 지원하고 학생의 삶과 연계한 역량을 키우는 교육과정 둘째, 지역 분권 및 학교 교사 자율성에 기반한 교육과정을 강화하고 국민과 함께하는 교육과정 셋째, 특수교육, 다문화 학생 등 기초학력 및 배려 대상의 교육을 체계화하고 디지털 및 생태 전환교육 민주시민 교육 등 지속가능한 미래 및 불확실성에 대비한 교육 강화 넷째, 온·오프라인 연계 등 미래지향적 교수·학습 및 평가의 재설계와 디지털을 기반으로 삶과 학습을 연계한 공간 구성 등이다.[18]

---

18) 교육부 보도자료, 2021.

전문가 중심의 연구·개발을 넘어

국가교육과정 개정을 위한 2021 국가교육과정 현장소통지원포럼(1차)이 유튜브 생중계로 진행되었다.[19] 실시간 접속자가 2000명을 넘는 가운데 2022개정교육과정의 정책연구와 관련 연구자들이 발제하는 동안 채팅창에는 실시간 댓글이 쏟아졌다. 채팅창에는 학교현장의 현실을 반영하지 못하는 연구자 중심, 정책연구 중심의 개발방식에 대한 불만이 쏟아졌다. 실시간으로 필터 없이 올라오는 현장 댓글을 교육과정 정책담당자에게 꼭 전달하기를 바란다는 의견도 있었다.

· 교육부 정책연구를 수행 중인 걸로 아는데 오늘 발표하는 걸 보면 학교현장을 거의 이해하지 못하는 것 같네요. 그러니 늘 교육과정 따로 현장 실행 따로 갈 수밖에 없었을 것이라 생각합니다. 학교를 옥죄고 있는 현실적 문제에 대한 지원방식이나 해결책 없이 현장을 탓하며 오해하고 있다는 뉘앙스는 참 불편하네요.

· 이러한 과정 자체가 요식행위인 것 같네요. 그동안의 교육과정 개정을 현장에서의 실행 평가를 통해 반성적으로 성찰해야 하는데…

· 교육과정 개발을 기술적, 도구적으로 접근하기 때문에 저런 내용이 나타난다고 봅니다.

· 개발방식이나 진행방식이 기존 국가교육과정 개발 절차와 거의 다를 바가 없을 것 같군요. 개발진은 그들이 하던 방식대로 지금 진행 중이고, 현장교사들은 우리 의견을 들어준다니 열심히 참여하고 얘기하자 하고 있네요.

자료 출처: 2021 국가교육과정 현장소통지원 포럼(1차, 2021.7.2)

우리나라 교육과정은 교육부가 주관하여 정책연구를 수행하고 이를 기반으로 연구개발 용역을 발주하는 방식으로 수립한다. 교육과정 문서는 대학교수나 국책연구기관 연구자 중심으로 작성한다. 이러한 교육과정은 교육부가 주도적

---

19) 2021 국가교육과정 현장소통지원 포럼(1차)(https://www.youtube.com/watch?v=CCQuTMe0Vo8), 2021.7.2.

으로 연구하고 개발하고 보급하는 연구개발보급모형(RDD 방식)으로서 국립학교, 연구학교를 통해 확산시키는 중앙-주변(환산)형, 그리고 교육과정 개발모형 측면에서는 타일러 모형이라고 불리는 공학적 모델로 분류한다. 이 모델은 효율성을 강조하고 내용이 자세한 것이 특징이며, 전문가 중심 개발 구조이기 때문에 현장 적합성이 부족하다는 비판이 있다.[20]

교육부는 교육과정의 현장 적합성을 높이기 위해 연구개발 과정에 교사가 참여하는 비율을 지속해서 늘려왔다. 2015개정교육과정의 경우, 연구진 총 448명 가운데 교원은 193명으로, 연구진의 43.08%에 해당한다. 각론에서도 연구책임자로 구성되는 '국가교육과정 각론 조정 연구'를 제외하면 참여 교원은 연구진의 45.09%였다.[21] 그런데도 교육과정의 연구개발 방식에 대한 학교현장의 반응은 긍정적이지 않다. 실제로 2015개정교육과정 개발과정에서 교사들은 주도적으로 참여하기보다는 연구책임자를 보조하는 수준에서 그쳤고 공개포럼이나 공청회[22]도 형식적으로 진행했다는 평가였다. 2015개정교육과정에 대한 설문조사에서도 교원과 교육전문직은 교육과정 개발과정에서 '학교 상황과 실정 반영이 미흡하다'고 응답(41.5%)했다.

현장 교원이 함께 만드는 교육과정

올해는 현장 교원 중심의 교육과정 현장 네트워크가 활동하며 교육과정 수립 방식의 변화를 예고하고 있다. 전국시도교육감협의회는 올해 1월 '교육과정 현장 네트워크'를 모집했다. 대상은 교원(유·초·중등 특수)과 교육전문직 등이다. 현장 네트워크의 역할은 교육과정 공론화에 참여해서 교육과정에 대한 의견을 시·도교육감 총회와 교육부에 제안하고, 현장 중심의 새로운 교육과정 거버넌스 모

---

20) 신은희, 「교육과정 개정에 대한 성찰과 과제」, 교육과정 현장 네트워크 이해 세미나 자료, 2021.

21) 정영근 외, 앞의 책, 국가교육회의, 2020, 52쪽.

22) 국가교육과정 현장소통 포럼 2회(2021), 미래교육 교육과정 개선 포럼 4회(2020), 역량기반 교과교육과정 포럼 4회(2020), 지역교육과정 포럼 4회(2020) 등을 실시함.

델을 구축하는 것이다. 주관 사무국은 모집 당시 참가인원을 500명 정도 예상했으나 그보다 훨씬 많은 1500여 명의 교원들이 참가신청을 했고, 현재 참여자는 2000여 명에 이른다.

교육과정 현장 네트워크의 최종 목표는 교육과정 개발과정이 연구자 중심에서 학교와 교육청 현장 중심으로 변화하도록 토대를 구축하고, 시·도교육청(지역) 교육과정을 체계화해서 '내가 만드는 교육과정'을 제도화하는 것이다. 이들은 자발적으로 네트워크에 참여하고 지역별로 60명 내외로 구성된 총 30개 지역 네트워크를 구성하여 운영했다. 별도로 중앙집행부를 구성하지 않고 지역을 중심으로 활동하고 자체평가하여 차기 과제를 설정하는 등 상향식 의사결정을 원칙으로 한다.

▨ 2021교육과정 현장 네트워크 선정 현황(2021.9.1. 현재)

지역	신청	시·도 추천	사무국 추천	지역 네트워크	계
서울	180	17	9	유·초2, 중1, 고1	206
부산	14	15	15	단일	44
대구	74	30	1	유·초1, 중등1	105
인천	83	15	8	유·초1, 중등1	106
광주	45	15	4	단일	64
대전	16	15	2	단일	33
울산	25	12	6	단일	43
세종	125	9	22	단일	156
경기	235	15	9	지역5(단일 운영)	259
강원	36	15	12	단일	63
충북	21	20	1	단일	42
충남	57	20	17	유·초1, 중등1	94
전북	70	15	16	유·초1, 중등1	111
전남	351	21	10	유·초1, 중등1(단일 운영)	382
경북	80	15	0	단일	95
경남	111	15	1	지역3(단일 운영)	127
제주	18	21	2	단일	41
계	1541	285	135	32	1971

자료 출처: 전국시도교육감협의회, 2021.9.1.

현장 네트워크는 올해 2022개정교육과정 등을 주제로 지역별로 다양한 이해 세미나와 집중토론, 숙의를 진행했다. 3개월의 협의와 숙의과정을 거쳐 지역별로 교육과정에 대한 집중토론 결과보고서를 작성했고 이를 바탕으로 2022개정교육과정에 대한 '네트워크 제안서'를 작성했다. 이 제안서는 2022개정교육과정 총론과 관련된 총 32개 주제와 110개 항목으로 구성했고 교육과정 문서에 대한 구체적이고 세부적인 제안을 포함했다.[23]

:

변화와 쟁점

국가교육과정 수립의 새로운 원칙과 절차

국가교육과정을 수립하는 데 국민 대상의 대규모 설문과 숙의·토론을 통한 사회적 협의 방식을 도입한 것은 교육과정 개정과정에서 거의 처음 있는 일이다. 이제까지 국가교육과정은 국가가 교육과정 전체를 결정하고 소수의 교육전문가 중심으로 개발했으며 국민이 의사결정에 참여하는 기회는 매우 제한적이었다.

우리나라 교육과정은 주로 대통령의 교육공약과 연동되어 정권이 바뀔 때마다 개정된 측면이 강하다. 교육과정 개정을 발표하면 잦은 개정에 불만이 쏟아졌고, 사회적 공감대도 없이 일방적으로 추진하고 짧은 시간 안에 개발과 고시를 마무리하기 때문에 졸속 개정이라는 비난을 면하기 어려웠다.

이제 교육과정 개정은 국민 공감을 이끌어내는 일부터 시작해야 한다. 개정 발의 방식, 개정 주기와 범위, 개정기간 등은 원칙과 절차를 세우고 개정과정을 투명하게 공개하는 것이 필요하다.

---

23) 전국시도교육감협의회 보도자료, 2021.10.14.

해외의 교육과정 개정 간격, 주기, 범위

	개정 간격	개정 주기	개정 범위	비고
일본	약 10년 주기 (주기가 명시된 것이 아님)	총론, 교과: 주기 개정	전면 총론, 교과 등	필요에 따라 부분 개정
프랑스	개별 교과 교육과정 필요에 따라 수시 개정	총론: 법 개정, 교과: 수시 개정	전면 교과	개정 시 전면 검토
영국	4~5년 주기 (주기가 명시된 것 아님)	총론, 교과: 주기 개정	전면 총론, 교과	전면 검토
미국 (CA)	6~8년 주기 (교과용 도서 채택 주기에 맞춤)	총론: 법 개정, 교과: 수시 개정	전면 교과	주기적 개정(개별 교과 교육과정 중심) 개정시 전면 검토
호주 (NSW)	수시개정 (개별 교과 교육과정 중심)	총론: 법 개정, 교과: 수시 개정	전면 교과	4단계 개정 단계, 전면 검토
한국	2007개정교육과정부터 수시 개정	총론, 교과: 주기 개정	전면 총론, 교과	2007개정교육과정 총론(부분), 교과(전면)

자료 출처: 박선화 외, 「국가교육과정 개정체제 개선방안 연구」, 2007(재구성).

교육과정 개정은 개정 범위에 따라 전면 개정과 부분 개정이 있고, 개정 주기에 따라 주기적 개정과 수시 개정이 있다. 7차 교육과정 이후로는 수시 전면 개정이 이어져왔다. 잦은 개정으로 학습내용 결손이나 중복문제가 반복되지 않도록 수시 개정체제를 개선하여 전면 개정과 부분 개정을 구분하고, 개정주기를 일정하게 정하는 것이 필요하다.[24] 현재 체제에서 교육과정을 개정하면 교과서 개발을 시작하고 3년 후에야 본격 시행하기 때문에 주기적 개정은 최소 5년 이상, 7~10년[25]이 필요하며, 교과 교육과정 개정 기간을 포함해 적어도 10년 이상을 확보해야 기초연구, 초안 개발, 현장 소통을 통한 수정 보완, 교사 양성 프로그램과 연계 가능하다는 제안[26]도 있다.

교육과정 개정을 위한 발의 제안부터 발의 의결, 개정 방향성과 주요사항 결정 등에도 국민의견을 수렴하는 절차가 필요하다. 발의 단계에서 국민 누구나 참

---

24) 박창언 외, 「국가교육과정 연구·개발·고시 체제 재구조화 방안」, 국가교육회의, 2020, 71쪽.

25) 박창언 외, 앞의 책, 2020, 58쪽.

26) 김두정, 「교과교육과정의 개혁」, 국가교육회의, 2021, 17쪽.

1. 세대의 변화   2. 학교의 변화   **3. 정책의 변화**

여 가능한 통로를 마련하고 절차나 결과를 공개하는 것이 가장 중요하다. 발의 제안은 국민, 교사와 학생, 연구자 및 학회, 교원 네트워크, 교육부와 국회 등이 가능할 것이다. 발의 제안의 안건 처리와 결과 안내방식도 함께 마련해야 한다.

교육과정 개발에 앞서 학교급별, 교과별 시수, 편제와 각론의 내용체계 등 주요사항을 결정하는 데에도 새로운 원칙과 절차가 요구된다. 우리나라는 교과별 시수, 편제와 내용 체계 등을 연구개발 단계에서 결정하는데, 교과 간 이해관계가 충돌하는 경우 조정이 매우 어려운 것으로 알려져 있다. 핀란드는 국가교육과정을 수립할 때 교과 및 시수 등을 국회에서 미리 정하고 교육과정 개발을 시작한다.[27]

국가교육위원회의 출범을 앞두고 국가교육과정의 새로운 원칙과 절차를 마련하는 첫걸음을 시작했다. 국가교육과정은 우리나라 모든 학교교육의 내용뿐 아니라 교수·학습, 평가에 중요한 기준이 되고 학교 일상에 직접 영향을 미치는 만큼 앞으로 국가교육과정 개정은 근거와 원칙에 따라 국민의 합의와 공감대를 기반으로 시작되어야 한다. 이번 설문조사와 사회적 협의는 앞으로 국가교육과정 의사결정에 학생, 학부모, 교원, 일반시민 등이 참여하여 다양한 의견을 제안하고 협의와 합의로 교육과정 정책을 형성할 수 있다는 가능성을 확인시켜주었다.

구체적이고 실질적으로 학교 일상을 지원하는 교육과정

국가교육과정은 기존의 연구·개발 보급방식을 넘어서야 하는 새로운 도전에 직면해 있다. 우리나라 교육과정은 연구자 등 이론 전문가 중심으로 연구개발하여 수립하기 때문에 학교현장 상황을 반영하지 못하고 학생의 발달단계에 적합하지 않다는 문제 제기가 지속되어 왔다. 특히 각론의 교과교육과정은 교과 전공자 중심으로 개별 수립하기 때문에 학교급별로 또는 교과 간에도 위계관계가

---

27) 국가교육회의, 「핀란드교육과정 어떻게 만들어지는가?」, 2021, 53쪽.

부족하고 지식 중심 교육과정을 벗어나지 못한다는 비판이 많았다. 교육과정 포럼에 올라온 댓글을 살펴보면, 학교의 일상적인 수업을 지원하는 교육과정으로의 전환은 이제 더는 미룰 수 없는 과제임을 보여준다.

교육과정의 현장 적합성은 단순히 교육과정 연구개발에 참여하는 교사 비율을 높이는 방법만으로 해결할 수 없다. 교육과정의 사용자인 교사가 교육과정을 수립하는 데 주도적으로 참여하여 현장 실행 경험을 담아낼 수 있어야 한다. 교육과정 거버넌스를 다양하게 확장해도 현재의 연구·개발 방식을 대체하는 새로운 주체를 형성하지 않는다면, 교육과정은 여전히 과거 연구개발 방식을 극복하지 못할 것이다.

교육과정의 구체성과 현장성을 높이기 위해 교육과정 사용자인 현장교사가 주도적으로 참여하는 새로운 개발체제와 교육과정에 대한 전문성, 현장 실천경험을 갖춘 교사들이 필요하다. 그런 점에서 교육과정 현장 네트워크의 출현은 새로운 교육과정 수립 모델의 실현가능성을 한층 높여준다. 현장 네트워크에는 지역교육과정을 매개로 교육과정에 대한 전문적 이해와 실천경험을 겸비한 현장 교원들이 다수 참여하고 있다. 교육과정 재구성 경험이 풍부한 이들은 교육과정의 소비자가 아닌 생산자로서 교육과정 영역을 마을교육과정, 지역교육과정, 교사교육과정 등으로 확장해온 주역이기도 하다. 현장 네트워크는 교원이 교육과정 수립, 운영, 평가의 주체로서 현장 실천에 기반하여 개발과정에 주도적으로 참여할 수 있음을 보여준다. 그리고 숙의와 상향식 의사결정이라는 새로운 방식으로 국가교육과정을 수립할 수 있는 가능성을 열어 보이고 있다.

핀란드의 경우, 교육과정 문서는 교사참여를 보장하고, 투명하고 민주적인 토론을 통해 상향식으로 교육과정을 구성하기 때문에 현장 적합성과 실용성이 높다고 알려져 있다. 교육과정 문서는 약 500쪽 내외인데, 교육부의 기본계획, 지침, 주요사항 등을 포함하고, 학교에서 발급하는 통지표나 증명서 종류와 들어갈 내용 등 실제 현장에서 즉시 활용 가능한 내용을 포함한다.[28] 교육목표에 대한 사회적 합의를 바탕으로 실질적인 교육과정 개발 절차와 권한을 지자체와 일선 학교로 상당부분 이양하고, 실제 교육활동을 책임지는 교사들의 참여를 보장한다. 교육과정 개발에는 지자체 교육국장 및 과장, 예체능 취미 담당, 학교, 교장, 교사, 교수, 대학 강사, 연구자, 이해 관계자 등이 골고루 참여하는데, 이 중 교원 비율이 가장 높다. 예를 들면 교육과정 개정에 참여한 총 348명 중 교사, 교장, 유치원장은 167명이고, 나머지는 공무원 34명, 대학연구자 25명, 지역공사립학교 행정책임자 18명, 이해당사자 전문가 32명 등이다.[29] 교육과정 개발에는 약 2.5년이 걸린다. 연구개발 과정에서 핀란드 국가교육회의 웹사이트를 통해 공공 문서에 대한 공식 의견을 3차례 수렴하고 개인, 집단, 180개 조직이나 공동체로부터 4000건 이상의 의견을 수렴하며, 30개 워킹그룹 및 촉진 그룹을 운영한다.

국가교육위원회가 출범하면 전문위원회를 중심으로 새로운 개발체제를 마련할 것으로 기대한다. 새로운 개발방식은 다양한 교사 네트워크에 기반하고 현장교사와 연구자가 수평적인 협업체제를 구축하는 방식일 것이다. 또한 각론에서 현장 교과모임 및 교과연구회 등이 참여하고 연구기관 및 학회가 지원하는 방식, 총론과 각론 연구진 교차 참여방식 등을 상상할 수 있다. 기관공모, 개별공모, 현장공모 등 다양한 연구개발 방식[30]도 동시에 추진할 수 있을 것이다.

---

28) 핀란드 2014 국가 핵심 교육과정 총론은 180여 쪽에 이르는데, 교육과정 운영 및 지원 관련 내용을 자세하게 서술했다. 학교현장에서 활용 가능한 내용은 예시와 함께 실행 이유도 설명해두었다. 총론 내용은 상향식 합의 절차를 거쳐 일선 학교현장에서 부딪힐 수 있는 여러 사안을 정리·집약했고, 더 나아가 공통적인 부분은 표준화하여 학교마다 별도로 작업하는 비효율이 발생하지 않도록 했다(국가교육회의, 「핀란드교육과정 어떻게 만들어지는가?」, 2021.).

29) 국가교육회의, 앞의 책, 2021, 65쪽.

30) 기관공모 방식: 한국교육개발원(4차), 한국교육과정평가원(2007개정교육과정, 2015개정교육과정) / 개별공모 방식: 학회 연합공모(2009개정교육과정), 당시 6개월 이내에 교육과정을 개발하면서 많은 학회가 연합하여 공모함. / 현장공모: (독일) 각 교육청 교과연구회나 학교에도 총론이나 교과 교육과정 개발에 공모할 기회를 주고 연구기관이나 대학 및 학회와 컨소시엄 구성, 개별공모 범위를 학교나 교과연구회까지 확대하고 학회 등과 거버넌스 구조로 전문성을 보완하는 방법(박창언 외, 「국가교육과정 연구·개발·고시 체제 재구조화 방안」, 국가교육회의, 2020, 81쪽.)

이를 위해서는 새로운 개발체제를 감당할 새로운 주체로서 현장교사 그룹 이외에 현재의 교육과정 수립모델에 대한 문제의식과 현장 이해를 갖춘 새로운 연구자 그룹도 필요하다. 전북 사례처럼 연구자들이 학교교육과정을 이론적으로 뒷받침하는 데 있어서, 교사의 실천 경험을 존중하고 수평적으로 협업할 수 있어야 한다. 연구자 중심의 학회, 교사 중심의 교과모임을 뛰어넘어 연구진과 교사들이 일상적으로 소통하고, 현장의 관점에서 실천과 이론을 접목할 수 있는 새로운 전문가 네트워크의 출현이 필요하다.

국가교육과정이 학교의 일상을 구체적으로 지원하기 위해서는 교육과정 문서를 현장 중심으로 개발하는 것만으로는 부족하다. 구체적인 실행 지원 체제와 평가 또는 모니터링을 통한 환류시스템이 수반되어야 한다. 이제까지는 교육과정 수립과정에서 대부분의 예산과 노력이 교육과정 수립 단계에만 집중되고, 고시 이후에는 실행 지원이나 평가시스템 등에는 거의 관심을 기울이지 못한 측면이 있다. 실제로 교육부나 교육청의 교육과정 평가 또는 모니터링은 연수와 컨설팅 수준에서 그치고 있고, 교육과정 실행 과정의 지원이나 평가시스템이 부족하여 적용, 평가를 통한 교육과정의 질 관리가 소홀했다.[31]

앞으로는 교육과정을 실제로 사용하는 교사, 학생, 학부모가 교육과정 수립 단계부터 참여하고, 구체적인 지원체제를 마련하며, 평가·모니터링 시스템을 통해 그 결과를 차기 교육과정에 반영하는 등 수립과 평가의 선순환구조를 마련해야 한다. 학생의 배움과 성장의 결과를 피드백할 수 있는 새로운 평가시스템, 교육과정 실행에 대해 교사가 주도하는 전문적인 모니터링, 학생과 학부모가 참여하는 사용자 중심 모니터링 체제, 그리고 이를 구현하는 온라인 플랫폼[32] 구축을 구상해볼 수 있다.

---

31) 박창언, 앞의 책, 2020, 74쪽; 신은희, 「교육과정 개정에 대한 성찰과 과제」, 교육과정 현장 네트워크 이해 세미나 자료, 2021.
32) 신은희·변숙자, 「교원참여형 교육과정 실행 평가 모델(NCTT) 개발 연구II : 충북 교원의 2015개정교육과정 설문, 문서 평가 결과를 중심으로」, 충청북도교육정책연구소, 2020, 53쪽.

현장 중심, 실행 중심의 미래형 교육과정 수립을 예고하는 움직임이 시작되었다. 대국민 설문과 토론에서 분출된 국민의 참여 요구, '내가 만드는 교육과정'을 제도화하기 위해 시작한 교육과정 현장 네트워크, 국가교육과정 거버넌스의 분산과 확장, 지역교육과정 거버넌스의 성장 등을 주목할 필요가 있다. 현재 2022개정교육과정 개발이 진행 중이고 국가교육위원회가 출범을 준비하고 있으므로 당분간은 새로운 교육과정에 대한 다양한 의견, 제안, 주장이 풍성하게 펼쳐질 것으로 예상한다. 거버넌스 중심, 숙의적 방식, 현장 실행을 기반으로 하는 상향식 모델을 구체화하면서 이제 교육과정은 전문가가 만드는 문서가 아니라 사용자인 교사, 학생, 학부모가 참여하여 함께 만드는 실행 지원서로 탈바꿈할 것이라 기대한다.

함께 만들어가는 미래 교육과정

미래 교육과정의 키워드는 학생주도성Student Agency이다. OECD 교육 2030 학습나침반OECD Education 2030 Learning Compass은 개인과 사회의 웰빙을 지향하고 학생들이 자기 주변 일에 관심을 갖고 책임감 있게 생각하고 참여하는 것을 강조한다. OECD는 자신의 삶에 책임감을 가지고 개인과 사회의 성장에 기여하는 학생의 모습을 학생 주도성이라는 개념으로 제시했다.

학생주도성은 교육과정의 자율화, 분권화, 지역화로 이어진다. 학생의 주도성은 '혼자서 스스로 학습한다'는 의미를 넘어서 '학생이 스스로, 무엇을 배울 것인지 기획하고, 탐구(실행)하면서 삶을 성찰하고 책임 있는 주체로 살아가는 것'[33]에 있고, 학생이 처한 구체적인 삶의 맥락 안에서 경험을 통해 길러진다. 지역에서 성장하고 있는 지역교육과정, 마을교육과정, 교사교육과정은 모두 '학생이 배움의 중심이 되는 교육과정', '삶의 질 향상을 위한 역량 중심 학습체제 구축과

---

33) 국가교육회의, 「국민참여 국가교육과정 사회적 협의문」, 2021.

생태계형 교육과정'을 위한 모색과 실천의 결과물이다.

　미래로 향하는 교육과정의 관문은 교육과정의 지역화, 자율화, 분권화에 있다. 2022개정교육과정을 위한 대국민 설문과 사회적 협의 결과, 국민들은 '학생 중심 교육을 위한 교육과정'에 동의하는 것으로 나타났다. '교육활동에서 학생 주도성이 확대되어야 한다'고 응답한 국민이 66.4%이고, 지역 교육청과 학교의 교육과정 자율권 확대에도 '동의한다'(35.8%), '보통이다'(27.1%), '매우 동의한다'(16.8%)로 응답했다. 설문에 이은 사회적 협의에서도 지역과 학교의 교육과정 자율권은 가장 많이 선정된 토론 주제였다. 특히 학부모들은 코로나19를 겪으면서 학생이 스스로 배우고 삶의 주체가 되는 것이 매우 중요한 역량임을 실감했고, 학생 스스로 선택하고 책임지는 유연하고 자율적인 교육체제가 필요하다는 것에 공감했다.

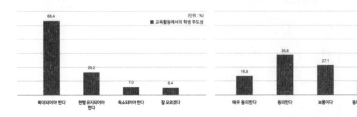

자료 출처: 국가교육회의 설문 결과(http://www.eduforum.or.kr)

　학생의 주도성과 역량을 키우는 교육, 이를 위한 교육과정 자율화, 분권화는 국가교육과정을 개정할 때마다 등장하는 해묵은 과제다. 2022개정교육과정의 기본 원칙에도 '지역 분권화 및 학교 교사 자율성을 중시하는 교육과정 운영 체제 구축', '교육과정의 분권화, 자율화, 학습자 주도의 개별화된 맞춤형 교육' 등을 포함했다. 문제는 실행할 수 있는 구조와 주체를 준비하지 못한 데 있다. 한-OECD 국제교육 컨퍼런스 자료에 의하면, 교육과정을 포함하여 공립중학교

교육 단계별 정책 결정 비율(2017)에서 우리나라는 학교와 지역, 시도교육청의 비율이 다른 나라에 비해 상대적으로 낮다. 특히 네덜란드는 학교가 결정하는 비율이 압도적으로 높고 핀란드에서 여러 단체가 함께 참여하는 양상을 감안하면 우리나라에서 학교와 지역이 결정할 수 있는 권한은 낮은 편에 속한다.

▨ **공립중학교 교육에 대한 각 단계별 정책 결정 비율(2017)**

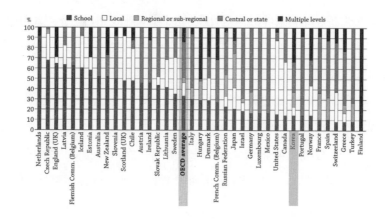

자료 출처: OECD, 「Education at a Glance 2018」 p. 408.

2022개정교육과정 추진과정에서도 학교와 지역의 교육과정 자율권 확대와 분권화에 대한 논의가 진행 중이다.[34] 쟁점은 국가의 교육과정 편성 권한을 시·도교육청 및 학교로 배분하는 문제와 지역과 학교에서 교과(목) 편성 시수와 성취기준 등 내용상 자율권을 확보하는 문제다. 현재 국가의 권한을 현행대로 유지하는 방안부터 국가, 시·도교육청, 학교가 각각 70:20:10(%), 또는 80:10:10(%) 등으로 권한을 배분하는 다양한 방안을 논의 중이다.

또한, 2015개정교육과정은 총 시수의 20% 내에서 학교가 자율적으로 교과

---

34) 교육부 주관 '지역교육과정 포럼(1~4차)(2019~2021), 전국시도교육감협의회 주관 교육자치 30주년, 교육자치와 지역교육과정 포럼(2021.4.19.) 등에서 논의함.

별 시수 편성을 증감할 수 있도록 허용하고 있으나 좀더 실질적인 자율권 행사를 요구하는 목소리가 높다. 학교 입장에서 보면 총 이수시간이 이미 정해져 있고 의무적으로 이수해야 할 학습 등이 주어져 있어서 실제로는 교과 시수 편성 자율권을 행사하기 어렵기 때문이다. 교과 내용면에서의 자율권 확대도 요구한다. 우리나라 교과 교육과정은 학생들이 도달해야 할 목표를 성취기준[35]으로 제시하는데 성취기준 수가 너무 많고 자세하며 교과별로 중복되기도 해서 학생 중심 교육과정 운영이 어렵다는 의견이다. 현재의 교과 성취기준을 간소화(핵심 개념 중심으로만 제시)해서 학습 내용면에서도 학교의 자율권을 확대해야 한다는 요구가 커지고 있다.[36]

교육과정의 자율화, 분권화, 지역화를 제도화하지 못하는 또 다른 이유는 학교와 지역의 준비 정도와 역량 차이에 있다. 국가교육회의 설문과 사회적 협의에서도 자율권 확대에 따라 예상되는 문제에 대한 우려가 컸다. 설문에서 자율권 확대에 '동의하지 않는다, 매우 동의하지 않는다'에 응답한 국민이 20%에 가까웠다.

토론에서는 교육과정의 자율권 확대가 자칫 학교의 준비도와 교사 역량 차이, 지역 간 인프라 차이 등으로 인해 교육격차를 심화시키고, 교육의 질을 저하시킬 수 있다는 우려의 목소리가 높았다. 자율권 확대에 따른 권한 행사가 학교와 교사 중심으로 이루어지는 것을 방지해야 한다는 의견도 많았다. 최종 협의안에는 교육과정의 자율화, 분권화를 제도적으로 뒷받침하기 위해서 '교육청은 적극적인 지원 역할을 강화해야 한다'와 '교육과정 설계·운영·평가과정에 학생, 학부모, 지역 사회, 전문가 등이 교육과정위원회에 실질적으로 참여하는 방안을 마련해야 한다'는 내용을 포함했다.[37]

---

35) 성취기준의 예를 들면 초등 3~4학년 과학 성취기준 중 일부는 "서로 다른 물질로 만들어진 물체들을 비교하여 물체의 기능과 물질의 성질을 관련지을 수 있다"와 같다.

36) 국가교육회의, 「국민참여 국가교육과정 사회적 협의문」, 2021.

37) 국가교육회의, 앞의 자료, 2021.

국가교육위원회의 출범과 함께 초·중등교육의 시·도교육청 이관이 속도를 낼 것이고 학교와 지역의 교육과정 자율권 확대도 조만간 가시화될 것으로 본다. 국가교육위원회는 중앙집권적인 행정체제를 벗어나 분산적 거버넌스를 기반으로 교육부, 시·도교육청, 지역교육과정, 학교 등과 협력체제를 구축하기 위한 노력을 시작할 것이다. 지역과 학교에서도 학생, 학부모, 교사, 지역주민이 함께 교육과정을 논의하고 결정하는 협의체를 마련하고 교육적 논의와 협의 수준을 높여가야 할 것이다.

우리가 꿈꾸는 학생 삶 중심의 교육과정, 미래를 살아갈 역량을 키우는 교육과정, 학생 모두가 배우고 삶의 주체로 성장할 수 있는 교육과정은 지역과 학교가 국가교육과정의 틀을 벗어나 학생 개개인에 적합한 교육과정을 자율적으로 운영할 수 있어야 가능하다. 국가의 손에, 전문가의 손에만 맡겨 두었던 교육과정을 학생, 교사, 학부모, 지역주민 모두가 주체로 참여하여 함께 만들어가고 수립, 실행, 평가, 책임까지 공유하는 것, 다양한 거버넌스 체제를 구축하고 협의와 합의 수준을 높여가는 일이 미래형 교육과정으로 향하는 가장 중요한 관문이 될 것이다.

⋮

이제는 구조와 문화다

4차 산업혁명의 본질은 겉으로 드러나는 기술이 아니라 기술 뒤에 숨은 새로운 생산방식인 분권화, 자율성, 네트워크^{Decentralized Autonomous Networked Organization: DANO} [38]

---

38) 분권화(Decentralization)는 중앙에 집중된 권한과 권력을 각 구성원들에게 분산시키는 것이다. 자율성(Autonomy)은 조직의 구성원들이 지시나 명령이 없는 상태에서 스스로 선택하고 실행하는 상태를, 네트워크는 분권화된 조직에서 자율적인 구성원들이 서로 상호작용하면서 협력함을 의미한다. DANO는 조직의 생산성, 창의성을 높이는 가장 중요한 요소로서, 독일 스위스를 비롯한 독일어권에서 4차 산업혁명을 선도하게 된 원인이 되었다.(최동석, "제4차 산업혁명과 조직혁신", 브런치(https://brunch.co.kr/@tschoe56/143), 2017.2.6.)

에 있다. 미래를 향하는 교육과정 역시 모두가 주체로 참여하고, 지시나 명령 없이 자율적으로 행동하며, 네트워크가 서로 연대하는 등의 새로운 문화와 구조를 만드는 데서 시작될 것이다.

학교혁신의 프로세스를 지켜보면 혁신의 동력은 구조와 문화에서 나온다는 사실을 쉽게 이해할 수 있다. 지난 10년 동안 교육과정-수업-평가를 통해 학생의 배움과 성장, 교사와 학부모의 성장을 성공적으로 이끌었던 학교들은 공통적으로 민주적이고 수평적인 학교문화를 기반으로 하고 있다. 학교문화 혁신은 학교 비전을 함께 세우고 공유하는 것, 민주적으로 의사결정하고 실질 권한을 분산하는 것, 서로에 대한 존중과 신뢰를 기반으로 수평적이고 협력적인 관계를 형성하는 것 등을 포함한다.

학교문화 혁신에는 오랜 시간과 많은 시행착오가 필요하지만 이 과정을 거쳐야 학교는 안정적으로 학교의 교육비전을 교육과정-수업-평가를 통해 구현할 수 있고, 그 결과 학교 전체의 교육과정 자율운영 역량과 문제해결력을 높일 수 있다. 처음에는 가시적인 변화나 성과가 없어 보일 수도 있지만 이 과정을 생략한 채 수업과 교육과정 혁신을 시작한 많은 학교가 혁신을 오래 지속되지 못했고, 결국 '무늬만 혁신'이라는 오명을 쓴 채 내부 갈등이나 집단적 피로감으로 좌초했다. 학교교육과정의 변화는 학교문화와 운영시스템의 변화를 시작으로 교사 전체의 집단적인 전문성과 실행력이 무르익었을 때 비로소 가능한, 학교혁신의 마지막 단계라고 할 수 있다.

미래형 교육과정을 향한 여정을 시작했다. 향후 10년은 우리나라 교육과정이 산업사회의 낡은 프레임을 벗어던지고 질적 전환을 이루는 시기일 것이다. 우리는 올해 대국민 설문과 토론을 통해 교육과정에 대한 전 사회적 학습과 사회적 대화를 경험했고, 국민 참여와 사회적 합의를 통해 새로운 원칙과 절차를 모색하기 시작했다. 국가의 중앙집권적 행정시스템을 대신하는 협력적 거버넌스, 협의와 합의, 참여와 협력, 공유와 개방 등 우리 대부분은 한 번도 제대로 경험하지 못한 새로운 문화와 구조가 국가교육위원회 출범과 함께 실험대에 올랐다. 학교 교육과정의 변화 프로세스를 국가교육과정에 대입해보면 결국 문제는 '교육과정 문서가 아니라 구조와 문화'이다. 미래를 향한 교육과정은 비전을 공유하고 참여하여 '함께 만들어가는' 과정에서 참여한 모두가 함께 변화하며 삶의 질을 한 단계 높여가는 여정일 것이다.

> 너무도 많은 개혁가들이 정답을 '알고' 있기 때문에 실패했다. 성공적인 변화의 실행자는 겸손할 줄 안다. 성공이라는 것은 단순히 옳음에 관한 것이 아니라 옳고 그른 것에 대해 다양한 의견을 지닌 집단과 개인의 참여를 이끌어내는 것이다.[39]

---

39) 마이클 풀란, 『학교개혁은 왜 실패하는가』, 이찬승·은수진 옮김, 교육을바꾸는사람들, 2017, 80쪽.

Ⅲ부

미래사회를 위한
교육담론

위기 속에 빛나는
미래 향한 여정

2020년 2월, 전 세계가 멈춰 섰다. 코로나19가 급속히 퍼지며 전 세계 15억 명의 학생들의 등교가 중지되었다. 우리나라 역시 신학기 개학과 입학을 앞두고 등교 중지를 선포하고, 온라인수업을 진행하기로 결정했다.[1] 학교는 새로운 경험의 세계를 맞이했다.

비대면의 온라인수업을 전면화하면서 비상대책을 맡은 교육부에 질문이 쏟아졌다. 이 많은 내용을 다 가르쳐야 하는가? 협업과 민주적 관계성은 어떻게 교육할 것인가? 실험, 실습, 체험 등은 원격수업에서 어떻게 실행하는가? 꼭 교과서로 수업해야 하나? 매년 4000억 원의 예산을 지출하는 교과서는 대부분 아이들에게 전달되지 않은 상태였는데, 학교들은 워킹쓰루[Walking through]와 같은 창의적인 방법을 도입하기도 했다. 즉, 교사들이 교문 앞에 교과서를 쌓아두고 기다리면 아이들이 마스크를 쓰고 접촉 없이 교과서를 받아갔다. 법률상 수업시간에는 교과서를 사용하도록 규정되어 있지만,[2] 이미 교실에서는 정보화사회에 발맞춰 학습자료를 재구성해 수업하고 있

---

1) 교육부는 한국교육학술정보원(KERIS)의 e-러닝시스템 접속 용량을 47만 명에서 300만 명으로, EBS 온라인 학습터 접속 용량을 1만 명에서 300만 명 규모로 확대했다. EBS 채널은 7개에서 12개로 늘려 모든 학년이 독립 학습채널을 갖도록 했다. 콘텐츠는 EBS 4만3000종, e-학습터 5500종, 교과서 e-북 497종, 디지털 교과서 134종을 탑재하고 네이버 듣는교과서 3000여 편 등 민간 콘텐츠도 제공했다. 전국 모든 교실에는 무선망시스템을 설치했고, 가정에서 온라인 사용이 가능하도록 데이터를 무료 제공하고 사회소외계층 학생들에게 스마트 기기 30만 대와 통신비를 지원했다. 교육부는 초·중등학교 교사 커뮤니티를 조직, 지원에 나섰고 교육청마다 학습 플랫폼을 구축했다. 비대면 수업이 전면적으로 시작된 2020년 4월 3주간 교사들이 제작해 올린 수업용 콘텐츠 수는 230만 개에 달했다(교육부, 2020.4.).
2) 초·중등교육법 제29조 (교과용 도서의 사용) ① 학교에서는 국가가 저작권을 가지고 있거나 교육부장관이 검정하거나 인정한 교과용 도서를 사용하여야 한다.

／김 성 근
충청북도교육청 부교육감

／김 진 경
국가교육회의 의장

었다. 온라인수업에서는 교과서 내용을 뛰어넘는 다양한 자료를 재구성해 아이들에게 전달하고 있다.

기존 교과서는 교사와 학생들을 보호하는 차원에서 지식재산권이 허용되었다. 온라인수업은 교과서 사용 의무화보다 각종 학습자료와 방대한 정보에 대한 지식재산권 충돌 여부가 더 큰 관건이었다. 교사들은 인터넷상 각종 자료를 학습자료로 활용하고 싶어 했고, 교육부와 문체부는 팬데믹 상황을 고려해 교사들에게 이 자료 사용을 한시적으로 허용했다. 비대면 상황에서 가장 중요한 것은 아이들의 '자기주도성'이었다. 아이들의 공부를 돕는 학습지원 플랫폼과 같은 자기주도성 시스템은 어떻게 보완하고 구축할 것인가? 교육과정에서 힉습동기, 도전의식 등 자기주도성은 어떻게 교육할 것인가?

갑자기 다가온 미래. 사람들은 그렇게 불렀다. 과학정보기술이 발전하는 먼 미래가 되면 수업과 업무는 집에서 온라인으로 진행될 것이라던 상상의 세계는 이렇게 재앙과 함께 성큼 다가왔다. 코로나19 외에도 다양한 두려움이 현실을 덮치고 있다. 그중에서도 인구절벽은 또 하나의 재앙 수준이다. 2021년 현재 267만 명인 초등학생 수는 향후 10년 동안 전체 학생 수의 35%에 해당하는 100만 명 가까이 줄어든다.[3] 대부분의 도 단위 교육청에 따르면, 전교생 60명 이하 학교가 각 지역 전체 초·중등학교 수의 30%를 넘었고, 일부 지역은 이미 40%를 넘었다. 이들 학

---

3) 초등학생 수 변동 추이(사립 제외): 265만 명(2020)→218만 명(2025)→172만 명(2030)(교육부)

교는 학급당 학생 수가 10명이 채 되지 않는다. 40개가 넘는 교실을 갖춘 학교가 전교생이 20명 정도로 감소하면서 폐교 위기를 맞는 것은 시골에서는 흔한 일이다.

현대 과학기술의 성과인 인공지능[AI]과 로봇자동화의 발전은 일자리가 사라진다는 두려움으로 다가온다.[4] 일자리가 줄어든 사회에서 학교는 어떤 역할을 해야 할까? 전면화되는 청년 실업은 아동·청소년의 미래를 암울하게 하는 큰 문제다. 이는 교육과 학교의 역할에 대한 변화 요구로 이어지고 있다.

지구촌 곳곳은 기후변화로 몸살을 앓고 있다. 2015년 파리기후변화협약[5]에서 '2050년 이산화탄소 순배출 0 달성'이라는 목표를 세웠지만 지구의 기상 상태는 더 위험해지고 있다. 당장 기업들은 친환경을 경영 기본요건으로 받아들이고 있다. ESG[Environment, Social, Government] 경영을 표방하는 기업들이 증가하고, 이런 기업들을 선호하는 소비 트렌드도 형성되고 있다. 교육계도 기후위기에 적극 대응할 것을 요구받고 있다.

학생들이 미래사회의 구성원이라는 측면에서 교육은 항상 미래지향적이다. 그러나 교육정책

---

4) 산업용 로봇 밀도를 보면 근로자 1만 명당 로봇대수가 세계 평균 85대인데 비해 우리나라는 710대로 압도적인 1위를 기록했다(곽노필, "산업용 로봇 밀도, 한국 8년째 1위", 한겨레, 2018.12.3.).

5) 파리기후변화협약에서는 산업화 이전 대비 지구 평균기온 상승을 2도보다 낮은 수준으로 유지하기로 하고 1.5도 이하로 제한하는 것을 추구한다고 밝혔다. 온실가스 배출량을 꾸준히 감소시켜 이번 세기 후반 이산화탄소 순배출량을 0으로 만드는 내용에도 합의했다(네이버 지식백과).

을 추진할 때는 과거와 미래라는 두 가지와 싸워야 한다. 과거의 경험은 우리 교육의 현실을 정의하는 강력한 배경이다. 특히 산업 성장기에 성공 가능했던 경쟁교육의 성과는 우리 교육의 미래를 위해 극복해야 할 최대 과제다. 교육정책을 설계하기 위해서는 아이들이 살아갈 미래를 예측해야 하고, 과거 흔적을 극복하는 작업도 병행해야 한다.

세계 10위권의 선진국[6]으로 올라선 우리나라는 과거 산업 성장기에 구성한 교육 패러다임 변화에 집중하고 있다. 2025년부터 도입되는 고교학점제와 이에 따른 교육과정, 교원정책, 대학입시 등이 다각도의 변화를 예고한다. 문재인 정부는 국가 교육정책 추진 합의제 행정기구인 국가교육위원회를 법제화했다. 차기 정부가 들어서는 직후인 2022년 7월 출범할 예정이다.

팬데믹이란 거대한 변수를 맞은 우리는 힘을 모아 원격수업 인프라를 구성하고 변화에 적극 대응해왔다. 이를 통해 미래 정보화 교육을 교육현장에 도입하는 희망의 싹을 만들었다. 교육자들은 자칫 암울할 수 있는 미래 전망을 새로운 희망의 빛으로 바꾸어야 한다. 이를 위해 김진경 국가교육회의 의장과 우리 미래교육에 대해 깊이 논의하는 자리를 마련했다.

---

6) 외교부에 따르면, 우리나라는 1964년 국제연합무역개발협의회(UNCTAD) 설립 이래 그룹 A에 포함돼왔으나 세계 10위 경제규모와 P4G 정상회의 개최, G7 정상회의 참석 등 국제 위상이 높아지고 현실에 부합한 역할 확대를 위해 선진국 그룹 B로 변경을 추진해 UNCTAD 무역개발이사회에서 가결, 최종 결정됐다(정기환, "유엔무역개발회의, 한국 '개도국→선진국' 변경… 57년 역사상 처음있는 사례", 디스커버리뉴스, 2021.7.11.).

사회적 빙하기와 디지털 코끼리

산업사회가 초기화되었습니다

:

김 진 경

프랑스의 역사학자 페르낭 브로델^{Fernad Braudel}은 역사를 3가지 차원으로 나눈다. 첫째, 우리가 흔히 생각하는 언제, 누가, 어떤 일이 있었다는 형식으로 사건을 연속적인 기록으로 정리하는 단기적 '사건사'다. 대개 우리는 역사를 사건사 중심으로 본다. 둘째, 사건사보다 더 깊은 차원으로 산업혁명이나 디지털 기술혁명으로 인한 경제구조 변화 등과 같은 중기적 '국면사'다. 사건사와 국면사는 인간의 시간 안의 것들이 요인으로 작용한 역사적 변화를 다루는 것이다. 그런데 수천 년 만에 일어나는 자연변화, 환경파괴로 인한 기후변화, 전염병(코로나19)과 같이 인간의 시간 바깥의 지리와 자연의 변화가 일으키는 장기적 역사 변화를 '구조사'라 일컫는다. 코로나19는 단일 사건으로 보면 일시적인 것 같지만 구조사적 변화의 시작이라고 볼 수 있다.

근대 이전에는 50년 단위로 전염병이 유행해 인구가 조절됐다. 인구가 늘어나면 식량이 부족해지고 그에 따라 인간의 영양상태도 나빠졌는데, 통상 50년 주기였다. 인구가 줄어들면 식량이 넉넉해져서 다시 인간의 영양상태는 좋아지게 된다. 또다시 인구가 늘어나다가 50년 후 전염병이 오고 인구가 줄어드는 현상이 반복됐다. 근대 이전의 전염병 주기는 인간의 생산력 한계 때문에 온 것이다.

그러나 코로나19는 이전의 전염병과는 다르다. 환경파괴나 기상이변처럼 인간의 통제가 미치지 못하는 시간 밖의 자연요소가 가져온 변화다. 현대사회는 어느 단위도 통제할 수 없는 거대한 위험이 전면화되고 일상화되는 사회로 진입했다. 울리히 벡^{Ulrich Beck}은 이를 '위험사회'라 불렀는데, 현대사회를 특징짓는 용어라고 할 수 있다. 그가 설명하는 위험사회는 몇 가지 특징을 띤다. 첫째, 공간의 제약을 뛰어넘는다. 둘째, 시간의 한계도 뛰어넘는다. 셋째, 인간의 관찰 범위를 벗어나서 눈에 잘 드러나지 않는다. 넷째, 특정 계층에 국한되지 않는다.

동양 역사에서 상상^{想像}이란 말의 어원은 구조사적 변화와 관련 있다. 상상의 상^像은 원래는 코끼리 상®으로 썼다. 코끼리를 생각한다는 뜻이다. 5000년 전 황하강 주변은 코끼리가 살 수 있는 아열대 기후였다. 그런데 서서히 기후변화가 일어나 2000년쯤 뒤 춘추전국시대에는 지금처럼 코끼리가 살 수 없는 한냉한 기후가 되었다. 코끼리들은 남쪽으로 이동하거나 죽어서 황하지역에서는 살아있는 코끼리가 없었다. 그래서 코끼리 그림이나 죽은 코끼리뼈를 보고 코끼리를 떠올릴 수밖에 없었다. 여기서 상상이란 말이 유래됐다. 인간의 역사는 이렇게 2000~3000년 단위로 인간 세상 바깥의 변화, 자연이 일으키는 큰 변화를 겪었다. 이는 대단히 심도가 깊고 장기적이며, 일상을 바꾸는 가장 큰 변화다.

산업사회 체제를 그대로 유지해서는 앞으로의 변화를 감당할 수 없고 인간의 삶과 사회의 지속을 기대하기 어렵다. 빙하기만큼은 아니겠지만 그와 유사한 자연과 지리의 변화가 인류 역사에 장기적 주기의 구조사적인 변화를 일으키고 있다. 그렇다면 산업사회를 회고하고 전망하는 것을 넘어서서 긴 안목으로 살펴봐야 한다. 이에 대응하는 새로운 체계를 어떻게 세워나갈지도 고민할 필요가 있다.

빙하기에 신체와 지능이 우월했던 네안데르탈인은 멸종했는데, 상대적으로 약했던 크로마뇽인이 살아남은 것은 두뇌 구조에 일어난 혁명적 변화 때문이다. 인지 고고학자들의 연구[7]에서 추론한 현생 인류의 조상인 크로마뇽인의 두뇌에서 일어난 변화는 흥미롭다. 현생 인류가 출현하기 전 인류의 대뇌는 큰 방에 컴퓨터 여러 대가 각각 방에 분리된 채 작동하고 각 방 사이에는 칸막이가 있어 다른 방에 있는 컴퓨터와 연결되지 않는 구조였다. 그런데 현생 인류의 두뇌로 진화하면서 그 칸막이가 무너지고 각 방 안에 들어있던 뉴런이 이동하여 다른 방(영역)과 관계를 맺기 시작했다. 이로 인해 현생 인류는 관계에 대한 사유와 타자를 나와 같은 존재로 상상해 공감하는 능력이 생겨났다. 유동적인 지성 활동이 가능해진 것이다. 이러한 공감 능력과 관계 맺는 능력이 바탕이 되어 현생 인류는 빙하기에 살아남을 수 있었다.

마스크와 비대면 수업이 일상으로 자리하는 모습을 보면서 인류가 지금 기후위기, 전염병 등의 거대한 위험으로 인한 '사회적 빙하기'를 맞이한 것이라는 생각마저 든다. 다행히도 이 사회적 빙하기는 디지털 기술혁명이라는 선물도 같이 주어졌다. 현생 인류가 두뇌 구조 혁명으로 얻은 관계의 사유와 공감 능력으로 빙하기에 살아남았듯이, 인류는 디지털 기술혁명으로 이 능력들을 확장하여 사회적 빙하기를 넘어설 수 있을까?

---

7) Mithen, Steven, 『The Prehistory of the Mind』, Thames & Hudson, 1996. / 나카자와 신이치, 『신화, 인류 최고의 철학』, 김옥희 옮김, 동아시아, 2003.

인공지능 시대의 교육

인공지능에 대해 배우고 인공지능에 의해 배운다

:

김 성 근

인공지능, 사물인터넷, 로봇기술, 드론, 자율주행차, 가상현실 등이 주도하는 4차 산업혁명은 2016년 스위스 다보스 포럼$^{Davos Forum}$에서 의장이던 클라우스 슈밥$^{Klaus Schwab}$이 처음 사용하면서 이슈화됐다. 당시 아디다스 신발공장이 아시아에서 철수하고, 로봇자동화를 통해 독일로 유턴한다는 기사는 사람의 노동을 기계가 대체한다는 대표적 신호였다.[8] 인공지능^{AI}은 보통 교육적으로 두 가지 측면에서 접근한다. 하나는 미래 산업의 핵심인 AI를 배우는 학습 측면이다. 소프트웨어 교육, 코딩 교육 등이 이에 해당한다. 또 하나는 학습지원, 정서적 치료, 맞춤형 교육 등 교육 수단으로 AI가 활용되는 것이다. AI 과학기술의 발전은 두 가지에 그치지 않고 우리 교육의 패러다임을 근본적으로 변화시키고 있다.

그간 우리 교육은 산업화 과정에서 강력한 국가교육과정 체제를 유지했다. 강남 8학군에서 농촌 산골학교까지 모든 아이들에게 10개 과목을 같은 내용으로 가르치도록 했다. 이러한 획일적 국가교육과정체제는 일정한 약속이 내재됐다. 즉 학교와 교사, 학생들이 국가교육과정 체제를 성실히 수행하면 아이들이 좋은 대학을 가고 좋은 직장을 얻는 순환체제였다. 국가교육과정 체제의 배경에는 성취 성적에 따라 진학과 취업이 이루

---

8) 2016년 아디다스는 '스피드팩토리(Speed Factory)'라는 로봇자동화 공정을 통해 연간 50만 켤레의 운동화를 생산하는 작업 현장에 단 10명의 상주 인원만 두었다. 이들은 기계가 할 수 없는 핵심 공정에만 개입하도록 했다. 기존 생산시스템에서는 600여 명의 인력이 필요한 공정을 획기적으로 줄였다. 이 일은 4차 산업혁명의 상징적 사례가 되었다(김기만, "아디다스 獨공장, 年產 50만켤레…직원은 단 10명", 한국경제신문, 2018. 11. 13.). 3년 후 아디다스 공장은 로봇자동화 3년 후 인기 있는 제품의 자동화시스템 변화에 대한 시설투자 등 효율성을 들어 다시 아시아 공장으로 회귀했다(곽노필, "아디다스 로봇공장 실험은 왜 실패했나", 한겨레, 2019.11.14.).

어지는, 국가가 책임지는 강력한 인력양성 시스템이 존재했던 것이다. 이는 우리 사회를 여기까지 이끌어온 경쟁교육의 기본 바탕이기도 하다.

AI, 로봇자동화로 대표되는 과학기술 발달이 가져온 부정적 측면은 일자리가 사라진 다는 점이다. 열심히 공부해도 더이상 직업이 보장되지 않는다. 미래 직업이 매우 유동 적인 상태에서 학교는 아이들을 어떻게 공부시켜야 할까? 좋은 대학에 입학해도 직업을 구할 때 국가가 제 기능을 못하는 상황이 오지 않을까? 학교교육과정과 직업의 미스매칭 문제가 전면적으로 부각되는 것이다. AI가 발전된 사회의 교육 과제는 무엇일까?

아무것도 약속할 수 없는 교육이
모든 것을 해결해야 한다

김진경 AI가 전면화되면 우선 노동 형태가 바뀐다. 산업사회에서는 직업은 평생직업이어서 직업 생애가 단순했다. 그런데 AI가 보편화되면 직업 생애가 'A직업에서 실업으로, 실업에서 B직업으로, B직업에서 실업으로, 실업에서 C직업으로'와 같이 복잡다기해진다. 이렇게 직업 생애가 복잡다기해지는 미래사회에서 '자본은 이윤을 가져가고 노동자는 임금을 가져감으로써 부의 분배가 이루어진다'는 산업사회의 원칙이 철의 원칙으로 고수되고 자본 이윤을 극대화하기 위한 저임금, 저복지의 산업사회 시스템이 그대로 온존된다면 미래사회는 극단적인 양극화로 지옥이 될 것이다. 실업과 저임금의 비정규직이 보편화된 삶은 궁극적으로는 노동자뿐 아니라 기업에게도 위험한 상황이 될 것이다. 임금을 통한 부의 분배가 잘 안 되면 소비 부족으로 기업도 위태로워지기 때문이다. 근대 산업사회와는 상당 부분 다른 원리로 작동되는 미래사회 체제의 구상이 불가피하다.

그런 면에서 AI는 양날의 칼이다. 산업사회 체제가 그대로 온존되는 상태에서 작동하면 지옥이 된다. 그러나 관계와 공감 능력을 확대하는 방향으로 쓰면 유력한 수단이 될 수도 있다. 예를 들면, 한 사람이 A직업-실업-B직업-실업-C직업-실업-D직업과 같은 직업 생애를 살아가는데 A·B·C·D 직업이 전부 다른 영역이라면 그 사람은 불행할 것이다. 삶의 의미도 없고 그때그때 겨우 살아내는 것밖에 되지 않는다. 이런 삶이 의미 있으려면 A·B·C·D 직업이 그 사람의 관심 영역 안에 있어야 한다. 이를 위해서 학교교육은 학생이 자기 관심 영역을 발견하고 관련된 기본 소양을 쌓을 수 있도록 하고, 직업에 필요한 교육은 평생교육시스템을 통해 제공해야 한다. 실업 기간에는 자기 관심 영역을 능동적이고 창의적으로 학습하도록 경제·사회적으로 최소한 보장한다. 이것이 기본소득이 제기되는 배경이라고 본다. 이 체제에서 학교교육은 한 사람이 삶의 과정에서 어떤 분야에 관심을 갖고, 어떤 의미를 지향할지 사고하는 능력을 키워주는 역할을 해야 한다.

김성근 성장 과정에서 아이들이 자신이 어떤 관심이 있는지, 무엇을 잘하는지, 어떤 직업을 선택할지 아는 것은 중요하다. 아이들이 자기정체성을 형성하고 자신의 미래를 설계할 수 있도록 학교교육과정을 다각도로 재구조화해야 한다.

　코로나19로 인한 큰 변화 중 하나가 학교에서 스마트 기기를 사용하게 됐다는 것이다. 그동안 학교에서는 휴대폰이나 컴퓨터 사용을 학습 장애물로 인식하여 휴대폰 사용을 금지해왔다. 그런데 코로나19로 원격교육이 전면화되면서 아이들에게 스마트 기기가 주어졌다. 이 정보화의 성과물을 아이들이 긍정적으로 학습 수단으로 받아들이면서 엄청난 변화가 일어났다. 화상으로 학생회장 선거나 토의 등을 진행한 사례도 많이 보고됐다.

　반면 '미디어 리터러시Literacy'와 같은 새로운 형태의 격차가 생긴다. 초등학교 저학년 교사들에 따르면, 저학년 아이들은 개인 계정 접속부터 난관에 부딪힌다. 초등 1~2학년들은 대부분 영어를 배우지 않아 영어 아이디와 영어와 특수문자가 포함된 8자리 이상의 긴 비밀번호를 기억하지 못한다. 학습과정에서 보편적인 미디어 리터러시를 해결하기 위해서는 학령기 학생의 장애 유무, 발달단계 등을 고려한 유니버설 디자인Universal Design9)이 적용돼야 한다. 학생들이 인터넷 계정 접속부터 최종평가 환류 과정에 이르기까지 플랫폼을 쉽게 이용하도록 직관적이고 사용하기 쉬운 원격교육 인터페이스를 개발해야 한다.

김진경　미디어 리터러시뿐 아니라 인터넷이 전면화되면서 여러가지 문제가 등장했다. 코로나19 국면에서 나타난 현상 중 하나는 돌봄을 받지 못하는 아이들의 문제다. 예를 들면, 한 조손 가정 아이가 할머니가 일하러 간 사이 종일 혼자 인터넷, 게임, 만화를 보다가 결국 중독 단계가 됐다. 교사가 방문했을 때 이미 이 아이는 말을 못하는 상황이었다. 일본 만화 영향으로 간헐적으로 맥락이 없는 일본어를 하고 우리말을 잊어버렸는지 대화를 시도하면 입을 닫았다.

---

9) 성별, 연령, 국적, 문화적 배경, 장애의 유무에도 상관없이 누구나 손쉽게 쓸 수 있는 제품 및 사용 환경을 만드는 디자인. '모든 사람을 위한 디자인(Design For All)', '범용(汎用) 디자인'이라고도 불린다. 이렇게 디자인된 도구, 시설, 설비 등은 장애가 있는 사람뿐 아니라 비장애인에게도 유용한 것이다. 장애의 유무와 상관 없이 모든 사람이 무리 없이 이용할 수 있도록 도구, 시설, 설비를 설계하는 것을 유니버설 디자인(공용화 설계)이라고 한다. 최근에는 공공교통기관 등의 손잡이, 일용품 등이나 서비스, 또 주택이나 도로의 설계 등 넓은 분야에서 쓰이는 개념이다.(두산백과)

1970년대 말 프랑스의 정신분석학자이자 철학자인 자크 라캉[10]이 처음으로 이런 이론을 제기했다. "현대 정신질환은 전통적인 정신질환과 양상이 다르다. 전통적인 정신질환은 바깥세계와 내면세계를 구분하는 벽이 있고 그 벽으로 둘러싸인 내면세계의 방에 바깥세계를 향한 창문이 있는데, 스스로 그 창문을 닫고 환각 속에 빠져 산다. 그런데 현대의 정신질환은 바깥세계와 내면세계 사이에, 현실과 현실이 아닌 것 사이의 벽이 허물어져 아예 구분을 못한다. 현대 정신질환은 영상 매체, 특히 디지털이 진전되면서 나타난 병이다."

언어 매체는 기호와 기호 사이 틈이 많다. 그래서 독서를 하면 생각을 해야 하고 생각을 해서 빈틈을 자꾸 채우게 된다. 이런 경험을 통해서 현실과 현실이 아닌 것을 구분하는 능력을 갖게 된다. 그런데 영상 매체는 기호와 기호 사이 빈틈이 적어 시청자가 능동적으로 개입할 여지가 별로 없다. 쏟아지는 영상 매체에 압도되면 현실과 현실이 아닌 것을 구분하는 능력을 상실한다. 그래서 현실을 구분 못하고 가상과 현실을 혼동하게 된다. 코로나19 국면에 들어오면서 아이들이 정도 차이는 있겠지만 그런 증상을 많이 보일 것이다. 이 문제는 대단히 중요하다. 그러나 전통적인 활자 매체와 디지털이 어떻게 조화를 이루어갈지, 디지털의 역할을 어떻게 규정해 교육 원칙을 정할지 아직 논의조차 못했다. "한국 학생들은 인터넷에서 지식을 찾는 능력은 세계 최고 수준인데 그 지식의 진위와 가치를 판단하는 능력은 매우 뒤떨어진다"는 경제협력개발기구[OECD]의 보고서 내용은 이런 점에서 귀담아들을 필요가 있다.

얼마 전 디지털 소통 전공 교수가 "지금 아이들은 모든 것을 상대와의 승패 관계로 보는 경향이 있다. 게임이 아이들에게 큰 영향을 미치는 단적인 사례다. 상대는 적으로 만나서 승패를 겨루는 관계일 뿐이다"라고 말했는데, 이 역시 정도는 약하지만 앞에서 말한 현상이라고 말할 수 있다. 세계보건기구[WHO]가 게임 중독을 질병으로 지정하고 있듯 디지털 매체의 부정적 요인을 어떻게 극복할지도 중요한 과제다.

---

10) 프랑스의 정신분석학자(1901~1981). 그는 인간의 욕망, 또는 무의식이 말을 통해 나타난다고 주장했다. 즉 "인간은 말하는 것이 아니라 말해진다"는 것이다. 말이란 틀 속에 억눌린 인간의 내면세계를 해부한다고 하여 정신분석학계는 물론 언어학계에 새 바람을 일으켰다.(두산백과)

김성근　원격수업에서 또 하나 중요하게 등장한 것이 '디지털 민주주의'다. 비대면 소통
이 잦아지면서 개인정보 노출에 대한 안전망이 요구됐고, 특히 온라인상 폭력
이 심각하다. SNS상에서 일어나는 소통에서 타인에 대한 존중과 배려라는 민주
주의의 기본 소양은 더 절실해졌다고 본다. 성장기 아이들은 서로 소통하고 관
계를 맺고 싶어 한다. 직접 얼굴 보고 생활할 때는 상대 표정을 살피고 자연스
럽게 배려하게 되지만, 비대면 상황에서는 타인을 상상하기란 쉽지 않다. 비대
면 상황에서 민주주의 교육은 어떻게 보완해야 할까?

김진경　OECD는 우리 학생들이 인터넷 검색 능력은 최고이나 그 지식의 진위 여부와
가치 판단에서는 최악에 가깝다고 지적한 바 있다. 진위 여부 등 가치 판단은
관계에 대한 사유다. 아이들의 온라인 활동에 관계에 대한 사유를 포함하는 것
은 중요하다. 가치 개념, 관계 개념, 공감 능력이 지속적으로 형성되게 하는 노
력도 필요하다. 관계에 대한 사유가 형성되지 않으면 자기 삶과 무관하게 떠다
니며 제대로 된 결과를 찾지 못한다. 그래서 학교에서 아이들에게 지역이 교육
과정의 한 부분이 되도록 교육해야 한다. 디지털 관계망이 세계를 향해 넓게 뻗
어나가면 나갈수록 아이들의 삶이 이루어지는 지역에 깊이 뿌리내리는 게 필요
하다.

김성근　학습이 자신의 삶과 동떨어진 지적 탐구 수준을 넘어서서 무언가 자신의 삶과
관계 짓도록 하는 것은 중요하다. 지역을 탐구하고 지역의 누군가와 소통하며
성장할 수 있도록 하는 것은 디지털이 일상화된 민주주의 측면에서도 중요해
보인다.
　　　원격수업이 일상화되면서 표준 플랫폼, 데이터 주권 등의 문제가 제기되고
있다. 원격수업 시　교사의 멀티태스킹 상황은 대개 이렇다. "온라인수업을 할
때는 줌Zoom을 활용하고, 교수학습 활동을 할 때는 e-학습터 디지털 교과서에 접
속해서 교과서를 내려받는다. 필기는 구글 애플리케이션에 접속해서 문서-스프
레드시트-프레젠테이션을 활용한다. 학생 학습결과 기록과 피드백은 사진 앱을
사용해 사진을 캡처하고 피드백은 댓글로 단다. 학기말에는 나이스 프로그램을
이용해서 그간 사용한 모든 원격교육 플랫폼에 하나하나 접속해서 학생들의 수

업 결과물, 과정상 피드백을 스크리닝^{screening}해 통지표를 작성하고 결재받은 후 학생들 가정에 배부한다. 출결과 평가는 교육행정정보시스템^{NEIS}에 접속해서 주기적으로 기록한다."

이전 교실에서는 학생들이 교과서에 필기를 하고, 복습 과정도 자신의 활동 결과물을 되돌아보거나 교과서와 공책을 펼쳐보면 됐다. 하지만 원격교육은 1시간에 적어도 3가지 이상의 플랫폼—인터넷 정보 검색, 디지털 교과서, 문서 등—을 활용하기 때문에 자신의 학습과정을 복습하고 성찰하기는 어렵다. 학습의 방식과 내용이 변하고 있는 것이다. 이러한 복잡성은 교육격차를 더욱 심화시킨다. 원격수업이 전면적으로 도입된 2020년 상반기, 교사들은 이를 단순화하고 통일시키기 위한 플랫폼 통일, 표준화 플랫폼 개발을 요청했다.

비대면 원격수업은 학습에서 아이들의 요구를 구체적으로 분석하고 반영하는 작업도 필요하다. 충청북도교육청은 2021년 UX^{User Experience, 사용자경험} 플랫폼을 주제로 신년 포럼을 진행했다. 아이들은 학습 어느 지점에서 포기하는지, 어떤 과정이 힘겨운지, 무엇을 원하는지 등 다양한 접근이 필요하다. 이러한 작업은 예전처럼 정부기관이 모든 사업을 책임지는 것이 아닌 민간협력모델^{Public-Private Partnership: PPP} 방식의 정책도 검토해야 한다. 코로나19 백신접종 예약시스템은 민관이 협력한 IT 활용사례[11]를 보여줬다. 하지만 지금 교육현장에서 이용하는 구글, 줌 같은 외국 기업의 플랫폼은 산출된 모든 데이터가 그 기업으로 종속될 우려가 있다. 따라서 원격교육 플랫폼에서 데이터 주권에 대한 고민도 필요하다. 4차 산업 AI 기반 정보화사회에서 데이터는 국력이자, 생존이 걸린 자원이다.

---

11) 코로나19 백신접종 사전예약 시스템 먹통 사태와 관련해 정부와 민간기업들이 18~49세 예약이 시작되는 내달 중순까지 클라우드 기술을 적용해 시스템을 개선하기로 했다. 촉박한 일정을 감안해 기존 서버를 클라우드 기반으로 전면 재구축하기보다는 민간 기업 클라우드로 시스템을 옮기거나 일부 시스템에 클라우드를 적용하는 방안을 유력하게 검토 중이다(차현아, ""18~49세 백신예약 '먹통' 없다"…대가없이 또 뭉친 IT 어벤져스", 머니투데이, 2021.7.23.).

도전을 장려하고 실패를 허용하는
교육 생태계로의 변화

김성근   지식 중심의 입시경쟁 교육은 이제까지 우리 교육의 주류를 형성해왔다. 아이들은 국·영·수를 중심으로 한 10개의 국민공통교육과정을 학습하고, 이는 내신관리와 수능준비로 이어졌다. 약 20년 전, 국민의 정부 때 이해찬 교육부장관은 한 가지만 잘하면 된다는 소위 '이해찬 세대' 논쟁을 일으켰다. 다양한 스펙이란 학종^{학생부종합전형}이 등장했지만 여전히 한순간도 한눈팔지 않고 학습에 몰두해야 대입 관문을 통과하고 취업에 성공할 수 있다는 교육 생태계가 형성되어 있다. 이러한 산업사회의 교육적 관행은 어떻게 변화해야 하나?

김진경   한국 정부의 연구개발^{R&D}사업 과제 성공률은 97%를 넘는다.[12] 이처럼 성공률이 높은 것은 선행연구 결과를 따라가는 추격형 연구가 주류이기 때문일 것이다. 대부분의 연구가 결과를 상품화하는 데까지 나아가지 못하고 연구를 위한 연구, 연구 실적을 올리기 위한 연구에 그친다. 이러한 연구는 기술발전과 경제발전에 도움이 되지 못한다. 도전과 실패를 허용하지 못하는 문제는 정부 연구개발 사업뿐만 아니라 교육 전 영역에서도 나타난다.

지난 산업화 시대 국민의 삶을 큰 틀에서 설계하고 분류하는 주체는 국가였다. 국민은 산업에, 교육에 동원되어 국가에 의해 설계되고 분류된 삶 중에서 더 높은 위치로 올라가기 위해 치열하게 경쟁하는 존재였다. 이렇게 치열하게 경쟁하는 사회에서 실패는 허용되지 않는다. 한 번의 실패가 영원한 탈락을 의미할 수도 있기 때문이다. 학습자들은 실패가 허용되지 않기 때문에 도전하지 않는다. 오직 주어진 목표와 기준에 도달하기 위한 '도전 없는 성공'을 추구할 뿐이다. 실패를 허용하지 않고 도전 없는 성공만을 추구하는 산업사회의 관행은 첨단형 경제와 지능정보사회로의 전환을 가로막는 걸림돌 중 하나다.

학습자는 스스로의 요구에 따라 새로운 지식을 설계하는 과정에서 여러 차례 실패하고, 실패를 통해 배운다. 새로운 지식은 도전과 실패로부터 생성될 수

---

12) 하태정 외, 「과학기술 정책 현안 분석 및 의제 발굴」, 《정책연구 2018-03》, 과학기술정책연구원, 122~124쪽.

있다. 도전 없는 성공의 추구는 선진국 추격형의 산업화 시대에는 큰 힘이 되었지만 첨단형 경제, 지능정보사회에서는 별 도움이 되지 않는다. 첨단형 경제, 지능정보사회로 나아가는 근본적 동력은 '주체적 앎', '설계자의 앎'에서 나오기 때문이다.[13]

교육에서의 성공이 좋은 직업을 보장해주지 못함에도 불구하고 여전히 그 길만이 유일하다고 믿고, 기성품 지식의 암기 적용을 중심에 둔 산업화 시대의 교육경쟁에 몰두하고 있다. 한국의 학교는 도전과 실패를 허용하지 않고 도전 없는 성공을 요구한다. 도전 없는 성공 속에서 이루어지는 앎은 주체적 앎이 아니라 부림을 당하는 자의 앎, 동원된 학습자의 앎이다. 도전을 장려하고 실패를 허용하는 교육 풍토를 조성하여 학습자가 주체적 앎으로 나아갈 수 있도록 하는 교육혁신이 필요하다.

김성근　"똑똑한 한 명이 10만 명을 먹여 살릴 수 있다."[14] 21세기에 들어오면서 대기업 총수가 내뱉은 이 말은 우리 사회에 큰 파장을 가져왔다. 우리 교육은 그간 상위 20%에 집중하는 경향이 있었다. 그 결과, 상위 20%의 아이들은 엄청난 학습 스트레스를 겪고, 나머지 80%의 뒤쳐진 아이들은 아예 학습을 포기해버린다. 미래교육은 이러한 교육격차 문제를 어떻게 해결해야 하나?

김진경　산업사회 교육은 상위 20%의 똑똑한 아이들을 키워내는 데 집중해왔다. 이 방식으로는 미래사회 변화에 대응하기 어렵다. 80% 아이들도 함께 성장해야 미래사회에 대응할 수 있다. 지능정보사회에서는 기본 학습능력이 없으면 인간관계에서 배제되어 인간다운 삶을 살기 어렵고 집단지성의 힘이 곧 국력인 사회이기 때문이다.

지금 초·중등학교가 안고 있는 문제의 핵심은 많은 학생들이 학습의욕 없이 교실에 앉아 있다는 것이다. 첫째, 이들 중 일부 아이들은 모든 것을 잘해야 하는 엘리트주의 학력 경쟁 시스템을 따라가지 못해 학습의욕을 잃은 경우다. 둘

---

13) 이정동, 『축적의 길』, 지식노마드, 2017 참조.
14) "200~300년 전에는 10만~20만 명이 군주와 왕족을 먹여 살렸지만 21세기는 한 명의 천재가 10만~20만 명의 직원을 먹여 살린다."(이건희, '인재 전략 삼성 사장단 워크숍', 2002.6.)

째, 더 많은 아이들은 지식 전수 이전에 자기 정체성이 잘 형성되지 않아 자기 삶에 아무 의욕 없이 교실에 앉아 있다. 첫 번째 문제는 엘리트주의 학력 경쟁 교육시스템을 개혁해 풀 수 있지만, 두 번째 문제는 지식전수 이전에 자기 정체성과 삶의 의욕을 갖는 것이 선결돼야 한다. 이 문제는 지역사회, 가정환경과도 긴밀하게 연결되기 때문에 삶의 장과 분리되어 있는 학교 시스템으로는 풀 수 없다.

　이제 학교는 지식 전수에서 학생들이 자기 정체성 형성을 비롯해 살아가는 능력을 길러주는 데까지 역할을 확장해야 한다. 이를 위해 학교와 지역사회가 긴밀히 결합해 다양한 교육 생태계를 형성하여 학생들이 의욕을 가질 수 있도록 연결고리를 풍부하게 발견해야 한다. 또한 학생에게 심각한 문제가 있는 경우, 학교는 지역사회와 공동으로 그 원인에 접근해야 한다. 학교가 지역과 긴밀한 네트워크를 형성하고, 학교교육이 지역의 삶과 함께 호흡하며, 학교와 지역이 함께 학생들이 건강하고 안전하게 성장하는 토대를 만든다는 점에서 삶에 스며드는 교육시스템이라 할 수 있다. 이러한 교육시스템은 특히 초등학교 저학년, 유아교육과 보육으로 갈수록 더 중요하다.

김성근　2019년 핀란드 헬싱키에서 OECD 주관으로 세계 교육부장관과 교원노조 대표들이 함께하는 컨퍼런스가 열렸다. 그때 의제 중 하나가 '출발선 교육'이었다. 아이들은 학령기 진입 전에 능력의 많은 부분이 결정된다는 것이다. 예를 들면, 뇌 영역의 발달단계를 보면 기쁘면 웃고 슬프면 울고 하는 감각적 능력 계발이 만 3~4세면 끝나버린다는 것이다. 언어능력이나 다른 많은 능력들 또한 초등학교 입학 전에 일정 정도 결정된다. 초·중·고등학교 진입 이전의 아이들의 성장이 이렇게 결정적이면 지금이 유치원교육과 보육의 혼재를 국가가 정리할 수 있는 결정적 시점으로 보인다. 초등 저학년과 관련해서는 문재인 정부에서 다양한 출발선 평등 정책이 나왔지만 유아교육은 여전히 유보통합 문제 등 난제가 많다.

김진경　산업 생산성을 높이는 것이 최대 목표가 되면 그것을 향해 모든 에너지를 중앙으로 끌어모으게 된다. 이렇게 사회의 자원이 중앙에 집중되면 생활 생태계인

가정과 지역사회 보호교육기능은 공동^{空洞}화된다. 그래서 과거에는 가정과 지역사회에서 자연스럽게 이루어지던 아이들의 자기 정체성 형성이 별도로 사적 자원을 투입하여 해결해야 하는 게 된다. 경제적 여유가 있는 집은 가능하지만 여유가 없는 집은 사적으로 감당하기 어렵다. 대다수 아이들이 자기 정체성 형성 문제가 해결되지 않은 상태에서 학교에 오는 것이다.

아이들은 자기 정체성을 형성하지 못하면 삶의 의욕도 학습 의욕도 갖지 못해 처음부터 불평등이 생겨나고 학교교육은 그걸 확대하면 확대했지 좁혀주지 않는다. 그래서 교육불평등 문제가 아이들이 교육에 진입하는 시기로 내려가버렸다. 현실적으로 초등 저학년에 필요한 것들을 강화하는 정책은 가능하지만 유아교육·보육은 이해관계자들의 내부 갈등이 워낙 첨예하게 대립하고 있어 정책 변화를 꾀하기 어렵다. 2022년 7월 국가교육위원회가 출범하면 정권이 직접 부담은 갖지 않으므로 논의를 시작할 수 있을 것이다.

김성근 우리 교육은 교육자치와 일반 행정자치를 분리, 운영해왔다. 중앙정부는 교육, 문화, 복지, 환경 등 다양한 부처에서 정책을 추진하지만 시·도 단위 등 지방정부로 내려가면 교육과 나머지 정책이 분리되어 추진된다. 학교의 역할이 입시 경쟁을 위한 지식 전달 중심일 때는 큰 문제가 되지 않았지만, 지역공동체와 가족공동체가 상대적으로 약화되면서 학교의 역할이 보건, 급식 등 다양한 형태로 확장되는 지금은 사정이 다르다. 지역이 아이들의 교육 생태계로 자리매김 해야 한다는 요구가 점점 커지고 있다. 지난 10년간 학교는 지역사회와 소통하기 위해 변화해왔다. 혁신학교는 지역의 교육자산을 학교로 끌어들이기 위해 노력해왔고, 지역 단위에서는 교육혁신지구, 마을교육공동체, 꿈의학교 등 다양한 교육과 지역 거버넌스가 형성되고 있다. 지역은 교육을 위해 어떻게 재구조화돼야 하는가?

김진경 대학입시 공정성 문제도 근본적으로 학교가 지역사회와 분리돼 있기 때문이다. 미국처럼 지역사회가 학교 경영의 주체로 참여하는 카운티 학교라면 지역사회가 학생들 개개인을 다 들여다보기 때문에 공정성 시비가 별로 생기지 않는다. 학생부의 공정성 문제를 살펴보면, '내가 학교를 들여다볼 수도 없고, 아무 권한도 없는데 그런 상태에서 만들어진 것에 아이의 운명을 결정하라는 거야?'라는 주권 요구가 숨어 있다. 공정성에 대한 목소리가 다양하지만 그중 가장 큰 이유는 학교교육에 대한 국민의 주권 요구다.

인공지능 자동화는 인간이 수행하던 산업사회의 상당수 일자리를 로봇으로 대체하고 있다. 그 결과 고용이 불안정해지고 임금을 통한 분배가 어려워져서 근대 산업국가의 지속가능성에 위기를 가져오고 있다. 나아가 인공지능과 자동화는 생산 과정에서 인간 노동력이 차지하는 비중을 급격히 낮추었다. 국민 한 사람 한 사람을 노동력으로 보고 태어나서부터 죽을 때까지 관리해온 중앙집권적 산업국가의 정당성과 효용성을 떨어뜨리고 있는 것이다.

디지털 기술의 발전과 4차 산업혁명은 고도의 중앙집권적 산업국가 체제에서 분권과 자치에 기초한 포용적 국가체제로의 전환을 요구하고 있다. 국가의 중심 목표를 '생산성 향상을 통한 국부의 축적'에서 '삶의 질 향상'으로 전환해야 한다. 이를 위해 중앙에 집중된 사회·경제적 에너지를 하부 단위로 내려서 생활 생태계를 활성화하는 시스템으로 전환할 때다.

김성근 대부분의 교육청에서 기초자치 단위인 교육지원청이 고교 업무와 직업교육을 관장하지 못하고 있다. 교육행정시스템으로 보면 교육지원청이 고교를 관장하는 역할이 없다 보니 교육혁신지구사업이나 마을교육공동체 같은 경우 초등학교나 중학교에 국한된 채 진행됐다. 대학의 경우, 대입 학령인구 수 감소와 함께 지방대학이 큰 위기를 맞고 있다. 그러나 지방대학들이 지역 문제에 관심을 가지면서 실질적인 지역의 교육 생태계로 자리 잡는 일은 많지 않았다. 지방 대학은 고교학점제와 함께 지역의 학교와 강하게 결합하면서 새로운 활로를 모색해야 할 것으로 보인다.

아이들의 삶과 밀접하게 연결되어 있는 지역은 교육에서 대단히 중요한 의미를 지닌다. 지역교육과정, 지역교육 생태계 활성화 등은 미래교육 패러다임에 중요한 역할을 할 것으로 보인다. 이를 위해 기초자치 단위인 교육지원청의 역할에 큰 변화가 요구된다.

학생도, 교사도 도망 중

김진경 지방으로 전근 간 후배 교사가 수업시간에 아이들이 다 책걸상 늘어놓고 누워서
자고 깨워도 안 일어난다고 한숨을 쉬었다. 1년간 목표가 뭐냐고 물었더니 아
이들이 '의자에 앉아' 엎드려 자게 하는 게 목표란다. 1년이 지나 다시 후배 교사
를 만났을 때 그는 초반 목표를 달성했다며 즐거워했다. 5분만 수업하자 하고
5분 수업하고 자게 하다가, 10분만 수업하자 하고 10분 수업하고 잔다는 것이
다. 이런 상황에서 중앙의 경직된 국가교육과정은 이 아이들과 맞지 않다. 아이
들이 학습에서 도망가면서 요즘은 교사들이 아이들에게서 도망가는 일이 생겨
난다. 도망가는 교사들은 가장 먼저, 학생 생활교육으로부터 도망친다. 학교 업
무에서 학교폭력을 포함한 생활교육이 가장 어렵다보니 학생부장부터 일단 초
임 교사에게 맡긴다. 다음은 교무부장 자리를 떠넘긴다. 선배 교사들이 비담임
으로 아이들의 생활지도에서 빠지려고 하는 경우가 비일비재한 것이 현실이다.
교사가 아이들로부터 도망가려는 첫 번째 이유는 대다수 아이들이 학교 학습에
서 도망가기 때문이다. 낡은 시스템은 더이상 작동하지 않는데 교사들에게 새
로운 시스템 대안이 주어지지 않아 교사들이 감당하기 어려운 상태다. 중산층
학교를 제외하면 고등학교 교육이 지금 이런 상태라고 한다. 선택지가 별로 없
다. 지금 우리 교육의 가장 큰 문제 중 하나는 교사들이 학생들로부터 도망 중이
라는 것이다.

직업세계가 바뀌고 있기 때문에 산업사회의 고정된 직업에 맞는 고정된 지
식을 가르치는 학교교육으로는 자기 미래 삶을 개척해나가기 어렵다. 지식 이
전에 복잡다기한 자신의 직업 생애를 통일적으로 인식하고 개척하는 자기 정립
이 필요한데 우리 교육은 거기에 무력하다. 학교마다 다르겠지만 중산층 아이
들은 도망가지 않는 아이들이 꽤 있다. 그런데 대부분의 학교는 아이들이 학교
와 학습으로부터 이미 도망가 있는 것이 현실이다.

김성근 사회는 빠르게 변하고, 교육은 획일적으로 경직되어 아이들에게 맞지 않고, 교
사는 힘들어서 도망가고…. 그래서 경직된 국가교육과정을 부분 해체하고 아이
들 맞춤형 교육과정으로 변화하자는 움직임은 오래전부터 있어왔다.

아이들마다 다양한 학습 요구가 있다. 아이들은 학습 수준이 다양하고, 취미나 진로도 다양하다. 돌봄을 잘 받지 못해 자아형성이나 치유가 필요한 아이들도 있고, 기초학력이 부족한 아이들도 있다. 또 AP과정^{Advanced Placement Program}이 필요한 우수한 아이들도 있다. 직업세계 분화도 다양해져서 산업시대의 농업, 공업, 상업 등의 직업교육을 전면적으로 재편해야 한다. 학교교육에서 큰 의미가 없었던 '아이들이 살고 있는 지역'이 교육 생태계의 핵심으로 부각되기도 한다. 아이들의 교육과정이 확장되어 '지역을 배우고, 지역 사람들과 관계를 맺고, 지역의 일꾼으로 다시 돌아오는' 교육의 지역 생태계 형성도 활발히 진행되고 있다.

사실 국가교육과정의 획일성과 경직성 문제는 어제 오늘의 일이 아니다. 5.31교육개혁 때부터 국가교육과정의 대강화와 교육과정 운영의 자율성이 지적돼왔고, 지금 2022개정교육과정 작업이 진행되고 있다. 국가교육과정은 어떤 방향으로 변화해야 할까?

김진경 중앙집중형 교육과정이 아이들한테 무슨 의미가 있나 생각해보면 답이 나온다. 예를 들면, 다문화가정 아이들에게는 시간, 학습목표, 성취수준까지 모두 정해놓은 교육과정이 애초에 성취할 수 없는 기준이다. 이 교육과정은 다문화가정 아이들을 처음부터 배제하는 효과를 발휘한다. 다문화가정 아이들은 극단적 예이지만 지금 아이들은 매우 다양하다. 그런 상황에서 중앙에서 획일적으로 정해진 교육과정의 역할에 대해 고민해볼 필요가 있다. 그래야 교육 문제를 제대로 보고 풀어낼 수 있다.

사회는 빠른 속도로 변하고 또 새로운 지식들이 엄청난 양으로 증가하는데 학교교육은 지금껏 폐쇄돼 있다. 산업사회에서는 학교가 비교적 앞선 지식을 갖고 있었지만 지금은 그렇지 않다. 그래서 지금 학교가 불신을 받고 있다. 사회 변화, 아이들의 변화 이런 것을 학교가 어떻게 수용할 것인가?

고교학점제 등장 원인은 빠르게 변화하는 사회에서 학교가 새로운 지식을 수용하지 못하는 폐쇄적인 체제라는 게 핵심 배경이다. 이를 수용하는 통로를 만들자는 것인데 그렇게 하려면 지역사회가 주체의 한 축으로 학교에 들어와야 하고 그래야만 고교학점제가 제대로 실행될 수 있다. 사회 각 영역과 지역사회가 교육의 한 주체로서 참여하는 것. 고교학점제는 교육과정의 지역화, 학생중심화가 핵심이다.

김성근 고교학점제는 결국 경직된 국가교육과정을 부분적으로 해체하고 지역과 사회의 교육 자산을 소통하는 것인데, 아이들의 선택권 확장을 교사들은 부담스러워한다. 교육과정 문제는 단지 수업시수를 조정하는 문제가 아니다. 수업 조정에 따른 교사와 강사의 수급 문제가 있고, 공간 문제도 해결해야 한다. 또한 교수-학습-평가-기록이란 기본 틀 속에서 평가 문제도 따른다. 학교와 교사들이 새로운 과정을 개설하는 데는 교원, 공간, 평가 및 기록 등 총체적 문제가 따르기 때문에 교사들은 변화에 어려움을 토로한다. 이런 측면에서 학교와 교사들에게 재량권을 준다는 것도 재해석해야 하지 않을까?

김진경 학교에 20~30%의 교과선택권을 주고 알아서 구성해보라고 하면 학교가 이를 소화해낼 수 있을까? 대단히 어렵다고 본다. 지역이 주체로 참여하는 방안을 내고 국가와 지역, 학교가 모두 나서서 지원시스템을 가동해야 가능하다. 예를 들면, 고교학점제를 일주일 5일 중 하루를 지역사회 전체가 교사가 되는 '지역사회교육의 날'로 정하고 지역사회 모든 교육자원을 개방하여 아이들이 스스로 커리큘럼을 짜 지역사회로 나가 학점을 이수하도록 하면 어떨까? 70%는 국가교육과정에서 책임지더라도, 이렇게 20%는 지역사회가 교육주체로서 소화하고 나머지 10%는 학교 안에서 소화하도록 하면 고교학점제가 취지에 맞게 정착할 수도 있다. 이런 교육적 변화를 위해 중앙정부와 지역, 교육청, 학교가 모두 힘을 합해야 한다. 패러다임 변화는 그렇게 오는 것이다.

김성근 지역교육과정을 지금보다 훨씬 적극적이고 과감하게 추진해야 한다는 데는 공감한다. 지역교육과정을 무엇으로 채우는가 하는 과제는 좀더 구체적일 필요가 있다. 예를 들면, 충북은 2021년부터 아웃도어스쿨 사업을 전면적으로 확대하고 있다. 성장기 아이들이 도전과 실패를 경험하고, 타인을 배려하고 협력하도록 하는 교육과정이 필요하다고 보고 그 방편의 하나로 성장 아웃도어스쿨 사업을 추진했다. 충북은 산과 강, 들판이 많은 지역이라 트레킹, 등산, 자전거 바이킹, 카누와 카약 등을 교육과정에 도입하고 있다. 아이들은 일상적인 수업에서 얻을 수 없는 자신과의 싸움, 성찰, 타인 배려 등을 이 교육과정에서 경험하고, 건강하게 성장통을 극복할 것이다. 산업사회의 교육 패러다임이 국영수 중심의 지식 경쟁교육이라면, 미래사회는 이러한 기본 지식을 기반으로 도전과 실패가 가능한 자기주도형 인간으로 성장시켜야 되지 않을까? 도전과 실패의 경험은 지식교육에서는 쉽게 얻어지는 것이 아니라 아웃도어스쿨처럼 훨씬 더 적극적인 프로그램 지원이 필요하다. 이 역시 지역이 적극 참여하지 않으면 가능하지 않다. 지역은 또한 학교를 중심으로 한 지식인프라가 확장될 수 있는 인프라가 있다. 교육부는 대학 중심의 RIS사업[15]에 고교학점제를 포함했다. 또한 지방 대학들은 인구절벽에 따른 위기를 맞아 초·중등교육과의 연계사업을 적극 모색할 것으로 보인다.[16] 이런 점에서 고교학점제를 비롯한 미래교육으로의 변화는 학교만이 아니라 지역의 모든 교육인프라가 동원되어 함께 해결해야 한다.

주권 요청에 답하라는 요청

김성근 2021년 국가교육위원회 법률(국가교육위원회 설치 및 운영에 관한 법률, 2021. 7. 20.)이 통과되어, 차기 대선 이후인 2022년 7월 20일 공식 출범 예정이다. 합의제 정책 결정기구라는 것이 기본적으로 우리 사회가 이제까지와는 다르게 가야 한다는 시대적 흐름에서의 변화라고 본다. 합의제 정책 결정기구에 앞서 국가교육회의는 몇 차례에 걸쳐 국민 공론화 작업을 한 경험이 있다. 특히 대입안을 두고 다양한 직업과 계층의 사람들이 참여했는데, 일각에서는 왜 일반인들과 공론화를 진행하는지, 대중추수주의 아닌가 하는 의문이 있었다. 국가교육위원회의 구성과 운영 특징은 무엇인가?

---

15) 지자체-대학 협력기반 지역혁신사업(Regional Innovation Strategy: RIS). 충북, 경남, 전남·광주 3개 플랫폼이 우선 추진. 2021년에는 대전·세종·충남 플랫폼이 추가되어 4개 플랫폼이 되었다. 2020년 1080억 원(3개 플랫폼)→2021년 1710억 원(4개 플랫폼)→2022년 정부안 2040억 원이 투자되고, 대학 중심 사업에 고교학점제를 위한 대학-지역-고교 연계가 내용으로 포함됐다.

16) 대선, 충북 등 각 지역에서 고교학점제 지원을 위한 교육청-대학 MOU가 추진되고 있다.

김진경 국가교육위원회가 처음 제안된 것은 1990년대였다.[17] 독재정권이 교육과정이나 교과서 내용 구성에 개입하니까 정치적 중립을 지켜낼 수 있는 국가교육과정위원회를 만들자고 제안했다. 당시 국가교육과정위원회 제안의 배경은 '민주 vs 반민주'의 문제였다. 지금은 독재정권 견제 문제는 거의 사라졌는데도 여전히 이 시각이 남아 있다. 국가교육위원회 추진과정에서 교육전문가들의 견해 중 하나는 진보적 전문가들을 위원회에 모아서 정책을 만들고 정부에서 밀어붙이면 교육이 잘 이루어질 것이라는 것이었다. 이 점은 보수진영도 마찬가지라고 본다. 하지만 시대적 흐름을 읽지 못하는 생각이다.

　　패러다임 전환 차원에서 보면, 교육전문가들도 산업사회의 학문 권력이라고 볼 수 있다. 산업사회에서 진보와 보수 모두 전문성이라는 이름으로 학문 권력이 자리 잡고 있고 이를 해체하는 것이 본격적인 내적 민주화라 볼 수 있다. 산업사회에서 사실상 전문가 집단(관료 포함)이 교육정책을 결정해서 내려보낸 바탕에는 서구 선진국 모델을 받아들여 서구 선진국을 하루 빨리 따라잡아야 한다는 패러다임이 놓여 있었다.

　　그런데 사회적 협의란 무엇인가? 전문성과 국민적 현실 요구가 만나서 협의를 통해 합리적 방안을 찾자는 얘기다. 이것은 시스템 변화이기 때문에 제대로 작동하면 굉장히 큰 변화가 가능하다. 단순히 교육 차원을 넘어 행정체계 전반의 패러다임 변화를 가져올 수 있는 의미다. 국민적 요구가 들어오고 사회적 협의 모델을 만들어서 공론하는 이런 기구는 지금까지 없었고 처음 시도하는 것이다. 국가교육위원회가 제대로 작동하면 교육과정의 지역화, 학생 중심의 교육과정으로 시스템 개혁을 전개할 수 있으리라 본다. 국민참여위원회는 상설위원회로 변화하는 현실과 시민사회의 힘을 수용하는 역할을 하도록 기획했다. 이제 서구 모델 따라가기에서 벗어나 전문성과 우리 현실 변화, 이것이 맞물리면서 우리 길을 찾자는 뜻을 기구에 반영한 것이다.

김성근 위원 구성에 청년, 학부모, 학생을 포함한 것이 교육과정 체제 운영에서 어떤 의

---

17) 여기에서 말하는 제안은 전교조 등 교육현장에서 담론 형태로 다루어진 것을 말한다. 대선공약 등으로 공식 제안된 것은 다음과 같다. 이회창(2002, 21세기국가교육위원회) / 정동영(2007, 국가미래전략교육회의) / 문재인(2012, 국가교육위원회), 박근혜(2012, 국가미래교육위원회) / 문재인(2017, 국가교육위원회), 홍준표(2017, 국가교육위원회), 안철수(2017, 국가교육위원회), 심상정(2017, 교육미래위원회), 유승민(2017, 미래교육위원회).

미가 있나? 미래사회에서 직접 당사자들의 의사 반영이 그렇게 중요한가?

김진경 그동안 교육은 교사, 교육전문가의 관점에서 계속 논의되어왔다. 이 구조에서는 다른 이해 당사자들의 얘기가 들어올 수 없다. 사회 변화에 따른 요구가 반영되어야 하는데 정책 결정 과정에서 의사 반영 통로가 실질적으로 거의 없었다.

유럽의 초기 산업사회는 노동조건이 너무 열악해서 페스트 재앙 때 수준으로 인구가 줄었다. 산업혁명 초기에 독일 인구 1/3이 없어져버리고, 기대했던 신대륙 역시 남아메리카 같은 경우는 유럽에서 유입된 질병으로 인구의 90%가 죽었다. 이러한 인구감소는 소비감소로 이어지고 이로 인해 자본주의는 최초의 대공황을 겪게 됐다. 그래서 국부를 늘리기 위해서는 노동력 확보, 즉 인구 확보가 절대적으로 중요하다는 인식이 생겼다. 이러한 인식이 최초의 근대 산업국가인 프랑스 루이 14세의 절대왕정이 출현하는 배경이 되었다. 근대 산업국가는 국민 개개인을 노동력으로 보고 태어나서 죽을 때까지 관리하는 고도의 중앙집권적 시스템이다.

이 산업국가의 최대 목표는 생산성이다. 국부를 늘리기 위해 생산성을 높여야 하고 그렇게 하려면 국민을 태어나서부터 죽을 때까지 노동력으로 잘 관리해야 한다. 산업사회에서는 생산에서 인간의 노동력이 절대적인 비중을 차지했기 때문이다. 그리고 자본가는 이윤을 가져가고 노동자는 임금을 가져가 부의 분배가 원활해야 근대산업국가 시스템이 제대로 유지된다.

그런데 지금은 이 산업국가의 대전제가 깨지고 있다. 생산에서 인간의 노동력이 절대적인 비중을 차지하지 않고 AI가 대신한다. 생산성은 AI가 얼마든지 높일 수 있다. 이로 인해 실업이 일상화되고 비정규직 일자리가 늘어나면서 임금 같은 부의 분배가 잘 이뤄지지 않는다. 산업국가의 대전제가 깨져버린 지금은 수습 단계에 와 있다.

더구나 위험사회로 진입하면서 노동력으로서 국민 개개인을 관리하는 게 아니라 국민이 좀더 안전한 삶, 삶의 질을 높이는 것을 목표로 하는 새로운 국가 사회체제가 요구된다. 이제 생산성을 가장 중요시해왔던 산업사회 체제에서 벗어나야 한다.

교육도 당연히 새로운 체제로 가야 한다. 그런데 산업사회 교육체제 안에 있는 기존 전문가들은 그 체제에서 가진 기득권을 잘 내려놓지 않는다. 산업사회는 고정된 직업에 맞는 지식을 습득하면 평생 그 일을 하며 살았다. 그리고 직업 위계가 분명해서 더 많은 지식이 생기면 더 높은 직업으로 갈 수 있었다. 마치 컨베이어 벨트처럼 직업 위계가 획일화되고, 교육도 필요한 지식을 얼마나 습득했나에 따라 '고정된 직업 위계'에 평가하고 배치한 것이다. 교사도 이에 따라 양성되고 교육전문가들도 그 역할을 해왔다. 예를 들면, 직업계 고등학교 교사들은 모두 산업사회 직업에 맞게 가르치도록 교육받았기 때문에 '공업, 상업, 농업' 등 전공과를 미래 산업에 맞춰 변화시키는 데 소극적일 수밖에 없다. 이런 측면에서 교육 문제를 교사, 교육전문가를 중심으로 얘기하는 것은 위험하다. 교육 패러다임의 변화 자체가 학생을 중심에 두고 얘기해야 하는 이유다.

김성근 차기 정부가 출범한 직후인 2022년 7월이면 국가교육위원회가 구성돼서 발족된다. 발족 초기 국가교육위원회는 어떤 과제를 풀어가야 하는가?

김진경 이명박 정부 시절 교육부는 학생생활기록을 중심으로 학생을 선발하고 대학에 이 업무 담당 입학사정관을 두는 대입제도, 진로 선택 교과를 다양화하는 고교학점제 지향의 교육과정을 도입했다. 이러한 제도 정책은 대체로 미국 모델을 참조한 것으로 긍정적인 측면과 지향도 가지고 있다. 이런 방향의 제도 정책은 주민이 이사회를 구성해 교장을 초빙하고 교장과 이사회가 교사와 임용계약을 맺어 고용하는 주민자치형의 미국 학교를 배경으로 한 것이다. 학교주민자치가 불가능한 우리나라의 중앙집권적 교육체제에는 잘 맞지 않는다. 따라서 이러한 제도 정책을 안착시키기 위해서는 학교·주민자치를 지향하는 교육자치의 진전이 함께 거론됐어야 한다. 그러나 이명박 정부 교육부는 노무현 정부에서 시범 실시해 확대를 기대한 교장공모제의 확대를 가로막고, 모처럼 시·도교육자치의 진전에 따라 직선으로 뽑힌 교육감들과 갈등을 일으키는 등 교육자치의 진전을 가로막고 중앙정부의 장악력을 높이려 했다. 게다가 공교육을 혁신하고자 했던 혁신학교, 혁신교육의 확산을 가로막는 데 앞장섰다. 이로 인해 혁신교육은 전국에서 균질적으로 발전하지 못하고 일부 학교에 제한되었다.

문재인 정부에서 혁신교육 확산이 기대됐으나 그에 걸맞은 교육자치가 진전되지 않아 기대한 만큼 나아가지는 못했다. 교육자치가 더이상 진전되지 않은 원인은 정부뿐만 아니라 교육청, 교원에게도 있다. 직선제 교육감들도 교육자치의 기본 단위인 교육지원청의 기능 강화에 눈길을 주지 않았다. 교육자치와 일반자치의 통합 등은 교육계에선 금기어처럼 되어 있고, 아이들 삶의 생태계와 밀접한 교육지원청의 역할을 강화하기 위한 거버넌스 시스템은 거의 발전되지 못했다. 교육지원청의 권한과 기능을 강화하고, 학교교육에 지역의 참여가 실질적으로 가능하도록 교육장의 역할도 커져야 한다고 본다. 2020년 코로나19 시기 기초자치단체장들은 정년이 1, 2년 남은 교육장들과 지역 차원의 해법을 풀기에는 한계가 있다고 토로했다. 재정적 권한, 행정적 권한이 거의 없고, 협의하면 몇 달 후 인사를 통해 교육장이 바뀌어서 적극적인 협업이 가능하지 않았다는 얘기다. 교육장 직선제를 포함한 지역교육자치의 확장과 관련한 더 적극적인 정책이 필요하다. 이처럼 학교·주민자치를 토양으로 생성된 제도 정책과 중앙집권적 교육체제의 괴리로 나타나는 모순과 갈등을 조정하고 풀어나가는 것은 국가교육위원회 초기의 중요한 과제일 것이다.

국가교육위원회는 교육자치를 학교자치로 심화시켜가는 중장기 계획 아래 정책이 안정적으로 정착될 수 있도록 조정해야 한다. 구체적으로는 고교학점제와 교육과정 대입제도 개편 문제다. 국가교육위원회가 처음부터 강적을 만나는 셈이다. 당장 시급한 돌봄 문제, 인구절벽에 따른 교원양성체제 개편 문제와 대학 구조개편 문제, 유치원 보육 문제 등도 다뤄야 하는데 모두 난감한 강적이다. 교육비전 수립도 시작해야 한다. 모두 난제여서 초기 국가교육위원회의 노력이 많이 요구된다.

학교와 교사는 민주적 권력인가

김성근 지난 수십 년간 중요하게 진전된 것 중 하나가 민주주의라고 본다. 반독재·반봉건 문화의 기본 흐름이 민주화 운동 형태로 발전해왔는데 한계도 있다. 슬로베니아의 지젝[18]이 주장한 것 중 하나는 전통적 민주화 과정에서 민주주의를 추진하는 그룹들은 대개 '민주주의를 하면 공동체가 건강해지고 좋아질 것'이라고 생각한다는 것이다. 민주주의 영역에는 공적·사적영역이 있는데, 공적 영역은 공동체가 합리적으로 서로 배려하고 존중해 좋은 공동체를 만들기 위한 협의이고, 사적 영역은 프라이버시나 개인 권리와 같은 것이다. 지젝은 민주주의 진행 과정에서 공적 영역보다 사적 영역이 훨씬 크게 나타날 수 있다고 주장한다. 예를 들면, 혁신학교를 비롯한 학교에서 민주주의 추진 과정에서 공동체가 더욱 단단해지는 것이 아니라 약화될 수도 있다. 세대 간 의견 차이가 나타나기도 한다. 프라이버시를 존중하는 것은 좋지만, 기존 꼰대문화가 없어지고 사적 영역이 선행되다 보면 기성세대와의 가치 차이로 이어지기도 한다. 학교혁신 등 민주주의 확장 과정에서도 학교 공동체가 아이들을 위한 공적 역할을 제대로 합의하지 않으면 계속 세대 간 갈등이 증폭되면서 합치되지 않는 부분이 생긴다.

김진경 이제까지 진보진영은 정치적 수준에서 민주 대 반민주 구도로 외적 권력 관계 변화를 추구해왔다. 그러나 절차적 민주주의 차원의 민주 대 반민주를 따지는 거시적 민주주의의 과제는 지금은 주된 문제가 아니다. 공적인 민주주의 대의가 있으니까 사적인 삶을 잠시 유보 희생하라는 말이 통할 수 없다. 지금의 주된 문제는 각자의 다양성을 존중하는 것을 어렵게 하는 일상적이고 미시적인 권력관계를 변화시키는 게 아닌가 싶다.

지금 우리가 직면한 중요한 지점이 있다. 학교와 교원이 지역사회와 아이들의 삶에 과연 민주적 권력으로 작동하고 있나 하는 물음이다. 나는 아니라고 본다. 학교 교장은 대통령에게 임명장을 받고 교사는 국가공무원이다. 지역사회와 아이들의 구체적 삶에 대해 아무런 지식이 없는 중앙의 전문가들이 교육과정과 교과서를 만들어 내려 보낸다. 제도 측면에서 보면 교사는 중앙에서 내려보낸 교육과정과 교과서가 요구하는 최소한의 기준을 맞추면 그만이지 지역사회와 아이들 삶의 다양성을 고민할 이유가 없다. 냉정하게 보면 현재의 학교와

---

18) 슬라보예 지젝(Slavoj Žižek)은 슬로베니아의 철학자이자 문화비평가다. 『종말의 삶(Living in the End Times)』, 『처음에는 비극으로, 『다음에는 희극으로(First as Tragedy, Then as Farce)』, 『잃어버린 시간의 연대기』 등의 책을 썼다. 경희대학교 교환교수로 1년간 한국에 머문 적이 있다.

교원은 사실상 지역사회와 아이들의 다양성을 억압하고 획일화하는 미시적 권력으로 작동하고 있다. 이것을 넘어서는 노력은 현재 제도에서 교사 개인의 선의일 뿐이고 그 선의를 다른 사람에게 강요할 수는 없다. '일과 후에 남아서 학습결손 학생들 문제를 협의'하는 것은 지금 제도에서는 교사 개개인의 선의가 모여서 하는 일이다. 선의는 강요할 수 있는 게 아니고 선의를 발휘할 것을 거부했다고 비난해서도 안 된다. 그래서 이 상황을 확대 해석해서 세대 문제로까지 이야기하는 것은 옳지 않다고 본다.

중요한 것은 교사가 의무적으로 그런 일을 수행하도록 어떤 제도적 변화가 필요한가이다. 우선 교육자치가 기초단위와 학교·주민자치를 향해 심화돼야 하고 중앙에서 교육과정을 독점하는 학문 권력을 해체하여 지역 단위와 학교가 교육과정 구성 운영에 비중 있는 주체가 돼야 한다. 그러면 지역과 학생의 다양성을 고려하여 교수 학습을 하고 책임지는 게 교사의 당연한 책무가 될 것이다. 현재의 제도에서 학교와 교사는 지역사회와 아이들의 구체적 삶과 맺는 미시적 권력 관계에서 결코 민주적 권력이 아니라는 자기성찰이 절실하다.

김성근 건강한 공동체를 어떻게 형성하는가는 민주주의 진전 과정에서 중요한 일이다. 건강한 공동체가 강화되고 유지되는 요소 중 하나는 공동체 내 신뢰 문제를 들 수 있다. 2006년 중국 난징에서 늦은 밤 버스에서 내리던 20대 청년이 승강장에 쓰러진 노인을 병원에 데려가 치료받게 하고 가족에게도 연락해서 구한 일이 있었다. 그후 이 노인은 청년이 자신을 밀쳐서 쓰러졌다고 고발했다. 재판정은 보통 젊은이들은 자신이 낸 사고가 아니면 노인을 병원까지 데려가지 않는다며 노인의 손을 들어주었다. 당시 이 청년은 많은 벌금을 물었고, 이후 난징에서는 위험에 빠진 사람을 돕지 않는 것이 '당연한 행동'이 됐다.[19] 중국에서는 곤경에 처한 사람을 돕다가 문제가 발생한 경우, 처벌하지 않는 '착한 사마리아법'이 2013년 통과됐지만 신뢰 문제는 심각한 상황이다. 알리바바는 2015년 노인을 돕다가 법적 소송에 휘말리는 경우 소송비를 지원하는 보험을 출시해 큰 인기를 끌기도 했다.[20]

19) https://blog.naver.com/goodaylee/222383998821 참조
20) 유세진, "알리바바 노인 돕기 보험 중국에서 큰 인기", 뉴시스, 2015.10.22.

학교에서 여전히 제기되는 문제는 학교 경영을 책임지는 교장, 교감 등 관리자와 교사들 사이 갈등구조가 내재된 점이다. 혁신학교를 추진하는 활동가 교사들과 관리자들의 문제도 다양한 갈등구조로 표출된다. 모범적인 혁신학교 교장들은 교장들만 모이는 집단에서 교사들과 협력한 사례 발표를 꺼린다. 또한 41조 연수를 들어 교사들이 방학 중 근무하지 않도록 한 결과에 대해 교장과 교감들은 방학 내내 자신들만 근무한 것에 불만을 표출하고, 업무 경감을 위해 교감 역할을 확장하는 정책 갈등도 있다. 상호존중과 배려라는 민주주의 시계가 교사와 교장·교감이라는 집단 사이에는 멈춰서 있다. 관료주의에 맞서 싸워온 교사문화는 일반 교장들을 혁신의 주동력으로 형성하는 데 여전히 한계가 있다. 이는 학교 공동체 안에 잠재된 신뢰 문제가 아닌가? 어떻게 극복해야 하는가?

김진경 우리나라는 국민의 교육주권이 대의민주주의에 의해 선발된 대통령, 국회, 교육감을 통해 간접적으로 행사되고 학교를 향해서는 직접적으로 행사되지 못하는 나라다. 직접민주주의 성격을 갖는 학교·주민자치의 축이 아예 존재하지 않는다는 뜻이다. 이러한 교육시스템은 '대통령-교육부장관-교육감-교육장-교장-교사'의 하향식 지휘감독체계만이 존재하는 중앙집권적 시스템일 수밖에 없다. 이러한 시스템에서 단위학교의 권력관계는 지휘감독을 하고 지휘감독을 받는 교장과 교사 사이에만 존재하고, 학교와 지역주민 사이에는 권력관계가 직접적으로는 존재하지 않는다.

현재 한국 교육시스템에서 지역주민은 자기 권한을 과도하게 포괄적으로 위임하는 계약서에 잘 모르고 도장 찍은 사람과 비슷하다. 대통령 선거를 하면서 이 투표가 자신이 자기 지역학교의 모든 권한을 대통령에게 위임하는 것이라고 생각하는 국민은 거의 없다. 그런데 단위학교의 모든 권한까지 대통령에게 위임하는 계약서에 도장을 찍었기 때문에 자기가 사는 곳의 학교에 아무런 주권을 행사할 수 없는 꼴이다. 그래서 지역주민이 학교에 나타날 때는 절대적 '을'로서 나타나거나 아무 공적 권한이 없는데 생짜를 부리는 '진상'의 모습으로 나타난다. 학교와 지역주민은 공식적으로는 아예 권력관계가 형성되지 않은 서로 무관한 관계다. 그렇기 때문에 단위학교의 민주화 논의가 교장, 교감 등 관리자와 평교사와의 권력관계 변화로만 한정되는 편향성이 나타난다. 지금 질문에서도 이러한 편향성을 느낀다.

학교민주화를 대의민주주의 틀 안에서만 봐서는 근본적 해법이 없다. 국민이 자녀교육의 권한을 대통령에게 위임하고, 대통령이 국민에게 위임받은 자녀교육의 권한을 학교장에게 행사하라고 위임하고, 교장이 교사를 지휘감독해 위임된 자녀교육의 권한을 행사하는 시스템에서 학교장과 교사 권력관계의 근본적 변화가 과연 가능할까? 가능하다면 그것은 개인의 선의이거나 단위학교에서 형성된 특수한 힘의 관계에 의해 일시적으로 나타난 것일 뿐이다. 그렇기 때문에 나타났다가 단위학교 인적 구성이 바뀌면 금방 사라진다.

또한 대의민주주의 틀 안에서만 이루어지는 교장-교사 간의 학교 민주화는 내용 없이 행정적 권력관계만 남아 있는 것일 수밖에 없다. 중앙집권적 대의민주주의 시스템에서 대통령-교육부-교육청-교육지원청-교장-교사로 이어지는 관계는 행정적으로 지휘감독을 하고 지휘감독을 받는 관계뿐이기 때문이다. 이 중앙집권적 대의민주주의 교육시스템에서 교사가 교장의 지휘감독을 거부할 권한은 원칙적으로 없다. 그래서 교사들과 좋은 관계를 유지하는 혁신학교 교장들은 전체 교장회의에 가서 자기 학교 이야기를 못한다.

그럼에도 불구하고 교사들은 부당하다고 느끼는 교장의 지휘감독을 거부하여 일시적으로라도 단위학교의 권력관계를 변화시킨다. 교사들이 이런 행위를 정당화하는 근거는 무엇인가? 그 근거는 공식적으로 인정되지 않지만 암묵적으로는 인정되는 학교교육에 대한 학생, 학부모, 지역주민의 요구다. 교장의 지휘감독이 학생, 학부모, 지역주민의 요구에 배치된다고 믿기 때문에 교장의 지휘감독을 거부하는 것이다. 이처럼 암묵적인 것으로 숨어 있지만 학교와 지역주민 사이 권력관계 변화가 학교민주화의 근본적인 차원임을 알 수 있다.

학교와 지역주민 사이 권력관계 변화로 그간 의미 있었던 것이 공모교장제다. 공모교장제는 제도적 한계 때문에 아직 형식적 수준이고 일시적이지만 공교육에서 지역주민과 학교의 권력관계가 형성된 최초의 제도적 사례다. 2000년대 이후 전개된 혁신교육은 이 공모교장제를 토대로 전개될 수 있었고 교육감직선제로 당선된 진보교육감들이 공모교장제를 확대하면서 확산됐다.

그러나 공모교장제도 중앙집권적 교육체제가 엄존하는 상황에서는 명백한 한계가 있다. 기초단위의 교육자치가 실현되지 않고, 교육자치와 일반자치는 분리되어 있다. 교장·교사의 임명권이 대통령과 교육감에게 있고, 교육과정 편성권이 전적으로 교육부에 독점된 상태에서 단위학교와 지역주민 사이의 권력 관계 형성은 근원적 한계를 가질 수밖에 없다. 혁신교육에서 혁신교육지구 사업을 통해 교육자치체와 일반자치체가 협력체계를 구축했음에도 불구하고 더 진전되지 못하고 한계에 부딪친 이유다.

이러한 직접민주주의 차원의 민주화는 교사가 학생, 학부모, 지역사회와 만나는 공적·사적 영역에서 전개되기 때문에 교사의 전문가로서의 자기 정체성 확립이 중요하다. 지역주민은 학교 내 행정체계에는 별 관심이 없으나, 학생을 통해 지역에 구체적으로 와 닿는 교육 내용 측면에는 관심과 요구가 많고 학교와 협조할 자세가 되어 있다. 교사는 교육노동이라는 건강한 행위를 통해서 스스로의 정체성을 얻어 지역의 교육적 요구를 실현하는 학교조직의 구성원으로서 당당히 서게 된다. 교사가 교육이라는 전문적인 행위를 통해서 학생들하고 연결되는 부분, 이것은 공과 사가 맞물리는 지점이라고 볼 수 있다. 혁신교육이 더 진전되기 위해서는 기초단위와 학교단위 자치의 진전과 함께 교사들이 교육노동의 전문성을 확보하는 데 집단적 주도성을 갖도록 체계적인 지원시스템을 구축하는 게 필요하다. 교사들의 전문적 정체성이 확보된 곳은 지속적이고 내부의 민주주의나 신뢰가 발전하고 있다.

지역주민의 교육적 요구를 수렴하는 직접민주주의 차원의 학교 주민자치가 학교민주화의 궁극적 도달점이자 본령이다. 이러한 학교민주화는 중앙집권적 교육과정의 해체와 지역과 학교 단위의 자율성 확보를 통한 교육활동의 풍부화, 지역의 지적 토대와 역량의 질적 강화로 구체화될 것이다.

그간 대의민주주의 차원의 중앙정부-시·도교육청-교장-교사 사이에 일어나는 지휘감독 관계의 완화와 민주화는 많이 진전됐지만 학교와 지역주민 사이의 직접민주주의 차원의 민주화는 별 진전이 없었다. 이런 점은 기초단위 교육자치에 대해 시·도교육청을 포함한 교육계 전반이 거부반응을 보인다든지, 시·도교육청, 시·군·구교육지원청, 교원단체에 교사들의 교육전문성을 지원하는 조직이 없거나 매우 형식적이어서 취약하다는 점 등에서 여실히 드러난다. 혁신교육 역시 학교가 구체적으로 학생, 학부모, 지역주민에 가 닿는 교과, 학생생활 영역 등으로 내용을 전개하는 데서는 아직 부족한 점이 있다. 이런 점에서 학교 민주화는 아직 요원하다.

학교 내 지배구조뿐 아니라 전문적 교육실천 영역에서 다양한 네트워크가 발전하고 실천사례를 집약해 공유하도록 시스템을 구축하는 게 우선 과제다.

김성근 교사들의 전문적 정체성뿐 아니라 우리 교육은 아이들을 감싸고 있는 가족공동체가 급속히 무너져가는 문제의 대안 마련도 시급하다. 2015년 7월, 뉴욕타임즈 홈페이지에 흥미로운 일본발 영상기사가 올라왔다. 'Family Dog'라는 제목의 이 기사는 일본의 교외 사찰에서 노인 40~50명이 모여 소니사가 제작한 아이보AIBO라는 애완견 로봇의 장례식을 치르는 장면으로 시작한다.

고령화 사회로 깊숙이 들어선 한국에서 정년을 맞이해 은퇴하는 중산층 초보 노인들의 고민 중 하나가 손자 돌보는 일이다. 아동복지가 확대되고 정비되면 아이를 할아버지 할머니에게 맡길 일이 없어진다. 그런데 아이를 맡길 일이 없어지면 부모를 찾아볼 일도 그만큼 줄어든다. 아이 돌봄이 없어진 노인들에게 외로움이 함께 찾아온다. 일본은 지금 매달 3000명이 넘는 노인들이 지켜보는 사람 없이 죽어간다. 노인들은 그 외로움을 달래기 위해 멍멍이와 야옹이를 기른다. 그러나 애완동물 기르기가 또 그리 쉬운 일이 아니다. 매일 먹이를 줘야 하고, 배설물도 치워주어야 한다. 여행이라도 가거나 외출하는 경우 애완동물이 가장 큰 장애가 된다. 소니사의 아이보는 이 틈을 비집고 등장했다. 로봇 장례식은 고장나서 폐기가 예정된 애완견 로봇 얘기다.

로봇 장례식은 저출산 고령화 시대의 현재와 미래를 살펴보게 한다. 건강한 사회는 출산의 기쁨과 죽음의 슬픔이 함께 존재한다. 어린이와 청소년, 청년, 장년, 노인이 함께 어우러져 사는 것이 정상이다. 그러나 고대부터 유지돼오던 대가족 제도가 산업화에 따라 급격히 무너졌다. 근래에는 결혼을 해야 할 청년들의 실업문제가 심각해지고, 아이 키우는 것이 힘들어짐에 따라 1인 가족이 급속히 늘어나 가족제도까지 위협받고 있다. 시골 마을에 아이 울음소리가 들리지 않은 지 오래되었고, 이제 면단위 지역에서도 듣기 어려워졌다. 대가족이, 마을이 무너지면서 사람이 함께 어우러져 살아가는 공동체라는 삶의 생태계가 송두리째 흔들리고 있다. 로봇 장례식은 삶의 생태계가 무너지고 있는 것을 보여주는 징후 중 하나일지 모른다.

아이들에게 가족은 성장과정에서 중요한 바탕이다. 학습과 성장 속에 어떤 일이 있건 가족은 상처를 보듬고 용기를 얻어 다시 일어날 수 있는 회복의 공간이다. 이러한 가족이 취약한 상태에서 사회적 돌봄을 필요로 하는 아이들이 늘고 있다. 학교가 일반 아이들에게 안전한 공간이 되려면 아이들의 위기를 회복시켜주는 안전망이 필요하다. 상호존중과 배려라는 민주적 공동체의 형성은 그런 건강한 출발선의 바탕이 정비되어야 가능한 것 아닌가?

김진경 가족공동체, 지역공동체가 무너진 상태에서 성장하는 아이들에 대한 대책은 국가적으로 수립해야 한다. 가족 개념을 바꾸는 제도적 변화나 사회적 인식 전환이 필요해 보인다.

한국에서도 아직 시험 수준이지만 1인 가족들이 공동체를 형성하는 거주공간을 시도했다. 각각 독립된 공간과 공동 공간이 있고 서로 협약을 맺어 공동체를 구성한다. 그 1인 가족 중 누군가가 아이를 낳으면 같이 돌보는 시스템, 일종의 사회적 가족 개념이다. 그리고 내가 제안해서 만든 것으로 '헝겊원숭이 운동본부' 같은 사단법인도 있다. 지역의 40~60대가 한 달에 만 원이나 이만 원 후원금을 내어 그 지역의 20, 30대 청년활동가들을 지원하고, 그들이 지역의 어린이·청소년을 돌보는 일종의 지역단위 사회적 가족 네트워크다.

이미 위기 아동들의 돌봄과 보호 요구는 사회적으로 커져 있다. 가정폭력이 늘면서 아이들은 다양한 형태로 방치되고 있고, 이들을 보호하기 위한 공간이 점차 늘고 있다. 우리나라에서 1인 가족들의 사회적 가족공간을 급격히 확대하는 것은 어렵겠지만, 혈연가족 개념으로 해결할 수 없는 상태에서 다양한 사회적 가족 개념, 새로운 사회적 연대를 모색해야 한다. 국가나 자치체 등 공공기관의 역할도 고민해볼 필요가 있다.

사회적 가족이란 아이들이 주된 생활을 하는 학교와 지역사회가 아이들을 보듬고 성장의 든든한 바탕이 되는 지역의 교육 생태계를 말한다. 여기에는 돌봄과 성장 프로그램과 아이가 지역사회 구성원들과 적극 관계 맺도록 모든 시스템을 확장해야 한다. 북유럽을 비롯한 외국의 경우처럼 노인시설과 유아 돌봄시설을 함께 두고 각 기능을 결합한 사례도 있다. 각 교육청이 진행하는 마을

학교나 교육혁신지구, 꿈의학교 등을 확장해 민간과 기업이 참여하게 하고, 청년들이 적극 참여하는 지원시스템을 만들어 모두가 든든한 사회적 가족으로 발전시키는 방안이 필요하다.

대륙성의 회복

김성근 손기정기념사업회가 손기정 선수가 베를린올림픽에 참여했을 때 비행기표를 공개했다. '도쿄-베를린, 부산 하얼빈 경유'라고 되어 있는데, 일본에서 부산으로 배를 타고 와서 기차를 타고 베를린으로 향한 것이다. 오른쪽 그림은 2019

년 통일부의 통일 포스터 공모전 대상을 받은 작품. 북한을 바다로 표시했다. 섬나라의 사전적 정의를 보면 배를 타거나 비행기를 타지 않고 다른 나라로 이동하지 못하는 나라인데, 이 정의를 따르면 우리나라는 섬나라다.

　문재인 정부는 신북방·신남방 경제정책을 내놓았다. 남북관계가 해결되면 옛날 실크로드 전체가 아이들의 미래 활동영역으로 뚫리는 구상이다. 언제인지는 모르겠지만 포스터의 섬으로 된 곳이 육로로 열리면 아이들에게 미래 희망이 될 수도 있다. 그렇게 되면 분단으로 인해 섬으로 갇혀버린 아이들의 문화가 대륙성을 회복하는 일대 전환이 될 것이다. 서울에서 기차를 타면 시베리아나 유럽까지 가고 중국, 인도, 중동까지 육로길이 열린다. 그곳은 아이들에게 새로운 경제활동 영역이 되고, 새로운 문화적 상상력이 싹트는 곳이 될 것이다.

김진경 일제강점기 때 우리 어머니 아버지는 만주에 사셨다. 그래서 어릴 적에 만주 이야기를 많이 들었는데 그 시대 사람들에겐 만주와 시베리아가 물리적으로 자기 공간이었다는 느낌을 받았다. 동남아시아를 비행기나 배로 가는 것과 육로로 연결된 것은 전혀 다른 의미가 있다. 그래서 김정은이 평양에서 베트남까지 기차를 타고 간 듯싶다. 한국에서 기차로 출발해서 베트남뿐만 아니라 어디든 갈 수 있다면 공간 인식의 차원이 달라지지 않을까? 아시아가 유럽연합^{EU}처럼 하나로 인식되는 것도 그런 공간인식 차원이 열려야 가능하지 않을까? 그런 점에서 남북문제를 해결하는 건 단순히 우리나라 문제로만 볼 수 없다.

통일교육에서 보면 지금 아이들이 기성세대보다 나은 점도 있다. 우리 시대처럼 '북한 사람 뿔 달렸어요' 이런 건 없다. 우리 기성세대는 거의 중학교 다닐 때까진 '북한사람들 빨갛고 뿔났다'고 하다가, 대학 와서 이 관념이 깨지면서 같은 동족이라는 것을 발견했을 때 일종의 감성적인 부분이 많았다. 지금 아이들은 남북관계를 감성적으로 보지 않는다. 그래서 다음 세대 통일교육은 우리 방식으로 하면 안 된다. 지금 아이들은 북한사람은 우리와 같은 사람이라고 생각하고 있다. 민주당 정부가 들어설 때마다 정상회담을 하면서 남북관계가 개선되는 모습을 보면서 '언젠가는 현실화될 수도 있다'고 느끼는 부분도 있다.

그림에서 남한을 섬이라고 표현했는데, 섬이 되어버린 남쪽에서 살다보니 대륙적 포부 같은 건 갖기 어렵다. 그것을 어떻게 극복하게 해줄 건가. 통일 문제를 우리 때처럼 '같은 민족이니까'라는 말로는 전혀 설득력이 없다.

지금 같은 경제 상황에서 남한에게 북한은 엄청난 기회의 측면이 있다. 디지털, AI 시대로 가고 있는 현대사회에서 어느 나라든 삼사백 년에 걸친 산업화 시대 체계를 일시에 바꿀 수 없다. 전환 과정에서 거의 모든 나라가 이렇게 낡은 것과 새 것이 혼재하는 환절기와 같은 고통을 겪는다. 낡은 시스템은 무너져 가는데 새로운 대안은 나타나지 않고 공백 상태가 생기게 된다. 그런데 우리나라는 시간을 벌 수 있는 게 북한이 있다. 산업화 시대에서 낮은 임금과 좋은 기술력 등 큰 경쟁력을 갖고 있고 남한과 북한이 협력하면 일단 분업관계가 된다. 큰 패러다임을 전환할 때 공백 상태를 메워주는, 시간을 버는 측면에서 북한은 우리에게 엄청난 기회라고 볼 수 있다.

김성근 2019년 핀란드에서 열린 OECD 주관 포럼에서 베트남 교육부장관과 대화한 적이 있다. 베트남 출신 엄마를 가진 아이들이 우리나라에서 많이 성장하고 있는데, 그 아이들이 나중에 호치민대학이나 하노이대학으로 진학했으면 좋겠다는 희망을 전했더니 "아이들이 성장해서 베트남에 오면, 4년 장학금을 주고 잘 교육시키겠다"며 좋아했다. 지금 외국인 노동자들이 수백만 명 들어오고, 다문화 가정 아이들이 전체 학생의 3%에 달한다. 좋은 인재를 양성하고 적극 교류하고 협력하는 국가적 협력이 필요한 것 아닌가? 우즈베키스탄이나 중앙아시아, 혹은 베트남이나 태국 등 외교적으로 아이들을 제대로 키우는 방법을 공론화할 필요가 있지 않은가? 사실은 프랑스를 비롯한 선진국의 외국인 노동자 유입 시기를 보면 노동력 부족 문제를 외국인 노동자로 해결한 것 아닌가?

김진경   다문화는 우리 자산으로 인식해야 한다. 얼마나 중요한 자산인가? 이 아이들이 부모 나라에 유학가고 관계를 형성하면 아시아 전체를 우리 기반으로 네트워크화할 수 있다. 다문화 외국어고등학교 설립도 한 방법이 될 수 있고 국가가 아이들 성장을 지원하고 네트워크를 형성하도록 돕는다면 우리가 신남방·신북방 개척하는 데 중요한 역할을 할 것이라고 본다.

김성근   우리 교육이 안고 있는 또 하나의 과제가 혐오 문제다. 인종차별, 남녀차별 문제를 넘어서 세대 간 혐오 문제도 등장한다. 우리 사회의 혐오지수는 OECD 최고 수준이다.[21] 다양성 수용이나 혐오 문제도 이러한 적극적인 정책으로 풀 수 있지 않을까? 극단의 혐오 문제는 아이들의 미래지향적인 세계 통로, 세계시민교육이라는 큰 범주에서 풀어가야 할 듯하다. 그러면 민주시민교육이 다문화교육, 다양성, 세계시민교육 등을 포괄하면서 규모를 좀 키워야 한다.

김진경   혐오의 가장 근본은 근대 패러다임이다. 서구는 문명화된 이성적인 나라이고 우리나라는 조금 덜 문명화된 나라, 동남아시아와 우즈베키스탄 등은 거의 야만에 가까운 나라, 여성은 덜 이성적이어서 상대적으로 열등한 존재라는 등의 서구중심주의를 바탕에 둔 근대적 사고다. 외국 유학도 서구에서 공부한 사람이 더 문명화되고 이성적으로 높은 사람이라는 것이 학벌의 논리다. 모든 것을 하나로 동일화해가면서 차별 논리가 되고, 심화되면 혐오 논리가 된다. 혐오 문제는 근대의 논리를 넘어선 세계시민교육으로서 철학을 교육해야 해결할 수 있다.

---

21) OECD 기준 사회적 통합지수는 1995년 조사 이래 매년 최하위, 특히 그중 사회적 포용지수는 매년 꼴찌로 나타났다 (전해식, 「사회통합지수 개발 연구」, 한국보건사회연구원, 2017.).

혁신학교에서도 보편적 민주주의 교육을 강조했지만 그것이 혐오 문제나 다양성 문제로까지 심화되지는 못했다. 혁신교육도 근대의 논리에서 자유롭지 못한 측면이 있었던 것이다. 다양성을 용인하지 않는 시스템과 그 속에서 형성된 의식으로 인해 수용이 쉽지 않다. 그래서 근대의 논리가 허용하는 범위에서 다양성은 장식품에 불과하다. 다문화교육을 특수교육에 포함하고, 특수교육 목적으로 다문화 관련 예산을 편성하면 다문화가정 아이들만을 위해 쓸 수 있다. 이렇게 되면 다문화가정 아이들을 더 분리하고 고립하는 결과를 낳는다. 차별이 내재된 근대의 논리를 극복하는 것이 필요하다.

따라 할 모델이 없다
우리가 모델을 만들 때

김성근 2020년 OECD는 미래학교에 대한 4가지 시나리오를 발표했다.[22] 2001년 6개의 미래학교 시나리오[23]를 발표한 지 20년 만이다. OECD는 20년 동안 학습시장 팽창, 디지털 기술 성장과 같은 새로운 트렌드가 교육환경에 변화를 초래했다고 분석했다. 시나리오 1은 현재 학교체제의 유지 강화, 시나리오 2, 3은 지역과 다양한 전문가들의 학교교육 참여 및 평생교육으로 재구조화, 시나리오 4는 디지털 및 인공지능 발전으로 대면 학습과 비대면 원격학습의 일상화를 다루고 있다.

    OECD는 4가지 시나리오를 구성하기 위해 다양한 대립적 매트릭스를 검토했다. 1.학교가 유지될 것인가 아니면 가상의 학교공간으로 대체될 것인가? 해체될 것인가? 2.교사들이 교육을 독점할 것인가? 다양한 전문가들이 학교교육으로 유입될 것인가? 3.거버넌스 측면에서 정부 주도의 정책 결정이 될 것인가? 사회주도의 정책 결정이 될 것인가? OECD는 기존 노동시장에 효과적으로 인

---

22) OECD, 「Back to the Future of Education: Four OECD Scenarios for Schooling」, 2020. 2040년에 일어날 수 있는 학교의 변화를 4가지 시나리오로 예측했다(박은경, 「OECD 미래학교교육 시나리오와 시사점」, 《이슈페이퍼 2020-20》, 한국교육개발원.).

23) OECD, 「Schooling for Tomorrow Project」, 2021. 6가지 시나리오는 현 학교 시스템을 유지하는 모델 2가지, 학교 재구조화 모델 2가지, 탈학교 모델 2가지를 담았다.

력을 배분하는 역할을 했던 교육제도가 개인의 전문적 삶의 요구에 맞춰 다양한 학습궤도를 추구하도록 평생학습 기반 모형으로 나아가야 한다고 말한다.

▨ OECD 미래 학교교육 시나리오

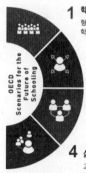

1 학교교육의 확대
형식교육에의 참여가 늘어난다. 국제협력과 기술발전을 통해 좀더 개별화된 수업이 가능해진다. 학교교육의 구조와 절차는 유지된다.

2 교육 아웃소싱
사회가 시민교육에 직접 참여하고, 전통적인 학교교육 체제가 무너진다. 디지털 테크놀로지가 교육을 주도하면서 더 다양하고 유연한 환경에서 학습이 일어난다.

3 학습 허브로서의 학교
학교는 유지되지만 다양성과 실험정신이 규범이 된다. 학교의 담을 개방하여 학교와 지역사회를 연결하고 지속적으로 변화하는 형태의 학습, 시민 참여, 사회 혁신을 지지한다.

4 삶의 일부로서의 학습
교육이 시공간의 경계 없이 일어난다. 기계의 발전에 따라 형식학습과 비형식학습 간의 구분이 없어진다.

이러한 변화 속에서도 여전히 대립하는 교육 가치가 있는데 OECD는 다양한 모순적 측면에 질문을 던진다. 학교교육은 평등주의적 목적을 지니고 있으면서도 여전히 학생을 평가하고 분류하는 체계이기도 하다. 학교가 만들어내는 사회적 범주는 학생들이 자아를 형성하는 바탕이 되기도 하지만 사회적 불평등을 견고화하는 수단이 되기도 한다. 지역과 학교의 자율성이 커져야 하지만 기대에 부응하지 못할 경우 지역의 자율성을 약화시키는 기능 없이 국가가 그 책무성을 다할 수 있을까? 학교의 자율성과 국가표준 책무성 간에 갈등이 존재하는데 그 기준을 정하는 주체는 누구인가? 테크놀로지는 인공지능의 출현과 함께 기대가 더욱 커졌지만 자칫 최적화된 지식을 주입하는 방편으로만 활용되는지 경계가 필요하다. 소통과 협력 차원에서 대면 수업과 비대면 수업의 조화는 어떻게 이루어지는가? 테크놀로지 발전으로 이 세상의 모든 것을 알게 됐지만 그 지식을 활용하지 못하는 '계몽된 문맹Enlightened Illiteracy' 세대는 지식정보를 편식함으로써 자신이 믿는 가치를 더욱 강화시키는 편견의 늪으로 빠지지 않을까? 교사가 아닌 다양한 전문가들이 교육에 참여하는 것은 더욱 효과적일까?

OECD가 제시한 미래학교의 시나리오를 보면 미래는 확정된 길이 아니다.

다양한 대립적 가치와 요인을 선택하고, 장점과 단점을 보완하며 개척해야 하는 협의와 완성의 미완의 길이다. 세계가 큰 변화 속에서 고민하고 있고, 이미 선두 대열에 선 우리도 누구를 따라가는 것이 아니라 새롭게 개척해야 할 여정에 있다.

김진경　코로나19 국면에서 우리나라가 세계적 모델이 됐다. 강력한 중앙집권 시스템으로 관료적 효율성이 대단히 높았던 이유도 있으나, 밑으로부터 끊임없이 올라온 국민들의 민주주의에 대한 역동적 요구와 지방자치의 진전이 만나 결과를 가져왔다고 본다. 다른 나라에는 이런 끊임없이 올라오는 시민사회의 민주적 역동성이 많이 없다. 그래서 관료적 효율성과 아래로부터 형성된 민주적 역동성이 만나 적절히 조화를 이루면, 거기에 점진적으로 통일 문제까지 풀어간다면 우리나라가 세계적 모델이 될 수 있다. 문제는 기성세대가 산업사회의 인식을 벗어나 다음 세대에게 희망을 주고, 자신감을 불어넣어줘야 한다.

　　우리 성장 시기에는 부모들이 우리보다 못 살았다. 끼니를 걱정할 때도 많았지만 어른 세대들이 자식들에게 어렵다고 거의 말하지 않았다. 어려운 가운데서도 자식들에게 "인생은 살아볼 만한 거야, 공부 열심히 하고 잘 놀아"라고 희망적인 이야기를 했다. 그렇게 세상의 무게를 짊어지는 게 어른 아니겠나. 가족이나 학교나 "너희들 앞으로 큰일 났어, 너희들 세상 큰일 난 거야"라고 얘기하면 안 된다. 이는 교사 역할의 패러다임이 변해도 계속해야 하는 역할이기도 하다. "너희들 살아갈 세상 살 만할 거야. 열심히 한번 해봐." 나이 먹는다고 어른이 아니다. 교사가 아이들에게 감동을 주고 설득력을 갖는 것은 시대가 변해도 세상의 무게를 짊어지는 어른일 때 설득력을 갖는다. 교과지식 이전에.

김성근　뤼트허르 브레흐만은 『휴먼카인드』에서 인간은 위기를 맞으면 이기적으로 자신의 살 길만을 찾는 것이 아니라 협력하고 연대한다고 말한다. 그 예로 2차 세계대전 당시 히틀러가 영국 런던에 9개월간 폭탄 8만 개를 투하했음에도 런던시민들은 여전히 일상을 즐겼다는 기록을 제시했다.

　　"도로에서는 어린 소년들이 여전히 놀고 있었고, 쇼핑객들은 값을 흥정하느라 실랑이를 하고 있었다. 경찰 한 명이 당당하고도 지루한 모습으로 교통정리를 하고 있었으며, 자전거를 타는 사람들은 죽음과 교통법규에 맞서고 있었다. 아무도, 내 눈에 보이는 어느 누구도 하늘 한 번 쳐다보지 않았다."[24]

위기에 더욱 협력하고 연대해온 인류의 큰 역사 흐름처럼, 미래를 위한 여정에서 모두가 힘을 합쳐 더욱 따뜻한 희망의 빛을 아이들을 위해 만들어가기를 기대한다.

24) J. T. MacCurdy, 『The Structure of Morale』, Cambridge, 1943, p. 16(뤼트허르 브레흐만, 『휴먼카인드』, 조현욱 옮김, 인플루엔셜, 2021, 21쪽에서 재인용).

성장의 그늘 속 눈먼 자들의 각축전

교육부, 「고교서열화 해소 및 일반고 교육역량 강화방안」, 2019. 11.
김용 외, 「서울혁신교육정책 10년 연구」, 서울특별시교육청교육연구정보원 서울교육정책연구소, 2020.
김성근, 「교육, 끊어진 길 되짚으며, 새 길을 내기 위하여」, 참여정부 정책총서, 노무현재단, 2012.
김진경, 「30년에 300년을 산 사람은 어떻게 자기 자신일 수 있을까」, 당대, 1997.
노무현 대통령 정책기획간담회, 2003. 6. 9.
문재인, 「문재인의 운명」, 북팔, 2017, 213쪽.
통계청, 「광복 70년 위대한 여정 새로운 도약」, 2015.
류인하, "혁신학교 졸업생들, '1등만 끌고가는 학교가 정상인가'", 경향신문, 2019. 3. 30.
임광복, "G7 2년 연속 초청·경제규모 세계 10위...국제사회. 한국 국격은 이미 선진국 반열", 파이낸셜뉴스, 2021. 7. 4.
임해중·최동순, "동관교도 학군 따라 1억춤, 혁신학교 들어서면 '집값'오른다", 뉴스1, 2014. 6. 16.
조성운, "고도 대중소비사회의 성장과 광고", 우리역사넷 블로그.
"또 하나의 잊혀진 과거사, 4. 19 교원노조 사건", 신동아, 2004. 9. 22.

사회의 변화와 교육: 사회 변화를 알아야 내 아이의 교육이 보인다

강두용, 「한국 경제의 가계와 기업 간 소득성장 불균형 문제」, 《산업경제정보 2013-20》, 산업연구원.
김두환, 「교육의 미래: 경제에서 사회로」, 《사회사상과 문화 19(4)》, 2016, 191~222쪽.
김두환, 「인구절벽 시대 교육정책의 방향 탐색」, 한국교육개발원, 2018.
맥스 테그마크, 「맥스 테그마크의 라이프 3.0」, 백우진 옮김, 동아시아, 2017, 111쪽.
모종린, 「머물고 싶은 동네가 뜬다」, 알키, 2021.
이미숙·김종호, 「지속가능성 관점에서의 산업구조 변화 분석」, 한국환경정책평가연구원, 2013.
장하성, 「왜 분노해야 하는가: 분배의 실패가 만든 한국의 불평등」, 헤이북스, 2015.
존 갤브레이스, 「풍요한 사회」, 노택선 옮김, 한국경제신문, 2006(1958).
Chang, Kyung-Sup, 「South Korea Under Compressed Modernity: Familial Political Economy in Transition」, Routledge, 2010.
Goldin, Claudia and Lawrence F. Katz, 「The Race Between Education And Technology」, The Belknap Press of Harvard University Press, 2008.
Hong, Doo-Seung, 「Social Change and Stratification」, 《Social Indicators Research》 Vol. 62, No. 1~3, 2003.
Kim, Dongno, 「The Transformation of Familism in Modern Korean Society: from Cooperation to Competition」, 《International Sociology Vol. 5, No. 4》, 1990.
Koo, Hagen, 「The Korean Stratification System: Continuity and Change」, In Kim, Hyuk-Rae and Bok Song (ed.), Modern Korean Society: Its Development and Prospect. Berkeley: Institute of East Asian Studies., 2007.

MZ세대 교사: 나다움과 교사다움, 그 사이에서

고광열, 「MZ세대 트렌드 코드」, 밀리언서재, 2021.
김재원·정바울, 「밀레니얼 세대 초등교사의 직업 동기, 직무 인식, 그리고 경력 전망에 관한 탐색적 연구」, 《교육행정학 연구 114호》, 한국교육행정학회, 2018, 231~249쪽.

대학내일20대연구소, 『밀레니얼-Z세대 트렌드 2021』, 위즈덤하우스, 2020.

리 레이니·배리 웰먼, 『새로운 사회 운영시스템』, 김수정 옮김, 에이콘출판, 2014.

소경희·최유리, 「학교 중심 교육 개혁 맥락에서 교사의 실천 이해: '교사 행위주체성' 개념을 중심으로」, 《교육과정연구 36권 1호》, 한국교육과정학회, 2018.

이성희, 「교사 행위자성(Teacher Agency) 개념 모델이 교사학습공동체 논의에 주는 도전과 함의」, 《AndragogyToday 제20권 제2호》, 한국성인교육학회, 2017.

이승호·박영숙·허주·박효원·신철균·장민경·이샛별, 「교사 인플루언서(Influencer)의 활동 및 영향 분석」, 한국교육개발 원, 연구보고 RR2020-06.

이창수, 「교사 행위주체성(Teacher Agency) 성취를 위한 교사학습공동체의 대안적 접근」, 《한국교원교육연구 37권 3 호》, 한국교원교육연구, 2020.

인디스쿨·진저티프로젝트, 「헬로미 프로젝트(밀레니얼 세대 초등교사들을 연구한 보고서)」, 2017~2018.

임수현 외, 「코로나19로 인한 학교 수업방식의 변화가 교사 수업, 학생 학습, 학부모의 자녀 돌봄에 미친 영향: 초등학교 를 중심으로」, 서울시교육정보연구원, 2020.

정종화 외, 「초임교사 학교적응 진로멘토링 실시 방안 연구」, 경기도교육연구원, 2020.

조윤정, 「전문적학습공동체 사례 연구를 통한 성공요인 분석」, 경기도교육연구원, 2016.

최효진, 「초등학교 저경력 교사와 고경력 교사의 교직 갈등 비교 분석」, 한국교원대학교, 2016.

IBM 기업가치연구소, 「유일무이한 Z세대」, 2017.

김지윤, "안 되는 게 없는 우리 반 '랜선 수업'…4교시가 즐거워요", 한겨레, 2020. 10. 5.

아모라임 블로그, https://blog.naver.com/amoraim/222065225749

허민 외, "MZ세대 보고서: MZ의 개인주의-꼭 밥 같이 먹어야 되나요?", 문화일보, 2021. 6. 28.

"엄지가 목소리 높였다", 중앙일보, 2005. 7. 28.

코로나19와 학교교육: 변화와 도전의 방아쇠가 당겨졌다

교육부, 「2020년 학업성취도 평가결과 및 학습지원 강화를 위한 대응전략」, 2021. 6.

교육부 보도자료, 2021. 6. 2.

교육부·통계청, 「2020년 초중고 사교육비 조사」, 2021.

교육부, '2021년 7월 1일 코로나19 현황'.

서울특별시교육청, 「서울시 초중고교 학부모의 가정 내 원격교육 대응현황 및 자녀의 학습실태조사」.

에릭 리우·닉 하나우어, 『민주주의의 정원』, 김민수 옮김, 웅진지식하우스, 2017.

기후변화와 환경교육: 이미 시작했어도 벌써 늦었다

광주광역시교육청, 「광주시교육청 기후환경생태교육 종합계획」, 2020. 12.

광주광역시교육청, 「2021 광주교육」, 2021. 1.

광주광역시, 「2021년 광주형 AI-그린뉴딜 세부 실행계획」, 2020. 9.

교육정책네트워크, 「각국의 기후 변화에 따른 생태·환경교육 현황」, 2020. 9.

국립생태원, 「생태계에 대한 기후변화 리스크 평가」, 2020. 10.

국제기후환경센터, 「2020년 광주광역시 온실가스 배출통계 및 배출특성 연구 보고서」.

기상청, 「제48차 IPCC 총회 개최 백서」, 2019. 1.

기상청, 「기후변화과학 용어 설명집」, 2020. 11.

기상청, 「2020 연 기후특성 보고서」, 2021. 2.

기상청, 「지구온난화 1.5℃특별보고서(SPM, TS)」, 2019. 5.

세계기상기구(WMO), 「2020년 글로벌 기후현황 잠정보고서」.

이유진, 「2050 탄소중립 사회를 향해 가는 길」, 대한민국 정책브리핑, 2020. 12. 11.

이재영, 「생태전환교육을 위한 융합과목(가칭) 미래 구상」, 2020. 8.

임영신, 「기후변화 적응대책과 기후탄력도시」, 2020. 10.

전국시도교육감협의회, 「기후위기·환경재난시대 학교환경교육 활성화 방안 연구」, 2020. 12.

정부 관계부처 합동, 「2050 탄소중립 추진전략」, 2020. 12.

정부 관계부처 합동, 「한국판 뉴딜 종합계획」, 2020. 7.

조효제, 「코로나, 기후위기, 그리고 인권」, 2020. 9.

한국교육개발원, 「2021 Summer, 교육개발, 특별기획 기후위기 시대, 교육체제 전환과 생태환경교육」, 2021. 6.

환경부, 「대한민국 환경교육 2020」, 2020. 12.

환경부, 「제3차 환경교육종합계획(2021~2025)」, 2020. 12.

환경부·한국환경교육학회, 「제3차 환경교육 종합계획 온라인 공청회」, 2020. 10.

환경부, 「한국 기후변화 평가보고서 2020」.

IPCC, 「IPCC 제6차 평가보고서(AR6) 제1실무그룹 보고서」, 2021. 8.

World Resources Institute(WRI), 「Creating a Sustainable Food Future」, 2019. 7.

요즘 아이들과 학부모: 흩어진 관계, 깊어진 고립, 절실한 대화

김성은·김준엽, 「한국 아동·청소년 패널조사X: 데이터분석보고서」, 한국청소년정책연구원, 2019.

뉴필로소퍼 편집부, 『뉴필로소퍼 12호』, 바다출판사, 2020.

로이 F. 바우마이스터, 『부정성 편향』, 정태연 옮김, 에코리브르, 2020.

매슈 워커, 『우리는 왜 잠을 자야 할까?』, 이한음 옮김, 열린책들, 2019.

산제이 굽타, 『Keep Sharp』, 한정훈 옮김, 니들북, 2021.

보건복지부, 「아동종합실태조사」, 2019.

보건의료빅데이터개방시스템, 「국민관심질병통계(성조숙증)」, 2021.

통계청, 「인구동향 조사결과(가임여성 1명당 출산율)」, 2019.

한국청소년정책연구원, 「청소년의 수면시간 변화궤적과 관련요인」, 2020.

한국청소년정책연구원, 「아동·청소년 권리에 관한 국제협약 이행연구: 한국 아동청소년 인권실태 2018 총괄보고서」, 2018.

한국청소년정책연구원, 「청소년의 수면시간 변화궤적과 관련요인」, 2020.

Anja Heilmann & Anita Mehay, et al., 「Physical Pnishment and Child Outcomes: a Narrative Review of Prospective Studies」, 《The Lancet Vol 398, Issue 10297》, 2021, pp. 355~364.

e-나라 지표, '국토교통부 자동차등록 현황'.

e-나라지표, '보건복지부 아동학대 유형별 사례'.

WHO, 「건강을 위한 신체활동 국제지침(Global Recommendation on Physical Activity for Health)」, 2013.

김제림·최희석, "학생 30% 감소하는 동안 교육청 직원은 38%로 늘었다", 매일경제, 2021. 7. 18.

박현정·양선아, "가정 내 아동학대 막으려...민법 '친권자 징계권'서 체벌 제외", 한겨레, 2019. 5. 23.

송경화, "국내 최장시간 이용 앱은 유튜브...10대 월 41시간, 50대 이상 20시간", 한겨레, 2019. 9. 10.

이소아, "TV 좀 그만 보라고요? 10~20대, 'TV는 낯설고 불편한 기기'", 중앙일보, 2021. 5. 13

이연희, "초등학생도 대학생도 원격수업 테러...사이버 교권침해 대책 나올까", 뉴시스, 2021. 3. 28.

정다슬, "한, '개도국→선진국'지위 격상...UNCTAD 57년 역사상 처음", 이데일리, 2021. 7. 5.

정성원, "아동 체벌금지에도 66% '필요'...정부, 인식 개선 나선다", 뉴시스, 2021. 5. 31.

정지훈, "교사 81% '교권 침해 심각'...수업 방해해도 절반은 '그냥 넘어간다'", 뉴시스, 2021. 5. 14.

최아리, "내년 국가공무원 올해보다 규모 줄어든 1만6140명 충원...2018년 이후 초중고 교과교사 첫 감축", 조선일보, 2020. 9. 1.

최중혁, "이달부터 초·중·고 '정학'15년 만에 부활", 머니투데이, 2011. 3. 14.
KBS, "'자녀 징계권'63년 만에 폐지…민법 개정안 국회 통과", 2021. 1. 8.

돌봄: 양적 확대를 넘어 양질을 도모하다

교육부 보도자료, 2021. 8. 4.
 - 초등돌봄 운영 개선방안
 - 지역별 돌봄전담사 근무 현황(2020. 9. 기준)
 - 지역별 돌봄전담사 근무시간 현황(2020. 9. 기준) 등
교육부, 「초등돌봄교실 운영에 관한 인식조사」, 2021.
 - 2021년 범정부 온종일돌봄 수요조사 결과(2020. 11.)
 - 초등돌봄교실 운영시간 확대에 관한 학부모 요구조사 결과
 - 최근 10년간 초등돌봄교실 운영 현황(2010~2020)
 - 초등돌봄교실 시설 확충 현황(2018~2020)
 - 초등돌봄교실 운영시간 및 인력 운용 현황 등

학교 형태의 다양화: 사회 전체가 거대한 학교가 된다

경기도교육청, 「몽실학교」, 2020.
경기도교육청, 「경기미래학교 청사진」, 2021.
경기도교육청, 「2030 경기미래교육」, 2021.
교육정책디자인연구소, 「미래교육이 시작되다」, 즐거운학교, 2018.
교육부, 「2021년 대안학교 현황」, 2021.
김광석 외, 「미래 시나리오 2021」, 더퀘스트, 2020.
김소영, 「대안학교 교육과정을 통해 본 교육과정 자율화의 방향」, 《교육혁신연구 31(1)》, 2021, 137~155쪽.
다니엘 핑크, 「새로운 미래가 온다」, 김명철 옮김, 한국경제신문, 2012.
리처드 서스킨드·대니얼 서스킨드, 「4차 산업혁명 시대 전문직의 미래」, 위대선 옮김, 와이즈베리, 2016.
박은경, 「OECD 미래 학교교육 시나리오와 시사점」, 교육정책네트워크·한국교육개발원, 2020.
박종현 외 9, 「사물 인터넷의 미래」, 전자신문사, 2014.
승효상, 「빈자의 미학」, 느린걸음, 2018.
안무정, 「4차 산업혁명을 주도할 6가지 코드」, 나비의 활주로, 2018.
안무정, 「테크노 사피엔스가 온다」, 나비의 활주로, 2019.
엄윤미·한성은, 「미래학교」, 북 저널리즘, 2020.
원순아 외, 「세종형 공립 대안교육기관 교육과정 개발 연구」, 세종특별자치시교육원교육정책연구소, 2020.
유네스코한국위원회, 「지속가능발전목표 달성을 위한 교육」, 2019.
이경선, 「미래학교의 디자인 방향」, 《한국교육시설학회지 23(4)》, 2016, 12~17쪽.
이원재 외, 「코로나 0년 초회복의 시작」, 어크로스, 2020.
이종태, 「미인가대안교육기관 운영 실태 조사 및 지원방안 연구」, 경기도교육청, 2007.
이치열 외, 「충북형 전환학년 시스템 구축방안 및 전환학년 교육과정 연구」, 공주대 교육나눔, 2019.
조윤정 외, 「미래학교 체제 연구: 학습자 주도성을 중심으로」, 경기교육연구원, 2017.
존 카우치·제이슨 타운, 「교실이 없는 시대가 온다」, 김영선 옮김, 어크로스, 2020.
클라우스 슈밥, 「클라우스 슈밥의 제4차 산업혁명」, 송경진 옮김, 새로운 현재, 2016.
프랭크 모스, 「디지털 시대의 마법사들」, 박미용 옮김, 알에치코리아, 2013.
하태욱 외, 「비인가 대안학교 학생 인권상황 실태조사 연구」, 국가인권위원회, 2018.

박형수, "학교 깊이보기: 이우학교, 농사 짓고 사교육 금지해도 진학률은 인문계 고교 수준", 중앙일보, 2015.10.22.
박희준, "박희준의 플래포노베이션: 불확실성의 시대, 플랫폼에 답이 있다", 한국일보, 2021.2.16.

학교공간혁신: 공간이 교육을 묻다

경기도교육청, 「2021년 경기교육정책 정기여론조사」, 2021
교육부, 「학교공간혁신 가이드라인」, 2019.4.
교육부, 미래교육한마당 '경계 없는 학교' 운영계획, 2019.10.
교육부, 미래교육한마당 '경계 없는 학교' 리플릿, 2019.10.
교육부, 「국립부설 및 국립특수학교 공간혁신 사업선정계획」, 2019.11.
교육부, 「그린스마트미래학교 종합추진 계획안」, 2021.2.
교육부 외, 다함께 만들어가는 그린스마트미래학교 도움자료, 2021.
마이크로소프트, 「교육혁신」, 2019.
마이클 풀란, 『학교개혁은 왜 실패하는가』, 이찬승 외 옮김, 교육을바꾸는사람들, 2017.
시민교육연구회, 『우리가 만드는 미래학교』, 기문당, 2013.
야마자키 료, 『커뮤니티 디자인』, 민경욱 옮김, 안그라픽스, 2012.
요한 하위징아, 『호모루덴스』, 이종인 옮김, 연암서가, 2010. 마크 프렌스키, 『미래의 교육을 설계한다』, 허성심 옮김, 한
　　문화, 2018.
이성미, 「학교는 세상에서 가장 큰 놀이터 충주 양성초등학교」, 《The-K매거진》, 2020.
존 카우치·제이슨 타운, 『교실이 없는 시대가 온다』, 김영선 옮김, 어크로스, 2020.
초록우산어린이재단, 「어디든놀이터 보고서」, 2020.6.11.
한국교육개발원, 「미래학교를 위한 학교공간 재구조화 매뉴얼」, 2019.
한국교육학습정보원, 「미래학교 디자인 가이드라인」, 2011.
OECD, 「학교사용자 설문」, 2019.

기초학력: 모두를 위한 교육, 여기에서 시작하자

교육부·국회 유은혜의원실 자료
김은영, 「초등 협력교사제 운영 모델 발전 방안 연구」, 서울특별시교육청, 2016.
김지연, 「특수교육대상자 특수학교 배치 현황의 국제 및 국내 분석」, 《특수아동교육연구 19(1)》, 2017, 111~136쪽.
남궁욱, 「핀란드의 기초학력 지원 사례」, 《월간 좋은교사 2021-4월호》, 2021.
이대식. 「기초학력정책을 위한 제언」, 좋은교사 제1회 기초학력정책포럼, 2019.
이종재 외 5인, 『사회적 약자를 위한 교육정책론』, 학지사, 2020, 66쪽.
이형빈. 「기초학습 보장을 위한 초등 협력교사제 수업모델 개발 연구」, 서울특별시교육청, 2015.
탈북청소년교육지원센터, 「탈북청소년 교육현황」, 한국교육개발원, 2020.7.18.
황진숙, 「학습부진학생 지도·지원정책의 개선 방안 연구」, 한국교원대학교 교육정책전문대학원, 2011.
EBS, "세계의 교육현장-3편 핀란드의 평등교육, 단 한 명도 포기하지 않는다", 2014.7.2.
Ström, K., & Hannus-Gullmets, B., 「From Special (Class) Teacher to Special Educator: The Finnish Case」,
Transitions in the Field of Special Education: Theoretical Perspectives and Implications for Practice, 2015, pp.
137~150.
European Commission, 「Education and Training Monitor 2019: Finland」, 2019.

미디어 리터러시: 미디어의 시대, 소유에서 접속으로

김수혜·신형석, 「OECD 7개국 중등교사의 디지털 리터러시 교육 실태와 ICT의 교육적 활용 간 관계 탐색」, 2020.

김아미, 「미디어 리터러시 교육과 디지털 시민성」, 《행복한교육 2019-9》.
변숙자, 「미디어 리터러시 교육 실태 분석 및 개선방안 연구」, 충북교육정책연구소, 2020.
양정애, 「가짜뉴스, 어떻게 대응해야 할까」, 《행복한교육 2019-9》, 교육부.
윤고은, "한국 '공부방송' 미국·영국·인도 등서 인기", 연합뉴스, 2021. 2. 14.
이일호, "신묘한 유튜브 알고리즘, 조회수를 만드는 네 가지 비밀", 블로터, 2021. 4. 18.
이재현, "2020년 가장 많이 다운로드 된 앱은?", 코딩월드뉴스, 2021. 1. 18.
정동훈, 「미디어, 너 때는 말이야」, 넥서스, 2020.
제레미 리프킨, 「소유의 종말」, 이희재 옮김, 민음사, 2001.
한국언론진흥재단, 「2019 10대 청소년 미디어 이용 조사」.
OECD, 「21세기 독자: 디지털 세상에서 문해력 개발하기」, 2021.
금준경, "선 넘은 유튜버, 어떻게 막을 수 있을까", KISO저널, 2021. 3. 8.
김종일, "혐오를 팝니다…'혐오 비즈니스'에 빠진 대한민국", 시사저널 1556호, 2019. 8. 19.
이동우, "국민 529명당 1명이 유튜버…세계 1위 '유튜브 공화국'", 머니투데이, 2021. 2. 14.
전형, "미디어 리터러시, 우리 모두에게 중요합니다!", 대한민국 정책브리핑, 2021. 2. 19.
"경기도교육청 미디어 리터러시 교육 지원 조례안 본회의 통과", 뉴스팜, 2020. 6. 25.
"디지털 미디어 리터러시 교육 강화 필요", 국회입법조사처 보도자료, 2019. 12. 20.
"혐오해야 돈 버는 시대… 혐오 경제를 퇴출시키려면?", 이로운넷, 2021. 2. 9.

원격교육과 에듀테크: '교육'에서 '학습'으로, 축의 이동

경기도교육청, 「2학기 교육과정 운영 중점」, 2020.
공영일, 「에듀테크 산업 동향 및 시사점」, 2020.
교육부, 「2020년 국가수준 학업성취도 평가 결과」, 2021.
김경애·류방란, 「교육에서의 4차 산업혁명 기술 활용에 대한 기대와 우려」, 2019.
김상균, 「메타버스」, 플랜비디자인, 2020.
박보우·이창원, 「비대면 시대에 LMS 이용자의 시스템 환경이 이용 의도에 미치는 영향 연구」, 2020.
박주현·강봉숙, 「미디어정보 리터러시 개념과 교육내용 개발」, 2020.
배영임·신혜리, 「코로나19, 언택트 사회를 가속화하다」, 2020.
백승철 외 4인, 「다문화 구성원을 위한 에듀테크 적용 방안에 관한 연구」, 2016.
백정열, 「에듀테크의 기술 및 콘텐츠 동향」, 2018.
손지희, 「코로나19 이후 한국교육시스템」, 2020.
오재호, 「코로나19가 앞당긴 미래, 교육하는 시대에서 학습하는 시대로」, 2020.
오재호, 「코로나19 이후, 교육을 돌아보다」, 2020.
이재경·권선아, 「에듀테크의 현재, 쟁점과 극복방안, 그리고 전망」, 2021.
이재규·김의창, 「교육용 스마트 콘텐츠의 교육효과를 높이기 위한 몰입도 평가 시스템 연구」, 2020.
이지은, 「에듀테크로 촉발되는 고등교육의 위기와 기회」, 2020.
이항수, 「LMS 이외의 강의플랫폼을 사용한 비대면수업에 대한 설문결과」, 2020.
이현청, 「기술과 교육의 만남」, 2018.
장래혁, 「코로나19 에듀테크 시대, 한글발 사이버대학 아시나요?」, 2020.
최미양, 「대학 수업에서 스마트 LMS의 상호작용 효과」, 2019.
황의철, 「가상·증강현실을 활용한 에듀테크 동향 분석」, 2021.
KERIS, 「지능정보사회에서의 교육 및 에듀테크 트렌드 예측」, 2018.
KOCCA, 「일본 콘텐츠 산업동향」, 2020.

Hyeon Woo Lee 외 2인, 「An Analysis on the Difference of LMS Activities According to Academic Achievement of College Students in Off-line Courses」, 2019.

유아교육 공공성 강화: 유보통합, 더는 미룰 수 없다

교육부 보도자료, 2017. 12. 27.
보건복지부, 보육통계, 2019. 12.
유아교육법, 국가법령정보센터.
한국교육개발원, 교육통계연보, 2019.
한국교육개발원, 교육통계서비스(KESS), 2021.
행정안전부, 주민등록 인구통계(만 0~5세), 2018.
"2017 대한민국 정책평가 결과", 동아일보, 2017. 12. 18.

교육불평등: '경쟁교육'이 발행한 청구서가 도착했다

교육부, 「OECD 교육지표 2019」.
교육부, 「대입제도 공정성 강화 방안」, 2019.
교육부, 「2020년 국가수준 학업성취도 평가결과」, 2021.
교육부, 「2학기 학사운영 방안: 단계적 등교확대를 통한 교육회복」, 2021. 8. 9.
교육부·통계청, 「연도별 초·중·고 사교육비 조사」, 2019.
교육불평등해소 교육단체전국연대, 「5대 핵심과제 선정 과정을 통해 교육단체가 마련한 18개 교육개혁안」, 2020.
국가인권위원회, 「아동권리위원회 결정(15진정0262300)」, 2015.
김태은 외, 「초·중학교 학습부진학생의 성장 과정에 대한 연구(IV)」, 한국교육과정평가원, 2020.
리얼미터, 교육 관련 여론조사, 2019.
백병부 외, 「평등교육실천론」, 경기도교육연구원, 2020.
사교육걱정없는세상, 「교육불평등/출신학교 차별금지」 설명자료, 2021.
은수진, 「대한민국 대학의 미래 어디로 가야하나?」 강득구의원실 정책자료집, 2020.
이경아, 「코로나발 교육공백 복구 로드맵: 미국의 코로나19 학습손실 측정 데이터가 한국에 주는 시사점」《민주연구원 정책브리핑 2021-1호》, 민주연구원, 2021.
존 머터, 「재난불평등: 왜 재난은 가난한 이들에게 가혹할까」, 장상미 옮김, 동녘, 2016.
통계청, 「사교육 의식조사 결과(2008~2013)」, 2015.
한국교육개발원(KEDI), 「교육여론조사」, 2019.
EBS, "美 팬데믹에 학업성취도 최대 6개월 늦춰져", 2021. 7. 30.
OECD, 「How's Life, Health Behavior in School-Aged Children」, 2018.
UNESCO·UNICEF·The World Bank·OECD, 「What's Next? Lessons on Education Recovery: Findings from a Survey of Ministries of Education Amid the COVID-19 Pandemic」, 2021.
OECD, 「The Economic Impacts of Learning Losses」, 2020.

혁신교육지구와 마을교육공동체: 진화하는 교육거버넌스

경기도, 「경기마을교육공동체 활성화 지원에 관한 조례」, 2015.
경기도교육연구원. 「학습생태계 확장을 위한 마을교육과정의 개념과 실천 방안」, 2017.
김종오, 「교육청과 지방자치단체의 교육협력 실태와 인식분석(2018. 3. 2. 기준)」, 2019.
김태정, 「마을에서 자라는 아이들, 함께 성장하는 우리」, 양천나눔교육사회적협동조합, 2019, 88쪽.
김태정, 「마을교육과정과 마을학교에 대해」, 2019.

김환희, 「마을교육공동체 사례 연구를 통한 협력적 거버넌스 구축방안 연구」, 전라북도교육연구정보원 전북교육정책연구소, 2017.

서울시, 「서울특별시 마을공동체 만들기 지원 등에 관한 조례」, 2012.

신현석, 「지방교육의 협력적 거버넌스 구축을 위한 쟁점 분석과 설계방향 탐색」, 《행정학연구 29권 4호》, 2011, 103쪽.

인천시, 「인천마을교육공동체 활성화 지원에 관한 조례」, 2019.

조윤정·이병곤·김경미·목정연, 「마을교육공동체 실천사례연구: 시흥과 의정부를 중심으로」, 경기도교육연구원, 2016.

학교자치와 민주학교: 교육 생태계의 새로운 질서

경기도교육청, 「경기 학교민주주의 지수 79.65로 4년째 상승」(보도자료), 경기도교육청 민주시민교육과, 2019.

김성천 외, 『학교자치 1, 2』, 테크빌교육, 2019.

김성천 외, 「지역사회학습장을 활용한 군포·의왕의 지역교육과정 운영모델 개발」, 경기도군포의왕교육지원청 위탁연구 보고서, 2021.

김장중, 「학부모가 보는 학교자치의 문제점과 활성화 방안」, 《학부모연구 6(2)》, 2019.

김혁동·김진희·황유진, 「학교자치 구현을 위한 규제적 지침 정비 방안」, 경기도교육연구원, 2018.

박상훈, 『청와대 정부』, 후마니타스, 2018.

송기상·김성천, 『미래교육 어떻게 만들어갈 것인가』, 살림터, 2019.

안병영·하연섭, 『5.31교육개혁 그리고 20년』, 다산출판사, 2015.

이병하 외, 「글로컬 세계시민역량 측정 도구 개발에 관한 연구」, 서울특별시교육청교육연구정보원, 2019.

이선영 외, 「학생의 학교 참여 수준과 특징 분석」, 한국교육개발원, 2020.

이수광 외, 「4·16교육체제 비전과 전략 연구」, 경기도교육연구원, 2016.

이요셉, 「'무늬만 혁신학교'의 교직원회의 특징 탐색」, 한국교원대 교육정책전문대학원 석사학위 논문, 2021

오재길 외, 「학부모 교육주체화 방안 연구」, 경기도교육연구원, 2016.

국가교육위원회의 탄생: 국민참여형 교육정책의 실현

곽노현, 「국가교육위원회, 어떻게 정치중립성과 전문성·실효성을 확보할 것인가?」, 2021 교육현안 국회 연속토론회 제4차 토론회 자료집.

교육부, 「국가교육위원회 설치 및 운영에 관한 법률 공포」(보도자료), 2021.7.1.

김성천·신철균·황현정·김영삼, 「국가교육위원회 설립 관련 쟁점과 과제」, 《교육정치학연구 제26집 제2호》, 2019.

김신일 외, 「국가교육위원회 설치 방안 연구」, 서울대학교 산학협력난, 2018.

박남기, 「국가교육위원회 적정 모형 개발을 위한 탐색적 연구」, 《열린교육연구 제28권 제1호》, 2020.

박진하·엄기형, 「교육부 폐지(축소) 주장의 양상과 경과」, 《교육비평(47) 2021년 여름호》.

서정화·김지희, 「교육개혁 자문기구의 평가와 과제」, 《이슈페이퍼 CP-2013-02-8》, 한국교육개발원.

윤혜원, 「공공가치와 교육 거버넌스에 대한 국민들의 인식 분석을 통한 국가교육위원회 설치 논의 고찰」, 《교육정치학연구 제2집 제3호》, 2019.

전국시도교육감협의회, 「2021년 제4차 전국혁신교육담당(관)자협의회 자료집」.

문주현, 「교육 독립해서 3권 분립이 아닌 4권 분립으로」, 오마이뉴스, 2016.3.26.

이동영, "독립성 없는 국가교육위원회, 정권마다 '교육오년지소계'뻔하다」, 정의당수석대변인 브리핑, 2021.6.10.

정성민, "국민 10명 중 7명 '교육부 폐지, 축소'", 대학저널, 2017.2.7.

교육재정: 마음을 얻는 자가 재정을 가져간다

강병구, 「복지국가의 발전을 위한 재정정책」, 2015.

공은배 외 4인, 「중학교 표준교육비 산출 연구」, 2000.

공은배 외 4인, 「고등학교 표준교육비 산출 연구」, 2000.

교육부, 「고등학교 무상교육 실현을 위한 토론회 자료집」, 2019.

구균철, 「지방정부 교육재정 부담 어떻게 개선해야 하나」, 2016.

구균철, 「재정분권과 지방교육재정」, 2020.

구균철, 「정부 간 교육재정관계가 지방교육재정 규모에 미치는 영향」, 2020.

구균철, 「정부 간 교육재정관계의 국제동향과 시사점」, 2020.

구균철, 「OECD 국가의 정부 간 교육재정관계가 지방교육재정 규모에 미치는 영향 분석」, 2021.

김병주, 「교육환경 변화에 따른 지방교육재정교부금, 어떻게 달라져야 하는가?」, 교육재정 국회토론회, 2019.

김원식, 「건전재정을 위한 재정정책과 국가부채 전략」, 2020.

문병효, 「국가와 지방자치단체 간 복지재정의 비용부담에 관한 해법의 모색, 2016.

민변 민생위와 참여연대, 「'누리과정 예산 편성의 실상'분석결과 발표」, 2016.

백연기·배정아, 「지방교육재정 특별교부금 배분의 결정요인으로서의 정치성과 합리성」, 2020.

서인영 외 4인, 「교육재정 종합 진단 및 대책 연구」, 2020.

신가희·김영록, 「지방교육재정교부금의 교육인프라 개선효과 분석」, 2018.

신영효, 「복지확대와 추가 조세부담 결정요인」, 2020.

안종석·김민희, 「지방교육재정 운용실적 분석 및 향후 전망, 정책시사점」, 2019.

안현효 외 3인, 「지방교육재정 장기수요전망 연구」, 2020.

우해봉, 「저출산 시대의 인구정책」, 2018.

윤홍주 외 2인, 「미래 교육환경 변화를 반영한 지방교육재정 운영 전략 탐색」, 2020.

이명심, 「한국과 독일의 평생교육정책에 대한 비교분석 및 시사점」, 2020.

이미영, 「정치적 관리 전략을 적용한 지방교육재정교부금법 개정과정 분석」, 2019.

이정기, 「교육세제도의 변천과정과 정책방안에 관한 연구」, 2008.

이재원, 「사회투자정책과 국가재정 운영 과제」, 2007.

이찬진, 「지방교육재정위기 관련 법적 문제점 및 개선방안」, 2016.

이진호·이민화, 「4차 산업혁명과 국가정책 방향 연구」, 2017.

임다희 외 2인, 「중앙정부와 지방정부간 재정갈등 영향 요인에 대한 연구」, 2017.

임성일·손희준, 「지방교육재정제도의 개선방안」, 2011.

임성일, 「통합적 관점에서 본 일반자치 재정과 교육자치 재정 분석」, 2005.

정민석·김동선, 「지방교육재정의 현황과 재정확보 방안」, 2015.

정성호, 「저출산, 국가와 지방의 명확한 역할 구분」, 2019.

정재현, 「교육세 납세의무와 과세표준의 문제점과 개선방안」, 2013.

정종필·최병호, 「지방교육재정분석 결과를 활용한 지방교육재정교부금 산정」, 2020.

정창훈, 「중앙과 지방의 재정분담 문제」, 2016.

정훈, 「재정정책에 대한 법적 통제」, 2017.

조성규, 「지방교육자치의 본질과 교육감의 지위」, 2016.

주만수, 「지방재정과 교육재정의 연계와 지역 간 재원배분에 관한 종합적 분석」, 2017.

주희진·임다희, 「재정정책갈등의 현황과 개선방안의 모색」, 2016.

참여연대사회복지위원회, 「4년간 10조원 빚 떠넘기기가 정상적인 재정운용 방안이라고?」, 2016.

참여연대사회복지위원회, 「(논평)국가재정전략회의에서 진정 사람 중심 예산 전략 논의되기를 바란다」, 2018.

최병호·이근재, 「고등교육의 공공성 강화를 위한 고등교육재정의 개혁 과제」, 2020.

타카하시 마사유키, 「일본의 지방교부세」, 2018.

하봉운, 「지방교육재정의 과제」, 2014.

하봉운, 「고등교육재정 현황과 과제」, 2021.

홍근석 외 2인, 「학령인구 변화에 따른 지방교육재정교부금 개선방안」, 2016.
홍순만, 「저출산 고령화 시대의 재정분권 전략」, 2019.

교원양성체제: 미래의 교사를 위한 선택과 집중

경기도율곡교육연수원, 「2017 경기도교육청 연수과정 온라인 수요조사 결과」.
경기도율곡교육연수원, 「저경력교사를 위한 (초등)학교 적응력 강화 직무연수 운영 결과」, 2021.
교원양성체제혁신위원회, 「현장성과 미래 대응력 제고를 위한 초·중등 교원양성체제 발전 방안시안」, 2021.
교육부, 「고교학점제 종합추진계획」, 교육부 고교교육혁신과, 2021.
김병찬 외, 「교사생애주기별 성장체제 구축연구」, 전국시도교육감협의회, 2019.
성기선, 「교육혁신을 위한 교원 전문성 연수의 방향」, 『더 나은 세상을 위한 학교혁명』, 살림터, 2018.
손성호, 「교사 생애주기별 핵심역량 모델링 및 역량기반 교육과정 개발 연구」, 인천대학교 대학원 박사학위논문, 2016.
실천교사모임, 「교대 교육과정, 현장과의 연계성 강화하라」(보도자료), 2019.
이윤식 외, 『교직과 교사』, 학지사, 2007.
최기옥 외, 「핵심역량기반 성장시스템 구축을 위한 교원역량개발 연구」, 경기도교육청, 2020.

고교학점제: 고등학교 캠퍼스가 열린다

교육부, 「고교학점제 종합추진계획」, 2021.
교육부, 「고교학점제 로드맵」(보도자료), 2021. 8.
교육부, 「고교학점제 연구학교의 교육과정 편제표(위례한빛고등학교)」, 2020.

교육과정: 경계를 허물고 빗장을 풀다

곽영순, 「교사 학습공동체의 발달 단계 탐색」, 한국교육과정평가원, 2015.
국가교육회의, 「2030 미래교육체제의 방향과 주요 의제」, 2019.
국가교육회의, 「핀란드 교육과정, 어떻게 만들어지는가?」, 2021.
김난도 외 8명 『트렌드 코리아 2021』, 미래의 창, 2020.
김두정, 「교과교육과정의 개혁」, 국가교육회의, 2021.
김용련 외, 「지역사회 교육거버넌스 실태분석 및 발전 방안 연구」, 국가교육회의, 2019.
서현수, 「미래교육체제 수립을 위한 교육개혁의 사회적 합의 절차와 방법」, 2019.
성열관 외, 「현장교사 중심의 교육과정 개발-교원참여형 교육과정 평가 실행 모델 개발(수도권) 연구」, 2020.
손민호·조현영, 『교육과정과 교육의 과정』, 학지사, 2020.
신은희, 「충청북도교육과정의 역할과 기능 분석 및 발전방안 연구」, 충청북도교육연구정보원, 2020.
신은희, 「교육과정 개정에 대한 성찰과 과제」, 교육과정 현장 네트워크 이해 세미나, 2021.
박선화 외, 「국가교육과정 체제 개선 방안 연구-외국의 사례와 비교 분석을 중심으로」, 2007.
박창언 외, 「국가교육과정 연구·개발·고시 체제 재구조화 방안」, 국가교육회의, 2020.
전국시도교육감협의회, 「대한민국 교육자치 30주년 교육과정 현장 네트워크 기획단 회의자료」, 2021.
전라북도교육청, 「전라북도 초등학교 교육과정 총론」, 2021. 8. (고시 예정)
전북교사교육과정 연구회, 「교사의 교육과정 자율성 강화를 위한 국가교육과정 개발 방향 연구」, 전북교육정책연구소,
            2021.
전주교육대학교, 「참학력기반 초등 교과목교육과정 개발 연구 자료집」, 2020.
전주교육대학교·전라북도교육청, 「초등 교과(목) 교육과정 개발 연구」, 2020.
정광순 외, 「현장교사 중심의 교육과정 개발-교원참여형 교육과정 평가 실행 모델 개발(비수도권) 연구」, 2020.
정영근 외, 「국가교육과정 개발·적용·평가의 순환 체제 개선 방안 연구」, 2020.

황현정 외, 「학교 자치 실현을 위한 지역교육과정 구성 방안」, 경기도교육연구원, 2019.
OECD, 「Education at a Glance 2018: OECD Indicators」, 2018.

대담: 위기 속에 빛나는 미래 향한 여정

곽노필, "산업용 로봇 밀도, 한국 8년째 1위", 한겨레, 2018. 12. 3.
곽노필, "아디다스 로봇공장 실험은 왜 실패했나", 한겨레, 2019. 11. 14.
나카자와 신이치, 『신화, 인류 최고의 철학』, 김옥희 옮김, 동아시아, 2003.
뤼트허르 브레흐만, 『휴먼카인드』, 조현욱 옮김, 인플루엔셜, 2021.
박은경, 「OECD 미래학교교육 시나리오와 시사점」, 《이슈페이퍼 2020-20》, 한국교육개발원.
유세진, "알리바바 노인 돕기 보험 중국에서 큰 인기", 뉴시스, 2015. 10. 22.
이건희, '인재 전략 삼성 사장단 워크숍', 2002. 6.
이정동, 『축적의 길』, 지식노마드, 2017.
정기환, "유엔무역개발회의, 한국 '개도국→선진국'변경…57년 역사상 처음있는 사례", 디스커버리뉴스, 2021. 7. 11.
정해식, 「사회통합지수 개발 연구」, 한국보건사회연구원, 2017.
하태정 외, 「과학기술 정책 현안 분석 및 의제 발굴」, 《정책연구 2018-03》, 과학기술정책연구원.
Mithen, Steven, 『The Prehistory of the Mind』, Thames & Hudson, 1996.
OECD, 「Schooling for Tomorrow Project」, 2021.

대한민국 교육트렌드 2022

초판 1쇄 발행   2021년 11월 22일
초판 6쇄 발행   2022년 6월 3일

지은이 교육트렌드2022 집필팀

발행인 김병주
COO 이기택 **CMO** 임종훈 **뉴비즈팀** 백헌탁, 이문주, 백설
행복한연수원 이종균, 이보름, 반성현
에듀니티교육연구소 조지연 **경영지원** 박란희
주간 이하영
협력 스토리디자인

펴낸 곳 (주)에듀니티
도서문의 070-4342-6114
일원화 구입처 031-407-6368 (주)태양서적
등록 2009년 1월 6일 제300-2011-51호
주소 서울특별시 종로구 인사동5길 29 태화빌딩 9층
출판 이메일 book@eduniety.net
홈페이지 www.eduniety.net
페이스북 www.facebook.com/eduniety
인스타그램 www.instagram.com/eduniety/
            www.instagram.com/eduniety_books/
포스트 post.naver.com/eduniety

ISBN 979-11-6425-105-6 (03370)
값은 뒤표지에 있습니다.

문의하기

투고안내

[원격연수] 대한민국 교육트렌드
: 한국 교육을 움직이는 20가지 키워드

- 2022년 1월 OPEN 예정 -

2009년 경기도에서 시작한 혁신학교는 교육 현장의 많은 변화를 이끌어왔습니다. 학교혁신을 기치로 무상급식, 수업혁신, 학생인권, 마을교육공동체, 회복적생활교육, 학교자치와 학교민주주의, 기초학력 등의 말들은 이제 진보와 보수를 구분하지 않고 교육의 당연한 흐름이 되고 있습니다.

학교는 아이들의 행복한 성장을 돕는 기관으로서 지속적으로 변화해야 합니다. 지속적인 변화를 위해서는 올바른 방향 설정과 함께 이해관계자들이 변화의 흐름을 읽어내고 실천할 수 있어야 합니다. 혁신 주체들의 노력이 일부의 정보독점 또는 일부의 성공으로 이어져서는 안 되는 것이죠. 이에 그 변화의 흐름을 전망하고 기록하여 전국으로 공유하고 변화를 확대하기 위한 책과 함께 연수를 엽니다.

연수 주제 : [오리엔테이션] 사회 변화, 교육 변화 읽기(성기선)

1부. 회고

– 근대 이후 대한민국 교육과 학교의 역사(김성근)

2부. 변화

[세대의 변화]
1. 한국 사회의 미래, 그리고 교육(김두환)
2. MZ세대, 나다움과 교사다움 그 사이에서(김차명)
3. 요즘 아이들 – 흩어진 관계, 깊어진 고립, 절실한 대화(천경호)
4. 코로나19와 학교교육, 변화와 도전(최병호)
5. 기후변화와 환경교육의 방향(최종순)

[학교의 변화]
6. 학교자치와 민주학교, 어떻게 만들어갈까(김성천)
7. 진화하는 교육거버넌스, 혁신교육지구와 마을교육공동체(김태정)
8. 교육불평등, 얼마만큼 재난일까?(서용선)
9. 교육대전환의 시대, 미래학교(서영선)
10. 학교 공간혁신, 공간이 교육을 묻다(김태은)

11. 기초학력, 모두를 위한 교육(김영식)
12. 돌봄, 양적 확대를 넘어 양질로 나아가야(정성식)
13. 유보통합, 영유아 교육현장의 불협화음(송대헌)
14. 미디어의 시대, 소유에서 접속으로(김차명)
15. 현실이 돼버린 원격교육과 에듀테크(유재)

[정책의 변화]
16. 국가교육위원회의 탄생(성기선)
17. 교육재정, 철학이고 투자다(유재)
18. 교원양성체제, 미래교사를 위한 집중과 선택(성기선)
19. 고교학점제란 무엇인가? 변화와 쟁점(전대원)
20. 2022개정교육과정, 미래를 향하다(최지윤)

3부. 미래사회를 위한 교육담론

– 위기 속에 더욱 빛나는 미래 향한 여정(김성근, 김진경)